Geistiges Eigentum und Wettbewerbsrecht

herausgegeben von

Peter Heermann, Diethelm Klippel,
Ansgar Ohly und Olaf Sosnitza

33

D1866641

Frank Beckstein

Einschränkungen des Schutzlandprinzips

Die kollisionsrechtliche Behandlung von Immaterialgüterrechtsverletzungen im Internet

Mohr Siebeck

Frank Beckstein, geboren 1978; Studium der Rechtswissenschaft in Bayreuth und Glasgow; wirtschaftswissenschaftliche Zusatzausbildung zum Wirtschaftsjuristen (Univ. Bayreuth); 2009 Promotion; derzeit Staatsanwalt im Justizdienst des Freistaats Bayern.

ISBN 978-3-16-150310-8
ISSN 1860-7306 (Geistiges Eigentum und Wettbewerbsrecht)

Die Deutsche Nationalbibliothek verzeichnet diese Publikation in der Deutschen Nationalbibliographie; detaillierte bibliographische Daten sind im Internet über *http://dnb.d-nb.de* abrufbar.

© 2010 Mohr Siebeck Tübingen.

Das Werk einschließlich aller seiner Teile ist urheberrechtlich geschützt. Jede Verwertung außerhalb der engen Grenzen des Urheberrechtsgesetzes ist ohne Zustimmung des Verlags unzulässig und strafbar. Das gilt insbesondere für Vervielfältigungen, Übersetzungen, Mikroverfilmungen und die Einspeicherung und Verarbeitung in elektronischen Systemen.

Das Buch wurde von Gulde-Druck in Tübingen auf alterungsbeständiges Werkdruckpapier gedruckt und von der Buchbinderei Held in Rottenburg gebunden.

Vorwort

Diese Arbeit ist als Dissertation an der Universität Bayreuth entstanden. Rechtsprechung und Literatur sind bis Ende 2008 berücksichtigt.

An dieser Stelle möchte ich mich bei all denjenigen bedanken, die mich bei der Anfertigung dieser Arbeit besonders unterstützt haben.

Danken möchte ich zunächst meinem Doktorvater, Herrn. Prof. Dr. Ansgar Ohly, der mir die Anregung zu diesem Thema gab und meine Arbeit mit angenehmer und konstruktiver Diskussion begleitet hat. Danken möchte ich meinem Doktorvater auch dafür, dass ich mir stets meiner wissenschaftlichen Freiheit gewiss sein konnte, sowie für die schnelle Erstellung des Erstgutachtens. Zu Dank verpflichtet bin ich des Weiteren Herrn Prof. Dr. Stefan Leible für die zügige Erstellung des Zweitgutachtens und die ebenfalls gewinnbringenden Diskussionen.

Ein großer Dank gilt der Deutschen Forschungsgemeinschaft (DFG) für die materielle Unterstützung der Dissertation in Form eines Stipendiums und die Zurverfügungstellung eines geistigen Nährbodens mit Hilfe der Einrichtung des Graduiertenkollegs „Geistiges Eigentum und Gemeinfreiheit“ an der Universität Bayreuth unter Leitung von Prof. Dr. Diethelm Klippel (Sprecher) und Prof. Dr. Ansgar Ohly (stellvertretender Sprecher), in dessen Rahmen diese Arbeit entstanden ist. Der Dank gilt damit zugleich allen Mitstipendiaten und -kollegiaten und dem Leitungsgremium des Graduiertenkollegs.

Meinen Dank spreche ich auch den Herausgebern für die Aufnahme in diese Schriftenreihe sowie den Mitarbeiterinnen und Mitarbeitern der Bibliothek im Max-Planck-Institut für Geistiges Eigentum und Steuerrecht in München für vielerlei Hilfen bei der Recherche aus.

Ferner bedanke ich mich bei meinem Cousin Dr. Wolfgang Beckstein und meinen Freunden Dr. Andreas Pernfuß und Dr. Martin Wittemeier für das zeitaufwändige Korrekturlesen sowie Benjamin Schröer für die jederzeitige Bereitschaft, schwierige Fragen zu erörtern.

Der größte Dank gilt jedoch meinen Eltern und meiner Frau Barbara. Sie haben mich immer ermutigt und unterstützt, diese Arbeit zu einem erfolgreichen Abschluss zu bringen.

Inhaltsverzeichnis

Abkürzungsverzeichnis

Dieses Verzeichnis enthält Abkürzungen, die nicht im Duden oder bei *Kirchner/Butz*, Abkürzungsverzeichnis der Rechtssprache, 5. Aufl., Berlin 2003 angeführt sind. Die Abkürzungen aus dem US-amerikanischen Bereich orientieren sich an *Columbia Law Review Association u.a. (Hrsg.)*, The Bluebook: A Uniform System of Citation, 18. Aufl., Cambridge (MA) 2005.

1st Cir., 2nd Cir. usw.	Court of Appeals for the 1st (2nd usw.) Circuit
ALI	American Law Institute
ALL E.R.	All England Law Reports
Brook. J. Int'l L.	Brooklyn Journal of International Law
C.P.R. (3d)	Canadian Patent Reporter (3rd series)
Colum.-VLA J.L. & Arts	Columbia-VLA Journal of Law & the Arts
CRi	Computer Law Review International (bis 2001: Computer & Recht International)
D. Conn.	District Court fort he District of Connecticut
EIPR	European Intellectual Property Review
EuGVVO	Verordnung (EG) Nr. 44/2001 des Rates über die gerichtliche Zuständigkeit und die Anerkennung un Vollstreckung von Entscheidungen in Zivil- und Handelssachen vom 22.12.2000, ABl. L 12 vom 16.1.2001, S. 1.
F./F.2d/F.3d	Federal Reporter (2nd edition, 3rd edition)
F. Supp	Federal Supplement
F.S.R.	Fleet Street Reports
GMVO	Verordnung (EG) Nr. 40/94 des Rates über die Gemeinschaftsmarke vom 20.12.1993, ABl L 11 vom 14.1.1994, S. 1.
Hous. L. Rev.	Houston Law Review
Inc.	Incorporation
IP/IPv4/IPv6	Internet Protocoll (Version 4, Version 6)
J. Copyright Soc'y	Journal of the Copyright Society of the USA
LMK	Kommentierte BGH-Rechtsprechung Lindemaier-Möhring
Ltd.	Limited
LugÜ	Übereinkommen über die gerichtliche Zuständigkeit und die Vollstreckung gerichtlicher Entscheidungen in Zivil- und Handelssachen vom 16.9.1988, BGBl. 1994 II, S. 2660
MarkenRL	Erste Richtlinie 89/104/EWG des Rates vom 21.12.1988 zur Angleichung der Rechtsvorschriften der Mitgliedsstaaten über die Marken, ABl. L 40 vom 11.2.1989, S. 1.
Mich J. Int'l L.	Michigan Journal of International Law

MR	Medien und Recht. Zeitschrift für Medien- und Kommunikationsrecht
NJOZ	Neue Juristische Online-Zeitschrrift
S.D.N.Y.	District Court fort he Southern District of New York
SchwBGE	Entscheidungen des Schweizerischen Bundesgerichts (einschließlich Entscheidungen des Eidgenössischen Versicherungsgerichts). Amtliche Sammlung
schwIPRG	Bundesgesetz über das Internationale Privatrecht der Schweiz
TLD	Top Level Domain
U.S.	United States Reports
U.S.P.Q. (2d)	United States Patents Quaterly (2nd series)
URG	Bundesgesetz über das Urheberrecht und verwandte Schutzrechte der Schweiz
URL	Uniform Recource Locator
Va. J. Int'l L.	Virginia Journal of International Law
WbZG	Gesetz zum Schutz der Warenbezeichnungen vom 12.5.1894, RGBl. 441
WCT	WIPO Copyright Treaty
WPPT	WIPO Performance & Photograms Treaty
WZG	Warenzeichengesetz vom 5.5.1936, RGBl. 1936 II 134
Yb PIL	Yearbook of Private International Law
ZIR	Zeitschrift für internationales Privat- und Strafrecht mit besonderer Berücksichtigung der Rechtshülfe

Einleitung

I. Ausgangslage: Globalität des Internets und Territorialität der Rechte des geistigen Eigentums

Die Verwendung von immateriellen Gütern – z.B. Kennzeichen, schöpferischen Werken, aber auch erfinderischen Ideen – hat im Internet seit dessen Kommerzialisierung erheblich zugenommen. Dies vollzieht sich indes nicht im rechtsfreien Raum. Vielmehr ist auch im Internet eine Verletzung fremder Immaterialgüterrechte in mannigfacher Weise möglich. Die Verwendung von Marken und anderen geschützten Kennzeichen als Domain-Name oder Metatag stellt z.B. ebenso eine markenrechtliche Benutzungshandlung dar wie die täglich massenhaft vorkommende Versteigerung von Waren oder Dienstleistungen unter deren Markenbezeichnung auf elektronischen Handelsplattformen. Gleiches gilt für die elektronische Werbung für solche Produkte.[1] Das Bereithalten von Werken zum Download oder als Livestream zu Gunsten der Öffentlichkeit erfüllt den Tatbestand einer urheberrechtlichen Benutzungshandlung;[2] gerade die Bereithaltung von Liedern oder Videos auf elektronischen Tauschbörsen ist deshalb nicht ohne die Zustimmung des Urheberrechtsberechtigten zulässig.[3] Auch das Einbinden von fremden Bildern in Internetseiten zur Steigerung von deren Attraktivität ist grundsätzlich erlaubnispflichtig.[4] Nicht weniger relevant ist die digitale Werbung für Werke, durch die der Erwerb von Vervielfältigungsstücken – sei es durch elektronische Übermittlung des Werkes, sei es via Versand von verkörperten Vervielfältigungsstücken – der breiten Öf-

---

[1] Nach deutschem Recht stellt beides eine Benutzungshandlung gemäß § 14 Abs. 2, Abs. 3 Nr. 2 2. bzw. 1. Alt. dar.

[2] Im deutschen Recht ist dies in § 19a UrhG normiert, der Art. 3 Abs. 1 und 2 der Informationsgesellschafts-Richtlinie (Richtlinie 2001/29/EG des Europäischen Parlaments und des Rates vom 22.5.2001 zur Harmonisierung bestimmter Aspekte des Urheberrechts und der verwandten Schutzrechte in der Informationsgesellschaft, ABl. L 167 vom 22.6.2001, S. 10) umsetzt. Das Recht der öffentlichen Zugänglichmachung ist ebenfalls in Art. 8 WCT sowie Art. 10 und 14 WPPT vorgesehen.

[3] *Dreier*, in: Dreier/Schulze, UrhG, § 19a Rz. 6.

[4] Dies fällt ebenfalls unter das Recht der öffentlichen Zugänglichmachung nach § 19a UrhG. Dies gilt auch für sog. Thumbnails, die ein Bild nur in verkleinerter Form wiedergeben und die Funktion eines Verweises haben, LG Hamburg MMR 2004, 558, 560.

fentlichkeit angeboten wird.[5] Selbst die Verletzung von Patentrechten ist über das Internet möglich. Geschützte Erfindungen können z.B. in Internetauftritte implementiert werden, indem patentierte Verfahren auf einer Internetseite ausgeführt werden können oder automatisch ausgeführt werden. Aus Sicht des deutschen Patentrechts mit seiner restriktiven Haltung gegenüber der Patentierbarkeit von Geschäftsmodellen und Software wird dies zwar nur selten der Fall sein;[6] doch andere Rechtsordnungen handhaben die Patentierbarkeit großzügiger.[7] Werden Erzeugnisse oder Verfahren, die Gegenstand eines Patents sind, auf Internetseiten beworben oder zum Erwerb angeboten, kommt es auch nach der deutschen Rechtslage zu einem Eingriff in das Patentrecht.[8]

Trotz der grundsätzlichen rechtlichen Relevanz bestehen bei der Verwertung von geistigen Gütern via Internet Unterschiede im Vergleich zur analogen Welt. Die Inhalte des Internets sind bekanntermaßen überall auf der Welt gleichzeitig abrufbar und diese weltweite Verfügbarkeit von Daten bietet Unternehmen und interessierten Personen ein großes Absatz-, Werbe- und Präsentationspotential. Die Grenzenlosigkeit des Internets birgt neben diesen Chancen jedoch gleichzeitig Risiken. Nach dem tradierten Territorialitäts- und Schutzlandprinzip existiert *ein* Kennzeichen-, Patent- oder Urheberrecht lediglich in den Grenzen *eines* Staates. Nur auf dieses subjektive Recht sind die Gesetze desselben Staates anzuwenden. Folglich kann in verschiedenen Staaten dasselbe Kennzeichen, dieselbe Erfindung oder dasselbe Werk für unterschiedliche Personen geschützt sein und eine Lizenzierung ist an divergierende Lizenznehmer möglich.[9] Daher kann auch der Inhaber eines Schutzrechts das Schutzrecht eines Dritten für dasselbe geistige Gut in einem anderen Staat durch die digitale Verwertung des Schutzguts verletzen. Dies wird dadurch erleichtert, dass die Gerichte etlicher Staaten zum Schutz des (jeweiligen) inländischen Berechtigten nicht nur das Aussenden der Daten bzw. das Einstellen der Daten in das Internet als Verletzungstatbestand anerkannt haben, sondern auch die Ermöglichung der Abrufbarkeit im Inland.[10] Die Verletzung eines nationalen

---

[5] Diese stellt eine Handlung gemäß § 17 Abs. 1 1. Alt. UrhG dar.

[6] Dazu *Ahrens*, S. 56 ff.

[7] Ein Beispiel für eine im Ausland patentierte Erfindung auf einer Internetseite stellt das sog. 1-Klick-Shopping von Amazon.com Inc. dar, das in den USA Patentschutz genießt (US-Patent Nr. 5960411).

[8] § 9 Nr. 1 2. Alt. bzw. § 9 Nr. 2 2. Alt. oder § 9 Nr. 3 1. Alt. PatG.

[9] Ausführlich zum Territorialitäts- und zum Schutzlandprinzip 1. und 2. Kap. (S. 18 ff. und S. 80 ff.).

[10] Vgl. zum deutschen Recht BGH GRUR 2005, 431, 432 f. – Hotel Maritime; KG NJW 1997, 3321 – concert concept (beide zum Kennzeichenrecht); BGH GRUR 2007, 871, 873 f. – Wagenfeld Leuchte (zu § 17 Abs. 1 UrhG); LG Düsseldorf InstGE 3, 54, 55 – Sportschuhsohle (zu § 9 PatG).

Schutzrechts ist demnach unabhängig davon, wo die Verwertung über das Internet ihren Ausgang nimmt. Dem pflichtet die Literatur bei,[11] so dass diese Rechtslage als Ist-Zustand den Ausgangspunkt markiert.

Das Aufeinanderprallen von territorialen Rechten und dem globalen Internet verursacht eine Reihe von Problemen: Die Verwertung eines Zeichens, Werks oder einer Erfindung via Internet kann zur Verletzung einer Vielzahl von subjektiven Rechten weltweit führen. Ein rechtstreuer Internetnutzer muss sich vor der Konzeption seines Internetauftritts über die Rechtslage in allen Rechtsordnungen weltweit informieren. Andererseits ist für einen geschädigten Schutzrechtsinhaber die Durchsetzung seiner Rechte erschwert, sofern er Schutz in mehreren oder gar einer Vielzahl von Ländern genießt:[12] Er muss sich, selbst wenn ein einziges Gericht international zuständig ist, auf eine Vielzahl von Rechten und Rechtsordnungen berufen. Dies stellt ihn und den Richter gleichermaßen vor eine schwierige und komplizierte Aufgabe. Des Weiteren fragt sich, ob der Inhaber eines Schutzrechts viel gewinnt, wenn er einem anderen die Verwertung des in Rede stehenden Werkes, Kennzeichens oder der Erfindung im Internet untersagt. Ist der Opponent seinerseits im Ausland Inhaber eines Schutzrechts für dasselbe Werk, dasselbe oder ein verwechslungsfähiges Kennzeichen oder dieselbe Erfindung, muss der Kläger befürchten, dass ihm selbst die Verwertung über das Internet (in Form der Ermöglichung der Abrufbarkeit der Daten) untersagt wird. Konkurrierende Schutzrechtsberechtigte könnten sich somit die Verwendung ihrer immateriellen Güter im Internet ge-

[11] Statt vieler *Drexl*, in: MünchKomm, BGB, IntImmGR Rz. 157, 162; *Ingerl/Rohnke*, MarkenG, Einl. Rz. 53 f.; *Hoeren/Große Ruse*, in: Lehmann, Electronic Buisness, S. 301, 308 ff. Meist wird die Tatbestandsmäßigkeit der Empfangbarkeit nicht einmal besonders erwähnt oder begründet, sondern schlicht als selbstverständlich vorausgesetzt, so z.B. *Bettinger/Thum*, GRUR Int. 1999, 659; *Lange*, S. 503. Im Urheberrecht wird dies vor allem bzgl. § 19a UrhG dargestellt, *Dreier*, in: Dreier/Schulze, UrhG, Vor §§ 120 ff. Rz. 41; *Katzenberger*, in: Schricker, UrhR, Vor §§ 120 ff. Rz. 145, jeweils m.w.N. Für das Patentrecht siehe z.B. *Scharen*, in: Benkard, PatG, § 9 Rz. 41. Verwunderlich ist die Beachtlichkeit der Empfangbarkeit der Daten über das Internet nicht, da bereits zuvor anerkannt war, dass der Empfang eines Angebots und der Import von geschützten Erzeugnissen einen Verwertungstatbestand verwirklicht, siehe *Katzenberger*, in: Schricker, UrhR, Vor §§ 120 ff. Rz. 137, 140 m.w.N.

[12] Man denke etwa an notorisch bekannte Marken, die gemäß Art. 6bis Abs. 1 PVÜ in allen Vertragsstaaten Schutz genießen oder an Marken, die beim Internationalen Büro in Genf gemäß dem MMA hinterlegt wurden. Erfindungen werden häufig im Wege der europäischen Patentanmeldung nach dem EPÜ angemeldet, mit der die Erlangung mehrere nationaler Patente der Mitgliedsstaaten verfahrensrechtlich vereinfacht wird. Werke werden auf Grund des Fehlens von formellen Schutzvoraussetzungen in der Regel in vielen Staaten parallel geschützt.

genseitig blockieren. Gerade in Bezug auf Kennzeichenrechte ist dies zu befürchten.[13]

II. Auswahl von Lösungsansätzen

Es stellt sich daher die Frage, wie diese Probleme, die sich aus der Globalität des Internets und der Territorialität der Schutzrechte und der Qualifikation der Abrufbarkeit als Benutzungstatbestand der Gesetze zum Schutz geistiger Güter ergeben, angegangen, reduziert oder gar beseitigt werden können.

1. Technische Lösung

Denkbar wäre zunächst eine technische Lösung. Der Konflikt mit Rechten in anderen Staaten entfällt, wenn es gelingt, die Abrufbarkeit der Daten in diesem Staat zu unterbinden. Unterlassungsverfügungen könnten dementsprechend die Ausblendung bestimmter Gebiete aus der Reichweite einer Internetseite anordnen. Solche Ansätze zur Reterritorialisierung des Internets werden in der Literatur vorgeschlagen[14] und die französische Justiz griff dies in einem Urteil auf.[15] Inwieweit eine Kontrolle über die Empfangsorte mit Hilfe von Blocker- und Filtertechniken, insbesondere dem Ausschluss definierter IP-Adressen bzw. Adressräume (sog. IP-Tracking) möglich ist, darf indes bezweifelt werden.[16]

Zwar kann auf Grund der Vergabepraxis der IP-Adressräume eine konkrete Adresse ihrem Besitzer (d.h. dem Service-Provider) zugeordnet werden. Der Aufenthaltsort des Endnutzers, der von seinem Service-Provider i.d.R. bei jeder Einwahl ins Internet eine freie IP-Adresse zugewiesen bekommt (sog. dynamische IP-Vergabe), ist dagegen nicht bekannt. Die Lokalisation des Endnutzers ist nur möglich, wenn die Service-Provider ihrerseits bestimmte Adressblöcke für regional oder national abgegrenzte Einwahlpunkte reservieren.[17] Manche Service-Provider (z.B. T-Online) ermöglichen jedoch ihren Kunden auch den Internetzugang vom Ausland; die zugewiesene IP-Adresse weist hingegen weiter auf einen Aufenthalts-

---

[13] *Bettinger/Thum*, GRUR Int. 1999, 659, 671; *Ohly*, in: Leible, IPR im Zeitalter der neuen Medien, S. 135, 139 in Bezug auf Kennzeichenrechte.

[14] *Mankowski*, in: MünchKomm, UWG, IntWettbR Rz. 233.

[15] Tribunal de Grande Instance K&R 2000, 365 ff. – Yahoo!. Siehe auch die Sperrungsverfügung der Bezirksregierung Düsseldorf vom 06.02.2002 – Az. 21.50.30.

[16] Skeptisch auch *Bettinger/Thum*, GRUR Int. 1999, 659, 660 f.; *Höder*, S. 20 f.; *Hoeren*, MMR 2007, 1, 5 f.; *Muth*, S. 133.

[17] Ausführlich dazu *Hoeren*, MMR 2007, 1, 4 f.

ort im Inland.[18] Andere (z.B. AOL) schalten jeder Anfrage einen zentralen Proxy-Server zwischen. Dies hat zur Folge, dass nur die IP-Adresse dieses Servers (der im Fall von AOL in Virginia steht) erkennbar ist, nicht aber die IP-Adresse (und der Aufenthaltsort) des Endnutzers.[19]

Die Verschleierung der eigenen IP-Adresse kann auch der Endnutzer selbst vornehmen. Das kann mit Hilfe verschiedener Techniken erfolgen, von denen viele nur ein oberflächliches und nur einige ein vertieftes Wissen voraussetzen.[20] Andere Methoden, namentlich die Zwischenschaltung eines (im Ausland befindlichen) Proxy-Servers, können leicht mit Hilfe von einfachen und vielfach kostenlos erhältlichen Programmen oder Diensten eingesetzt werden.[21] Dieses Verhalten muss keineswegs einer bedenklichen Intention oder gar einer Umgehungsabsicht entspringen, sondern erfolgt häufig zum Schutz der allgemeinen Privatsphäre. Die Diskussion um den gläsernen Internetnutzer lässt dabei eine erhöhte Sensibilität der Nutzer und ein verstärktes Zurückgreifen auf Anonymisierungsdienste erwarten.[22] Deshalb erfordert eine wirksame Sperrung auch die Kontrolle sämtlicher IP-Adressen von Anonymisierungsdiensten; angesichts der Vielzahl dieser Dienste und der Verwendung ständig wechselnder IP-Adressen ist dies ein schier aussichtsloses Unterfangen.[23]

Schwierigkeiten ergeben sich zudem durch die Notwendigkeit der ständigen Aktualisierung der Datenbanken, welche Auskunft über die Zuordnung der IP-Adressräume an die einzelnen Einwahlpunkte geben. Dabei können die Anbieter von Geolokalisationsdiensten nicht auf eine einzige offizielle Informationsquelle zurückgreifen, sondern sind auf weniger verlässliche Daten, z.B. Informationen der Service-Provider, angewiesen. Durch die geplante Umstellung des Internet Protocoll Version 4 (IPv4) auf das IPv6 wird sich dieses Problem verschärfen, da die Anzahl der möglichen Adressen von 2^{32} auf 2^{128} steigen wird, die Umnummerierung von IP-Adressen ohne großen Aufwand möglich sein wird und IP-Adressen

---

[18] *Hoeren*, MMR 2007, 1, 6.

[19] Hierauf verweisen Judge Fisher, Hawkins, Paez, Clifton und Bea in ihrer abweichenden Ansicht in Yahoo! Inc. v. La Ligue Contre Le Racisme Et L'Antisemitisme, 433 F.3d 1199, 1247 (9th Cir. 2006). Siehe auch *Bettinger/Thum*, GRUR Int. 1999, 659, 660.

[20] *Hoeren* (MMR 2007, 1, 6) nennt beispielsweise „deep linking" und die Methode des „tunneling", verweist jedoch zugleich auf die Option der leichten Aneignung des nötigen Wissens.

[21] Siehe z.B. http://www.torproject.org/index.html.de oder anonyme Browser wie z.B. http://anonymouse.org (jeweiliger Stand: 21.7.2008).

[22] Vielfach wird die Verschleierung der IP-Adresse zum Schutz der Privatsphäre sogar empfohlen, so z.B. vom *Arbeitskreis Vorratsdatenspeicherung* unter http://www.spiegel.de/netzwelt/web/0,1518,526173,00.html vom 5.1.2008 (Stand: 21.7.2008).

[23] *Schneider*, MMR 2004, 18, 22; *Schöttle*, K&R 2007, 366, 368.

schnell einem anderen Service-Provider zugeordnet werden können.[24] Stellt schon jetzt die Bereitstellung einer stets aktuellen Datenbank ein schwieriges Unterfangen dar, wird dies unter Geltung des IPv6 ein Ding der Unmöglichkeit. Bereits technisch kann daher keineswegs eine vollständige Kontrolle über die nationale oder regionale Erreichbarkeit von Internetinhalten sichergestellt werden, sondern lediglich eine gewisse Wahrscheinlichkeit.[25] Bisweilen ist auch die Zumutbarkeit der Kosten für den Einsatz technischer Filter bezweifelt worden.[26]

Schließlich bleibt anzumerken, dass der Einsatz technischer Filter kompliziert oder kaum vernünftig durchführbar ist, wenn auf einer Internetseite mehrere geistige Güter verwendet werden, deren Verwertung jeweils in verschiedenen Staaten unzulässig ist. Dann bleibt dem Anbieter nur die Sperrung des gesamten Internetauftritts für alle Staaten, in denen die Benutzung nur eines Gutes verboten ist, oder die Verteilung seines Internetauftritts auf mehrere Internetseiten. Beides kann aus wirtschaftlicher Sicht – insbesondere zu Marketing-Zwecken – höchst unwillkommen und ineffizient sein. Eine rein technische Lösung scheidet deswegen aus.[27]

2. Einheitliche Anknüpfung der Entstehung und der ersten Inhaberschaft

Eine weitere Alternative zur Vermeidung eventueller Konflikte stellt die einheitliche Anknüpfung der ersten Inhaberschaft und der Entstehensvoraussetzungen der Schutzrechte dar. Dieser Vorschlag wurde vielfach für

---

[24] http://de.wikipedia.org/wiki/IPv6 (Stand: 21.7.2008). Dieser Wechsel der Besitzer der IP-Adressen ist gerade Zweck der Umnummerierungshilfen im IPv6, um den Wettbewerb zwischen den Service-Providern zu fördern.

[25] Dies erkannte auch das französische Tribunal de Grande Instance (K&R 2000, 365), sah aber in der 70%-igen Wahrscheinlichkeit kein Hindernis zu einer Unterlassungsverfügung; die Wohn- bzw. Aufenthaltsorte der restlichen 30% könnten durch eine einfache Angabe des Nutzers ermittelt werden (dies kritisieren auch Judge Fisher, Hawkins, Paez, Clifton und Bea in ihrer abweichenden Ansicht in Yahoo! Inc. v. La Ligue Contre Le Racisme Et L'Antisemitisme, 433 F.3d 1199, 1247 (9th Cir. 2006)). Unberücksichtigt gelassen hat es, dass eine solche Angabe nicht überprüfbar und somit wenig aussagekräftig ist. Inzwischen werben Anbieter von Geolokalisationsdiensten mit einer länderbezogenen Treffergenauigkeit von bis zu 99% (Nachweise bei *Hoeren*, MMR 2007, 1, 4 f.). Inwiefern diese Angaben, die auch der eigenen Werbung dienen, zutreffen, ist nicht erwiesen und angesichts der oben dargestellten Gründe schon jetzt und besonders für die Zukunft zweifelhaft.

[26] Judge Fisher, Hawkins, Paez, Clifton und Bea in ihrer abweichenden Ansicht in Yahoo! Inc. v. La Ligue Contre Le Racisme Et L'Antisemitisme, 433 F.3d 1199, 1247 (9th Cir. 2006); *Bettinger/Thum*, GRUR Int. 1999, 659, 660. Insbesondere mit Blick auf Homepages Privater trifft dies zu.

[27] Nur am Rande sei bemerkt, dass das Internet gerade eine grenzenlose Kommunikation bezweckt und Reterritorialisierungsversuche den Nutzen dieser Technik erheblich beeinträchtigen könnten; so auch die Warnung von *Dinwoodie*, PI Aspects, Ziff. 61.

das Urheberrecht vorgebracht.[28] Er beruht vor allem auf der Ablehnung der territorialen Aufspaltung des Urheberrechts in viele nationale Schutzrechte und einer Zuwendung zu einem weltweit einheitlichen Schutzrecht, dessen Wirkungen sich jedoch von Land zu Land unterscheiden können. Inhalt und Schranken des Urheberrechts sollen daher weiter dem Schutzland entnommen werden.[29] Auf dieser Prämisse aufbauend wird die Anknüpfung der urheberrechtlichen Vorfragen mit den internationalprivatrechtlichen Interessen des Urhebers an der Anwendung einer einzigen, ihm bzw. dem Werk nahestehenden Rechtsordnung begründet. Deshalb sei das Ursprungsland, das in der Regel als das Land der ersten Veröffentlichung definiert wird,[30] maßgeblich. Das Interesse der (Kultur-)Verbraucher an einer raschen Informationsmöglichkeit – und damit an der Anwendung des Rechts des Schutzlandes – wird dagegen bei den Vorfragen nur hinsichtlich einer etwaigen generellen Zustimmungsbedürftigkeit der Werknutzung anerkannt und daher höchstens insoweit der Vorrang eingeräumt.[31]

Dem wird überwiegend entgegengehalten, dass die territoriale Aufgliederung der Immaterialgüterrechte – auch des Urheberrechts – völkerrechtlich vorgegeben oder zumindest vorzugswürdig sei.[32] Diese Aufgliederung bedinge zumindest faktisch die Anknüpfung auch der Vorfragen der Entstehung und der ersten Inhaberschaft anhand des Schutzlandprinzips.[33] Zudem entspreche das Schutzlandprinzip besser den internationalprivat-

---

[28] So bereits *Drobnig*, RabelsZ 40 (1976), 195, 197; *Neuhaus*, RabelsZ 40 (1976), 191, 193; *Schack*, Anknüpfung, S. 86 ff. Aus jüngerer Zeit *Bollacher*, S. 205 f.; *Evert*, S. 242.

[29] *Schack*, UrhR, S. 464, 470; *v. Welser*, in: Wandtke/Bullinger, UrhG, Vor §§ 120 ff. Rz. 11 f., jeweils m.w.N.; a.A. *Bollacher*, S. 182 f.

[30] *Hoeren*, in: Hoeren/Sieber, Multimedia-Recht, Teil 7.10 Rz. 36; *Nordemann-Schiffel*, in: Bröcker/Czychowski/Schäfer, Praxishandbuch Geistiges Eigentum, § 3 Rz. 57; *Schack*, UrhR, S. 463. Bei unveröffentlichten Werken wird auf das Heimatstatut des Schöpfers abgestellt. Vorschläge für alternative Anknüpfungsmomente für die erste Inhaberschaft einhergehend mit einer differenzierteren Betrachtung hat jüngst *Klaas*, GRUR Int. 2008, 546, insb. 556 f. unterbreitet.

[31] *Schack*, UrhR, S. 461, 464 f will z.B. aus diesem Grund die Gestaltungshöhe als Teilaspekt des Werkbegriffs nach dem Schutzlandprinzip anknüpfen und zu Gunsten der Verwerter im Falle eines weitergehenden Kreises von geschützten Werkarten nach dem Recht des Ursprungslands gegebenenfalls den ordre-public-Vorbehalts anwenden. Andere plädieren dagegen hinsichtlich der Entstehung des Urheberrechts ohne der Ausnahme von Teilaspekten für das Ursprungslandprinzip, z.B. *Bollacher*, S. 178 f.; *v. Welser*, in: Wandtke/Bullinger, UrhG, Vor §§ 120 ff. Rz. 11.

[32] Statt vieler BGHZ 126, 252, 256 – Folgerecht bei Auslandsbezug; *v. Bar*, UFITA 108 (1988), 27, 41; *Fezer/Koos*, in: Staudinger, BGB, IntWirtschR Rz. 1009; *Rehbinder*, S. 349; *Spoendlin*, UFITA 107 (1988), 11, 14; *Ulmer*, IGR im IPR, S. 9.

[33] Statt vieler BGHZ 126, 252, 255 – Folgerrecht bei Auslandsbezug; *Drexl*, in: MünchKomm, BGB, IntImmGR Rz. 13; *Hartmann*, in: Möhring/Nicolini, UrhG, Vor §§ 120 Rz. 4. Siehe dazu und zur Kritik 2. Kap.III.2.a. (S. 114 ff.).

rechtlichen Interessen. Insbesondere würde die Anwendung des Ursprungslandprinzips Investoren oder Arbeitgebern die Möglichkeit eröffnen, durch die Beeinflussung des Ursprungslandes die Anwendbarkeit einer Rechtsordnung, die das Urheberrecht (bzw. das copyright) nicht dem geistigen Schöpfer, sondern dem Investor zuordnet, herbeizuführen. Deshalb bevorzuge das Ursprungslandprinzip die Interessen der Investoren als Verwerter.[34]

Festzuhalten bleibt an dieser Stelle, dass sich die Anknüpfung der Vorfragen an das Ursprungslandprinzip und ein einheitliches universales Schutzrecht im Urheberrecht in der deutschen Judikatur und auch in weiten Teilen der Literatur bisher nicht durchsetzen konnte.[35] Dass sich dies in nächster Zeit ändert, ist nicht abzusehen. Für das Kennzeichen- und Patentrecht besitzt dieser Ansatz auf Grund des Bestehens nationaler Register und Registrierungsbehörden noch weitaus schlechtere Chancen auf Durchsetzung.[36] Bei Zeichenrechten – auch registerlosen – kommt hinzu, dass die weltweite Monopolisierung von Zeichen wegen deren begrenzter Anzahl zu einem nicht erwünschten und nicht notwendigen Wettbewerbshindernis führen würde.[37] Des Weiteren löst eine einheitliche Anknüpfung der ersten Inhaberschaft und des Entstehens auch in Bezug auf das Urheberrecht keineswegs sämtliche Probleme, solange eine länderspezifische Übertragung bzw. Lizenzierung des Urheberrechts zugelassen wird, d.h. nachträglich unterschiedliche Personen ein Schutzrecht innehaben können, und die Inhalts- und Schrankenbestimmungen oder die Schutzdauer nicht ebenfalls einheitlich determiniert werden.[38] Dadurch bleibt nämlich die Möglichkeit bestehen, dass eine Vielzahl von Rechtsordnungen gleichzeitig zur Anwendung berufen wird.

Angesichts dieses Umstands und der weit fortgeschrittenen Diskussion wird der Ansatz eines einheitlichen, universalen Schutzrechts und die Anknüpfung der Vorfragen an das Ursprungsland in der vorliegenden Arbeit

---

[34] *Drexl*, in: MünchKomm, BGB, IntImmGR Rz. 15; ihm folgend *Katzenberger*, in: Schricker, UrhR, Vor §§ 120 ff. Rz. 122. Siehe auch *Walter*, in: Loewenheim, Handbuch UrhR, § 58 Rz. 8.

[35] BGHZ 136, 380, 387 – Spielbankaffäre; BGHZ 155, 257, 261 – Sendeformat; *Ahrens*, S. 19; *Dreier*, in: Dreier/Schulze, UrhG, Vor §§ 120 ff. Rz. 29; *Katzenberger*, in: Schricker, UrhR, Vor §§ 120 ff. Rz. 129, jeweils m.w.N.

[36] *Ohly*, in: Leible, IPR im Zeitalter der neuen Medien, S. 135, 140; *ders.*, in: Drexl/Kur, IP and PIL, S. 241, 249.

[37] *Ohly*, in: Leible, IPR im Zeitalter der neuen Medien, S. 135, 140 f.; *ders.*, in: Drexl/Kur, IP and PIL, S. 241, 249.

[38] Dies wird aber von der überwiegenden Anzahl der Autoren, die das Universalitätsprinzip favorisieren, gerade nicht gefordert; *Schack*, UrhR, S. 464, 470; *v. Welser*, in: Wandtke/Bullinger, UrhG, Vor §§ 120 ff. Rz. 11 f., jeweils m.w.N.; a.A. *Bollacher*, S. 182 f.

nicht weiter verfolgt. Stattdessen soll von dem Grundsatz der Territorialität auch in Bezug auf Urheberrechte ausgegangen werden.[39] Trotzdem werden die hinter dem Universalitätsprinzip stehenden Gedanken nicht außer Betracht bleiben. Denn bei der Analyse des Territorialitätsprinzips wird dessen Berechtigung eine zentrale Rolle einnehmen. Hier werden die Kritikpunkte der Befürworter eines Universalitätsprinzips Eingang finden und es wird sich herausstellen, dass das Territorialitätsprinzip hinsichtlich der Urheberrechte mit wesentlich größeren Zweifeln behaftet ist als in Bezug auf Kennzeichen- und Patentrechte.

3. Einschränkungen des Schutzlandprinzips in Internetfällen

Die vorliegende Arbeit konzentriert sich daher auf zwei andere Lösungswege. Erstens ist ein grundsätzliches Festhalten an den tradierten Grundsätzen des internationalen Immaterialgüterrechts denkbar. Die distributive Anknüpfung des Schutzlandprinzips bleibt ebenso erhalten wie die räumliche Begrenzung der subjektiven Schutzrechte und die prinzipielle Verletzungsrelevanz der Abrufbarkeit eines Internetauftritts. Allerdings hat eine Feinjustierung zu erfolgen. Angesichts der technischen Gegebenheiten darf nicht jede Empfangbarkeit von Daten über das Internet berücksichtigungsfähig sein; es muss ein weiterer Bezug zum Schutzland hinzutreten. Vor allem im Kennzeichenrecht wurde dieser Ansatz nach anfänglicher Skepsis der Gerichte[40] vermehrt vertreten und mittlerweile wird die Notwendigkeit eines erhöhten Inlandsbezugs nicht mehr ernsthaft bestritten.[41] Auch im Patent- und Urheberrecht gewinnt diese Auffassung mehr und mehr die Oberhand.[42] So sehr man sich inzwischen über das grundsätzliche Erfordernis einer normativen Korrektur einig ist, so sehr gehen jedoch die Ansichten über die dogmatische Einordnung auseinander. Während einige

[39] Dies soll keineswegs als Kapitulation vor der Rechtswirklichkeit verstanden werden. Auch soll nicht in Abrede gestellt werden, dass es gute Gründe für ein universales Urheberrecht gibt. Vielmehr wendet sich diese Untersuchung anderen, bisher weniger im Rampenlicht stehenden Fragestellungen zu.

[40] Siehe etwa das französische Tribunal de Grande Instance vom 13.10.1996, SG 2 ./. Brokat Informationssysteme GmbH (zitiert nach *Bettinger/Thum*, GRUR Int. 1999, 659, 661); ohne inhaltliche Einschränkung wohl auch KG NJW 1997, 3321 – concert concept (dazu unten 4. Kap.I.1. (S. 147 f.)).

[41] So auch die Einschätzung von *Kur*, WRP 2000, 935, 937 (Fn. 20); *Ohly*, JZ 2005, 738, 739.

[42] Für alle Immaterialgüterrechte *Drexl*, in: MünchKomm, BGB, IntImmGR Rz. 174 ff.; Sack, WRP 2000, 269, 277 f. Für das Patentrecht *Keukenschrijver*, in: Busse, PatG, § 9 Rz. 133; *Scharen*, in: Benkard, PatG, § 9 Rz. 41. Soweit eine Einschränkung des Schutzlandprinzips abgelehnt wird (vgl. z.B. *Hartmann*, in: Möhring/Nicolini, UrhG, Vor §§ 120 ff. Rz. 35), ist damit nur eine Absage an die kollisionsrechtliche Begrenzung, nicht jedoch an einen sachrechtlichen Ansatz verbunden.

die sachrechtlichen Voraussetzungen einer Verletzung als richtigen Ansatzpunkt betrachten, plädieren andere für eine Einschränkung des Schutzlandprinzips auf Ebene des Kollisionsrechts.[43] Zudem stellt sich die Frage, wie das Kriterium des hinreichenden Inlandsbezugs auszufüllen und zu konkretisieren ist. Eine weitere Option ist die normative Korrektur der Rechtsfolgen einer Schutzrechtsverletzung. Zu untersuchen ist, ob Unterlassungsverfügungen zwingend eine Verhinderung der Internetnutzung insgesamt bedingen oder wie diese begrenzt werden können. Bei Schadensersatzansprüchen ist zu erwägen, ob die Verletzung eines nationalen Schutzrechts zum Ersatz aller Schäden weltweit führen kann oder nur die monetären Nachteile in diesem Land berücksichtigt werden können. Allerdings besteht die Notwendigkeit einer Einschränkung der Voraussetzungen oder Rechtsfolgen einer Schutzrechtsverletzung nicht bei allen Sachverhaltsvarianten in gleichem Maße. Vielmehr ist zu differenzieren, ob im Schutzland das ursächliche Verhalten tatsächlich vorgenommen wurde oder ob die (möglicherweise verletzenden) Internetinhalte im Hoheitsgebiet dieses Staates lediglich abrufbar sind.

4. Abweichung vom Schutzlandprinzip in Internetfällen

Der zweite Lösungsansatz, der in dieser Arbeit näher verfolgt wird, versucht dagegen, alte Denkstrukturen aufzubrechen und neue Wege zu gehen. Er weicht deshalb nicht nur teilweise von den alt hergebrachten Grundsätzen des internationalen Immaterialgüterrechts ab, sondern auch von den bisher vorgeschlagenen Lösungsmodellen: Zum einen soll an der räumlichen Begrenzung der subjektiven Schutzrechte und der Möglichkeit einer länderspezifisch divergierenden Zuordnung dieser Positionen festgehalten werden; insofern unterscheidet sich der Ansatz grundlegend von der im Urheberrecht seit langem geführten Diskussion. Zum anderen soll für die deliktsrechtlichen Hauptfragen eine vom Schutzlandprinzip abweichende Anknüpfung erörtert werden. Dies setzt voraus, dass keine zwingende Konvergenz zwischen Territorialitäts- und Schutzlandprinzip besteht. Mit der Abkehr von der lex loci protectionis soll jedoch, im Gegensatz zu den seitens der Literatur in dieser Richtung diskutierten Vorschlägen, keine Vorauswahl der möglicherweise tangierten Rechtspositionen erfolgen. Vielmehr ist zu überlegen, ob innerhalb der Verletzungstatbestände einer Rechtsordnung die Existenz von Schutzrechten in fremden Staaten Berücksichtigung finden kann. Deshalb ist die Anknüpfung der deliktischen Hauptfragen auch deutlich von der Vorfragenstatutbestimmung zu unter-

[43] Siehe z.B. *Ohly*, in: Drexl/Kur, IP and PIL, S. 241, 254 einerseits und *Sack*, WRP 2000, 269, 274 andererseits.

scheiden.[44] Die Vorfragenanknüpfung bleibt in der vorliegenden Arbeit außer Betracht, da die internationalprivatrechtliche Interessenlage sich in beiden Fällen unterscheiden kann und ihr Einschluss den Umfang dieser Dissertation sprengen würde. Allerdings erfordert die isolierte Diskussion einer alternativen Anknüpfung der deliktsrechtlichen Hauptfragen, dass eine gesonderte Anknüpfung der deliktsrechtlichen Haupt- von den Vorfragen für möglich erachtet wird.

5. Sonstige Einschränkungen des Untersuchungsgegenstandes

Die Probleme, die sich aus der Ubiquität des Internets, d.h. der weltweit simultanen Abrufbarkeit von Inhalten, und der Territorialität der subjektiven Schutzrechte ergeben, sind im Patent-, Kennzeichen- und Urheberrecht[45] prinzipiell identisch. Schon deshalb bietet sich eine einheitliche Untersuchung der dargestellten Vorschläge an, die nur dort, wo dies nötig erscheint, auf Unterschiede hinsichtlich der einzelnen Rechte eingeht. Dies geht mit der Erkenntnis einher, dass auch bisher im internationalen Privatrecht alle Immaterialgüterrechte einheitlich angeknüpft werden,[46] und entspricht zugleich dem in jüngerer Zeit geäußerten Postulat, die Gemeinsamkeiten der einzelnen Teilgebiete des Urheberrechts und des gewerblichen Rechtsschutzes herauszuarbeiten.[47] Aus Platzgründen ist jedoch eine Beschränkung auf das Patent-, Urheber- sowie das Kennzeichenrecht angebracht. Der Schutz geographischer Herkunftsangaben und das Firmenrecht[48] bleiben dagegen ebenso wie sonstige Rechte des geistigen Eigentums[49] (z.B. das Musterrecht) und die Besonderheiten gemeinschaftsweit einheitlicher Rechte (z.B. die Gemeinschaftsmarke nach der GMVO) außer

---

[44] Als Vorfrage bezeichnet man ein präjudizielles Rechtsverhältnis oder Recht, welches im Tatbestand einer Kollisions- oder Sachnorm relevant ist (*v. Hoffmann/Thorn*, S. 240). Zu den Vorfragen einer Immaterialgüterrechtsverletzung zählen neben der Existenz des Schutzrechts z.B. noch die erste Inhaberschaft sowie die Übertragung und Übertragbarkeit des Schutzrechts.

[45] Dies gilt für das Urheberrecht nur, wenn man die einheitliche Bestimmung des Inhabers und der Existenz ablehnt.

[46] *Drexl*, in: MünchKomm, BGB, IntImmGR Rz. 6; *Fezer/Koos*, in: Staudinger, BGB, IntWirtschR Rz. 814. Siehe auch Art. 8 Abs. 1 der Verordnung (EG) Nr. 864/2007 des Europäischen Parlaments und des Rates vom 11.7.2007 über das auf außervertragliche Schuldverhältnisse anzuwendende Recht („Rom II"), ABl. L 199 vom 31.7.2007, S. 40 (im Folgenden: Rom II-VO).

[47] Zu dieser Forderung *Ohly*, JZ 2003, 545, 550.

[48] Geographische Herkunftsangaben und Firmen zählen zwar grundsätzlich zum Kennzeichenrecht. Bei beiden sind aber mitunter Besonderheiten zu berücksichtigen, so dass ein Ausschluss sinnvoll erscheint.

[49] Dieser Begriff wird synonym für „Immaterialgüterrechte" verwandt. Zur Berechtigung dieser Terminologie *Ohly*, JZ 2003, 545, 546 ff.

Betracht. Zudem konzentriert sich diese Arbeit vorwiegend auf den Benutzungstatbestand des Anbietens[50] eines geschützten geistigen Gutes über das Internet. Dieser Tatbestand ist im Patent-, Kennzeichen- und Urheberrecht gleichermaßen sanktioniert.[51] Auf andere Verwertungstatbestände, z.B. die öffentliche Zugänglichmachung nach § 19a UrhG, wird dagegen nur vereinzelt eingegangen.

Schließlich ist anzumerken, dass die vorliegende Arbeit auf die materiell- und kollisionsrechtlichen Probleme von Multistate-Verletzungen von geistigem Eigentum begrenzt ist. Das internationale Immaterialgütervertragsrecht ist somit ebenso wenig Gegenstand der Überlegungen wie die mannigfaltigen Probleme der internationalen Zuständigkeit. Zwar darf nicht übersehen werden, dass die internationale Zuständigkeit und das Kollisionsrecht in gewissem Umfang korrelieren.[52] Doch zum einen sind diese Fragen weiterhin zu trennen und die betroffenen Interessen divergieren, zum anderen erübrigt sich durch die derzeit diskutierten Vorschläge zur internationalen Zuständigkeit[53] keinesfalls ein Lösungsansatz auf kollisionsrechtlicher oder sachrechtlicher Ebene: Zumindest am allgemeinen Gerichtsstand des Beklagten und bei einer Zuständigkeit kraft Parteivereinbarung erstreckt sich die Zuständigkeit des Gerichts auf die Verletzung sämtlicher Schutzrechte weltweit.[54]

---

[50] Da die Anbietenstatbestände kein Vertragsangebot, sondern rein wirtschaftlich zu verstehen ist, ist auch die Werbung für geschützte geistige Güter erfasst (siehe *Mes*, PatG, § 9 Rz. 30; *Schulze*, in: Dreier/Schulze, UrhG, § 17 Rz. 11; *Schweyer*, in: v. Schultz, MarkenR, § 14 Rz. 207). Insofern wird in dieser Arbeit auch von der Sanktionierbarkeit der Werbung für geistige Güter gesprochen.

[51] Vgl. für das deutsche Recht § 9 Nr. 1 2. Alt., Nr. 2 2. Alt., Nr. 3 1. Alt. PatG, § 14 Abs. 3 Nr. 1 1. Alt. MarkenG, § 17 Abs. 1 1. Alt. UrhG.

[52] Deswegen werden häufig beide Problemkreise bei Multistate-Verletzungen von Immaterialgüterrechten gemeinsam erörtert, siehe etwa *Bettinger/Thum*, GRUR Int. 1999, 659.

[53] Insbesondere wird die Einschränkung des Gerichtsstands der unerlaubten Handlung erörtert; zum Streitstand: *Fezer/Koos*, in: Staudinger, BGB, IntWirtschR Rz. 1069 ff.

[54] Daran ändert auch die jüngere Rechtsprechung des EuGH nichts. Durch die Entscheidung EuGH Slg. 2006, I – 6509 ff. – GAT wurde zwar die ausschließliche Zuständigkeit des Art. 16 Nr. 4 EuGVÜ – dem Art. 22 Nr. 4 S. 1 EuGVVO entspricht – auf die einredeweise Geltendmachung der Patentnichtigkeit erstreckt. Doch erstens ist dieses Urteil nicht auf das Urheberrecht übertragbar. Zweitens ist noch nicht gesichert, ob Rechtsfolge die Abweisung der Hauptsache wegen Unzuständigkeit ist oder nur ein Aussetzen des Verfahrens bis zur Klärung der Patentnichtigkeit zu erfolgen hat (dazu *Adolphsen*, IPRax 2007, 15, 18). Schließlich bleibt es bei der Zuständigkeit des Gerichts, wenn der Beklagte den Einwand der Nichtigkeit nicht erhebt.

III. Gang der Darstellung

Daraus ergibt sich zusammenfasend folgender Aufbau der Arbeit: Ausgangspunkt der Überlegungen sind die beiden dogmatischen Grundprinzipien des internationalen Immaterialgüterrechts. Ohne ein tiefgründiges Verständnis des Territorialitäts- und des Schutzlandprinzips, deren möglicher Wechselbeziehung und grundsätzlicher Berechtigung, kann eine Einschränkung oder Aufweichung des Schutzlandprinzips nicht erfolgen. Im 1. Teil werden deshalb der Territorialitätsgrundsatz (1. Kapitel) und das Schutzlandprinzip (2. Kapitel) dargestellt und kritisch analysiert. Vor diesem Hintergrund kann im 2. Teil eine Einschränkung des Schutzlandprinzips, trotz dessen grundsätzlicher Beibehaltung, erfolgen. Allerdings stellt sich die Notwendigkeit einer Beschränkung nicht für alle Sachverhaltsvarianten gleichermaßen; vielmehr ist zwischen der Einstellung der Daten in das Internet und deren Abrufbarkeit zu differenzieren (3. Kapitel). Kerngedanke der Einschränkung des Schutzlandprinzips ist die Implementierung des Erfordernisses eines erhöhten Inlandsbezugs neben der rein technisch bedingten Abrufbarkeit einer Internetseite im Schutzland. Zu klären ist, ob dieses Kriterium dogmatisch auf sach- oder kollisionsrechtlicher Ebene zu verorten ist (4. Kapitel) und wie dessen Konkretisierung zu erfolgen hat (5. Kapitel). Anschließend werden die Notwendigkeit und die Ausgestaltung einer Beschränkung der Rechtsfolgen erörtert (6. Kapitel). Im 3. Teil wird ein Lösungsversuch jenseits der traditionellen Wege des internationalen Immaterialgüterrechts, aber unter Beibehaltung der territorialen Begrenzung der subjektiven Schutzrechte, gewagt. Ansatzpunkt ist eine Abweichung von der lex loci protectionis für Internetsachverhalte in Bezug auf die deliktsrechtlichen Aspekte der Verletzung eines Rechts des geistigen Eigentums und der Rechtsbehelfe. Dafür sind zunächst einige Vorüberlegungen, z.B. zur Möglichkeit einer gespaltenen Anknüpfung der deliktsrechtlichen Hauptfragen von den Vorfragen, zu treffen (7. Kapitel), um daraufhin mögliche Anknüpfungspunkte näher beleuchten zu können (8. Kapitel). Abschließend werden eine Zusammenfassung der wesentlichen Ergebnisse und ein kurzer Ausblick auf die Umsetzbarkeit der gefundenen Lösungsvorschläge gegeben.

IV. Forschungsstand

Das Kollisionsrecht von Immaterialgüterrechtsverletzungen fristete über etliche Jahrzehnte ein Mauerblümchendasein. Erst Mitte der Siebziger Jahre rückte es nennenswert in das Bewusstsein der Wissenschaft. Zum einen stand dabei die Frage nach der Anknüpfung von Vorfragen, insbesondere der ersten Inhaberschaft und der Entstehung, in Bezug auf das Urheberrecht im Zentrum der Überlegungen.[55] Zum anderen wurde die Lokalisierung des Eingriffsorts diskutiert, d.h. durch welche Teilhandlungen bei grenzüberschreitenden Sachverhalten eine Verletzung eines Immaterialgüterrechts erfolgt. Insbesondere bei Satellitenübertragungen von urheberrechtlichen Werken wurde erörtert, ob der Verletzungsort nur an einem einzigen Ort (i.d.R. der Aussendeort) oder auch an jedem Empfangsort liegt, wobei solche Empfangsländer außer Betracht bleiben sollten, an die lediglich aus technischen Gründen in geringem Maße das Werk übertragen wurde.[56] Seit Mitte der Neunziger Jahre lebte die Diskussion im Kollisionsrecht für Immaterialgüterrechtsverletzungen wegen der Zunahme der grenzüberschreitenden Verwertung von geistigen Gütern durch das Internet erneut auf. So sind seitdem bereits über 10 Dissertationen zum internationalen Immaterialgüterrecht erschienen. Diese betreffen überwiegend das Urheberrecht[57] und zu einem geringeren Teil das Kennzeichenrecht.[58] Das Patentrecht wird lediglich in der schutzrechtsübergreifenden Arbeit von *Regelin* berücksichtigt.[59] Gleichwohl beschäftigen sich auch diese Arbeiten vor allem mit der (teilweisen) Überwindung des Territorialitätsprinzips und einer Anknüpfung an das Ursprungsland[60] sowie mit der Lokalisierung der Eingriffsorte, insbesondere bei Verwertung immaterieller Güter im Internet.[61] Teilweise werden auch alternative Anknüpfungsregeln erörtert.[62] Neben diesen Monographien wurde eine Fülle von Aufsätzen zu diesen The-

---

[55] Siehe z.B. *Drobnig*, RabelsZ 40 (1976), 195 ff.; *Neuhaus*, RabelsZ 40 (1976), 191 ff.; *Schack*, Anknüpfung (1979) einerseits und *Sandrock*, in: v. Caemmerer, Gutachten (1983), S. 380 ff.; *Ulmer*, IGR im IPR (1975); *ders.*, RabelsZ 41 (1977), 479 ff. andererseits.

[56] Zur Diskussion Katzenberger, GRUR Int. 1983, 895 ff.; *Dietz*, UFITA 108 (1988) 73 ff.; Schricker, GRUR Int. 1984, 592 ff.; *Spoendlin*, UFITA 107 (1988), 11 ff.;

[57] *Bollacher*, 2004; *Braun*, 1996; *v. Eechoud*, 2003; *Evert*, 2005; *Intveen*, 1999; *Junker*, 2002; *Locher*, 1993 (zum schweizerischen Recht); *Muth*, 1999; *Peinze*, 2002; *Plenter*, 2003; *Reber*, 2004; *Stieß*, 2005.

[58] *Celli*, 2000 (zum schweizerischem Recht), *Ebner*, 2004; *Ropohl*, 2003; *Schaper*, 2006 (zur Gemeinschaftsmarke).

[59] *Regelin*, 1999.

[60] So z.B. *Bollacher*, insb. S. 165 ff.; *Braun*, S. 137 ff.; *Intveen*, S. 85 ff.; *Muth*, S. 139 ff.; *Plenter*, S. 39 ff.; *Regelin*, S. 150 ff., alle bezogen auf das Urheberrecht. Für registerlose Marken *Ropohl*, S. 69 ff.; *Schack*, in: Leible/Ohly, IP and PIL, Ziff. IV.3.

[61] Z.B. *Junker*, S. 189 ff.; *Muth*, S. 76 ff., 114 ff., *Plenter*, S. 96 ff.; *Regelin*, S. 264 ff.

[62] So z.B. *Bollacher*, S. 126 ff.; *Intveen*, S. 56 ff.; *Muth*, S. 155 ff. Daneben ist häufig das internationale Zivilprozessrecht (z.B. *Ebner*, S. 163 ff.; *Junker*, S. 237 ff.) und der sachrechtliche Schutz der Rechtsinhaber bei Internetverwertungen (z.B. *Junker*, S. 80 ff.; *Stieß*, S. 47 ff.) Gegenstand der Untersuchungen.

menbereichen veröffentlicht[63] und auch Kommentare und Handbücher widmen sich verstärkt diesem Thema.[64] Inzwischen wird in Bezug auf Immaterialgüterrechtsverletzungen über das Internet ganz überwiegend davon ausgegangen, dass das Schutzlandprinzip zumindest auf die deliktischen Hauptfragen anwendbar bleibt[65] und dass am Empfangsort ebenfalls eine Schutzrechtsverletzung stattfinden kann, sofern neben der bloßen Abrufbarkeit der Daten ein weiterer Inlandsbezug existiert.[66] Diese Erkenntnis stellt den Ausgangspunkt der hiesigen Untersuchung dar.

Im Gegensatz zu dieser grundsätzlichen Erkenntnis, dass eine Einschränkung der Sanktionierung der Verwertung geistiger Güter über das Internet notwendig ist, sind die aus ihr folgenden Fragen monographisch wenig erörtert worden. Zwar hat die indizielle Ausgestaltung des erforderlichen Inlandsbezugs nennenswerte Beachtung Erfahrung.[67] Die dogmatische Verortung des Inlandsbezugs und die Frage, welche abstrakte Ausgestaltung des Inlandsbezugs – z.B. eine objektive Spürbarkeitsregel oder die bestimmungsmäßige Abrufbarkeit der Daten – zu bevorzugen ist, werden dagegen in der Regel gar nicht problematisiert. Gleiches gilt für etliche Aspekte der Rechtsfolgenbeschränkung. Insbesondere die Ersetzbarkeit nur der im Schutzstaat entstandenen Schäden im Wege einer Schadensparzellierung wird in der Regel undifferenziert und mit einen bloßen Hinweise auf das Territorialitätsprinzip beantwortet. Von den Dissertationen ist in diesem Zusammenhang jedoch zumindest die Arbeit von *Ebner* erwähnenswert, der das Schutzlandprinzip durch eine sachrechtliche Einschränkung der grundsätzlich zulässigen Sanktionierbarkeit der bloßen Abrufbarkeit in Anlehnung an das US-amerikanische Recht lösen will.[68] Ergiebiger sind aber einige Aufsätze[69] sowie wenige neuere, ausführliche Kommenta-

---

[63] Statt vieler *Bettinger/Thum*, GRUR Int. 1999, 659 ff.; *Sack*, WRP 2000, 269 ff.; *Spindler*, IPRax 2003, 412 ff.

[64] Zu nennen sind insbesondere die Kommentierungen von *Drexl*, in: MünchKomm, BGB, IntImmGR Rz. 1 ff., *Fezer/Koos*, in: Staudinger, BGB, IntWirtschR Rz. 814 ff. sowie die Bearbeitung von *Nordemann-Schiffel*, in Bröcker/Czychowski/Schäfer, Praxishandbuch Geistiges Eigentum, § 3 Rz. 1 ff.

[65] Zur Diskussion um die Anknüpfung urheberrechtlicher Vorfragen, siehe Ziff. II.2. (S. 6 ff.).

[66] Dazu bereits oben Ziff. I. (S. 2).

[67] Z.B. Ebner, S. 65 f.; *Muth*, S. 132 ff.; Regelin, S. 290 ff. genannt. Siehe dazu auch die Literatur zum Lauterkeitsrecht, z.B. *Höder*, S. 65 ff.

[68] *Ebner*, S. 21 ff.

[69] Z.B. *Löffler*, WRP 2001, 379 ff. bzgl. der dogmatischen Einordnung des Inalndsbezugs; dieser Aufsatz bezieht sich indes auf das Lauterkeitsrecht. Bzgl. der Auswahl eines Kriteriums für den Inlandsbezug siehe z.B. *Koos*, WRP 2006, 499 ff (für das Lauterkeitsrecht) und *ders.*, IPRax 2007, 414 ff. (für das Immaterialgüterrecht).

re und Handbücher,[70] die bei den zu behandelnden Einzelfragen berücksichtigt werden.

Mangel herrscht jedoch nicht nur an einer eingehenden Untersuchung dieser Einzelfragen, sondern auch an einer Erörterung der sich aus der Ubiquität des Internets und der Territorialität der Schutzrechte ergebenden Problematik durch eine etwaige Einschränkung der kollisionsrechtlichen Anknüpfungsregel, der sachrechtlichen Voraussetzungen und der Rechtsfolgen aus einem Guss. Lediglich in wenigen Kommentaren, Handbüchern und Aufsätzen werden mehrere dieser Fragen erörtert. Zu nennen sind insbesondere die Kommentierungen von *Drexl*[71] und *Fezer/Koos*.[72] Doch auch diese behandeln nicht alle Aspekte und erörtern – ihrer Kommentarform geschuldet – die Fragen nicht in der notwendigen dogmatischen Tiefe.

Über alternative Anknüpfungsmöglichkeiten von Immaterialgüterrechtsverletzungen sind – vor allem in Bezug auf das Urheberrecht – nennenswerte Ausführungen vorhanden. Hiermit beschäftigen sich einige Dissertationen[73] und auch in Aufsätzen, Kommentaren und Handbüchern[74] wird hierzu Stellung genommen. Trotzdem ist eine Auseinandersetzung mit den vorgebrachten Vorschlägen und Argumenten gerechtfertigt. Zum einen wurde jüngst ein Vorschlag des American Law Instituts (ALI) zum internationalen Privatrecht des geistigen Eigentums veröffentlicht,[75] der bisher noch nicht wissenschaftlich tiefgründig auf seine Überzeugungskraft überprüft worden ist. Zum anderen gehen die bisherigen Vorschläge mit einer kollisionsrechtlichen Vorauswahl der möglicherweise verletzten nationalen Schutzrechte einher. Diese Prämisse soll in dieser Arbeit nach kritischer Überprüfung aufgegeben werden. Insofern steht die Diskussion unter einem anderen Vorzeichen.

---

[70] *Drexl*, in: MünchKomm, BGB, IntImmGR Rz. 1 ff.; *Fezer/Koos*, in: Staudinger, BGB, IntWirtschR, Rz. 814 ff.; *Nordemann-Schiffel*, in Bröcker/Czychowski/Schäfer, Praxishandbuch Geistiges Eigentum, § 3 Rz. 1 ff.

[71] Münchner Kommentar, Band 11: Internationales Wirtschaftsrecht, 4. Aufl. 2006, IntImmGR.

[72] Staudinger, Band: Einführung in des BGB/IPR, IntWirtschR (Internationales Wirtschaftsrecht), Neubearbeitung 2006, Rz. 814 ff.

[73] Nachweise in Fn. 62 zur Einleitung.

[74] Z.B. *Hoeren*, in: Hoeren/Sieber, Multimedia-Recht, Teil 7.10; *Ginsburg*, Private Internationale Law Aspects of the Protection of Works and Objects of Related Rights Transmitted Through Digital Networks; *Nordemann-Schiffel*, in: Bröcker/Czychowski/Schäfer, Praxishandbuch Geistiges Eigentum, § 3; *Thum*, in: Bartsch/Lutterbeck, Neues Recht, S. 117 ff.

[75] „Intellectual Property: Principles Governing Jurisdiction, Choice of Law, and Judgments in Transnational Disputes“ des ALI, Final Draft vom 14.5.2007, erwerbbar unter http://www.ali.org/index.cfm?fuseaction=publications.ppage&node_id=79 (Stand: 21.7.2008).

Teil 1

Kritische Analyse der dogmatischen Grundlagen

Kapitel 1

Das Territorialitätsprinzip

Das Territorialitätsprinzip ist nach allgemeiner Auffassung ein das Immaterialgüterrecht beherrschender Grundsatz. Dies gilt zumindest für Registerrechte. Aber auch registerlose Rechte, insbesondere das Urheberrecht, werden nach Meinung der überwiegenden Literatur und der Rechtsprechung in Deutschland von diesem Prinzip erfasst.[1] Dabei wird es als Argument für die Lösung einer Vielzahl von Rechtsfragen verwandt. Insbesondere das Schutzlandprinzip wird häufig mit dem Gebietsgrundsatz begründet,[2] aber auch der Ausschluss der Berücksichtigung ausländischer Sachverhalte wird auf diesen Grundsatz gestützt. Dabei wird das Territorialitätsprinzip oft als feststehendes, apriorisches Prinzip angesehen und dann herangezogen, wenn eine klare Begründung fehlt.[3] Um mögliche Einschränkungen des oder Abweichungen vom Schutzlandprinzip erörtern zu können, ist es daher notwendig, zuvor das Territorialitätsprinzip zu analysieren. Dazu muss zunächst herausgearbeitet werden, welcher Inhalt mit diesem Prinzip verbunden wird (I.) und ob dieser Grundsatz sach- oder internationalprivatrechtlicher Natur ist (II.). Anschließend sollen die historische Entwicklung (III.), die rechtliche Verankerung (IV.) und nach geltendem Recht existierende Ausnahmen (V.) von den einzelnen Bedeutungsvarianten eruiert werden, so dass zum Schluss kritisch untersucht werden kann, ob und mit welchem Inhalt das Territorialitätsprinzip eine Berechtigung hat (VI.).

---

[1] BGHZ 136, 380, 387 – Spielbankaffäre; BGHZ 155, 257, 261 – Sendeformat; *Ahrens*, S. 19; *Dreier*, in: Dreier/Schulze, UrhG, Vor §§ 120 ff. Rz. 29; *Katzenberger*, in: Schricker, UrhR, Vor §§ 120 ff. Rz. 129, jeweils m.w.N.

[2] Sofern man es nicht schon als Inhalt des Territorialitätsprinzips ansieht; dazu im Folgenden.

[3] So die verbreitete Kritik, siehe nur *Beier*, GRUR Int. 1964, 205, 207; *Neuhaus*, S. 179; *Schumacher*, GRUR Int. 1966, 305; *Weigel*, S. 78.

I. Inhalt des Territorialitätsprinzips

Will man den Inhalt des Territorialitätsprinzips umschreiben, steht man vor der schwierigen Aufgabe, dass dieser Begriff in den unterschiedlichsten Rechtsgebieten belegt ist. Er findet sowohl im Völkerrecht, im internationalen Privat- und öffentlichen Recht als auch im Immaterialgüterrecht Verwendung. Auch innerhalb dieser Rechtsgebiete wird der Begriff keineswegs einheitlich gebraucht.[4] Im Folgenden sollen daher die unterschiedlichen Bedeutungsvarianten herausgearbeitet werden.

1. Völkerrechtliches Verständnis

Im Völkerrecht bedeutet Territorialität nach ganz überwiegender Auffassung, dass jeder Staat nur auf dem eigenen Territorium Staatsgewalt hat. Er kann Hoheitsakte (z.B. Urteile, polizeiliche Maßnahmen, Zustellungen) nur auf dem eigenen Hoheitsgebiet vornehmen und einem fremden Souverän keine Vorschriften machen. Andernfalls verletzt er die Souveränität des anderen Staates.[5] Eine Souveränitätsverletzung liegt dagegen nicht vor, wenn ein Staat auf seinem Gebiet Hoheitsakte erlässt, die auf dem Gebiet eines anderen Staates wirken sollen.[6] Dies kommt auch öfters vor: So wirkt ein Einziehungsbefehl für den Wehrdienst auch für einen eigenen Staatsangehörigen, der sich im Ausland aufhält, und §§ 823 ff. BGB regeln auch Straßenverkehrsunfälle im Ausland, sofern sie durch das internationale Privatrecht zur Anwendung berufen werden. Die Durchsetzung des Einberufungsbescheids oder eines zivilrechtlichen Urteils im fremden Staat kann indes nur mit dessen Hilfe vorgenommen werden. Der Grund für das Fehlen eines völkerrechtlichen Verbots einer grenzüberschreitenden Wirkung liegt insbesondere in dem fehlenden internationalen Konsens[7] sowie darin, dass der ausländische Staat souverän über die Anerkennung eines solchen Hoheitsaktes entscheiden kann.[8] Eine Grenze für die Regelungsbefugnis

---

[4] Dies wurde bereits früh erkannt und es wurden einige Versuche zur Klärung dieses Begriffes und seiner Verwendung unternommen (vgl. *Weigel*, S. 78 m.w.N). Trotzdem hat sich kein einheitlicher Sprachgebrauch herausgebildet. Dabei werden die verschiedenen Bedeutungsvarianten oft nebeneinander gebraucht, ohne die Divergenz der Aussagen zu beachten; vgl. z.B. *Rehbinder*, S. 346, 349, 351.

[5] *Epping/Gloria*, in: Ipsen, § 23 Rz. 69; *Vogel*, S. 101.

[6] StIGH Ser. A, No. 10 (1927), 18 f. – Lotus; BVerfGE 63, 343, 369; *Epping/Gloria*, in: Ipsen, § 23 Rz. 86 ff.; *Neuhaus*, S. 71 f.; *Vogel*, S. 102; *Zippelius*, S. 72 f. Diese im Völkerrecht überwiegend anerkannte Auffassung wird im Recht des geistigen Eigentums häufig nicht beachtet, dazu unten Ziff. VI.1.a. (S. 60 f.).

[7] So schon *Cook* (Nachweis bei *Vogel*, S. 98 (Fn. 46)).

[8] *Ebner*, S. 29 f.; *Weigel*, S. 107.

findet sich allerdings in dem allgemeinen Prinzip des Erfordernisses einer echten Verknüpfung zum eigenen Staat (genuine link).[9]

2. Wirkungsbeschränkung (Beschränkung der Rechtsfolgen)

a. Beschränkte Wirkung der subjektiven Schutzrechte

aa. Allgemein

Für das Immaterialgüterrecht wird der Inhalt des Territorialitätsprinzips regelmäßig dahingehend verstanden, dass die Wirkung der einzelnen subjektiven Schutzrechte des geistigen Eigentums auf ein Territorium beschränkt ist. Dieses Territorium ist das Gebiet des Staates, der das entsprechende Schutzrecht verliehen oder – sofern ein expliziter Verleihungsakt fehlt – anerkannt hat.[10] Im Detail bedeutet dies, dass die Befugnisse, die durch das Schutzrecht gewährt werden, nicht auf anderen Staatsgebieten gelten, oder konkreter: der Inhaber hat weder das (positive) Recht zur eigenen Benutzung noch das (negative) Recht zur Untersagung der Benutzung des geschützten geistigen Gutes durch andere auf dem Hoheitsgebiet eines anderen als des schutzrechtserteilenden Staates.[11] Nichts anderes ist gemeint, soweit auf die territorial beschränkte Wirkung des Schutzes – nicht des Schutzrechts – abgestellt wird.[12] Wie bereits *Weigel* herausgearbeitet hat, stellt diese Formulierung die Bedeutung des negativen Verbietungsrechts als Abwehrfunktion in den Vordergrund, ohne dass ein inhaltlicher Unterschied besteht.[13]

Des Weiteren ist häufig zu lesen, dass ein inländisches Schutzrecht nur durch Inlandshandlungen verletzt werden kann, ein ausländisches dagegen nur durch Auslandshandlungen. Dies soll – nach verbreiteter Formulierung – Inhalt des Territorialitätsprinzips sein.[14] Allerdings ist zweifelhaft, ob hiermit eine zusätzliche, eigenständige Aussage gewonnen ist: Wenn ein Schutzrecht das Recht zur ausschließlichen Benutzung auf einem abgegrenzten Gebiet enthält, ist es logisch zwingend, dass nur eine Verwertung

---

[9] *Epping/Gloria*, in: Ipsen, § 23 Rz. 88, 90 ff.

[10] Statt vieler RGZ 30, 52, 55; RGZ 118, 76, 80 f. – Hengstenberg; BGHZ 126, 252, 256 – Folgerecht bei Auslandsbezug; *Dreier*, in: Dreier/Schulze, UrhG, Vor §§ 120 ff. Rz. 1; *Fezer/Koos*, in: Staudinger, BGB, IntWirtschR Rz. 839; *Mes*, PatG, § 9 Rz. 9; *Götting*, S. 78; *Nordemann-Schiffel*, in: Bröcker/Czychowski/Schäfer, Praxishandbuch Geistiges Eigentum, § 3 Rz. 11; *Schack*, UrhR, S. 414; *Weigel*, S. 90.

[11] *Weigel*, S. 95 f.

[12] *Lange*, S. 662; *Koch/Magnus/Winkler v. Mohrenfels*, S. 183; *Schweyer*, in: v. Schultz, MarkenR, § 14 Rz. 7.

[13] *Weigel*, S. 95.

[14] BGHZ 41, 84, 91 – Maja; *Beier*, in: Beier, Abhandlungen, S. 31, 42; *Schack*, Anknüpfung, S. 21; *Troller*, S. 138.

des geschützten Gutes auf diesem Gebiet eine Verletzung des Rechts darstellt und untersagt werden kann. Daher sollte man besser von einer zwangsläufigen Konsequenz sprechen.[15]

Die Gebietsbezogenheit der Wirkung der Schutzrechte ist nach einhelliger Auffassung nicht in dem absoluten Sinne zu verstehen, dass die nationale Rechtsordnung blind gegenüber ausländischen Schutzrechten ist. Diese werden im Inland anerkannt – allerdings nur mit dem Inhalt, dass die gewährten Befugnisse für das jeweilige ausländische Hoheitsgebiet, nicht aber für andere Staatsgebiete gelten. Daher ist eine Geltendmachung der Verletzung des ausländischen (subjektiven) Marken-, Patent- oder Urheberrechts vor inländischen Gerichten möglich, sofern ein Gerichtsstand nach den Regeln über die internationale Zuständigkeit gegeben ist.[16]

bb. Geltung auch für ausländische Schutzrechte

Wie schon in den bisherigen Ausführungen angeklungen ist, bezieht sich das Territorialitätsprinzip nicht nur auf die deutschen, sondern auch auf ausländische Schutzrechte für geistige Güter. Auch diese verleihen Befugnisse nur für das jeweilige Hoheitsgebiet des anerkennenden oder verleihenden Staates – und können daher nur dort verletzt werden.[17] Das soll schon deshalb gelten, weil das Territorialitätsprinzip im Ausland allgemein anerkannt ist.[18] Gleichwohl kann es vorkommen – und gerade im Urheberrecht ist dies der Fall –, dass eine ausländische Rechtsordnung nicht von der räumlich beschränkten Wirkung der Schutzrechte, sondern vom Universalitätsprinzip ausgeht[19] oder in bestimmten Fällen extraterritoriale

---

[15] Das wird des Öfteren auch getan, vgl. BGHZ 126, 252, 256 – Folgerecht bei Auslandsbezug; *Fezer/Koos*, in: Staudinger, BGB, IntWirtschR Rz. 853; *Katzenberger*, in: Schricker, UrhR, Vor §§ 120 ff. Rz. 123; *Schikora*, S. 57, 68 f., 77.

[16] RGZ 129, 385, 388 – Vacuum/Arctic; BGH NJW 1957, 140, 142 – Flava-Erdgold; *Fezer/Koos*, in: Staudinger, BGB, IntWirtschR Rz. 1000 und 1070 ff.; *Neuhaus*, S. 183 f., der daher von „relativer" Territorialität spricht; anders für das Patentrecht noch RG JW 90, 280, 280 f.

[17] Dies ist die ganz überwiegende Meinung, vgl. nur RGZ 118, 76, 82 – Hengstenberg; *v. Bar*, UFITA 108 (1988), 27, 45; *ders.*, S. 517 f.; *Martiny*, RabelsZ 40 (1976), 218, 224; *Neuhaus*, S. 184; *Raape*, S. 634; *Rehbinder*, S. 349; *Sandrock*, in: v. Caemmerer, Gutachten, S. 380, 424.

[18] BGHZ 126, 252, 256 – Folgerecht bei Auslandsbezug; *Bettinger/Thum*, GRUR Int. 1999, 659; *Ingerl/Rohnke*, MarkenG, Einl. Rz. 15; *Miosga*, S. 136; *Ohly*, in: Leible, IPR im Zeitalter der neuen Medien, S. 135.

[19] Art. 67 des griechischen UrhG von 1993 verweist beispielsweise auf das Recht des Ursprungslands für das Entstehen, den Umfang und den Inhaber eines subjektiven Urheberrechts in Bezug auf ein veröffentlichtes Werk; gelangt dieses zur Entstehung, kann es auch in anderen Staaten verletzt werden – es ist nicht territorial; *Liakopoulos*, S. 46 f.; *Lucas*, Ziff. 46. Ebenso ist nach Art. 60 des rumänischen IPRG von 1992 (abgedruckt in

Wirkungen anerkennt.[20] Trotzdem erkennt die überwiegende Auffassung in Deutschland diese Rechte nur mit Wirkung für das entsprechende Staatsgebiet an.[21] Das Ergebnis ist, dass an ein und demselben immateriellen Gut so viele subjektive Rechte bestehen können wie Staaten existieren. Es gibt also ein „Bündel nationaler Rechte".[22]

cc. Abgrenzung zur universellen Wirkung

Im Gegensatz zu den Immaterialgüterrechten wirken andere Rechte, wie z.B. das Eigentum an Sachen, wenn sie in einem Land erworben werden, weltweit (Universalitätsprinzip). Universale Wirkung bedeutet dabei nicht, dass das Schutzrecht überall auf der Welt (zumindest aus der Sicht des Inlands) dieselben Wirkungen haben muss:[23] Der Inhalt der aus diesen Rechten fließenden Befugnisse kann sich ändern, wenn die Wirkung in einem anderen Land geltend gemacht wird. Dies ist z.B. beim Sacheigentum gemäß Art. 43 Abs. 1 EGBGB der Fall, wenn die Sache in einen anderen Staat verbracht wird.[24] Bei Forderungen findet hingegen ein Statutenwechsel prinzipiell nicht statt.

RabelsZ 58 (1994), 534, 547) das Recht des Ursprungslands auf Entstehung, Inhalt und Untergang des Urheberrechts anwendbar. Weitere Beispiele nennt *Siehr*, UFITA 108 (1988), 9, 17 ff. Auch in Frankreich und den USA soll das Universalitätsprinzip vorherrschen. Allerdings geht es in den Entscheidungen meist nur um die Frage der Anknüpfung der ersten Urheberschaft; vgl. US Court of Appeals, 2nd Cir., GRUR Int. 1999, 639, 642 f. m. zust. Anm. v. *Schack*; *Fezer/Koos*, in: Staudinger, BGB, IntWirtschR Rz. 1010 m.w.N.

[20] Art. 44 des schweizerischen URG von 1922 sanktionierte auch im Ausland vorgenommene Eingriffe, wenn diese gegen eine in der Schweiz wohnhafte Person stattgefunden haben. Im Markenrecht haben amerikanische Gerichte eine Verletzung eines US-amerikanischen Markenrechts bei Vornahme der Verletzungshandlung im Ausland zum Teil angenommen, wenn ein wirtschaftlicher Effekt auf das US-Gebiet vorhanden war; so z.B. in der Entscheidung Steele v. Bulowa Watch Co. des US Supreme Courts (344 U.S. (1952) 280): Die Beklagte fertigte und verkaufte Uhren unter dem Zeichen „Bulowa" ausschließlich in Mexiko, etliche Uhren gelangten aber in die USA. Dort (und nicht in Mexiko) war der Kläger Markenrechtsinhaber.

[21] So bereits RGZ 118, 76, 82 – Hengstenberg; *v. Bar*, S. 517; *Neuhaus*, S. 184; *Raape*, S. 634. Siehe dazu auch 2. Kap.I.3. (S. 84 ff.).

[22] Statt vieler BGHZ 49, 331, 334 f. – Voran (in Bezug auf das Patentrecht). Der Sprachgebrauch vom *Bündel* nationaler Rechte geht auf BGHZ 18, 1, 13 und ihm folgend *Kegel*, in: Soergel, BGB, Anh. Art. 12 EGBGB Rz. 16 zurück. Man spricht daher auch von der „*Kegel*'schen Bündeltheorie".

[23] *Drobnig*, RabelsZ 40 (1976), 195, 197; *Neuhaus*, S. 184 f.; *Regelin*, S. 77.

[24] Ebenso richten sich die Voraussetzungen eines deliktsrechtlichen Anspruchs gemäß Art. 40–42 EGBGB bzw. Art. 4 und 14 Rom II-VO nicht zwingend nach der Rechtsordnung der Belegenheit des verletzten Gegenstands.

Die Frage ist, wodurch sich universale und territoriale Wirkung stattdessen unterscheiden. Das Sacheigentum als Paradebeispiel eines universalen Rechts verleiht dem Inhaber die Befugnis, die Sache zu benutzen und andere von der Benutzung auszuschließen, und zwar auch, wenn er die Sache in das Ausland verbringt. Lediglich der genaue Umfang und die Schranken werden durch die Rechtsordnung der Belegenheit der Sache normiert. Ob die ausländische Rechtsordnung die Entstehung oder den sonstigen Erwerb des Eigentums anerkennt, ist grundsätzlich unerheblich. Die Entstehung des Rechts steht ein für alle mal fest.[25] Ebenso erkennt der deutsche Richter die Befugnis eines Eigentümers, der dieses in einem fremden Land erworben hat, ohne weiteres an, wenn er die Sache in das Inland oder in einen dritten Staat verbringt. Im Gegensatz dazu fragt der Richter bei Immaterialgüterrechten, ob ein *anderes* Land dieses Recht für sein Territorium anerkennt. Dies kann durch einen besonderen Akt oder allgemein durch Gesetz geschehen, aber die *grundsätzliche* Wirkung hängt aus Sicht des Inlands für jeden Staat von dessen Entscheidung ab.[26] Mit anderen Worten ist ein Recht universal, wenn es im Inland entstanden ist und unabhängig von einer etwaigen (Nicht-)Anerkennung durch das Ausland auch dort dem Berechtigten aus inländischer Sicht grundsätzlich zusteht. Bei der territorialen Wirkung hängt die internationale Schutzgewährung dagegen von einer Akzeptanz im jeweiligen Wirkungsstaat ab. Sofern das Recht durch das Ausland gewährt wurde, ist es universal, wenn das Inland es ohne weite-

---

[25] *Looschelders*, IPR, Art. 43 Rz. 48; *Peifer*, ZUM 2006, 1. Gleiches gilt für andere dingliche Rechte an Sachen: Entsteht ein Pfandrecht an einer beweglichen Sache, geht dieses nicht mit Grenzübertritt unter; lediglich der Inhalt und die Ausübung des Rechts sind von der Rechtsordnung der neuen Belegenheit abhängig, selbst wenn das Recht dieser Rechtsordnung unbekannt sein sollte, vgl. Art. 43 Abs. 1 und 2 EGBGB.

[26] Das Erfordernis einer Anerkennung stellen auch heraus: *Hohloch*, in: Erman, BGB, Art. 40 EGBGB Rz. 54; *Seligsohn*, in: FS Reichspatentamt, S. 193, 206. Soweit in der Literatur der Anschein erweckt wird, dass vor allem die einheitliche Beurteilung der Inhaberschaft maßgeblich für die Universalität sei und die Frage der Entstehung der Entscheidung jedem Land überlassen bleiben solle (*Schack*, UrhR, S. 464 f. bzgl. den Anforderungen an die Gestaltungshöhe eines geistigen Werkes; vom generellen Ansatzpunkt aber wie hier, vgl. S. 417), ist dies nicht überzeugend. Es ist zwar richtig, dass die weltweite Wirkung eines Schutzrechts die Einheitlichkeit des Schutzrechtsinhabers bedingt. Allerdings wird hierbei der Schwerpunkt zu sehr auf die Einheitlichkeit des Rechts – sofern es entsteht – gelegt, über die Reichweite der Wirkung wird hingegen keine Aussage getroffen. Diese war aber entscheidender Inhalt der Universalität im Kennzeichenrecht, da gerade der Schutz in solchen Ländern gesichert werden sollte, die diesen nicht von sich aus gewährten (RGZ 18, 28, 33 f. – Hoff; *Kohler*, Markenschutz, S. 447); dazu unten Ziff. III.2.c. (S. 41 f.).

res[27] nicht nur für das Gebiet des betreffenden Staates, sondern auch für alle anderen Länder einschließlich des eigenen Gebietes respektiert.

b. Beschränkte Wirkung der (objektiven) Normen

Gelegentlich wird nicht die territorial begrenzte Wirkung der subjektiven Schutzrechte, sondern der objektiven Normen in den Vordergrund gestellt:[28] Die Normen des deutschen Urheberrechts-, Marken- und Patent*gesetzes* sollen nur auf deutschem Hoheitsgebiet Wirkung entfalten, ausländische Gesetze und Rechtssätze nur auf dem betreffenden Staatsterritorium. Versteht man die beschränkte Wirkung der Rechtsnormen als Limitierung ihrer Rechtsfolgen[29] und bezieht das auf die Normen, welche den Inhalt, das Entstehen und das Erlöschen eines Rechts festlegen, ergibt sich kein sachlicher Unterschied zu der Begrenzung des subjektiven Rechts: das Benutzungs- und Verbietungsrecht wirkt nur im Inland. Nimmt man die Prämisse dagegen ernst und beschränkt die Rechtsfolgen aller Normen der betreffenden Gesetze auf das Inland, ist eine erweiterte Aussage enthalten. So würde etwa die Rechtsfolge der Verjährung (d.h. die fehlende Durchsetzbarkeit eines Anspruchs wegen Zeitablaufs) auf das Inland beschränkt: Verjährung würde nur *im* Inland eintreten. Genauso würde bei konsequenter Umsetzung dieser Prämisse eine Verpfändung eines Schutzrechts nach deutschem Recht nur Wirkung in Deutschland entfalten; z.B. hätte die Verfügungsbeschränkung der Verpfändung keine Auswirkung auf eine Übertragungsvereinbarung *in* einem anderen Land. Beides wird indes nicht vertreten und wäre auch wenig sinnvoll.

c. Beschränkte Wirkung des Verleihungsaktes

Schließlich ist der staatliche Verleihungsakt möglicher Bezugspunkt der territorialen Wirkung.[30] Die staatliche Verleihung endet demnach an den

[27] A.A. *Neuhaus*, S. 184, der die Anerkennung durch das Inland mittels eines besonderen Akts als (relative) Universalität begreift. Dies bezieht er aber nur auf die Wirkungen eines ausländischen Rechts im Inland und nicht auf die Wirkung in der Fremde. Von seinem Standpunkt aus durchaus konsequent ordnet er anschließend die durch das MMA geschützten Handelsmarken als (relativ) universal wirkende Rechte ein. Die ansonsten allgemeine Ansicht begreift diese Handelsmarken hingegen als territorial wirkende Rechte (Nachweise in Fn. 192 zum 1. Kapitel).

[28] BGHZ 126, 252, 256 – Folgerecht bei Auslandsbezug; *Ulmer*, Urheber- und Verlagsrecht, S. 80; *Intveen*, S. 76; *Pfaff*, in: FS Beier, S. 1109, 1122 f.; in diese Richtung auch *Götting*, S. 78.

[29] Denkbar wäre auch ein Verständnis, dass eine Norm nur *auf* Sachverhalte im Inland wirkt, d.h. nur auf diese anwendbar ist (so *Braun*, S. 119 f.). Auch dies wird indes nicht konsequent vertreten (ausführlich dazu Ziff. 3.c. (S. 27 ff.)).

[30] *Neuhaus*, S. 182; *Weigel*, S. 87.

eigenen Staatsgrenzen. Schwierigkeiten ergeben sich allerdings bei registerlosen Rechten, da bei diesen ein solcher Akt fehlt. Dann ist nur ein Abstellen auf eine staatliche Anerkennung ohne besondere Formalität möglich. In der Konsequenz enden die Wirkungen des verliehenen oder anerkannten subjektiven Rechts jeweils an den Staatsgrenzen. Es besteht folglich kein Unterschied zu der Auffassung, die als Bezugspunkt das subjektive Recht selbst sieht.

3. Räumliche Beschränkung des Anwendungsbereichs von Normen

Neben der beschränkten Wirkung der Rechtsfolgen wird häufig vom Territorialitätsprinzip als räumlicher Beschränkung des Anwendungsbereichs von Normen oder der Rechtsordnung gesprochen. Dabei ist zu differenzieren:

a. Territorialer Geltungsbereich der Rechtsordnung

Soweit auf die territorial beschränkte Geltung der Rechtsordnung, d.h. die Summe aller Rechtsnormen, abgestellt wird, wird damit lediglich zum Ausdruck gebracht, dass die Gesetze eines Landes nur auf dem eigenen Staatsterritorium gelten. Jeder Staat kann nur den Gerichten auf dem eigenen Gebiet die Anwendung der Gesetze befehlen.[31] Fremdes Recht gelangt nur zur Anwendung, wenn eine inländische Rechtsnorm dies ausspricht. Das ist indes in der heutigen Zeit eine Selbstverständlichkeit und stellt nur eine Ausprägung des bereits vorgestellten völkerrechtlichen Aspekts der territorialen Souveränität dar.

b. Territoriale Bestimmung der anwendbaren Rechtsordnung

Territorialität kann auch mit Blick auf die Bestimmung der anwendbaren Rechtsordnung verwandt werden. Eine Norm ist danach territorial, wenn die zugehörige kollisionsrechtliche Anknüpfung ein räumliches Element aufweist.[32] Dies ist die klassische internationalprivatrechtliche Auffassung des Territorialitätsprinzips im Gegensatz zum Personalitätsprinzip, die vor allem im internationalen öffentlichen Recht verbreitet ist. Sie wird jedoch zunehmend kritisiert und ihre Aussagekraft in Abrede gestellt. *Sonnenberger* meint treffend, dass ohne Konkretisierung des räumlichen Anknüp-

---

[31] *Neuhaus*, S. 181; Vogel, S. 65 f. und 14 (Fn. 7) spricht von intransitiver Territorialität – externer Aspekt.

[32] *Kropholler*, IPR, S. 152; *Neuhaus*, S. 180.

fungsmoments das Territorialitätsprinzip unbrauchbar ist, nach erfolgter Konkretisierung dagegen überflüssig.[33]

Interessanterweise ist trotz dieser wachsenden Überzeugung im internationalen öffentlichen Recht keine parallele Entwicklung im internationalen Immaterialgüterrecht eingetreten. Dort wird dem Territorialitätsprinzip weiterhin verbreitet eine kollisionsrechtliche Bedeutung beigemessen. Dies lässt sich nur damit begründen, dass dieses Prinzip im geistigen Eigentum nicht in der allgemeinen kollisionsrechtlichen Fassung, sondern bereits präzisiert verstanden wird.[34] Inhalt des Territorialitätsgrundsatzes sei, dass sich Entstehen, Inhalt und Umfang der Immaterialgüterrechte nach dem Recht des jeweiligen Schutzlandes bestimmen.[35] Aus dieser Formulierung könnte man schließen, dass die Anknüpfung anderer Aspekte, etwa der Voraussetzungen eines Schadensersatzanspruches, diesem Prinzip jedenfalls nicht selbst zu entnehmen sei.[36] Teils wird jedoch ausdrücklich die Anknüpfung aller Gesichtspunkte – einschließlich der Voraussetzungen für Schadensersatzansprüche – nach dem jeweiligen Schutzstaat als Aussage des Gebietsgrundsatzes bezeichnet.[37] Allerdings ist diese Sichtweise keineswegs unumstritten. Ein Großteil der Literatur (zunehmend in jüngerer Zeit) bezweifelt, dass dem Gebietsgrundsatz selbst eine Anknüpfungsregel

---

[33] *Sonnenberger*, in MünchKomm, BGB, Einl. IPR Rz. 423; kritisch wegen der begrifflichen Unschärfe auch *Kegel/Seidl-Hohenveldern*, in: FS Ferid, S. 233, 234; *Mankowski*, in: v. Bar/Mankowski, S. 242; *Vogel*, S. 142 ff.

[34] Anders *Nordemann*, in: Fromm/Nordemann, UrhR, § 121 Rz. 4; *Nordemann/Vinck/Hertin/Meyer*, Int. Copyright, Introduction Rz. 26. Diese Autoren bezeichnen die einheitliche Anknüpfung an den Ort der ersten Veröffentlichung oder der Herstellung – also das Ursprungsland – konsequent als Umsetzung des Territorialitätsprinzips, da das Anknüpfungsmoment ein territoriales ist. Ansonsten wird gerade die Anknüpfung an das Ursprungsland als Umsetzung des Universalitätsprinzips gesehen, da die Folge ist, dass das Urheberrecht nicht nur territorial wirkt!

[35] *Dinwoodie*, 41 Hous. L. Rev. (2004), 885, 901 f.; *Fezer*, MarkenR, Einl. MarkenG Rz. 165 f.; *Troller*, S. 138 f., der dies als das Territorialitätsprinzip im eigentlichen Sinn bezeichnet; *Vischer*, in: FS Eidgenössisches Patentgesetz, S. 363.

[36] So ausdrücklich *Troller*, S. 137 f., der aber zwischen selbstständigen Ansprüchen (z.B. Schadensersatzforderungen) und den aus dem Ausschließlichkeitsrecht unmittelbar abgeleiteten Ansprüchen (Verbots- und Beseitigungsansprüchen) unterscheidet: Erstere sollen nicht nach dem Recht des Schutzlandes, sondern nach dem am Deliktsort geltenden Recht zu beurteilen sein. Andere sehen die kollisionsrechtliche Beurteilung sonstiger Aspekte im Gegensatz zu Bestand, Inhalt und Umfang nach dem Schutzland nicht als Inhalt, sondern als Folge des Territorialitätsprinzips, vgl. *Fezer*, MarkenR, Einl. MarkenG Rz. 167 f.; *Pfaff*, in: FS Beier, S. 1109; 1123 und 1125; unklar dagegen *Beier*, in Beier, Abhandlungen, S. 31, 42.

[37] *Andermann*, S. 76 f., 80; *Baeumer*, in: FS Fikentscher, S. 803, 803 f.; *v. Bar*, S. 516 ff.; *Emmerich*, DB 1972, 1275, 1277; *Fentiman*, in: Drexl/Kur, IP and PIL, S. 129, 141; *Kegel/Seidl-Hohenveldern*, in: FS Ferid, S. 233, 234 f.; *Sandrock*, GRUR Int. 1985, 507, 513.

zu entnehmen ist.[38] Die Rechtsprechung bietet ein ebenso vielfältiges Bild wie die Literatur.[39] Insgesamt ist somit zu konstatieren, dass zu diesem Punkt kontroverse Vorstellungen herrschen.

c. Territoriale Beschränkung des räumlichen Anwendungsbereichs einer Norm

Die Territorialität kann sich ferner auf den Anwendungsbereich einer Norm beziehen. Im Unterschied zu dem soeben erläuterten Verständnis soll nicht eine von mehreren Rechtsordnungen ausgewählt werden, sondern es wird beurteilt, ob eine zur Anwendung gebrachte Sachnorm einen Sachverhalt berücksichtigt oder nicht.[40] Es handelt sich also um keine Anknüpfungsregel, sondern der Regelungsbereich des Sachrechts wird begrenzt. „Territorial" wären die Rechtsnormen der Schutzgesetze des geistigen Eigentums, wenn nur Sachverhalte berücksichtigt würden, die auf dem jeweiligen nationalen Hoheitsgebiet stattgefunden haben.[41] Ob dies der Fall ist, wird nicht einheitlich beurteilt:

Einigkeit herrscht zunächst hinsichtlich des Ergebnisses, dass nur Verletzungshandlungen[42] in dem Land, dessen Schutzrecht in Rede steht, den Verletzungstatbestand eines Schutzgesetzes erfüllen können. Dies stellt indes nur eine Konsequenz der beschränkten Wirkung der Immaterialgüterrechte dar.[43]

Zweifelhaft ist dagegen, wie sich das Territorialitätsprinzip zur Möglichkeit einer internationalen Erschöpfung verhält. Im Markenrecht stellt sich die Frage, ob der Inhaber einer Marke die Einfuhr von gekennzeichneten Originalprodukten ins Inland untersagen kann, die mit seiner Billigung im Ausland unter demselben Kennzeichen in Verkehr gebracht worden

---

[38] *Drexl*, in: MünchKomm, BGB, IntImmGR Rz. 13; *Fezer/Koos*, in: Staudinger, BGB, IntWirtschR Rz. 851; *Hartmann*, in: Möhring/Nicolini, UrhG, Vor §§ 120 ff. Rz. 2; *Kreuzer*, in: MünchKomm^3, BGB, Nach Art. 38 EGBGB Anh II Rz. 14; *Nirk*, in: FS Heusinger, S. 217, 227; *Schack*, Anknüpfung, S. 22; *Zweigert/Puttfarken*, GRUR Int. 1973, 573, 574.

[39] Im Sinne einer umfassenden kollisionsrechtlichen Bedeutung BGHZ 80, 101, 104 – Schallplattenimport I; BGH GRUR 2005, 431, 431 – Hotel Maritime; im Sinne einer Kollisionsnorm hinsichtlich Entstehen, Inhalt und Bestand BVerfGE 81, 208, 222 – Bob Dylan; ohne Beilegung einer Anknüpfungsregel RGZ 118, 76, 80 – Hengstenberg; BGHZ 41, 84, 91 – Maja; BGHZ 126, 252, 256 f. – Folgerecht bei Auslandsbezug.

[40] *Bollacher*, S. 58; *Fentiman*, in: Drexl/Kur, IP and PIL, S. 129, 139; *Neuhaus*, S. 339.

[41] In dieser Allgemeinheit *Bollacher*, S. 22 und 24, der dies als h.M. bezeichnet und sich gegen diese wendet; *Evert*, S. 23; *Troller*, GRUR Int. 1967, 261, 261 ff.; für das UWG *Nordemann*, S. 43.

[42] Zur Kritik der Begrifflichkeiten Ziff. V.1.a.bb. (S. 52 ff.).

[43] Siehe oben Ziff. 2.a.aa. (S. 20).

sind. Die gleiche Problematik stellte sich im patent- und urheberrechtlichen Verbreitungsrecht. Im Ergebnis besteht inzwischen Einigkeit, dass ein Inverkehrbringen im Inland, in einem Mitgliedsstaat der EU oder in einem Vertragsstaat des Abkommens über den EWR, nicht aber ein sonstiges Inverkehrbringen, Erschöpfung bewirkt.[44] Bei genauerem Hinsehen fällt aber auf, dass die Begründung für dieses Ergebnis und das Verhältnis zum Territorialitätsprinzip sehr unterschiedlich beurteilt werden:

Im Patentrecht gehen ein Großteil der Literatur und auch die Rechtsprechung davon aus, dass prinzipiell eine Erschöpfung nur bei inländischem Inverkehrbringen eintritt. Zur Begründung wird gewöhnlich auf das Territorialitätsprinzip verwiesen: Nach diesem sollen nicht nur die Wirkungen des Patents an den Staatsgrenzen enden, sondern auch die Wirkungen des Verbrauchs des Rechts (Erschöpfung).[45] Letztere Aussage ist aber nicht denknotwendige Folge der ersteren. Es ist durchaus möglich, dass zwar die Wirkungen eines Patents auf das Inland beschränkt sind, aber ein ausländischer Sachverhalt Auswirkungen auf das Entstehen oder den Verbrauch des ausschließlichen Rechts hat. Der BGH hatte dies auch schon zuvor für das Markenrecht anerkannt.[46] Daran wird deutlich, dass dem Territorialitätsprinzip für das Patentrecht ein weiterer Inhalt beigemessen wird; insoweit wird auch vom „strengen" Territorialitätsprinzip gesprochen.[47] Korrigiert wird die vom Grundsatz zulässige Versagung der Einfuhr eines mit Zustimmung des Patentinhabers in einem Mitgliedstaat in Umlauf gebrachten Produkts durch das Europarecht: Das Importverbot verstößt gegen die Warenverkehrsfreiheit gemäß Art. 28 EGV mit der Folge, dass die aus dem Patent fließenden Ausschließlichkeitsrechte im konkreten Fall unanwendbar sind.[48] Für den EWR gilt auf Grund Art. 2 des zum Abkommen über den EWR gehörenden Protokolls 28 über geistiges Eigentum das Gleiche.

Auch im Urheberrecht ging die überwiegende Ansicht von der Unbeachtlichkeit des ausländischen Inverkehrbringens eines im Inland geschützten Werkes und der fehlenden Möglichkeit zur Berufung auf das ausschließliche Verbreitungsrecht im Falle eines Verstoßes gegen Art. 28

[44] Zum Markenrecht BGHZ 131, 308, 312 ff. – Gefärbte Jeans; EuGH Slg. 1998, I – 4799, 4818, Tz. 63 – Silhouette; zum Patentrecht BGHZ 143, 268, 273 – Karate; zum Urheberrecht *Heerma*, in: Wandtke/Bullinger, UrhR, § 17 Rz. 18 m.w.N.

[45] Hinsichtlich des SortSchG BGHZ 49, 331, 334 ff. – Voran; diese Entscheidung wird auch für das Patentrecht allgemein als maßgeblich angesehen; BGH GRUR 1976, 579, 582 – Tylosin; *Beier*, GRUR Int. 1996, 1, 6; *Keukenschrijver*, in Busse, PatG, § 9 Rz. 155; *Scharen*, in: Benkard, PatG, § 9 Rz. 22; a.A. *Kraßer*, S. 823 f.

[46] Dazu sogleich.

[47] BGHZ 49, 331, 339 – Voran.

[48] EuGH GRUR Int. 1974, 454, 455; EuGH GRUR Int. 1982, 47, 48.

EGV aus.[49] Der BGH hat zur Begründung allerdings ausdrücklich nicht auf das Territorialitätsprinzip, sondern auf „urheberrechtliche Gesichtspunkte" abgestellt, konkret auf die Schutzwürdigkeit des Urhebers und den der Erschöpfung zu Grunde liegenden Gedanken.[50] Inzwischen ist die europaweite Erschöpfung in § 17 Abs. 2 UrhG geregelt und eine darüber hinausgehende Erschöpfung wird im Anschluss an die Argumentation im Kennzeichenrecht abgelehnt.[51]

Im Markenrecht war ursprünglich umstritten, ob aus dem Territorialitätsprinzip der Ausschluss der Berücksichtigung ausländischer Sachverhalte bei der Erschöpfung folgt. Dies wurde zum Teil mit denselben Argumenten wie im Patentrecht bejaht.[52] Das RG hatte die internationale Erschöpfung noch zugelassen, aber dies mit der (damals geltenden) universalen Wirkung des Warenzeichenrechts begründet.[53] Der BGH stellte in der Entscheidung Maja jedoch klar, dass der Umkehrschluss, wonach unter der Geltung des Territorialitätsprinzips eine Erschöpfung nur bei Inverkehrbringen im Inland erfolgt, nicht zulässig ist; vielmehr enthalte der Territorialitätsgrundsatz keine Aussage hierzu.[54] Inzwischen ist im Markenrecht die Erschöpfung in § 24 Abs. 1 MarkenG für ein Inverkehrbringen innerhalb der EU und des EWR geregelt und sowohl der EuGH als auch der BGH haben geurteilt, dass dies eine abschließende Regelung sei: ein Inverkehrbringen außerhalb dieser Staaten bewirke folglich keine Erschöpfung im Inland.[55] Eine Aussage zum Territorialitätsprinzip ist damit aber nicht verbunden. Denn beide Gerichte haben ihre Auffassung ohne Bezug auf den Territorialitätsgrundsatz, sondern nur mit dem Wortlaut und vor allem dem Zweck von Art. 7 MarkenRL begründet: Eine unterschiedliche Beurteilung dieser Frage in der EU widerspreche dem Zweck der Beseiti-

---

[49] *Dreyer*, in: HK-UrhG, § 17 Rz. 58 ff.; *Schack*, UrhR, S. 206; *Schulze*, in: Dreier/Schulze, UrhG, § 17 Rz. 33 und 35.

[50] BGHZ 80, 101, 104 ff. – Schallplattenimport. In der Literatur wird dagegen auch im Urheberrecht z.T. noch auf das Territorialitätsprinzip abgestellt, siehe z.B. *Schulze*, in Dreier/Schulze, UrhG, § 17 Rz. 33.

[51] *Heerma*, in: Wandtke/Bullinger, UrhR, § 17 Rz. 18 m.w.N.

[52] *Kraft*, GRUR 1969, 120, 123; *Troller*, GRUR Int. 1967, 261, 261 und 267.

[53] RGZ 51, 263, 267 f. – Mariani.

[54] BGHZ 41, 84, 91; ebenso der Hoge Raad der Niederlande (GRUR Int. 1957, 259, 260 f.), der den Territorialitätsgrundsatz in einem vergleichbaren Fall nicht einmal erwähnt hat. Auch die Literatur stimmt dem überwiegend zu, vgl. nur *Beier* (in Beier, Abhandlungen, S. 31, 43 ff.), der auch auf die Nichterwähnung dieses Prinzips in der angloamerikanischen Literatur in zahlreichen Parallelimportfällen verweist, und *Hefermehl* (GRUR 1964, 375, 376); insoweit zustimmend *Fezer* (Markenrecht, § 24 Rz. 13), der aber die internationale Erschöpfung trotzdem wegen der Funktion der Marken ablehnt.

[55] EuGH Slg. 1998, I – 4799, 4812, Tz. 40–42 – Silhouette; BGHZ 131, 308, 312 ff. – Gefärbte Jeans.

gung von Handelshemmnissen innerhalb des Binnenmarktes.[56] Rechtsprechung und Literatur messen dem Territorialitätsprinzip somit im Marken-, Patent- und Urheberrecht zum Teil unterschiedliche Inhalte bei.[57]

Kontroverse Ansichten existieren ferner hinsichtlich der Berücksichtigungsfähigkeit im Ausland erlittener Schäden bei inländischen Schadensersatzansprüchen. So hat der EuGH auf Vorlage der französischen Cour de cassation entschieden, dass im Falle einer Kollision von Zahlungsansprüchen mehrerer Rechtsordnungen wegen der Verletzung der jeweiligen Immaterialgüterrechte eine territoriale Aufsplitterung der Schäden zu erfolgen hat. Der EuGH begründete diese Auslegung von Art. 8 Abs. 2 der Vermiet- und Verleihrichtlinie[58] „unter Berücksichtigung des Territorialitätsprinzips".[59] Dies lässt darauf schließen, dass dem Territorialitätsprinzip kein entsprechender originärer Inhalt entnommen werden soll, sondern die Begrenzung auf lokale Schäden „nur" eine Folge der beschränkten Wirkung des Urheberrechts darstellt. Ähnlich fordert die Literatur überwiegend einen territorialen Ansatz mit einem Verweis auf den Gebietsgrundsatz.[60] Dagegen sieht der BGH in diesem Prinzip kein Hindernis zum Ersatz ausländischer Schäden.[61] Da die Beschränkung des Schadensersatzanspruchs Gegenstand des 6. Kapitels ist, soll das Verhältnis zwischen Territorialitätsgrundsatz und der Berücksichtigungsfähigkeit extraterritorialer Schäden an dieser Stelle ausgeklammert und ausführlich später erörtert werden.

In anderem Kontext werden Auslandssachverhalte zum Teil als selbstverständlich berücksichtigt. Bedenken wegen des Territorialitätsprinzips werden nicht gesehen: Im Patentrecht ist beispielsweise eine ausländische Vorveröffentlichung als neuheitsschädliche Tatsache relevant und die Übertragung eines deutschen Patent- oder Markenrechts kann durch eine Vereinbarung im Ausland vorgenommen werden. Gleiches gilt für eine Verpfändung.

Zusammenfassend lässt sich feststellen, dass die Nichtberücksichtigung von Auslandssachverhalten – sofern dies im Einzelfall befürwortet wird – meist ohne nähere Begründung auf das Territorialitätsprinzip gestützt wird. Teils wird diesem Grundsatz ein entsprechender Inhalt beigemessen, teils wird dies als zwingende Konsequenz geschlussfolgert. Sofern eine Berück-

---

[56] EuGH Slg. 1998, I – 4799, 4812, Tz. 40–42 – Silhouette.

[57] So ausdrücklich *Beier*, GRUR Int. 1996, 1, 6.

[58] Richtlinie 92/100/EWG des Rates vom 19.11.1992 zum Vermietrecht und Verleihrecht sowie zu bestimmten dem Urheberrecht verwandten Schutzrechten im Bereich des geistigen Eigentums, ABl. L 346 vom 27.11.1992, S. 61.

[59] EuGH Slg. 2005, I – 7199, 7236, Tz. 54 – Lagardère.

[60] *Jegher*, in: Basler Kommentar, IPRG, Art. 110 Rz. 28; *Goldstein*, Int. Copyright, S. 68; *Sandrock*, GRUR Int. 1985, 507, 515.

[61] BGHZ 152, 317, 330 – Sender Felsberg.

sichtigung von Auslandssachverhalten geboten oder sinnvoll erscheint, ist das Territorialitätsprinzip hingegen regelmäßig kein Hindernis, ja es wird zum Teil nicht einmal erwähnt.

d. Beschränkung des Normanwendungsbereichs auf inländische Schutzrechte

Die Beschränkung der nationalen Rechtsnormen kann nicht nur auf Sachverhalte, die sich im Inland verwirklicht haben, bezogen werden. Es ist auch möglich, den Anwendungsbereich nur auf bestimmte subjektive Schutzrechte zu erstrecken. Unter der Prämisse, dass in jeder Rechtsordnung für das gleiche immaterielle Gut ein selbstständiges Schutzrecht entsteht,[62] ist es somit vorstellbar, den Anwendungsbereich der Schutzgesetze auf das jeweilige nationale Schutzrecht zu beschränken. Die Regelungen des deutschen Patent-, Marken- und Urheberrechtsgesetzes sind demnach nur auf deutsche (d.h. in Deutschland wirkende) subjektive Patent-, Marken- und Urheberrechte anwendbar. Diese Begrenzung des Schutzbereichs der Gesetze auf nationale Schutzgüter wird im Recht des geistigen Eigentums allgemein zu Grunde gelegt. Allerdings wird das in dieser Allgemeinheit selten betont oder eigens herausgestellt,[63] diese Begrenzung wird vielmehr als selbstverständlich vorausgesetzt.[64] Lediglich bzgl. des Entstehens, Inhalts und des Erlöschens wird dies als Selbstständigkeit der Rechte dargestellt.[65] So entscheidet das deutsche MarkenG nur über die Entstehung, Inhaberschaft, Verletzung, etc. eines „deutschen" – d.h. in Deutschland wirkenden – Kennzeichenrechts. Es spricht einiges dafür, dass dieses Verständnis auch dann gemeint ist, wenn allgemein (und missverständlich) von einer Begrenzung des Anwendungsbereichs der Schutzgesetze auf inländische Sachverhalte gesprochen wird.

---

[62] Siehe Ziff. 2.a. (S. 20 ff.).

[63] So aber RGZ 129, 385, 388 – Vacuum/Arctic; vgl. auch *Fawcett/Torremans*, S. 601 und 605; *Fezer*, MarkenR, Einl. MarkenG Rz. 165.

[64] Das ist insbesondere der Fall, wenn herausgestellt wird, dass eine Verweisung auf eine andere Rechtsordnung als die des Schutzlands zwingend zur Klageabweisung führt. So z.B. *Drexl*, in: MünchKomm, BGB, IntImmGR Rz. 124; *Fentiman*, in: Drexl/Kur, IP and PIL, S. 129, 139 f.; *Sack*, WRP 2000, 269, 279; *Vischer*, in: Zürcher Kommentar zum IPRG, Art. 110 Rz. 13. Diese Aussage ist nur zutreffend, wenn ein Schutzrecht nur im jeweiligen Schutzland verletzt werden kann *und* wenn unter dem jeweiligen Recht nur die Verletzung des nationalen Schutzrechts tatbestandsmäßig ist. In einer vereinzelt gebliebenen Entscheidung hat die Rechtsprechung dagegen ein ausländisches Immaterialgüterrecht i.R.d. deutschen Sachrechts – wenngleich nicht in einem Sonderschutzgesetz, sondern in § 1004 BGB – berücksichtigt, vgl. BGH GRUR 1957, 352, 353 f. – Taeschner (Pertusin II).

[65] Dazu sogleich.

4. Unabhängigkeit und Selbstständigkeit der Schutzrechte

Nach diesen Ausführungen kann erläutert werden, was mit der Unabhängigkeit und Selbstständigkeit der Schutzrechte gemeint ist. In etlichen Darstellungen zum Territorialitätsprinzip werden diese als zweite Aussage, die diesem Prinzip neben der beschränkten Wirkung der subjektiven Rechte beizumessen ist, genannt.[66] Die Unabhängigkeit und Selbstständigkeit der Immaterialgüterrechte werden aber nicht einheitlich verstanden, sondern es finden sich gerade in diesen Worten bei näherer Betrachtung die unterschiedlichen Auffassungen über den Inhalt des Territorialitätsprinzips wieder.

a. Unabhängigkeit der Rechte

aa. Allgemein

Die Aussage der Unabhängigkeit und Selbstständigkeit der Rechte wird oft dergestalt konkretisiert, dass jedes subjektive Schutzrecht unabhängig vom Entstehen, Inhalt und Bestehenbleiben eines ausländischen Schutzrechts für das gleiche immaterielle Gut existiert.[67] Das Schicksal eines ausländischen Patents, Urheberrechts oder einer Marke berührt also nicht die Wirksamkeit eines inländischen Patents, Urheberrechts oder einer Marke.[68] Nicht ausgeschlossen ist indes, dass dieselben Tatsachen als Voraussetzung für eine bestimmte Rechtsfolge normiert werden.[69] Beispielsweise widerspricht es der Unabhängigkeit nicht, wenn das Entstehen eines Urheberrechts von einer Veröffentlichung, die auch im Ausland erfolgen kann, abhängig gemacht wird. Das Entstehen eines deutschen Urheberrechts könnte lediglich nicht ohne Verstoß gegen den (so verstandenen) Gebietsgrundsatz an das (gleichzeitige) Entstehen eines Urheberrechts im Veröffentlichungsstaat geknüpft werden. Mit der Unabhängigkeit wird somit keine Aussage über die Reichweite oder die Anwendbarkeit einer Rechtsordnung, sondern lediglich über das Verhältnis der einzelnen Schutzrechte zueinander getroffen.

bb. Verhältnis zu anderen Aussagen des Territorialitätsprinzips

Beschränkte Wirkung und Unabhängigkeit der nationalen Schutzrechte werden häufig in einem Atemzug genannt. Daraus kann der Eindruck ent-

---

[66] Statt vieler *Ebner*, S. 22; *Hoeren/Thum*, in: Dittrich, Beiträge zum UrhR, S. 78, 83; *Muth*, S. 57; *Weigel*, S. 90.

[67] BGHZ 41, 84, 91 – Maja; *Hoth*, GRUR 1968, 64, 65; *Kraßer*, S. 823; *Schumacher*, GRUR Int. 1966, 305; *Troller*, S. 138; Weigel, S. 90 f.

[68] Für das Patentrecht schon RGZ 84, 370, 375 – Kühler.

[69] *Troller*, S. 135.

stehen, dass diese Eigenschaften strikt miteinander verknüpft sind und in der Tat ist diese Ansicht anzutreffen.[70] Gleichwohl sind Zweifel an der behaupteten Untrennbarkeit angebracht. Trotz der beschränkten Wirkung eines Rechts kann dessen Entstehen nämlich von verschiedenen Faktoren abhängig gemacht werden: Neben den geltenden Voraussetzungen wäre es etwa – vorbehaltlich völkerrechtlicher Vereinbarungen – möglich, den Schutz an die Staatsangehörigkeit, an die Veröffentlichung in einem bestimmten Land oder eben an den gleichzeitigen Schutz im Ausland zu knüpfen.[71] *Universal* wird das Schutzrecht dadurch nicht. Denn selbst wenn man den Schutz im Inland an den Schutz z.B. im Heimatland des Autors oder Erfinders knüpft, ist noch keine Aussage über die Relevanz der Anerkennung dieses Rechts durch andere Staaten (die vielleicht ganz andere Voraussetzungen vorsehen) getroffen. Die territoriale Wirkung ist demnach sowohl mit der Akzessorietät als auch der Unabhängigkeit der einzelnen Rechte vereinbar. Beleg dafür ist auch die Tatsache, dass die internationalen Konventionen und auch das WbzG von 1894 bzw. sowie das WZG von 1936 in gewissem Umfang eine Abhängigkeit vom Schutz im Ausland normiert haben und trotzdem seit der Hengstenberg-Entscheidung des RG von 1927 von der räumlichen Begrenzung der Wirkung ausgegangen wird.[72]

Umgekehrt scheinen universale Rechte nur akzessorisch bestehen zu können. Dies ist richtig, wenn man die Situation nur aus Sicht eines Landes betrachtet: Die Schutzerstreckung ist immer abhängig vom Entstehungsstaat, aber nur von diesem und nicht von der Entscheidung anderer Staaten. Allerdings können die Staaten unterschiedliche Ansichten über den Entstehungsstaat haben. Einer lässt vielleicht das Recht des Heimatlandes über die Entstehung entscheiden, der andere die Rechtsordnung des gewöhnlichen Aufenthalts, des *domiciles* oder der ersten Veröffentlichung. Das Recht ist zwar jeweils aus Sicht des einzelnen Landes universal, aber die Beurteilung des Rechts durch die einzelnen Länder erfolgt unabhängig voneinander.[73]

Aus diesen Überlegungen folgt zugleich, dass auch die Unabhängigkeit und der beschränkte Anwendungsbereich der *Gesetze* nicht zwangsläufig

---

[70] Vgl. BGHZ 41, 84, 91 – Maja; *Beier*, in: Beier, Abhandlungen, S. 31, 41 f., der die Unabhängigkeit der Markenrechte nicht als Inhalt des Territorialitätsbegriffs begreift, aber als dessen Folge ansieht. Diese Verbundenheit wird ferner deutlich, wenn die Verankerung der räumlichen Beschränktheit der Schutzrechte in den internationalen Konventionen in der Festlegung der Unabhängigkeit gesehen wird, hierzu Ziff. IV.1.b. (S. 46 ff.).

[71] Darauf weist auch *Ulmer*, RabelsZ 41 (1977), 479, 485 hin.

[72] Dazu Ziff. III.3.a. (S. 42 f.).

[73] So auch *Andermann*, S. 78 f.

miteinander korrelieren. Das deutsche UrhG kann – soweit keine völkerrechtliche Vereinbarung entgegensteht – auf die Regelung eines in Deutschland wirkenden Urheberrechts limitiert sein, die Verletzung aber davon abhängig machen, ob ein Schutz ebenfalls im Ursprungsland erfolgt. Genauso wäre es denkbar, dass das deutsche UrhG die Verletzung von im Ausland wirkenden Urheberrechten oder ausländische Sachverhalte regelt, unabhängig davon, ob das Urheberrecht auch in Deutschland Ausschließlichkeitsbefugnisse gewährt.[74]

b. Selbstständigkeit der Rechte

Teilweise wird statt der Unabhängigkeit oder zusätzlich angeführt, dass jedes Schutzrecht selbstständig nach den Gesetzen des Landes, auf dessen Territorium es wirkt, entstehen, erlöschen und inhaltlich ausgestaltet werden müsse.[75] Man kann dies zum einen dahin verstehen, dass die Gesetze eines Landes nur Entstehen, Inhalt und Erlöschen eines „eigenen" – in Verbindung mit der beschränkten Wirkung bedeutet dies: auf dem eigenen Gebiet Wirkung entfaltenden – Schutzrechts regeln oder regeln können. Insoweit geht es um eine Begrenzung des Anwendungsbereichs der Gesetze.[76] Dies wird von den Autoren, die die Selbstständigkeit der Schutzrechte nicht eigens betonen, zumindest vorausgesetzt.[77] Zum anderen kann man aus dieser Forderung herauslesen, dass Entstehen, Erlöschen und Inhalt sich nach dem Recht bestimmen, für dessen Territorium der Schutz wirken soll. Insofern kommt in der Forderung nach Selbstständigkeit eine Regel zur Festlegung der anwendbaren Rechtsordnung – jedenfalls soweit es um die Entstehung, den Inhalt und das Erlöschen der Schutzrechte geht – zum Ausdruck.[78]

II. Dogmatische Einordnung

Die Zuordnung des Territorialitätsgrundsatzes zum internationalen Privatrecht oder zum Sachrecht wird ebenso wie die Bestimmung von dessen Inhalt uneinheitlich beantwortet. Fasst man den Territorialitätsgrundsatz als Anknüpfungsregel auf, ist er dem internationalen Privatrecht zugehörig.

---

[74] Im Ergebnis ebenso *Ebner*, S. 33 in Bezug auf Art. 6 Abs. 1 und 3 PVÜ. Dazu auch 2. Kap.III.3. (S. 119).

[75] *Ebner*, S. 22; *Hoeren/Thum*, in: Dittrich, Beiträge zum UrhR, S. 79, 83; *Gesmann-Nuissl*, in: Ensthaler u.a., Handbuch UrhR, S. 409; *Vischer*, in: Zürcher Kommentar zum IPRG, Vor Art. 109–111 Rz. 4.

[76] In diesem Sinne z.B. *Ebner*, S. 22; *Muth*, S. 58.

[77] Siehe Ziff. 3.d. (S. 31 f.).

[78] Nachweise in Fn. 35 zum 1. Kapitel.

Denn nach Art. 3 Abs. 1 EGBGB ist es gerade die Aufgabe jenes Rechtsgebietes, die anwendbare Rechtsordnung zu bestimmen. Andernfalls wird häufig betont, dass es sich um einen sachrechtlichen Grundsatz handelt.[79] Indes hat bereits das RG festgestellt, dass für den Fall, dass mehrere Berechtigungen gleichzeitig in verschiedenen Staaten bestehen, *nach internationalem Privatrecht* die inländische Berechtigung im Inland niemals der ausländischen weichen muss; vielmehr gelten beide in ihrem jeweiligen territorialen Herrschaftsbereich.[80] Daher ist die unreflektierte Feststellung der sachrechtlichen Verortung nicht möglich.

Soweit inländische Normen und Rechte betroffen sind, ist eine sachrechtliche Einordnung plausibel: Stellt man auf die Wirkungen eines Gesetzes ab, so werden diese durch das jeweilige Gesetz grundsätzlich selbst festgelegt. Dieses bestimmt die Rechtsfolgen, welche an einen bestimmten Sachverhalt geknüpft werden. Da auch die einzelnen Befugnisse eines subjektiven Rechts vom Gesetz angeordnete (oder zumindest anerkannte) Rechtsfolgen sind, wird auch der Umfang von subjektiven Rechten durch das Sachrecht normiert. Dies kann ohne weiteres nachvollzogen werden, sofern durch eine Regelung etwa die Befugnis verliehen wird, bestimmte Verwertungshandlungen zu verbieten, oder die Befugnis zeitlich begrenzt wird. Gleiches muss gelten, wenn die räumliche Wirkung in Rede steht. Dies wird deutlich, wenn man sich klar macht, dass eine solche Begrenzung nicht zwingend entlang der Staatsgrenzen verlaufen muss. Es ist genauso denkbar, dass der Wirkungsbereich auf ein bestimmtes Teilgebiet *eines* Landes limitiert ist. Eine in Deutschland nicht registrierte Marke entfaltet etwa nur auf dem Gebiet Wirkung, in dem sie Verkehrsgeltung besitzt. Diese sachrechtliche Beschränkung kann mit einer Selbstlimitierung des Gesetzes durch den Gesetzgeber umschrieben werden.[81] Ebenso kann ein Gesetz den eigenen Anwendungsbereich beschränken, ohne dass zugleich die anwendbare Rechtsordnung bestimmt wird. So kann geregelt werden, dass Normen nur auf bestimmte Personen (z.B. Kaufleute, Inländer) Anwendung finden. Eine solche Begrenzung ist gleichfalls in Bezug auf räumlich definierte Sachverhalte oder bestimmte Schutzrechte möglich.[82] Die Frage ist, ob eine Norm – sofern die Rechtsordnung ihres Lan-

---

[79] Statt vieler *Bollacher*, S. 55; *Bettinger/Thum*, GRUR Int. 1999, 659, 670; *Drexl*, in: MünchKomm, BGB, IntImmGR Rz. 13; *Evert*, S. 27.

[80] RGZ 118, 76, 81 – Hengstenberg. Für einen kollisionsrechtlichen Inhalt ausdrücklich auch *Deutsch*, in: Beier/Deutsch/Fikentscher, Warenzeichenlizenz, S. 463, 471; *Fezer/Koos*, in: Staudinger, BGB, IntWirtschR Rz. 869; *Weigel*, S. 114.

[81] *Deutsch*, in: Beier/Deutsch/Fikentscher, Warenzeichenlizenz, S. 463, 471; *Regelin*, S. 48; *Weigel*, S. 115.

[82] So auch *Fentiman*, in: Drexl/Kur, IP and PIL, S. 129, 139 f.

des kraft der kollisionsrechtlichen Vorschriften Anwendung findet – diesen Sachverhalt regelt oder nicht.[83]

Für ausländische Normen und Rechte ist zunächst die gleiche Konstruktion möglich: Der fremde Gesetzgeber kann den Anwendungsbereich und die Wirkung seiner Normen und Rechte selbst limitieren. Andererseits soll diese Beschränkung auch ohne eine Selbstlimitierung eingreifen.[84] Insofern handelt es sich um die Frage, inwieweit (oder mit welchem Inhalt) ausländische Normen und Rechte im Inland anerkannt werden. Dies ist ein internationalprivatrechtliches Problem: Das internationale Privatrecht regelt die anwendbare Rechtsordnung. Die Anwendung einer ausländischen Rechtsordnung führt zur Anerkennung der durch sie eingetretenen Wirkungen, also auch ob und mit welchem Inhalt nach dieser Rechtsordnung subjektive Rechte entstanden sind.[85] Versagt das deutsche Recht einer ausländischen Norm oder dem nach dieser Rechtsordnung entstandenen Recht die Anerkennung außerhalb des zugehörigen Hoheitsgebietes oder wendet es diese Normen nur auf die nach dieser Rechtsordnung entstandenen Rechte an, obwohl dem fremden Recht keine Beschränkung immanent ist, so erkennt das inländische Recht das ausländische nur teilweise an. Rechtstechnisch lässt sich das bewerkstelligen, indem eine (wie auch immer vorgenommene) Verweisung auf Gesetze eines Staates hinsichtlich des Entstehens und des Inhalts eines Rechts nur in dem Umfang erfolgt, in dem das Hoheitsgebiet dieses Staates oder dessen Schutzrechte betroffen sind.[86] Es wird insofern keine Anknüpfungsregel aufgestellt, aber der Umfang der Verweisung, d.h. die Reichweite der Kollisionsregel, wird beschränkt.

Gleiches gilt, wenn das ausländische Gesetz eine Selbstlimitierung vornimmt. Zwar wäre es denkbar, dass der deutsche Richter die Entscheidung des ausländischen Gesetzgebers übernimmt und nur im Falle des Fehlens einer Selbstlimitierung nachträglich dem Ergebnis die Anerkennung versagt wird. Dieses Vorgehen wäre mit einer Korrektur gestützt auf den ordre public-Vorbehalt vergleichbar, sofern man diese Regelung nicht unmittelbar zur Anwendung bringen will.[87] In diesem Fall wäre nur die Korrektur internationalprivatrechtlicher Natur, da diese die Anerkennung ausländi-

---

[83] Allerdings wäre es auch denkbar, die Verweisung durch die Kollisionsnorm entsprechend der Situation bei ausländischen Normen (dazu sogleich) zu beschränken, so *Deutsch*, in: Beier/Deutsch/Fikentscher, Warenzeichenlizenz, S. 463, 471. Denn auch inländisches Recht gelangt auf Grund einer Kollisionsnorm zur Anwendung, *Schurig*, in: Kegel/Schurig, S. 6 (str.).

[84] Nachweise in Fn. 21 zum 1. Kapitel.

[85] *Nussbaum*, IPR (1952), S. 3; *Raape/Sturm*, S. 6; auch BGHZ 18, 1, 8 hat daher die Frage der Anerkennung der Wirkung einer ausländischen Enteignung als internationalprivatrechtliche Frage angesehen.

[86] Genauer im 2. Kap.I.3. (S. 84 ff.).

[87] Genauer im 2. Kap.I.5. (S. 89 ff.).

schen Rechts regelt.[88] Die Tatsache, dass die Rechtslage in Deutschland unabhängig von einer Selbstbeschränkung des fremden Gesetzes ist, zeigt aber, dass gar nicht die Frage nach der ausländischen Entscheidung gestellt wird. Folglich handelt es sich *allein* um eine Frage des inländischen Rechts nach der Reichweite der Anerkennung ausländischer Normen und Rechte. Das Territorialitätsprinzip ist somit zumindest in Bezug auf ausländische Schutzrechte ein internationalprivatrechtlicher Grundsatz, wenngleich es von einer klassischen Anknüpfungsregel zu unterscheiden ist.

III. Historische Entwicklung

Um anschließend die Berechtigung der Bedeutungsvarianten des Territorialitätsprinzips im Immaterialgüterrecht beurteilen zu können, ist es notwendig, wenigstens einen kurzen Überblick über dessen geschichtliche Entwicklung und seinen Inhalt zu geben. Dabei soll die völkerrechtliche Ausprägung mitberücksichtigt werden, denn die Entwicklung des Territorialitätsprinzips im Immaterialgüterrecht wurde maßgeblich von den staatsrechtlichen Vorstellungen beeinflusst.

1. Entwicklung im Völkerrecht

Ab dem 12. Jhdt. entwickelte sich die Herrschaft der Fürsten von einer persönlichen Gefolgschaftsbeziehung hin zu einer territorialen Begründung der Herrschaft und der Unverletzlichkeit dieses Gebiets. Nachdem *Jean Bodin* im 16. Jhdt. den Souveränitätsgedanken zunächst noch unter der mittelalterlichen Vorstellung der personalen Gefolgschaft entwickelte,[89] verband man diese beiden Gedanken schnell und fasste die Souveränität territorial auf: Staaten sollten Hoheitsgewalt auf ihrem Hoheitsgebiet – und nur auf ihrem Gebiet – innehaben.[90] Daraus zog man zum einen die Konsequenz, dass alle Personen, die sich auf diesem Gebiet aufhalten, der Staatsgewalt unterworfen seien.[91] Zum anderen wurde daraus abgeleitet, dass sich Gesetze nicht an Personen außerhalb dieses Territoriums richten.

[88] Auch das Rechtsinstitut des ordre public ist als sog. kollisionsrechtliche Hilfs- oder Ergänzungsnorm dem internationalen Privatrecht zuzurechnen, *Kropholler*, IPR, S. 103.

[89] *Bodin*, Buch I, 8. Kapitel (S. 122 ff.). Das Vorverstädnis der personalen Gefolgschaft wird insbesondere deutlich im 6. Kapitel über den Bürger (S. 68 ff.).

[90] Zu dieser Entwicklung *Vogel*, S. 43–59.

[91] Allerdings ist die Begründung für die positive Souveränität über Fremde nicht einheitlich: Zum Teil wird sie kraft der Natur der Sache als selbstverständlich angesehen, zum Teil wird dieses Ergebnis entsprechend der Lehre vom Staatsvertrag mit einem stillschweigenden Unterwerfungsvertrag begründet, der mit der Einreise in ein Land abgeschlossen werde; vgl. *Zippelius*, S. 72.

Auf ausländische Sachverhalte sollten die Gesetze eines Landes wegen der Souveränität der anderen Staaten nicht anwendbar sein. Diese zweite völkerrechtliche Folgerung wurde von *Ulrich Huber* im 17. Jhdt. postuliert,[92] spiegelte wohl die allgemeine Auffassung der damaligen Zeit wider und wurde im völkerrechtlichen Schrifttum des 18. Jhdt. vielfach übernommen.[93] In der praktischen Anwendung des internationalen Privatrechts waren die Auswirkungen dennoch nur gering, da diese Thesen umstritten blieben.[94] Ferner hielt *Huber*, ebenso wie andere bedeutende Rechtsgelehrte, die Anwendung ausländischen Rechts aus Gründen der *comitas* – also ohne das Bestehen einer Rechtspflicht – für möglich.[95]

Ab dem 19. Jhdt. geriet die beschränkte Wirkung der Gesetze zunehmend in Kritik. Diese Entwicklung ging insbesondere vom internationalen Privat- und Strafrecht aus, wenn das inländische Recht auf ausländische Sachverhalte angewandt werden sollte, weil dies z.B. der Strafzweck – etwa die Generalprävention – erforderte. Das System *Savigny*s, nach dem sich die anwendbare Rechtsordnung durch den „Sitz des Rechtsverhältnisses" oder die engste Beziehung bestimmt,[96] setzt nämlich voraus, dass die Gesetze grundsätzlich extraterritorial anwendbar sind.[97] Das gilt umso mehr, als sich die Auffassung durchsetzte, dass diese engste Beziehung auch in anderen Anknüpfungsmomenten als dem Ort, an dem der Sachverhalt sich verwirklichte, bestehen konnte. Im Anschluss kam auch Kritik an der theoretischen Begründung des Territorialitätsprinzips im Sinne *Huber*s auf: Es wurde betont, das Völkerrecht enthalte nur das Verbot zur Vornahme von Akten der Hoheitsgewalt auf fremdem Staatsgebiet ohne den Willen des dort herrschenden Souveräns, sowie das Verbot, einem fremden Souverän Vorschriften zu machen. Weitere Aussagen seien nicht enthalten. Das Verbot der Anwendung von Gesetzen auf Sachverhalte, die sich (teilweise) im Ausland verwirklicht haben, sei jedoch keine aus Gründen einer logisch-formalen Deduktion zwingende Konsequenz des Gebietsgrundsatzes. Vielmehr könne der ausländische Hoheitsträger selbst entscheiden, ob

---

[92] *Huber*, abgedruckt bei Meili, ZIR 8 (1898), 192, 193, axiomita 1 und 2.

[93] Nachweise bei *Vogel*, S. 36 f. und 42.

[94] Insbesondere *Paul* und *Johannes Voet* verstanden die Gebietssouveränität nur als Verbot, den Gerichten anderer Staaten die Anwendung der eigenen Gesetze vorzuschreiben. Eine Regelung ausländischer Sachverhalte sollte stattdessen möglich sein, wenngleich dies nur anzunehmen sei, wenn das ausdrücklich angeordnet wurde; vgl. *Vogel*, S. 65 ff.

[95] *Huber*, abgedruckt bei Meili, ZIR 8 (1898), 192, 193, axiomita 1 und 3. Diese Begründung zur Anwendbarkeit ausländischen Rechts wird i.d.R. als Hauptaussage von *Huber* betrachtet, vgl. nur *Schurig*, in: Kegel/Schurig, S. 175 f.; *Neuhaus*, S. 93; *Wolff*, S. 28.

[96] *Savigny*, S. 24 ff., 108.

[97] *Neuhaus*, S. 31 f.; *Vogel*, S. 92 m.w.N.

er Akte einer anderen Staatsgewalt anerkennt oder nicht.[98] Spätestens seit der StIGH diese restriktive Ansicht der völkerrechtlichen Territorialhoheit im Lotus-Fall übernommen hat,[99] hat sich diese Auffassung auch in der Literatur durchgesetzt.

2. Entwicklung der territorialen Beschränkung der Wirkung der Schutzrechte des geistigen Eigentums

Die Entwicklung der beschränkten Wirkung ist nicht bei allen Immaterialgüterrechten gleich verlaufen. Gleichwohl spielen die staatsrechtlichen Vorstellungen der territorialen Begrenzung des Herrschaftsbereichs bei allen eine entscheidende Rolle.

a. Urheberrecht

Durch die Erfindung des Buchdrucks durch *Johann Gutenberg* um das Jahr 1440 wurde der Nachdruck von Aufzeichnungen wesentlich billiger. Ausgehend davon entstand das Bedürfnis zum Schutz der Drucker und Verleger, später auch der Autoren selbst. Dieser Schutz wurde erreicht, indem den Druckern und Verlegern bzw. den Autoren ein Privileg, auf das kein Rechtsanspruch bestand, erteilt wurde. Das Privileg enthielt ein befristetes Nachdruckverbot für Dritte, das dem Privilegierten einen Wettbewerbsvorsprung sichern sollte.[100] Die Privilegien wurden von den Obrigkeiten – also Kaiser, Landesherren und den freien Reichsstädten – erteilt. Da bereits die Entwicklung von der personalen zur territorialen Herrschaft fortgeschritten war, fasste man auch diese Privilegien als räumlich begrenzt auf.

Die territoriale Begrenzung der Privilegien ermöglichte es Verlegern, solche Bücher, für die nur in anderen Territorien ein Privileg bestand, günstig nachzudrucken. Über die moralische und rechtliche Zulässigkeit des Nachdrucks entbrannte ein heftiger Streit. Gestützt auf die naturrechtliche Idee vom geistigen Eigentum wurde im 18. Jhdt. versucht, die Notwendigkeit einer Privilegienerteilung und die Territorialität des Rechts der Autoren (bzw. der Verleger) zu widerlegen.[101] Auch wenn die Auswirkungen auf Rechtsprechung und Gesetzgebung zunächst gering blieben, hatte der hinter der Idee vom geistigen Eigentum stehende Gerechtigkeitsgedanke großen Einfluss auf die weitere Entwicklung. Infolgedessen wurde das Urheberrecht bald nicht mehr an die Verleihung eines Privilegs geknüpft,

---

[98] *Vogel*, S. 86 f. und 97 f. m.w.N.

[99] StIGH Ser. A, No. 10 (1927), 18 f. – Lotus.

[100] Zum Privilegienwesen *Gieseke*, S. 39 ff.; *Vogel*, in: Schricker, UrhR, Einl. Rz. 52 ff.

[101] Siehe z.B. *Fichte*, Berliner Monatsschrift 1793, 443 ff., Zum Ganzen *Vogel*, in: Schricker, UrhR, Einl. Rz. 59 ff.

sondern entstand kraft Gesetzes.[102] Mit dieser Abhängigkeit von der Anerkennung durch Gesetz[103] blieb zugleich – entsprechend der damals herrschenden völkerrechtlichen Lehre – die territoriale Begrenztheit der Rechte. Der Gesetzgeber von 1870 normierte jedoch zwei Durchbrechungen dieses Grundsatzes.[104] Dies verdeutlicht, dass das völkerrechtliche Verbot zur Regelung von Sachverhalten im Ausland nicht mehr streng aufgefasst bzw. befolgt wurde. Allerdings deutete man die beiden Durchbrechungen überwiegend als gesetzlich angeordnete Ausnahmen und befolgte im Übrigen die territorial beschränkte Wirkung.[105] Der Gesetzgeber übernahm im LUG von 1901[106] diese Ausnahmen dann auch nicht, so dass von da an die territorial beschränkte Wirkung ausnahmslos galt.[107]

b. Patentrecht

Ebenso wie im Urheberrecht gewährten die Obrigkeiten für Erfindungen Privilegien, die ein Monopol zur Benutzung der Erfindung und zum Verkauf der Erzeugnisse gewährte. Diese Privilegien wurden durch das PatG vom 25.4.1877[108] verdrängt. Im Unterschied zum Urheberrecht behielt man aber das Erfordernis einer staatlichen Mitwirkung in Form eines Verleihungsaktes sowie der Zahlung einer Gebühr bei. Die territoriale Beschränktheit der Patente blieb erhalten und wurde auf die Vorstellung der beschränkten Macht der erteilenden Staaten gestützt. Sie wurde – im Gegensatz zum Marken- und Urheberrecht – auch nie ernsthaft bestritten.[109] Gleichzeitig hat es das RG abgelehnt, ausländisches Recht (hinsichtlich der

[102] *Bollacher*, S. 26; *Intveen*, S. 22; *Schack*, UrhR, S. 56 f.

[103] *Rehbinder*, in: Dittrich, Woher kommt das Urheberrecht, S. 99, 101 ff.; *Vogel*, in: Loewenheim, Handbuch UrhR, § 2 Rz. 9. Diese Abhängigkeit ist bis heute geblieben, vgl. *Schack*, UrhR, S. 57.

[104] § 22 des Bundesgesetzes vom 11.6.1870 betreffend das Urheberrecht an Schriftwerken, Abbildungen, musikalischen Kompositionen und dramatischen Werken bezeichnete als Nachdruck auch die außerhalb des Norddeutschen Bundes vorgenommene Herstellung von Exemplaren von im Inland geschützten Werken; § 25 desselben Gesetzes knüpfte an eine im Ausland vorgenommene gewerbsmäßige Verbreitung von Nachdruckexemplaren eine Schadensersatzpflicht und bedrohte sie mit Strafe.

[105] RGZ 34, 46, 48 ff.; *Dernburg*, S. 13 f. Zum Streitstand *Riezler*, S. 75.

[106] Gesetz betreffend das Urheberrecht an Werken der Literatur und der Tonkunst vom 19.6.1901 (RGBl. 277).

[107] A.A. *Riezler*, S. 77, der im Falle einer Verletzungshandlung im Ausland das Bestehen eines Urheberrechts nach den deutschen Vorschriften ausreichen lassen wollte.

[108] RGBl. 501.

[109] RG JW 1890, 280, 280 f. In der deutschen Literatur wendet sich lediglich *Neuhaus* (RabelsZ 40 (1976), 191, 193) wegen des Gedankens des geistigen Eigentums auch für die Anknüpfung des Entstehens, des Inhalts und der Inhaberschaft von Patenten dem Ursprungslandprinzip zu und geht zugleich von der universalen Wirkung der Patente aus.

Verletzung eines ausländischen Patents im Ausland) anzuwenden, die Klage als unzulässig abgewiesen und insofern eine absolute Territorialität vertreten.[110] Diese Vorstellung wurde später aufgegeben.

c. Kennzeichenrecht

Im Kennzeichenrecht verlief die Entwicklung zunächst ähnlich. Auch hier wurden Privilegien für Warenzeichen verliehen, die im Zeitalter des Merkantilismus vornehmlich als territoriale Wirtschaftsfürsorge dienten.[111] Sie wurden in Deutschland durch landesgesetzliche und später reichsgesetzliche Regelungen ersetzt.[112]

Hier setzte nun eine unterschiedliche Entwicklung ein. Im Gegensatz zum Urheber- und Patentrecht setzte sich Ende des 19. Jhdt. unter wesentlichem Einfluss von *Josef Kohler* die Auffassung durch, dass die Kennzeichenrechte allgemeine Persönlichkeitsrechte seien und aus diesem Grund weltweit gälten und weltweit verletzt werden könnten.[113] Der Schutz im Ausland sei Folge der Ausstrahlung des inländischen Persönlichkeitsschutzes. Diese Auffassung übernahm das RG.[114] Damit wurde zugleich die inländische Wirtschaft beim Export nach solchen Ländern geschützt, die den Schutz von Warenzeichen nicht aus eigenem Antrieb betrieben.[115] Allerdings galt die Universalität der Marken nicht ausnahmslos. Ausländische Zeichenrechte wurden im Inland nur geschützt, wenn die Voraussetzungen des inländischen Rechts, insbesondere eine Eintragung in die inländische Zeichenrolle, vorlagen.[116] Zudem verneinte das RG einen Unterlassungsanspruch wegen der Verletzung eines deutschen Zeichenrechts in einem Fall, weil dem potentiellen Verletzer ein ausländisches Schutzrecht am Tatort zustand.[117] Ob durch Letzteres eine Ausnahme von der Universalität inlän-

---

[110] RG JW 1890, 280, 281; so auch noch RG GRUR 1934, 657, 664.

[111] *Fezer*, MarkenR, Einl. MarkenG Rz. 1; *Klippel*, in: HK-MarkenR, E 1 Rz. 3.

[112] Allerdings hielt auch das Reichsgesetz über Markenschutz vom 30.11.1874 (RGBl. 143) an dem Erfordernis einer Eintragung fest. Gleichwohl gewährte es einen Rechtsanspruch auf die Eintragung und das Warenzeichen wurde als subjektives Ausschließlichkeitsrecht zivil- und strafrechtlich geschützt; vgl. *Klippel*, in: HK-MarkenR, E 1 Rz. 8.

[113] *Kohler*, Markenschutz, S. 446.

[114] RGZ 18, 28, 31– Hoff.

[115] RGZ 18, 28, 33 f. – Hoff.

[116] Vgl. § 23 Abs. 3 WbzG und § 35 Abs. 3 WZG, sowie RGZ 45, 143, 146 – Genever; RGZ 51, 263, 268 – Mariani. Das RG sprach trotzdem zunächst von der Universalität ausländischer Zeichenrechte, da weiter eine einheitliche, akzessorische Marke mit nur territorial verschiedenem Inhalt vorliege.

[117] RGZ 45, 143, 146 – Genever.

discher Zeichenrechte bedingt ist,[118] erscheint jedoch zweifelhaft. Denn die Anerkennung des ausländischen Schutzrechts kann innerhalb der inländischen Rechtsordnung neben dem universal geltenden „eigenen“ Recht erfolgen, etwa als Rechtfertigungsgrund oder als Schrankenbestimmung. Davon ist offenbar auch das RG in seiner Entscheidung ausgegangen, indem es betont hat, dass „daher das Inland die Ausübung des ausländischen Rechtes im Ausland nicht als einen Eingriff in sein Recht ansehen dürfe. Die Verbotslage setzt einen objektiv widerrechtlichen Eingriff in das Zeichenrecht voraus. Ist derjenige, welcher den angeblichen Eingriff im Ausland verübt hat, nach dem Rechte des ausländischen Staates der zum Gebrauch des Zeichens ausschließlich Berechtigte, so handelt er nicht widerrechtlich“.[119]

Trotzdem wandte sich das RG in seiner Hengstenberg-Entscheidung von der universalen zur territorialen Wirkung der Markenrechte. Es begründete diesen Schritt mit der Aufgabe der Lehre von der Universalität durch *Kohler* als ihren Begründer selbst[120] und mit einem kurzen Hinweis, dass nichts anderes als im Patentrecht gelten könne. Das Hauptargument war jedoch, dass die weltweite Geltung einer deutschen Marke mit dem Erfordernis einer weiteren Eintragung als der im Ursprungsland nach dem MMA und der PVÜ nicht vereinbar sei und dass die Beilegung einer solchen Wirkung als Übergriff in die Rechtssphäre anderer souveräner Vertragsstaaten gedeutet werden könnte.[121] Das RG stellte somit auch im Markenrecht auf eine völkerrechtliche Unzulässigkeit ab. An der territorialen Begrenzung des Schutzrechts hat die deutsche Rechtsprechung bis heute festgehalten.[122] In der genannten Entscheidung ließ es das RG noch ausdrücklich offen, ob die territoriale Wirkung – wie damals noch für das Patentrecht angenommen – absolut ist, so dass schon eine Entscheidung über die Verletzung ausländischer Rechte ausscheiden müsste.[123] Später hat es eine solche Wirkung abgelehnt.[124]

---

[118] In diesem Sinn z.B. *Ebner*, S. 25; *Kohler*, Markenschutz, S. 446. Auch das RG ging später in seiner Hengstenberg-Entscheidung (RGZ 118, 76, 81) von einer „Ausnahme vom Grundsatz der Universalität“ aus.

[119] RGZ 45, 143, 145 f. – Genever.

[120] *Kohler*, Warenzeichenrecht, S. 207 ff. erkannte es als nicht sinnvoll, dass jemand ein Zeichenrecht in einem Land erwirbt oder behalten muss, in dem er eines solchen nicht bedarf. Dogmatisch begründete er seine Abkehr von der Akzessorietät und der Universalität zwar nicht mit einer Abkehr von der persönlichkeitsrechtlichen Einordnung der Zeichenrechte, sondern damit, dass diese eine nationale Steigerung des Persönlichkeitsrechts darstellten.

[121] RGZ 118, 76, 81 f. – Hengstenberg.

[122] Siehe nur BGHZ 41, 84, 91 – Maja.

[123] RGZ 118, 76, 82 – Hengstenberg.

[124] RGZ 129, 385, 388 – Vacuum/Arctic.

3. Entwicklung der weiteren Bedeutungen des Territorialitätsprinzips

Die territoriale Beschränkung der subjektiven Rechte war zugleich der Ausgangspunkt für die weiteren, oben dargestellten Auffassungen über den Inhalt des Territorialitätsprinzips.

a. Beschränkter Anwendungsbereich und Unabhängigkeit

Das RG sah die Selbstständigkeit und Unabhängigkeit der einzelnen subjektiven Rechte als bloße Folge der beschränkten Wirkung der Schutzrechte an.[125] Das ist vor dem Hintergrund verständlich, dass man seit jeher ohne weiteres davon ausging, dass die Gesetze eines jeden Landes nur Bestimmungen hinsichtlich der eigenen – d.h. der durch diese Rechtsordnung anerkannten – Schutzrechte enthielten.[126] Danach konnte z.B. das Patentgesetz eines Landes nur Entstehung, Inhalt etc. der durch dieses Gesetz anerkannten Rechte regeln. Zugleich schloss man daraus auf die Unabhängigkeit der nationalen Rechte. Dass dieser Schluss logisch nicht zwingend ist, wurde bereits nachgewiesen:[127] Auch wenn die Gesetze eines Landes jeweils mit Wirkung für ihr Land selbst entscheiden, können sie doch normieren, dass die Rechtsstellung im eigenen Land von dem Schutz im Ausland abhängig sind. Dies sahen sogar das WbzG von 1874 und das WZG von 1936 für Warenzeichenrechte von ausländischen Handelsbetrieben vor.[128] Das RG sah hierin aber keinen Grund, die territoriale Wirkung der Schutzrechte abzulehnen. Daran wird deutlich, dass es das Begriffspaar Territorialitäts- und Universalitätsprinzip mehr über die Reichweite der Wirkung der Rechte abgrenzte und weniger über die Akzessorietät.[129] Das ändert freilich nichts daran, dass man die Akzessorietät eines Kennzeichenschutzes zunehmend als rechtspolitisch nicht wünschenswert auffasste und dies auch mit dem Wegfall einer weltweit einheitlichen Marke und der

---

[125] RGZ 51, 263, 267; dies hat das RG (RGZ 84, 370, 375 – Kühler) inhaltlich bestätigt, wenngleich es nicht mehr ausdrücklich erklärte, dass dies eine Rechtsfolge der beschränkten Wirkung der subjektiven Rechte sei.

[126] Das RG wandte auch unter Zugrundelegung der universalen Wirkung des Markenrechts hinsichtlich der Verletzung eines Zeichenrechts in den USA, das nach dem deutschen Zeichenrecht entstanden war, das deutsche WbzG bzw. das WZG an, vgl. RGZ 18, 28, 30 – Hoff.

[127] Siehe Ziff. I.4.a.bb. (S. 32 f.).

[128] § 23 Abs. 3 WbzG, der sowohl vor als auch nach der Hengstenberg-Entscheidung des RG (RGZ 118, 76) galt. Ebenso der wortgleiche § 35 Abs. 3 WZG.

[129] Anders noch RGZ 51, 263, 268 – Mariani, wo das RG stark auf die akzessorische Natur des (ausländischen) universalen Zeichenrechts abstellte.

Hinwendung zu territorial begrenzten Marken begründete.[130] Man ging also zumindest von einer engen Beziehung der beiden Grundsätze aus. Erst später hat der BGH in einer Entscheidung die Unabhängigkeit der Schutzrechte als Inhalt des Territorialitätsprinzips beschrieben.[131]

b. Kollisionsrechtliches Verständnis

Die Anknüpfung von Fragen des geistigen Eigentums an die Rechtsordnung des Schutzlandes begründete man zunächst nicht, sondern wandte sie als selbstverständlich an. Das erschien wohl zwingend vor dem Hintergrund der Auffassung von dem beschränkten Anwendungsbereich der Gesetze auf inländische Schutzrechte. In diese Richtung weisen auch spätere Entscheidungen, die das Schutzlandprinzip als Folge des Territorialitätsprinzips ansahen.[132] Als Inhalt des Gebietsgrundsatzes wiederholte man apodiktisch, dass die Rechte in ihrer Wirkung auf das jeweilige Staatsgebiet beschränkt seien und nicht – wie anfangs noch für das Markenrecht angenommen – weltweite Geltung beanspruchten.[133] Erst in späteren Entscheidungen wurde die Anknüpfungsregel als Inhalt des Territorialitätsprinzips angesehen.[134] Damit war wegen der vorherigen Anerkennung des Schutzlandprinzips jedoch keine inhaltliche Entscheidung verbunden. Meist ging es in den Entscheidungen vielmehr um die Verwerfung des Vortrages eines der Beteiligten, das Territorialitätsprinzip habe einen anderen, über die beschränkte Wirkung hinausgehenden Inhalt (vor allem die Unmöglichkeit der Berücksichtigung ausländischer Sachverhalte im inländischen Recht).[135] In der Folge hat die Rechtsprechung die Begründung der Anknüpfung an das Schutzland als Inhalt des Territorialitätsprinzips nicht konsequent durchgehalten.[136]

---

[130] *Kohler*, Warenzeichenrecht, S. 208 ff., der aber trotz Territorialität der Kennzeichenrechte an der Akzessorietät zum Schutz der allgemeinen Persönlichkeit im Ausgangsstaat festhielt; *Pinzger*, Warenzeichenrecht, § 35 Rz. 17.

[131] BGHZ 41, 84, 91 – Maja.

[132] So z.B. BGHZ 126, 252, 255 – Folgerecht bei Auslandsbezug.

[133] RGZ 30, 52, 55; RGZ 34, 46, 48 f.; RGZ 51, 139, 140 – Guajakolcarbonat; RGZ 51, 263, 266 – Mariani; RGZ 84, 370, 375 – Kühler; RGZ 118, 76, 80 f. – Hengstenberg; RGZ 149, 103, 105; BGHZ 41, 84, 91 – Maja, wo auch die Unabhängigkeit betont wurde; BGHZ 60, 185, 192 – Cinzano; BGHZ 126, 252, 256 – Folgerecht bei Auslandsbezug.

[134] BGHZ 75, 150, 152 f. – Contiflex; BGHZ 80, 101, 104 – Schallplattenimport I; BGH GRUR 2005, 431, 432 – Hotel Maritime.

[135] BGHZ 75, 150, 152 f. – Contiflex; BGHZ 80, 101, 104 – Schallplattenimport I.

[136] Ohne Bezugnahme auf das Territorialitätsprinzip oder nur als Folgerung aus diesem wenden das Schutzlandprinzip z.B. an: BGHZ 126, 252, 256 – Folgerecht bei Auslandsbezug; BGHZ 118, 394, 397 – ALF; BGHZ 136, 380, 385 f. – Spielbankaffäre; BGHZ 152, 317, 321 – Sender Felsberg; BGHZ 155, 257, 261 – Sendeformat.

4. Zwischenergebnis

Im Ergebnis lässt sich daher festhalten, dass der Schwerpunkt des Territorialitätsprinzips hinsichtlich des Immaterialgüterrechts seit jeher in der beschränkten Wirkung der subjektiven Rechte auf das jeweilige Staatsgebiet gesehen wurde. Erst nach und nach wurden dem Territorialitätsprinzip weitere Inhalte beigemessen.

IV. Rechtliche Verankerung

1. Das Verhältnis zu den internationalen Konventionen

Die Notwendigkeit einer differenzierten Betrachtung zeigt sich auch bei der rechtlichen Verankerung des Territorialitätsprinzips bzw. seiner einzelnen Bedeutungsvarianten.[137] Dies wird häufig nicht beachtet; der Grundsatz wird stattdessen pauschal in den internationalen Konventionen – insbesondere der RBÜ, dem PVÜ, dem MMA und dem TRIPs-Übereinkommen – verankert. Diese sollen den Gebietsgrundsatz normieren oder zumindest voraussetzen.[138]

a. Unabhängigkeit

Prinzipiell zuzustimmen ist dieser Aussage in Bezug auf die Unabhängigkeit der Schutzrechte. So bestimmt Art. 5 Abs. 2 Satz 1 2. Hs. RBÜ für das Urheberrecht ausdrücklich, dass der Genuss und die Ausübung der Urheberrechte „unabhängig vom Bestehen des Schutzes im Ursprungsland des Werkes“ sind. Art. 4bis Abs. 1 PVÜ bestimmt ebenso deutlich für das Patentrecht, dass „die in den verschiedenen Verbandsländern von Verbandsangehörigen angemeldeten Patente [...] unabhängig von den Patenten [sind], die für dieselbe Erfindung in anderen Ländern erlangt worden sind [...]“. Art. 6 Abs. 2 und 3 PVÜ bestimmen die Unabhängigkeit der Markenrechte. Auch aus Art. 6^{quater} Abs. 1 PVÜ soll dieser Grundsatz zu entnehmen sein.[139] Das TRIPs-Übereinkommen normiert nicht selbst die Voraussetzung der Unabhängigkeit, verweist aber in Art. 9 Abs. 1 auf Art. 1–21 RBÜ und in Art. 2 Abs. 1 auf Art. 1–12, 19 PVÜ.

---

[137] Die Verankerung der kollisionsrechtlichen Aussage soll hier ausgeklammert werden. Diese ist nämlich gleichbedeutend mit dem Schutzlandprinzip und dessen Normierung ist Gegenstand des nachfolgenden Kapitels (siehe 2. Kap.IV. (S. 120 ff.)).

[138] Statt vieler RGZ 118, 76, 81 f.; *Ebner*, S. 32 f.; *Fezer/Koos*, in: Staudinger, BGB, IntWirtschR Rz. 843; *Gesmann-Nuissl*, in: Ensthaler u.a., Handbuch UrhR, S. 408; *Pfaff*, in: FS Beier, S. 1109, 1126; *Sandrock*, in: v. Caemmerer, Gutachten, S. 380, 390; *Weigel*, S. 96.

[139] *Sandrock*, in: v. Caemmerer, Gutachten, S. 380, 403.

Diese generalisierenden Aussagen dürfen indes nicht darüber hinwegtäuschen, dass die Konventionen in Einzelfragen eine Akzessorietät des Schutzes festlegen oder zumindest zulassen. Deutlich wird dies z.B. in Art. 7 Abs. 8 2. Hs. RBÜ, der eine Teilverweisung auf das Recht des Ursprungsstaates enthält und die maximale Schutzdauer von der dortigen Regelung abhängig macht. Auch in Art. 6 Abs. 1 und 2 RBÜ wird eine Akzessorietät zugelassen und im Patentrecht normiert die Übergangsregelung des Art. 70 Abs. 9 TRIPs eine Abhängigkeit. Im Markenrecht regelt Art. $6^{quinquies}$ A. Abs. 1 PVÜ, dass eine im Ursprungsland eingetragene Marke grundsätzlich genauso im Antragsstaat eingetragen werden soll und lässt hierzu das Erfordernis des Nachweises der Eintragung der Marke im Ursprungsland genügen (sog. Telle-quelle-Marke). Falls diese nicht den Bestimmungen im Schutzland entspricht, kann der Schutz aber verweigert werden, wenn die Eintragung im Ursprungsland gelöscht wird.[140] Besonders deutlich wird die Akzessorietät im MMA. Zwar ging man in der ersten Fassung von 1891 wohl von der territorial beschränkten Wirkung der subjektiven Markenrechte aus und regelte daher die Anerkennung dieser Rechte durch andere Staaten für deren Gebiet. Trotzdem sah man diese weiteren Markenrechte als Erstreckung des im Ursprungsland geltenden Schutzes an[141] und knüpfte dementsprechend den Schutz in anderen Ländern neben der internationalen an die nationale Registrierung und den Fortbestand der Marke im Ursprungsland. Diese Akzessorietät wurde zwar durch Revisionskonferenzen gelockert. So besteht die Abhängigkeit vom Ursprungsland gemäß Art. 6 MMA nur innerhalb von 5 Jahren nach der internationalen Registrierung und nach Art. 9^{sexies} des 1989 beschlossenen Protokolls kann binnen 5 Jahren eine nationale Eintragung in anderen Ländern mit Wirkung des Datums der internationalen Registrierung beantragt werden, wenn die Registrierung im Ursprungsland in dieser Zeit gelöscht wird. Aufgehoben wurde die Akzessorietät damit nicht.

b. Beschränkte Wirkung

Neben der Akzessorietät soll nach verbreiteter Ansicht die räumlich beschränkte Wirkung der Immaterialgüterrechte durch die internationalen Abkommen vorgegeben sein.[142] Begründet wird dies mit der Behauptung, universal wirkende Rechte bedürften keiner Anerkennung (oder gar einer

[140] *Ulmer*, RabelsZ 41 (1977), 479, 486.

[141] Art. 3bis Abs. 1 und Art. 3ter MMA sprechen daher auch von einem Erstrecken oder einer Ausdehnung des Schutzes. Zu der historischen Entwicklung *Baeumer*, in: FS Fikentscher, S. 803, 808.

[142] RGZ 118, 76, 81 f.; *Bradley*, 37 Va. J. Int'l L. (1997), 505, 547 ff.; *Sandrock*, in: v. Caemmerer, Gutachten, S. 380, 403, der aber den Ausschluss vorrangig auf die Anknüpfung an das Ursprungsland bezieht.

Eintragung) in anderen Ländern.[143] Ebenso sei die Vereinbarung eines Mindestschutzes und der Gleichbehandlung von Ausländern durch den Inländerbehandlungsgrundsatz in diesem Fall unnötig.[144] Ohne territorial beschränkte Rechte seien die Konventionen daher überflüssig. Dieser Ansicht wird vor allem im Urheberrecht entgegengetreten. Dort wird argumentiert, dass die Abkommen auf dem Gebiet des Urheberrechts nur die Anerkennung in anderen Vertragsstaaten und nicht die Eintragung in diesen Ländern vorsehen. Die Vereinbarung einer Anerkennung im Ausland soll aber auch bei universalen Rechten sinnvoll sein.[145] Dem ist beizupflichten. Denn die Universalität besagt nur, dass aus *Sicht des Inlands* das Recht weltweit wirkt. Es ist aber möglich, dass das Ausland anders darüber denkt und nur einen territorialen oder gar keinen Schutz gewährt. Dann läuft der Schutz des universalen Rechts leer, sofern entweder das Kollisionsrecht bzgl. der Voraussetzungen eines deliktsrechtlichen Anspruchs auf dieses Land verweist, oder wenn die Klage in diesem Staat erhoben wird und dessen Gerichte ihr eigenes Sachrecht zur Anwendung bringen. Belegen lässt sich die Notwendigkeit einer Vereinbarung über die Anerkennung universaler Rechte anhand der (mittlerweile bedeutungslosen) Übereinkunft von Montevideo:[146] Dieses Abkommen geht von universalen (oder zumindest supranationalen) Rechten aus und regelt dennoch deren Anerkennung durch die Vertragsstaaten.[147] Dieser Gedanke ist auf die Rechte des gewerblichen Rechtsschutzes übertragbar. Auch dort ist es sinnvoll, die Anerkennung zu vereinbaren, selbst wenn man von universalen Rechten ausgeht. Ob die Anerkennung durch Gesetz oder durch einen besonderen Akt erfolgt, spielt hierfür keine Rolle. Aus denselben Gründen ist die Vereinbarung gewisser Mindestrechte mit dem Bestehen universaler Schutzrechte zu vereinbaren.[148] Ebenso würde die Gewährleistung des Schutzes von Ausländern bei universalen Schutzrechten Sinn machen, da andernfalls die gravierende Konsequenz wäre, dass ein Ausländer aus Sicht eines Landes womöglich gar kein Recht innehat, ein Inländer hingegen ein universales.

Der Grundgedanke der räumlich beschränkten Schutzrechte soll sich ferner aus einzelnen Normen der Abkommen ablesen lassen. Insbesondere wird auf Regelungen Bezug genommen, die die Unabhängigkeit der

---

[143] RGZ 118, 76, 82; *Seligsohn*, in: FS Reichspatentamt, S. 193, 204, 206.

[144] *Bradley*, 37 Va. J. Int'l L. (1997), 505, 547 ff.; *Pfaff*, in: FS Beier, S. 1109, 1126; *Seligsohn*, in: FS Reichspatentamt, S. 193, 204.

[145] *Regelin*, S. 77.

[146] Übereinkunft von Montevideo betreffend den Schutz von Werken der Literatur und Kunst vom 11.1.1889, nebst Zusatzprotokoll vom 13.2.1889 (RGBl. 1927 II S. 95).

[147] *Regelin*, S. 69; *Schack*, UrhR, S. 459 f.

[148] *Regelin*, S. 77.

Schutzrechte in den Verbandsländern postulieren, wie z.B. Art. 4bis Abs. 1 PVÜ (Patentrecht), Art. 6 Abs. 2 und Art. 6^{quater} Abs. 1 PVÜ (Markenrecht) und Art. 5 Abs. 2 RBÜ (Urheberrecht).[149] Diese Regeln sind nur sinnvoll, wenn in den einzelnen Ländern eine unterschiedliche Rechtslage bestehen kann.[150] Es ist aber bereits nachgewiesen worden, dass Unabhängigkeit und Akzessorietät nicht gleichbedeutend und auch nicht zwingend korrelierend mit territorialer bzw. universaler Wirkung sind:[151] Die einzelnen Länder können auch im Falle von universalen Rechten unterschiedliche und voneinander unabhängige Regeln treffen. Sie können sogar unterschiedliche Auffassungen darüber haben, ob ein Recht universal oder territorial ist. Maßgebliche Bedeutung hat dann die Frage, welcher Staat über das Bestehen des Rechts entscheidet.[152]

Dass eine Abweichung von der territorialen Einordnung der Schutzrechte jedenfalls nicht durch die internationalen Konventionen ausgeschlossen ist, ergibt sich auch mit Rücksicht auf deren Zweck. Die Väter dieser Abkommen gingen gegen Ende des 19. Jhdt. mit der allgemeinen Auffassung wohl von der territorialen Begrenzung der Rechte des geistigen Eigentums aus,[153] versuchten jedoch deren Konsequenzen zu überwinden[154] oder zumindest abzumildern.[155] Deshalb vereinbarten sie die gegenseitige Anerkennung, die Inländerbehandlung und die Mindestrechte; diese sind bei territorialen Rechten zweckmäßig.[156] Eine Abkehr vom Territorialitätsprinzip würde diesen Zweck indes ebenso fördern. Schlössen die völkerrechtli-

---

149 Statt vieler *Fezer/Koos*, in: Staudinger, BGB, IntWirtschR Rz. 843; *Pfaff*, in: FS Beier, S. 1109, 1126.

150 *Fawcett/Torremans*, S. 478; *Fezer/Koos*, in: Staudinger, BGB, IntWirtschR Rz. 843; *Sandrock*, in: v. Caemmerer, Gutachten, S. 380, 403.

151 Hierzu Ziff. I.4.a.bb. (S. 32 f.).

152 Soweit in den Konventionen eine Verankerung der Anknüpfung an das Schutzland gesehen und deshalb von einer zwingenden Geltung der räumlichen Begrenzung der subjektiven Rechte ausgegangen wird, kann dies ebenfalls nicht überzeugen. Ausführlich zur Normierung des Schutzlandprinzips in den Konventionen und dem Verhältnis der Anknüpfungsregel zur beschränkten Wirkung der Schutzrechte im folgenden Kapitel (2. Kap.IV.1. (S. 120 ff.) und 2. Kap.III.2. (S. 114 ff.)).

153 Zweifelhaft könnte das im Markenrecht sein. So ging man in Deutschland damals noch vom Universalitätsprinzip aus. Jedoch war Deutschland weder Gründungsmitglied der PVÜ noch des MMA. Aber auch aus französischer Sicht kam einer französischen Marke universale Wirkung zu, vgl. *Kohler*, Markenschutz, S. 448; *Pinzger*, Warenzeichenrecht, § 35 Rz. 16.

154 *Boytha*, in: Dittrich, Woher kommt das Urheberrecht, S. 181, 182; *Weigel*, S. 97 m.w.N.

155 *Miosga*, S. 167; *Vischer*, GRUR Int. 1987, 670, 677.

156 *Cigoj*, in: FS Firsching, S. 53, 54.

chen Verträge eine Abkehr vom so verstandenen Territorialitätsprinzip aus, würde dieses zum Selbstzweck erhoben werden.[157]

Im Ergebnis lässt sich daher festhalten, dass die vertragsschließenden Staaten wohl von dem Grundsatz der räumlich beschränkten Wirkung der Schutzrechte ausgegangen sind. Allerdings normieren die internationalen Konventionen diesen Grundsatz nicht und zementieren ihn keinesfalls für die Ewigkeit.[158]

c. Begrenzter Anwendungsbereich der Gesetze des geistigen Eigentums

Die völkerrechtlichen Abkommen enthalten des Weiteren keine Aussage über die Begrenzung der nationalen Schutzgesetze auf inländische Schutzrechte. Das ist weder ausdrücklich ausgeschlossen noch enthält die Unabhängigkeit der Rechte eine Vorentscheidung über den Anwendungsbereich der nationalen Schutzgesetze.[159] Ebenso wenig kann aus dem Postulat der Inländerbehandlung ein solcher Schluss gezogen werden. Denn es ist durchaus denkbar, dass ein nationaler Gesetzgeber die territoriale Wirkung der subjektiven Rechte akzeptiert, aber den Anwendungsbereich der eigenen Gesetze auf solche Schutzrechte ausdehnt, die auf einem fremden Hoheitsgebiet wirken. Eine Abhängigkeit von der Staatsangehörigkeit wäre damit nicht verbunden. Gleichwohl wurde der Anwendungsbereich der Schutzgesetze seit jeher auf im Inland wirkende bzw. durch die inländischen Sachnormen anerkannte Schutzrechte begrenzt, so dass wohl auch die internationalen Konventionen auf dieser Prämisse beruhen, auch wenn sie die Begrenzung nicht zwingend verlangen.

Schließlich enthalten die internationalen Konventionen keine Absage an die Berücksichtigung ausländischer Sachverhalte. Teils ist deren Beachtung sogar ausdrücklich vorgeschrieben. So regelt die RBÜ, dass Werke geschützt werden müssen, die in einem vom Schutzstaat divergierenden Land veröffentlicht oder hergestellt wurden. Teils lassen die Konventionen dies ausdrücklich offen. Besonders deutlich wird dies hinsichtlich der Möglichkeit oder Notwendigkeit der Erschöpfung durch ein Inverkehrbringen im Ausland. So bestimmt Art. 6 TRIPs ausdrücklich, dass dieses Abkommen (vorbehaltlich der Grundsätze der Inländerbehandlung und der Meistbegünstigung nach Art. 3 und 4) nicht für die Beantwortung dieser Frage verwendet werden darf. Ebenso deutlich sind Art. 6 Abs. 2 WCT

[157] *Schack*, Anknüpfung, S. 24.

[158] *Ebner*, S. 32 f.; *Pfaff*, in: FS Beier, S. 1109, 1126; *Regelin*, S. 68 f.; *Ulmer*, IGR im IPR, S. 11; *Weigel*, S. 96. Die Überzeugungskraft dieser Einschätzung beweist auch der Umstand, dass in anderen Staaten die räumliche Begrenzung der Schutzrechte nicht durchgehend eingehalten wird; siehe die Nachweise in Fn. 20 zum 1. Kapitel.

[159] Siehe Ziff. I.4.a.bb. (S. 33).

und Art. 8 Abs. 2 WPPT für die Erschöpfung des Verbreitungsrechts im Urheberrecht und der verwandten Schutzrechte für ausübende Künstler und Hersteller von Tonträgern formuliert.

2. Innerdeutsche und europäische Vorschriften

Im innerstaatlichen deutschen Recht und in den europäischen Rechtsnormen findet man keinen Hinweis auf das Territorialitätsprinzip in seinen einzelnen Auswirkungen.[160] Weder werden die einzelnen Verwertungsbefugnisse auf das Inland beschränkt noch wird ausdrücklich festgelegt, dass die deutschen Schutzgesetze nur das Entstehen oder die Verletzung von Schutzrechten im Inland bzw. von inländischen Schutzgütern regeln. Wegen der allgemeinen Anerkennung wäre es aber denkbar, von einem gewohnheitsrechtlichen Bestandteil der Normen des Immaterialgüterrechts auszugehen.[161] Lediglich die grundsätzliche Unabhängigkeit kann man darin erblicken, dass gerade keine Abhängigkeit von einem Schutz im Ausland verlangt wird.[162]

V. Ausnahmen vom Territorialitätsprinzip

Trotz der grundsätzlichen Geltung des Territorialitätsprinzips sollen zahlreiche Ausnahmen von diesem existieren. Dies lässt den unvoreingenommenen Juristen aufhorchen. Denn je mehr Ausnahmen zugelassen werden, umso intensiver sollte die Richtigkeit des aufgestellten Grundsatzes überdacht werden. Da mit dem Territorialitätsprinzip mehrere Aussagen verbunden werden, ist erneut zu unterscheiden.[163]

1. Beschränkte Wirkung

Bevor hinsichtlich der einzelnen Immaterialgüterrechte getrennt untersucht wird, ob Ausnahmen von der beschränkten Wirkung bestehen, soll analysiert werden, inwiefern die Berücksichtigung von Auslandssachverhalten

---

[160] Der EuGH (Slg. 2005, I – 7199, 7234, Tz. 46 – Lagardère) will den Grundsatz der Territorialität (ohne irgendeine Differenzierung) dagegen dem EGV entnehmen. Eine Präzisierung der Verortung oder gar eine Begründung liefert er freilich nicht. Dies ist wohl auch nicht möglich. Skeptisch auch *Metzger*, IPRax 2006, 242, 244.

[161] *Fezer/Koos*, in: Staudinger, BGB, IntWirtschR Rz. 841.

[162] Allerdings macht § 120 Abs. 4 Satz 2 UrhG den Schutz der Werke ausländischer Staatsangehöriger vom Schutz der Werke deutscher Staatsanghöriger in diesem Staat abhängig, soweit keine abweichende staatsvertragliche Regelung besteht.

[163] Die Darstellung der Ausnahmen von einer etwaigen kollisionsrechtlichen Aussage des Gebietsgrundsatzes wird wegen der Identität mit dem Schutzlandprinzip wiederum im nachfolgenden Kapitel dargestellt (2. Kap.V. (S. 135)).

innerhalb des Verletzungstatbestandes mit dem Gebietsgrundsatz in diesem Sinne zu vereinbaren ist. Diese Frage stellt sich bei allen Immaterialgüterrechten.

a. Berücksichtigung von Auslandssachverhalten innerhalb des Verletzungstatbestandes

Es ist weitgehend unbestritten, dass eine Verletzung eines deutschen Immaterialgüterrechts auch dann vorliegen kann, wenn nicht der ganze Sachverhalt, sondern nur Teile hiervon im Inland stattgefunden haben.[164] Beispielsweise liegt ein Herstellen i.S.d. § 9 Satz 1 Nr. 1 1. Alt PatG vor, wenn das geschützte Erzeugnis nur zu einem Teil im Inland hergestellt und später im Ausland fertig gestellt wird. Voraussetzung ist lediglich, dass der inländische Handlungsakt bereits einen Bezug zu der patentrechtlich geschützten Erfindung hat.[165] Ebenso stellen das Absenden oder der Zugang einer Offerte für ein urheber-, marken- oder patentrechtlich gesichertes Werk bzw. Erzeugnis eine Verletzung i.S.d. § 14 Abs. 2 MarkenG, § 17 Abs. 1 2. Alt. UrhG bzw. § 9 Satz 2 Nr. 1 2. Alt. PatG dar, wenn der jeweils andere Sachverhaltsabschnitt im Ausland verwirklicht wird.[166] Gleiches gilt nach überwiegender Ansicht für die Abrufbarkeit einer Werbung mit einem oder für ein geschütztes Gut über das Internet im Inland, wenn das Einspeisen ins Netz im Ausland erfolgt (Fortschreibung der sog. *Bogsch*-Theorie[167]). Während ein Teil der Literatur von einer „Entfernung"[168] oder „Auflockerung"[169] – gemeint ist wohl: teilweisen Nichtbeachtung[170] – des Territorialitätsprinzips spricht, werden überwiegend keine

---

[164] Statt vieler BGH GRUR 70, 358, 359 – Heißläuferdetektor; *Ingerl/Rohnke*, MarkenG, § 14 Rz. 44; *Kraßer*, S. 775; *Scharen*, in: Benkard, PatG, § 9 Rz. 10.

[165] Dieses Beispiel gibt *Kraßer*, S. 779.

[166] Für das Patentrecht *Keller*, in: FS Ullmann, S. 449, 450 f.; *Scharen*, in: Benkard, PatG, § 9 Rz. 10 und 43; für das Markenrecht *Fezer*, MarkenR, § 14 Rz. 469; für das Urheberrecht BGH GRUR 2007, 871, 873 – Wagenfeld Leuchte.

[167] Diese Theorie wurde ursprünglich für das urheberrechtliche Senderecht insbesondere bei Satellitensendung entwickelt. Benannt ist sie nach ihrem prominentesten Vertreter, dem langjährigen WIPO-Generaldirektor *Árpád Bogsch*.

[168] *Ebner*, S. 75.

[169] *Dinwoodie*, Developing PIIPL, S. 54 f.; *Fezer/Koos*, in: Staudinger, BGB, IntWirtschR Rz. 854 f. und 962 f.; ähnlich *Haupt*, GRUR 2007, 187, 190 f., die zwar grundsätzlich die Maßgeblichkeit bloßer (inländischer) *Teil*akte als mit dem Territorialitätsprinzip vereinbar ansieht, aber nur soweit diese den Kern der patentierten Erfindung betreffen.

[170] *Brömmelmeyer*, S. 192 gibt dies ausdrücklich zu. Dieses Problem wird stichwortartig als exterritoriale Anwendung des Rechts gekennzeichnet, *Ebner*, S. 67; *Gottschalk*, in: Gottschalk, Conflict of Laws, S. 184, 211.

Bedenken wegen dieses Grundsatzes geäußert.[171] Letzteres ist überzeugend.

aa. Keine Durchbrechung bei nur inländischen Teilhandlungen

Die Autoren, die eine Durchbrechung des Gebietsgrundsatzes annehmen, gehen davon aus, dass nach diesem Prinzip die gesamte Verletzungshandlung[172] im Inland erfolgen müsse. Allerdings steht es dem Gesetzgeber frei zu normieren, wann er eine Benutzungshandlung hinsichtlich eines geschützten geistigen Gutes annehmen will. Er muss nicht alle wirtschaftlich oder sonst relevanten Handlungen ausschließlich dem Schutzrechtsinhaber zuordnen. Andererseits kann er den Rechtsinhaber auch dadurch schützen, dass er bestimmte Handlungen, die für die Verwertung des geistigen Gutes von Bedeutung, aber noch nicht auf das Endprodukt bezogen sind, zu Gunsten einer Person monopolisiert. Dies kann durchaus sinnvoll sein, z.B. weil die Produktion einzelner Teile wegen der technischen Möglichkeiten, des Fachpersonals, der Lieferwege oder aus rechtlichen Gründen nur im Inland möglich erscheint, der Zusammenbau dagegen anderswo erfolgt. Selbst wenn mit diesem Verbot der Vertrieb des geschützten Endprodukts im Ausland verhindert werden soll und damit mittelbar eine Auswirkung auf ausländische Märkte zu konstatieren ist, durchbricht dies nicht die beschränkte Wirkung der Schutzrechte.[173] Denn maßgeblich für die Qualifizierung der Handlung als Verletzung des Immaterialgüterrechts ist nur der Teilakt, der im Inland vorgenommen wurde. Das Geschehen im Ausland ist entweder vollkommen irrelevant oder wird nur zur näheren Beurteilung der Bedeutung des inländischen Sachverhaltsabschnitts herangezogen.[174] Maßgebliche Verletzungshandlung ist somit immer der inländische Teilakt.

bb. Keine Durchbrechungen bei bloßer Auswirkung im Inland

Allerdings wird teilweise betont, dass die Verletzungstatbestände des gewerblichen Rechtsschutzes und des Urheberrechts reines Handlungsunrecht darstellten. Insofern sei nur die Verletzungshandlung maßgeblich, der

---

[171] Ausdrücklich keine Bedenken hat BGHZ 75, 150, 152 f. – Contiflex. Siehe auch *Ginsburg*, 37 Va. J. Int'l L. (1997), 587, 589 ff.

[172] *Fezer/Koos*, in: Staudinger, BGB, IntWirtschR Rz. 854 f. und 962 f.; *Haupt*, GRUR 2007, 187, 190 f. Auch *Ebner*, S. 75 meint, dass der gesamte Verletzungssachverhalt nach dem „strengen" Territorialitätsprinzip im Inland verwirklicht sein muss und hält hierfür nicht nur das Bestehen einer inländischen Verletzungshandlung, sondern auch eines -erfolgs für nötig.

[173] So auch *Kraßer*, S. 775.

[174] BGHZ 75, 150, 152 f. – Contiflex.

Erfolg hingegen irrelevant.[175] Nimmt man diese Prämisse und verbindet sie mit dem Gedanken der begrenzten räumlichen Wirkung, so gilt der Satz, dass inländische Schutzrechte nur durch *Handlungen* auf dem Gebiet des Inlands verletzt werden können.

Untersucht man den Begriff der „Handlung" in den einzelnen Rechtsgebieten, fällt auf, dass dieser Begriff – soweit ersichtlich – einheitlich als ein menschliches, willensgesteuertes Verhalten definiert wird.[176] Erforderlich ist also das Setzen einer Ursache durch das positive Tun eines Menschen oder das pflichtwidrige Unterlassen des Setzens einer Ursache. Bezogen auf Werbung über das Internet ist jedoch nur das Einstellen der Daten in das Internet ein solches menschliches Verhalten. Die Abrufbarkeit ist die Wirkung dieses Verhaltens. Sie kann auch nicht als Teilakt angesehen werden, da ein Teilakt ein Verhalten innerhalb eines mehraktigen Geschehens voraussetzt. Insofern ist die Situation mit der eines Briefes vergleichbar: Die Handlung des Täters ist das Schreiben und das Absenden des Briefes, nicht aber die Zustellung durch den (rechtmäßig handelnden) Postbeamten oder der Empfang durch den Adressaten.[177] Auch beim berühmten Schuss über die Grenze wird nicht vertreten, dass der Flug der Kugel im Nachbarstaat oder deren Einschlagen die Handlung sei. Die bloße Abrufbarkeit einer Internetseite stellt damit *keine* Benutzungs*handlung* dar. Eine solche ist lediglich durch den Upload gegeben.

Akzeptiert man die Aussage vom ausschließlichen Handlungsunrecht der bzw. von der alleinigen Maßgeblichkeit der Verletzungshandlung für die Benutzungstatbestände der Immaterialgüterrechte, ist es somit durchaus berechtigt, von einer Durchbrechung des Gebietsgrundsatzes zu sprechen. Denn in diesem Fall muss man das Einspeisen der Daten in das Internet im Ausland als maßgebliche Verletzungshandlung betrachten, selbst wenn man dieses nur unter weiteren Voraussetzungen (z.B. der Abrufbarkeit im Inland) als tatbestandlich ansieht. Als Alternative und insofern kon-

---

[175] Siehe nur *Beier/Schricker/Ulmer*, GRUR Int. 1985, 104, 106; *Pfaff*, in: FS Beier, S. 1109, 1159.

[176] Für das allgemeine Deliktsrecht z.B. *Sprau*, in: Palandt, BGB, § 823 Rz. 2. Auch im internationalprivatrechtlichen Deliktsrecht kommt es beim Handlungsort auf den Ort des Verhaltens, d.h. einer willensabhängigen Tätigkeit, des (möglicherweise) Ersatzpflichtigen an, *v. Hoffmann*, in: Staudinger, BGB, Art. 40 EGBGB Rz. 17; *Junker*, in: MünchKomm, BGB, Art. 40 EGBGB Rz. 25. Für das Strafrecht *Freund*, in: MünchKomm, StGB, Vor §§ 13 ff. Rz. 120 ff. m.w.N. Im internationale Strafrecht wird betont, dass der Handlungsort am Ort der körperlichen Anwesenheit des Täters belegen ist, *Ambos/Ruegenberg*, in: MünchKomm, StGB, § 9 Rz. 8 m.w.N. und Rz. 26 ff. in Bezug auf Internetdelikte.

[177] Dieses Beispiel wird überwiegend im internationalen Privatrecht verwandt, vgl. *Kegel*, in: Kegel/Schurig, S. 729.

sequent bleibt, dass ein Schutzrecht nicht verletzt wird, wenn im Schutzland lediglich die Auswirkungen der Handlung spürbar sind.[178]

Die Annahme, ein Immaterialgüterrecht könne nur durch (im Inland stattfindende) Benutzungs*handlungen* beeinträchtigt werden, ist indes nicht zwingend. Zunächst ist die Argumentation, die Gesetze zum Schutz geistigen Eigentums normierten Handlungsunrecht, wenig überzeugend. So wird das Immaterialgüterrecht in anderem Zusammenhang gerade als Erfolgsunrecht charakterisiert,[179] so dass die Qualifikation als Handlungsunrecht keineswegs eindeutig ist. Darüber hinaus erscheint das Begriffspaar Handlungs- und Erfolgsunrecht für die Auswahl von Sachverhaltsabschitten, die zu einer Immaterialgüterrechtsverletzung führen können, wenig zielführend. Diese Unterscheidung entstammt der ganz anders gelagerten Diskussion um die Indikation der Rechtswidrigkeit eines Verletzungstatbestands innerhalb von § 823 Abs. 1 BGB[180] und sollte nicht unbesehen zur Lösung anderer Rechtsfragen herangezogen werden.[181]

Nicht geleugnet werden kann dagegen, dass die Benutzungstatbestände im deutschen Recht nach ihrem Wortlaut reine Handlungen beschreiben (anbieten, herstellen, benutzen, vervielfältigen, senden etc.) und dass es nach der Auslegung dieser Tatbestände durch die Rechtsprechung und die überwiegende Literatur viele Fälle gibt, in denen allein eine *Handlung* zur Erfüllung eines Verwertungstatbestandes ausreicht, ohne dass es einer weiteren Auswirkung bedarf. Beispielsweise genügt es für das Herstellen eines patentrechtlich geschützten Erzeugnisses i.S.d. § 9 Satz 1 Nr. 1 1. Alt. PatG, dass mit der Herstellungshandlung begonnen wurde, sofern diese auf das patentierte Endprodukt gerichtet war.[182] Auch das Absenden eines geschützten Werkes von Deutschland aus genügt für die Verwirklichung des Senderechts gemäß § 20 bzw. § 20a Abs. 1 UrhG.[183] Trotzdem ist es genauso denkbar, dass der Erfolg als maßgebliches Kriterium für einen Verwertungstatbestand (zumindest de lege ferenda) angesehen wird. Zuzustimmen ist zwar der Aussage, dass die bloße wirtschaftliche Auswirkung im Sinne eines Schadens nicht ausreichen kann. Dies ist aber keine Besonderheit des

---

[178] Dies wird vor allem hinsichtlich der urheberrechtlichen Verwertungsrechte gemäß § 19a und § 20 UrhG vertreten, vgl. z.B. *Ulmer*, IGR im IPR, S. 15 und die Nachweise bei *Dreier*, in: Dreier/Schulze, UrhG, Vor §§ 120 ff. Rz. 41. Ebenso (bzgl. der internationalprivatrechtlichen Anknüpfung an den Handlungsort) *Nordemann u.a.*, CR 1996, 645, 651.

[179] So innerhalb der Diskussion zur Zulässigkeit des ergänzenden wettbewerbsrechtlichen Leistungsschutzes z.B. *Götting*, in: Fezer, UWG, § 4–9 Rz. 3, 21.

[180] Dazu *Wagner*, in: MünchKomm, BGB, Einl. § 823 Rz. 4 ff.

[181] Für eine Beschränkung der Argumentation mit diesem Begriffspaars auf den Binnenbereich des § 823 Abs. 1 BGB auch *Schröer*, 2. Kap.A.

[182] Nachweise in Fn. 165 zum 1. Kapitel.

[183] Dies ist unstreitig und in § 20a Abs. 1 UrhG ausdrücklich normiert.

Immaterialgüterrechts, sondern auch im allgemeinen Zivilrecht der Fall. Vielmehr ist zu fordern, dass eine Rechtsverletzung im Sinne einer Auswirkung auf die Zuordnung vorliegt. Der Schwerpunkt wird also nicht auf die Vornahme eines Verhaltens gelegt, die eine dem Schutzrechtsinhaber ausschließlich vorbehaltenc Handlung betrifft, sondern auf den Zustand oder die Auswirkung, die herbeigeführt wurden. Prinzipiell sind alle Möglichkeiten der Anforderungen an eine Verletzung denkbar. Diese könnten in der bloßen Vornahme eines Verhaltens oder in einem Verhalten, das zu einem bestimmten Erfolg führt, gesehen werden. Aber auch die Normierung einer Verletzung bei Vorliegen eines bestimmten Handlungserfolgs oder Zustandes, sofern dieser einer bestimmten Person zurechenbar ist, scheidet nicht generell aus und ist dem Recht nicht unbekannt.[184] Welche Anforderungen an eine Beeinträchtigung eines Schutzrechts zu stellen sind, ist dabei grundsätzlich dem jeweiligen Gesetzgeber überlassen.

Vom Ergebnis her ist dies im Immaterialgüterrecht weitgehend anerkannt. Denn das Tatbestandsmerkmal des „Anbietens" i.S.d. § 14 Abs. 2 MarkenG, § 17 Abs. 1 2. Alt. UrhG und § 9 Satz 2 Nr. 1 2. Alt. PatG wird durch Rechtsprechung und Literatur so ausgelegt, dass die Abrufbarkeit einer Internetseite, und damit die bloße Auswirkung eines menschlichen Verhaltens, ausreicht.[185] Ebenso genügt der Zugang eines Briefes als „Anbieten" oder das Ergebnis der Vervielfältigung eines urheberrechtlich geschützten Werkes im Inland, wenn dieses vom Ausland veranlasst wurde, als „Vervielfältigung" i.S.d. § 16 Abs. 1 UrhG. Es wird folglich nicht auf die im Ausland vorgenommene Handlung abgestellt, sondern ausschließlich auf den Handlungs*erfolg* als inländischen Geschehensabschnitt. Daher stellen diese *Auswirkungen* eine Verwirklichung des Benutzungs*tatbestandes* dar.[186] Soweit weiter betont wird, dass gleichwohl eine inländische

[184] So wird im schweizerischen Immaterialgüterrecht nicht die widerrechtliche Handlung als ausreichend angesehen, maßgeblich ist allein der Erfolg im Sinne einer Auswirkung, vgl. *Vischer*, in: Zürcher Kommentar zum IPRG, Art. 110 Rz. 6.

[185] Nachweise in Fn. 10 der Einleitung.

[186] Dies bedeutet nicht, dass alle Auswirkungen eine Verletzung des betreffenden Immaterialgüterrechts darstellen. Erforderlich ist vielmehr, dass die konkrete Auswirkung unter einen Benutzungs*tatbestand* subsumiert werden kann. Soweit eine solche Subsumtion nicht möglich ist, bleibt es bei der Unbeachtlichkeit de lege lata. Deshalb kann die ausschließliche Vermarktung eines Zeichens im Ausland (d.h. ohne Anbieten i.S.d. Abrufbarkeit im Inland) nicht mit der Begründung als eine Verletzung in Deutschland angesehen werden, dass die Kennzeichnungskraft oder Wertschätzung im Inland betroffen ist und insofern eine Auswirkung vorliege (a.A. *Fezer*, MarkenR, Einl. MarkenG Rz. 186). Auf Grund der handlungsbezogenen Formulierung ist nämlich nur eine Subsumtion des direkten Handlungserfolges und nicht von indirekten Auswirkungen (z.B. Schäden) möglich. Dem Gesetzgeber bleibt es natürlich unbenommen, Benutzungstatbestände dergestalt zu formulieren, dass solche Auswirkungen erfasst sind, soweit der nach Völkerrecht erforderliche genuine link gewahrt bleibt.

Benutzungs*handlung* vorliegt,[187] wird ohne Not die sonst gültige Definition der Handlung als menschliches Verhalten missachtet und eine immaterialgüterrechtsspezifische Auslegung gewählt[188, 189] – oder es wird schlicht die Benutzungshandlung mit dem Benutzungstatbestand verwechselt.

Die eigenständige Berücksichtigung der bloßen Auswirkung widerspricht auch nicht dem Territorialitätsprinzip. Schon die Argumente für die Annahme einer Durchbrechung des Grundsatzes der territorial beschränkten Wirkung der Schutzrechte zeigen, dass die Unbeachtlichkeit der Abrufbarkeit aus dem Gebietsgrundsatz *in Verbindung* mit der ausschließlichen Maßgeblichkeit der Verletzungshandlung folgt. Der Gebietsgrundsatz selbst besagt dagegen lediglich, dass der Inhaber des Schutzrechts anderen die Verwertung des geistigen Gutes (nur) im Inland untersagen kann, das Schutzrecht also ausschließlich im Inland verletzt werden kann. Welche Anforderungen an eine Verletzung zu stellen sind, insbesondere ob ein Verhalten oder eine Auswirkung jeweils isoliert genügen, entscheidet er nicht. Gleichfalls ist nach den völkerrechtlichen Grundsätzen lediglich zu fordern, dass irgendeine Beziehung zu der Berechtigung im Inland gegeben ist; diese kann in einer Auswirkung und muss nicht in einem Verhalten bestehen.

Allerdings erfordert die Tatbestandsmäßigkeit der Auswirkung insofern eine Berücksichtigung des ausländischen Geschehens als andernfalls die Zurechnung der Auswirkung zu einer bestimmten Person nicht erfolgen kann. Nur wenn festgestellt ist, wer die Daten eingespeist hat, kann man

---

187 So die weit überwiegende Terminologie, statt vieler BGH GRUR 2005, 431, 432 – Hotel Maritime; *Bettinger/Thum*, GRUR Int. 1999, 659, 670 f.; *Sack*, WRP 2000, 269, 271 und 277; *Schack*, MMR 2000, 59, 64; *Spindler*, IPRax 2003, 412, 418. Nur wenige trennen in diesem Kontext klar zwischen Handlung und Erfolg, z.B. *Schaper*, S. 119 f.

188 Dies wird offensichtlich, wenn man anerkennt, dass die Abrufbarkeit keine Handlung darstellt, aber wegen der Notwendigkeit eines Schutzes die Verletzungs*handlung* im Empfangsstaat lokalisiert wird, vgl. statt vieler *Drexl*, in MünchKomm, BGB, IntImmGR Rz. 157 und 163; *Fezer/Koos*, in: Staudinger, BGB, IntWirtschR Rz. 881.

189 Ähnlich wurde früher im allgemeinen internationalen Deliktsrecht ein erweiterter Handlungsbegriff vertreten. Der Handlungsort wurde dort lokalisiert, wo der Schädiger handelt oder ein von ihm eingesetztes (menschliches, tierisches oder sonstiges) Werkzeug wirkt (OLG Hamburg HansGZ 1898 B, S. 246; *Raape*, S. 577 f.). Damit konnte die Maßgeblichkeit des Empfangsorts eines Briefs wegen der Mithilfe des Postboten erklärt werden und auch die Verbreitung von Beleidigungen über Radio wird an jedem Ort, an den die Radiowellen gelangen, begangen. Nimmt man diese Prämisse ernst, begründet sogar der Einschlag der Kugel beim berühmten Schuss über die Grenze einen Handlungsort. Diese Auffassung ist historisch aus der Ablehnung des Erfolgsorts als taugliches Anknüpfungsmoment und dem gleichzeitigen Ziel der Übernahme der praktischen Ergebnisse der Erfolgsortanknüpfung zu erklären und ist durch die Akzeptanz des Erfolgsorts als Anknüpfungsmoment obsolet geworden (dazu *v. Hein*, S. 269 ff., insb. S. 271).

beurteilen, wer für ihre Abrufbarkeit verantwortlich ist. Mit der beschränkten Wirkung der subjektiven Schutzrechte auf das Gebiet des verleihenden oder anerkennenden Staates ist lediglich eine Aussage getroffen, *wo* eine Verletzung möglich ist. Die Zurechnung einer Auswirkung zu einer bestimmten Person betrifft jedoch nicht die Frage, *ob* eine Beeinträchtigung des subjektiven Immaterialgüterrechts vorliegt; hierfür ist allein die Auswirkung im Inland, im konkreten Fall die Abrufbarkeit, maßgeblich. Ebenso besagt diese Aussage des Territorialitätsprinzips nur, dass im Falle des § 20 UrhG die Zugänglichmachung durch bestimmte technische Mittel in Deutschland erfolgen muss. Sofern man „Zugänglichmachung" auch als Absenden interpretiert, verlangt die beschränkte Wirkung der Schutzrechte nur, dass dieses Absenden vom Inland aus erfolgt und nicht, dass sich auch die Öffentlichkeit, der die Informationen zugänglich gemacht werden, in Deutschland befindet.[190] Es ist nur erforderlich, dass das konkrete Tatbestandsmerkmal, welches die Verletzung des Immaterialgüterrechts herbeiführt, im Inland erfüllt wird. Andere ausländische Sachverhaltsabschnitte können dagegen berücksichtigt werden. Dies ist sogar erforderlich, da andernfalls ein tatsächliches Geschehen sinnentfremdet und aus dem Gesamtzusammenhang gerissen wird.[191]

Im Ergebnis lässt sich somit feststellen, dass die Maßgeblichkeit einer inländischen Auswirkung – und damit auch die *Bogsch*-Theorie – keine Ausnahme von der Grundaussage des Territorialitätsprinzips begründet.

b. Kennzeichenrecht

Keine Durchbrechung der räumlichen Begrenzung der Schutzrechte ist mit dem MMA verbunden.[192] Denn danach hängt die Frage, ob Markenschutz auch für andere Länder gewährt wird, weiter von den Anforderungen in dem betreffenden Schutzstaat ab (Art. 5 MMA). Lediglich die formale Voraussetzung der Eintragung im Schutzland wird auf Grund der völkerrechtlichen Vereinbarung durch eine internationale Registrierung ersetzt. Der Inhaber erhält also kein einheitliches Recht, sondern ein Bündel nationaler Rechte. Ebenso wenig bewirkt die notorisch bekannte Marke gemäß

---

[190] BGHZ 152, 317, 327 – Sender Felsberg. Die Auslegung kann natürlich ergeben, dass auch die Öffentlichkeit sich im Inland befinden muss, z.B. weil dies der Zweck der Vorschrift erfordert. Ebenso *Patry*, GRUR Int. 2000, 1083, 1087, ohne Entscheidung für oder gegen ein Erfordernis des Zugänglichmachens an eine inländische Öffentlichkeit auf Grund des US-Copyright Act.

[191] BGHZ 75, 150, 153 – Contiflex; BPatGE 43, 58, 62 f. – Cobra Cross.

[192] Nahezu allgemeine Auffassung, vgl. BGHZ 18, 1, 13 – Hückel; BGH GRUR 1960, 235, 235 – Toscanella; *Fezer*, MarkenR, Vorb. MMA Rz. 1; a.A. *Kropholler*, IPR, S. 156, der von relativer Universalität spricht.

Art. 6bis PVÜ eine Ausnahme:[193] Ist die Marke in Land X notorisch bekannt, heißt das nämlich noch nicht, dass sie automatisch auch in Land Y geschützt wird. Denn nach dem Wortlaut des Art. 6bis PVÜ kommt es auf die notorische Bekanntheit im jeweiligen Inland an. Im Unterschied zu einer nicht eingetragenen Marke wird demnach nur auf die Voraussetzung der Benutzung im Inland verzichtet.[194] Daran ändert die Abhängigkeit des Schutzes vom Schutz im Ursprungsland nichts. Auch die Erstreckung des Schutzes der Telle-quelle-Marke nach Art. $6^{quinquies}$ PVÜ ist von Erfordernissen in den einzelnen Schutzstaaten abhängig. Namentlich sind die dortige Eintragung und das Fehlen eines entgegenstehenden Schutzrechts im Schutzland Voraussetzung. Insofern wird zwar eine Ausnahme von dem Grundsatz, dass jedes Land durch seine nationale Rechtsordnung selbst die Voraussetzungen des Schutzes bestimmen kann, gemacht. Diese Einschränkung der autonomen Regelungsbefugnis ist indes auch anderen Regelungen immanent, wie z.B. dem Verbot der Inländerbehandlung oder der Verpflichtung zur Gewährleistung eines gewissen Mindestschutzes. Zudem werden nicht alle Aspekte durch Art $6^{quinquies}$ PVÜ geregelt, sondern nur solche, die sich auf die Form der Marke beziehen; der Staat, in dem die Eintragung begehrt wurde, hat z.B. das Recht, die Existenz der Marke und die Eigentümerstellung des Antragsstellers zu überprüfen.[195] An dem Erfordernis der Anerkennung einer Marke durch das jeweilige Schutzland und am Bestehen eines Bündels von nationalen Marken wird somit festgehalten.

Eine gewisse Abkehr von der räumlichen Beschränkung der Kennzeichenrechte stellen die GMVO und die sog. Beneluxmarke dar. Nach beiden Regelungen entsteht ein Markenrecht nicht nur für einen Nationalstaat, sondern ein supranationales Recht für das Gebiet der EU bzw. der Beneluxstaaten. Eine Erstreckung der Wirkung auf Drittstaaten erfolgt indes nicht, im Verhältnis zu diesen bleibt die räumliche Begrenzung aufrechterhalten.[196]

---

[193] *Ropohl*, S. 45 spricht dagegen (ebenso wie bei der Telle-quelle-Marke) von einer Ausnahme zugunsten eines universalen Ansatzes. Er begründet dies aber mit der Abhängigkeit des Markenschutzes vom Ursprungsland. Ähnlich *Regelin*, S. 54; *Windisch*, S. 134.

[194] *Ingerl/Rohnke*, MarkenG, § 4 Rz. 27.

[195] United States – Section 211 Omnibus Appropriations Act of 1998; Report by the Appelate Body, 2 January 2002, WTO-Doc. WT/DS176/AB/R, Tz. 122–148.

[196] Österr. OGH GRUR Int. 2007, 256, 258 f.; *Schaper*, S. 65 ff.

c. Patentrecht

Ebenso wie beim MMA entsteht nach dem EPÜ und dem PCT kein einheitliches Patentrecht, sondern nur ein Bündel von Rechten.[197] Dennoch existiert eine echte Ausnahme nach h.A. Diese betrifft indes nicht das Patentrecht selbst, sondern das Erfinderrecht. Das Recht auf das Patent gemäß § 6 Satz 1 PatG soll nach verbreiteter Ansicht nicht nur einen Anspruch auf ein nationales Patent, sondern auch auf ausländische Patente gewähren.[198]

d. Urheberrecht

Im Urheberrecht stellt lediglich die Übereinkunft von Montevideo eine gewisse Ausnahme vom Territorialitätsprinzip dar. Nach ihrem Art. 2 soll jeder Autor in allen Vertragsstaaten die Rechte genießen, die ihm das Land der ersten Veröffentlichung oder Herstellung, also das Ursprungsland, gewährt. Im Verhältnis der Vertragsstaaten wird die territoriale Begrenzung aufgehoben und es entsteht ein einheitliches Recht. Allerdings ist diese Übereinkunft wegen des Vorrangs der RBÜ und des WUA praktisch bedeutungslos geworden. Zudem ist nur das Verhältnis zwischen den Vertragsstaaten, nicht aber zu anderen Ländern betroffen. Die etwaige Abhängigkeit der Schutzrechtsdauer von der Schutzfrist im Ursprungsland gemäß Art. 7 Abs. 8 2. Hs. RBÜ beeinträchtigt dagegen die grundsätzliche territoriale Wirkung der Schutzrechte nicht.

2. Unabhängigkeit und eingeschränkter Anwendungsbereich

Die Unabhängigkeit der einzelnen Schutzrechte von der Schutzgewährung in anderen Staaten ist schon durch die internationalen Konventionen vielfach durchbrochen. Insofern kann auf die vorherigen Ausführungen verwiesen werden.[199] Ferner besteht eine Ausnahme bei den sog. Einführungspatenten, die vor allem in Lateinamerika verbreitet sind. Diese können im Gegensatz zu „normalen" Patenten auch dann noch erteilt werden, wenn die Erfindung bereits veröffentlicht worden – und damit nicht mehr neu – ist, sind aber von dem Patent desselben Inhabers im Ursprungsland abhängig. Wegen ihrer Natur, die eine Schutzgewährung trotz Bekanntheit der Erfindung ermöglicht, sollen sie mit Art. 4bis PVÜ vereinbar sein.[200]

Wie bereits dargestellt wurde, wird auch die ausschließliche Berücksichtigung inländischer Sachverhalte in den nationalen Schutzgesetzen

---

[197] Vgl. Art. 3 EPÜ.

[198] BFHE 172, 341; LG Düsseldorf InstGE 1, 50, 56; *Benkard*, PatG, § 6 Rz. 10; *Busse*, PatG, § 6 Rz. 9.

[199] Ziff. IV.1.a. (S. 45 f.).

[200] *Baeumer*, in: FS Fikentscher, S. 803, 812 f.; *Bodenhausen*, S. 51.

nicht durchgehalten. So kann etwa ein ausländisches Verhalten für die Zurechnung der Verletzung relevant sein und die europaweite Erschöpfung ist anerkannt.[201] Dagegen werden die Normen der nationalen Schutzgesetze nur auf inländische Schutzrechte angewandt. Lediglich soweit eine Abhängigkeit von dem Schutz im Ausland (z.B. durch eine Teilverweisung auf das Ursprungsland) normiert wird, ist damit eine gewisse Aufweichung des hier in Rede stehenden Grundsatzes zu erkennen. So ist gemäß Art. 7 Abs. 8 2. Hs. RBÜ die Regelung des Ursprungslandes bzgl. der Schutzdauer zumindest für den Vergleich der Schutzfristen im Schutzland und im Ursprungsland anwendbar. Sofern im Letzteren die Frist kürzer ist, ist sie auch maßgeblich. Die Regel des Ursprungslands wird folglich – selbst wenn sie das Ursprungsland nur hinsichtlich eigener Schutzrechte angewandt sehen will – für das subjektive Recht im Schutzland herangezogen.

VI. Berechtigung

Eruiert man nun die Berechtigung des Territorialitätsprinzips, fällt auf, dass eine ganze Reihe von Gründen ins Feld geführt wird. Diese Gründe werden regelmäßig allein auf die beschränkte Wirkung der Schutzrechte bezogen und nicht auf die anderen verschiedentlich mit dem Territorialitätsprinzip verbundenen Aussagen. Im Folgenden soll daher zunächst untersucht werden, ob diese Begründungsversuche hinsichtlich der begrenzten Wirkung überzeugen können (1.). Wie die Diskussion um das Universalitätsprinzip im Urheberrecht zeigt, können hierbei zwischen den einzelnen Immaterialgüterrechten Unterschiede bestehen. Anschließend ist zu erörtern, ob diese Argumente auf die weiteren Aussagen übertragen werden können (2. bis 5.). Dabei soll nicht untersucht werden, ob diese Aussagen aus anderen Gründen gerechtfertigt sind; stattdessen steht die Frage nach einem einheitlichen Prinzip basierend auf einer einheitlichen Begründung im Zentrum der Überlegungen.

1. Beschränkte Wirkung

a. Hoheitliche Betrachtungsweise

Eine häufige Begründung für die räumlich beschränkte Wirkung der subjektiven Schutzrechte ist der Gedanke, dass nach dem völkerrechtlichen Grundsatz der territorialen Souveränität jeder Staat nur die Gesetze für sein Hoheitsgebiet bestimmen und daher nur Rechte für dieses Territorium verleihen oder anerkennen kann. Eine Ausdehnung der Rechte auf andere

---

[201] Dazu Ziff. I.3.c. (S. 27 ff.).

Staaten unabhängig von deren Entscheidung greife in deren Souveränität ein.[202] Diese Ansicht ist indes weder überzeugend noch entspricht sie der h.M. im Völkerrecht. Vielmehr besagt der Souveränitätsgedanke nur, dass ein Staat Hoheitsakte nur auf dem eigenen Hoheitsgebiet vornehmen und einem fremden Souverän keine Vorschriften machen kann. Die Regelungsbefugnis ist dagegen nur durch das Erfordernis eines *genuinen links* begrenzt.[203] Die Anerkennung bzw. Verleihung eines Urheber-, Kennzeichen- oder Patentrechts stellt aber weder eine Vornahme eines Hoheitsaktes auf fremden Gebiet noch einen Anwendungsbefehl an einen anderen Staat dar. Selbst wenn ein Recht aus Sicht des eigenen Staates weltweit wirken würde, kann jeder ausländische Souverän frei entscheiden, ob er diese Entscheidung und hierauf beruhende Urteile anerkennt.[204] Der Rückgriff auf den Souveränitätsgedanken liefert somit kein Argument und ist wohl damit zu erklären, dass die ursprüngliche Begründung der territorialen Wirkung beibehalten wurde, ohne die Entwicklungen des Völkerrechts im Immaterialgüterrecht nachzuvollziehen.

Aus derselben Erwägung ist es abzulehnen, dass die territoriale Wirkung auf das Erfordernis einer staatlichen Mitwirkung in Form eines Verwaltungsakts zur Entstehung der Rechte des geistigen Eigentums zurückzuführen ist.[205] Denn ein Verwaltungsakt kann ohne Souveränitätsverletzung über Staatsgrenzen hinaus Wirkung entfalten, wie das Beispiel eines Einziehungsbefehls oder Steuerbescheids an einen im Ausland Lebenden zeigt. Lediglich die Zustellung und Durchsetzung kann nicht ohne Mitwirkung des Auslands erfolgen. Dieses Argument ist auch ungeeignet, eine unterschiedliche Behandlung von Registerrechten und Urheberrechten zu

---

[202] RGZ 118, 76, 82 – Hengstenberg; BGHZ 126, 252, 256 – Folgerecht bei Auslandsbezug; *Dreier*, in: Dreier/Schulze, UrhG, Einl. Rz. 42; *Götting*, S. 78; *Rehbinder*, S. 349; *Seligsohn*, in: FS Reichspatentamt, S. 193, 196 f. und 199; *Spoendlin*, UFITA 107 (1988), 11, 14; *Ulmer*, IGR im IPR, S. 9. A.A. *Andermann*, S. 85; *Ebner*, S. 29 f.; *Siehr*, IPRax 1992, 219, 221. *Weigel*, S. 107.

[203] Dazu Ziff. I.1. (S. 19). Dies erkennen auch die Autoren, die eine universale Wirkung des Urheberrechts befürworten, zumindest hinsichtlich der Regelungsbefugnis durch Gesetz (und nicht durch Verwaltungsakt) an.

[204] Auf dem Gebiet des internationalen Wirtschaftsrechts besteht auch keine restriktivere Auffassung der Souveränität durch eine abweichende Staatenpraxis. So wird seit langer Zeit das deutsche UWG auf Wettbewerbsverstöße in einem ausländischen Markt angewandt, z.B. wenn im konkreten Fall nur ein Wettbewerb zwischen deutschen Unternehmen in Rede stand (Nachweise bei *Köhler*, in: Hefermehl/Köhler/Bornkamm, UWG, Einl. UWG Rz. 5.14). Diese Rechtslage wird in Zukunft gemäß Art. 6 Abs. 2 i.V.m. Art. 4 Abs. 2 Rom II-VO weiter Bestand haben. Auch im Urheberrecht wird im Ausland eine universale Wirkung zum Teil befürwortet (Nachweise in Fn. 19 und 20 zum 1. Kapitel).

[205] So *Drobnig*, RabelsZ 40 (1976), 195, 197, 205; *Regelin*, S. 64 ff.; *Ropohl*, S. 43 und 55; *Schack*, Anknüpfung, S. 23 f.

erklären, wie dies in der Literatur bisweilen versucht wird.[206] Zwar bedürfen Letztere zur Entstehung keines besonderen Verleihungsaktes. Gleichwohl ist eine gesetzliche Anerkennung – wie bei jedem anderen Recht – vonnöten. Eine Differenzierung danach, ob die staatliche Mitwirkung im konkreten Fall durch einen individuell-konkreten Akt oder die Anwendung eines abstrakt-generellen Gesetzes erfolgt, ist ungerechtfertigt, da eine staatliche Mitwirkung in jedem Fall erforderlich bleibt.[207]

b. Internationale Konventionen

Des Weiteren hat sich bereits gezeigt, dass die internationalen Konventionen keinen zwingenden Grund für die Beibehaltung der räumlichen Begrenzung der Schutzrechte enthalten. Insofern wird auf obige Ausführungen verwiesen.[208]

c. Wille des historischen Gesetzgebers

Kann man die zwingende beschränkte Wirkung der subjektiven Rechte nicht unmittelbar auf die Souveränität der Staaten oder internationalen Verpflichtungen stützen, bleibt die Möglichkeit, dass der Gesetzgeber ein von ihm gewährtes Recht freiwillig nur für sein eigenes Gebiet anerkennt. Es wird denn auch vertreten, dass der Gesetzgeber von dieser Option Gebrauch gemacht hat.[209] Ob dies der Fall ist, erscheint aber zweifelhaft. Im Patent- und im Urheberrecht mag die Beschränkung zwar entsprechend der damaligen Auffassung der historische Wille des Gesetzgebers gewesen sein. Dieser ist jedoch nicht in den Gesetzestexten niedergelegt.[210] Im Markenrecht ging man ursprünglich sogar von der weltweiten Wirkung aus. Zwar hatte sich diese Auffassung mit der Hengstenberg-Entscheidung des RG im Jahre 1927 geändert, doch dieser Wandel kommt in den Neufassungen der Gesetze zum Kennzeichenschutz nicht zum Ausdruck. Hinzu kommt, dass – selbst wenn der Gesetzgeber ursprünglich von einer Limi-

---

[206] So *Regelin*, S. 64 ff.; *Ropohl*, S. 43 und 55, der aus diesem Grund auch die Beschränkung der Wirkung der registerlosen Kennzeichenrechte auf ein Staatsgebiet ablehnt; *Schack*, Anknüpfung, S. 23 f.; *ders.*, UrhR, S. 414; *Schaper*, S. 34 f.

[207] *Ebner*, S. 28; *Ulmer*, IGR im IPR, S. 9; *Weigel*, S. 106 f.

[208] Ziff. IV.1.b. (S. 46 ff.).

[209] RGZ 149, 103, 105, das diese Selbstbeschränkung mit der Machtabgrenzung, d.h. wiederum mit den Gedanken der Souveränität der einzelnen Staaten, begründet; *Neuhaus*, S. 180; *Raape*, S. 637.

[210] Ausdrücklich auf das eigene Hoheitsgebiet beschränkt ist dagegen Sec. 60 para. 1 Patents Act 1977 (UK). Danach verletzen nur Patentbenutzungen innerhalb des Vereinigten Königreichs ein Patent, das auf Grund dieses Gesetzes gewährt wurde.

tierung ausging – der Wille des Gesetzgebers nur *ein* Auslegungskriterium ist und daher nicht unbesehen übernommen werden kann.[211]

d. Wirtschaftliche Betrachtungsweise

Vor allem im Kennzeichenrecht wird die territoriale Beschränkung der subjektiven Rechte auf die Aufteilung der Welt in regionale Märkte gestützt. Dem Verwender eines Kennzeichens fehle das Bedürfnis für ein Schutzrecht für Märkte, auf denen er nicht agiert.[212] An dieser Argumentation ist zum einen zweifelhaft, ob sie auf das Urheber- und Patentrecht übertragen werden kann.[213] Zwar ist auch das Urheberrecht ein wirtschaftlich bedeutendes Recht und entwickelt sich mehr und mehr dazu.[214] Allerdings entsteht es unabhängig von einer etwaigen Verwendung oder Verwertung auf einem bestimmten Markt und ist insofern marktunabhängig. Auch bei Patenten ist das Marktargument nicht zwingend, da das Patent von seiner Benutzung unabhängig und damit nicht notwendig marktgebunden ist. Selbst wenn man einen Marktbezug wegen seiner Natur als rein wirtschaftliches Verwertungsrecht herstellt, ist häufig nicht klar, auf welche Märkte der Patentinhaber expandieren will. Im Gegensatz zum Kennzeichenrecht ist die Erteilung des Patents von der Neuheit der Erfindung abhängig, so dass eine spätere Erteilung in anderen Ländern im Falle der Expansion auf andere Märkte oft nicht möglich ist. Zum anderen ist dem Marktargument entgegenzuhalten, dass regionale Märkte meist nicht an den Landesgrenzen halt machen und deshalb eine staatenbezogene Territorialität nicht begründet werden kann.[215]

e. Natur der Immaterialgüter und Immaterialgüterrechte

Schutzgut der Rechte des geistigen Eigentums ist die geistige Leistung und nicht deren körperliche Fixierung. Anders als bei Sachen ist eine Zuordnung an verschiedene Personen unabhängig voneinander möglich. Aus dieser Möglichkeit zur Aufspaltung der Zuordnung wird die Notwendigkeit der territorialen Begrenzung der Schutzrechte gefolgert.[216] Dabei wird jedoch bereits eine Wertung vorgenommen, indem von der Möglichkeit auf

---

[211] *Larenz*, S. 320 ff.
[212] *Pfaff*, in: FS Beier, S. 1109, 1125; *Regelin*, S. 70 f.; *Ropohl*, S. 44.
[213] Ablehnend für das Urheberrecht *Regelin*, S. 76; *Ropohl*, S. 53.
[214] Allgemeine Meinung, vgl. nur *Schricker*, in: Schricker, UrhR, Einl. Rz. 9 m.w.N.
[215] *Ebner*, S. 28; *Ropohl*, S. 59–62.
[216] In diesem Sinn *Deutsch*, in: Beier/Deutsch/Fikentscher, Warenzeichenlizenz, S. 463, 472.

die Notwendigkeit geschlossen wird; logisch zwingend ist dies indes nicht.[217]

Umgekehrt wird versucht, aus der Natur der Immaterialgüterrechte deren universale Wirkung herzuleiten. Dies folgt indes keinesfalls aus der Ubiquität der immateriellen Güter.[218] Nur weil ein geistiges Gut nicht an einem konkreten Ort lokalisiert werden kann und somit ubiquitär ist, folgt daraus nicht, dass auch dessen Schutz überall gewährleistet werden muss. Erfolg versprechender ist es, dies aus der naturrechtlichen Begründung der Rechte des geistigen Eigentums schließen zu wollen. Dies wird zum Teil hinsichtlich des Urheber- und Erfinderrechts befürwortet.[219] Vom Grundgedanken könnte das naturrechtliche Argument ebenso für Patente und andere Rechte des geistigen Eigentums fruchtbar gemacht werden.[220] Allerdings ist es ebenso möglich, der naturrechtlichen Lehre vom geistigen Eigentum vor allem historische Bedeutung beizumessen, insofern sie der Überwindung des Privilegienwesens und der Forderung nach einer Gleichbehandlung von Ausländern – weitgehend – zur Durchsetzung verholfen hat.[221] Deswegen spricht das naturrechtliche Argument nicht zwingend für die Akzeptanz universaler Rechte.[222] Die Natur der Schutzgüter und -rechte ist folglich kein zwingendes Argument – weder für noch gegen die territoriale Beschränkung der Rechte des geistigen Eigentums.

f. Verkehrsschutz

Gegen die universale Wirkung eines Schutzrechts wird ferner der Gedanke des Verkehrsschutzes ins Feld geführt. Dem ausländischen Rechtsverkehr soll es nicht zugemutet werden können, sein Verhalten nach dem jeweiligen Ortsrecht *und darüber hinaus* nach weiteren *Rechtsordnungen* richten

[217] Ebenso *Ebner*, S. 31.

[218] So aber *Regelin*, S. 72 f. für das Urheberrecht, der zugleich auf dessen Nähe zu den Persönlichkeitsrechten hinweist.

[219] *Drobnig*, RabelsZ 40 (1976), 195, 197; *Neuhaus*, RabelsZ 40 (1976), 191, 193; *Schack*, UrhR, S. 417.

[220] *Götting*, S. 17.

[221] *Ulmer*, Urheber- und Verlagsrecht, S. 81.

[222] Ebenso wenig überzeugt der Versuch *Regelins*, S. 73, dem sich *Peinze*, S. 11 anschließt, die universale Wirkung aus der Absolutheit des Urheberrechts herzuleiten. Seiner Ansicht nach besagt dies, dass das Recht gegenüber jedermann und nicht auf ein bestimmtes Gebiet begrenzt wirkt. Hieran ist schon widersprüchlich, dass er dieses Argument nicht ebenso für Patente und Markenrechte gelten lässt. Diese sind ebenfalls absolute Rechte. Außerdem wirkt auch das territorial begrenzte Urheberrecht gegenüber jedermann; es verbietet jedem – auch im Ausland befindlichen Personen – die festgelegten Verwertungsformen, aber eben nur soweit eine Verwertung im Inland vorliegt.

zu müssen.[223] Betrachtet man diese Begründung genauer, fällt auf, dass eigentlich nicht die Limitierung eines subjektiven Schutzrechts im Vordergrund steht, sondern die Frage nach dem anwendbaren Recht. Gleichwohl ist dieser Gedanke auf die beschränkte Wirkung der Schutzrechte übertragbar: Dem ausländischen Verwerter eines geistigen Gutes ist es nicht zuzumuten, sich danach zu erkundigen, ob *in* bzw. *für* Deutschland oder irgendeinen dritten Staat ein Schutzrecht erteilt wurde, obwohl dieser Verwerter nur in einem anderen Land tätig werden will. Gleiches gilt für den deutschen Rechtsverkehr hinsichtlich von Schutzrechten, die im Ausland bestehen.

Vor allem für die Registerrechte besitzt dieser Gedanke Überzeugungskraft: Der Sinn des Patent- und Markenregisters ist es, der Öffentlichkeit Auskunft über die geschützten Güter zu geben.[224] Diesem Zweck widerspricht es, wenn jemand, der eine Erfindung verwenden will, sich nicht nur im Patentregister des jeweiligen Landes, sondern auch nach Eintragungen in ausländischen Patentrollen umsehen muss. Da auch nicht eingetragene Kennzeichen geschützt werden, könnte fraglich sein, ob der Verkehr sich auf die Markenrolle verlassen kann. Der Schutz nicht eingetragener Zeichen ist aber von deren Verkehrsgeltung abhängig. Dieses Kriterium sichert den Verkehrsschutz und es ist nicht einzusehen, dass dem Rechtsverkehr über das Gebiet der Verkehrsgeltung hinaus eine Erkundigung obliegt. Zwar ließe sich mit diesem Merkmal keine Begrenzung nicht eingetragener Kennzeichenrechte entlang der Staatsgrenzen begründen. Doch es ist zweifelhaft, ob der Schutz eines solchen Rechts weiter gehen kann als der eines eingetragenen, zumal sich ein Wechsel zwischen eingetragenen und nicht eingetragenen Kennzeichenrechten vollziehen kann.[225] Der Gedanke des Verkehrsschutzes legt deshalb eine territoriale Begrenzung der Schutzrechte im gesamten Kennzeichenrecht nahe.[226] Bei den Kennzeichenrechten kommt hinzu, dass nicht nur ein potentieller Verletzer ein entgegenstehendes Recht erkennen können soll, sondern auch die Allgemeinheit vor Ver-

---

[223] *v. Bar*, UFITA 108 (1988), 27, 41; *ders.*, S. 515; *Köster*, in: Götting, Multimedia, Internet und UrhR, S. 153, 158. (Hervorhebungen des Verf.).

[224] Für das Patentrecht *Mes*, PatG, § 30 Rz. 6; *Schäfers*, in: Benkard, PatG, § 30 Rz. 8b. Für das Markenrecht *Fezer*, MarkenR, § 41 Rz. 4.

[225] *Ohly*, in: Leible, IPR im Zeitalter der neuen Medien, S. 135, 140, 150. Dies übersieht *Ropohl*, S. 55 ff.

[226] Man könnte freilich überlegen, ob nicht ein weltweit einheitliches Marken- und Patentregister zu installieren ist, so dass de lege ferenda ein universales Recht nur zugunsten eines Inhabers vergeben wird. Dies ist aber zum einen utopisch, zum anderen auch nicht wünschenswert, denn die mehrfache Zuordnung kann durchaus sinnvoll sein (dazu Ziff. VI.1.g.bb. (S. 68 f.)). Zudem gibt es keinen Grund, kleine Unternehmen zu einer kostspieligen internationalen Anmeldung eines Kennzeichens oder eines Patents zu drängen (so auch *Ohly*, in: Leible, IPR im Zeitalter der neuen Medien, S. 135, 140, 150).

wechslungen geschützt werden muss. Dies kann auch durch eine territoriale Abgrenzung der Märkte, auf denen ein Schutzrecht von unterschiedlichen Personen benutzt werden darf, erleichtert werden.[227]

Auch im Urheberrecht wird das Verkehrsschutzargument herangezogen. Dem inländischen Rechtsverkehr sei es nicht zuzumuten, sich nach der Entstehung von Urheberrechten im Ausland zu erkundigen.[228] Allerdings ist zu beachten, dass keine Schutzwürdigkeit hinsichtlich des Inhabers, sondern nur hinsichtlich des Bestehens eines Schutzes überhaupt anzuerkennen ist. Denn einem Verwender kann es gleichgültig sein, wessen Recht er verletzen würde, sofern er nur erkennen kann, dass ein Recht entgegensteht. In diesem Fall sind ihm weitere Nachforschungen nach dem konkreten Inhaber zuzumuten.[229] Zudem wird im Inland unabhängig einer Veröffentlichung oder deren Ort Schutz gewährt,[230] so dass nach der geltenden Rechtslage dem Rechtsverkehr eine Vielzahl von Schutzrechten im Inland nicht bekannt sein wird. Deswegen kommt lediglich ein Schutz des Vertrauens in die Schutzlosigkeit bestimmter Werkarten oder der erforderlichen Gestaltungshöhe eines Werkes in Betracht: Wird eine konkrete Werkart ausschließlich im Ausland geschützt, so soll sich der inländische Verkehr auf die Regelung im Inland verlassen können.[231] Dieser Vertrauensschutz könnte jedoch nicht nur durch eine strikt territoriale Wirkung der subjektiven Urheberrechte, sondern – wie *Schack* zutreffend anmerkt – auch durch eine Sonderanknüpfung einzelner Teilaspekte der Schutzentstehung oder der nachträglichen Korrektur mit Hilfe des ordre-public-Vorbehalts erreicht werden.[232]

Bedenken ergeben sich hinsichtlich der Notwendigkeit einer territorialen Abgrenzung der Schutzrechte zum einen, da es Situationen gibt, in denen ein Vertrauensschutz unnötig ist. Hiervon ist z.B. auszugehen, wenn den konkret Beteiligten die betreffenden Schutzrechte hinlänglich bekannt sind. Eine Nachforschungspflicht kann in Ausnahmefällen auch in Bezug

---

[227] *Schultz-Süchting*, GRUR 1992, 481, 483.

[228] *v. Bar*, UFITA 108 (1988), 27, 41; *ders.*, S. 515.

[229] *Schack*, UrhR, S. 461. Bei Registerrechten ist hingegen das Vertrauen auf die Aussage des nationalen Registers über den Inhaber schützenswert.

[230] Dies gilt für deutsche Staatsangehörige, Staatsangehörige von Mitgliedstaaten der EU oder von Vertragsstaaten der EWG (§ 120 UrhG). Für sonstige Ausländer gilt dagegen § 121 UrhG; im Anwendungsbereich der RBÜ wird jedoch für Staatsangehörige von Vertragsstaaten und Personen mit dortigem gewöhnlichen Aufenthalt ebenfalls Schutz unabhängig einer Veröffentlichung gewährt, § 121 Abs. 4 UrhG i.V.m. Art. 5 Abs. 1, 3 Abs. 1 (a) und 2 RBÜ.

[231] *Schack*, UrhR, S. 461.

[232] *Schack*, UrhR, S. 464 f. will die Gestaltungshöhe ausnahmsweise nach dem Recht des Schutzlands bestimmen und den Schutz von Werkarten nach dem Ursprungsland über das Niveau des Schutzlandes hinaus gegebenenfalls mit Art. 6 EGBGB abwehren.

auf die Rechtslage außerhalb des Verwertungslandes zumutbar sein. Überlegenswert ist dies etwa, wenn sowohl der Verletzer als auch der Geschädigte Staatsangehörige des betreffenden Landes sind oder dort ihren gewöhnlichen Aufenthalt haben.[233] Zum anderen kann der Verkehrsschutz zumindest teilweise anderweitig als durch die räumliche Limitierung der subjektiven Rechte erreicht werden. Insbesondere muss die Verwendung eines durch eine andere Rechtsordnung geschützten Immaterialgutes trotz der Anerkennung seiner weltweiten Wirkung nicht zu einer Schadensersatzpflicht führen. Vielmehr könnte dieser wirtschaftlich besonders relevante Anspruch mangels Fahrlässigkeit verneint werden, indem anerkannt wird, dass das Übersehen eines entgegenstehenden „ausländischen" Schutzrechts nicht auf eine Sorgfaltspflichtwidrigkeit zurückzuführen ist. Allerdings verblieben verschuldensunabhängige Ansprüche, wie Unterlassungsansprüche oder Ansprüche auf Erstattung der Kosten einer Abmahnung.[234]

Insgesamt ist die territoriale Wirkung daher nicht aus Gründen des Verkehrsschutzes zwingend. Gleichwohl ist anzuerkennen, dass sie die Sicherheit des Rechtsverkehrs und die Vorhersehbarkeit der relevanten Schutzrechte fördert. Dies gilt zwar auch für das Urheberrecht, allerdings mit der Einschränkung, dass der notwendige Verkehrsschutz auch unter grundsätzlicher Anerkennung der universalen Wirkung erreichbar ist.

g. Ordnungsprinzip

aa. Ziel der Konfliktvermeidung

Osterrieth argumentiert, dass das Territorialitätsprinzip ein Ordnungsprinzip sei, das der Vermeidung „unmöglicher Verhältnisse" diene und ein Chaos verhindere.[235] Diesem recht unpräzisen Ausdruck liegt folgender Gedanke zu Grunde: Sofern jeder Staat ein weltweites Schutzrecht an einem geistigen Gut erteilt, ist es ohne weiteres denkbar, dass die Zuordnung aus Sicht der einzelnen Staaten unterschiedlich erfolgt. Dabei besteht nicht nur die Möglichkeit von divergierenden Rechtsinhabern, sondern auch, dass in manchen Staaten überhaupt keine oder eine zeitlich kürzere Zuordnung vorgenommen wird. *Osterrieth* geht davon aus, dass jeder Staat die Schutzrechte entsprechend seiner eigenen (sachrechtlichen) Regelungen akzeptieren wird, so dass jeder Staat die Verwertung eines immateriellen Gegenstandes durch eine Person anders beurteilt, und zwar mit Wirkung

---

[233] Dies gibt auch *v. Bar*, UFITA 108 (1988), 27, 42 zu, der diesem Argument aber kein Gewicht beimisst, da die Praxis diesen Weg nicht geht.

[234] *Rogge/Grabinski*, in: Benkard, PatG, § 139 Rz. 76a.

[235] *Osterrieth*, S. 346. Ihm folgend z.B. *Ebner*, S. 35 f.; *Weigel*, S. 111.

für alle Länder.[236] Ist z.B. nach Ansicht des deutschen Rechts X Inhaber einer Marke, nach französischem Recht aber Y, und verwerten beide das Zeichen in Indien, so würde der französische Richter den X verurteilen, der deutsche Richter den Y.[237] Das Ergebnis ist ein Konflikt, der bei genauerer Betrachtung zwei Facetten aufweist. Zum einen treffen zwei subjektive Rechte an demselben geistigen Gut aufeinander. Zum anderen wird der internationale Entscheidungseinklang unterminiert. Beide Konflikte sollen durch das Territorialitätsprinzip, d.h. die räumliche Beschränkung der subjektiven Rechte, aufgelöst werden.

Allerdings ist der Gebietsgrundsatz nicht der einzige Weg, diese Konflikte zu vermeiden; das ist ebenso durch das Universalitätsprinzip denkbar. So kann der internationale Entscheidungseinklang gewahrt und Kollisionen von divergierenden Berechtigungen vermieden werden, wenn an der weltweit einheitlichen Wirkung festgehalten, aber – entgegen *Osterrieth* – nicht zwingend die eigene Zuordnung durchgesetzt wird, sondern fremde Rechtsordnungen als gleichwertig anerkannt werden. Voraussetzung ist freilich, dass die einheitliche Zuordnung durch sämtliche Staaten der Welt durchgeführt wird und alle dieselbe Rechtsordnung im Einzelfall für maßgeblich halten.[238] Umgekehrt kann auch die Limitierung der Schutzrechte *nur* zur Verwirklichung des internationalen Entscheidungseinklangs führen, wenn diese weltweit respektiert wird. Der internationale Entscheidungseinklang streitet deshalb weder zwingend für den Gebiets- noch den Universalitätsgrundsatz. Gleichwohl ist anzuerkennen, dass im Patent- und im Kennzeichenrecht derzeit nahezu ausschließlich von der begrenzten Wirkung der subjektiven Rechte ausgegangen wird.[239] Im Urheberrecht existiert hingegen keine einheitliche Auffassung.[240]

bb. Gebotenheit der Respektierung einer mehrfachen Zuordnung

Gegen eine einheitliche universale Zuordnung eines geistigen Gutes kann jedoch ins Feld geführt werden, dass es gute Gründe für eine mehrfache

---

[236] *Osterrieth*, S. 346, der in seinem Beispiel davon spricht, dass jedes Land die Verletzung an dem eigenen weltweiten Schutzrecht auch im Ausland hinsichtlich des inländischen Vermögens des jeweiligen Beklagten ahndet. Im Anschluss hieran *Ebner*, S. 35 f.; *Weigel*, S. 111.

[237] Dieses Beispiel gibt *Osterrieth*, S. 346.

[238] Je nach Anknüpfungspunkt ergeben sich jedoch Manipulationsmöglichkeiten für die beteiligten Schöpfer, Erfinder bzw. Unternehmer. Auf die Manipulation durch den wirtschaftlich mächtigsten Beteiligten (bei Filmen wird dies meist der Produzent sein) weist auch *Drexl*, in: MünchKomm, BGB, IntImmGR Rz. 15 hin.

[239] Vgl. aber die Rechtsprechung des U.S. Supreme Court zum Lanham Act. Hierzu ausführlich *Ebner*, S. 87–104.

[240] Nachweise in Fn. 19 und 20 zum 1. Kapitel.

Zuordnung und den Respekt der Entscheidung anderer Staaten gibt.[241] Im Kennzeichenrecht liegt das schon daran, dass die Anzahl möglicher – werbeträchtiger – Zeichen begrenzt ist. Die weltweite Monopolisierung eines Zeichens zu Gunsten eines Inhabers ist daher nicht in jedem Fall gerechtfertigt, insbesondere wenn dieser das Zeichen nur in bestimmten Ländern oder Märkten verwenden will.[242] Ferner kann es interessengerecht sein, einer Person, die ein Zeichen, ein Werk oder eine Erfindung unabhängig von einer anderen Person entwickelt, gleichfalls Schutz zuzuerkennen.[243]

Vor allem stellen die Gewährung eines Rechts an einen „Doppelschöpfer" und der Schutz bestimmter Personen in Bezug auf ein geistiges Gut eine wirtschaftspolitisch sehr bedeutende Entscheidung dar. Schon deshalb ist das Interesse jedes Staates, diese Entscheidung entsprechend seinen wirtschaftspolitischen Vorstellungen zu regeln, anzuerkennen. Dies gilt auch für das Urheberrecht, das trotz seines persönlichkeitsrechtlichen Gehalts wegen der Verwertungsrechte eine große wirtschaftspolitische Bedeutung hat.[244] Im Urheberrecht tritt zudem die kulturpolitische Relevanz hinzu.[245] Zwar wäre es prinzipiell denkbar, dass jeder Staat nur seine eigenen wirtschafts- und kulturpolitischen Vorstellungen beachtet und fremde ignoriert. Jedoch ist das Interesse an der Durchsetzung umso geringer, je kleiner der Bezug zum Inland ist. Wenn dagegen sehr große Bezüge zum ausländischen Staat gegeben sind, spricht viel dafür, dessen Entscheidung zu akzeptieren. Zugleich können dadurch andere Staaten dazu bewegt werden, die eigene Entscheidung anzuerkennen.

---

[241] So auch *Deutsch*, in: Beier/Deutsch/Fikentscher, Warenzeichenlizenz, S. 463, 472.

[242] *Ohly*, in: Leible, IPR im Zeitalter der neuen Medien, S. 135, 140, 150. Dem steht auch die Möglichkeit einer internationalen Registrierung und die Möglichkeit eines (nahezu) weltweiten Schutzes nicht entgegen. Denn die Eintragung ist aus dogmatischer Sicht nur eine Vorstufe zur Verkehrsgeltung und stellt nur eine Entwicklungsbegünstigung zur Erlangung der Bekanntheit in Verkehrskreisen dar; sofern binnen 5 Jahren keine Benutzung erfolgt, kann daher gemäß § 49 Abs. 1 MarkenG ein Löschungsantrag gestellt werden; siehe dazu *Götting*, S. 332.

[243] Nach deutschem Recht geschieht dies etwa bei nicht eingetragenen Kennzeichen oder bei Doppelschöpfungen von urheberrechtlichen Werken. Anders hingegen im Patentrecht, vgl. § 6 Satz 3 PatG.

[244] *Drexl*, in: MünchKomm, BGB, IntImmGR Rz. 15. Insoweit ist dem BGH (BGHZ 126, 252, 256 – Folgerecht bei Auslandsbezug) durchaus zuzustimmen; anders aber, soweit die Betonung auf die Souveränität gelegt wird. Wird die universale Wirkung der Urheberrechte befürwortet, werden dagegen trotz der wirtschaftlichen Bedeutung die persönlichkeitsrechtliche Ausprägung und die naturrechtliche Begründung stärker betont, siehe nur *Schack*, UrhR, S. 3 und 15.

[245] Zum Teil wird die kultur- und kommunikationspolitische Zielsetzung zur Unterstützung des universalen Ansatzes herangezogen (*Klass*, GRUR Int. 2007, 373, 383 f.). Sie übersieht indes, dass die Staaten bei der Kulturpolitik ebenfalls ein Interesse an der Durchsetzung ihrer eigenen Entscheidung haben.

cc. Keine zwingende Konsequenz der territorialen Abgrenzung

Trotz der Notwendigkeit der Respektierung einer anderweitigen Zuordnung durch das Ausland ist die territoriale Aufgliederung der subjektiven Rechte nicht zwingend.[246] Die Konkurrenz mehrerer Zuordnungen eines Immaterialguts ist nämlich auch anderweitig lösbar.

Dies beweist schon die Tatsache, dass eine mehrfache Zuordnung innerhalb eines Staates vorkommen kann. Ein Beispiel sind nicht eingetragene Kennzeichen. Diese haben nur Wirkung in dem Gebiet, in dem sie Verkehrsgeltung besitzen. Obwohl der räumliche Ansatz erhalten bleibt, wird als Wirkungsgebiet nur ein Teil des Staatsgebiets anerkannt. Anders sieht es bei gleichen Marken oder Kennzeichen für unterschiedliche Warengattungen aus. Diese gelten auf dem gleichen Territorium parallel. Entscheidend ist in beiden Fällen, dass das Kennzeichen auf einem unterschiedlichen Markt verwendet wird, sei es, dass dieser räumlich oder sachlich abgetrennt ist. Die mehrfache Zuordnung ist also unproblematisch, wenn sie zu keinem Interessenkonflikt führt.

Andererseits gibt es Situationen, in denen eine mehrfache Zuordnung erfolgt, obwohl ein Interessenkonflikt offensichtlich ist. Im Urheberrecht kann dies durch Doppelschöpfungen geschehen. Eine unabhängige Schöpfung identischer Werke wird zwar selten sein, kommt aber vor allem im Bereich der sog. *kleinen Münze* vor.[247] In einem solchen Fall gewährt das deutsche Urheberrecht beiden Urhebern ein Schutzrecht, denn Voraussetzung ist nicht die objektive Neuheit des Werkes, sondern nur ein eigenes Werk. Man kann daher auch von subjektiver Neuheit sprechen.[248] Bei Erfindungen wird hingegen nur einer Person ein Schutzrecht gewährt, und zwar demjenigen, der die Erfindung zuerst beim Patentamt angemeldet hat (vgl. § 6 Satz 3 PatG). Besonders deutlich wird die Konkurrenz von gewerblichen Schutzrechten auf demselben Territorium nach dem ErstrG von 1992. Nach dessen § 1 werden gewerbliche Schutzrechte, die am 1.5.1992 auf dem ehemaligen Gebiet der Bundesrepublik Deutschland bestanden, auf die neuen Bundesländer erstreckt. Nach § 4 Abs. 1 und 2 wurden umgekehrt die Schutzrechte, die zu dem gleichen Datum auf dem Gebiet der ehemaligen DDR existierten, auf die alten Bundesländer ausgedehnt. Dies erfolgt nach dem eindeutigen Wortlaut der §§ 1 und 4 unabhängig davon, ob kollidierende Schutzrechte auf dem Erstreckungsgebiet bereits bestanden.

---

[246] A.A. *Deutsch*, in: Beier/Deutsch/Fikentscher, Warenzeichenlizenz, S. 463, 472; *Pfaff*, in: FS Beier, S. 1109, 1123.

[247] *Rehbinder*, S. 28.

[248] *Dreier*, in: Dreier/Schulze, UrhG, § 2 Rz. 17; *Loewenheim*, in: Schricker, UrhR, § 2 Rz. 41 f.

Die Lösung eines solchen Konfliktfalls kann auf verschiedenen Wegen gefunden werden. So ist es möglich, grundsätzlich jedem Berechtigten alle Befugnisse zuzusprechen, also das positive Recht zur Verwertung des geistigen Gutes und das negative Verbietungsrecht. Letzteres muss allerdings insoweit eingeschränkt werden, dass das Verbietungsrecht nicht gegenüber dem gleichfalls Berechtigten wirkt. Dies ist die Lösung bei Doppelschöpfungen von urheberrechtlich geschützten Werken sowie im Grundsatz bei Patenten nach § 26 Abs. 1 ErstrG. Ähnlich akzeptierte auch das RG die Berechtigung eines anderen Kennzeicheninhabers im Ausland nach dem dort geltenden Recht, obwohl es dem Kennzeichenrecht eines deutschen Unternehmers nach inländischem Recht im In- und Ausland Wirkung zugestand. Die kollidierende ausländische Berechtigung bewirkte den Ausschluss der Widerrechtlichkeit der Benutzung.[249] Hinsichtlich der Kennzeichenrechte wurde in § 30 Abs. 1 ErstrG ein anderer Lösungsansatz gewählt. Trotz der Erstreckung des Zeichenrechts gewährt dieses im Falle einer Kollision mit einem anderen Zeichen im Erstreckungsgebiet nur dann die Befugnisse zur Benutzung, wenn der andere Rechtsinhaber zustimmt. Fehlt die Zustimmung, ist das *praktische* Ergebnis ein nur auf das Teilgebiet beschränktes Ausschließlichkeitsrecht; gleichwohl geht das Gesetz von einer Erstreckung aus.[250]

Beide Lösungsansätze werden im ErstrG nicht ausnahmslos durchgehalten. Nach § 30 Abs. 2 ErstrG wird eine zustimmungsfreie Benutzung eines Kennzeichens im Erstreckungsgebiet im Konfliktfall in bestimmten Fällen für zulässig erklärt. Es geht vor allem um solche Konstellationen, in denen ein Ausschluss als unbillig oder unzumutbar angesehen wird. Namentlich ist eine Zustimmung zur Werbung in Medien, deren Verbreitung nicht zumutbar auf das bisherige Schutzgebiet begrenzt werden kann, entbehrlich. Eine unzumutbare Beeinträchtigung des anderen Kennzeicheninhabers ist jedoch durch eine Entschädigung auszugleichen, § 30 Abs. 3 ErstrG. Umgekehrt kann bei den technischen Schutzrechten das Benutzungsrecht im Erstreckungsgebiet aus Gründen der Billigkeit untersagt oder eingeschränkt werden, § 26 Abs. 2 ErstrG. Insgesamt ist zur Auflösung des Interessenkonflikts also eine Abwägung der beteiligten Interessen im Einzelfall vorzunehmen. Analog zu diesen Ansätzen könnten Konfliktfälle zwischen widerstreitenden Berechtigungen auf Grund ausländischer Immaterialgüterrechte durch den Ausschluss der Widerrechtlichkeit der Benutzung oder eine Interessenabwägung gelöst werden.

---

[249] RGZ 45, 143, 145 f. – Genever.

[250] *Fezer*, MarkenR, Einl. MarkenG Rz. 62.

dd. Zweckmäßigkeit der territorialen Begrenzung

Trotzdem ist die territoriale Abgrenzung zweckmäßig. Akzeptiert man die ausländische Entscheidung – im Gegensatz zu der eigenen – *nur* für das Gebiet des jeweiligen Staates, kommt es wiederum zu einem Konflikt mit dem internationalen Entscheidungseinklang. Zudem ist diese Ungleichbehandlung schwer zu rechtfertigen. Misst man dagegen der Entscheidung fremder Staaten ebenso extraterritoriale Wirkung bei, wird die eigene Entscheidung über die ausschließliche Rechtsstellung nicht nur für das Ausland – wo das noch erträglich erscheinen würde –, sondern auch für das Inland ausgehöhlt. Da die Entscheidung über die Gewährung eines absoluten Rechts an einem immateriellen Gut – auch an einem schöpferischen Werk – eine wirtschaftspolitisch sehr bedeutende ist, sind die Staaten auf der Welt derzeit nicht bereit, dies hinzunehmen.[251] Insbesondere soweit und solange für die Zuordnung von geistigen Gütern nationale Register bestehen, wird jedes Land seinem Register ausschließliche Bedeutung zumessen wollen.

Ferner kann die Begründung für die Anerkennung ausländischer Entscheidungen auf deren gleichzeitige Begrenzung übertragen werden. Die Anerkennung erfolgt auf Grund der wirtschaftspolitischen Relevanz der Zuordnung. Deshalb liegt es nahe, die Entscheidung fremder Staaten nur zu akzeptieren, soweit deren berechtigte wirtschaftspolitischen Interessen reichen. Diese beschränken sich auf die Verwertung und damit den Wettbewerb im Inland. Zwar wäre es wiederum denkbar, diese Interessen auf einen Wettbewerb unter Inländern im Ausland auszudehnen. Doch die territoriale Abgrenzung hat den Vorteil der Klarheit. Außerdem reduziert die territoriale Abgrenzung die Anzahl der möglichen Konfliktfälle. Es darf zwar nicht übersehen werden, dass diese Beschränkung kein Allheilmittel ist: Auch wenn die rechtlichen Befugnisse (scheinbar) klar abgegrenzt sind, können die faktischen Verhältnisse diese Klarheit beseitigen. Dies zeigt sich an globalen Medien wie dem Internet, bei denen eine räumlich beschränkte Verwendung nicht möglich ist. In anderen Fällen wird jedoch ein Interessenkonflikt vermieden.

h. Zwischenergebnis

Es hat sich gezeigt, dass kein zwingender Grund für die räumliche Beschränkung der subjektiven Rechte des geistigen Eigentums besteht, aber auch nicht für eine universale Wirkung. Je stärkeres Gewicht man der naturrechtlichen Idee vom geistigen Eigentum einräumt, desto mehr spricht für eine universale Wirkung der subjektiven Schutzrechte. Dies hat vor

---

[251] *Ulmer*, RabelsZ 41 (1977), 479, 484 f.

allem im Urheberrecht eine gewisse Attraktivität. Will man dagegen die Entscheidung aller Staaten über die Schutzgewährung respektieren und nicht nur die Regelung eines Landes (z.B. des Heimat- oder Ursprungsstaates), ermöglicht die räumliche Beschränkung der subjektiven Rechte eine klare, wenngleich nicht zwingende Abgrenzung. Diese Akzeptanz der fremden Entscheidungen über die Gewährung eines immaterialgüterrechtlichen Schutzes ist folgerichtig, wenn man die Gewährung von Rechten an geistigen Gütern – d.h. die Entscheidung für welche Güter absolute Rechte an wen gewährt werden – als Wirtschaftspolitik begreift. Dies liegt auf Grund der überwiegenden ökonomischen Bedeutung dieser Rechte bei Kennzeichen- und Patentrechten nahe, gilt aber auch für das Urheberrecht, da dieses trotz der persönlichkeitsrechtlichen Komponente eine erhebliche wirtschaftliche Bedeutung hat. Beim Urheberrecht kommt zudem die kulturpolitische Relevanz hinzu, die gleichfalls für eine eigene Entscheidungsbefugnis der einzelnen Staaten spricht. Hinsichtlich der Registerrechte fällt es zudem schwer, über die Existenz nationaler Register hinwegzusehen. Die territoriale Aufgliederung fördert in diesem Fall auch die Sicherheit des Rechtsverkehrs. Schließlich dient sie vor allem im Kennzeichen- und Patentrecht dem internationalen Entscheidungseinklang.

2. Beschränkung des Anwendungsbereichs der Gesetze auf inländische Sachverhalte

In Bezug auf die Beschränkung des Anwendungsbereichs der Gesetze zum Schutz des geistigen Eigentums auf inländische Sachverhalte darf nicht übersehen werden, dass – im Gegensatz zur territorialen Wirkung der subjektiven Schutzrechte – etliche Ausnahmen bestehen.[252] Schlagwortartig könnte man allenfalls formulieren, dass nach dem Territorialitätsprinzip *einige* Auslandssachverhalte außer Betracht bleiben müssen. Gegen die Einbeziehung in den Gebietsgrundsatz spricht zudem, dass die Fragen nach der internationalen Erschöpfung und deren Präjudizierung durch das Territorialitätsprinzip für die einzelnen Immaterialgüterrechte unterschiedlich beantwortet werden.[253] Dem Grundsatz würde daher für die einzelnen Rechte des geistigen Eigentums ein divergierender Inhalt beigemessen. Dies ist zwar denkbar;[254] überwiegend wird die Territorialität aber als einheitliche Besonderheit aller Immaterialgüterrechte aufgefasst, was sich in der einheitlichen Rechtfertigung des Gebietsgrundsatzes widerspiegelt.

Dabei können die für die räumlich beschränkte Wirkung geltend gemachten Gründe nicht in gleicher Weise auf die Beschränkung des Anwen-

[252] Hierzu Ziff. I.3.c. (S. 27 ff.).
[253] Siehe Ziff. I.3.c. (S. 27 ff.).
[254] So in der Tat *Beier*, GRUR Int. 1996, 1, 6.

dungsbereichs der Gesetze auf inländische Sachverhalte übertragen werden. Insbesondere dient die Nichtberücksichtigung ausländischer Sachverhalte nicht der Verringerung der Fälle einer Kollision von Schutzrechten.[255] Des Weiteren wird die wirtschaftspolitische Entscheidung des Auslands nicht berührt, wenn das Inland autonom entscheidet, dass bzgl. der Berechtigung im Inland auch ausländische Tatsachen Berücksichtigung finden. Dies zeigt sich am Beispiel der internationalen Erschöpfung: Ob ein Inverkehrbringen im Ausland zu einer Erschöpfung des Verwertungsrechts im Inland führt, betrifft nicht die Abgrenzung der Befugnisse zweier Rechtsinhaber, die jeweils unabhängig voneinander Verwertungsbefugnisse an einem geistigen Gut haben; sie begrenzt vielmehr das Verbietungsrecht des inländischen Inhabers im Inland bzgl. einzelner Waren oder Erzeugnisse, die er selbst in Verkehr gebracht hat. Ebenso wenig ist die Entscheidung eines ausländischen Staates über die von ihm gewährten Verwertungsrechte tangiert.

3. Beschränkung des Anwendungsbereichs der Gesetze auf inländische Schutzrechte

Versucht man, die Gründe – hinsichtlich der territorialen Begrenzung der subjektiven Rechte – für die Beschränkung des Anwendungsbereichs der objektiven Gesetze auf die jeweiligen nationalen Schutzrechte zu übernehmen, scheint dies auf den ersten Blick möglich zu sein: Ausländische subjektive Rechte werden aus Respekt vor der (wirtschafts)politischen Entscheidung des fremden Staates anerkannt. Dieser soll selbst entscheiden können, welche geistigen Güter er schützen will. Insofern liegt es nahe, dass das inländische Recht nur über die Entstehung eines eigenen – d.h. im Inland wirkenden – Schutzrechts entscheiden kann und bereits der Anwendungsbereich der Schutzentstehungstatbestände des nationalen Rechts auf eigene Schutzrechte limitiert ist. Das Gleiche gilt für die Ausgestaltung dieser Rechte, d.h. Inhalt und Schranken, sowie die Inhaberschaft.

Trotzdem überzeugt die Übertragung der genannten Gründe nicht. Zum einen kann anderen Regelungen der Schutzgesetze keine größere wirtschaftspolitische Bedeutung als im allgemeinen Zivilrecht beigemessen werden. Insbesondere die Regelung der Voraussetzungen und Rechtsfolgen der Sanktionstatbestände oder der Verjährung beruhen vor allem auf der Umsetzung allgemeiner Rechtsgrundsätze: nach deutschem Recht kann Unterlassung nur bei (wiederholter) Begehungsgefahr,[256] Schadensersatz

[255] Eine Ausnahme gilt insofern für das Erfordernis einer Verletzung im Inland. Diese Voraussetzung folgt aber zugleich aus der beschränkten Wirkung der Schutzrechte, dazu Ziff. I.2.a.aa. (S. 20 f.).

[256] § 1004 BGB.

nur bei schuldhafter Verletzung eines Rechts gefordert werden,[257] und ersetzbar ist der gesamte erlittene Schaden.[258] Die Möglichkeit der dreifachen Art der Schadensberechnung[259] stellt dagegen eine immaterialgüterrechtliche Besonderheit dar,[260] doch diese wird vor allem wegen Beweisschwierigkeiten und Billigkeitserwägungen gewährt.[261] Die Verjährung richtet sich – mangels abweichender Regeln bzw. auf Grund der ausdrücklichen Verweisung des § 141 PatG – nach den §§ 195 ff. BGB. Es ist daher nicht ersichtlich, warum die entsprechenden Regelungen anderer Staaten zwingend respektiert werden sollten, während dies im allgemeinen Zivilrecht nicht der Fall ist.

Zum anderen hat nicht allein der Respekt vor der ausländischen Entscheidung zur Anerkennung der territorialen Begrenzung der subjektiven Rechte geführt. Hinzu kam die Erkenntnis, dass eine klare Abgrenzung der einzelnen Rechtspositionen an ein und demselben geistigen Gut sinnvoll ist.[262] Diese Gründe können jedoch nicht für eine Beschränkung des Anwendungsbereichs der nationalen Gesetze ins Feld geführt werden. Akzeptiert man die territoriale Begrenzung der subjektiven Rechte und grenzt dadurch die Befugnisse mehrerer Berechtigter an ein und demselben geistigen Gut ab, ist es für die Verhinderung eines Konflikts der Rechtspositionen unerheblich, welches Recht entscheidet. Es kann unter diesem Aspekt dahinstehen, ob z.B. das deutsche PatG auch das Entstehen, den Inhalt usw. eines Patents in Frankreich regeln und die Voraussetzungen für dessen Verletzung normieren kann. Entscheidend ist nur, dass die Befugnisse verschiedener Inhaber räumlich abgegrenzt sind.

Schließlich bedingt entgegen dem ersten Anschein eine für notwendig erachtete Respektierung ausländischer Entscheidungen nicht die Beschränkung des sachrechtlichen Anwendungsbereichs der inländischen Gesetze. Die Abgrenzung des Anwendungsbereichs der nationalen Schutzgesetze kann genauso gut über das Schutzlandprinzip des internationalen Privatrechts erreicht werden. Danach gelangt auf die Verletzung einer immaterialgüterrechtlichen Befugnis die Rechtsordnung zur Anwendung, für deren

---

[257] § 823 Abs. 1 und 2 S. 1, § 280 Abs. 1 BGB.

[258] § 249 Abs. 1 BGB.

[259] Danach kann der Schaden konkret (einschließlich des entgangenen Gewinns, § 252 BGB), im Wege der Lizenzanalogie oder als Gewinn des Verletzers ermittelt werden. Dazu *Dreier*, in: Dreier/Schulze, UrhG, § 97 Rz. 58 ff.

[260] *Dreier*, S. 81 f. Insbesondere wird eine Übertragung dieses Grundsatzes auf wettbewerbsrechtliche Ansprüche (mit Ausnahme des ergänzenden oder unmittelbaren wettbewerbsrechtlichen Leistungsschutzes) abgelehnt, *Piper*, in: Piper/Ohly, UWG, § 9 Rz. 15 m.w.N.

[261] Siehe die Ausführungen im 6. Kap.I.c.aa. (S. 244).

[262] Dazu Ziff. VI.1.g.dd. (S. 72 f.).

Gebiet Schutz begehrt wird.[263] Die Ermittlung des räumlichen Anwendungsbereichs mittels einer Kollisionsnorm hat den Vorteil, dass dies dem klassischen Verständnis des internationalen Privatrechts entspricht, das von der grundsätzlich ubiquitären Anwendbarkeit der Gesetze ausgeht.[264] Des Weiteren kann der Respekt vor der ausländischen Entscheidung gerade die Anwendung der eigenen Gesetze auf die Rechtsposition im Ausland erfordern, wenn das fremde Recht auf Grund einer autonomen politischen Entscheidung sein Ergebnis von der inländischen Bestimmung abhängig macht. Ist z.B. in Deutschland über eine Urheberrechtsverletzung in Staat X zu entscheiden, bemessen sich gemäß dem Schutzlandprinzip die Voraussetzungen der Verletzung ebenso wie die Vorfrage der ersten Inhaberschaft nach dem Recht von X. Verweist dieses Recht basierend auf einem anderen Anknüpfungsmoment hinsichtlich der Entstehung und der ersten Urheberschaft auf deutsches Recht zurück, z.B. weil hier das Werk erstmalig veröffentlicht wurde, regeln die §§ 2 ff., 7 ff. UrhG das Entstehen und die erste Urheberschaft in Staat X.[265] Schränkt man hingegen den Anwendungsbereich des deutschen UrhG ein, müsste man konsequenterweise davon ausgehen, dass das UrhG keine Regelung hierzu parat hält, und seine Anwendung könnte dogmatisch nur schwer begründet werden.[266] Das unzweckmäßige Ergebnis der fehlenden Regelung im Falle eines Renvoi wird jedoch nicht vertreten, ohne dass die Problematik angesprochen wird.[267]

4. *Unabhängigkeit der subjektiven Schutzrechte*

Betrachtet man die Unabhängigkeit der einzelnen Schutzrechte, fällt auf, dass diese nicht mit der territorialen Beschränkung der Wirkung der Schutzrechte korreliert und dass etliche Durchbrechungen von ihr existieren.[268] Vor allem können die vorgebrachten Argumente für die beschränkte

---

[263] Siehe z.B. Art. 8 Abs. 1 Rom II-VO. Zum Inhalt des Schutzlandprinzips ausführlich 2. Kap.I. (S. 81 ff.).

[264] *Neuhaus*, S. 31 f.; *Vogel*, S. 92 m.w.N.

[265] Voraussetzung ist, dass man mit der überwiegenden Auffassung das Schutzlandprinzip als Gesamtverweisung ansieht; hierzu 2. Kap.II.4. (S. 111 ff.). Unter Geltung der Rom II-VO ist in Zukunft gemäß deren Art. 24 ein Renvoi zwar ausgeschlossen, doch kann sich die Problematik ebenfalls stellen, wenn ein Richter in einem Drittstaat den Rechtsstreit zu entscheiden hat.

[266] Zu überlegen wäre insbesondere, ob dieses Ergebnis auf Grund eines Normwiderspruchs im Wege der Anpassung korrigiert werden kann. Zur Anpassung allgemein *Schurig*, in: Kegel/Schurig, S. 357 ff.

[267] *Köster*, in: Götting, Multimedia, Internet und UrhR, S. 153, 161 erkennt die Problematik durchaus zutreffend, meint aber, diese durch eine Ablehnung der Anknüpfung an die lex originis lösen zu können. Dabei lässt er außer Betracht, dass andere Staaten eine vom Schutzlandprinzip abweichende Anknüpfung weiter verfolgen können.

[268] Hierzu Ziff. I.4.a.bb. (S. 32) und Ziff. V.2. (S. 59 f.).

Wirkung nicht die Unabhängigkeit begründen. Weder berührt es die wirtschaftspolitische Entscheidung eines Staates, wenn ein anderer Staat sich entschließt, den inländischen Schutz vom Schutz im Ausland abhängig zu machen, noch dient die Unabhängigkeit der Vermeidung von Konflikten. Der Vermeidung von Kollisionen wäre vielmehr eine Schutzgewährung in Abhängigkeit von einem gleichzeitigen Schutz in einem anderen Staat, z.B. dem Ursprungsstaat, förderlich.

5. *Kollisionsrechtliche Aussage*

Wie noch zu zeigen sein wird, ist die Anknüpfung an das Schutzland nicht denknotwendige Konsequenz der territorialen Wirkung.[269] Diese Feststellung allein kann aber nicht genügen, die kollisionsrechtliche Aussage als Inhalt des Territorialitätsprinzips abzulehnen,[270] denn dem Prinzip könnten neben der räumlichen Beschränkung der Schutzrechts auch eine kollisionsrechtliche Aussagen zu entnehmen sein. Andererseits kann die Überzeugung von der Richtigkeit des Schutzlandprinzips keine Begründung für die Gleichsetzung mit dem Gebietsgrundsatz liefern, denn es könnte sich um zwei verschiedene Prinzipien handeln.

Gegen eine Gleichsetzung kann eingewandt werden, dass die Begründung für die territoriale Limitierung der subjektiven Rechte nicht auf die Kollisionsnorm übertragen werden kann. So führt die Anknüpfung an die Rechtsordnung, in der das Schutzrecht wirkt, ebenso wenig wie die Beschränkung des sachrechtlichen Anwendungsbereichs zu einer Verringerung der Fälle einer Kollision von Immaterialgüterrechten.[271] Allerdings würde hinsichtlich des Entstehens, der ersten Inhaberschaft, des Inhalts und der Schranken der Befugnisse die wirtschaftspolitische Bedeutung dieser Aspekte eine Anknüpfung an das Schutzland nahelegen. Hinsichtlich anderer Gesichtspunkte – z.B. der Verletzungsvoraussetzungen, der Verjährung von Ansprüchen aus der Verletzung etc. – ist dies dagegen sehr zweifelhaft.[272] Insofern wäre es allenfalls gerechtfertigt, die Anknüpfung der Vorfragen als Inhalt des Gebietsgrundsatzes anzusehen. Aber auch diesbezüglich bestehen Bedenken, denn das internationale Privatrecht will grundsätzlich das Recht mit der engsten Beziehung zum Sachverhalt zur Anwen-

---

[269] Hierzu ausführlich 2. Kap.III.2. (S. 114 ff.).

[270] Dies geschieht aber häufig. Statt vieler *Evert*, S. 28; *Hartmann*, in: Möhring/Nicolini, UrhG, Vor §§ 120 ff. Rz. 2; *Kreuzer*, in: MünchKomm[3], BGB, Nach Art. 38 EGBGB Anh II Rz. 14; *Nirk*, in: FS Heusinger, S. 217, 227; *Zweigert/Puttfarken*, GRUR Int. 1973, 573, 574.

[271] Dies gilt auch für die inhaltliche Ausgestaltung der nationalen Schutzrechte.

[272] Dazu Ziff. VI.3. (S. 74 ff.). Meist wird das Schutzlandprinzip diesbezüglich auch nicht auf die wirtschaftspolitische Bedeutung, sondern die Sachnähe zur Frage der Entstehung gestützt. Dazu ausführlich 7. Kap.III.1. (S. 296 ff.).

dung bringen.[273] Dieses Recht ist anhand einer Abwägung aller beteiligten (internationalprivatrechtlichen) Interessen zu ermitteln.[274] Diesem Grundsatz widerspricht es, wollte man ohne Abwägung dem Interesse des Staates an der Respektierung der ausländischen Entscheidung für dessen Territorium den Vorzug geben. Zwar kann es durchaus sein, dass dieses im Ergebnis überwiegt, dennoch ist eine umfassende Interessenabwägung vonnöten.

VII. Fazit

Dem Territorialitätsprinzip werden in Rechtsprechung und Literatur oft divergierende und weit reichende Aussagen beigelegt. Hauptaussage ist regelmäßig, dass die Wirkung der subjektiven Schutzrechte des geistigen Eigentums auf das Territorium des Staates begrenzt ist, der das konkrete Recht verliehen oder anerkannt hat. In diesem Sinn hat das Territorialitätsprinzip vor allem im Patent- und Kennzeichenrecht Überzeugungskraft. Auch im Urheberrecht sprechen gute Gründe für eine räumliche Begrenzung der subjektiven Rechte, sofern man der naturrechtlichen Idee vom geistigen Eigentum eher Bedeutung für die Überwindung des Privilegienwesens beimisst und das Erfordernis der Akzeptanz der ausländischen Zuordnungen wegen deren wirtschafts- und kulturpolitischer Bedeutung betont.

Auf die übrigen aufgezeigten Interpretationsmöglichkeiten des Territorialitätsprinzips können diese Gründe nicht übertragen werden. So mag die Unabhängigkeit der einzelnen nationalen subjektiven Rechte ebenso wie die Anknüpfung einer Verletzung an das Schutzland sinnvoll sein, doch ist hierfür eine andere Begründung notwendig. Dies deutet schon darauf hin, dass es sich um kein einheitliches Prinzip handelt. Hinzu kommt, dass bei allen Aussagen – bis auf die beschränkte Wirkung der subjektiven Rechte – teils geringfügige, teils umfangreiche Ausnahmen zugelassen werden. Auch die historische Entwicklung zeigt, dass das Territorialitätsprinzip vor allem als Abgrenzung zu der früheren Auffassung der universalen Wirkung gesehen wurde. Danach wirkten „deutsche" – d.h. von Deutschland verliehene – Warenzeichen weltweit und konnten durch Handlungen im Ausland verletzt werden. Erst nach und nach wurden weitere Regeln, von denen die Rechtsprechung ohnehin ausging, mit dem Begriff des Territorialitätsprinzips verknüpft.

Schließlich darf nicht verkannt werden, dass das „Territorialitätsprinzip" in Rechtsprechung und Literatur häufig als apriorisches Prinzip ange-

---

[273] *Heldrich*, in: Palandt, BGB, Einl. v. Art. 3 EGBGB Rz. 1.

[274] Statt aller *Kropholler*, IPR, S. 31 ff.; *Schurig*, in: Kegel/Schurig, S. 132.

sehen wird, das als Eckpfeiler unseres Rechtssystems im Immaterialgüterrecht feststeht. Die Berufung auf dieses Prinzip ersetzt häufig eine Begründung, obwohl zum Teil in ähnlichen Fällen diesem Grundsatz ein anderer Inhalt beigelegt wird oder Ausnahmen zugelassen werden. Dieses an sich schon bedenkliche Vorgehen sollte zumindest dadurch eingeschränkt werden, dass dem Gebietsgrundsatz ein sehr begrenzter, aber eindeutig definierter Inhalt zugesprochen wird. Insgesamt ist das Territorialitätsprinzip daher nur in seiner Hauptaussage anzuerkennen: Die Wirkungen der subjektiven Schutzrechte des geistigen Eigentums sind auf das Territorium des Staates begrenzt, der das konkrete Recht verliehen oder anerkannt hat.

Kapitel 2

Das Schutzlandprinzip

Ebenso wie das Territorialitätsprinzip ist das Schutzlandprinzip (lex loci protectionis) nach ganz h.M. ein das internationale Recht des geistigen Eigentums beherrschender Grundsatz. Dieses Prinzip stellt die Anknüpfungsregel für die in dieser Arbeit zu untersuchenden Verletzungen von Immaterialgüterrechten sowie die überwiegende Anzahl der sonstigen Gesichtspunkte im Zusammenhang mit den Schutzrechten dar. Lediglich bei Urheberrechten ist eine abweichende Anknüpfung der Vorfragen der ersten Inhaberschaft und des Entstehens Gegenstand einer intensiven Diskussion. Trotz dieser Einhelligkeit stecken die Unterschiede wiederum im Detail. Bei genauerem Hinsehen fällt auf, dass auch das Schutzlandprinzip nicht einheitlich definiert wird. Deswegen ist zunächst zu untersuchen, welche Divergenzen hinsichtlich des Inhalts (I.) und des Umfangs (II.) des Schutzlandprinzips bestehen. Schon hier ist zu berücksichtigen, dass Art. 8 Abs. 1 Rom II-VO das Schutzlandprinzip europarechtlich positiviert. Gleichwohl sollen auch die vor Inkrafttreten der Rom II-VO aufgetretenen Streitigkeiten erörtert werden. Denn zum einen haben sich weder beim Inhalt noch beim Umfang des Schutzlandprinzips durch die Rom II-VO sämtliche Zweifelsfragen geklärt und es ist zu erwarten, dass die bestehenden Meinungsunterschiede sich (zumindest teilweise) unter der Rom II-VO fortsetzen. Zum anderen behält das autonome Recht zumindest für Sachverhalte vor Inkrafttreten der Rom II-VO seine Bedeutung. Um im 2. und 3. Teil der Arbeit die Frage nach Einschränkungen und Abweichungen von dieser Anknüpfungsregel eruieren zu können, soll anschließend geklärt werden, ob die lex loci protectionis-Regel bereits durch das Territorialitätsprinzip determiniert ist (III.), auf welche rechtliche Grundlage sie zurückzuführen ist (IV.), ob bereits Ausnahmen von ihr existieren (V.) und welche Gründe für sie angeführt werden kann (VI.).

I. Inhalt des Schutzlandprinzips

1. Recht des Landes, in dem Schutz beansprucht wird

Früher wurde das Schutzlandprinzip dahingehend verstanden, dass auf die Verletzung eines Immaterialgüterrechts das Recht des Staates anwendbar ist, *in* dem der Schutz beansprucht wird. Anwendbar war immer die lex fori. Hintergrund war das Postulat von der absoluten Territorialität der Rechte des geistigen Eigentums. Das Land, in dem das Schutzrecht wirkte, und der Gerichtsort fielen somit zwingend zusammen. Diese Formulierung wird zwar noch gelegentlich verwendet,[1] inhaltlich ist diese Ansicht indes überwunden.[2]

2. Moderne Auffassungen – Grundlagen

a. Einführung

Stattdessen wird überwiegend betont, anwendbar sei die Rechtsordnung des Landes, *für das* oder *für dessen Gebiet* Immaterialgüterschutz in Anspruch genommen wird.[3] Dieses Verständnis normiert auch Art. 8 Abs. 1 Rom II-VO, wonach ausdrücklich „das Recht des Staates anzuwenden [ist], für den der Schutz beansprucht wird“. Begehrt der Kläger für mehrere Rechtsordnungen Schutz, ist eine Mehr- oder Vielzahl von Rechtsordnungen in einem Fall anwendbar. Das wird akzeptiert, da zwar eine „Überlappung“ dergestalt vorkommen kann, dass ein transnationaler Sachverhalt die Schutzrechte mehrerer Staaten beeinträchtigt, aber jede Rechtsordnung nur auf die Schutzrechte des eigenen Landes, d.h. die durch diese Rechtsordnung verliehenen oder anerkannten bzw. nur für dieses Gebiet Wirkung entfaltenden subjektiven Immaterialgüterrechte, anwendbar ist.

Unter dem Dach einer weitgehend einheitlichen Terminologie verbergen sich jedoch unterschiedliche Interpretationen. Entsprechend der Formulierung wird teils vertreten, dass das Schutzbegehren des Klägers maßgeblich und dementsprechend der Klägerwille das entscheidende Anknüpfungs-

---

[1] So z.B. noch Art. 8 Abs. 1 des Vorschlags der Rom II-VO vom 22.7.2003, KOM(2003)427/endg.

[2] Allgemeine Auffassung, vgl. *Drexl*, in: MünchKomm, BGB, IntImmGR Rz. 11; *Fezer/Koos*, in: Staudinger, BGB, IntWirtschR Rz. 860; zu jüngeren Versuchen zur Wiederbelebung der Anknüpfung an die lex fori siehe 8. Kap.I. (S. 305 ff.).

[3] Statt vieler BGHZ 136, 380, 389 f. – Spielbankaffäre; BGHZ 152, 317, 321 – Sender Felsberg; *Drexl*, in: MünchKomm, BGB, IntImmGR Rz. 10; *Fezer/Koos*, in: Staudinger, BGB, IntWirtschR Rz. 861; *Katzenberger*, in: Schricker, UrhR, Vor §§ 120 Rz. 124; *Ulmer*, IGR im IPR, S. 12.

moment sei.[4] Andere konkretisieren die lex loci protectionis durch die Rechtsordnung, in der das konkrete Schutzrecht entstanden ist oder besteht.[5] Das ist ungenau, da nicht der Bestand des Rechts inzident in der Kollisionsnorm geprüft werden soll, sondern es für ausreichend erachtet wird, dass das Bestehen des Schutzgutes in einem bestimmten Land geltend gemacht wird. Ob das Schutzrecht überhaupt entstanden oder bereits wieder erloschen ist, wird innerhalb des Verletzungstatbestandes der lex causae ermittelt. Eine weitere Auffassung stellt darauf ab, auf welchem Gebiet eine behauptete Verletzung des Schutzrechts zu lokalisieren ist.[6] Überwiegend wird dies ebenfalls als Ausgestaltung der Schutzlandregel angesehen.[7] Teils wird dieser Begriff vermieden und an die allgemeine internationaldeliktsrechtliche Tatortregel angeknüpft,[8] ohne dass damit zwingend inhaltliche Unterschiede verbunden sind.

b. Bedeutung des Klägerwillens

Klärungsbedürftig ist zunächst, welche Bedeutung dem Willen des Klägers zukommt. Dass dieser beachtlich ist, ist unstreitig. Jedoch wird verbreitet angenommen, dass der Klägerwille das entscheidende Anknüpfungsmoment sei.[9] Zuzugeben ist, dass sich ein antragbezogenes Verständnis des Anknüpfungspunktes leicht aus der Formulierung der Schutzlandregel, insbesondere des Art. 8 Abs. 1 Rom II-VO, herauslesen lässt. Allerdings bestehen Bedenken gegen die Anknüpfungsrelevanz des Willens *nur einer Partei*. Prinzipiell ist dies zwar denkbar, da der Wille ein tauglicher An-

---

[4] *Drexl*, in: MünchKomm, BGB, IntImmGR Rz. 12; *Hoeren/Thum*, in: Dittrich, Beiträge zum UrhR, S. 78, 85; *Jegher*, in: Basler Kommentar, IPRG, Art. 110 Rz. 25; *Vischer*, in: Zürcher Kommentar zum IPRG, Art. 110 Rz. 3.

[5] *Brömmelmeyer*, S. 191; *Fezer/Koos*, in: Staudinger, BGB, IntWirtschR Rz. 862; *v. Hoffmann*, in: Staudinger, BGB, Art. 40 EGBGB Rz. 371; *Leible/Engel*, EuZW 2004, 7, 13; *Schaper*, S. 54. Insofern wurde früher vereinzelt von einer Anknüpfung an die lex rei sitae gesprochen, *Nirk*, in: FS Heusinger, S. 217, 228 f. Der Vergleich mit der sachenrechtlichen lex rei sitae ist aber ungenau, da bei körperlichen Sachen auf die Belegenheit des Schutzgegenstandes abgestellt wird. Das geistige *Gut* selbst hat aber keinen bestimmten Lageort; es ist vielmehr überall belegen. Daher ist nur eine Anknüpfung an den Bestandsort des Schutz*rechts* möglich; dazu auch Ziff. IV.3.a. (S. 130).

[6] LG Düsseldorf GRUR Int. 1968, 101, 102 – Frauenthermometer; *v. Bar*, UFITA 108 (1988), 27, 48; *Ebner*, S. 53 f.; *Hoeren/Große Ruse*, in: Lehmann, Electronic Buisness, S. 301, 307 f.; *Regelin*, S. 95 f.; *Sack*, WRP 2000, 269, 270 f.; *ders.*, WRP 2008, 1405, 1413.

[7] Statt vieler *Hoeren/Große Ruse,* in: Lehmann, Electronic Buisness, S. 301, 307 f.; *Sack*, WRP 2000, 269, 270 f.

[8] LG Düsseldorf, GRUR Int. 1968, 101, 102 – Frauenthermometer. Gegen den Begriff des Schutzlandprinzips wegen der geringen Aussagekraft *v. Bar*, UFITA 108 (1988), 27, 47 f.; *Regelin*, S. 94 f.

[9] Nachweise in Fn. 4 zum 2. Kapitel.

knüpfungspunkt sein kann.[10] Doch die Anknüpfung an den Willen nur einer Partei ist ungewöhnlich und stellt eine Bevorzugung einer Partei dar, die einer besonderen Rechtfertigung bedarf. Ob der Klägerwille tatsächlicher Anknüpfungspunkt ist oder welche Bedeutung ihm sonst zukommt, erfordert daher eine kritische Würdigung.

Ausgangspunkt der folgenden Überlegungen ist die Grundentscheidung gegen das Universalitätsprinzip und für die Existenz nationaler Schutzrechte. Die nationalen Immaterialgüterrechte sind nicht verschiedene Aspekte eines weltweit einheitlichen Schutzrechts, sondern stehen getrennt nebeneinander. Man spricht von einem Bündel von Rechten.[11] Ein italienisches Patent ist folglich etwas anderes als ein deutsches oder polnisches, auch wenn es für dieselbe Erfindung erteilt wurde. Prozessrechtlich hat dies zur Folge, dass eine Klage auf Nichtigkeit eines Patents, Löschung einer eingetragenen Marke oder Feststellung des Nichtbestehens eines Schutzrechts mehrere Streitgegenstände enthält, wenn Schutzrechte verschiedener Nationen in Rede stehen. Denn insofern unterscheidet sich bereits der Antragsinhalt.[12] Ebenso kann sich die Klage auf ein Schutzrecht eines bestimmten Staates beschränken. Wendet man nun das Schutzlandprinzip auf einen Streitgegenstand bzw. ein nationales Schutzrecht isoliert an, kann der Kläger für diesen Streitgegenstand das anwendbare Recht nicht selbst wählen. Steht beispielsweise die Existenz einer nicht eingetragenen dänischen Marke in Rede, ist dänisches Recht anwendbar, und damit der (behauptete) Bestandsort.[13] Der Wille des Klägers ist nur insofern maßgeblich, als sich die Bestimmung des Streitgegenstandes – wie auch sonst im Zivilprozessrecht[14] – allein nach dem Klägervortrag richtet und der Streitgegenstand den Umfang des Prozesses und mögliche materielle Anspruchsziele begrenzt. Folglich kann das parallele Bestehen eines Marken-, Urheberrechts- oder Patentschutzes für dasselbe Zeichen, Werk oder dieselbe Erfindung in einem anderen Land in diesem Prozess nicht über den Klägervortrag hinaus Berücksichtigung finden.

Ähnlich ist die Situation bei Verletzungsansprüchen. Beschränkt der Kläger seine Klage auf die Geltendmachung einer Verletzung eines dänischen Markenrechts in Dänemark, so steht ihm neben dieser Bestimmung

---

[10] Siehe die Möglichkeiten der Rechtswahl, z.B. in Art. 27 und 42 EGBGB bzw. Art. 3 der Verordnung (EG) Nr. 593/800 des Europäischen Parlaments und des Rates vom 17.6.2008 über das auf vertragliche Schuldverhältnisse anzuwendende Recht (Rom I), ABl. L 177 vom 4.7.2008, S. 6 (im Folgenden „Rom I-VO“) und Art. 14 Rom II-VO.

[11] Dazu 1. Kap.I.2.a.bb. (S. 21 f.).

[12] Zur Bedeutung des Antrags für den Streitgegenstand nach deutschem Recht *Reichold*, in Thomas/Putzo, ZPO, Einl. II Rz. 15.

[13] Bei reinen Bestandsklagen steht nicht die Verletzung in Rede, so dass auch keine Anknüpfung an den Ort der Verletzung denkbar ist.

[14] *Reichold*, in Thomas/Putzo, ZPO, Einl. II Rz. 15.

des Prozessgegenstandes kein kollisionsrechtliches Wahlrecht zu. Vielmehr ist dänisches Markenrecht anwendbar. Macht der Kläger die Verletzung mehrerer nationaler Schutzrechte gleichzeitig geltend, handelt es sich prozessrechtlich um mehrere Streitgegenstände[15] und materiellrechtlich um mehrere, real miteinander konkurrierende Delikte; es muss für jedes nationale Schutzrecht die anwendbare Rechtsordnung gesondert bestimmt werden.[16] Daher ist es missverständlich, wenn von der Suche nach dem anwendbaren Recht auf die Verletzung *eines* Patents, Urheber- oder Kennzeichenrechts gesprochen wird. Nicht die Verletzung eines Einheits-Immaterialgüterrechts ist zu beurteilen, sondern jedes nationale Schutzrecht ist von den Schutzrechten anderer Länder strikt zu unterscheiden.

Der Wille des Klägers dient folglich nicht als Anknüpfungspunkt, sondern nur der Bestimmung des Prozessgegenstands. Es ist daher zu klären, welcher Anknüpfungspunkt stattdessen gilt. Insbesondere ist zu untersuchen, inwiefern die Verweisung auf das Recht des Bestands- oder des Verletzungsorts zutreffend ist, da beide Orte zur Konkretisierung der lex loci protectionis herangezogen werden. Zudem stellt sich die Frage, ob beide Orte stets zu denselben Ergebnissen führen.[17] Die Beantwortung dieser Fragen hängt auch davon ab, inwieweit der Anwendungswille der lex causae Berücksichtigung finden soll.

3. Recht des Staates, für dessen Gebiet Schutz in Anspruch genommen wird – Anknüpfung an den Bestands- oder Verletzungsort

Die überwiegende Auffassung geht davon aus, dass die Schutzrechte des gewerblichen Rechtsschutzes und des Urheberrechts räumlich beschränkt sind und dass dies nicht nur für inländische, sondern für alle nationalen Schutzrechte gilt, unabhängig von der Einschätzung ausländischer Rechtsordnungen.[18] Davon geht auch die Rom II-VO ausweislich der unverändert übernommen Begründung der Kommision zum ersten Entwurf aus. Man kann die Schutzrechte folgerichtig nicht nur nach ihrer Herkunftsrechtsordnung, sondern auch und vor allem nach ihrem Wirkungsgebiet einteilen. Behauptet der Kläger eine Verletzung eines polnischen Patents wegen des

---

[15] BGH GRUR Int. 2005, 340, 341 – Hundefigur.

[16] *Dreier*, in: Dreier/Schulze, UrhG, Vor §§ 120 ff. Rz. 28; siehe auch *Stoll*, in: GS Lüderitz, S. 733, 747 in Bezug auf die länderübergreifende Verletzung des (einheitlichen) Persönlichkeitsrechts. Hiergegen *Kerpen*, S. 250 (ebenfalls in Bezug auf Persönlichkeitsrechte), die sich deshalb gegen die kumulative Anwendung einer Vielzahl von Rechtsordnungen auf eine Multistate-Verletzung wendet. Auf das internationale Immaterialgüterrecht ist diese Kritik dagegen nicht übertragbar, soweit man mit der überwiegenden Auffassung am Schutzlandprinzip festhält.

[17] Statt vieler *Fezer/Koos*, in: Staudinger, BGB, IntWirtschR Rz. 862.

[18] Siehe 1. Kap.I.2.a.bb. (S. 21 f.).

Angebots eines patentverletzenden Erzeugnisses über das Internet, welches in Polen abrufbar ist, ist der Antrag deshalb so zu lesen, dass er die Verletzung eines in Polen wirkenden Patents geltend macht. Wendet man nun polnisches Recht an, kann dies sowohl auf den Ort der behaupteten Verletzung als auch auf den potentiellen Bestandsort des Rechts gestützt werden. Ein Unterschied besteht nicht. Dies ist auch nicht verwunderlich: wegen der räumlichen Beschränkung der subjektiven Immaterialgüterrechte können Immaterialgüterrechte nur in ihrem jeweiligen Schutzland verletzt werden.[19]

Schwieriger ist die Situation, wenn eine extraterritoriale Verletzung eines fremden Schutzrechts geltend gemacht wird. Zur Veranschaulichung sei folgendes Beispiel genannt:

> Der Kläger begehrt Schadensersatz wegen der Verletzung seines in Land A bestehenden Patents auf Grund eines in Staat B verwirklichten Sachverhalts.

Vom Endergebnis gesehen ist dieser Fall klar. Da die räumliche Beschränkung der Immaterialgüterrechte auch für ausländische Schutzrechte gilt, kann jedes Recht nur über die Verletzung „seiner" Schutzrechte auf dem eigenen Territorium entscheiden; die Verweisung, erfolgt nur eingeschränkt, d.h. hinsichtlich des Geschehensabschnittes auf dem jeweiligen Gebiet.[20] Ein extraterritorialer Sachverhalt kann nicht tatbestandsmäßig sein, so dass die Klage abzuweisen ist. Erfolg hätte die Klage nur, wenn der Kläger in B ebenfalls ein Schutzrecht innehat, z.B. weil dort das Schutzrecht von A auch mit Wirkung für das eigene Land anerkannt wird.[21] Unklarheiten bestehen lediglich hinsichtlich des Wegs, der zu dieser Entscheidung führt.

Knüpft man an den Ort des Bestands eines Immaterialgüterrechts an, ist der Ort, an dem ein solches Recht möglicherweise entstanden ist oder existiert, entscheidend. In obigem Beispiel scheint daher das Recht von A an-

---

[19] Siehe 1. Kap.I.2.aa. (S. 20).

[20] *Brehm*, in: FS Moser, S. 53, 64 (der aber die Frage nach dem räumlichen Anwendungsbereich ausschließlich als Kollisionsregel auffasst und daher eine Gesamtverweisung ablehnt); *Deutsch*, in: Beier/Deutsch/Fikentscher, Warenzeichenlizenz, S. 463, 471; *Drexl*, in: MünchKomm, BGB, IntImmGR Rz. 15; *Weigel*, S. 115. In diesem Sinn ist auch die Vielzahl der Autoren zu verstehen, die zwar eine solche Beschränkung nicht ausdrücklich fordern, aber dem ausländischen Recht nur die Entscheidung zugestehen, ob und unter welchen Voraussetzungen eine Verletzung im jeweiligen Ausland vorliegt; statt vieler *Hartmann*, in: Möhring/Nicolini, UrhG, Vor §§ 120 ff. Rz. 4; *Martiny*, RabelsZ 40 (1976), 218, 224; *Neuhaus*, S. 184; *Raape*, S. 634; *Ulmer*, IGR im IPR, S. 13 und 15.

[21] Dies kann durch die Anknüpfung der Vorfrage der Entstehung nach dem Kollisionsrecht von B an das Ursprungsland geschehen. Gleichwohl ist damit nicht die räumliche Beschränkung der Rechte aufgehoben, da deren Anerkennung auf dem Willen des jeweiligen Schutzlandes beruht.

wendbar zu sein, da der Kläger eine Verletzung seines in Staat A existierenden Patents behauptet. Ist der Verletzungsort statutbestimmend, ist nach allgemein internationaldeliktsrechtlichem Verständnis der Sachverhaltsausschnitt (d.h. die Verletzungshandlung bzw. der -erfolg) zu lokalisieren, auf Grund dessen eine Haftung in Betracht kommt.[22] Im Beispiel führt das zu dem Recht von Land B. Ganz so leicht kann man es sich dennoch nicht machen. Denn der Verletzungsort könnte mit dem Argument, dass ein Schutzrecht nur auf einem bestimmten Territorium wirkt und daher nur dort verletzt werden kann, auch nur auf dem Gebiet lokalisiert werden, auf dem das geltend gemachte Schutzrecht bestehen kann.[23] Umgekehrt ist es möglich, mit diesem Argument die Existenz des in Rede stehenden Schutzrechts dort anzusiedeln, wo sich der Sachverhaltsausschnitt verwirklicht hat.

Diese Überlegungen zeigen, dass die Probleme der Bestimmung des anwendbaren Rechts im Falle der Behauptung einer extraterritorialen Verletzung nicht aus einem – auf Grund der territorialen Beschränkung des Wirkungsbereichs der Schutzrechte tatsächlich nicht möglichen – Auseinanderfallen von Verletzungs- und Bestandsort folgen. Entscheidend ist vielmehr, in welchem Sinn der Antrag des Klägers, der mit dem territorialen Verständnis der Schutzrechte kollidiert, zu verstehen ist. Deshalb ist es vorrangige Aufgabe, mittels Auslegung zu bestimmen, was der Kläger tatsächlich und zulässigerweise will. Möglich ist eine Auslegung, dass er Schutz für das Land begehrt, in dem eine Verletzung seines Erachtens stattgefunden hat (im Beispiel: Staat B); denkbar ist auch die Beanspruchung von Schutz für den Staat, in dem er ein Schutzrecht zu haben glaubt (im Beispiel: Staat A). Wo der Schutz begehrt wird, dort liegen sowohl der mögliche Existenz- als auch der behauptete Verletzungsort des zu schützenden Immaterialgüterrechts. Die unterschiedlichen Ansätze zeigen somit nur divergierende Auslegungspräferenzen eines mit dem territorialen Verständnis der Schutzrechte nicht zu vereinbarenden Antrags des Klägers auf: Stellt man auf den behaupteten Bestandsort ab, liegt eine Auslegung i.S.d. Benennung des schutzerteilenden Staates nahe.[24] Hebt man die Lokalisie-

---

[22] *Hohloch*, in: Erman, BGB, Art. 40 EGBGB Rz. 24 f.; hinsichtlich des Immaterialgüterrechts z.B.: *v. Bar*, UFITA 108 (1988), 27, 48; *Hoeren/Große Ruse*, in: Lehmann, Electronic Buisness, S. 301, 307 f.; *Regelin*, S. 95 f.; *Sack*, WRP 2000, 269, 270 f. So auch *Walter*, in: Loewenheim, Handbuch UrhR, § 58 Rz. 55 ff., soweit er die Anknüpfung an den Ort von „verkürzten Handlungsphasen" – d.h. von Sachverhaltsabschnitten – vornimmt.

[23] LG Düsseldorf GRUR Int. 1968, 101, 102 – Frauenthermometer. In diesem Sinn ist auch § 34 Abs. 1 österr. IPRG zu verstehen, der an den Ort der Benützungs- oder Verletzungshandlung anknüpft, vgl. österr. OGH GRUR Int. 1994, 638, 639.

[24] Siehe aber *Fezer/Koos*, in: Staudinger, BGB, IntWirtschR Rz. 866, die zwar den Bestandsort für maßgeblich halten (Rz. 862), aber in einem vergleichbaren Beispiel den-

rung des vorgetragenen Verletzungssachverhalts hervor, liegt die Auslegung nahe, dass ein im Staat der Sachverhaltsverwirklichung bestehendes Schutzrecht verletzt wurde. Hierdurch wird erreicht, dass der Kläger die Verletzung eines bestimmten nationalen Schutzrechts nur geltend machen kann, wenn er zugleich einen Sachverhalt darlegt, auf Grund dessen eine Verletzung (im Schutzland) denkbar ist. Hat man den Inhalt des Antrags einmal bestimmt, verweisen die Anknüpfungsmomente des möglichen Verletzungs- und Bestandsort immer auf dieselbe Rechtsordnung, ohne dass eine über die Notwendigkeit einer inländischen Verletzung hinausgehende Vorauswahl der möglichen – durch die lex loci protectionis zu beurteilenden – Verletzungssachverhalte getroffen wird.

4. Recht des Staates, in dem eine Verletzung tatsächlich stattgefunden hat

Die Verhinderung einer Einschränkung verletzungsrelevanter Sachverhalte durch die lex fori ist auch das erklärte Ziel der Auffassung, die an den Verletzungsort anknüpft, diesen aber nach der lex causae beurteilt. Auch diese Ansicht geht davon aus, dass eine Verletzung eines nationalen Schutzrechts nach der jeweiligen Rechtsordnung zu beurteilen ist und diese folglich zu entscheiden hat, ob eine Verletzung im betreffenden Inland erfolgt ist. Allerdings soll bereits bei Anwendung des Kollisionsrechts anhand der jeweiligen lex causae geprüft werden, ob eine Verletzung im Inland vorliegt.[25] Angeknüpft wird somit an das Recht des Staates, auf dessen Gebiet *tatsächlich* eine Verletzung stattgefunden hat und somit ein *tatsächlicher Verletzung*sort liegt. Ähnlich ist wohl auch *Sandrock* zu verstehen. Er will auf eine allseitige Kollisionsnorm verzichten und die Anwendbarkeit eines Schutzgesetzes der jeweiligen lex causae entnehmen. Gleichwohl geht er von der zwingenden Geltung der räumlichen Begrenzung aller nationalen Schutzrechte aus, so dass der jeweiligen nationalen Norm „nur" zu entnehmen ist, ob der Eingriffsort auf ihrem Territorium belegen ist.[26] Da zwar das Territorialitätsprinzip beachtet wird, aber ansonsten keine Beschränkungen der lex loci protectionis gelten, decken sich die praktischen Ergebnisse mit der vorherigen Auffassung der Schutzlandregel: Liegt nach der lex causae keine inländische Verletzung des Immaterialgüterrechts vor, wird die Klage abgewiesen.

---

noch den Antrag so verstehen, dass der Kläger Schutz für das Land begehrt, in dem die behauptete Verletzung liegt.

[25] *Gesmann-Nuissl*, in: Ensthaler u.a., Handbuch UrhR, S. 412; *Ulmer*, IGR im IPR, S. 15.

[26] *Sandrock*, in: v. Caemmerer, Gutachten, S. 380, 427.

Trotzdem ist das methodische Vorgehen abzulehnen.[27] Nach dieser Ansicht wird der Handlungsort nach den sachrechtlichen Vorschriften des jeweiligen Schutzlandes bestimmt. Dieses Vorgehen ist für das internationale Privatrecht höchst ungewöhnlich. Vergleicht man die anderen Kollisionsnormen, fällt auf, dass zwar für die Bestimmung des Anknüpfungsgegenstands der Inhalt von Rechtssätzen relevant ist, nicht aber für den Anknüpfungspunkt.[28] Das gilt erst recht, soweit es sich um ausländische Rechtssätze handelt, zumal die maßgebliche lex causae bei der Subsumtion des Anknüpfungsmomentes noch gar nicht bekannt ist, sondern erst mit Hilfe der Kollisionsnorm ermittelt werden soll.[29] Eine Ausnahme besteht lediglich bei dem Anknüpfungsmoment der Staatsbürgerschaft: Diese bemisst sich nach dem Staatsbürgerschaftsrecht des jeweiligen Landes. Die Anknüpfung an den Eingriffsort gemäß der lex causae im Immaterialgüterrecht wird daher auch damit umschrieben, dass sie der Anknüpfung an die Staatsbürgerschaft vergleichbar sei.[30]

Zudem widerspricht diese Vorgehensweise der im internationalen Deliktsrecht üblichen: Dort dient der Handlungs- bzw. Erfolgsort als Anknüpfungsmoment. Die Handlung bzw. der Erfolg sind zu lokalisieren. Zwar werden auch hier bereits zur Bestimmung des Anknüpfungspunktes (kollisionsrechtliche) Wertungen getroffen. Man denke etwa an die Versuche, bei Vermögensdelikten den Erfolgsort anhand der Belegenheit des Hauptvermögens zu lokalisieren.[31] Auch werden bei der Anknüpfung an den Handlungsort nach ganz überwiegender Ansicht bloße Vorbereitungshandlungen von den ursächlichen Handlungen ausgeschieden.[32] Doch es ist auf dieser Ebene irrelevant, ob tatsächlich eine Beeinträchtigung oder gar Ver-

---

[27] Es ist insbesondere kein Argument, dass die Verletzungshandlung im Immaterialgüterrecht nicht statutbestimmende, sondern nur anspruchbegründende Wirkung hat (so *Ebner*, S. 48). Denn die Frage, ob die Handlung Anknüpfungsmoment ist, kann nicht mit der bloßen Behauptung des Gegenteils begründet werden; es handelt sich um eine Tautologie.

[28] *v. Bar*, UFITA 108 (1988), 27, 48.

[29] Methodisch ist dieses Vorgehen theoretisch denkbar, indem für die Subsumtion des Anknüpfungsmomentes eine hypothetische Verweisung vorgenommen wird; dies ist aber zumindest ungewöhnlich. Vgl. dazu auch Ziff. II.2.b. (S. 102).

[30] *Martiny*, RabelsZ 40 (1976), 218, 223; *Sandrock*, in: v. Caemmerer, Gutachten, S. 380, 424.

[31] *Junker*, in: MünchKomm, BGB, Art. 40 EGBGB Rz. 32 m.w.N.

[32] Streitig ist, ob diese Wertung nach der lex fori oder der lex causae erfolgen soll, *Junker*, in: MünchKomm, BGB, Art. 40 EGBGB Rz. 25; *Kegel*, in: Kegel/Schurig, S. 726 f. Im letzten Fall ist zu beachten, dass das berufene Recht nur über die Tatbestandsverwirklichung und Rechtsfolgen auf Grund dieser „Vorbereitungshandlung“ befinden kann. Deshalb sollte man besser mit *v. Hein*, S. 276 f. von einer selbstständigen Anknüpfung eines möglichen Begleitdelikts sprechen.

letzung des geschützten Rechtsguts vorliegt, d.h. ob ein Verhalten als *Verletzungs*handlung angesehen wird.

Überträgt man diese Erwägungen auf immaterialgüterrechtliche Sachverhalte, ist der Ort von Sachverhaltsabschnitten, die *möglicherweise* eine Verletzung eines geschützten Rechtsguts verursachen oder darstellen, zu bestimmen. Erfolgt eine Werbung für ein rechtlich geschütztes geistiges Gut über das Internet, können die Einspeisung der Daten in das Netz durch eine Person, die Weiterleitung über Server, die Abrufbarkeit über andere Rechner usw. eine Verletzung nach den einzelnen Rechtsordnungen bedingen, müssen es aber nicht. Trotzdem ist am Ort der Einspeisung, der Serverstandorte und der Abrufbarkeit des Inhalts durch andere Computer der Handlungs- bzw. Erfolgsort[33] der behaupteten Verletzung des Immaterialgüterrechts zu lokalisieren, sofern dieser Sachverhalt im Schutzland belegen ist. Auf Grund der räumlichen Beschränkung der Schutzrechte ist in diesem Fall – und nur in diesem Fall – eine Verletzung des nationalen Schutzrechts möglich. Dieses Vorgehen entspricht zugleich der obigen Anknüpfung an den Verletzungsort, deren erklärter Zweck ebenfalls die Verhinderung einer autonomen Beschränkung möglicher Verletzungshandlungen ist. Vorausgesetzt, man differenziert entsprechend dem allgemeinen internationalen Deliktsrecht zwischen dem Ort einer möglichen und dem „Ob" einer Verletzung,[34] besteht kein praktisches Bedürfnis für die Bestimmung des Verletzungsorts nach der lex causae.[35]

5. Recht des Staates, nach dem Schutz begehrt wird

Ausgangspunkt der bisherigen Ausführungen war die Gewähr der territorialen Begrenzung aller nationalen Schutzrechte, indem jedes Recht nur auf dem Gebiet des schutzrechtserteilenden Staates verletzt werden kann und dies bereits durch den Umfang der Verweisung sichergestellt ist. Teils wird eine solche Beschränkung der Verweisung jedoch ausdrücklich abgelehnt. Der räumliche Anwendungsbereich der lex causae soll nicht durch das inländische internationale Privatrecht vorbestimmt sein, diese entscheide stattdessen selbst, wo „ihr" Schutzrecht verletzt werden kann.[36] Die lex

---

[33] Zur genauen Einordnung unten Ziff. IV.3.a. (S. 129 ff.).

[34] Die Vertreter dieser Ansicht betonen dagegen die Identität beider Fragen im Immaterialgüterrecht, siehe z.B. *Schack*, JZ 1998, 1018, 1020.

[35] Das wird übersehen, wenn eine Auslegung des Anknüpfungsmoments nach der lex fori nur i.S.d. deutschen materiellen Rechts für möglich gehalten und eine autonom kollisionsrechtlichen Auslegung außer Betracht gelassen wird.

[36] *Thum*, in: Bartsch/Lutterbeck, Neues Recht, S. 117, 127 f. Vgl. auch die überwiegende Auffassung zum schweizerischen IPRG: *Bär*, in: SIWR Band I/1, S. 138 f.; *Jegher*, in: Basler Kommentar, IPRG, Art. 110 Rz. 25; *Schnyder/Liatowitsch*, S. 315; *Vischer*, in: Zürcher Kommentar zum IPRG, Art. 110 Rz. 3. Dies ist wohl auch die Ansicht *Kreuzers*,

causae entscheide, wann sie ein subjektives Immaterialgüterrecht anerkennt sowie wann dieses verletzt ist, ohne grundsätzlich einer Einschränkung zu unterliegen.[37] Nimmt man diese Aussage ernst, ist die Konsequenz, dass ein fremdes Schutzrecht nicht zwingend auf ein Staatsgebiet begrenzt ist, sondern unabhängig von der Entscheidung anderer Staaten auf deren Territorium verletzt werden kann. Ein universaler Ansatz der lex causae würde grundsätzlich akzeptiert werden. Anwendbar ist nicht diejenige Rechtsordnung, *für* deren Gebiet Schutz beansprucht wird (da eine solche Beschränkung – vom Grundsatz her – gerade nicht zwingend ist), sondern *nach* der Schutz geltend gemacht wird. Das Schutzrecht wird folglich (vom Grundsatz) nur einer bestimmten Gesetzgebung und nicht einem Territorium zugeordnet.[38] Insbesondere zum schweizerischen Recht wird diese Auffassung vertreten.[39] Der Grund ist wohl, dass Art. 110 Abs. 1 schwIPRG von dem Staat spricht, „für den der Schutz beansprucht wird" und nicht „für dessen Territorium Schutz begehrt wird".[40] Auch unter der Ägide der Rom II-VO liegt diese Auffassung scheinbar nahe, da der Wortlaut von Art. 8 Abs. 1 insoweit mit der schweizerischen Regelung vergleichbar ist.[41] Es sei aber noch einmal darauf hingewiesen, dass nicht der Klägerwille das entscheidende Anknüpfungsmoment ist, da für jedes nationale Schutzrecht das anwendbare Recht eigens bestimmt werden muss. Die nationalen Schutzrechte werden weiter voneinander unterschieden, so dass an das Recht des Landes angeknüpft wird, welches das – nunmehr nicht notwendig territorial begrenzte – Schutzrecht gewährt.

---

in MünchKomm[3], BGB, Nach Art. 38 EGBGB Anh. II Rz. 26, wenngleich es ihm vornehmlich um die Verhinderung der Anwendung deutschen Rechts auf Grund eines Teilhandlungsorts auf die Verletzung eines ausländischen Schutzrechts und die Ablehnung des Erfordernisses eines rein inländischen Sachverhalts geht. Unklar *Fezer/Koos*, in: Staudinger, BGB, IntWirtschR Rz. 866, die jede Rechtsordnung selbst über ihren Anwendungsbereich entscheiden lassen, aber bereits bei der Anknüpfung und der Auslegung des Klägerbegehrens das Territorialitätsprinzip beachten, so dass ein Anwendungswille für ein fremdes Gebiet nicht beachtet wird.

[37] Auch bei den vorherigen Auffassungen wird in Abgrenzung zu der vom BGH vorgenommenen Beschränkung möglicher Verletzungshandlungen (dazu sogleich) betont, dass keine autonome Bestimmung des Anwendungsbereichs erfolge.

[38] *Vischer*, in: Zürcher Kommentar zum IPRG, Art. 110 Rz. 3; *ders.*, GRUR Int. 1987, 670, 678.

[39] Nachweise in Fn. 36 zum 2. Kapitel.

[40] Nicht überzeugend ist daher die Meinung von *Sender* (in: Basedow u.a., IP in the Conflict of Laws, S. 159, 163), die die überwiegende schweizerische Auffassung im Sinne einer Anwendung des Rechts, für dessen Gebiet Schutz begehrt wird, interpretiert.

[41] *Basedow/Metzger*, in: FS Boguslavskij, S. 153, 159 (zum Kommissionsentwurf 2003), die trotz der Offenheit des Wortlauts eine „gewisse Tendenz" hierzu erkennen wollen, da dieser Ansatz „eher im Einklang mit der sachrechtlichen Territorialität der Immaterialgüterrechte [steht]".

Selbst wenn man das Recht anwendet, nach dem Schutz begehrt wird, und keine beschränkte Verweisung vornimmt, werden sich die praktischen Endergebnisse in aller Regel mit denen der vorherigen Ansichten decken. Auch die Vertreter dieser Ansicht akzeptieren nämlich nicht jedes Ergebnis der lex causae: Trotz der unbeschränkten Verweisung, die ohne Aussage über den räumlichen Anwendungsbereich der lex causae erfolge, müsse eine kollisionsrechtliche Korrektur erfolgen, sofern eine Rechtsordnung einen exorbitanten Anwendungsbereich beanspruche. Insofern ist zunächst das Sachrecht der lex causae anzuwenden, und nur für den Fall eines exorbitanten Anwendungsbereichs erfolgt nachträglich eine Korrektur des Ergebnisses: die Annahme einer Verletzung durch das fremde Sachrecht wird nicht akzeptiert. Diese nachträgliche Korrekturmöglichkeit wird nach einer Ansicht auf den kollisionsrechtlichen ordre public-Vorbehalt gemäß Art. 26 Rom II-VO bzw. Art. 6 EGBGB gestützt.[42] Nach anderer Ansicht soll sie der Schutzlandregel immanent sein.[43] Ferner wird die Anwendung des Rechtsgedankens der Ausweichklausel des Art. 41 Abs. 1 EGBGB in Betracht gezogen. Zwar normiere Art. 41 Abs. 1 EGBGB eine abweichende Anknüpfung an das Land, zu dem eine wesentlich engere Beziehung besteht, doch in diesem Kontext solle keine andere Anknüpfung, sondern eine Klageabweisung erfolgen; es solle also kein Recht angewandt werden.[44]

Das erklärte Ziel der Auffassung, die für eine Verweisung ohne Beschränkung des Anwendungsbereichs der lex causae plädiert, ist also nicht – wie sich von ihrem Ausgangspunkt her vermuten ließe –, die Entscheidung einer fremden Legislative immer zu akzeptieren. Vielmehr soll verhindert werden, dass eine einheitliche Auslegung darüber erfolgt, wann eine Verletzung im (jeweiligen) Inland vorliegt.[45] Während z.B. nach deutschem Recht die bloße Auswirkung eines (im Ausland vorgenommenen) Verhaltens grundsätzlich nicht ausreichen kann, mag dies ein ausländischer Gesetzgeber anders sehen. Eine solche Entscheidung soll übernommen werden können. Dies kann jedoch – wie bereits dargelegt wurde – ebenso durch die Anwendung der Rechtsordnung des Staates, *für dessen Gebiet* Schutz begehrt wird, erreicht werden, solange man keine autonome Be-

---

[42] *Fezer/Koos*, in: Staudinger, BGB, IntWirtschR Rz. 867; *Vischer*, in: Zürcher Kommentar zum IPRG, Art. 110 Rz. 3 (bzgl. Art. 17 schwIPRG).

[43] *Bär*, in: SIWR Band I/1, S. 139; *Jegher*, in: Basler Kommentar, IPRG, Art. 110 Rz. 25.

[44] *Fezer/Koos*, in: Staudinger, BGB, IntWirtschR Rz. 867; Zum schweizerischen Recht *Vischer*, in: Zürcher Kommentar zum IPRG, Art. 110 Rz. 3. Diese Auffassung ist für die Rom II-VO nicht mehr haltbar, da die Ausweichklausel des Art. 4 Abs. 3 Rom II-VO auf Immaterialgüterrechtsverletzungen nicht anwendbar ist.

[45] *Vischer*, in: Zürcher Kommentar zum IPRG, Art. 110 Rz. 3.

schränkung der möglichen Eingriffssachverhalte – über das Erfordernis der Belegenheit dieses Sachverhalts im Inland hinaus – vornimmt. Die genannten Auffassungen verstehen sich daher eher als Gegenpol zu einer deliktsrechtlichen Anknüpfung, die Einschränkungen der Verletzungsorte vornimmt.[46]

Trotzdem bestehen gegen die Anknüpfung an das Recht, nach dem Schutz verlangt wird, erhebliche Bedenken. Denn in der Konsequenz würden nationale Schutzrechte aus Sicht der kollisionsrechtlichen Anknüpfungsregel zwar einer Gesetzgebung, nicht aber einem bestimmten Gebiet zugeordnet. Das Territorialitätsprinzip, d.h. die räumliche Beschränkung der Schutzrechte, hätte insoweit keine Bedeutung und ausländische Gesetzgeber könnten extraterritoriale Sachverhalte als Verletzung „ihrer" Schutzrechte begreifen.[47] *Vischer* konstatiert, dass das internationale Privatrecht nicht dem Territorialitätsprinzip verpflichtet sei, sondern nur die Methode der Anknüpfung von diesem inspiriert werde.[48] Treffender ist die Aussage, dass die Anknüpfung wegen der Ablehnung weltweit einheitlicher Schutzrechte für jedes nationale Schutzrecht separat erfolgen muss. Vergegenwärtigt man sich jedoch die Gründe für das Territorialitätsprinzip, macht dieses nur Sinn, wenn es – zumindest aus inländischer Sicht – weltweite Gültigkeit besitzt. Andernfalls kann es zu einem „Überlappen" von Schutzrechten kommen, das den wirtschaftspolitischen Entscheidungen anderer Staaten (und auch des eigenen Landes) zuwiderlaufen könnte[49] und dem Verkehrsschutz abträglich wäre. Dies widerspricht auch der Begründung der Kommission zu Art. 8 des ursprünglichen Vorschlags – welche nicht verändert wurde; diese verbindet nämlich das Schutzlandprinzip mit dem Territorialitätsprinzip.[50]

---

[46] *Drexl*, in: MünchKomm, BGB, IntImmGR Rz. 12; *Fezer/Koos*, in: Staudinger, BGB, IntWirtschR Rz. 866; *Locher*, S. 23; *Martiny*, RabelsZ 40 (1976), 218, 225 f.; *Vischer*, GRUR Int. 1987, 670, 677 f., 679; *ders.*, in: FS Eidgenössisches Patentgesetz, S. 376 f. Dies verdeutlicht auch der Umstand, dass oft nicht zwischen den beiden Auffassungen unterschieden wird und die Vertreter der anderen Ansicht der eigenen zugerechnet werden, so z.B. *Fezer/Koos*, in: Staudinger BGB, IntWirtschR Rz. 866.

[47] Nicht überzeugen vermögen *Basedow/Metzger*, in: FS Boguslavskij, S. 153, 159, nach denen diese Auffassung eher im Einklang mit dem Territorialitätsprinzip stehe, da dieses sachrechtlicher Natur sei. Sie gehen zwar davon aus, dass die sachrechtlichen Normen des Schutzlandes nur innerstaatliche Verletzungshandlungen sanktionieren, doch erklären sie nicht, wie mit einer Abweichung von diesem Prinzip durch das Schutzland umgegangen werden soll.

[48] *Vischer*, GRUR Int. 1987, 670, 678.

[49] Sofern man in einer exterritorialen Ausdehnung wirtschaftspolitischer Entscheidungen entgegen der in dieser Arbeit vertretenen Ansicht eine Souveränitätsverletzung sieht (dazu 1. Kap.VI.1.a. (S. 60 f.)), würde auch ein analoges Vorgehen durch andere Staaten völkerrechtswidrig sein.

[50] KOM(2003)427/endg., S. 22.

Aus der Kommisionsbegründung lässt sich zudem ein weiteres Argument gegen die Interpretation von Art. 8 Abs. 1 Rom II-VO als Anknüpfung an das Recht, nach dem Schutz verlangt wird, ableiten. Denn die Begründung konkretisiert das Anknüpfungsmoment für gewerbliche Schutzrechte auf den Staat der Erteilung und im Hinblick auf Urheberrechte auf den Ort, in dem die Verletzungshandlung[51] begangen wurde. Damit erkennt sie zugleich die Identität von Bestands- und Verletzungsort an, woraus die Gleichwertigkeit beider Anknüpfungsmomente folgt.

Des Weiteren zeigt ein Vergleich mit Eingriffsnormen, dass die Anwendbarkeit wirtschaftspolitisch bedeutsamer Regeln ausländischer Staaten vom Grundsatz her nicht ausschließlich von deren jeweiligem eigenen Anwendungswillen abhängt. Eingriffsnormen sind international zwingende, auch gegen das Wirkungsstatut anzuwendende Vorschriften,[52] die staats- oder wirtschaftspolitische Interessen oder sonstige Gemeininteressen verfolgen, unabhängig davon, ob daneben Individualinteressen geschützt werden.[53] Nach überwiegender Ansicht der Literatur finden diese fremden Eingriffsnormen trotz ihrer (wirtschafts)politischen Bedeutung auf Grund einer gesonderten Anknüpfungsnorm der lex fori Anwendung. Die lex fori trifft demnach die rechtspolitische Entscheidung, wann diese Regeln berufen werden, selbst wenn deren eigener Anwendungsbereich nicht überschritten wird.[54] Ebenso sieht Art. 9 Abs. 3 Rom I-VO[55] eine eigene Kollisionsnorm vor. Der BGH geht für das autonome Recht sogar noch einen Schritt weiter, wenn er von der grundsätzlichen Unanwendbarkeit fremder Eingriffsnormen ausgeht. Da fremde Gemeininteressen im Raum stünden, berücksichtigt er diese nur als Tatsachen nach Maßgabe des deutschen Rechts, insbesondere in § 138 BGB.[56] Nur eine vereinzelt vertretene Literaturmeinung stellt auf den eigenen Anwendungswillen fremder Eingriffsnormen ab und korrigiert exorbitante Geltungsansprüche nach-

[51] Dies ist entsprechend der h.A. in Deutschland i.S.d. tatbestandsrelevanten Sachverhalts und nicht des realen Verhaltens zu verstehen.

[52] *Martiny*, in: MünchKomm, BGB, Art. 34 EGBGB Rz. 10.

[53] *v. Hoffmann/Thorn*, S. 469; *Sonnenberger*, in: MünchKomm, BGB, Einl. IPR Rz. 37.

[54] *Schurig*, in: Kegel/Schurig, S. 155 f. und 324; *Sonnenberger*, in: MünchKomm, BGB, Einl. IPR Rz. 77 m.w.N. So schon Art. 7 Abs. 1 EVÜ, gegen den die BRD allerdings einen Vorbehalt eingelegt hat, da wegen der unbestimmten Rechtsbegriffe und vor allem der im freien Ermessen des Richters stehenden Anwendung der ausländischen Normen eine nicht zu vertretene Rechtsunsicherheit befürchtet wurde, vgl. BR-Drucks. 224/1/83 S. 2 vom 20.6.1983.

[55] Danach kann Eingriffsnormen des Staates, in dem die durch den Vertrag begründeten Verpflichtungen erfüllt werden sollen, Wirkung verliehen werden, soweit diese Eingriffsnormen die Erfüllung des Vertrages unrechtmäßig werden lassen.

[56] BGHZ 31, 367, 370 f.; 128, 41, 53.

träglich.[57] Im Ausgangspunkt fragt sie nicht danach, ob auf einen bestimmten Sachverhalt die fremde Eingriffsnorm anwendbar ist (Fragestellung vom Sachverhalt her), sondern bestimmt für jede einzelne Rechtsordnung deren Anwendbarkeit (Fragestellung vom Gesetz her). Von diesen unterschiedlichen Ausgangspunkten wird auf die Maßgeblichkeit des Anwendungswillens der fremden Norm geschlossen. Jedoch hat bereits *Schurig* nachgewiesen, dass beide Ausgangspunkte gleichwertig sind; auch im modernen Kollisionsrecht kann vom Gesetz ausgegangen werden, solange die lex fori die Entscheidung über die Anwendbarkeit trifft.[58] Überträgt man diesen Gedanken auf die vorliegende Fragestellung, so ist es legitim, dass die lex fori die Reichweite fremder Verletzungstatbestände begrenzt.

Ferner ist zu berücksichtigen, dass diejenigen, welche die Maßgeblichkeit des Rechts, nach dem Schutz begehrt wird, vertreten, fremde Entscheidungen nicht unbesehen übernehmen wollen[59] und dass zumindest exorbitante Geltungsansprüche nachträglich korrigiert werden; die territoriale Wirkung der ausländischen Schutzrechte wird durch die Hintertür wieder eingeführt. Deshalb ist nicht recht einzusehen, warum die Beschränkung nicht bereits durch die Kollisionsnorm vorgenommen werden soll. Selbst wenn die möglichst weitgehende Respektierung ausländischer Rechte bezweckt ist, erfolgt durch die nachträgliche Kontrolle ebenfalls ein Eingriff in die fremde gesetzgeberische Entscheidung, der womöglich eine höhere Intensität hat. Wie stark der Eingriff ist, hängt nämlich nicht davon ab, ob die Kontrolle präventiv oder repressiv erfolgt, sondern von der inhaltlichen Ausgestaltung der Kontrolle.

Schließlich ist eine Beschränkung der Verweisung ein durchaus übliches Vorgehen. So verweisen die Anknüpfungen nach Art. 3 ff. Rom I-VO und Art. 27 ff. EGBGB nur auf vertragliche und nicht auf sonstige Ansprüche und die Erfolgsortanknüpfung des Art. 40 Abs. 1 S. 2 EGBGB verweist bei Multistate-Pressedelikten nach überwiegender Auffassung nur auf den Sachverhaltsausschnitt – sowohl hinsichtlich des verletzungsrelevanten Sachverhalts, als auch bzgl. der Schäden – der auf dem jeweiligen Gebiet des Staates des Erfolgsorts belegen ist.[60, 61] Die Anknüpfung an die Rechtsordnung, *nach der* Schutz begehrt wird, ist somit abzulehnen.

---

[57] *Fezer/Koos*, in: Staudinger, BGB, IntWirtschR, Rz. 94; *v. Hoffmann*, in: Soergel, BGB, Art. 34 EGBGB Rz. 89.

[58] *Schurig*, in: Kegel/Schurig, S. 313 f. und 324.

[59] Das Gleiche gilt, wenn bei ausländischen Eingriffsnormen de fremde Anwendungswille als Ausgangspunkt herangezogen wird, siehe *v. Hoffmann*, in: Soergel, BGB, Art. 34 EGBGB Rz. 89.

[60] *Junker*, in: MünchKomm, BGB, Art. 40 EGBGB Rz. 163 m.w.N. Gleiches ist für Streudelikte gemäß Art. 4 Abs. 1 Rom II-VO anzunehmen, so auch die Begr. des Vorschlags zur Rom II-VO vom 22.7.2003, KOM(2003)427/endg., S. 12.

6. Autonome Beschränkung möglicher Verletzungsorte

Schließlich wird die Anknüpfung an einen Verletzungsort, der autonom nach der lex fori zu bestimmen ist und nicht nur irgendein Verhalten oder irgendeine Auswirkung erfordert, vertreten.[62] Es ist z.B. denkbar, nur dort einen Verletzungsort anzunehmen, wo sich ein Verhalten oder eine Auswirkung manifestieren, die nach den Vorstellungen der lex fori – bzw. i.R.d. Rom II-VO nach autonomem Verständnis – eine Verletzung darstellen würden. Gleichfalls könnte bei einem grenzüberschreitenden Sachverhalt der Verletzungsort dort lokalisiert werden, wo der Schwerpunkt des Gesamtsachverhalts liegt. Dies kann etwa der Ort der zielgerichteten Einwirkung[63] oder des aktiven Verhaltensschwerpunktes (z.B. bei Werbung über das Internet der Serverstandort oder die Verhaltenszentrale) sein.[64]

In ähnlicher Weise hat der BGH im Fall Spielbankaffäre geurteilt. Er verneinte einen Anspruch auf Unterlassung von Verfügungen über die Fernsehverwertungsrechte für das Gebiet des Großherzogtums Luxemburgs bereits deswegen, weil die Verfügung eines Nichtberechtigten ihrer Natur nach keinen Eingriff in die Befugnisse des Urheberrechts bedeuten könne. Sie greife nicht in die Beziehung des Urhebers zu seinem Werk ein. Daher sei bereits aus kollisionsrechtlicher Sicht keine Urheberrechtsverletzung gegeben und die Schutzlandregel nicht anzuwenden.[65] Allerdings hat der BGH keine Aussage zum Anknüpfungsmoment, sondern zum Anknüpfungsgegenstand gemacht hat: Der BGH verneinte die Anwendbarkeit der

---

[61] Deshalb kann der Versuch *Thums* (in: Bartsch/Lutterbeck, Neues Recht, S. 117, 127), die alleinige Maßgeblichkeit des Anwendungswillens fremder Gesetze aus der Segmentierung des Sachverhalts abzuleiten, nicht überzeugen. Auf Grund der Mosaikbetrachtung sind im allgemeinen internationalen Deliktsrecht ebenfalls mitunter eine Vielzahl von Rechtsordnungen parallel anzuwenden, ohne dass deren Anwendungswillen ausschlaggebend ist.

[62] *Czempiel*, S. 108 ff., insb. S. 123 ff.; *Reber*, S. 380 ff.; *Walter*, in: Loewenheim, Handbuch UrhR, § 58 Rz. 45 hinsichtlich der Anknüpfung des Gesamtsachverhalts. Nach ihm soll die Anknüpfung der Nutzungshandlung in ihrer Gesamtheit neben der Anknüpfung von „verkürzten Handlungsphasen" (d.h. einzelnen, abtrennbaren Sachverhaltsabschnitten, die ihrerseits eine Immaterialgüterrechtsverletzung darstellen können) erfolgen. Ähnlich fordert *Martiny*, RabelsZ 40 (1976), 218, 228, dass zumindest innerhalb der EG ein Konsens über den räumlichen Schutzbereich der Immaterialgüterrechte gefunden wird, so dass de lege ferenda eine einheitliche Bestimmung des Eingriffsorts möglich ist.

[63] *Walter*, in: Loewenheim, Handbuch UrhR, § 58 Rz. 46, der einen Sachverhalt aber nicht ausschließlich nach dem Schwerpunkt anknüpft, sondern zusätzlich für die einzelnen Teilsachverhalte den Belegenheitsort des betroffenen Schutzrechts heranzieht (Rz. 55).

[64] *Czempiel*, S. 123 f.

[65] BGHZ 136, 380, 389 f. – Spielbankaffäre. Dem folgend *Katzenberger*, in: Schricker, UrhR, Vor §§120 Rz. 128.

Schutzlandregel, da aus Sicht der lex fori keine unerlaubte Handlung vorgelegen habe.

Das ist methodisch ungewöhnlich. Auch wenn man die Qualifikation lege fori vornimmt und deswegen den Begriff der unerlaubten Handlung an Immaterialgüterrechten nach innerstaatlichen Vorstellungen bestimmt, geht es üblicherweise um folgende Fragen: Erstens, ob die Verletzung eines Immaterialguts in Rede steht, und zweitens, ob der Anspruch wegen einer deliktsrechtlichen Anspruchsgrundlage geltend gemacht wird, d.h. auf ein angeblich unerlaubtes Verhalten gestützt wird. Darunter werden grundsätzlich alle zurechenbaren Schädigungen außerhalb eines Vertrages subsumiert, sofern nicht eine speziellere Norm einschlägig ist.[66] Es geht schlicht um die Abgrenzung, unter welche Kollisionsnorm ein Sachverhalt zu subsumieren ist. So ist die Tatortregel des Art. 40 Abs. 1 EGBGB trotzdem anwendbar, wenn der Kläger einen Eingriff in sein Persönlichkeitsrecht oder sein Eigentum behauptet, der nach der lex fori schon vom grundsätzlichen Inhalt dieses Rechts nicht umfasst ist. Überträgt man dieses Vorgehen auf das Recht des geistigen Eigentums, ist die Schutzlandregel immer anwendbar, ohne dass eine Vorauswahl verletzungsrelevanter Sachverhalte erfolgt.

Womöglich sind die Ausführungen des BGH jedoch restriktiver zu verstehen als sie zunächst erscheinen. Wie die weiteren Ausführungen des BGH zeigen, wollte er dem Geschehen nicht jedwede deliktsrechtliche Relevanz absprechen. Eine Teilnahmehandlung an einer fremden Urheberrechtsverletzung hielt der 1. Senat durch die Verfügung ohne weiteres für möglich. Ob eine solche vorlag und welche Konsequenzen hieraus zu folgern waren, bestimme sich wiederum nach dem Schutzland, d.h. nach dem Recht des Staates, dessen Schutzrecht in Rede stand.[67] Trotz der allgemein gehaltenen Ausführungen entschied der BGH im vorliegenden Fall somit nur, dass die Abgrenzung zwischen eigenständigem Delikt und Teilnahmehandlung lege fori zu erfolgen habe. In anderem Zusammenhang hat der BGH dagegen klargestellt, dass eine selbstständige Anknüpfung hinsichtlich des Tatbeitrags eines Gehilfen dann zu erfolgen hat, wenn dieser Tatbeitrag gleichzeitig ein selbstständig verwirklichtes Begleitdelikt darstellt.[68] Überdies sind – soweit ersichtlich – keine weiteren Entscheidungen des BGH ergangen, in denen er eine Vorauswahl der verletzungsrelevanten

---

[66] In dem vom BGH als Beleg herangezogenen Fall (BGHZ 130, 105 ff.) ging es um die Abgrenzung, ob Ansprüche aus Verlöbnisbruch eine unerlaubte Handlung darstellen oder als Ausgleichsanspruch familienrechtlicher Art zu qualifizieren sind.

[67] BGHZ 136, 380, 389 f. – Spielbankaffäre.

[68] Siehe zum Wettbewerbsrecht BGH IPRax 1983, 118, 119 f. und BGH DB 1998, 572.

Sachverhalte getroffen hat.[69] Deshalb ist zweifelhaft, ob der BGH eine solche Vorauswahl wieder treffen würde.

Insgesamt ist festzuhalten, dass sich dieses Verständnis maßgeblich von den anderen, überwiegend vertretenen Auffassungen unterscheidet. Denn die lex fori trifft eine eigenständige Vorauswahl der möglichen Verletzungsorte auf Grund eines bestimmten Sachverhalts bzw. der verletzungsrelevanten Sachverhalte, so dass im Ergebnis nicht allein der Anwendungswille des Rechts des Schutzlands (unter Beachtung der räumlichen Beschränkung der Schutzrechte) maßgeblich ist. Deshalb soll diese Ansicht (zunächst) nicht weiter berücksichtigt werden.[70]

7. Zwischenergebnis

Die Anknüpfung hat für jedes nationale Schutzrecht gesondert zu erfolgen. Dennoch bestehen unter dem Mantel des Schutzlandprinzips verschiedene Auffassungen, die sich im praktischen Ergebnis darin unterscheiden, ob und wieweit Eingriffe in den Anwendungswillen einer ausländischen Rechtsordnung vorgenommen werden. Zu beachten ist jeweils, dass die Anknüpfung für jedes nationale Schutzrecht gesondert zu erfolgen hat.

Nach überwiegender Auffassung ist die räumlich beschränkte Wirkung der Schutzrechte auch für das Ausland verbindlich; weitere Vorgaben bestehen nicht. Dies wird durch eine Verweisung auf den möglichen Bestands- oder Verletzungsort erreicht. Eingeschränkt wird die Verweisung dadurch, dass nur der Sachverhaltsabschnitt als verletzungsrelevant angesehen werden kann, der auf dem betreffenden Schutzgebiet liegt. Diese Interpretation überzeugt und ist auch unter der Ägide der Rom II-VO zu befürworten. Eine Bestimmung des Verletzungsorts nach der lex causae oder eine unbeschränkte Verweisung auf die Rechtsordnung, nach der das streitgegenständliche Schutzrecht entstanden sein soll, einschließlich einer nachträglichen Korrektur exorbitanter Geltungsansprüche, sind dagegen abzulehnen.

---

[69] Insbesondere BGHZ 126, 252, 255 ff. – Folgerecht bei Auslandsbezug ist dahingehend zu verstehen, dass der BGH Ansprüche ablehnte, weil das – nach dem Schutzlandprinzip – anwendbare deutsche Sachrecht, die in Rede stehenden Handlungen der Werbung etc. nur als Vorbereitungshandlung i.R.d. § 26 UrhG ansehe, und nicht, weil das deutsche Recht auf Grund des Vorliegens einer (nach deutscher Vorstellung) bloßen Vorbereitungshandlung nicht zur Anwendung berufen werde. So auch *Katzenberger*, in FS Schricker (2005), 377, 382; *Sack*, in FS Lorenz, 659, 680 f.

[70] Einige Möglichkeiten zur Vorauswahl von Verletzungssachverhalten, ob sie berechtigt sind und zu praktikablen Lösungen führen, werden stattdessen im 4. und 5. Kap. sowie im 8. Kap (soweit für die dort erörterten Anknüpfungsmomente die Beschränkung des Anwendungsbereichs der Gesetze auf inländische Schutzrechte aufrechterhalten wird) diskutiert.

Nach anderer Auffassung wird durch das internationale Privatrecht der lex fori über die Beachtlichkeit der Territorialität der Schutzrechte hinaus eine Vorauswahl denkbarer Eingriffe in Schutzrechte des geistigen Eigentums vorgenommen. Diese Ansicht wird zunächst ausgeklammert und erst bei den alternativen Anknüpfungsmomenten berücksichtigt.

II. Umfang der Schutzlandanknüpfung

Divergierende Auffassungen bestehen nicht nur in Bezug auf den Inhalt der Schutzlandanknüpfung, sondern auch hinsichtlich ihres Umfangs. Zunächst soll aufgezeigt werden, dass entgegen einigen Stimmen in der Literatur die Schutzlandregel eine allseitige Verweisungsnorm darstellt (1.). Zweifelsfragen ergeben sich im Blick auf den Anwendungsbereich der Schutzlandregel (2. und 3.) sowie den Umfang der Verweisung (4. und 5.). Die Beantwortung dieser Fragen hängt zum Teil wiederum von der rechtlichen Verankerung des Schutzlandprinzips ab.

1. Allseitigkeit der Anknüpfung

Das Schutzlandprinzip stellt eine allseitige Anknüpfungsregel dar. Dies ist auf europäischer Ebene in Art. 3 Rom II-VO klargestellt.

Gleiches gilt für das Schutzlandprinzip als Regel des deutschen internationalen Privatrechts.[71] Soweit eine statutistische[72] Vorgehensweise behauptet wird,[73] ist dagegen bereits fraglich, ob eine solche Herangehensweise tatsächlich vorliegt. Diese setzt voraus, dass jede Rechtsordnung selbst über ihre Anwendbarkeit entscheidet, ohne dass eine Kollisionsnorm des Forumstaates zwischengeschaltet ist.[74] Das Schutzlandprinzip knüpft aber – wie gezeigt – an den Verletzungs- bzw. Bestandsort an und enthält damit eine inländische Anknüpfungsregel. Des Weiteren wird durch den Umfang der Verweisung sichergestellt, dass nur innerstaatliche Sachverhaltsabschnitte eine Verletzung eines nationalen Schutzrechts begründen können. Nur wenn man – entgegen der in dieser Arbeit vertretenen Ansicht – die Territorialität fremder Schutzrechte aus verweisungsrechtlicher Sicht für nicht zwingend hält und eine nachträgliche Kontrolle zur Verhinderung

---

[71] Siehe nur *v. Hoffmann*, in: Staudinger, BGB, Art. 40 EGBGB Rz. 391 m.w.N.

[72] Sysnonym kann auch die Terminologie „unilateristische Anknüpfung" verwandt werden.

[73] *Fezer*, MarkenR, Einl. MarkenG Rz. 198; *Fezer/Koos*, in: Staudinger, BGB, IntWirtschR Rz. 873; *Sandrock*, in: v. Caemmerer, Gutachten, S. 380, 434; *Siehr*, UFITA 108 (1988), 9, 18 f.; *Thum*, in: Bartsch/Lutterbeck, Neues Recht, S. 117, 127; *Vischer*, GRUR Int. 1987, 670, 678.

[74] *v. Hoffmann/Thorn*, S. 177.

exorbitanter Anwendungsbereiche befürwortet, könnte man einen unilateralistischen Ansatz vertreten. Begründen ließe sich dies mit der Erwägung, dass der räumliche Anwendungsbereich ausländischer Gesetze nicht bereits durch das Kollisionsrecht des Forums vorgegeben, sondern stattdessen grundsätzlich der Anwendungswille eines jeden Gesetzes entscheidend sei. Andererseits kann dieser Ansatz einfacher mittels einer Anknüpfung an die Entstehensrechtsordnung erreicht werden. Zudem würde selbst eine Anknüpfung an den Willen des Klägers auf Grund einer inländischen Kollisionsnorm erfolgen; es wird gerade nicht jede Rechtsordnung nach ihrem Anwendungswillen befragt, sondern nur diejenige, auf die das eigene internationale Privatrecht verweist.[75]

Darüber hinaus kann ein statutistisches Vorgehen nicht überzeugen.[76] Dieses würde im deutschen Kollisionsrecht einen Fremdkörper darstellen.[77] Eine alleinige Ausrichtung am Willen des fremden Gesetzes kann zudem nicht den Anwendungsgrund des Gesetzes erklären.[78] Denn der Anwendungsbefehl einer Rechtsnorm richtet sich nicht und kann sich nicht an die Rechtsprechungsorgane anderer Staaten richten. Im Übrigen ist die alleinige Ausrichtung am Anwendungswillen der jeweiligen Norm auf Grund der wirtschaftspolitischen Bedeutung einer Norm nicht erforderlich und läuft den maßgeblichen Gründen der Territorialität der Immaterialgüterrechte zuwider.[79]

2. *Qualifikation*

Bevor die Anknüpfung an das Land, für dessen Gebiet der Kläger Schutz beansprucht, erfolgen kann, muss geklärt werden, ob überhaupt die Schutzlandregel zur Anwendung kommt. Denn eine Kollisionsnorm regelt nur bestimmte Sachverhalte oder Lebensverhältnisse, die den Anknüpfungsgegenstand bilden. Ob der konkrete Lebenssachverhalt von dem Anknüpfungsgegenstand erfasst ist, muss durch Subsumtion (man spricht hier auch von Qualifikation[80]) ermittelt werden, wozu der Anknüpfungsgegenstand auszulegen ist. Es ist daher zu prüfen, ob der konkrete Sachverhalt eine

---

[75] *Vischer* (GRUR Int. 1987, 670, 678) bezeichnet dies indes als einen unilateralistischen Ansatz, verbunden mit einer Art professio iuris.

[76] Drastischer *v. Bar*, UFITA 108 (1988), 27, 28: er nennt dies einen „abschreckenden Gedanken".

[77] Selbst fremde Eingriffsnormen werden auf Grund einer inländischen Kollisionsnorm angewandt; dazu Ziff. I.5. (S. 93 f.).

[78] *Martiny*, in: MünchKomm, BGB, Art. 34 EGBGB Rz. 135; *Sonnenberger*, in: MünchKomm, BGB, Einl. IPR Rz. 76 f.

[79] Dazu Ziff. I.5. (S. 91 f.).

[80] *Neuhaus*, S. 113 f.

unerlaubte Handlung hinsichtlich eines Immaterialgüterrechts[81] betrifft. Genau genommen stellen sich zwei Fragen: Erstens, ob eine *unerlaubte Handlung* in Rede steht und zweitens, ob die Verletzung eines *Immaterialgüterrechts* geltend gemacht wird.

Die grundsätzliche Einordnung einer Immaterialgüterrechtsverletzung als unerlaubte Handlung und die geltendgemachten Ansprüche als deliktische ist in aller Regel unproblematisch. Zwar darf nicht übersehen werden, dass die Verletzung von Schutzrechten an geistigen Gütern neben Ansprüchen aus unerlaubter Handlung auch solche aus ungerechtfertigter Bereicherung nach sich ziehen kann.[82] Ebenso kommen Ansprüche aus Geschäftsführung ohne Auftrag in Betracht.[83] Nach § 102a UrhG, § 19d MarkenG und § 141a PatG bleiben nämlich Ansprüche aus anderen als den Sonderschutzgesetzen grundsätzlich unberüht. Für die Anwendbarkeit des Schutzlandprinzips ergeben sich daraus jedoch keine negativen Konsequenzen. Denn Art. 13 Rom II-VO normiert, dass Art. 8 auch insoweit Anwendung findet. Zweifel ergeben sich indes bei den sonderschutzrechtlichen Vergütungsansprüchen, die keine Verletzung eines Immaterialgüterrechts voraussetzen.[84] Dem Wortlaut von Art. 13 Rom II-VO nach werden diese nicht erfasst; in Betracht käme allenfalls eine analoge Anwendung von Art. 8 Rom II-VO.[85] Im automen internationalen Privatrecht ist dagegen anerkannt, dass das Schutzlandprinzip für alle Ansprüche aus der Beeinträchtigung ebenso wie aus der rechtmäßigen Nutzung von Immaterial-

[81] In der Literatur wird zum Teil als Anknüpfungsgegenstand nur das spezielle Immaterialgüterrecht, das den Gegenstand der jeweiligen Prüfung betrifft, genannt. Besser erscheint die Wahl des Oberbegriffs. Dadurch können zum einen Schwierigkeiten vermieden werden, die sich aus der unterschiedlichen Einordnung der Schutzgewährung an geistigen Gütern in mehreren Ländern ergeben, beispielsweise wenn ein Softwareprogramm in Staat X urheberrechtlich, in Land Y dagegen patentrechtlich geschützt wird. Zudem besteht keine Notwendigkeit für mehrere Anknüpfungsregeln, solange die Anknüpfung einheitlich vorgenommen wird.

[82] Zur Anwendbarkeit der §§ 812 ff. BGB, insb. des § 812 Abs. 1 S. 1 2. Alt. (Eingriffskondiktion) BGHZ 68, 90, 91 ff. – Kunststoffhohlprofil (für das Patentrecht); BGH GRUR 1987, 520, 523 – Chanel No. 5 (für das Markenrecht); RGZ 90, 137, 138 – Erikamuster II. Nur angemerkt sei, dass auch die bisherige Gepflogenheit, dass Schadensersatzansprüche, die im Wege der Lizenzanalogie oder der Gewinnabschöpfung berechnet werden, deliktsrechtlich und nicht bereicherungsrechtlich zu qualifizieren sind, möglicherweise überdacht werden könnte.

[83] Siehe z.B. *Dreier*, in: Dreier/Schulze, UrhG, § 102a Rz. 8 ff.

[84] Zu nennen sind z.B. § 26 UrhG (Folgerecht), § 27 UrhG (Bibliothekstantieme), §§ 53–54h UhrG (private Werknutzung).

[85] *Sack*, WRP 2008, 1405, 1410. Eine von *Siehr* (IPRax 1992, 219, 220) angedachte Qualifikation als Anspruch aus ungerechtfertigter Bereicherung hilft insofern nicht weiter, da Art. 13 Abs. 1 ausdrücklich einen Anspruch aus Verletzung eines Immaterialgüterrechts voraussetzt.

güterrechten maßgeblich ist.[86] Entsprechend der Zielsetzung und der tatsächlichen Bedeutung konzentriert sich diese Untersuchung aber auf die deliktsrechtlichen Konsequenzen. Streit besteht indes, ob durch die Qualifikation lege fori eine Vorauswahl verletzungsrelevanter Sachverhalte getroffen werden kann. Es wurde jedoch bereits dargelegt, dass die mögliche Vorauswahl keine Frage der Qualifikation ist.[87]

Daher soll an dieser Stelle nur noch die Betroffenheit eines Immaterialgüterrechts erörtert werden. In aller Regel wird dies zwar unproblematisch sein, aber insbesondere wenn der Schutz eines geistigen Gutes in Rede steht, das in Deutschland nicht oder anders geschützt wird, kommt diesem Punkt durchaus Relevanz zu. Dann ist zu klären, nach welcher Rechtsordnung die Qualifikation zu erfolgen hat. Diese Unklarheit besteht i.R.d. Art. 8 Abs. 1 Rom II-VO fort. Zwar listet der 2. Satz des 26. Erwägungsgrunds einzelne Rechte des geistigen Eigentums beispielhaft auf, doch es werden auch hier nur Systembegriffe verwendet. Wird etwa die unzulässige Verwendung eines nicht eingetragenen Kennzeichens in Deutschland und der Schweiz geltend gemacht, ist deshalb weder im nationalen Recht noch durch die Rom II-VO zwingend vorgegeben, ob dieser Sachverhalt dem gewerblichen Rechtsschutz oder dem unlauteren Wettbewerb zuzurechnen ist.[88]

a. Qualifikation nach der lex fori

Vorwiegend wird in Deutschland eine Qualifikation nach der lex fori befürwortet.[89] Die tatbestandlichen Anknüpfungsgegenstände des Kollisionsrechts werden danach ebenso wie die entsprechenden Systembegriffe des Sachrechts ausgelegt. Bezogen auf die Immaterialgüterrechte bedeutet das, dass auch für kollisionsrechtliche Zwecke das Patentrecht den Schutz von technischen Erfindungen umfasst, das Urheberrecht den von geistigen Schöpfungen der Literatur und Kunst und das Kennzeichenrecht den Schutz von Kennzeichen. Diese Lösung konterkariert durch die Bezug-

---

[86] BGHZ 136, 380, 390; *Looschelders*, IPR, Art. 38 Rz. 12; *Sack*, WRP 2000, 269, 286.

[87] Siehe Ziff. I.6. (S. 95 ff.).

[88] Zum ausschließlich lauterkeitsrechtlichem Schutz nicht eingetragener Kennzeichen nach schweizerischem materiellen Recht *Celli*, S. 234.

[89] Z.B. *Hohloch*, in: Erman, BGB, Einl. Art. 3 EGBGB Rz. 38. Hinsichtlich des Immaterialgüterrechts BGHZ 136, 380, 389 – Spielbankaffäre; *Katzenberger*, in: Schricker, UrhR, Vor §§ 120 Rz. 128; *Kotthoff*, in: HK-UrhG, § 120 Rz. 8, die sich allerdings vorwiegend auf die Einordnung als *Verletzung* eines Immaterialgüterrechts beziehen. Siehe auch *Pfaff*, RIW 1974, 241, 242 f. (der diese Ansicht allerdings später aufgegeben hat). Unklar *Nirk*, in: FS Heusinger, S. 217, 228, der nur auf die Maßgeblichkeit des Qualifikationsstatuts verweist ohne dasselbe zu benennen.

nahme auf die jeweilige lex fori das Ziel der Rechtsvereinheitlichung, das der Rom II-VO zu Grunde liegt,[90] und muss für diese ausscheiden. Aber auch in Bezug auf das nationale Kollisionsrecht versagt eine Qualifikation allein nach dem Verständnis des Sachrehts der lex fori unabhängig von weiteren Bedenken[91] bereits dann, wenn die Verletzung eines Rechts an einem geistigen Gut geltend gemacht wird, für das nach deutschem Recht kein Sonderschutzrecht existiert.

b. Qualifikation nach der lex causae

Daher wird teilweise vorgeschlagen, die Qualifikation solle nach der lex causae, also der lex loci protectionis, vorgenommen werden.[92] Die Einordnung eines Lebenssachverhalts als Verletzung eines Immaterialgüterrechts wird dem jeweiligen Schutzstaat überlassen und erfolgt nach dessen materiellem Recht. Macht der Kläger vor einem deutschen Gericht beispielsweise geltend, der Beklagte verwende in England unerlaubt eine nicht eingetragene Marke und gewährt das englische Recht nur deliktsrechtliche Abwehrrechte nach dem Tatbestand des *passing off*,[93] so wäre das immaterialgüterrechtliche Schutzlandprinzip nicht anwendbar, auch wenn das deutsche Recht die nicht registrierte Marke spezialgesetzlich im MarkenG mitgeregelt hat und ein Ausschließlichkeitsrecht an ihr gewährt. Trotz der im Europarecht üblichen autonomen Auslegung, ließe sich die ausnahmsweise Qualifikation lege causae auf Grund der Besonderheiten des Immaterialgüterrechts – der territorialen Beschränkung der Schutzrechte und dem nach h.M. begrenzten Anwendungsbereich der Schutzgesetze – auch für Art. 8 Abs. 1 Rom II-VO vertreten.

Gegen dieses Vorgehen könnte man einwenden, dass die lex causae noch gar nicht bekannt ist, sondern erst mit Hilfe der Anknüpfung ermittelt werden soll.[94] Doch ein Zirkelschluss kann methodisch vermieden werden, indem hinsichtlich der Qualifikation eine Verweisung auf das gegebenen-

---

[90] Siehe Erwägungsgrund 4, 6 und 16 Satz 1der Rom II-VO. Überdies gibt der 26. Erwägungsgrund Hinweise (wenngleich wenig ergiebige) für die Auslegung des Begriffs „Rechte des geistigen Eigentums".

[91] Zu allgemeinen Bedenken *Schurig*, in: Kegel/Schurig, S. 337 ff.; speziell im Hinblick auf Immaterialgüterrechte *Ebner*, S. 41 ff.

[92] *Dreier/Buhrow/Würfel*, in: Schwarz/Peschel-Mehner, Recht im Internet, Kap. 4-G 11 Rz. 32; *Pfaff*, in: FS Beier, S. 1109, 1157 f. Für eine Qualifikation lege causae, allerdings in Hinblick auf das Vorliegen einer *Verletzung* eines Immaterialgüterrechts (und damit in Abgrenzung zu BGHZ 136, 380, 389 – Spielbankaffäre), auch *Hartmann*, in: Möhring/Nicolini, UrhG, Vor §§ 120 ff. Rz. 20; *Schack*, JZ 1998, 1018, 1020. Hinsichtlich der Abgrenzung von Vertrags- und Immaterialgüterrechtsstatut auch *Kreuzer*, in: MünchKomm^3, BGB, Nach Art. 38 EGBGB Anh. II Rz. 24.

[93] Für eine deliktsrechtliche Qualifikation *Ebner*, S. 42.

[94] *v. Hoffmann/Thorn*, S. 231; *Reber*, S. 371 ff.

falls zur Anwendung berufene Recht erfolgt, d.h. zunächst eine hypothetische Anknüpfung vorgenommen wird.[95] Des Weiteren besitzt der Einwand, dass nach dieser Auffassung eine Unzahl von Rechtsordnungen für die Qualifikation heranzuziehen ist,[96] wenig Überzeugungskraft. Denn der Prozessstoff wird durch den Antrag des Klägers begrenzt: Selbst wenn ein Sachverhalt Berührungspunkte zu vielen Staaten hat und folgerichtig eine Unzahl nationaler Schutzrechte verletzt sein kann, bedarf es einer Anknüpfung nur für die Schutzrechte, für deren Gebiet der Kläger Schutz begehrt.[97]

Gegen die Qualifikation lege causae wird außerhalb des Immaterialgüterrechts insbesondere vorgebracht, dass eine Subsumtion unter verschiedene Anknüpfungsgegenstände möglich ist und mehrere einander widersprechende Rechtsnormen Anwendung finden können. Normenhäufung oder Normenmangel sind die Folge, die nur durch richterliche Anpassung im Einzelfall auf Kosten der Rechtssicherheit vermieden werden können.[98] Dies ist auch im Recht des geistigen Eigentums zu befürchten: Macht der Kläger im obigen Beispiel die Verletzung einer nicht eingetragenen Marke in England geltend und qualifiziert das englische Recht diesen Anspruch deliktsrechtlich, ist nicht das Schutzlandprinzip, sondern die allgemeine deliktsrechtliche Anknüpfung maßgeblich. Sind beide Beteiligten Deutsche, wäre gemäß Art. 40 Abs. 2 EGBGB deutsches Deliktsrecht – nicht deutsches Markenrecht, auf das nur mit Hilfe der immaterialgüterrechtlichen Anknüpfungsnorm verwiesen wird – anwendbar, das allerdings nicht eingetragene Marken nach Maßgabe des Markenrechts und nicht des allgemeinen Deliktsrechts schützt. Berücksichtigt man weiter, dass eine Qualifikation lege causae zumindest unüblich ist und nicht dem Ideal entspricht, dass deutsche Normen nach inländischen Vorstellungen auszulegen sind – selbst wenn dies methodisch nicht zwingend ist –, scheidet dieses Vorgehen aus.

c. Verzicht auf eine Qualifikation

Weiterhin wird vorgeschlagen, auf eine Qualifikation zunächst ganz zu verzichten. Entscheidend müsse sein, was der Kläger geltend macht. Dieser nehme die Qualifikation selbst vor.[99] Ob dieser Vorschlag hilfreich ist, erscheint fraglich. Gerade in Grenzfällen muss nicht zwingend aus dem

---

[95] *Ebner*, S. 43; *Neuhaus*, S. 123 f.

[96] *Ebner*, S. 43 f.; *Reber*, S. 373 f.

[97] Ein antragbezogenes Verständnis des Schutzlandprinzips als Anknüpfungsregel ist damit nicht verbunden; dazu Ziff. I.2.b. (S. 82 f.).

[98] *Schurig*, in: Kegel/Schurig, S. 342; *Neuhaus*, S. 125.

[99] *Celli*, S. 238; *Ebner*, S. 46 und 55.

Klägerantrag ersichtlich sein, ob er sich auf sonderschutz-, wettbewerbs-[100] oder allgemeine deliktsrechtliche Ansprüche stützt.[101] Vielleicht ist dem Kläger die Einordnung des ausländischen Rechts überhaupt nicht bekannt[102] oder er verkennt sie. Angenommen, ein Kläger macht vor einem deutschen Gericht eine seiner Ansicht nach unzulässige Verwendung einer nicht eingetragenen Marke durch den Beklagten über das Internet in der Schweiz und in England geltend und verlangt Unterlassung und Schadensersatz. Beruft er sich auf englisches bzw. schweizerisches Sonderschutz-, Wettbewerbs- oder Deliktsrecht? Im Zweifel will er das Rechtsgebiet angewandt wissen, das Erfolg verspricht, ohne sich Gedanken zu machen, welches das ist.

Zudem wird die Qualifikation nur auf eine spätere Ebene verschoben, da im ausländischen Kollisions- oder Sachrecht eine Qualifikation nach der lex causae erfolgen muss. Denn eine Anknüpfung nach dem wettbewerbsrechtlichen Marktortprinzip verweist nur auf ausländische lauterkeitsrechtliche Normen, das Schutzlandprinzip hingegen nur auf sonderschutzrechtliche Vorschriften. Sofern beides zu demselben Ergebnis führt und der Umfang der Verweisung (Gesamt- oder Sachnormverweisung; beschränkte Verweisung) einheitlich beurteilt wird, erübrigt sich die Abgrenzung in der ausländischen lex causae zwar regelmäßig. Doch auch eine Qualifikation lege causae oder nach der Funktion führt in einem solchen Fall immer zu demselben Anknüpfungsergebnis. Der im internationalen Privatrecht unübliche Verzicht auf eine Qualifikation bringt somit keine Vorteile.

d. Funktionelle Qualifikation

Insofern liegt es nahe, den Verweisungsbegriff nicht allein nach dem materiellen Recht der lex fori zu bestimmen, sondern eigenständig auszulegen. Dies legt hinsichtlich der Rom II-VO schon der allgemeine Grundsatz nahe, dass für die Auslegung europäischen Rechts nicht das nationale Verständnis, sondern die gemeinschaftsrechtliche Wortbedeutung maßgeblich ist.[103] Auch im nationalen Recht erscheint dies angemessen. Zwar werden dann ein und demselben Begriff womöglich verschiedene Bedeutungen

---

[100] Zur Klarstellung: Wettbewerbsrecht wird in dieser Arbeit im Sinne von Lauterkeitsrecht im Gegensatz zum Kartellrecht als Recht gegen Wettbewerbsbeschränkungen verwandt.

[101] Anders, aber ohne Begründung *Ebner*, S. 55.

[102] Die Rechtsausführungen gehören auch nicht zum notwendigen Inhalt einer Klageschrift gemäß § 253 Abs. 2 ZPO.

[103] *Oppermann*, S. 208.

beigemessen. Doch erstens ist dies dem Recht nicht fremd.[104] Zweitens ist zu beachten, dass Kollisionsnormen einen anderen Zweck als die Sachnormen haben. Sie sollen insbesondere die Anwendbarkeit ausländischer Normen regeln, die nicht an den Systembegriffen des deutschen Rechts orientiert sind. Bei der Auslegung des Anknüpfungsgegenstandes können sowohl die Zwecke der Kollisionsnorm zu berücksichtigen sein, als auch der Inhalt der Systembegriffe des nationalen Sachrechts.[105] Bei ausländischen Rechtsinstituten ist daher danach zu fragen, ob diese mit der Funktion dcr Immaterialgüterrechte der lex fori vergleichbar sind.[106] Entsprechend ist i.R.d. Art. 8 Abs. 1 Rom II-VO entscheidungserheblich, ob das ausländische Rechtsinstitut den Immaterialgüterrechten in der europäischen Union und deren Mitgliedstaaten vergleichbar ist.

Die Tauglichkeit dieses Ansatzes wird jedoch bestritten.[107] Im Markenrecht wird argumentiert, dass die Funktionen einer Marke streitig sind. Neben der allgemein anerkannten Unterscheidungs- und Herkunftsfunktion sei ungewiss, ob der Marke ein Kommunikations-, Werbe- und Vertrauenszweck zukomme. Da von den tatsächlichen ökonomischen Aufgaben einer Marke durch das MarkenG keine ausgeschlossen würden, sei von einer Multifunktionalität auszugehen.[108] Aus diesem Grund sei ein Vergleich eines ausländischen Rechtsinstituts mit dem deutschen Markenrecht – wenn überhaupt – nur mit großen Schwierigkeiten möglich.[109] Hinzu komme, dass die Funktionen des Markenrechts sich mit denen des Rechts des unlauteren Wettbewerbs überschneiden würden und eine Abgrenzung daher schwer falle.[110] Diese Argumente scheinen auf das Urheber- und Patentrecht übertragbar, da auch dort die Schutzgewährung auf verschiedene Gründe gestützt wird.

Gleichwohl können die vorgebrachten Argumente nicht überzeugen. Es kommt nicht nur auf die Funktion, sondern auch auf die Eigenart der Regelung an. So dient etwa eine italienische Autohypothek dem Zweck, eine Möglichkeit zur Kreditsicherung bereitzustellen, und ist insofern mit einer Sicherungsübereignung und einem Pfandrecht, aber auch mit einer schuldrechtlichen Sicherungsvereinbarung und einer Bürgschaft vergleichbar. Entscheidend für die sachenrechtliche Qualifikation ist indes, dass dem

---

[104] Man denke nur an die unterschiedliche Verwendung des Begriffs Eigentum im BGB und im Verfassungsrecht.

[105] *v. Hoffmann/Thorn*, S. 230.

[106] BGHZ 29, 137, 139; BGHZ 47, 324, 326; *v. Hoffmann/Thorn*, S. 230; *Kropholler*, IPR, S. 126.

[107] *Ebner*, S. 44 ff.

[108] *Fezer*, MarkenR, Einl. MarkenG Rz. 30 ff.

[109] *Ebner*, S. 44 f.

[110] *Ebner*, S. 45 f.

Sicherungsnehmer ein dingliches Recht an dem Kraftfahrzeug zukommt.[111] Ebenso ist es die Eigenart des Immaterialgüterrechts, eine bestimmte geistige Leistung zu schützen, indem diese einer Person mit ausschließlicher Wirkung *erga omnes*, also mit dinglicher Wirkung zugeordnet wird.[112] Dies gilt nicht nur für die deutschen Immaterialgüterrechte, sondern auch für die gemeinschaftsweiten Schutzrechte[113] sowie die Schutzrechte anderer Mitgliedsstaaten. Dass daneben der Schutz geistiger Güter in anderen Mitgliedsstaaten auch anderweitig – etwa durch das Delikts- oder Wettbewerbsrecht – gelöst wird, ändert an dieser Charakterisierung der Immaterialgüterrechte nichts, zumal dies auch dem deutschen Recht nicht unbekannt ist.[114]

Daher ist danach zu fragen, ob ein ausländisches Rechtsinstitut eine Zuordnung eines geistigen Gegenstandes an eine bestimmte Person mit ausschließlicher Wirkung vornimmt, d.h. allen anderen Personen die Benutzung (grundsätzlich) untersagt werden kann, ohne dass weitere Umstände hinzutreten müssen. Falls dagegen nur das Marktverhalten im Interesse der Mitbewerber, Verbraucher, sonstiger Marktteilnehmer und der Allgemeinheit geregelt wird ohne ausschließliche Zuordnung eines geistigen Gutes an eine Person, ist die Norm dem Wettbewerbsrecht zugehörig.[115] Zu den Immaterialgüterrechten im kollisionsrechtlichen Sinne gehören daher neben Patent-, Marken- und Urheberrecht alle ausländischen Schutzrechte an geistigen Gütern, die dingliche Wirkung entfalten, selbst wenn sie dem deutschen Recht bzw. dem Recht anderer Mitgliedsstaaten unbekannt sind. Zweifelsfragen entstehen z.B. im Falle des ergänzenden wettbewerbsrechtlichen Leistungsschutzes[116] und des Schutzes geographischer Herkunftsangaben.[117]

---

[111] BGH NJW 1991, 1415, 1416.

[112] Zum Begriff des Immaterialgüterrechts *Kohler*, AcP 82 (1984), 141 ff. Siehe auch *Merkl*, S. 180; *Schönherr*, in: FS Troller, S. 62 f. Siehe auch *Ahrens*, S. 11 f.; *Götting*, S. 47 ff.

[113] Zu nennen ist die Gemeinschaftsmarke, das Gemeinschaftsgeschmacksmusterrecht und das Gemeinschaftssortenschutzrecht.

[114] So wird das Know-how in Deutschland v.a. gemäß §§ 17 ff. UWG geschützt. Dadurch werden nur bestimmte Modalitäten des Wissensgewinns sanktioniert und das Wissen wird nicht an sich einer Person zugeordnet. Deshalb ist dieser Schutz von einem immaterialgüterrechtlichen strikt zu trennen, auch wenn der Schutzgegenstand ein geistiges Gut ist; siehe auch *Ahrens*, S. 12.

[115] *Ohly*, in: Piper/Ohly, UWG, Einf. B Rz. 17.

[116] Wegen der wettbewerbsrechtlichen Einordnung durch das Sachrecht und der formalen Begründung mit Verhaltensregeln im Markt wird überwiegend eine lauterkeitsrechtliche Qualifikation befürwortet, BGHZ 35, 329, 336 – Kindersaugflaschen; *Drexl*, in: MünchKomm, BGB, IntUnlWettbR Rz. 110. Die andere Auffassung befürwortet wegen der materiellen Nähe zu den Ausschließlichkeitsrechten und der Funktion als Ergänzung eines unmittelbaren Leistungsschutzes eine immaterialgüterrechtliche Qualifikation,

Es ist allerdings nicht ausgeschlossen, dass eine Rechtsfolge unterschiedlichen Funktionen dient. Dieses Phänomen ist auch dem innerstaatlichen Recht bekannt. Ein Schadensersatzanspruch kann seine Grundlage etwa im Deliktsrecht und im Vertragsrecht haben. Gleichfalls kommt es vor, dass neben den immaterialgüterrechtlichen Schutz wegen eines Eingriffs in ein Ausschließlichkeitsrecht ein ergänzender wettbewerbsrechtlicher Schutz tritt. Als Beispiel mag die Rufausbeutung durch eine Verwendung eines fremden Kennzeichenrechts dienen. In diesem Fall ist eine mehrfache Qualifikation unvermeidlich, wobei u.U. auf verschiedene Rechtsordnungen verwiesen wird; es kann zu einer *Normenhäufung* kommen. Mehrere Rechtsordnungen gelangen auch zur Anwendung, wenn in einem rein immaterialgüterrechtlichen Sachverhalt die Verletzung eines Schutzrechts in mehreren Staaten geltend gemacht wird. Ein *Normwiderspruch* muss damit nicht zwangsläufig verbunden sein. Sofern der Anwendungsbereich der jeweiligen nationalen Gesetze auf inländische Rechtsgüter (z.B. im Inland wirkende Immaterialgüterrechte, auf den inländischen Wettbewerb) beschränkt ist, beurteilt jede nationale Rechtsordnung nur einen anderen Sachverhaltsausschnitt. Lediglich wenn der Anwendungsbereich unbeschränkt ist – wie dies beispielsweise im allgemeinen Deliktsrecht der Fall ist –, können sich die Rechtsfolgen bzgl. desselben Sachverhalts widersprechen oder zumindest voneinander abweichen. Dann muss eine Lösung – wie auch sonst – über die Regeln der Anspruchskonkurrenz oder durch Anpassung gefunden werden.[118]

Im Ergebnis lassen sich daher befriedigende Lösungen über die funktionelle Qualifikation finden, ohne dass eine Qualifikation nach der lex causae oder gar ein Verzicht bedeutende Vorteile brächten.

Hausmann/Obergfell, in: Fezer, UWG, Einl. I Rz. 311; *Ohly*, in: Piper/Ohly, UWG, Einf. B Rz. 22. In Bezug auf die Rom II-VO *Sack*, WRP 2008, 845, 858 f.

[117] Dazu *Fezer/Koos*, in: Staudinger, BGB, IntWirtschR Rz. 364; *Hausmann/Obergfell*, in: Fezer, UWG, Einl. I Rz. 316. In Bezug auf die Rom II-VO *Sack*, WRP 2008, 845, 860 ff.; *ders.*, WRP 2008, 1405, 1406 f.

[118] *Kropholler*, IPR, S. 129. Einen möglichen Lösungsansatz für die hier in Rede stehenden Fälle könnte die Beschränkung der Verweisung hinsichtlich der deliktsrechtlichen Ansprüche auf inländische Sachverhalte darstellen. Dadurch würde erreicht werden, dass Sachverhaltsabschnitte, die immaterialgüter- oder wettbewerbsrechtliche Bezüge haben, einem einheitlichen Recht unterstellt werden. Vgl. zur Lösung von Anspruchskonkurrenzen durch einheitliche Anknüpfung allgemein *Spellenberg*, in: MünchKomm, BGB, Vor Art. 11 EGBGB Rz. 36.

3. Reichweite der Schutzlandanküpfung

a. Europäisches Schutzlandprinzip

Die sachliche Reichweite der Anknüpfung nach der Rom II-VO bestimmt sich autonom. Diese ist – auch für Art 8 Rom II-VO – in Art. 15 Rom II-VO determiniert. Danach werden die deliktsrechtlichen Aspekte umfassend der Rom II-VO unterstellt[119] und durch eine nicht abschließende Auflistung konkretisiert. Neben den Rechtsfolgen einer unerlaubten Handlung (z.B. der Umfang eines Schadensersatzanspruchs (lit. c)) werden z.B. der Grund und der Umfang einer Haftung (lit. a) sowie die haftungsausschließenden und -beschränkenden Merkmale (lit. b) erfasst. Folgerichtig bestimmen sich auch die Voraussetzungen des Verletzungstatbestands nach dem anhand der Rom II-VO ermittelten Recht,[120] und zu diesen zählen hinsichtlich Immaterialgüterrechtsverletzungen auch die Inhalts- und Schrankenbestimmungen.[121]

Voraussichtlich wird insbesondere praktisch relevant werden, ob von Art. 8 Abs. 1 Rom II-VO die Vorfragen nach dem Entstehen und der ersten Inhaberschaft europarechtlich vorgegeben sind. Schon jetzt wird vertreten, dass Art. 15 Rom II-VO, der auch für Art. 8 den Anwendungsbereich festlegt, diese Fragen erfasst. Das Bestehen und das Erlöschen eines Schutzrechts ließen sich „ohne besondere Schwierigkeiten" unter lit. a) subsumieren;[122] die erste Inhaberschaft falle ebenfalls unter lit. a) oder unter lit. f).[123] Auf der anderen Seite wird das genaue Gegenteil vertreten; nur der Verletzungsaspekt (einschließlich der Inhalts- und Schrankenbestimmungen, jedenfalls soweit diese innerhalb eines Verletzungsanspruchs relevant sind,) werde geregelt.[124] Zuzugeben ist, dass die Formulierung

---

[119] *Basedow/Metzger*, in: FS Boguslavskij, S. 153, 162; *Junker*, in: MünchKomm, BGB, Art. 42 EGBGB Anh. Rz. 79.

[120] Siehe nur *Junker*, in: MünchKomm, BGB, Art. 42 EGBGB Anh. Rz. 79.

[121] Dies ergibt sich bereits daraus, dass eine Verletzung die rechtswidrige Verwirklichung eines Verwertungstatbestandes voraussetzt. Für die Anwendbarkeit der Rom II-VO hinsichtlich der Inhalts- und Schrankenbestimmungen ausdrücklich *Basedow/Metzger*, in: FS Boguslavskij, S. 153, 162; *Gottschalk*, in: Gottschalk u.a., Conflict of Laws, S. 184, 199; a.A. *De Miguel Asensio*, in: Leible/Ohly, IP and PIL, Rz. 18; *Schack*, in Leible/Ohly, IP and PIL, Ziff. II.1.a.

[122] *Basedow/Metzger*, in: FS Boguslavskij, S. 153, 162; *Gottschalk*, in: Gottschalk u.a., Conflict of Laws, S. 184, 199, 203; *Sack*, WRP 2008, 1405, 1409.

[123] Siehe *Basedow/Metzger*, in: FS Boguslavskij, S. 153, 162 einerseits und *Sack*, WRP 2008, 1405, 1409 f. andererseits.

[124] *Fezer/Koos*, in: Staudinger, BGB, IntWirtschR Rz. 829; *Hahn/Tell*, in: Basedow, IP in the Conflict of Laws, S. 7, 15; *Obergfell*, IPRax 2005, 9, 12 f.; *Leistner*, in: Leible/Ohly, IP and PIL, Ziff. II.2.; hierzu tendierend *Boscherio*, Yb PIL IX (2007), 87, 102 f.; siehe auch *De Miguel Asensio*, in: Leible/Ohly, IP and PIL, Rz. 18; *Schack*, in Leible/Ohly, IP and PIL, Ziff. II.1.a. (beide unter Ausschluss der Inhalts- und Schran-

„Voraussetzungen [...] der Haftung" des lit. a) so gedeutet werden kann, dass das Bestehen des Rechts und die Inhaberschaft umfasst sind. Im Hinblick auf den Zweck, weitestmögliche Rechtssicherheit zu erzielen, und die nicht abschließende Aufzählung in Art. 15 Rom II-VO ist die Intention eines sehr umfangreichen Anwendungsbereichs auch nicht unwahrscheinlich.[125] Trotzdem bestehen erhebliche Bedenken gegen die Erfassung der Vorfragen. Dies hätte zur Folge, dass der Anwendungsbereich für die Verletzung von Immaterialgüterrechten und sonstigen Delikten trotz einer einheitlichen Norm unterschiedlich interpretiert würde. Denn bei einer Eigentumsverletzung ist für die Vorfrage des Eigentumserwerbs kaum eine von der allgemein anerkannten Anknüpfung nach der lex rei sitae abweichende Kollisionsnorm gewollt. Selbst wenn man eine divergierende Interpretation für möglich hält, ist zu berücksichtigen, dass bzgl. der Anknüpfung von Vorfragen im Urheberrecht weder welt- noch europaweit ein Konsens besteht.[126] Im 26. Erwägungsgrund der Rom II-VO ist aber ausdrücklich niedergelegt, dass der „international anerkannte Grundsatz der lex loci protectionis" gewahrt werden soll. Dies kann nur so verstanden werden, dass gerade keine Abweichung von den bisherigen nationalen Regelungen erfolgen soll. Man wird den beteiligten Institutionen der europäischen Gemeinschaften kaum unterstellen können, dass ihnen die unterschiedlichen Auffassungen der nationalen Kollisionsnormen der Mitgliedstaaten entgangen sind. Daher wäre, sofern eine einheitliche Regelung auch dieser Vorfragen in Abweichung zum allgemeinen Deliktsrecht gewünscht sein sollte, eine Klarstellung erforderlich gewesen. Schließlich bleibt anzumerken, dass Entstehen, erste Inhaberschaft etc. allenfalls erfasst werden könnten, *sofern* diese als *Vorfragen* der Verletzung eines Rechts des geistigen Eigentums auftreten. Denn die Rom II-VO gilt gemäß ihrem Art. 1 Abs. 1 Satz 1 nur für außervertragliche Schuldverhältnisse. Sofern kein Anspruch aus einem Eingriff in die Befugnisse des (vermeintlichen) Rechtsinhabers Prozessgegenstand ist, sondern z.B. lediglich das Bestehen eines Rechts festgestellt werden soll, bleibt das autonome internationale Privatrecht anwendbar. Die Konsequenz wäre, dass der interne Entscheidungseinklang preisgegeben würde.

b. Autonomes Schutzlandprinzip

Nach autonomem Recht erfolgt die Anknüpfung nach dem Schutzlandprinzip für alle Fragen, die das Entstehen und den Bestand, den Inhalt und die

---

kenbestimmungen); offengelassen bei *Drexl*, in: MünchKomm, BGB, IntImmGR Rz. 110.

[125] Diese „Gefahr" sieht auch *Obergfell*, IPRax 2005, 9, 13.

[126] Siehe die Nachweise in Fn. 19 zum 1. Kapitel.

Verletzung von Immaterialgüterrechten betreffen.[127] Wie bei der Rom II-VO sind daher insbesondere sämtliche deliktsrechtliche Aspekte erfasst, die ansonsten nach dem allgemeinen Deliktsstatut angeknüpft werden. Hierzu zählen die Voraussetzungen einer Haftung aus einer Benutzung eines geistigen Gutes, wie die Erforderlichkeit eines Verschuldens, die Rechtswidrigkeit, die Kausalität, aber auch die Tatbestandsmäßigkeit. Sowohl der Inhalt als auch die Schranken der Befugnisse aus dem Immaterialgüterrecht beurteilen sich daher nach dem Schutzlandprinzip. Ebenso sind die Rechtsfolgen einer unerlaubten Benutzung – etwa Art und Umfang einer Schadensersatz-, Beseitigungs- oder Unterlassungspflicht oder von Auskunfts- oder Vergütungsansprüchen – von dieser Anknüpfungsregel umfasst. Weiter regelt das Schutzland die Aktivlegitimation, die Verjährung sowie die Vererb- und Übertragbarkeit eines solchen Anspruchs aus einer Benutzung.[128]

Im Gegensatz zur Rom II-VO werden durch das autonome Schutzlandprinzip überdies die Fragen nach dem Bestehen und der Inhaberschaft des Schutzrechts bestimmt – und zwar unabhängig davon, ob sich diese innerhalb eines deliktsrechtlichen Anspruchs als Vorfrage oder isoliert stellen. Für jedes nationale Schutzrecht ist daher gesondert nach dem Recht dieses Staates zu ermitteln, ob und unter welchen formalen und materiellen Voraussetzungen ein Immaterialgüterrecht entstanden ist, und wenn ja welches. Gerade in Grenzbereichen muss nämlich nicht überall auf der Welt für eine geistige Leistung das gleiche Schutzrecht gewährt werden.[129] Auch die Person, zu deren Gunsten das Recht gewährt wird, ist für jedes Schutzland nach dessen Recht zu ermitteln. Gleiches gilt für die Übertragbarkeit des Immaterialgüterrechts und ein mögliches Erlöschen des Schutzrechts, z.B. durch Fristablauf. Dies gilt nach h.A. in Deutschland, insbesondere in der Rechtsprechung, auch für das Urheberrecht.[130] Zwar wird in der Literatur die Anknüpfung der nicht deliktsrechtlichen Aspekte des Bestehens und der ersten Urheberschaft an das Recht des Schutzlandes zunehmend kritisiert und vermehrt auf das Ursprungsland – d.h. das Land, in dem das geistige Werk zuerst veröffentlicht (bzw. beim Fehlen einer Veröffentlichung

---

[127] *Drexl*, in MünchKomm, BGB, IntImmGR Rz. 127 ff.; *Fezer*, MarkenR, Einl. MarkenG Rz. 176 ff.; *Katzenberger*, in: Schricker, UrhR, Vor §§ 120 ff. Rz. 129 ff.; *Sack*, WRP 2000, 269, 270. Zum schweizerischem Recht *Jegher*, in: Basler Kommentar, IPRG, Art. 110 Rz. 9.

[128] Zur Reichweite des Deliktsstatuts allgemein *v. Hoffmann*, in: Staudinger, BGB, Vor Art. 40 EGBGB Rz. 16 ff.

[129] Man denke nur an Software, für die sowohl ein urheberrechtlicher als auch ein patent- oder gebrauchsmusterrechtlicher Schutz denkbar ist.

[130] Statt vieler BGHZ 118, 395, 396 f. – ALF; BGHZ 136, 380, 387 – Spielbankaffäre; BGHZ 155, 257, 261 – Sendeformat; *Katzenberger*, in: Schricker, UrhR, Vor §§ 120 ff. Rz. 129; *Ulmer*, in: Holl/Klinke, Internationales Wirtschaftsrecht, S. 257, 266.

hergestellt) wurde – abgestellt.[131] Ob diese Kritik berechtigt ist oder nicht, ist indes nicht Gegenstand dieser Untersuchung. Durchsetzen konnte sich diese Meinung in Deutschland jedenfalls (noch) nicht.

Dem Schutzlandprinzip nicht unterworfen sind dagegen schuldrechtliche Verträge über Immaterialgüterrechte. Das hierfür anwendbare Recht wird nach den allgemeinen Regeln der Art. 27 ff. EGBGB ermittelt.[132] Ebenso soll nach überwiegender Auffassung das dingliche Verfügungsgeschäft hinsichtlich eines Immaterialgüterrechts (im Gegensatz zur Übertragbarkeit) akzessorisch an das zugehörige schuldrechtliche Vertragsstatut angeknüpft werden.[133]

4. Gesamt- oder Sachnormverweisung

Soweit die Rom II-VO betroffen ist, ist das Schutzlandprinzip als Sachnormverweisung zu verstehen. Dies ergibt sich aus der ausdrücklichen und ausnahmslosen Anordnung des Art. 24 Rom II-VO.

Dagegen ist der Umfang der Verweisung außerhalb der Rom II-VO fraglich. Sofern man die Schutzlandverweisung aus den internationalen Konventionen zum Schutz des geistigen Eigentums entnimmt, spricht vieles für eine Sachnormverweisung.[134] Denn der Zweck des Renvoi ist (neben der erhofften und möglicherweise tatsächlichen Rückkehr zur lex fori) die Förderung des internationalen Entscheidungseinklangs.[135] Dieser Zweck ist indes im Verhältnis der Vertragsstaaten schon durch die Vereinheitlichung der Kollisionsregel erreicht, und eine Gesamtverweisung würde entweder zu einer nochmaligen Anwendung derselben staatsvertraglichen Kollisionsnorm führen[136] oder im Falle einer abweichenden autonomen Anknüpfung den Entscheidungseinklang gefährden.[137] Im Falle einer Verweisung auf einen Drittstaat könnte hingegen die Zulassung eines Renvoi den Entscheidungseinklang mit diesem Drittstaat fördern, während im Verhältnis zu den Vertragsstaaten wegen der unterschiedlichen Haltung zu einzelnen

---

[131] Nachweise in Fn. 28 der Einleitung.

[132] Allgemeine Meinung, vgl. *Katzenberger*, in: Schricker, UrhR, Vor §§ 120 ff. Rz. 148 m.w.N.

[133] BGH GRUR 1959, 331, 333 – Dreigroschenroman; OLG München ZUM 2003, 141, 143 – Spielbankaffäre II; *Dreier*, in: Dreier/Schulze, UrhG, Vor §§ 120 ff. Rz. 50; *Drexl*, in: MünchKomm, BGB, IntImmGR Rz. 133; ausführlich *Regelin*, S. 197 ff.; a.A. *Kreuzer*, in: MünchKomm³, BGB, Nach Art. 38 EGBGB Anh. II Rz. 22.

[134] *Drexl*, in: MünchKomm, BGB, IntImmGR Rz. 135; *Regelin*, S. 97 (Fn. 26); *Ulmer*, RabelsZ 41 (1977), 479, 498 (Fn. 26); a.A. *Drobnig*, RabelsZ 40 (1976), 195, 199; *Schack*, Anknüpfung, S. 33.

[135] *v. Hoffmann/Thorn*, S. 250 ff.; *Kropholler*, IPR, S. 165 ff.

[136] *Mankowski*, in: v. Bar/Mankowski, S. 193; *Kropholler*, IPR, S. 178.

[137] *v. Hoffmann/Thorn*, S. 255.

Fällen einer Weiter- oder Zirkelverweisung der Entscheidungseinklang gefährdet wird. Überwiegend wird eine einheitliche Rechtslage mit den Vertragsstaaten für wichtiger erachtet, zumal die Beachtung eines Renvoi die Voraussehbarkeit der Entscheidung schmälern und die Rechtsanwendung erschweren würde, und die staatsvertragliche Kollisionsnorm i.d.R. die modernere Lösung darstelle.[138] Misst man umgekehrt dem Gleichlauf mit dem Drittstaat, zu dem über den Anknüpfungspunkt eine Beziehung besteht, größeres Gewicht bei, könnte man aber auch bei einer staatsvertraglichen Kollisionsnorm eine Gesamtverweisung annehmen.

Richtigerweise ist davon auszugehen, dass in den internationalen Abkommen keine internationalprivatrechtlichen Anknüpfungsregeln niedergelegt sind.[139] Nach autonomem Recht ist das Schutzlandprinzip als Gesamtverweisung aufzufassen.[140] Denn Art. 4 Abs. 1 Satz 1 EGBGB legt für autonome Anknüpfungsregeln fest, dass eine Verweisung auf das internationale Privatrecht der lex causae erfolgt, sofern dies nicht dem Sinn der Verweisung widerspricht. Ein solcher Widerspruch ist indes nicht ersichtlich. Nur weil eine andere Rechtsordnung eine andere Anknüpfung und somit eine andere Wertung vornimmt, scheidet eine Gesamtverweisung nicht aus, da andernfalls ein Renvoi nie zulässig wäre.[141] Vielmehr wird durch dessen Beachtung auch im Immaterialgüterrecht die Entscheidung eines anderen Staates akzeptiert. Dies fördert nicht nur den internationalen Entscheidungseinklang. Die Übernahme der fremden Entscheidung stellt im Immaterialgüterrecht für sich genommen bereits ein legitimes Argument dar, da und sofern man aus diesem Grund die Wirkung der Schutzrechte territorial beschränkt.[142] Durch die Begrenzung der subjektiven Rechte und die beschränkte Verweisung auf das Schutzland nur hinsichtlich einer Verletzung auf dem Hoheitsgebiet des betreffenden Schutzlandes ist zudem sichergestellt, dass die Beachtung einer Rück- oder Weiterverweisung nur zu einer Übernahme der ausländischen Entscheidung für dessen Gebiet erfolgt. Wird etwa in einer urheberrechtlichen Streitigkeit hinsichtlich der ersten Inhaberschaft auf französisches Recht verwiesen und leitet dieses den Rechtsanwender zum kanadischen Ursprungsland, so ist dieser Verweis nur für das in Frankreich wirkende Urheberrecht beachtlich.

---

[138] *Kropholler*, IPR, S. 178 f.; *Siehr*, S. 452.

[139] Dazu Ziff. IV.1. (S. 120 ff.).

[140] *Drexl*, in: MünchKomm, BGB, IntImmGR Rz. 135; *Fezer/Koos*, in: Staudinger, BGB, IntWirtschR Rz. 874; *v. Hoffmann*, in: Staudinger, BGB, Art. 40 EGBGB Rz. 391; *Kreuzer*, in: MünchKomm^3, BGB, Nach Art. 38 EGBGB Anh. II Rz. 10; *Regelin*, S. 96 f.

[141] *Kropholler*, IPR, S. 170 f.

[142] Siehe 1. Kap.IV.1.g.bb. und dd. (S. 68 f. und 72 f.).

5. *Beschränkung der Verweisung*

Wie bereits dargestellt, wird nach bisheriger Rechtslage überwiegend davon ausgegangen, dass eine Verletzung von Immaterialgüterrechten nur durch Handlungen oder Auswirkungen möglich ist, die auf dem Hoheitsgebiet des betreffenden Schutzstaates stattgefunden haben. Dies gilt auch für ausländische Schutzrechte, und zwar unabhängig von der Einschätzung dieses Landes. Die räumlich begrenzte Wirkung der Schutzrechte ist aus inländischer Sicht auch für das Ausland verbindlich und die Verweisung auf fremdes Recht ist insoweit beschränkt.[143] Diese Ansicht überzeugt auch unter Geltung der Rom II-VO.[144] Nach abzulehnender Ansicht ist die Verweisung unbeschränkt vorzunehmen und die territoriale Beschränkung durch eine nachträgliche Kontrolle herbeizuführen.[145]

III. Verhältnis zum Territorialitätsprinzip

Die territoriale Beschränkung der Schutzrechte soll nicht nur die beschränkte Verweisung bedingen. Auch das Schutzlandprinzip selbst wird ganz überwiegend mit dem Territorialitätsprinzip begründet. Zum Teil wird behauptet, dass Ersteres durch Letzteres zwingend bedingt sei.[146] Teils wird vorsichtiger formuliert, dass das Territorialitätsprinzip der Ausgangspunkt für die Schutzlandanknüpfung sei.[147] Andere verneinen dagegen jeglichen über eine rein tatsächliche Beziehung hinausgehenden Zusammenhang.[148] Diese relativ pauschalen Behauptungen erscheinen problematisch, da mit dem Territorialitätsprinzip – wie bereits gezeigt – verschiedene Aussagen verbunden werden und auch die Schutzlandanknüpfung für unterschiedliche Rechtsfragen zu Rate gezogen wird. Es lohnt sich daher, einen differenzierten Blick auf das Verhältnis von Territorialitäts- und Schutzlandprinzip zu werfen.

---

[143] Hierzu Ziff. I.3. (S. 84 ff.).

[144] Ziff. I.7 (S. 97 f.).

[145] Dazu und zur Ablehnung dieser Ansicht Ziff. I.5. (S. 89 ff.).

[146] Statt vieler *Gesmann-Nuissl*, in: Ensthaler u.a., Handbuch UrhR, S. 410; *Hartmann*, in: Möhring/Nicolini, UrhG, Vor §§ 120 Rz. 4; *v. Hoffmann*, in: Staudinger, BGB, Art. 40 EGBGB Rz. 371; *Kreuzer*, in: MünchKomm^3, BGB, Nach Art. 38 EGBGB Anh. II Rz. 13 f.; *Pfaff*, in: FS Beier, S. 1109, 1123; *Regelin*, S. 92 ff.

[147] BGHZ 126, 252, 255 – Folgerrecht bei Auslandsbezug; *v. Bar*, S. 703; *Muth*, S. 56; *Thum*, in: Bartsch/Lutterbeck, S. 117, 123 f.

[148] *Drexl*, in: MünchKomm, BGB, IntImmGR Rz. 13; *Ebner*, S. 37; *Schack*, UrhR, S. 416; missverständlich *ders.*, Anknüpfung, S. 21: „Der Grundsatz, dass wir ein ausländisches Urheberrecht nicht schützen, besagt nämlich für den Fall seiner *Durchbrechung* gerade nichts." (Hervorhebung des Verf.)

1. Kollisionsrechtliches Verständnis des Territorialitätsprinzips

Sieht man – entgegen der in dieser Arbeit vertretenen Ansicht – im Territorialitätsprinzip einen kollisionsrechtlichen Grundsatz, so ist dieser identisch mit dem Schutzlandprinzip. Insofern wäre es eigentlich überflüssig, deren Verhältnis zu untersuchen. Das gilt allerdings nur in dem Umfang, als mit dem Gebietsgrundsatz eine Aussage über die anwendbare Rechtsordnung verbunden wird. Wenn betont wird, dass sich Entstehen, Inhalt und Umfang der Immaterialgüterrechte nach dem Gebiet des Staates richten, in dem diese subjektiven Rechte ihre Wirkung entfalten, wird damit keine Aussage hinsichtlich anderer Fragen, wie z.B. nach den Voraussetzungen oder Rechtsfolgen eines Schadensersatz- oder Auskunftsanspruchs etc., getroffen. Diesbezüglich ist auch keine Kongruenz zwingend. Während sich das Entstehen und der Inhalt nach dem Recht des Schutzlands richten, könnten sich die Verletzungsfolgen nach einer anderen Rechtsordnung bestimmen.[149] Freilich kann dies aus anderen Gründen ausscheiden, z.B. weil eine einheitliche Regelung auseinander gerissen wird.[150] Damit wird aber bereits eine sachliche Wertung, die über eine logisch-formale Deduktion hinausgeht, getroffen.

2. Beschränkte Wirkung der subjektiven Schutzrechte

a. Verhältnis zu den Vorfragen einer Verletzung

Soweit eine zwingende Kongruenz von Territorialitäts- und Schutzlandprinzip abgelehnt wird, wird hervorgehoben, dass der Schluss von Ersterem auf Letzteres methodisch nicht möglich sei.[151] Betrachtet man die Kernaussage des Territorialitätsprinzips, wonach die subjektiven Immaterialgüterrechte in ihrer Wirkung auf das Hoheitsgebiet des verleihenden oder anerkennenden Staates beschränkt sind, ist darin keine Aussage über das anwendbare Recht enthalten, sondern allenfalls eine Bestimmung über die Reichweite einer etwaigen (wie auch immer vorzunehmenden) Anknüpfung. Die internationalprivatrechtliche Anknüpfungsregel ist indes systematisch vorrangig. Deshalb bestehen in der Tat Bedenken hinsichtlich eines zwingenden Schlusses vom so verstandenen Gebietsgrundsatz auf die

---

[149] Auch *Troller*, S. 138 befürwortet eine Beurteilung der Schadensersatzforderungen Ansprüche aus Geschäftsführung ohne Auftrag, ungerechtfertigter Bereicherung usw. anhand des am Deliktsort geltenden Rechts, das er vom Schutzlandrecht unterscheidet. Diese Ansprüche sind seiner Ansicht nach nur ursprungsmäßig mit dem Schutzland verbunden, weisen aber nachher keine Besonderheit im Vergleich zu sonstigen deliktsrechtlichen Ansprüchen auf.

[150] Diesen Grund führen *Beier/Schricker/Ulmer*, GRUR Int. 1985, 105, 107 an; dazu 7. Kap.III.2.a. (S. 300 f.).

[151] *Drexl*, in: MünchKomm, BGB, IntImmGR Rz. 13; *Ebner*, S. 37.

Kollisionsnorm. Diese ist vielmehr in einer umfassenden Abwägung der internationalprivatrechtlichen Interessen zu gewinnen.[152]

Allerdings kann der Hinweis auf die methodischen Bedenken allein nicht genügen. Es ist nämlich denkbar, dass eine abweichende Anknüpfung der Vorfragen nach dem Entstehen und dem Inhaber eines Schutzrechts faktisch dazu führt, dass die beschränkte Wirkung aufgehoben wird und die Schutzrechte universal wirken. Dann wäre zumindest faktisch nur ein Gleichlauf der beiden Prinzipien möglich. Das Fehlen eines zwingenden Gleichlaufs wird allerdings dadurch zu beweisen versucht, dass die lex loci protectionis-Regel in Deutschland auch dann zur Anwendung kommt, wenn das Schutzland nicht dem Territorialitätsprinzip folgt. Als Beispiel wird die Beachtlichkeit des Ursprungslandprinzips nach französischem internationalem Urheberrecht genannt.[153] Allerdings wird übersehen, dass aus deutscher Sicht der französischen Regel nur gefolgt wird, *soweit* das Urheberrecht in Frankreich wirkt, nicht aber wenn die Wirkung in einem anderen Staat geltend gemacht wird. Aus inländischer Sicht ist die territoriale Wirkung der Schutzrechte folglich unabhängig von der Entscheidung des Schutzstaates auch für das Ausland beachtlich.[154]

Trotzdem ist der Gleichlauf nicht zwingend. Zwar scheint auf den ersten Blick eine einheitliche Anknüpfung der Vorfragen mit einer universalen Geltung der Schutzrechte (d.h. unabhängig von der Anerkennung durch das jeweilige Schutzland) einherzugehen, denn die Regeln *eines* Landes entscheiden, wann das Schutzrecht für wen auch mit Wirkung für andere Staaten entsteht und erlischt. Allerdings kann die Abhängigkeit von der fremden Entscheidung auch anderweitig als durch die Anwendung der ausländischen Rechtsnormen gesichert werden. Bei Registerrechten ist es theoretisch denkbar, dass zwar grundsätzlich das Recht z.B. des Ursprungslandes anwendbar ist, aber die formale Voraussetzung der Eintragung so ausgelegt wird, dass die Eintragung in die Patent- oder Markenrolle des jeweiligen Schutzlandes nötig ist. So könnte man auf die Entstehung eines in Schweden wirkenden Markenrechts deutsches Recht anwenden, aber nach § 4 Nr. 1 MarkenG eine Eintragung im jeweiligen Wirkungsland, d.h. in diesem Beispiel in Schweden, verlangen. Bei registerlosen Rechten wie dem Urheberrecht ist ein solches Vorgehen hingegen nicht möglich. Dennoch lassen sich die territoriale Wirkung der Schutzrechte und eine vom Schutzlandprinzip abweichende Anknüpfung grundsätzlich auch in diesem Fall vereinbaren, indem nur ein Teil der Vorfragen einer anderen Kollisionsre-

---

[152] Statt aller *Kropholler*, IPR, S. 31 ff.; *Schurig*, in: Kegel/Schurig, S. 132.

[153] *Drexl*, in: MünchKomm, BGB, IntImmGR Rz. 13.

[154] Dazu 1. Kap.I.2.a.bb. (S. 21 f.). Hier zeigt sich sehr deutlich, dass auch die Anknüpfung an das Ursprungslandprinzip nicht gleichbedeutend mit der universalen Wirkung der Schutzrechte ist.

gel unterstellt wird. Entscheidend ist, dass jedem Land das grundsätzliche „Ob“ des Schutzes überlassen bleibt. Knüpft man andere Aspekte als die Entstehungsvoraussetzungen abweichend vom Schutzland an, so behält der Schutzstaat zwar nicht die Entscheidung über die Dauer, den Inhaber und den Inhalt des Rechts, wohl aber über die grundsätzliche Gewährung des Schutzes. Nur wenn auch das grundsätzliche „Ob“ des Urheberrechtsschutzes einheitlich determiniert wird, ist ein universaltes Urheberrecht zwingende Folge.

Die zwingende Korrelation von Territorialitäts- und Schutzlandprinzip geht zudem davon aus, dass das Schutzgebiet und die räumlichen Grenzen des Anwendungsbereichs der zugehörigen Rechtsordnung übereinstimmen – oder das Schutzgebiet zumindest nicht über Letztere hinausreicht. So wirken nicht registrierte Marken nur auf dem Gebiet innerhalb der Landesgrenzen des verleihenden Staates, auf dem sie Verkehrsgeltung besitzen. Ihr Schutzgebiet ist also kleiner als die räumlichen Grenzen der anwendbaren Rechtsordnung. Gleichwohl geht Ersteres in Zweitem auf. Es gibt jedoch Fälle, in denen das Schutzgebiet nicht mit dem Territorium der Rechtsordnung, die angewandt werden soll, übereinstimmt oder in diesem aufgeht. Beispielsweise wirkt eine vor dem 3. Oktober 1990 in einem der beiden deutschen Staaten begründete Marke nach § 1 Abs. 1 bzw. § 4 Abs. 1 ErstrG prinzipiell in dem gesamten Gebiet des vereinigten Deutschlands – auch wenn bei der Kollision zweier prioritätsschutzgenießenden Zeichen eine Benutzung im jeweiligen Erstreckungsgebiet gemäß § 30 Abs. 1 ErstrG nur mit Zustimmung des konkurrierenden Rechtsinhabers möglich ist. Entsprechend unterliegen auch Schutzrechte, die ihren Ursprung in der ehemaligen DDR haben, gemäß § 5 Satz 2 ErstrG prinzipiell nur noch den mit dem Einigungsvertrag übergeleiteten Vorschriften des Bundesrechts. Hinsichtlich der Voraussetzungen der Schutzfähigkeit und der Schutzdauer sind dagegen gemäß § 5 Satz 1 ErstrG die bisherigen Vorschriften des DDR-Rechts anwendbar.

b. Verhältnis zu den Hauptfragen einer Verletzung

Auch hinsichtlich der Voraussetzungen und der Rechtsfolgen einer Verletzung greifen die methodischen Bedenken gegen einen Schluss von der territorialen Wirkung der Schutzrechte auf das Schutzlandprinzip. Die Schutzlandanknüpfung ist ferner nicht deswegen zwingend, da andernfalls eine Klageabweisung vorprogrammiert sei. Dies soll der Fall sein, weil nach einem anderen als dem Schutzlandrecht überhaupt keine Verletzung im Inland (d.h. auf dem Gebiet der vom Schutzland abweichenden anwendbaren Rechtsordnung) vorliege.[155] Selbst wenn die zwingende Klageabweisung tatsächlich die denknotwendige Folge wäre, ist eine andere Anknüpfung zwar vielleicht wenig sinnvoll, aber logisch-formal nicht ausgeschlossen. Zudem lässt sich die zwangsläufige Klageabweisung nicht allein aus der beschränkten Wirkung der subjektiven Schutzrechte ableiten. Ob das nationale Schutzgesetz auf die Verletzung eines fremden Immaterialgüterrechts anwendbar ist, ist eine ganz andere Frage.[156] So ist es durchaus denkbar, dass das deutsche MarkenG in § 14 Abs. 5 nicht nur den Schadensersatz wegen der Verletzung einer deutschen, sondern auch einer italienischen Marke regelt, ohne die beschränkte Wirkung der Letzteren auf italienisches Hoheitsgebiet preiszugeben. § 14 Abs. 5 MarkenG wäre so zu lesen, dass eine vorsätzliche oder fahrlässige widerrechtliche Benutzung des Kennzeichens im Inland erforderlich ist. Da die Verletzung einer italienischen Marke in Rede steht, wäre zu beachten, dass die widerrechtliche Benutzung in Italien stattgefunden haben muss. Inland ist folglich immer das Land, in dem das territorial begrenzte subjektive Schutzrecht, dessen Verletzung geltend gemacht wird, wirkt.

Dies zeigt zugleich, dass eine vom Schutzlandprinzip abweichende Anknüpfung nicht die Beschränkung der subjektiven Schutzrechte aufhebt. Im Hinblick auf die Voraussetzungen und Rechtsfolgen der Rechtsbehelfe wegen Immaterialgüterrechtsverletzungen wird daher zum Teil die Zulassung einer Rechtswahl trotz Ablehnung universaler Schutzrechte für bedenkenlos gehalten.[157] Bezieht man die Territorialität der Schutzrechte nur auf das grundsätzliche Bestehen eines Schutzes,[158] können indes auch die Voraussetzungen einer Verletzungshandlung (d.h. Inhalt und Schranken) ohne Aufgabe dieser Territorialität abweichend vom Schutzland angeknüpft werden.[159] § 14 Abs. 2 bis 4 könnte z.B. auch die Voraussetzungen einer

---

[155] So aber *Drexl*, in: MünchKomm, BGB, IntImmGR Rz. 124; *Sack*, WRP 2000, 269, 270 f.; ablehnend *Fentiman*, in: Drexl/Kur, IP and PIL, S. 129, 139.

[156] Vgl. dazu die Nachweise in Fn. 64 zum 1. Kapitel.

[157] *v. Hoffmann*, in: Staudinger, BGB, Art. 40 EGBGB Rz. 392; *Leible*, RIW 2008, 257, 259. Siehe auch Art. 110 Abs. 2 schwIPRG; dazu *Bär*, in: SIWR Band I/1, S. 144; *Vischer*, in: Zürcher Kommentar zum IPRG, Art. 110 Rz. 13.

[158] Dazu 1. Kap.I.2.a.cc. (S. 22 f.) und 1. Kap.VI.5. (S. 77). Anders ist dies, wenn man die territoriale Wirkung auch auf die konkrete Ausgestaltung bezieht. Dazu bedeutet freilich nicht, dass eine Abweichung auch der internationalen Interessenlage entsprechen muss.

[159] Vgl. auch die Stellungnahme des Europäischen Parlaments in erster Lessung vom 6.7.2005 (Bericht von Diana Wallis), Dokument Nr. A6-0211/2005, S. 19; dort werden keine Bedenken gegen eine Rechtswahl bei geistigem Eigentum gesehen, ohne dass der Tatbestand der Verletzung, wozu auch Inhalt und Schranken des Schutzrechts gehören (dazu Ziff. II.3.a. (S. 108)), ausgeklammert wird. Für die Zulässigkeit einer Abweichung vom Schutzlandprinzip in Bezug auf die Inhalts- und Schrankbestimmungen auch *Jegher*, in: Basler Kommentar, IPRG, Art. 110 Rz. 32; *Reber*, S. 524 ff.

unerlaubten Benutzung einer in Italien wirkenden Marke regeln, die Existenz des Schutzrechts und die Inhaberschaft an demselben könnten sich dagegen weiterhin nach italienischem Recht bestimmen.

Gegen einen Gleichlauf der beiden Prinzipien spricht weiter, dass es auch hinsichtlich der deliktsrechtlichen Fragen Fälle gibt, in denen Schutzgebiet und räumliche Grenzen des Anwendungsbereichs der zugehörigen Rechtsordnung nicht übereinstimmen oder das Schutzgebiet zumindest nicht über das Territorium der anwendbaren Rechtsordnung hinausreicht. Ein Beispiel hierfür ist die Gemeinschaftsmarke nach der GMVO. Diese wirkt auf dem gesamten Gebiet der EU und stellt nicht nur ein Bündel nationaler Rechte dar. Schutzland ist die EU, die GMVO gilt als Einheitsrecht.[160] Gleichwohl wurden nicht alle Aspekte in der Verordnung einer Regelung zugeführt. Art. 98 Abs. 2 GMVO verweist daher hinsichtlich der Sanktionen einer Verletzung auf das Recht des Landes einschließlich dessen internationalem Privatrecht,[161] auf dessen Gebiet die Verletzungshandlung begangen wurde oder droht. Zwar sind viele Fragen im Zusammenhang mit dieser Verweisungsnorm streitig,[162] doch wird überwiegend vertreten, dass das anwendbare nationale Recht nicht die Rechtsordnung des Landes sein muss, auf dessen Gebiet die Handlung stattfand oder der Erfolg eingetreten ist. So ist es wegen der Gesamtverweisung denkbar, dass das zur Anwendung berufene Recht des Tatorts auf das Recht eines anderen (Mitglieds-)Staates weiter verweist.[163] Auch bei Distanzdelikten wird es für möglich erachtet, dass nur eine Rechtsordnung für alle Sachverhaltsausschnitte unabhängig von deren Lokalisierung zur Anwendung berufen ist. Dies soll gerade der Zweck des Art. 98 Abs. 2 GMVO sein.[164] Das Schutzgebiet ist daher größer als die räumlichen Grenzen des Staates, dessen Rechtsordnung anwendbar ist. Sofern man eine Weiterverweisung auf einen Drittstaat für beachtlich hält,[165] überschneiden sich die beiden

---

[160] Österr. OGH GRUR Int. 2007, 256, 258 f.; *Schaper*, S. 65 ff.

[161] Anders Art. 8 Abs. 2 Rom II-VO. Allerdings ist fraglich, wie sich das Verhältnis von Art. 98 Abs. 2 GMVO und Art. 8 Abs. 2 Rom II-VO bestimmt. Dazu *Leistner*, in: Leible/Ohly, IP and PIL, Ziff. III.1.; *Schack*, in: Leible/Ohly, IP and PIL, Ziff. II.1.

[162] Ausführlich zur Verweisung durch Art. 98 Abs. 2 GMVO und zum Streitstand *Schaper*, S. 148–190.

[163] *Schaper*, S. 161 und 186 m.w.N.

[164] *v. Mühlendahl*, in: Schricker/Beier, Neuordnung des Markenrechts, S. 81, 99.

[165] Dies befürworten z.B. *v. Mühlendahl/Ohlgart/v. Bomhard*, S. 214; *Schulte-Beckhausen*, WRP 1999, 300, 304. A.A. im Sinne einer Beschränkung auf Mitgliedsstaaten wegen der Territorialität der Immaterialgüterrechte ist z.B. *Schaper*, S. 166 (Fn. 793). Eine Verweisung auf einen Drittstaat ist ebenfalls unter der Ägide von Art. 8 Abs. 2 Rom II-VO denkbar. Versteht man den Begehungsort i.S.d. Handlungs- im Gegensatz zum Erfolgsort (*Leible/Lehmann*, RIW 2007, 721, 731; *Wagner*, IPRax 2008, 1, 9 f.), kann dieser in einem Drittstaat belegen sein. Man denke etwa an das Heraufladen einer Inter-

Gebiete nicht einmal. Die Folge ist, dass die Verbindung zwischen territorialer Wirkung und Schutzlandprinzip nicht einmal auf die Begründung gestützt werden kann, dass sich der konkrete Wirkungsort zumindest auf dem Gebiet des Staates, dessen Rechtsordnung zur Anwendung berufen ist, befindet.

3. *Weitere Aussagen des Territorialitätsprinzips*

Die methodischen Bedenken greifen ferner hinsichtlich der weiteren Aussagen des Territorialitätsprinzips ein, da weder die Beschränkung des Anwendungsbereichs auf inländische Sachverhalte oder Rechte noch die Unabhängigkeit selbst eine Kollisionsnorm enthalten.

Hält man die nationalen Schutzgesetze nur auf ihre eigenen Schutzrechte für anwendbar, können sie nicht über die Entstehung und die Verletzung von ausländischen Schutzrechten befinden. Wird trotzdem eine andere Rechtsordnung als die des Schutzlands zur Anwendung berufen, kann diese weder das Bestehen des subjektiven Immaterialgüterrechts noch dessen Verletzung feststellen. Bei diesem Verständnis des Territorialitätsprinzips – im Gegensatz zur beschränkten Wirkung der Schutzrechte – führt eine von der lex loci protectionis abweichende Anknüpfung somit tatsächlich zwingend zur Klageabweisung. Dies mag vielleicht unerfreulich sein und den Interessen widersprechen; trotzdem ist eine solche Verweisung theoretisch möglich. Als weitere Option könnten die Gesetze – trotz der Beschränkung – auf ein fremdes Schutzrecht angewandt werden, *als ob* dieses ein eigenes wäre.[166] Der Sache nach liefe das auf eine Erweiterung des Anwendungsbereichs oder zumindest eine analoge Anwendung hinaus.

Soweit das Territorialitätsprinzip als Unabhängigkeit der einzelnen nationalen Schutzrechte interpretiert wird, besagt dies nur, dass das Bestehen eines Rechts nicht von dem gleichzeitigen Schutz in einem anderen Land abhängig gemacht werden kann.[167] Nach welchem Recht sich das Bestehen, die Inhaberschaft, Inhalt und Schranken sowie Voraussetzungen und Folgen einer Verletzung ergeben, ist damit nicht entschieden.[168] Ohne Verstoß gegen diesen Grundsatz wäre es daher denkbar, z.B. kanadisches Recht auf die Voraussetzungen einer Verletzung eines in Schweden wirkenden Patents anzuwenden. Gleiches gilt für das Bestehen des Patentschutzes in Schweden, solange nach kanadischem Recht nicht der gleich-

---

netseite von einem Land außerhalb der EU. Allerdings könnte wiederum eine Einschränkung möglicher Verweisungsergebnisse auf die EU-Staaten vertreten werden.

[166] Diese Möglichkeit zieht auch *Fentiman*, in: Drexl/Kur, IP and PIL, S. 129, 143 in Betracht.

[167] Dazu 1. Kap.I.4.a. (S. 32 ff.).

[168] *Schack*, Anknüpfung, S. 22.

zeitige Schutz in Kanada (oder einem anderen Land) vorausgesetzt wird. Dies könnte wiederum erreicht werden, indem, trotz der Maßgeblichkeit des kanadischen Rechts die formelle Eintragung in Schweden für nötig erachtet wird.

4. Zwischenergebnis

Im Ergebnis kann man kein normativ zwingendes Einhergehen im Sinne einer logisch-formalen Deduktion zwischen dem Territorialitätsprinzip und dem Schutzlandprinzip – genauer: zwischen den einzelnen Aussagen von Gebietsgrundsatz und der lex loci protectionis-Regel – konstatieren. Um einem möglichen Missverständnis vorzubeugen sei darauf hingewiesen, dass damit keine Entscheidung gegen die Anknüpfung an das Schutzland getroffen ist. Diese ist möglich und mag sinnvoll sein. Es ist auch in rechtstatsächlicher Hinsicht zu beobachten, dass Staaten, die dem Territorialitätsprinzip zuneigen, eine Verweisung auf die Rechtsordnung des Staates, für dessen Hoheitsgebiet Schutz beansprucht wird, vornehmen, und zwar auch im Hinblick auf Vorfragen.[169] Zwingend vorgegeben ist diese Anknüpfungsregel durch das Territorialitätsprinzip jedoch nicht.

IV. Rechtliche Grundlage

Um die Zulässigkeit möglicher Abweichungen oder Einschränkungen vom Schutzlandprinzip beurteilen zu können, ist es notwendig zu untersuchen, auf welche Rechtsgrundlagen dieses Prinzip gestützt werden kann. In Betracht kommen sowohl Regeln aus völkerrechtlichen Vereinbarungen (1.), des europäischen (2.) als auch des nationalen Rechts (3.).

1. Völkerrechtliche Vereinbarungen

Eine Niederlegung des Schutzlandprinzips in einer völkerrechtlichen Vereinbarung hätte sehr weitreichende Folgen. Dieses würde die jeweiligen Vertragsstaaten zu dessen Umsetzung und Beachtung verpflichten und eine Einschränkung des oder Abweichung vom Schutzlandprinzip (unabhängig ob dies durch eine nationale oder europarechtliche Regelung erfolgt) wäre völkerrechtlich nur zulässig, wenn das betroffene Abkommen dies zulässt.

In Rechtsprechung und Literatur wird die Anknüpfung an das Recht des Schutzlandes vielfach dem Inländerbehandlungsgrundsatz internationaler

---

[169] Hierauf weist *Drexl*, in: MünchKomm, BGB, IntImmGR Rz. 13 hin.

Abkommen entnommen.[170] Dies ist jedoch sehr streitig.[171] Überwiegend wird dies hinsichtlich der urheberrechtlichen Bestimmung des Art. 5 RBÜ diskutiert. Dort hat der Streit insofern praktische Relevanz, als ein Teil der Literatur eine Anknüpfung der nicht deliktsrechtlichen Fragen nach der Entstehung und der ersten Inhaberschaft an das Ursprungsland favorisiert. Der Inländerbehandlungsgrundsatz ist indes in allen großen Konventionen zum Schutz des geistigen Eigentums festgelegt – insbesondere in Art. 2 Abs. 1 PVÜ, Art. 5 Abs. 1 bis 3 RBÜ, Art. 3 Abs. 1 TRIPs –, so dass sich die Frage für alle in den Abkommen geregelten Immaterialgüterrechte gleichermaßen stellt. Daher soll zunächst der kollisionsrechtliche Gehalt des Inländerbehandlungsgrundsatzes allgemein untersucht werden (a.), bevor anschließend auf die Besonderheiten von Art. 5 RBÜ eingegangen wird (b.).

a. Kollisionsrechtliche Bedeutung des Inländerbehandlungsgrundsatzes

Ein kollisionsrechtliches Verständnis des Inländerbehandlungsgrundsatzes wird überwiegend auf dessen Zweck gestützt. Ziel sei es, dass ein Ausländer im Inland gleich einem Inländer behandelt, und damit nach inländischem Recht geschützt wird.[172] Dies kann nicht überzeugen. Richtig ist, dass der Zweck die Gleichbehandlung von In- und Ausländern ist; der Inländerbehandlungsgrundsatz ist ein Diskriminierungsverbot. Dies bezieht sich vordergründig auf die Schutzgewährung durch das eigene Sachrecht und stellt insoweit eine fremdenrechtliche Regel dar.[173] Das Konventions-

---

[170] BGHZ 118, 394, 397 – ALF; OLG Koblenz GRUR Int. 1968, 164 – Liebeshändel in Chioggia; *Beier*, GRUR Int. 1983, 339, 343; *Drexl*, in: MünchKomm, BGB, IntImmGR Rz. 56; *Fezer*, MarkenR, Einl. MarkenG Rz. 170; *v. Hoffmann*, in: Staudinger, BGB, Art. 40 EGBGB Rz. 372; *Katzenberger*, in: Schricker, UrhR, Vor §§ 120 ff. Rz. 125; *Sandrock*, in: v. Caemmerer, Gutachten, S. 380, 389 ff.; *Spoendlin*, UFITA 107 (1988), 11, 18 ff.; *Ulmer*, in: Holl/Klinke, Internationales Wirtschaftsrecht, S. 257, 258; differenzierend *ders.*, IGR im IPR, S. 10 f., der diesem Prinzip nur eine einseitige („unvollkommene") Kollisionsnorm für die Anwendung des eigenen Rechts entnimmt.

[171] Ablehnend z.B.: *Drobnig*, RabelsZ 40 (1976), 195, 200; *Evert*, S. 52; *Fentiman*, in: Drexl/Kur, IP and PIL, S. 129, 134; *Fezer/Koos*, in: Staudinger, BGB, IntWirtschR Rz. 846; *Jegher*, in: Basler Kommentar, IPRG, Art. 110 Rz. 39; *Kegel*, in: Soergel, BGB, Anh. Art. 12 EGBGB Rz. 26; *Neuhaus*, RabelsZ 40 (1976), 191, 193; *Raape*, S. 643; *Schack*, Anknüpfung, S. 28 ff.; *Vischer*, GRUR Int. 1987, 670, 676. Auch in der Rechtsprechung finden sich viele Urteile, die keinen Rückgriff auf den Inländerbehandlungsgrundsatz nehmen, aber zum gleichen Ergebnis über das autonome Kollisionsrecht kommen, so z.B. BGHZ 136, 380, 385 f. – Spielbankaffäre; BGHZ 155, 257, 261 – Sendeformat.

[172] *Drexl*, in: MünchKomm, BGB, IntImmGR Rz. 53.

[173] Dies ist allgemeine Meinung; statt aller *Ulmer*, in: Holl/Klinke, Internationales Wirtschaftsrecht, S. 257, 258.

recht bindet als völkerrechtliche Regel die Staaten aber auch hinsichtlich des internationalen Privatrechts. In der Konsequenz ist eine Unterscheidung nach der Staatsangehörigkeit auf kollisionsrechtlicher Ebene unzulässig. Die Staatsangehörigkeit ist als Anknüpfungsmoment ausgeschlossen, nicht aber sonstige Merkmale. Dem Grundsatz der Inländerbehandlung wird genügt, wenn Ausländer und Inländer gleich behandelt werden, ohne dass eine Aussage getroffen wird, nach welchem Recht dies erfolgt.[174] Dem wird entgegengehalten, dass dies zu einer Reduktion des Inländerbehandlungsgrundsatzes auf eine formale Nichtdiskriminierungsklausel führt. Eine materielle Ungleichbehandlung mit einem rein inländischen Fall bleibe dagegen möglich.[175] Dabei wird übersehen, dass gemäß Art. 2 Abs. 1 PVÜ, Art. 5 Abs. 1 RBÜ und Art. 3 Abs. 1 TRIPs nicht eine Gleichbehandlung mit dem rein *inländischen Fall* vorgesehen ist, sondern mit dem *Inländer*. Deshalb geht ein kollisionsrechtliches Verständnis des Assimilationsprinzips über dessen Zweck hinaus.

Das kollisionsrechtliche Verständnis des Inländerbehandlungsgrundsatzes herrscht auch im Ausland keineswegs überall vor.[176] Dies ist zwar rechtlich unbeachtlich,[177] und eine völkerrechtlich verbindliche Klärung dieser Auslegungsfrage kommt über das WTO-Streitbeilegungsverfahren in Betracht.[178] Ebenso ist eine Klärung mit Wirkung für die Mitgliedsstaaten der EU mittels einer Vorlage an den EuGH denkbar.[179] Dennoch legen die Differenzen nahe, dass keine vertragliche Lösung der Kollisionsregel gewollt war. Auch in den Konferenzakten ist nirgends vom internationalen Privatrecht oder „conflit de lois“ die Rede.[180] Ziel des Abschlusses der internationalen Abkommen zum Schutz des geistigen Eigentums war vielmehr, einen Minimalschutz und eine Gleichbehandlung von In- und Ausländern zu erreichen und insofern sachrechtliche Standards zu normie-

---

[174] *Fezer/Koos*, in: Staudinger, BGB, IntWirtschR Rz. 845; *Jegher*, in: Basler Kommentar, IPRG, Art. 110 Rz. 39; *Sender*, in: Basedow u.a., IP in the Conflict of Laws, S. 159, 161 f.; *Vischer*, GRUR Int. 1987, 670, 676 (Fn. 86).

[175] *Drexl*, in: MünchKomm, BGB, IntImmGR Rz. 55.

[176] Siehe z.B. SchwBGE 39 I 633, 636; US Courts of Appeal 2nd Cir. GRUR Int. 1999, 639, 642; Roch LJ, in: Pearce v. Ove Arup, (1999) 1 All E.R. 769, 801.

[177] Anders *Jegher/Schnyder*, in: Basler Kommentar[1], IPRG, Art. 110 Rz. 38, die u.a. wegen des ungefestigten Meinungsstandes eine Entscheidung der Anknüpfungsfrage durch die Konventionen ablehnen.

[178] Das gilt freilich nur, soweit TRIPs betroffen ist; RBÜ und PVÜ werden jedoch weitgehend durch Art. 9 Abs. 1 und Art. 2 Abs. 1 TRIPs übernommen.

[179] Neben den einzelnen Mitgliedstaaten ist auch die EG selbst „Vertragsstaat“ von TRIPs. Zur Vorlagefähigkeit von Auslegungsfragen der PVÜ – wegen dessen Übernahme durch Art. 2 Abs. 1 TRIPs – an den EuGH vgl. *Drexl*, in: MünchKomm, BGB, IntImmGR Rz. 60 und 66 ff.

[180] *Braun*, S. 125; *Schack*, Anknüpfung, S. 32.

ren.[181] Dies wird deutlich, wenn man sich klar macht, dass die Konventionen aus einer Zeit stammen, in der sich eine verweisungsrechtliche Lösung im Recht des geistigen Eigentums noch keineswegs durchgesetzt hatte.[182] Überdies zeigt ein Vergleich mit dem Wettbewerbsrecht die Unzulänglichkeit des kollisionsrechtlichen Verständnisses. Auch das Wettbewerbsrecht ist teilweise einer Regelung in der PVÜ und in TRIPs zugeführt.[183] Insofern gilt auch diesbezüglich der Inländerbehandlungsgrundsatz nach Art. 2 Abs. 1 PVÜ und Art. 3 Abs. 1 TRIPs. Gleichwohl vertritt die h.M. nicht das Schutzlandprinzip als Anknüpfungsregel, sondern das Marktortprinzip.[184] Der Inländerbehandlungsgrundsatz soll hinsichtlich der Anknüpfung des Wettbewerbsrechts keine Aussage enthalten,[185] obwohl der Wortlaut des Assimilationsprinzips insoweit keine Unterscheidung trifft. Begründet wird dies mit der Normierung bloßer Verhaltenspflichten durch das Lauterkeitsrecht. Gegenstand des Immaterialgüterrechts sei dagegen die Zuordnung ausschließlicher Rechte, die sich nicht über die Staatsgrenzen erstrecken (können).[186]

Hier zeigt sich der maßgebliche Punkt: Argument ist nicht der Gedanke der Inländerbehandlung, sondern die Abhängigkeit des Schutzlandprinzips vom Territorialitätsprinzip. Dass dies ein Trugschluss ist, wurde bereits nachgewiesen.[187] Es ist zudem wenig konsequent, die lex loci protectionis den internationalen Konventionen mit dieser Begründung entnehmen zu wollen, wenn und soweit betont wird, dass diese zwar auf dem Territorialitätsprinzip aufbauen, es gleichwohl nicht normieren.[188] Die Interpretation des Inländerbehandlungsgrundsatzes i.S.d. kollisionsrechtlichen Schutzlandprinzips ist daher abzulehnen.

---

[181] *Drexl*, in: MünchKomm, BGB, IntImmGR Rz. 26; *Neuhaus*, RabelsZ 40 (1976), 191, 193; *Schack*, Anknüpfung, S. 32.

[182] *Brehm*, in: FS Moser, S. 53, 55.

[183] Art. 10bis PVÜ und Art. 22 ff., 39 TRIPs.

[184] Dies ist die ganz überwiegende Meinung, vgl. *Ohly*, in: Piper/Ohly, UWG, Einf. B Rz. 14 ff. m.w.N.

[185] *Drexl*, in: MünchKomm, BGB, IntUnlWettbR Rz. 22 f.; *v. Hoffmann*, in: Staudinger, BGB, Art. 40 EGBGB Rz. 293; *Köhler*, in: Hefermehl/Köhler/Bornkamm, UWG, Einl. UWG Rz. 5.2; *Ohly*, in: Piper/Ohly, UWG, Einf. B Rz. 12; a.A. BGH GRUR 1992, 523, 524 – Betonsteinelemente.

[186] *Drexl*, in: MünchKomm, BGB, IntUnlWettbR Rz. 22; vgl. auch *Fezer*, MarkenR, Einl. MarkenG Rz. 170; *Katzenberger*, in: FS Schricker (1995), S. 225, 243.

[187] Hierzu Ziff. III. (S.113 ff.).

[188] Dazu 1. Kap.IV.1.b. (S. 46 ff.).

b. Besonderheiten von Art. 5 RBÜ

Im Urheberrecht[189] wird zusätzlich versucht, die kollisionsrechtliche Interpretation mit dem Wortlaut von Art. 5 Abs. 2 Satz 2 RBÜ zu begründen.[190] Der Wortlaut dieser Norm bedient sich einer kollisionsrechtlichen Sprache. Nimmt man den Wortlaut jedoch ernst, liegt darin eine Verweisung auf die lex fori, da die Rechtsordnung des Landes für anwendbar erklärt wird, *in dem* Schutz begehrt wird. Deswegen stützen sich auch die Vertreter der Gegenansicht auf das Wortlautargument.[191] Zwar erscheint eine Interpretation des Wortlauts i.S.d. Landes, *für das* Schutz begehrt wird, möglich und u.U. sinnvoll, aber eben keinesfalls zwingend. Dies erkennen auch die Vertreter der kollisionsrechtlichen Auffassung an, wenn sie darauf hinweisen, dass *sinngemäß* das Schutzland gemeint sei.[192] Hintergrund ist, dass – soweit man die Möglichkeit einer Zuständigkeit der Gerichte auf die Verletzung „fremder" Urheberrechte zulässt – die Anwendung der lex fori auf alle Sachverhalte als unangemessen erscheint. Dies ist indes nicht die Konsequenz der Gegenauffassung. Fasst man den Verweis auf die lex fori als Gesamtverweisung, also auf das internationale Privatrecht der lex fori auf – was zwar in völkerrechtlichen Vereinbarungen nicht üblich, aber auch nicht ausgeschlossen ist[193] –, ist die nationale Kollisionsnorm anwendbar.[194] Konsequenz dieser Auffassung ist, dass Art. 5 Abs. 2 Satz 2 RBÜ keine eigenständige kollisionsrechtliche Aussage enthält. Der Wortlaut der Norm trägt daher beide Auffassungen, ohne dass eine Vorentscheidung über die Sinnhaftigkeit des Ergebnisses getroffen ist.

Gegen eine Auslegung des Art. 5 Abs. 2 Satz 2 RBÜ als Verweisung auf das Schutzlandprinzip spricht ferner, dass nicht nur eine Regelung über den „Umfang des Schutzes", sondern auch bzgl. der dem Urheber zuste-

---

[189] Bei Patenten, die nach dem EPÜ erteilt werden, existiert die gleiche – wenngleich weniger beachtete – Streitfrage hinsichtlich des Wortlauts von Art. 64 Abs. 3 und Art. 74 Abs. 3. Vgl. hierzu *Sender*, in: Basedow u.a., IP in the Conflict of Laws, S. 159, 160 ff., die einen kollisionsrechtlichen Inhalt vor allem mit dem Argument ablehnt, dass die Vereinheitlichung von Kollisionsrecht über den Zweck des EPÜ hinausgeht.

[190] *Katzenberger*, in: Schricker, UrhR, Vor §§ 120 ff. Rz. 125; *Sandrock*, in: v. Caemmerer, Gutachten, S. 380, 390 f.; *Ulmer*, IGR im IPR, S. 10.

[191] *Peinze*, S. 128 f.; *Reber*, S. 174; *Schack*, Anknüpfung, S. 29; *Zweigert/Puttfarken*, GRUR Int. 1973, 573, 575.

[192] Statt vieler *Ulmer*, IGR im IPR, S. 10.

[193] *Kropholler*, IPR, S. 177 ff.; *Sonnenberger*, in: MünchKomm, BGB, Art. 4 EGBGB Rz. 66. *Reber*, S. 171 weist zutreffend darauf hin, dass eine Sachnormverweisung nur in Abkommen üblich ist, welche das Kollisionsrecht explizit zum Gegenstand haben und die Herstellung des äußeren Entscheidungseinklangs bezwecken; beides ist bei der RBÜ nicht der Fall.

[194] Roch LJ, in: Pearce v. Ove Arup, (1999) 1 All E.R. 769, 801; *Boschiero*, Yb PIL IX (2007), 87, 97 f.; *Peinze*, S. 135 f.

henden „Rechtsbehelfe“ getroffen wird. Versteht man dies zutreffend i.S.d. prozessualen Rechtsbehelfe,[195] kommt entsprechend der allgemeinen Auffassung nur eine Verweisung auf die lex fori in Betracht, da es sich um Prozessrecht handelt.[196] Insofern enthielte diese Norm zwei divergierende Anknüpfungsregeln, ohne dass dies aus dem Wortlaut hervorgeht.[197]

Insgesamt ist daher keine abweichende Interpretation von Art. 5 Abs. 2 S. 2 RBÜ im Vergleich zum Inländerbehandlungsgrundsatz nach den anderen Konventionen geboten.[198] Vielmehr ist einheitlich davon auszugehen, dass keine kollisionsrechtliche Aussage zu Gunsten des Schutzlandprinzips enthalten ist.

2. Europarecht

a. Allgemeines

Auf europäischer Ebene war bislang das Schutzlandprinzip nicht festgeschrieben. Weder den Grundfreiheiten noch dem allgemeinen Diskriminierungsverbot des Art. 12 EGV ist eine Kollisionsnorm zu entnehmen. Vielmehr haben diese Normen nur eine Unanwendbarkeit der nationalen Regelungen im Falle ihrer Unvereinbarkeit im konkreten Einzelfall zur Folge.[199] Ebenso wenig war die Anknüpfung an das Recht des Schutzlands in sekundären Rechtsakten niedergelegt. Wie bereits mehrfach erwähnt, ändert sich diese Situation grundlegend durch das Inkrafttreten der Rom II-VO am 11.1.2009 (Art. 32 Rom II-VO). Als Verordnung ist die Rom II-VO gem. Art. 249 Abs. 2 EGV unmittelbar in allen Mitgliedsstaaten anwendbar und geht in seinem Anwendungsbereich nationalen Regelungen vor. Dies gilt jedoch nicht in gleicher Weise für etwaige Kollisionsregeln aus internatio-

---

[195] *Braun*, S. 122 ff.; *Knörzer*, S. 37; *Schack*, Anknüpfung, S. 30; a.A. *Spoendlin*, UFITA 107 (1988), 11, 19.

[196] Zum Kollisionsrecht des Internationalen Verfahrensrechts allgemein *Sonnenberger*, in: MünchKomm, BGB, Einl. IPR Rz. 442 ff.

[197] So in der Tat *Knörzer*, S. 37.

[198] Eine Auslegung von Art. 5 Abs. 2 Satz 2 RBÜ im Sinne eines Verweises auf das Recht des Schutzlandes hätte zudem den Nachteil, dass unklar ist, für welche Fragen dieser Verweis gelten soll. Von der Systematik bezieht sich Satz 2 auf den vorgelagerten Satz 1. Dieser regelt die Ausübung der Rechte i.S.d. Abs. 1, also der urheberrechtlichen Befugnisse nach den nationalen Vorschriften der Vertragsstaaten sowie der RBÜ. Insofern spricht viel dafür, dass der „Umfang der Rechte“ i.S.d. Abs. 2 Satz 2 sich nur auf den Inhalt dieser Befugnisse bezieht und keine Aussage hinsichtlich der Vorfragen der Entstehung und der Inhaberschaft des Schutzrechts getroffen wird (so auch Schack, Anknüpfung, S. 29). Wegen dieser Systematik regelt Abs. 2 Satz 2 auch nicht die Anknüpfung im Ursprungsland; diesbezüglich könnte nur in Abs. 3 eine Regelung erblickt werden; hierzu *Knörzer*, S. 38 f.; *Schack*, Anknüpfung, S. 30 f.

[199] *Drexl*, in: MünchKomm, BGB, IntImmGR Rz. 96 f.; *ders.*, in: FS Dietz, S. 461, 471 ff.; allgemein: *Oppermann*, S. 186.

nalen Vereinbarungen. Solche Kollisionsregeln bleiben anwendbar (Art. 28 Abs. 1 Rom II-VO); die Rom II-VO hat nur in Beziehung zwischen den Mitgliedstaaten Vorrang vor zwischen Mitgliedstaaten geschlossenen Übereinkommen (Art. 28 Abs. 2 Rom II-VO).[200] Art. 8 Abs. 1 Rom II-VO bestimmt, dass „auf außervertragliche Schuldverhältnisse aus einer Verletzung von Rechten an geistigem Eigentum […] das Recht des Staates anzuwenden [ist], für den der Schutz beansprucht wird."[201] Damit hat der europäische Gesetzgeber die Kritik an der Entwurfsfassung aufgenommen. Dort war noch von dem Staat, *in dem* Schutz begehrt wird, die Rede,[202] so dass nach streng semantischer Auslegung auf die lex fori verwiesen wurde. Inzwischen geht die Maßgeblichkeit des Schutzlandprinzips nicht nur aus der Begründung des Normgebers[203] und den anderen Sprachfassungen,[204] sondern auch aus dem deutschen Normtext hervor.

Das Schutzlandprinzip des Art. 8 Abs. 1 Rom II-VO ist trotz des ungenauen Wortlauts als Anknüpfung an den Bestands- oder Verletzungsort zu verstehen, der für jedes nationale Schutzrecht separat zu bestimmen ist.[205] Dabei ist die territoriale Beschränkung der Immaterialgüterrechte bzgl. aller Staaten beachtlich; dies wird durch eine Beschränkung der Verweisung gesichert.[206] Das Schutzlandprinzip stellt eine allseitige Anknüpfungsregel (Art. 3 Rom II-VO) dar und verweist lediglich auf die Sach-

---

[200] Allgemein zum Verhältnis zwischen völkerrechtlichen und europarechtlichen Kollisionsregeln *Sonnenberger*, in: MünchKomm, BGB, Einl. IPR Rz. 170.

[201] Nach dem ersten Entwurfvorschlag war noch außerordentlich umstritten, ob in die Rom II-VO eine eigene Anknüpfungsnorm für die Verletzung von Immaterialgüterrechten aufgenommen oder ausdrücklich vom Anwendungsbereich der Verordnung ausgeschlossen werden sollte, vgl. *Hahn/Tell*, in: Basedow, IP in the Conflict of Laws, S. 7, 12 f. und den Vorschlag der *Hamburg Group for International Private Law*, RabelsZ 67 (2003), 1, 21 ff., dem sich die Kommission angeschlossen hat.

[202] Art. 8 Abs. 1 des ursprünglichen Vorschlags der Kommission vom 22.7.2003 (KOM(2003)427/endg.) und Art. 9 Abs. 1 des geänderten Vorschlags vom 21.2.2006 (KOM(2006)83/endg.) (Hervorhebung des Verf.). Hintergrund dieses Wortlauts war die Absicht der Verfasser, sich möglichst nah am Wortlaut der internationalen Konventionen, insb. Art. 5 Abs. 2 Satz 2 RBÜ zu orientieren.

[203] 26. Erwägungsgrund Satz 1 der Rom II-VO.

[204] In der englischen Version heißt es etwa, dass das Recht des Staates anzuwenden ist, „for which protection is sought". Bei der Auslegung sind alle amtlichen Sprachfassungen gleichermaßen heranzuziehen; *Oppermann*, S. 208. Die Arbeits- und Amtssprachen und die Pflicht zur Abfassung von Sekundärrecht in allen Amtssprachen ergeben sich aus der Verodrnung Nr. 1 zur Regelung der Sprachenfrage für die Europäische Wirtschaftsgemeinschaft des Rates der EWG vom 15.4.1958, ABl. L 17 vom 6.10.1958, S. 358; eine konsolidierte Fassung zum 1.1.2007 kann online abgerufen werden (http://eur-lex.europa.eu/LexUriServ/site/de/consleg/1958/R/01958R0001-20070101-de.pdf (Stand: 21.7.2008)).

[205] Dazu ausführlich Ziff. I. (S. 81 ff.).

[206] Dazu Ziff. II.5. (S. 113).

normen der lex causae (Art. 24 Rom II-VO).[207] Seine Anwendbarkeit setzt eine Verletzung eines Rechts des geistigen Eigentums voraus; ob ein Sachverhalt dies betrifft, bemisst sich nach einer autonom-funktionellen Qualifikation.[208] Inhaltlich regelt es alle deliktsrechtlichen Fragen der Verletzung von Immaterialgüterrechten einschließlich der Inhalts- und Schrankenbestimmungen; die Vorfragen des Bestehens und der Inhaberschaft werden dagegen ebenso wenig durch Art. 8 Abs. 1 Rom II-VO determiniert wie Verträge über geistiges Eigentum.[209]

Aus der Verordnungssystematik und dem Zweck von Art. 8 Abs. 1 Rom II-VO folgt, dass das Schutzlandprinzip (in seinem Anwendungsbereich) als starre Regel ohne Möglichkeit einer abweichenden Anknüpfung gelten soll. So sind die vorrangige Anknüpfung an den gemeinsamen gewöhnlichen Aufenthalt von Haftendem und Geschädigtem gemäß Art. 4 Abs. 2 und die Aufweichung der Grundregel durch eine offensichtlich engere Verbindung im Einzelfall nach Art. 4 Abs. 3 Rom II-VO unanwendbar. Denn diese Regeln sind innerhalb der Generalklausel des Art. 4 niedergelegt, welche Art. 8 insgesamt als lex specialis verdrängt. Art. 8 Abs. 3 Rom II-VO schließt eine Rechtswahl sogar ausdrücklich aus. Art. 8 Abs. 1 Rom II-VO ist zudem nicht nur in gemeinschaftsinternen Fällen, sondern gemäß Art. 3 auch dann anwendbar, wenn das Recht eines Drittstaates betroffen ist. Ein Binnenmarktbezug ist demnach nicht nötig, die Anknüpfung an die national verankerten Schutzlandregeln wird durch die universal anwendbare Rom II-VO umfassend verdrängt.[210]

b. Geltung auch für Internetsachverhalte

Ungewissheit besteht jedoch, ob die Anknüpfung an die lex loci protectionis ebenfalls für die Verletzung von Immaterialgüterrechten über das Internet maßgeblich ist oder ob für diesen Fall Einschränkungen oder Abweichungen möglich sind.[211] Dabei kämen grundsätzlich beide in dieser Arbeit zu erörternden Lösungswege in Betracht: Zum einen könnte an der grundsätzlichen Maßgeblichkeit des Schutzlandprinzips festgehalten, aber das Anknüpfungsmoment für diese Fallgestaltungen eingeschränkt werden. Neben der Abrufbarkeit der streitgegenständlichen Internetseite könnte für die Möglichkeit einer Verletzung ein weiterer Inlandsbezug zum betroffe-

---

[207] Siehe auch Ziff. II.1. (S. 98) und Ziff. II.4. (S. 111).

[208] Dazu Ziff. II.2. (S. 99 ff.).

[209] Dazu Ziff. II.3.a. (S. 108 f.).

[210] *Leible/Engel*, EuZW 2004, 7, 9. Lediglich die in dieser Arbeit nicht behandelten Vergütungsansprüche aus rechtmäßiger Nutzung werden von Art. 8 und 13 Rom II-VO nicht erfasst (dazu Ziff. II.2., S. 100).

[211] Gegen eine Festschreibung durch Art. 8 Rom II-VO *Leistner*, in: Leible/Ohly, PIL, Ziff. V.

nen Schutzland verlangt werden. Zum anderen könnten der Anwendungsbereich des Art. 8 Abs. 1 Rom II-VO begrenzt und Internetsachverhalte ausgenommen werden. Diese könnten einer anderen Kollisionsnorm unterliegen. Ob eine Einschränkung oder Abweichung von der lex loci protectionis sinnvoll ist, soll in den folgenden Kapiteln untersucht werden. An dieser Stelle bleibt zu klären, ob ein solches Vorgehen unter der Geltung der Rom II-VO zulässig ist. Ausgangspunkt der Beantwortung dieser Frage ist der Wortlaut der Kollisionsnorm. Dieser differenziert nicht und umfasst Multistate-Sachverhalte. Allerdings kommt es in Betracht, Art. 8 Abs. 1 Rom II-VO hinsichtlich des Anwendungsbereichs oder des Anknüpfungspunktes einschränkend auszulegen.

Für eine einschränkende Auslegung des *Anwendungsbereichs* kann ins Feld geführt werden, dass bereits im Vorfeld der Verordnung die kollisionsrechtliche Behandlung von Immaterialgüterrechtsverletzungen mittels des Internets überaus streitig war und sich kein internationaler Konsens herausbilden konnte.[212] Trotzdem wurde die Lösung dieses Problems als besonders dringlich erkannt und ein praktischer Vorschlag (zumindest für die europäische Ebene) angemahnt.[213] Andererseits wurde darauf hingewiesen, dass wegen der anhaltenden Diskussion die EU nicht voreilig einen Sonderweg beschreiten sollte.[214] Hiermit lässt sich begründen, dass sowohl ein voreiliger vom Schutzlandprinzip abweichender Sonderweg als auch eine frühzeitige zwingende Festlegung auf die Anknüpfung nach der lex loci protectionis kontraproduktiv sind. Als Konsequenz der Beschränkung des Anwendungsbereichs von Art. 8 Abs. 1 Rom II-VO könnten die allgemeinen Vorschriften der Verordnung angewandt werden. Dieses Vorgehen ist indes bedenklich, da dem Verordnungsgeber die allgemeinen Kollisionsnormen gerade nicht für Immaterialgüterrechte passend erschienen. Überzeugender ist es, die Anknüpfung von Verletzungen von Rechten des geistigen Eigentums über das Internet als nicht durch das europäische Recht geregelt anzusehen, so dass insoweit die nationalen Regeln des internationalen Privatrechts bestehen bleiben. Freilich beeinträchtigt diese Lösung die europäische Rechtsvereinheitlichung. Diese ist ein wichtiger Zweck der Verordnung,[215] so dass die Annahme eines eingeschränkten Anwendungsbereichs nicht überzeugt.

Naheliegender ist die Einschränkung des *Anknüpfungsmoments*. Dies hat den Vorteil, dass Art. 8 Abs. 1 Rom II-VO weiter Gültigkeit für Inter-

---

[212] Vgl. zu den einzelnen Vorschlägen 4. und 8. Kapitel (S. 147 ff. und 305 ff.).

[213] *Drexl*, in MünchKomm, BGB, IntImmGR Rz. 212; *ders.*, in: Drexl/Kur, IP and PIL, S. 151, 172 (der gleichwohl zugibt, dass bisher eine überzeugende Lösung fehlt); *Gottschalk*, in: Gottschalk u.a., Conflict of Laws, S. 184, 216.

[214] *Basedow/Metzger*, in: FS Boguslavskij, S. 153, 159.

[215] Siehe 6. Erwägungsgrund der Rom II-VO.

netsachverhalte hat und eine europaweit einheitliche Anknüpfung beibehalten werden kann. Zudem wird an der Grundentscheidung der Rom II-VO zu Gunsten der lex loci protectionis festgehalten. Diese wird durch die Implementierung des Erfordernisses eines zusätzlichen Inlandsbezugs nur modifiziert. Sollte diese Modifizierung für sinnvoll erachtet werden, stellt Art. 8 Abs. 1 Rom II-VO daher kein Hindernis für deren praktische Umsetzung dar. Sieht man dies anders,[216] sind die Überlegungen im 4. Kapitel zur Interessengerechtigkeit einer das Schutzlandprinzip einschränkenden Anknüpfung ebenso wie die Erwägungen zu den alternativen Kollisionsnormen zumindest de lege ferenda verwertbar.

3. Nationales Recht

Trotz dieser umfassenden Verdrängung der nationalen Regelung soll auch die Rechtsgrundlage für das Schutzlandprinzip bei Verletzungen von Immaterialgüterrechten im nationalen Recht untersucht werden. Dies ist schon deswegen geboten, da die Rom II-VO gem. Art. 31 i.V.m. Art. 29 Rom II-VO nur auf Sachverhalte anwendbar ist, die nach dem 11.1.2009 eingetreten sind, eine sachgerechte Lösung aber auch bei Multistate-Verletzungen via Internet vor diesem Stichtag geboten ist. Im autonomen internationalen Privatrecht in Deutschland existiert keine spezielle Vorschrift für die Verletzung von geistigem Eigentum. Als Rechtsgrundlage kommen deshalb die allgemeinen Regeln des internationalen Deliktsrechts – Art. 40 Abs. 1 EGBGB (a.) und die Ausweichklausel des Art. 41 Abs. 1 EGBGB (b.) – oder der Rückgriff auf Gewohnheitsrecht (c.) in Betracht.[217]

a. Art. 40 Abs. 1 EGBGB

Ausgangspunkt der Überlegungen ist, dass die Verletzung eines Immaterialgüterrechts eine unerlaubte Handlung darstellt und deswegen grundsätzlich Art. 40 ff. EGBGB einschlägig sind.[218] Allerdings ist fraglich, ob das Schutzlandprinzip mit der Anknüpfungsregel des Art. 40 Abs. 1 EGBGB übereinstimmt. Dabei muss zwischen den möglichen, oben herausgearbeiteten Inhalten des Schutzlandprinzips unterschieden werden.

---

216 *Gottschalk*, in: Gottschalk u.a., Conflict of Laws, S. 184, 216; *Sack*, WRP 2008, 1405, 1415 unter Hinweis auf den Wortlaut der Vorschrift, aber ohne die Möglichkeit einer einschränkenden Auslegung in Betracht zu ziehen.

217 §§ 120 ff. UrhG enthalten dagegen unstreitig keine Kollisionsnormen; statt aller *Schack*, UrhR, S. 457 f.

218 Sofern Ansprüche aus ungerechtfertigter Bereicherung oder Geschäftsführung ohne Auftrag in Rede stehen, ist eine Verortung in Art. 38 Abs. 2 (hierfür z.B. *Sack*, WRP 2000, 269, 286) bzw. 39 Abs. 1, 41 Abs. 1 EGBGB oder Gewohnheitsrecht möglich.

Unanwendbar ist Art. 40 Abs. 1 EGBGB jedenfalls, wenn man entgegen der in dieser Arbeit vertretenen Auffassung das Recht des Landes anwenden will, *nach* dem Schutz begehrt wird, da insofern keine räumlichen Grenzen der Schutzrechte aus kollisionsrechtlicher Sicht existieren und ein Sachverhalt außerhalb des Gebiets der verleihenden Rechtsordnung tatbestandsmäßig sein kann.[219]

Wendet man das Recht des Landes an, *für dessen Gebiet* Schutz begehrt wird, sind potentieller Verletzungs- und Bestandsort zwangsläufig identisch, so dass die Tatortregel des Art. 40 Abs. 1 EGBGB in Betracht kommt. Hiergegen kann nicht eingewandt werden, dass bereits bei der Subsumtion des Art. 40 Abs. 1 EGBGB der Handlungs- bzw. Verletzungsort nach der jeweiligen lex causae zu bestimmen ist.[220] Dieses Vorgehen ist – wie bereits erörtert – methodisch verfehlt. Stattdessen ist der Ort von Sachverhaltsabschnitten, die *möglicherweise* eine Verletzung eines geschützten Rechtsguts darstellen, maßgeblich.[221] Zu untersuchen ist indes, ob Art. 40 Abs. 1 EGBGB adäquat ist, da diese Regel nicht auf den „Begehungsort", sondern auf den Handlungsort und nach Wahl des Klägers subsidiär auf den Erfolgsort abstellt. Wegen dieser als Ubiquitätsregel bezeichneten Alternativität wird die Anwendbarkeit des Art. 40 Abs. 1 EGBGB häufig abgelehnt.[222] Soweit die Literatur dennoch die Anwendbarkeit dieser Vorschrift befürwortet, wird auf die denknotwendige Identität von Handlungs- und Erfolgsort hingewiesen.[223] Ob dies zutreffend ist, hängt von dem Verständnis von Handlungs- und Erfolgsort ab.

Der Maßgeblichkeit des Erfolgsorts wird verbreitet mit dem Argument entgegenzutreten versucht, dass es bei der Verletzung von Immaterialgüterrechten keinen Erfolgsort geben könne. Dies folge daraus, dass anders als bei verkörperten Rechtspositionen keine reale Belegenheit bestehe[224] und das Immaterialgüterrecht reines Handlungsunrecht darstelle bzw. das allein der Benutzungshandlung Tatbestandsrelevanz zukomme.[225] Überzeugen

---

[219] Dazu ausführlich Ziff. I.5. (S. 89 ff.).

[220] So aber *Drexl*, in: MünchKomm, BGB, IntImmGR Rz. 121; *Ebner*, S. 57 f. Ähnlich *Nordemann-Schiffel*, in: Bröcker/Czychowski/Schäfer, Praxishandbuch Geistiges Eigentum, § 3 Rz. 12.

[221] Dazu Ziff. I.4. (S. 87 ff.).

[222] *Beier/Schricker/Ulmer*, GRUR Int. 1985, 104, 106; *Katzenberger*, in: Schricker, UrhR, Vor §§ 120 ff. Rz. 130.

[223] *Bollacher*, S. 71; *Dreier*, in: Dreier/Schulze, UrhG, Vor §§ 120 ff. Rz. 28; *Reber*, S. 360; *Sack*, WRP 2000, 269, 271; *Schack*, MMR 2000, 59, 64; *ders.*, UrhR. S. 374.

[224] *Schack*, UFITA 108 (1988), 51, 64; hinsichtlich des insoweit vergleichbaren Persönlichkeitsrechts *v. Bar*, S. 481, der den im Immaterialgüterrecht maßgeblichen Verletzungsort indes als dem Erfolgsort verwandt ansieht (S. 518).

[225] *Beier/Schricker/Ulmer*, GRUR Int. 1985, 104, 106; *Drexl*, in: MünchKomm, BGB, IntImmGR Rz. 118.

kann dies nicht. Erfolgsort ist jeder Ort, an dem sich das unmittelbar betroffene Rechtsgut zur Zeit der behaupteten Verletzung befindet oder das betroffene Interesse beeinträchtigt wird.[226] Im Hinblick auf Immaterialgüterrechtsverletzungen kann dabei nicht die Belegenheit des geistigen Guts selbst maßgeblich sein. Denn ein immaterielles Gut existiert zwar nicht nirgendwo,[227] sondern überall,[228] so dass man besser von einer fehlenden konkreten Belegenheit sprechen sollte. Vor allem ist keine Beeinträchtigung des Guts selbst möglich.[229] Die erfinderische Idee wird durch ihren Gebrauch nicht geschmälert. Es können nur die rechtlich geschützten Interessen einer Person an diesem geistigen Gut verletzt werden. Diese Interessen sind rechtlich aber durch ein nationales Immaterialgüterrecht nur in einem bestimmten Land geschützt. Es besteht nämlich kein einheitliches und universales Schutzrecht, sondern ein Bündel von nationalen, territorial beschränkten Rechten. Ein österreichisches Urheberrecht existiert etwa nur in Österreich und ist somit dort belegen. Auch der Einwand des reinen Handlungsunrechts bzw. der alleinigen Maßgeblichkeit der Verletzungs*handlung* ist nicht stichhaltig. Zum einen wurde schon dargelegt, dass sich dieser Grundsatz nicht aus dem Territorialitätsprinzip ergibt und dass fraglich ist, ob diese Einschätzung wegen der Beachtung der *Bogsch*-Theorie noch zeitgemäß ist.[230] Auch im Ausland wird daher zum Teil eine (alleinige) Maßgeblichkeit des Erfolgsorts befürwortet.[231] Selbst wenn man – zumindest außerhalb der *Bogsch*-Theorie – weiter von dieser materiellrechtlichen Prämisse ausgeht, ist eine Bestimmung des Erfolgsorts aus internationalprivatrechtlicher Sicht möglich, da die unerlaubte Handlung zugleich einen Eingriff in das Verwertungsrecht darstellt, auch wenn keine weiteren Auswirkungen (z.B. monetärer Schäden) verlangt werden. Der Erfolgsort ist folglich dort, wo sich der Sachverhaltsausschnitt – d.h. das Verhalten oder die Auswirkung – verwirklicht hat, auf den der Kläger die Verletzung eines Verwertungsrechts eines nationalen Schutzrechts stützt. Anders ausgedrückt: der Erfolgsort ist dort, wo die tatbestandliche Vollendung des angeblichen Delikts eintritt.[232] Begehrt der Kläger z.B. wegen einer von Deutschland initiierten Internetwerbung Schutz für seine Marke in Italien und in Deutschland, so ist der Erfolgsort hinsichtlich der italienischen

---

[226] *v. Hoffmann/Thorn*, S. 491; *Kropholler*, IPR, S. 523.

[227] So aber *Fritzemeyer/Krone/Splittgerber*, in: FA IT-Recht, Kap. 25 Rz. 134; *Gesmann-Nuissl*, in: Ensthaler u.a., Handbuch UrhR, S. 411; *Reber*, S. 358.

[228] Zutreffend *Schack*, MMR 2000, 135, 137.

[229] Anderes gilt nur im Markenrecht bei den Fallgruppen der Rufschädigung oder Verwässerung einer Marke.

[230] Dazu 1. Kap.V.1.a.bb. (S. 52 ff.).

[231] Für die Schweiz *Vischer*, in: Zürcher Kommentar zum IPRG, Art. 110 Rz. 6.

[232] Diese Definition wird auch im internationalen Deliktsrecht vertreten, *Heldrich*, in: Palandt, BGB, Art. 40 EGBGB Rz. 4; *Sack*, WRP 2000, 269, 271.

Marke wegen der Abrufbarkeit der Werbung in Italien als möglichem verletzungsrelevanten Sachverhalt in Italien, hinsichtlich der deutschen Marke wegen der hiesigen Abrufbarkeit und Einspeisung ins Internet in Deutschland. Die Anknüpfung an den Erfolgsort stimmt somit mit dem Schutzlandprinzip überein.

Wo sich der Handlungsort befindet, hängt davon ab, was man unter einer Handlung i.S.d. Art. 40 Abs. 1 Satz 1 EGBGB versteht. Die überkommene Auffassung im Immaterialgüterrecht geht – wie bereits dargelegt: unzutreffend – davon aus, dass auch die bloße Abrufbarkeit einer Website eine Benutzungs*handlung* darstellt. Die Benutzungshandlung wird insofern nicht als menschliches Verhalten, sondern als Tatbestandsmäßigkeit definiert.[233] Geht man hiervon und gleichzeitig von der räumlichen Beschränktheit der subjektiven Rechte aus, ist der Identität des Orts der Benutzungshandlung und des -erfolgs durchaus zuzustimmen: Jedes subjektive Schutzrecht kann nur durch einen inländischen Sachverhalt verletzt werden. Der tatbestandsrelevante Sachverhalt und das möglicherweise verletzte Immaterialgüterrecht sind beide in ein und demselben Land, dem Schutzstaat, belegen.[234] Die Tatbestandsverwirklichung wird zugleich als Benutzungshandlung und -erfolg angesehen. Konsequenterweise hat die Möglichkeit zur Wahl des Rechts des Erfolgsorts keine praktische Auswirkung und Art. 40 Abs. 1 EGBGB kann zur Begründung des Schutzlandprinzips herangezogen werden.

Definiert man die Handlung i.S.d. Art. 40 Abs. 1 Satz 1 EGBGB dagegen wie sonst i.R.d. Art. 40 Abs. 1 Satz 1 EGBGB als willensgesteuertes, menschliches Verhalten,[235] können Handlungs- und Erfolgsort divergieren. So ist bei einer Internetwerbung nur die Veranlassung des Uploads ein menschliches Verhalten, die Abrufbarkeit dagegen bloße Auswirkung.[236] Auch bei Multistate-Delikten existiert daher grundsätzlich nur *ein* Handlungsort, sofern nicht ausnahmsweise ein mehraktiges Verhalten in verschiedenen Staaten vorgenommen wird. Der Ort der Tatbestandsverwirklichung ist nur der Erfolgsort. Nur der Erfolgsort liegt daher zwingend im

---

[233] Dazu 1. Kap.V.1.a.bb. (S. 52 ff.).

[234] Wenn *Beier/Schricker/Ulmer*, GRUR Int. 1985, 104, 106 ein Auseinanderfallen von Handlungs- und Erfolgsort für möglich halten, gehen sie wohl von der inzwischen allgemein abgelehnten Ansicht aus, dass der Ort des Schadenseintritts („des schädigenden Erfolgs") anknüpfungsrelevant ist. Zur Unbeachtlichkeit dieses Ortes z.B. *Kropholler*, IPR, S. 523 f.

[235] *v. Hoffmann*, in: Staudinger, BGB, Art. 40 EGBGB Rz. 17; *Kegel*, in: Kegel/Schurig, S. 729. Zu anderen Rechtsgebieten siehe Fn. 176 zum 1. Kapitel.

[236] Zu Sachverhalten außerhalb des Recht des geistigen Eigentums *Junker*, in: MünchKomm, BGB, Art. 40 EGBGB Rz. 174 f.; *Kegel*, in: Kegel/Schurig, S. 729; auch hinsichtlich immaterialgüterrechtlicher Fallgestaltungen wird dies vertreten, vgl. LG Hamburg GRUR-RR 2004, 313, 315 – thumbnails.

Schutzstaat, nicht jedoch der Handlungsort. Dies muss aber nicht bedeuten, dass das Schutzlandprinzip nicht mit Art. 40 Abs. 1 EGBGB zu vereinbaren ist. Zwar ist grundsätzlich das Recht am Handlungsort auf den gesamten Sachverhalt anwendbar. Geht man aber von dem beschränkten Anwendungsbereich der nationalen Schutzgesetze auf inländische Schutzrechte aus, kann das Recht am Handlungsort nicht über die Verletzung eines Schutzrechts, das in einem anderen Staat wirkt, entscheiden. Verlangt etwa A wegen eines schweizerischen Patents von B Schadensersatz, weil dieser über eine von Deutschland betriebene Internetseite patentgeschützte Erzeugnisse anbiete, führt nur die Anknüpfung an schweizerisches Recht wegen des dortigen Erfolgsorts zum Klageerfolg. Deutsches Recht als Recht des Handlungsorts ist mangels eines deutschen Patents nicht zielführend. Solange der Erfolgsort maßgebliches Kriterium ist oder zumindest neben dem Handlungsort gleichberechtigt zur Anwendung gelangt, bestehen im Endergebnis keine Abweichungen von der lex loci protectionis.

Problematisch könnte indes sein, dass Art. 40 Abs. 1 S. 1 EGBGB vorrangig an den Handlungsort anknüpft und der Erfolgsort nur auf fristgemäßes Verlangen des Klägers gemäß Art. 40 Abs. 1 S. 2 und 3 EGBGB beachtet wird. Unüberwindbare Hindernisse sollten sich trotzdem nicht stellen. Denn wenn der Kläger vorträgt, dass er Inhaber eines konkreten nationalen Schutzrechts ist und dieses verletzt sei, wird man diesen Vortrag so auszulegen haben, dass er das schutzgewährende Recht als Recht des Erfolgsorts angewandt wissen will.[237] Deshalb ist es auch mit diesem Verständnis des Handlungsortes, nach dem der Handlungsort zu einem vom Schutzland divergierenden Staat führen könnte, durchaus möglich, die Maßgeblichkeit der lex loci protectionis Art. 40 Abs. 1 EGBGB zu entnehmen. Die Ubiquitätsregel, auf die die Bedenken gegen das Tatortprinzip gestützt werden, kommt nicht zum Tragen.

Befürwortet man eine Verankerung des Schutzlandprinzips in Art. 40 Abs. 1 EGBGB, ist jedoch zu beachten, dass die an sich auf unerlaubte Handlungen anwendbaren Auflockerungen nach Art. 40 Abs. 2 und Art. 42 EGBGB nach überwiegender Ansicht nicht anwendbar sind. Der Anwendungsbereich dieser Vorschriften ist deswegen entsprechend teleologisch zu reduzieren.[238]

---

[237] So auch KG GRUR Int. 2002, 327, 328 – EURO-Paletten; ablehnend *Ebner*, S. 54 (Fn. 221).

[238] Statt vieler *Drexl*, in: MünchKomm, BGB, IntImmGR Rz. 124; *Sack*, WRP 2000,, 269, 278 f., 284.

b. Art. 41 Abs. 1 EGBGB

Sofern Art 40 Abs. 1 EGBGB als unkompatibel mit dem Schutzlandprinzip angesehen wird, kann dieses auf die Ausweichklausel des Art. 41 Abs. 1 EGBGB gestützt werden. Zum Schutzland besteht nämlich eine wesentlich engere Verbindung. Bedenklich ist freilich, dass Art. 41 EGBGB in diesem Fall auf einen eigenständigen Teilbereich des Deliktsrechts – Immaterialgüterrechtsverletzungen – angewandt wird. Dies kollidiert mit der Konzeption des Art. 41 EGBGB als Ausnahmevorschrift, von der im Interesse der Rechtssicherheit nur zurückhaltend Gebrauch zu machen ist.[239] Hält man diesen Einwand dagegen für unbeachtlich, ist indes nur Art. 41 Abs. 1 EGBGB, nicht aber Abs. 2 anwendbar; dieser ist durch Abs. 1 verdrängt.[240] Zugleich ist die Möglichkeit einer Rechtswahl gemäß Art. 42 EGBGB auf Grund einer teleologischen Reduktion von dessen Anwendungsbereich ausgeschlossen.

c. Gewohnheitsrecht

Art. 40 ff. EGBGB normieren nur die Anknüpfungsregeln für Ansprüche aus unerlaubter Handlung. Daher sind nur die deliktsrechtlichen Hauptfragen von dieser Regelung erfasst. Andere Fragen, insbesondere nach dem Entstehen, Erlöschen und der Inhaberschaft sind nicht geregelt. Das gilt zumindest, wenn sich diese Fragen isoliert stellen. Insofern bleibt mangels anderer Regelung nur ein Rückgriff auf Gewohnheitsrecht.

Wird dagegen die Anknüpfung der deliktsrechtlichen Hauptfragen auf eine gewohnheitsrechtliche Grundlage gestützt,[241] kann dies nicht überzeugen. Denn das Schutzlandprinzip ist insofern unter Art. 40 Abs. 1 (bzw. unter Art. 41 EGBGB) subsumierbar. Man könnte lediglich versuchen, die Unanwendbarkeit der Art. 40 ff. EGBGB infolge älteren Gewohnheitsrechts zu begründen. Dies könnte auf das Argument gestützt werden, dass auch der Gesetzgeber eine ausdrückliche Regelung im Hinblick auf die allgemeine Geltung des Schutzlandprinzips für entbehrlich hielt.[242] Allerdings zielt diese Gesetzesbegründung auf eine Beibehaltung der bisherigen Rechtslage. Diese Rechtslage wird aber auch durch Art. 40 ff. EGBGB nicht geändert, sondern nur auf eine gesetzliche Grundlage gestellt.

---

[239] *Heldrich*, in: Palandt, BGB, Art. 41 EGBGB Rz. 3.

[240] *Drexl*, in: MünchKomm, BGB, IntImmGR Rz. 121 f.; *v. Hoffmann*, in: Staudinger, BGB, Art. 40 EGBGB Rz. 371; *Hohloch*, in: Schwarze, Rechtsschutz gegen Urheberrechtsverletzungen, S. 93, 105; *Spindler*, IPRax 2003, 412, 414.

[241] BGHZ 136, 380, 386 – Spielbankaffäre; BGHZ 152, 317, 322 – Sender Felsberg; *v. Ungern-Sternberg*, in: Schwarze, Rechtsschutz gegen Urheberrechtsverletzungen, S. 109, 118.

[242] BegrRegE, BT-Drucks. 14/343, S. 10.

V. Ausnahmen vom Schutzlandprinzip

Ausnahmen vom Schutzlandprinzip werden nach autonomem Recht von der Rechtsprechung und der überwiegenden Ansicht in der Literatur nicht zugelassen. Insbesondere werden die Gesichtspunkte des Entstehens, des Erlöschens und der Inhaberschaft von Urheberrechten trotz in der Literatur geäußerter Bedenken an das Recht des Schutzlands angeknüpft.[243] Auch in Art. 3 Abs. 1 E-Commerce-Richtlinie[244] ist unabhängig von dessen kollisionsrechtlichem Gehalt[245] keine Abweichung von der immaterialgüterrechtlichen lex loci protectionis zu sehen. Denn Art. 3 Abs. 1 ist auf das geistige Eigentum ausdrücklich nicht anwendbar.[246] Ebenso wenig ist mit Art. 2 Satellitenrichtlinie[247] und dessen Umsetzung in § 20a UrhG eine Ausnahme verbunden. Es wird lediglich das Sachrecht vereinheitlicht, indem für europäische Satellitensendungen das Senderecht der Mitgliedsstaaten einheitlich konzipiert und durch den 14. Erwägungsgrund definiert wird, dass dieser Benutzungstatbestand nur durch die Ausstrahlung und nicht die Empfangbarkeit verwirklicht wird.[248]

In den internationalen Konventionen bestehen dagegen – wenngleich nur in geringem Maße – abweichende Anknüpfungen. Zum einen ist in Art. 2 der Übereinkunft von Montevideo eine Verweisung auf das Ursprungsland zu sehen, auch wenn dieses Abkommen praktisch bedeutungslos ist.[249] Zum anderen normiert Art. 7 Abs. 8 2. Hs. PVÜ für den Vergleich der Schutzfristen eine Teilverweisung auf das Recht des Ursprungsstaates.[250]

---

[243] Siehe Ziff. II.3. (S. 108 ff.) und Einleitung.II.2 (S. 6 f.).

[244] Richtlinie 2000/31/EG des Europäischen Parlaments und des Rates vom 8.6.2000 über bestimmte rechtliche Aspekte der Dienste der Informationsgesellschaft, insbesondere des elektronischen Geschäftsverkehrs, im Binnenmarkt, ABl. L 178 vom 17.7.2000, S. 1.

[245] Zum Streitstand *Ohly*, GRUR Int. 2001, 899, 900 ff.

[246] Art. 3 Abs. 3 der E-Commerce-Richtlinie i.V.m. dem Anhang, 1. Spiegelstrich.

[247] Richtlinie 93/83/EWG des Rates vom 27.9.1993 zur Koordinierung bestimmter urheber- und leistungsschutzrechtlicher Vorschriften betreffend Satellitenrundfunk und Kabelweiterverbreitung, ABl. L 248 vom 6.10.1993, S. 15.

[248] *Castendyk/v. Albrecht*, GRUR Int. 1993, 300; *Dreier*, in: Dreier/Schulze, UrhG, Vor §§ 120 ff. Rz. 36; *Schack*, UrhR, S. 476; *v. Welser*, in: Wandtke/Bullinger, UrhR, Vor §§120 ff. Rz. 16; a.A. *Nordemann u.a.*, CR 1996, 645, 651 f.; *Schwarz/Reber*, in: Loewenheim, Handbuch UrhR, § 21 Rz. 105; *v. Ungern-Sternberg*, in: Schricker, UrhR, § 20a Rz. 8.

[249] *Schack*, UrhR, S. 444, 460.

[250] *Katzenberger*, in: Schricker, UrhR, Vor §§ 120 ff. Rz. 125.

VI. Berechtigung

Akzeptiert man das Fehlen einer zwangsläufigen Konnexität von Territorialitäts- und Schutzlandprinzip und begreift Letzteres als echte Kollisionsregel und nicht nur als Aufforderung zur Beachtung fremder Gesetze entsprechend deren Willen, ist zu untersuchen, aus welchen Gründen das Schutzlandprinzip bzgl. der deliktsrechtlichen Hauptfragen gerechtfertigt ist. Im modernen (kontinentaleuropäischen) internationalen Privatrecht herrscht dabei der Grundsatz der Anwendung des Rechts mit der engsten Verbindung zum Sachverhalt.[251] Die Aufgabe bei der Bildung einer Kollisionsnorm besteht darin, das räumlich beste Recht zu finden.[252] Etwas präziser ausgedrückt geht es um die Zuordnung eines Sachverhalts zu einer Rechtsordnung wegen dessen funktionalen Zusammenhangs mit dem durch diese Rechtsordnung geregelten Gemeinschaftsleben.[253] Es wird weder nach der materiell besten Rechtsordnung noch danach gefragt, welcher Staat das größte Rechtsanwendungsinteresse hat.[254] Deshalb ist zu prüfen, welchen internationalprivatrechtlichen Interessen das Schutzlandprinzip entspricht und mit welchen es gegebenenfalls in Konflikt gerät. Vernachlässigt man Multistate-Delikte, bei denen gleichzeitig eine Vielzahl von Schutzrechten verletzt werden können und die Schutzlandregel hinsichtlich jedes nationalen Schutzrechts isoliert anzuwenden ist, ergibt sich ein recht deutliches Bild.[255] Dabei sind die Parteiinteressen durchaus mit denen im allgemeinen internationalen Deliktsrecht vergleichbar, zumal die Verletzung von Immaterialgüterrechten eine unerlaubte Handlung darstellt.

Die Interessen des Verletzten sprechen für die Wahl des Ortes, an dem seine Interessen beeinträchtigt werden.[256] Dies ist der Ort, an dem der Ein-

---

[251] *Heldrich*, in: Palandt, BGB, Einl. v. Art. 3 EGBGB Rz. 1. Dies geht auf *Savigny* (S. 28, 108) und dessen Postulat nach der Anwendung der Rechtsordnung, in dem das Rechtsverhältnis seinen Sitz hat, zurück.

[252] BGHZ 90, 294, 299; *Schurig*, in: Kegel/Schurig, S. 131; *Sonnenberger*, in: MünchKomm, BGB, Einl. IPR Rz. 98.

[253] *v. Hein*, S. 23; siehe auch *Schurig*, in: Kegel/Schurig, S. 131.

[254] Diese Ansätze werden vor allem in den USA vertreten, haben sich jedoch in Kontinentaleuropa bisher nicht durchsetzen können. Siehe zu diesen Methoden den kurzen Überblick bei *v. Hoffmann/Thorn*, S. 57 ff.

[255] Das gilt jedenfalls für die Anknüpfung der Inhalts- und Schrankenbestimmungen und der sonstigen Voraussetzungen sowie der Rechtsfolgen einer Schutzrechtsverletzung. Die Bestimmung der Vorfragen ist dagegen nur unter der hiesigen Prämisse von territorial begrenzten Schutzrechten klar zu Gunsten des Schutzlandprinzips aufzulösen, während im Falle der Präferenz von weltweit einheitlichen Schutzrechten, was v.a. im Urheberrecht diskutiert wird, eine Anknüpfung an das Ursprungsland naheliegt (zum Streitstand siehe Einleitung.II.2., S. 6 ff.).

[256] *Kegel*, in Kegel/Schurig, S. 723; *Leible/Engel*, EuZW 2004, 7, 10.

griff in sein Schutzrecht erfolgte, mithin der Erfolgsort. Da jedes Schutzrecht nur innerhalb der Staatsgrenzen des verleihenden oder anerkennenden Staates existiert und Erfolgs- und Bestandsort übereinstimmen, ist dieses Recht für den Verletzten vorhersehbar und er kann sich darauf einstellen.[257]

Diametral entgegengesetzt sind die Interessen des Schädigers. Er kann sich auf das Recht einstellen, wo er aktiv gehandelt hat; er wird das Recht des Handlungs- bzw. des Verhaltensortes bevorzugen.[258] Meist werden indes Handlungs- und Erfolgsort zusammenfallen, da die Verwertungsrechte an geistigen Gütern (meist) bereits ein bestimmtes Verhalten unabhängig von den Auswirkungen beim Schutzrechtsinhaber monopolisieren. Insofern verwirklicht das Schutzlandprinzip in der Tat die Interessen des Schutzrechtsverwerters.[259] Anders sieht es im Falle eines Distanzdelikts aus. Nimmt man das Beispiel des Briefdelikts, bei dem jemand ein Angebot für ein im Empfangsstaat patentgeschütztes Erzeugnis an einen Adressaten in einem anderen Land abschickt, so hat der Täter ein Interesse, mit dem Maß des Absendelandes gemessen zu werden, da er nur dort anwesend war und nur dort agiert hat. Bei dieser Interessenbewertung zeigt sich erneut, dass die im (deutschen) Immaterialgüterrecht gebräuchliche Annahme, nur Benutzungs*handlungen* werden sanktioniert, nicht weiterhilft. Denn es wurde bereits herausgearbeitet, dass Handlung in diesem Sinne nicht als Verhalten des Schädigers, durch das die Ursache für das schadenstiftende Ereignis gesetzt wird, sondern als bloße Tatbestandsmäßigkeit definiert wird.[260]

Trotzdem ist die Auflösung dieser Pattsituation der entgegenstehenden Parteiinteressen zu Gunsten des Verletzten nicht unbillig. Auch wenn der Täter das Recht am Verhaltensort bevorzugt, kann er doch damit rechnen, dass Auswirkungen über Staatsgrenzen hinweg eintreten können. Im Beispiel des Briefdelikts weiß und beabsichtigt dies der Täter sogar. Auch beim berühmten Schuss über die Grenze sind selbst Querschläger nicht

---

[257] Wenn *Schack* (UrhR, S. 470) das Schutzlandprinzip hinsichtlich der Verletzungsfolgen im Gegensatz zu den Interessen des Schutzrechtsinhabers sieht, beruht dies auf einem universalistischen Verständnis des subjektiven Urheberrechts. Unklar dagegen *Czempiel* (S. 116), der zwar vom Grundsatz der Territorialität ausgeht, aber dennoch meint, dass die anwendbare Rechtsordnung für den Urheber nicht vorhersehbar ist, da er nicht wisse, wo „sein" Urheberrecht verletzt werde. *Czempiel* übersieht aber, dass es kein universales Urheberrecht gibt, sondern nur viele nationale (ähnlich *Reber*, S. 307). Man wird daher von einem Schutzrechtsinhaber erwarten müssen, dass er die räumliche Aufgliederung der Schutzrechte kennt.

[258] *Kegel*, in Kegel/Schurig, S. 723; *Kropholler*, IPR, S. 522. *v. Hein*, S. 187 spricht treffend von Vertrautheit mit der Rechtsordnung.

[259] Insoweit ist *Schack*, UrhR, S. 470 und *Czempiel*, S. 115 f. zuzustimmen. Multistate- oder Distanzdelikte haben sie dagegen nicht im Blick.

[260] Siehe 1. Kap.V.1.a.bb. (S. 52 ff.).

völlig lebensfremd, so dass mit ihnen gerechnet werden muss. Deshalb kann von einem Täter erwartet werden, dass er damit rechnet, nach dem Recht des Orts dieser Auswirkungen zur Verantwortung gezogen zu werden.[261]

Konsequenterweise kommt der Anknüpfung an den Ort der Auswirkungen und damit dem Schutzlandprinzip auch im Falle einer Divergenz von Verhaltens- und Erfolgsort verhaltenssteuernde Funktion zu.[262] Das Schutzlandprinzip entspricht daher zugleich den Funktionen der immaterialgüterrechtlichen Sanktionsnormen. Diese sollen vergleichbar den allgemein zivilrechtlichen Deliktsregeln[263] nicht nur einen Ausgleich für einen Eingriff in die monopolisierten Verwertungsrechte gewährleisten, sondern zugleich mögliche Eingriffe präventiv verhindern.[264] Ebenso spricht der Gedanke der Wettbewerbsgleichheit für die faktisch alleinige Beachtlichkeit des Erfolgsorts. Nur dadurch ist bei Distanzdelikten sicher gestellt, dass hinsichtlich der nationalen Märkte (d.h. der Verwertung von geistigen Gütern) alle Marktteilnehmer den gleichen Regeln unterliegen und nicht jeder Handelnde seine Verhaltensregeln „von zu Hause" mitbringt.[265] Die Anknüpfung an den Ort des Erfolgs bzw. des Bestands stellt zudem eine klare Regel dar, welche der Rechtssicherheit dient. Wegen der (nahezu) ausnahmslosen Verbreitung dieser Regel (zumindest hinsichtlich der deliktsrechtlichen Hauptfrage[266]) fördert sie zudem den internationalen Entscheidungseinklang.

Schließlich können Staatsinteressen ins Feld geführt werden, soweit man diese wegen der wirtschaftspolitischen Bedeutung des Immaterialgüterrechts für berücksichtigungsfähig hält. Vor allem in Bezug auf Inhalt und Schranken spricht die wirtschaftspolitische Relevanz für die Anwendung der inländischen Gesetze auf inländische Schutzrechte. Ähnlich kann

---

[261] *v. Hein*, S. 38 f.

[262] Hinsichtlich der allgemeindeliktsrechtlichen Erfolgsortanknüpfung *Leible/Engel*, EuZW 2004, 7, 10; *v. Hein*, S. 98, 101; *Wagner*, RabelsZ 62 (1998), 243, 254 f.; ähnlich *Schack*, UrhR, S. 470; a.A. *v. Hoffmann/Thorn*, S. 487.

[263] Zur Entsprechung der Funktionen von §§ 823 Abs. 1 und 1004 BGB und den immaterialgüterrechtlichen Sanktionsnormen *Dreier*, in: Dreier/Schulze, UrhG, § 97 Rz. 1.

[264] Zur Funktion der Prävention des Deliktsrechts *Wagner*, in: MünchKomm, BGB, Vor § 823 Rz. 34 ff. Zu beachten ist, dass die präventive Funktion sich nicht nur für die Grundentscheidung über das „Ob" einer Haftung, sondern auch hinsichtlich der Höhe des Ausgleichsanspruchs erstreckt; dies zeigt sich etwa durch die Möglichkeit der Gewinnabschöpfung, die eine Option des Geschädigten innerhalb der dreifachen Schadensberechnung ist. Dazu *Dreier*, in: Dreier/Schulze, UrhG, § 97 Rz. 59, 66.

[265] *Wagner*, IPRax 2006, 372, 377.

[266] Im Urheberrecht werden dagegen Vorfragen teilweise in ausländischen Rechtsordnungen nach dem Ursprungslandprinzip ermittelt, vgl. die Nachweise in Fn. 19 zum 1. Kapitel.

die Anwendbarkeit fremder Rechtsordnungen auf ihre jeweiligen Schutzrechte gerechtfertigt oder zumindest unterstützt werden. Zwar sind prinzipiell nur die Interessen des eigenen Staates unmittelbar abwägungsrelevant. Doch es kann argumentiert werden, dass es für ihn wünschenswert ist, wenn seine Interessen von anderen Staaten unterstützt werden und er dies am besten fördern kann, indem er selbst mit gutem Beispiel vorangeht.[267] Fraglich ist die Argumentation mit der wirtschaftspolitischen Relevanz dagegen hinsichtlich der sonstigen Voraussetzungen und der Rechtsfolgen der Sanktionstatbestände.[268] Angesichts der sonstigen Interessen ist dieses Argument jedoch zur Begründung des Schutzlandprinzips nicht mehr nötig.

VII. Fazit

Zusammenfassend lässt sich feststellen, dass divergierende Auffassungen darüber bestehen, inwieweit bereits durch die Anknüpfungsregel eine Vorauswahl verletzungsrelevanter Sachverhalte getroffen werden kann. Am überzeugendsten ist es, das Schutzlandprinzip als Anknüpfung an das Recht des Landes zu verstehen, *für dessen Gebiet* Schutz begehrt wird. Das ist das Land, in dem das Schutzrecht angeblich besteht und verletzt wurde. Damit wird zugleich die Territorialität ausländischer Schutzrechte durchgesetzt. Einige Zweifelsfragen existieren hinsichtlich des Anwendungsbereichs und des Umfangs der Verweisungsnorm. Einigkeit besteht dagegen, dass die Schutzlandregel zu einer distributiven Anknüpfung führt, und nicht ein einziges Recht über die Verletzung von Schutzrechten verschiedener Staaten zu befinden hat.

Das Schutzlandprinzip ist im nationalen Recht in Art. 40 Abs. 1 EGBGB zu verankern und wird durch Art. 8 Abs. 1 Rom II-VO europarechtlich festgeschrieben, wenngleich eine Einschränkung für Multistate-Sachverhalte möglich erscheint. Dagegen enthalten weder die völkerrechtlichen Konventionen noch das Territorialitätsprinzip eine Aussage über die Anknüpfung an das Schutzland mit der Folge, dass diese Kollisionsnorm nicht für alle Zeit zementiert sein muss. Trotzdem entspricht die lex loci protectionis zumindest für andere als Multistate-Sachverhalte der internationalprivatrechtlichen Interessenlage.

---

267 *Schurig*, in: Kegel/Schurig, S. 149.

268 Diesbezüglich wird jedoch auf die Einheit der Regelung verwiesen, *Beier/Schricker/Ulmer*, GRUR Int. 1985, 104, 106. Zu beiden Aspekten 7. Kap.III. (S. 295 ff.).

Teil 2

Einschränkung des Schutzlandprinzips im Internet

Es hat sich herausgestellt, dass das Territorialitätsprinzip nur besagt, dass die subjektiven Schutzrechte räumlich auf ein Staatsgebiet begrenzt sind. Es verbietet dagegen nicht die Berücksichtigung ausländischer Rechte innerhalb der Verletzungstatbestände. Auch die Schutzlandanknüpfung ist weder durch völkerrechtliche Vorgaben noch den Gebietsgrundsatz zwingend determiniert. Dennoch soll im folgenden Teil am Schutzlandprinzip und dem beschränkten Anwendungsbereich der nationalen Gesetze festgehalten werden, bevor im dritten Teil Lösungsvorschläge unter Aufgabe dieser Annahmen der ganz überwiegenden Auffassung erörtert werden. Auf dieser Basis ist zu überlegen, inwiefern die Problematik der Werbung für ein geschütztes geistiges Gut über das Internet akzeptabel gelöst werden kann.

Es bieten sich verschiedene Möglichkeiten an: Zum einen können Voraussetzungen der Anwendbarkeit eines konkreten Schutzlandrechts (und damit das kollisionsrechtliche Schutzlandprinzip) oder die sachrechtlichen Verletzungsvoraussetzungen durch das Erfordernis eines stärkeren Inlandsbezugs ergänzt werden. Dabei stellt sich die Frage, ob diese Restriktion dogmatisch auf kollisions- oder sachrechtlicher Ebene zu verankern ist (4. Kapitel). Anschließend ist zu klären, durch welche Kriterien ein gegebenenfalls erforderlicher Inlandsbezug konkretisiert werden kann (5. Kapitel). Zum anderen kann die Begrenzung der Rechtsfolgen als Ansatzpunkt dienen (6. Kapitel). Allerdings stellen sich die mit der Verwertung geistiger Güter über das Internet verbundenen Probleme nicht überall gleich dar. Vielmehr ist zu differenzieren, ob im Schutzland die Daten in das Internet eingestellt wurden oder ob die (möglicherweise verletzenden) Internetinhalte auf dem Hoheitsgebiet dieses Staates lediglich abrufbar sind (3. Kapitel).

Kapitel 3

Notwendigkeit einer Einschränkung

I. Auswirkungsstaat

Einigkeit besteht inzwischen darüber, dass es einer Einschränkung bedarf, wenn die in Rede stehende Internetseite vom Ausland in das Netz eingestellt wird und im Inland lediglich abrufbar ist.[1] In diesem Zusammenhang wird regelmäßig und zutreffend auf die Gefahr eines Unterlassungsverbots, das die Verwertung des geschützten immateriellen Gutes mit Wirkung für andere Länder verbieten kann, sowie die Möglichkeit eines wechselseitigen Verbots konkurrierender Schutzrechtsinhaber hingewiesen.[2] Dies ist wenig interessengerecht und steht im Widerspruch zur Dienstleistungsfreiheit nach Art. 49 EGV, wenn der konkrete Internetnutzer in einem Mitgliedsstaat der EU ansässig ist und eine grenzüberschreitende[3] Dienstleistung bewirbt.[4] Allerdings würde es zur Vermeidung dieser ungewünschten Situation genügen, die Rechtsfolgen des negatorischen Anspruchs zu limitieren. Gleichfalls kommt bei Schadensersatzansprüchen eine Begrenzung der Rechtsfolgen auf den Ersatz inländischer Schäden in Betracht.

Trotzdem sprechen gute Gründe dafür, bereits das „Ob" einer Verletzung von einem weiteren Inlandsbezug neben der bloßen Abrufbarkeit der Internetseite im Schutzland abhängig zu machen. Andernfalls führt jede Verwendung eines geistigen Gutes im Internet, die nicht vom deutschen Schutzrechtsinhaber autorisiert wurde, zu einer Verletzung des deutschen Schutzrechts, sofern nicht ausnahmsweise eine Schrankenbestimmung eingreift. Jeder Inhalt-Anbieter („Content-Provider") müsste vom Grundsatz her die Rechtesituation in Deutschland beachten; das Internet würde „deutsch" werden, selbst wenn gewisse Kompromisse bei den Rechtsfolgen eingegangen würden. Diese Konsequenz leuchtet angesichts der Tatsa-

---

[1] *Kur*, WRP 2000, 935, 937 (Fn. 20); *Ohly*, JZ 2005, 738, 739.

[2] *Bettinger/Thum*, GRUR Int. 1999, 659, 671; *Ohly*, in: Leible, IPR im Zeitalter der neuen Medien, S. 135, 139.

[3] Zu dieser Voraussetzung und ihrer Ableitung aus Art. 49 EGV siehe *Randelzhofer/Forsthoff*, in: Grabitz/Hilf, EU, Art. 49/50 EGV Rz. 39 ff.

[4] So auch BGH GRUR 2005, 431, 432 – Hotel Maritime.

che, dass das Internet trotz seiner Ubiquität von ausländischen Anbietern häufig – wenn nicht in der Mehrzahl der Fälle – nur für rein nationale Zwecke bzw. jedenfalls nicht auf Deutschland bezogen eingesetzt wird, nicht recht ein, zumal eine Reterritorialisierung einzelner Seiten weder technisch noch wirtschaftlich möglich ist.[5]

Begründen lässt sich das zum einen mit völkerrechtlichen Erwägungen. Zwar ist seit der Lotus-Entscheidung des StIGH anerkannt, dass eine extraterritoriale Anwendung inländischer Rechtsnormen grundsätzlich zulässig ist. Eine Grenze für die Regelungsbefugnis findet sich allerdings in dem Erfordernis einer echten Verknüpfung zum eigenen Staat (genuine link).[6] Ob die bloße Abrufbarkeit einer Internetnetseite ohne irgendeinen weiteren Bezug zum Inland für diese Verknüpfung ausreicht, darf bezweifelt werden.[7]

Vor allem lohnt sich ein Blick auf die hinter der *Bogsch*-Theorie stehenden Gründe. Diese wurde im Urheberrecht für (Satelliten-)Sendungen entwickelt. Ursprünglich war anerkannt, dass das urheberrechtliche Senderecht lediglich durch das Aussenden von Daten verletzt werden konnte; der Empfang war genauso irrelevant wie die Empfangbarkeit.[8] Eine Person, die ein geschütztes Werk senden wollte, musste sich folglich nur um die Verwertungsrechte in *einem* Land, dem Ausstrahlungsort, bemühen, selbst wenn die Sendung in anderen Staaten empfangen werden konnte. Angesichts der technischen Entwicklungen wurde dies zunehmend als nicht mehr interessengerecht angesehen. Es wurde befürchtet, dass durch die gezielte Ausstrahlung terrestrischer Fernsehsendungen die Urheber um ihren verdienten Lohn gebracht werden könnten. Vor allem wurde es durch die Erfindung des direkt empfangbaren Satellitenfernsehens und der bestehenden (und von Art. 11bis Abs. 2 RBÜ gedeckten) Schutzdivergenzen möglich, gezielt das hohe Schutzniveau eines Staates zu unterlaufen oder die unterschiedliche Rechtsinhaberschaft auszunutzen.[9] Ohne die Maßgeblichkeit der Rechtsordnungen an den Orten der Empfangbarkeit wäre es leicht möglich, dass dem Schutzrechtsinhaber die wirtschaftlichen Vorteile in Bezug auf das Empfangsland (bzw. dessen Markt) entgehen. Da diese Gefahr im Internet in ungleich stärkerem Maße existiert und sich übergreifend für gewerbliche Schutzrechte und das Urheberrecht stellt, wird auch

---

[5] Siehe Einleitung.II.1. (S. 4 ff.).

[6] Dazu und zur Lotus-Entscheidung des StIGH 1. Kap.I.1. (S. 19).

[7] Eine Einschränkung aus völkerrechtlichen Erwägungen fordern *Brömmelmeyer*, S. 195; *Drexl*, in: MünchKomm, BGB, IntImmGR Rz. 174 ff., 186 ff.; *Ebner*, S. 120 ff.

[8] Dazu *v. Ungern-Sternberg*, in: Schwarze, Rechtsschutz gegen Urheberrechtsverletzungen, S. 109, 113 ff.

[9] Statt vieler *Dreier*, in: Dreier/Schulze, UrhG, Vor §§ 120 ff. Rz. 38; *Katzenberger*, in: Schricker, UrhR, Vor §§ 120 ff. Rz. 141.

hier die Beachtlichkeit der bloßen Empfangbarkeit überwiegend befürwortet.[10] Zweck und historisches Entstehen zeigen also, dass die ursprüngliche Idee der alleinigen Maßgeblichkeit des Aussendeaktes vor allem zur Vermeidung von Schutzlücken auf Grund neuerer technischer Entwicklungen aufgegeben wurde. Nur soweit Schutzlücken drohen, ist daher eine Ausweitung nötig. Dies ist beim Internet indes keineswegs immer der Fall, da es genügend Fälle gibt, in denen eine Internetseite außer ihrer technischen Empfangbarkeit keinen weiteren Bezug zum Schutzland hat.

Eine Einschränkung der Verletzungsvoraussetzungen löst jedoch keinesfalls sämtliche Probleme. Sobald der geforderte Inlandsbezug besteht und eine Verletzung bejaht wird, besteht die Gefahr fort, dass die Entscheidung eines Landes faktisch eine überschießende Tendenz hat und sich die Sanktionen auch auf dem Territorium eines anderen Staates auswirken. Ein Verbot der Ermöglichung der Abrufbarkeit der Werbung auf einem Staatsgebiet kann sich wegen der technischen bzw. wirtschaftlichen Unmöglichkeit zur Begrenzung des Internets weltweit auswirken. Überlegungen auf der Rechtsfolgenseite erübrigen sich folglich nicht.

II. Verhaltensstaat

Anders ist die Situation, wenn im Schutzstaat die betreffende Internetseite nicht nur abrufbar ist, sondern auch von dort in das Internet eingestellt wurde[11] und der Upload des Angebots als Benutzungshandlung sanktioniert werden soll.[12] Das ursächliche Verhalten findet nämlich nicht in einer Vielzahl von Ländern statt, sondern lässt sich an einem einzigen Ort lokalisieren.[13] Deswegen ist die Notwendigkeit einer Kompatibilität des gesamten Internets mit der deutschen oder einer ausländischen Immaterialgüterrechtsordnung nicht zu befürchten. Des Weiteren werden diese Sachverhalte bereits durch die herkömmliche Sendelandtheorie, nach der einzig das Aussenden der Daten tatbestandsmäßig ist, erfasst;[14] einer Ausdehnung auf

[10] Siehe Einleitung.I. (S. 2).

[11] Als relevante Benutzungshandlung kommt vor allem das Aussenden vom Server, auf dem die Daten gespeichert werden und (dauerhaft) der Öffentlichkeit zur Verfügung stehen, sowie das Aufspielen der Daten auf diesen Server in Betracht.

[12] Das ist durch die Relevanz der Abrufbarkeit nicht ausgeschlossen und entspricht dem ganz überwiegenden Verständnis der *Bogsch*-Theorie; siehe nur BGHZ 152, 317, 323 f. – Sender Felsberg; *Katzenberger*, in: Schricker, UrhR, Vor §§ 120 ff. Rz. 145; *Schack*, IPRax 2003, 141, 142; *Schricker*, EWiR 2000, 787.

[13] Sofern man mehrere Teilakte des Verhaltens gesondert beachten will, finden diese Teilakte an wenigen Orten statt.

[14] Nach der Sendelandtheorie ist das Aussenden der Daten selbst dann tatbestandsmäßig, wenn die Auswirkungen ausschließlich im Empfangsstaat zu spüren sind und die

die Orte der Empfangbarkeit zur Vermeidung von Schutzlücken ist nicht nötig. Folglich stellt sich die Frage nach der Einschränkung einer zu weit geratenen Schutzausdehnung nicht in gleichem Umfang. Zudem kann in dem inländischen Verhalten der hinreichende Bezugspunkt zum Inland gesehen werden.[15] Einer Einschränkung der Voraussetzungen einer Verletzung bedarf es daher nicht. Sie wird auch nicht gefordert und in der Diskussion regelmäßig nicht einmal erwähnt.[16]

Umso bedauerlicher ist es, dass die WIPO in ihrer Joint Recommendation Concerning Provisions on the Protection of Marks, and Other Industrial Property Rights in Signs, on the Internet[17] für eine tatbestandsmäßige Kennzeichennutzung über das Internet eine geschäftliche Wirkung im Inland fordert (Art. 2 i.V.m. Art. 3), ohne zu differenzieren, ob im Inland das ursächliche Verhalten zu lokalisieren ist. Man wird wohl davon auszugehen haben, dass das federführende Komitee – ebenso wie die allgemeine Diskussion – nur die Problematik der Beachtlichkeit der Abrufstaaten im Auge hatte und keine Einschränkung von Sachverhalten, bei denen das ursächliche Verhalten im Inland stattgefunden hat, beabsichtigt war.[18]

Daten nur für dieses Land bestimmt sind. Vgl. dazu BGHZ 152, 317, 323 f. – Sender Felsberg: dort hat der BGH ausgeführt, dass es für die Anwendung des § 20 UrhG irrelevant ist, wo sich die anvisierte Öffentlichkeit befindet, solange der Aussendeakt im Inland liegt.

[15] So auch *Drexl*, in: MünchKomm, BGB, IntImmGR Rz. 178, der auf die völkerrechtliche Bedenkenlosigkeit hinweist.

[16] Ausdrücklich *Drexl*, in: MünchKomm, BGB, IntImmGR Rz. 156 und 178. Lediglich vereinzelt wird in Bezug auf das Senderecht die alleinige Maßgeblichkeit des Empfangslandes vorgeschlagen, siehe z.B. OLG Saarbrücken, IPRax 2003, 150, 152 – Sender Felsberg. Überträgt man diesen Ansatz auf das Internet, hat dies zunächst keine praktischen Auswirkungen, da im Land des Uploads zugleich der Inhalt abrufbar ist; doch steht einer Einschränkung der Voraussetzungen einer Verletzung eines Schutzrechts dann nichts mehr im Wege. Der BGH hat die Unbeachtlichkeit des Ausstrahlungslandes jedoch in Übereinstimmung mit der nahezu allgemeinen Ansicht im Schrifttum ausdrücklich abgelehnt; siehe BGHZ 152, 317, 323 f. – Sender Felsberg. Hierzu 8. Kap.IV.1. (S. 320). Sofern man dennoch die Relevanz des Aussendens von einer wirtschaftlichen Auswirkungen abhängig zu machen erwägt, ist dies freilich kein internetspezifisches Problem: Gleich gelagerte Fälle gibt es beispielsweise bei der Frage, ob ein postalisches Angebot eines patentrechtlichen Erzeugnisses vom Inland in das Ausland oder ein Angebot auf inländischen Messen ohne weiteren Inlandsbezug bereits eine Patentverletzung im Inland darstellen soll.

[17] Abrufbar unter http://www.wipo.int/export/sites/www/about-ip/en/development_iplaw/pdf/pub845.pdf (Stand: 21.7.2008); im Folgenden „WIPO Joint Recommendation“ genannt.

[18] Dies kann z.B. dadurch erreicht werden, dass diese Fallgruppe aus dem Anwendungsbereich der Recommendation insgesamt ausgenommen wird oder dass der inländische Upload als geschäftliche Wirkung im Inland i.S.d. Art. 2 angesehen wird; Letzteres

Nicht geleugnet werden kann dagegen die Gefahr der globalen Wirkung von Unterlassungsverfügungen. Ein Verbot des Einspeisens von Daten in das Internet beeinträchtigt nämlich zumindest die Abrufbarkeit in anderen Staaten. Insofern ähnelt die Problematik der Situation, wenn die Internetseite im Schutzland lediglich empfangbar ist. Zur Ausräumung dieser Komplikationen genügt indes die Beschränkung der Rechtsfolge des Unterlassungsanspruchs.[19] Ferner stellt sich die Frage, ob ein Schutzrechtsinhaber wegen des rechtswidrigen Einstellens geistiger Güter in das Internet nur die im konkreten Schutzland entstandenen oder sämtliche Schäden weltweit ersetzt verlangen kann. Die Erörterung der Rechtsfolgenbeschränkung muss daher Fallkonstellationen, in denen das ursächliche Verhalten im Schutzstaat verwirklicht wird, einschließen.

III. Zusammenfassung

Nach diesen Überlegungen lässt sich konstatieren, dass die Sanktionierung der bloßen Abrufbarkeit einer Werbung für geistige Güter über das Internet einer Einschränkung bedarf. Dazu sind zusätzliche Anforderungen an das „Ob" einer Verletzung zu stellen und kumulativ die Rechtsfolgen zu begrenzen. Wurde im Schutzland zugleich das ursächliche Verhalten (d.h. das Einspeisen der Daten in das Internet) veranlasst, ist hierin der notwendige Inlandsbezug für die Anwendbarkeit der inländischen Verwertungstatbestände zu erblicken. Überlegungen zur Begrenzung der Rechtsfolgen erübrigen sich dagegen nicht. In der Konsequenz beschäftigen sich das 4. und 5. Kapitel allein mit der Fallgruppe eines außerhalb des Schutzlandes belegenen Verhaltensortes; im 6. Kapitel wird diese Restriktion aufgegeben.

---

scheint möglich, da Art. 3 die Voraussetzungen der geschäftlichen Wirkung nicht abschließend konkretisiert.

[19] Für eine Auflösung von Wertungswidersprüchen mit ausländischen Rechtsordnungen durch eine Beschränkung der Rechtsfolgen plädiert auch *Drexl*, in: MünchKomm, BGB, IntImmGR Rz. 185.

Kapitel 4

Dogmatische Einordnung eines erhöhten Inlandsbezugs

I. Meinungsstand

1. Rechtsprechung in Deutschland

Die Rechtsprechung in Deutschland hat sich seit gut einem Jahrzehnt mit Fällen zu beschäftigen, in denen die Verletzung eines Immaterialgüterrechts wegen dessen Verwendung im Internet geltend gemacht wird. Einige Gerichte erörterten die Notwendigkeit eines Inlandsbezugs neben der bloßen Abrufbarkeit einer Internetseite in Deutschland innerhalb der internationalen Zuständigkeit beim Gerichtsstand der unerlaubten Handlung (Art. 5 Nr. 3 EuGVVO, Art. 5 Nr. 3 EuGVÜ, § 32 ZPO).[1] Dies ist indes nicht Gegenstand der Untersuchung. Vorliegend soll die Konzentration darauf gelegt werden, ob die Gerichte das Erfordernis eines erhöhten Inlandsbezugs im Kollisions- oder Sachrecht verorten.

Bereits im Jahr 1997 hatte das Kammergericht (KG) in einem kennzeichenrechtlichen Streit zu entscheiden, ob die US-amerikanische Antragsgegnerin mit Niederlassung in Deutschland durch ihre Internetseiten „concert-concept.de“ und „concert-concept.com“ die Firma der deutschen Antragsstellerin verletzte. Dabei stellte es zunächst innerhalb der internationalen Zuständigkeit gemäß § 32 ZPO fest, dass Berlin Tatort sei, da der Domain-Name hier bestimmungsgemäß abgerufen werden konnte. Sodann folgte ein kurzer Hinweis hinsichtlich der Anwendbarkeit deutschen Rechts auf die deliktischen Ansprüche wegen der – bereits dargelegten – Belegenheit des Tatorts im Inland.[2] Deutsches Recht kam also wegen der *bestimmungsmäßigen* Abrufbarkeit der Internetseite in Deutschland zur Anwendung. Diese Wortwahl lässt vordergründig auf eine Einschränkung der möglichen Tatorte und gleichzeitig der möglicherweise anwendbaren Rechtsordnungen schließen. Die Einschränkung erfolgt demnach auf internationalprivatrechtlicher Ebene. Zwar wandte das KG eine deliktsrechtlich

---

[1] KG NJW 1997, 3321 – concert concept; LG Düsseldorf GRUR 1998, 159, 160 – Epson; LG Düsseldorf InstGE 3, 54, 55 – Sportschuhsohle; LG München I K&R 2000, 360 – Intershop. Aus jüngerer Zeit OLG Köln MMR 2008, 342 f.

[2] KG NJW 1997, 3321 – concert concept.

verstandene Anknüpfungsregel an, doch hat sich bereits gezeigt, dass wegen des Ausreichens einer möglichen Verletzung kein wesentlicher Unterschied zum Schutzlandprinzip besteht.[3] Allerdings fällt auf, dass das KG keine weiteren Ausführungen hinsichtlich der Anforderungen an die Bestimmungsmäßigkeit machte. Zumindest hinsichtlich der Internetseite mit der Top Level Domain (TLD) „.com" wäre dies angezeigt gewesen. Ob das KG eine sachliche Hürde aufgestellt hat, ist somit zweifelhaft.[4] Gleichwohl hat es formal eine Einschränkung vorgenommen – und zwar innerhalb des Kollisionsrechts.

Wenig später brachte das OLG Karlsruhe im Jahr 1999 auf die Klage einer Gemeinde wegen der Verwendung ihres Namens als Domain-Adresse unter der TLD „.com" durch ein Unternehmen aus der Computer-Branche deutsches Recht mit nahezu identischen Ausführungen wie das KG zur Anwendung: die Internetseite des Beklagten sei hier bestimmungsgemäß abrufbar. Eine Stellungnahme zu den Anforderungen an die Bestimmungsmäßigkeit fehlte gleichfalls.[5] Auf dieser Linie befindet sich auch eine Entscheidung des OLG München aus dem Jahr 2003: Die italienische Beklagte bewarb von ihr industriell gefertigte Keramikplatten auf ihrer deutschsprachigen Internetseite unter der Bezeichnung „Pietra di Soln". Diese seien dem Solnhofener Naturstein nachempfunden. Hiergegen wandte sich das klagende Unternehmen aus Solnhofen. Das OLG bejahte die Anwendbarkeit des deutschen MarkenG, da der Internetauftritt der Beklagten auf den deutschen Markt gerichtet sei und gestand der Klägerin die Ansprüche wegen der unzulässigen Verwendung geographischer Herkunftsbezeichnungen nach § 128 Abs. 1 und 2 MarkenG zu.[6] Anders als der BGH, der in seiner Revisionsentscheidung die Ansprüche aus der Verwendung geographischer Herkunftsangaben wettbewerbsrechtlich qualifizierte und die Zielgerichtetheit auf die dort geltende Anknüpfungsregel des Marktortprinzips anwandte,[7] bezog das OLG dieses Einschränkungskriterium auf das Schutzlandprinzip der gewerblichen Schutzrechte.[8]

Andere Gerichte diskutierten das Erfordernis eines Inlandsbezugs auf sachrechtlicher Ebene. So urteilte das LG Hamburg im Jahr 1999 in einem kennzeichenrechtlichen Fall, dass der Markenschutz wegen der weltweiten

---

[3] Siehe 2. Kap.I.3. (S. 84 ff.).

[4] Ablehnend *Kur*, in: Loewenheim/Koch, Online-Recht, Ziff. 8.6.2; *Nordemann-Schiffel*, in: Bröcker/Czychowski/Schäfer, Praxishandbuch Geistige Eigentum, § 3 Rz. 21.

[5] OLG Karlsruhe MMR 1999, 604, 605 – badwildbad.

[6] OLG München GRUR-RR 2004, 252, 253 – Pietra di Soln.

[7] BGH GRUR 2007, 67, 68 – Pietra di Soln.

[8] Das OLG verwandte für diese Anknüpfungsregel allerdings den Begriff des Territorialitätsprinzips (GRUR-RR 2004, 252, 253). Zur Ablehnung des Begriffs für die Kollisionsnorm oben 1. Kap.VI.5. (S. 77).

Abrufbarkeit einer normativen Einschränkung in Form eines eigenständigen Inlandsbezugs bedürfe.[9] Ebenfalls innerhalb des Sachrechts entschied das OLG Hamm im Jahr 2003, dass die Verwendung des streitgegenständlichen Zeichens „nobia" im Internet unter der TLD „.se" eine Benutzung im geschäftlichen Verkehr in der Bundesrepublik darstelle. Wegen des aus der Globalität des Internets folgenden Interessenwiderstreits zwischen inländischem Zeicheninhaber und ausländischem Zeichennutzer sei jedoch eine Interessenabwägung nötig. Entscheidend sei, ob die Kennzeichenbenutzung im Internet einen nach Art und Intensität spürbaren Inlandsbezug aufweise. Dieser sei im konkreten Fall schon wegen der bestimmungsmäßigen und nicht nur zufälligen, weil technisch möglichen, Abrufbarkeit der Internetseite im Inland gegeben.[10] Auch das OLG Karlsruhe urteilte im selben Jahr, dass der erforderliche Ausgleich der kollidierenden Interessen zweckmäßigerweise durch eine normative Einschränkung auf der Ebene des materiellen Rechts zu erfolgen habe.[11] Das OLG Hamburg nahm gleichfalls eine sachrechtliche Einschränkung des § 17 Abs. 1 UrhG vor.[12]

Den vorläufigen Höhepunkt der Entscheidungen wegen der Verletzung von Schutzrechten durch die Verwendung geistiger Güter im Internet stellt ein Urteil des BGH vom 13.10.2004 dar. Die deutsche Klägerin betrieb in Deutschland vierzig Hotels unter der eingetragenen Marke „Maritim". Mit ihrer Klage wandte sie sich gegen den Internetauftritt der Beklagten unter der URL „www.hotel-maritime.dk", die in Kopenhagen ein Hotel unter dem dort eingetragenen Kennzeichen „Hotel Maritime" führte. Der BGH brachte deutsches Recht als das Recht des Schutzlandes zur Anwendung und nahm innerhalb des § 14 Abs. 2 Nr. 2, Abs. 5 bzw. § 15 Abs. 2 und 4 MarkenG eine Gesamtabwägung vor. Im konkreten Fall urteilte er, dass die Interessen der Klägerin wegen der geringen wirtschaftlichen Auswirkungen der Werbung und des Angebots der Beklagten zurückstehen mussten, obwohl die Internetseite auch auf Deutschland ausgerichtet war.[13] Das Gericht diskutierte – im Gegensatz zu der Frage nach dem Erfordernis der bestimmungsmäßigen Abrufbarkeit im Kontext der internationalen Zuständigkeit nach Art. 5 Nr. 3 EuGVÜ[14] – nicht einmal eine mögliche Beschrän-

---

[9] LG Hamburg CR 1999, 785, 787 – animal planet.

[10] OLG Hamm MMR 2004, 177 – nobia.

[11] OLG Karlsruhe ZUM-RD 2003, 135, 137, 140 – intel.

[12] OLG Hamburg IPRax 2006, 176, 177 – Wagenfeld Leuchte; inzwischen aufgehoben durch den BGH (GRUR 2007, 871, 873 f.), der das Schutzlandprinzip uneingeschränkt anwandte und eine Verletzung im Inland gegeben sah.

[13] BGH GRUR 2005, 431, 432 f. – Hotel Maritime.

[14] Die EuGVVO gilt nicht im Verhältnis zu Dänemark, siehe Art. 2 des Protokolls (Nr. 5) über die Position Dänemarks (1997) (BGBl. 1998 II S. 466) sowie Art. 1 Abs. 3 EuGVVO. Insoweit gilt weiterhin das EuGVÜ (siehe 22. Erwägungsgrund zur EuGVVO).

kung des Schutzlandprinzips, sondern stellte seine Überlegungen allein im nationalen Sachrecht an.[15]

Auf dieser Linie befinden sich auch die meisten nach diesem Urteil ergangenen Entscheidungen der Instanzgerichte, teils unter ausdrücklichem Verweis auf die Entscheidung des BGH im Fall Hotel Maritime.[16] Dieses Vorgehen entspricht auch den Vorschlägen der WIPO in ihrer Joint Recommendation, auf die der BGH ausdrücklich Bezug nahm. Diese betreffen ebenfalls nur das Sachrecht. Ob mit der Joint Recommendation zugleich eine Entscheidung der WIPO gegen eine kollisionsrechtliche Lösung verbunden ist, erscheint jedoch mehr als fraglich. Denn das Standing Comitee on the Law of Trademarks, Industrial Designs and Geographical Indications (SCT) der WIPO, das die Joint Recommendation erarbeitete, beschränkte sich bewusst auf das Sachrecht. Aspekte der internationalen Zuständigkeit und des internationalen Privatrechts wurden ausgeklammert, da erstere Gegenstand einer Arbeitsgruppe der Haager Konferenz für Internationales Privatrecht war und die kollisionsrechtlichen Fragen auch andere Rechtsgebiete des geistigen Eigentums betreffen.[17]

Dagegen hat das OLG München – wiederum unter Verweis auf besagte Entscheidung des BGH – im Jahr 2005 erkannt, dass auf die Verletzung von technischen Maßnahmen zum Schutz eines urheberrechtlichen Werkes die internationalprivatrechtliche Anwendbarkeit deutschen Rechts und damit des § 95a UrhG „unter Berücksichtigung des im Urheberrechts maßgebenden Schutzlandprinzips“ dann gegeben ist, wenn ein hinreichender Inlandsbezug vorliegt. Diesen hielt es im Streitfall für gegeben, da der Internetartikel, mit dessen Hilfe den Internetnutzern via Hyperlink der Bezug der Software „AnyDVD“ zur Umgehung von Kopierschutzmaßnahmen ermöglicht wurde, auch auf Internetnutzer in Deutschland ausgerichtet sei.[18]

Insgesamt lässt sich feststellen, dass sich die Notwendigkeit einer Begrenzung der Maßgeblichkeit aller abrufbaren Orte von Internetseiten auch in der Rechtsprechung – spätestens seit der Entscheidung Hotel Maritime des BGH – durchgesetzt hat. Dagegen war und ist unklar, an welcher dogmatischen Stelle die Rechtsprechung diese Eingrenzung vornimmt. Überdies ist es sehr zweifelhaft, ob sich die Gerichte – und zwar auch der BGH

[15] Unzutreffend *Gruber*, in: v. Schultz, MarkenR, Anh § 5 Rz. 26; *Köhler/Arndt/Fetzer*, S. 278.

[16] OLG München GRUR-RR 2005, 375, 378 – 800 Flowers (obiter); OLG München GRUR-RR 2006, 130, 131 – UltraMind; LG Köln NJOZ 2006, 1506, 1507 – Hotelwerbung im Internet.

[17] Siehe dazu *Kur*, IIC 33 (2002), 41, 42; *Dinwoodie*, PI Aspects, Ziff. 102; *Wichard*, in: Drexl/Kur, IP and PIL, S. 257, 259.

[18] OLG München IPRax 2006, 280, 283.

– überhaupt Gedanken über die Einordnung im Sach- oder Kollisionsrecht gemacht haben. Im Vordergrund stand nämlich immer die Frage, ob überhaupt eine Begrenzung zu erfolgen hat. So ist in etlichen Entscheidungen gar nicht erkennbar, ob die Diskussion innerhalb des Kollisions- oder Sachrechts erfolgt. Eindrucksvollstes Beispiel ist ein Urteil des LG Köln vom 20.4.2001. Dort sind zwar detaillierte Gründe genannt, warum die Internetseite „www.budweiser.com" der US-amerikanischen Beklagten erkennbar nicht auf Deutschland gerichtet ist und daher keine Werbung in der Bundesrepublik darstellt, doch diese Ausführungen stehen isoliert dar, und es wird nicht einmal eine möglicherweise einschlägige Norm genannt.[19] Auch in anderen Entscheidungen fehlen jedwede Ausführungen, warum eine Einschränkung auf Ebene des internationalen Privatrechts und nicht im Sachrecht bzw. umgekehrt zu erfolgen hat. Vom Ergebnis her kam es darauf auch nicht an. Denn in den bisherigen Streitsachen vor den Gerichten ging es – soweit ersichtlich – immer um die Verletzung eines deutschen Kennzeichen-, Urheber- oder Patentrechts und damit um die Anwendbarkeit bzw. Einschlägigkeit deutschen Rechts. Fremde Schutzrechte und damit ausländisches Recht standen nicht in Rede. Die Folge der Negierung des geforderten Inlandsbezugs war unabhängig von dessen dogmatischer Verortung die Klageabweisung durch Sachurteil.

2. Literatur

In der Literatur finden sich sehr viele Stellungnahmen zu dem Erfordernis eines weiteren Inlandsbezugs über die bloße Abrufbarkeit einer Internetseite hinaus. Inzwischen wird man davon ausgehen können, dass Einigkeit über die Notwendigkeit eines solchen besteht.[20] Etliche Autoren wollen die Einschränkung in Anlehnung an die h.A. im Wettbewerbsrecht bereits auf internationalprivatrechtlicher Ebene vornehmen. Nur solche Rechtsordnungen sollen zur Anwendung berufen werden, auf deren Gebiet die Internetseite bestimmungsgemäß abrufbar ist bzw. spürbare Auswirkungen hat.[21] Andere diskutieren die Einschränkung auf sachrechtlicher Ebene,

---

[19] LG Köln ZUM-RD 2001, 524 f. – budweiser. Bezeichnend ist, dass diverse Autoren in ihren Urteilsanmerkungen die Verortung des Problems durch das LG sehr unterschiedlich beurteilen: Einschränkung der sachlichen Voraussetzungen des Markenrechts (*Cichon*, CR 2002, 59 f.); innerhalb der sachrechtlichen Vorschriften des Wettbewerbsrechts (*Mankowski*, MMR 2002, 61); i.R.d. internationalprivatrechtlichen Wettbewerbsrechts (*Spätgens*, EWiR 2002, 247 f.).

[20] *Kur*, WRP 2000, 935, 937 (Fn. 20); *Ohly*, JZ 2005, 738, 739.

[21] *Bornkamm*, in: Bartsch/Lutterbeck, Neues Recht, S. 99, 115 f.; *Buchner*, GRUR Int. 2005, 1004, 1006 f.; *Dreier*, in: Dreier/Schulze, UrhG, Vor §§ 120 Rz. 42; *v. Eechoud*, S. 223 f.; *Gottschalk*, in: Gottschalk u.a., Conflict of Laws, S. 184, 217 f.; *Hoeren/Große Ruse*, in: Lehmann, Electronic Buisness, S. 301, 315; *M. Junker*, Anwendbares

ohne die Möglichkeit einer Modifikation des Schutzlandprinzips in Betracht zu ziehen.[22] Zunehmend wird hingegen bewusst die Meinung vertreten, dass das Kollisionsrecht nicht der richtige Ansatzpunkt für die Korrektur der *Bogsch*-Theorie sei. Es gehe um sachrechtliche Fragen; daher müsse das jeweilige nationale Sachrecht Lösungsmöglichkeiten bereitstellen.[23] Gleichwohl wird keine ausführliche Begründung für diese Einordnung angeführt. Andererseits fehlt eine wissenschaftliche Auseinandersetzung seitens der Befürworter einer kollisionsrechtlichen Lösung mit diesen Gegenargumenten.

Im Folgenden soll versucht werden, Argumente für und gegen die dogmatische Einordnung des Restriktionskriteriums im Sach- und/oder internationalen Privatrecht zu finden.

II. Einschränkung des Sachrechts

1. Konsequenz des völkerrechtlichen Verbots der Exterritorialität

Den Vorrang einer sachrechtlichen Lösung kann man jedenfalls nicht aus dem Völkerrecht herleiten.[24] Zwar kann die Vereinbarkeit der Maßgeblichkeit der Abrufbarkeit von Internetdaten ohne weiteren Inlandsbezug wegen des Erfordernisses einer echten Verknüpfung (genuine link) bezweifelt

---

Recht, S. 350 ff.; *Kort*, DB 2001, 249, 2257; *Kotthoff*, in: HK-UrhG, § 120 Rz. 19 f.; *Kur*, in: Loewenheim/Koch, Online-Recht, Ziff. 8.6.2.; *dies.*, 30 Brook. J. Int'l L. (2005), 951, 966 ff. (anders *dies.*, WRP 2000, 935, 936 ff.); *Mankowski*, RabelsZ 63 (1999), 203, 280; *Nordemann-Schiffel*, in: Bröcker/Czychowski/Schäfer, Praxishandbuch Geistiges Eigentum, § 3 Rz. 28, 119; *Omsels*, GRUR 1997, 328, 336; *Peukert*, in: Loewenheim, Handbuch UrhR, § 33 Rz. 20; *Sack*, WRP 2000, 269, 274 (anders nun *ders.*, WRP 2008, 1405, 1417; *Schricker*, EWiR 2000, 787, 788; *Ubber*, S: 215; *Wegner*, CR 1998, 676, 681 f.

[22] *Ingerl/Rohnke*, MarkenG, Einl. Rz. 54; *Johannes*, GRUR Int. 2004, 928, 930 f.; *Keukenschrijver*, in: Busse, PatG, § 9 Rz. 133; *Scharen*, in: Benkard, PatG, § 9 Rz. 41; *Völker/Weidert*, WRP 1997, 652, 662.

[23] *Bettinger*, in: Bettinger/Leistner, Werbung im Internet, S. 256 (anders noch *ders.*, GRUR Int. 1997, 402, 417 (Fn. 29)); *Bettinger/Thum*, GRUR Int. 1999, 659, 670; *Brömmelmeyer*, S. 192; *Drexl*, in: MünchKomm, BGB, IntImmGR Rz. 150; *Ebner*, S. 65 f., 67; *Fezer/Koos*, in: Staudinger, BGB, IntWirtschR Rz. 885; *Katzenberger*, in: Schricker, UrhR, Vor §§ 120 Rz. 135; *Metzger*, IPRax 2006, 242, 246; *Ohly*, in: Drexl/Kur, IP and PIL, S. 241, 254; *ders.*, JZ 2005, 738, 740; *Spindler*, in: Leible, IPR im Zeitalter der neuen Medien, S. 155, 161. So auch der geplante Vorschlag der „European Max-Planck Group for Conflict of Laws in Intellectual Property (CLIP)", *Kur*, in: Leible/Ohly, IP and PIL, Ziff. IV.2.

[24] So aber *Drexl*, in: MünchKomm, BGB, IntImmGR Rz. 176; *Ebner*, S. 120 ff.

werden.[25] Doch selbst wenn das Völkerrecht eine Pflicht zur Eingrenzung bedingt, ist die dogmatische Umsetzung im nationalen Recht Sache des jeweiligen Staates.[26]

2. Sachrechtliche Lösung des Gesetzgebers in anderen Fällen

Erfolg versprechender ist ein Vergleich mit anderen urheberrechtlichen Verwertungsrechten, bei denen der europäische und ihm folgend der deutsche Gesetzgeber die Lösung des Problems von Multistate-Sachverhalten in Angriff genommen haben. Zum einen wurde bei europäischen Satellitensendungen der *Bogsch*-Theorie eine Absage erteilt und das Ausstrahlen als allein maßgeblicher Verwertungstatbestand festgeschrieben (Art. 2 Satellitenrichtlinie, § 20a UrhG). Damit wurden die nationalen Verwertungsrechte harmonisierend und einschränkend definiert und keine Kollisionsregel geschaffen.[27] Zum anderen wurde in Art. 5 Abs. 1 der Informationsgesellschafts-Richtlinie, der in § 44a UrhG umgesetzt wurde, eine sachrechtliche Schrankenbestimmung eingeführt, um sicherzustellen, dass nicht alle technisch notwendigen Vervielfältigungsvorgänge bei der Übertragung von Daten via Internet auf jedem zwischengeschaltetem Server, Router usw. dem Vervielfältigungsrecht des Urhebers unterworfen sind, da und soweit diese keine eigenständige wirtschaftliche Bedeutung haben. Der Gesetzgeber hat daher, soweit er tätig geworden ist, sachrechtliche Korrekturen vorgenommen.

3. Konflikt von Rechten

In der Literatur wird der sachrechtliche Ansatz überwiegend mit einem anderen Argument untermauert. Ausschlaggebend sei, dass es sich weniger um einen Konflikt von Rechtsordnungen, sondern vielmehr um eine Kollision von subjektiven Rechten handele.[28]

Dieses Argument erscheint auf den ersten Blick überzeugend. In der Tat steht vor allem ein Konflikt von Rechten im Vordergrund. Bieten zwei Personen ein urheberrechtlich geschütztes Werk, ein patentiertes Erzeugnis oder Verfahren oder eine markenrechtlich geschützte Ware oder Dienstleis-

---

[25] Hierzu 3. Kap.I. (S. 142 f.).

[26] Auch im Kartellrecht erfolgt die Umsetzung des *genuinen links* innerhalb der Anknüpfungsregel des § 130 Abs. 2 GWB. § 130 Abs. 2 GWB ist nach ganz überwiegender Auffassung eine Kollisions- und keine Sachnorm, *Immenga*, in: MünchKomm, BGB, IntWettbR/IntKartR Rz. 20; *Kegel*, in Kegel/Schurig, S. 1126.

[27] Nachweise in Fn. 248 zum 2. Kapitel.

[28] *Kur*, in: Basedow u.a., IP in the Conflict of Laws, S. 175; *Ohly*, in: Leible, IPR im Zeitalter der neuen Medien, S. 135, 150; *ders.*, in: Drexl/Kur, IP and PIL, S. 241, 246; *ders.*, JZ 2005, 738, 740.

tung über das Internet an, wobei jeder der Konkurrenten zumindest in einem Staat Schutz genießt, stehen sich zwei subjektive Berechtigungen gegenüber. Auf der einen Seite steht das positive Benutzungsrecht des potentiellen Verletzers, der auf dem Gebiet des betreffenden Schutzlandes das Recht zur umfassenden Benutzung des geistigen Gutes hat; er darf das geistige Gut auch im Internet verwenden. Auf der anderen Seite hat der konkurrierende Schutzberechtigte das negative Recht, die Verwertung des geschützten geistigen Gutes in seinem Schutzland durch andere zu verbieten. Dieses Recht ist ebenfalls – bis auf die Schrankenbestimmungen – umfassend und nicht an bestimmte Verwertungsformen gebunden; insbesondere sind keine Medien ausgenommen. Das Verbietungsrecht umfasst daher die Verwertung auf dem Schutzgebiet über das Internet. Zwischen diesen beiden Berechtigungen muss ein Ausgleich gefunden werden. Dabei ist es unerheblich, *durch welche* Rechtsordnung dies geschieht, sondern *dass* der Ausgleich vorgenommen wird.

Dass es sich insofern um ein Problem des Sachrechts handelt, macht auch der Umstand deutlich, dass eine vergleichbare Situation in einem rein inländischen Fall auftreten kann. So können in der Bundesrepublik Rechte bestehen, die auf einen Teil des Staatsgebiets beschränkt sind: Verwendet beispielsweise eine Person ein Kennzeichen für ein Unternehmen oder eine Ware, ohne dass sie die Eintragung in das Markenregister beantragt, genießt sie gemäß § 4 Nr. 2 MarkenG gleichfalls den Schutz des MarkenG und erwirbt ein absolutes Recht, sofern keine entgegenstehenden Schutzhindernisse bestehen. Die Reichweite ihres Schutzrechts ist aber anders als im Falle eines eingetragenen Kennzeichens auf das innerdeutsche Teilgebiet beschränkt, in dem ihr Zeichen Verkehrsgeltung erlangt hat.[29] Dadurch kann das Recht an ein und demselben Zeichen in Deutschland unterschiedlichen Inhabern zustehen. Gerade bei Dienstleistungsbetrieben oder lokalen Produktionsbetrieben kommt dies häufig vor.[30] Wirbt ein solcher Kennzeichenrechtsinhaber mit seinem Zeichen im Internet, obwohl dasselbe Kennzeichen in anderen Regionen Deutschlands zugunsten divergierender Inhaber geschützt ist, ist ebenfalls ein Ausgleich der konkurrierenden Befugnisse zu suchen.[31] Die Frage nach der anwendbaren Rechtsordnung stellt sich zwar gleichfalls,[32] doch wird niemand an der Maßgeblichkeit der

---

[29] *Götting*, S. 334.

[30] Man denke z.B. an den Friseur „an der Ecke" oder die Gastronomiebranche.

[31] Eine solche Konstellation lag z.B. der Entscheidung BGH GRUR 2005, 262 ff. – soco zu Grunde.

[32] Auch bei reinen Inlandssachverhalten muss die inländische Privatrechtsnorm durch das internationale Privatrecht zur Anwendung berufen werden (str.), siehe *Schurig*, in: Kegel/Schurig, S. 6.

deutschen Rechtsordnung zweifeln, da alle Berührungspunkte (bis auf die gleichzeitige weltweite Abrufbarkeit) in Deutschland liegen.

Diese Begründung – gestützt auf die Kollision subjektiver Rechte – ist allerdings auf die Situation von zwei konkurrierenden Inhabern eines absoluten Schutzrechts zugeschnitten. Problematisch ist deren Übertragung auf Fallgestaltungen, in denen der Verwerter des geistigen Gutes nicht selbst Inhaber eines eigenen oder abgeleiteten Schutzrechts ist, sondern sich nur auf eine Schrankenbestimmung oder eine fehlende entgegenstehende ausschließliche Berechtigung eines anderen in einem Staat berufen kann – mit anderen Worten, wenn das Immaterialgut in einem Land gemeinfrei ist.[33] In dieser Konstellation soll es sich – im Gegensatz zum Fall kollidierender Schutzrechte – nach einer Auffassung um ein internationalprivatrechtliches Problem handeln, da der Konflikt zwischen den beiden Schutzgutverwertern aus der divergierenden Rechtslage in den einzelnen Ländern folgt.[34] Diese Ungleichbehandlung überzeugt indes nicht. Auch solche Schrankenregeln können dem Einzelnen ein subjektives, wenngleich kein ausschließliches Recht zur Benutzung einräumen, so dass die Gemeinfreiheit nichts an der Konfliktsituation zweier Rechtspositionen ändert. Allerdings ist fraglich, ob die Gemeinfreiheit in den einzelnen Rechtsordnungen eine schutzfähige individuelle Position verleiht oder nur im Interesse der Allgemeinheit besteht und ob die Befugnis für Privatpersonen nur einen Rechtsreflex darstellt. Ungeachtet dessen kann diese Befugnis zumindest objektiv beachtet werden.

Ein Problem bleibt indes. Die Argumentation mit einer Kollision von Rechten setzt zumindest eine entgegenstehende (nicht unbedingt ausschließliche) Befugnis des konkurrierenden Verwerters voraus. Kann sich der potentielle Schutzrechtsverletzer dagegen auf keine eigene Befugnis berufen, etwa weil das Immaterialgut auch im Ausland zugunsten der gegnerischen Partei oder eines Dritten monopolisiert ist, kann nicht von einer Kollision subjektiver Rechte gesprochen werden. Sofern man auch in dieser Situation einen erhöhten Inlandsbezug verlangt – wie dies beispielsweise in der Joint Recommendation der WIPO der Fall ist, nach deren Art. 2 eine wirtschaftliche Auswirkung Voraussetzung einer Markenbenutzung im Inland ist, ohne dass eine entgegenstehende Berechtigung vorausgesetzt wird –,[35] steht aber ebenfalls ein sachrechtliches Problem in Rede: Denn unabhängig von der Rechtmäßigkeit der Benutzung im Ausland ist die Frage, welche Reichweite und welchen Umfang das jeweilige inländische Schutzrecht hat, d.h. unter welchen tatbestandlichen Voraussetzungen

[33] Vgl. zur Frage, ob eine Beschränkung der Einschränkung auf solche Fälle sinnvoll ist, die Ausführungen unter 5. Kap.III.3.c. (S. 237 f.).

[34] *Kur*, in: Basedow u.a., IP in the Conflict of Laws, S. 175 (Fn. 2 a.E).

[35] Dazu auch 5. Kap.III.3.c. (S. 238).

ein subjektives, auf das Schutzland beschränktes, Immaterialgüterrecht verletzt ist.[36]

Zwar hat die Aussage, dass das Kernproblem eher eine Kollision von Rechten als von Rechtsordnungen ist, durchaus den Vorteil der Einprägsamkeit für sich. Exakter ist es – jedenfalls wenn man die Einschränkung der Verletzungstatbestände unabhängig von der Rechtswidrigkeit der Benutzung durch den potentiellen Verletzer im Ausland befürwortet –, die sachrechtliche Einordnung auf das Argument zu stützen, dass die vorrangige Frage nicht die Anwendbarkeit der deutschen oder einer fremden *objektiven* Immaterialgüterrechtsordnung zum Gegenstand hat, sondern dass entscheidend ist, ob das deutsche bzw. ausländische *subjektive* Immaterialgüterrecht verletzt ist.[37]

4. Vereinbarkeit mit geltendem Recht

Hält man mit der in dieser Arbeit vertretenen Ansicht eine Einschränkung (auch) auf sachrechtlicher Ebene für erforderlich, ist konsequenterweise zu klären, ob das Verlangen eines erhöhten Inlandsbezugs mit dem geltenden Recht in Einklang zu bringen ist. Rechtsprechung und Literatur sehen, sofern sie eine sachrechtliche Korrektur vornehmen, regelmäßig keine Bedenken. Allerdings fehlen meist Ausführungen über den einzuschlagenden dogmatischen Weg.[38] Nur wenige Autoren legen dar, wie die notwendige Korrektur vorgenommen werden soll.[39] Andere erachten ein gesetzgeberisches Tätigwerden für notwendig.[40] Zu beachten ist allerdings, dass nicht jeder Weg für alle Einschränkungskriterien gleichermaßen gangbar ist; insofern sind schon hier Differenzierungen hinsichtlich der Kriterien zu treffen. Gleichwohl wird an dieser Stelle nicht untersucht, welches Kriterium herangezogen werden *soll*,[41] sondern ob bzw. wie die einzelnen Kriterien bereits nach geltendem Recht anwendbar sein *können*.

---

[36] In diesem Fall resultiert der Konflikt auch nicht aus der divergierenden Rechtslage in den einzelnen Ländern.

[37] So im Ergebnis auch *Bettinger/Thum*, GRUR Int. 1999, 659, 670.

[38] Vgl. BGH GRUR 2005, 431, 432 – Hotel Maritime; OLG Hamm MMR 2004, 177 – nobia; OLG Karlsruhe ZUM-RD 2003, 135, 137, 140 – intel; *Ingerl/Rohnke*, MarkenG, Einl. Rz. 54; *Katzenberger*, in: Schricker, UrhR, Vor §§ 120 Rz. 135.

[39] Zum Kennzeichenrecht *Kur*, WRP 2000, 935, 937 f.; *Ohly*, JZ 2005, 736, 738; *Völker/Weidert*, WRP 1997, 652, 662; hinsichtlich des Urheberrechts *Gottschalk*, IPRax 2006, 135, 136 f.

[40] *Bettinger/Thum*, GRUR Int. 1999, 659, 674; ähnlich *Brömmelmeyer*, S. 192.

[41] Dazu 5. Kap.III. (S. 229 ff.).

a. Kennzeichenrecht

Bevor einzelne Alternativen für die Verankerung eines erhöhten Inlandsbezugs im Kennzeichenrecht erörtert werden, ist auf einen generellen Einwand von *Bettinger* und *Thum* einzugehen. Diese lehnen eine Lösung der internationalen Kennzeichenkonflikte im Internet durch die Judikatur ab, da eine Bevorzugung der inländischen Zeicheninhaber zu befürchten sei.[42] Sollte dies tatsächlich der Fall sein, ist ein Eingreifen des Gesetzgebers durchaus zu befürworten. Allerdings darf diese Befürchtung nicht dazu verleiten, im Falle des Ausbleibens einer gesetzgeberischen Tätigkeit eine ausgleichende Lösung abzulehnen und dadurch die befürchtete Bevorzugung des inländischen Kennzeichenschutzes sogar noch zu zementieren. Soweit eine Lösung ohne Gesetzesänderung möglich erscheint, sollte diese daher aufgegriffen werden. Dabei bieten sich mehrere Möglichkeiten an.

Einerseits wird in der Literatur versucht, eine Begrenzung über das Merkmal der Verwechslungsgefahr zu erreichen: die Verwechslungsgefahr müsse im Inland bestehen und diese entfalle, wenn die Internetseite nicht auf den deutschen Markt zugeschnitten ist oder im Inland tatsächlich nicht wahrgenommen wird.[43] Dieser Ansatz ist indes nicht Erfolg versprechend. Zum einen scheidet er aus, wenn identische Marken in Rede stehen, da § 14 Abs. 2 Nr. 1 MarkenG als lex specialis keine Verwechslungsgefahr voraussetzt.[44] Zum anderen ist zu bedenken, dass nach allgemeiner Ansicht bereits die abstrakte Möglichkeit einer Verwechslungsgefahr genügt,[45] und diese vor allem von der Ähnlichkeit der Zeichen, Waren und Dienstleistungen sowie der Kennzeichnungskraft, nicht aber vom Umfang der Zeichenverwendung abhängt.[46] Die Ausrichtung der Internetseite oder sonstige Kriterien, die eine stärkere Benutzung als die bloße Abrufbarkeit vorsehen, sind folglich von der Verwechslungsgefahr nicht erfassbar. Lässt man solche Aspekte entgegen der in dieser Arbeit vertretenen Ansicht dennoch einfließen, um den Grad der Verwechslungsgefahr im Inland zu bemessen, kommt nur die Perspektive der Verbraucher – d.h. der Adressaten der Internetwerbung, die einer Verwechslung unterliegen können – in Betracht. Andere Merkmale, etwa die Existenz spürbarer Auswirkungen auf die (wirtschaftlichen) Interessen des Rechtsinhabers, scheiden dagegen aus.

---

[42] *Bettinger/Thum*, GRUR Int. 1999, 659, 674; anders *Bettinger*, in: Bettinger, Handbuch des Domainrechts, Teil 4 Rz. 60.

[43] *Kurtz*, IPRax 2004, 107, 109 f.; *Völker/Weidert*, WRP 1997, 652, 662.

[44] BPatG GRUR 1996, 204, 206 – Swing; *Fezer*, MarkenR, § 14 Rz. 74; *Nordemann*, S. 380 f.; a.A. *Lange*, S. 515, der entsprechend Art. 16 Abs. 1 S. 2 TRIPs von einer Vermutung der Verwechslungsgefahr ausgeht.

[45] *Fezer*, MarkenR, § 14 Rz. 117; *Ingerl/Rohnke*, MarkenG, § 14 Rz. 198, 255.

[46] *Ekey*, in: HK-MarkenR, § 14 Rz. 89; *Ingerl/Rohnke*, MarkenG, § 14 Rz. 271.

Näher liegt die Verortung eines erhöhten Inlandsbezugs innerhalb des Merkmals der Benutzung *im geschäftlichen Verkehr* (§ 14 Abs. 2 MarkenG). Danach muss die Benutzung das Ziel haben, einen beliebigen eigenen oder fremden Geschäftszweck zu fördern.[47] Der vornehmliche Zweck dieser Voraussetzung liegt somit in der Ausgrenzung von Tätigkeiten zu privaten, wissenschaftlichen oder politischen Zwecken, weil das MarkenG den wirtschaftlichen Wettbewerb zwischen Unternehmen regelt.[48] Es ist aber denkbar, dieser Voraussetzung kumulativ eine räumliche Begrenzungsfunktion zur Ausgrenzung von Sachverhalten, die sich ausschließlich im ausländischen Geschäftsverkehr abspielen, beizulegen. Denn die räumliche Begrenzung könnte sich neben dem Tatbestandsmerkmal der „Benutzung" auf weitere beziehen. Dem steht der Wille des Gesetzgebers nicht entgegen, da es unwahrscheinlich ist, dass dieser sich Gedanken über die Multistate-Problematik gemacht hat.[49] Konsequenterweise wäre eine Benutzung im *inländischen geschäftlichen Verkehr* Voraussetzung. Dies könnte man i.S.d. Förderung eines inländischen Geschäftszwecks verstehen. Darunter dürfte man zwar nicht die Notwendigkeit eines Geschäftsbetriebes im Inland begreifen. Doch es wäre möglich, unter Beachtung des Wortlauts die Förderung einer wirtschaftlichen Tätigkeit des Zeichennutzers auf Grund des inländischen Marktes zu fordern. Alternativ könnte die Perspektive auf den inländischen Zeichenberechtigten gelegt werden und die Benutzung im inländischen Geschäftsverkehr von den Auswirkungen für den Rechtsinhaber im Inland abhängig gemacht werden. Zweifelhaft ist dagegen, ob eine weitere Differenzierung nach der Intensität der Benutzung im inländischen geschäftlichen Verkehr mit dem Wortlaut vereinbar ist.[50]

Weiter ist eine Lösung entsprechend den Grundsätzen der Rechte Gleichnamiger in Betracht zu ziehen. Sofern zwei Personen jeweils zur Benutzung eines Zeichens berechtigt sind, wird danach das kennzeichenrechtliche Verbietungsrecht des Prioritätsälteren zum Schutz der Interessen des Prioritätsjüngeren eingeschränkt.[51] Diese Grundsätze gelten zwar herkömmlich nur bei gleichzeitiger Berechtigung auf demselben Territorium,[52] prinzipiell lassen sie sich aber auf solche Konstellationen übertragen,

---

[47] *Fezer*, MarkenR, § 14 Rz. 41; *Ingerl/Rohnke*, MarkenG, § 14 Rz. 48.

[48] *Fezer*, MarkenR, § 14 Rz. 40, 43 ff.; *Ingerl/Rohnke*, MarkenG, § 14 Rz. 46, 49 ff.

[49] *Kur*, WRP 2000, 935, 937.

[50] Hierfür *Kur*, WRP 2000, 935, 937 f., allerdings mit der bedeutenden Einschränkung, dass die Spürbarkeit nicht zu einer „echten" Koexistenz im inländischen Markt führt.

[51] Dies ist allgemeine Ansicht, die rechtliche Einordnung ist indes umstritten, *Ingerl/Rohnke*, MarkenG, § 23 Rz. 17 ff.

[52] Diese Konstellation liegt auch BGH GRUR Int. 2006, 349, 350 f. – hufeland zu Grunde: dort erstreckte sich das Unternehmenskennzeichen der Klägerin nach der Wie-

in denen die Berechtigungen auf unterschiedlichen Gebieten koexistieren, jedoch durch die Verwendung globaler Medien kollidieren.[53] Denn der dahinterstehende Gedanke ist jeweils derselbe: beide Parteien haben das Recht, an einem Ort ein bestimmtes Zeichen zu benutzen und andere von der Verwertung auszuschließen. Das subjektive Markenrecht umfasst die Befugnis zur Zeichenverwendung unter Einschluss globaler Medien; Gleiches gilt für eine ausländische Zeichennutzungsbefugnis. Wegen der fehlenden Möglichkeit zur Begrenzung der Abrufbarkeit von Internetseiten auf bestimmte Regionen kommen Inhaber eines Kennzeichenrechts in Ausübung ihrer Rechte im Internet zwangsläufig in Konflikt mit dem Verbietungsrecht eines anderen Inhabers. Man könnte das Internet für die Anwendungs der Gleichnamigkeitsgrundsätze bildlich als einen „eigenen Ort" ansehen.[54] *Nordemann-Schiffel* wendet gegen die Ausweitung der Gleichnamigkeitsgrundsätze ein, dass die Berücksichtigung ausländischer Schutzrechte gegen das Territorialitätsprinzip verstoße. Dieses besage, dass das deutsche MarkenG nur deutsche Schutzrechte zum Gegenstand habe.[55] Selbst wenn man – entgegen der in dieser Arbeit vertretenen Ansicht – von einem solchen Inhalt des Territorialitätsprinzips ausginge, lässt sich diesem Einwand entgegnen, dass weder die Verletzung noch die Benutzung eines ausländischen Schutzrechts geregelt wird, sondern nur innerhalb der Frage nach der Verletzung eines inländischen Immaterialgüterrechts die ausländische Berechtigung anerkannt wird. Die Anerkennung ausländischer Schutzrechte durch das Inland ist aber unstreitig, sofern diese nur mit Wirkung für das jeweilige Gebiet des fremden Staates erfolgt.[56] Insgesamt ist daher eine Übertragung der Grundsätze der Gleichnamigkeit zur Begründung einer Einschränkung prinzipiell nach geltendem Recht möglich. Diese Lösung setzt allerdings zwingend voraus, dass beide Beteiligte sich auf eine eigene Nutzungsbefugnis stützen können.

Soweit eine bestimmte Konkretisierung des erhöhten Inlandsbezugs nicht durch Auslegung eines Tatbestandsmerkmals des § 14 Abs. 2 MarkenG oder einer Übertragung der Gleichnamigengrundsätze in Frage kommt, bleibt die Möglichkeit einer teleologischen Reduktion des § 14

---

dervereinigung Deutschlands auf das gesamte Einheitsgebiet; die Schutzterritorien der Kennzeichen der Beklagten und der Klägerin überschnitten sich deshalb.

[53] *Bettinger*, in: Lehmann, Electronic Business, S. 201, 244; *Freitag*, MA 1996, 495, 498; *Kurtz*, IPRax 2004, 107, 111; *Ohly*, JZ 2005, 738, 740.

[54] Dies darf aber keinesfalls dahingehend verstanden werden, dass für das Internet ein weiteres „territorial" begrenztes und von den nationalen Schutzrechten zu unterscheidendes Immaterialgüterrecht anerkannt wird.

[55] *Nordemann-Schiffel*, in: Bröcker/Czychowski/Schäfer, Praxishandbuch Geistiges Eigentum, § 3 Rz. 32.

[56] Hierzu 1. Kap.I.2.a.bb. (S. 21 f.).

Abs. 2 MarkenG.[57] Der Wortlaut ist nämlich zu weit gefasst, wenn jede geschäftsmäßige Verwendung eines Kennzeichens im Internet tatbestandsmäßig ist, ohne dass sich der Gesetzgeber hierüber Gedanken gemacht hat. Dass eine vollständige Unterwerfung des Internets unter das MarkenG oder gar die möglicherweise drohende Blockierung des Internets nicht der sachrechtlichen Interessenlage und damit dem Zweck des § 14 Abs. 2 MarkenG entspricht, wurde bereits dargelegt.[58]

Im Ergebnis ist daher das Verlangen eines erhöhten Inlandsbezugs für die Verletzung eines Kennzeichenrechts auf Grundlage der geltenden sachrechtlichen Vorschriften des MarkenG grundsätzlich unabhängig von dem gewählten Kriterium möglich.

b. Urheber- und Patentrecht

Im Gegensatz zum Kennzeichenrecht setzen die urheberrechtlichen Verwertungstatbestände keine Benutzung im geschäftlichen Verkehr voraus; § 17 Abs. 1 1. Alt. UrhG fordert lediglich ein Angebot an die Öffentlichkeit. Ähnlich den Überlegungen zum Erfordernis einer Benutzung im inländischen geschäftlichen Verkehr im MarkenG könnte im Urheberrecht eine Einschränkung durch die Ausdehnung der Territorialitätsbezogenheit auf ein weiteres Merkmal des § 17 Abs. 1 1. Alt. UrhG neben der Benutzungshandlung angedacht werden: die Öffentlichkeit als Handlungsadressat. Erfolg versprechend ist das freilich nicht. Gemäß der Legaldefinition in § 15 Abs. 3 UrhG genügt es für die Öffentlichkeit, wenn einer Mehrzahl von Personen, die nicht mit dem Verwerter persönlich verbunden sind, der Zugang zu der Aufforderung eines Eigentums- oder Besitzerwerbs ermöglicht wird. Eine Differenzierung nach der Anzahl, den wirtschaftlichen Auswirkungen oder der Zielgerichtetheit ist nicht impliziert. Da der Zugang über das Internet einer Vielzahl von Personen in Deutschland möglich ist, führt das Verlangen einer Öffentlichkeit im Inland daher nicht weiter.[59]

Eine andere Alternative könnte eine Parallele zu der Behandlung von Doppelberechtigungen innerhalb desselben Territoriums bieten. Anders als im Kennzeichenrecht passt dieser Vergleich im Urheberrecht nicht. Bei der Verwertung von Doppelschöpfungen – die zwar selten, aber vor allem im Bereich der kleinen Münze denkbar sind – wird im Gegensatz zu der „besonderen wettbewerblichen Gleichgewichtslage“ im Kennzeichenrecht

---

[57] Diesen Weg schlägt auch *Ohly*, JZ 2005, 738, 740 vor. Zu den Voraussetzungen einer teleologischen Reduktion *Larenz*, S. 391 ff.

[58] Siehe 3. Kap.I. (S. 143).

[59] Hinzu kommt, dass eine Einschränkung des Merkmals der Öffentlichkeit nicht zu erwarten ist, da der BGH (Z 152, 317, 327 – Sender Felsberg) ausdrücklich beim Senderecht gemäß § 20 UrhG klargestellt hat, dass die Öffentlichkeit auch im Ausland belegen sein kann.

keine Interessenabwägung vorgenommen, sondern die Verwertung stets als zulässig erachtet.[60] Wird ein Werk über das Internet durch die Inhaber des Schutzrechts in verschiedenen Staaten verwertet, berücksichtigt ein solcher Freibrief die territoriale Begrenzung der subjektiven Rechte unzureichend, ist nicht interessengerecht und wird auch nicht gefordert. Überlegenswert ist daher allenfalls, die aus dem Kennzeichenrecht bekannte Interessenabwägung zu übertragen. Dies erscheint möglich, da die Regeln zur Behandlung von Gleichnamigen eine Ausprägung der Verhältnismäßigkeit sind. Dieser Grundsatz ist verfassungsrechtlich verankert und daher im gesamten Recht des geistigen Eigentums anwendbar.[61]

Am überzeugendsten ist wiederum die teleologische Reduktion der urheberrechtlichen Verwertungstatbestände, insbesondere der §§ 17 Abs. 1 1. Alt und 19a UrhG, sodass neben der bloßen Abrufbarkeit des Angebots oder des Werks ein weiterer Inlandsbezug erforderlich ist. Diese ist aus denselben Gründen wie im MarkenG möglich.

Im Patentrecht ist die Situation mit der im Urheberrecht vergleichbar. Die Verletzungstatbestände des § 9 PatG enthalten weder das Tatbestandsmerkmal der Benutzung im geschäftlichen Verkehr noch der Öffentlichkeit. Auch eine Übertragung patentrechtlicher Grundsätze zum Ausgleich konkurrierender Berechtigungen ist nicht möglich, da Doppelerfindungen nicht zu mehrfacher Patentvergabe führen. Es verbleiben folglich die Einschränkung durch den Grundsatz der Verhältnismäßigkeit und die teleologische Reduktion der Verwertungstatbestände des § 9 PatG, insbesondere des § 9 Nr. 1 2. Alt. PatG.

5. Beitrag zur Problemlösung

Es hat sich gezeigt, dass eine Einschränkung der Maßgeblichkeit der bloßen Abrufbarkeit immaterialgüterrechtsrelevanter Daten über das Internet dogmatisch – zumindest auch – innerhalb der sachrechtlichen Verletzungsvoraussetzungen vorzunehmen ist und dies im geltenden Recht möglich ist. Es bleibt zu untersuchen, ob durch diese Herangehensweise die Probleme, die sich aus der Werbung mittels des Internets und der grundsätzlichen Beachtlichkeit der Abrufbarkeit ergeben, bewältigt werden können. In diesem Zusammenhang ist erneut darauf hinzuweisen, dass sich Überlegungen zur Einschränkung der Rechtsfolgen in keinem Fall erübrigen. Unabhängig davon, welche Anforderungen an die Tatbestandsvoraussetzungen gestellt werden und wie viele Rechtsordnungen im konkreten Fall die Verwendung

---

[60] *Katzenberger*, in: Schricker, UrhR, § 23 Rz. 29; *Schulze*, in: Dreier/Schulze, UrhG, § 23 Rz. 29.

[61] *Ingerl/Rohnke*, MarkenG, Vor §§ 14–19 Rz. 186 ff.; *Wild*, in: Schricker, UrhR, § 97 Rz. 97. Zum Wettbewerbsrecht *Köhler*, GRUR 1996, 82, 92.

des geschützten geistigen Gutes sanktionieren, besteht die Gefahr fort, dass sich Sanktionen auf dem Territorium anderer Staaten auswirken.[62] Zu klären ist daher nur, ob die Einschränkung der sachrechtlichen Verletzungsvoraussetzungen geeignet ist, die mit der großen Anzahl anwendbarer Rechtsordnungen verbundenen Probleme zu lösen. Auf den ersten Blick könnte man geneigt sein, dies zu bejahen. Denn die Zahl der einschlägigen Rechtsordnungen scheint begrenzt zu werden.[63] Auf welcher Ebene dies geschieht, wäre nur von theoretischem Interesse. Bei näherem Betrachten sind jedoch kritische Anmerkungen angebracht.

a. Zweifel an der tatsächlichen Eingrenzung der einschlägigen Rechtsordnungen

Die wirksame Begrenzung der einschlägigen Rechtsordnungen mittels eines sachrechtlichen Kriteriums setzt zum einen voraus, dass alle Staaten, in denen die Werbung für geschützte geistige Güter online abrufbar ist, eine solche Einschränkung der Verletzungsvoraussetzungen vornehmen. Denn der inländische Richter muss ausländisches Recht, sofern dieses zur Anwendung berufen ist, richtig und daher so anwenden, wie dies die Rechtsprechung des entsprechenden Staates handhabt.[64] Sofern die Rechtspraxis eines Landes keine Limitierung kennt, ist der inländische Richter an diese Einschätzung gebunden, so dass ohne eine internationalprivatrechtliche Lösung – sei es innerhalb der Anknüpfungsregel, sei es durch eine nachträgliche Kontrolle – an dem unbefriedigenden Ergebnis festzuhalten ist.[65] Die mangelnde Einschränkungsbereitschaft ausländischer Gerichte ist auch nicht realitätsfern, denn eine Begrenzung der einschlägigen Rechtsordnungen erfordert einen „echten" Inlandsbezug; die bloß formale Anforderung eines sehr lax interpretierten Inlandsbezugs ist unzureichend. Es ist zu befürchten, dass die Gerichte zumindest einiger Staaten zu Letzterem neigen werden und den inländischen Inhaber eines Immaterialgüterrechts gegenüber einem ausländischen Verwerter tendenziell bevorzugen werden.[66] Die-

---

[62] Hierzu schon 3. Kap.I. (S. 143 f.).

[63] *Drexl*, in: MünchKomm, BGB, IntImmGR Rz. 191.

[64] Statt aller *Kropholler*, IPR, S. 212 f.

[65] Die Rechtsfortbildung ausländischen Rechts ist zwar durch den inländischen Richter (unter Beachtung der Grundsätze des fremden Rechts) möglich, doch gilt dies nur, wenn die bisherige Regelung oder Spruchpraxis eindeutig überholt ist und der Richter soll bei der Fortentwicklung ausländischen Rechts Zurückhaltung üben (siehe *Schurig*, in: Kegel/Schurig, S. 505 f.; *Kropholler*, IPR, S. 214). Sofern Entscheidungen ohne Einschränkung hinsichtlich des Internets bereits ergangen sind, kommt daher eine abweichende Rechtsfortbildung durch den deutschen Richter nicht in Betracht.

[66] *Bettinger/Thum*, GRUR Int. 1999, 659, 674.

se Gefahr wird auch die bisherige Praxis ausländischer Gerichte belegt.[67] Empfehlungen der WIPO können diese Gefahr höchstens verringern, aber keineswegs beseitigen, da solche bisher nur für Teilbereiche des Immaterialgüterrechts (nämlich für Kennzeichenrechte) existieren und überdies nur unverbindlichen Charakter besitzen. Internationale Vereinbarungen sind derzeit nicht in Sicht. Selbst wenn ein multilateraler Vertrag abgeschlossen werden sollte, würde dieser nur die Vertragsstaaten binden und divergierende Auslegungen könnten nur mittels eines supranationalen Spruchkörpers, dem eine bindende Auslegungskompetenz zukommt und der Verstöße sanktionieren kann, sichergestellt werden. Auch eine europäische Verordnung oder Richtlinie würde nur eine Teillösung darstellen.

Selbst wenn alle Länder für die Verletzung ihrer Schutzgüter mittels Internet das Erfordernis eines erhöhten Inlandsbezugs aufstellen, könnte eine rein sachrechtliche Einordnung des Problems im deutschen Recht zu Schwierigkeiten führen. Denn es ist nicht gesagt, dass andere Staaten die Einschränkung ebenfalls im Sachrecht verorten. Insbesondere vor dem Hintergrund, dass im internationalen Wettbewerbsrecht eine Einschränkung der anwendbaren Rechtsordnungen, in denen die wettbewerbliche Interessenkollision zu lokalisieren ist, vielfach innerhalb der Anknüpfungsnorm erfolgt,[68] ist ein entsprechendes Vorgehen im Immaterialgüterrecht nicht unwahrscheinlich. Sofern an einer kollisionsrechtlichen Lösung Bedenken geäußert werden,[69] mag dies im Ausland anders beurteilt oder weniger gewichtet werden. Wird nun die Beachtlichkeit der bloßen Abrufbarkeit einer Internetseite im Ausland bereits i.R.d. kollisionsrechtlichen Anknüpfungstatbestands beschränkt, kann diese Einschränkung durch den deutschen Richter nur Berücksichtigung finden, wenn das Schutzlandprinzip als Gesamtverweisung aufgefasst wird. Nur dann prüft der deutsche Richter ausländisches internationales Privatrecht, so dass die Einschränkung des ausländischen Kollisionsrechts zum Zuge kommt. Andernfalls ist

---

[67] Vgl. Tribunal de Grande Instance de Nanterre, Ordonnance de référé vom 13.10.1996, SG 2 ./. Brokat Informationssysteme GmbH; Playboy Enterprises v. Chuckleberry Publishing Inc., 39 U.S.P.Q. 2d 1746 (S.D.N.Y. 1996). Siehe auch die Darstellung der Rechtspraxis in den USA unter dem Anticybersquatting Consumer Protection Act (1999) bei *Garnett*, EIPR 2006, 213, 214 f. Zu den Gefahren der sehr weit reichenden internationalen Zuständigkeitsregeln und der gleichzeitigen exterritorialen Anwendung von US-Urheberrecht *Drexl*, in: FS Nordemann, S. 429 ff., insb. S. 436. Andere Entscheidungen tragen zwar der Notwendigkeit einer Begrenzung des eigenen Sachrechts Rechnung (vgl. die Entscheidung des englischen High Courts 1-800 Flowers Inc. v. Phonenames Ltd. (2000) F.S.R. 697). Trotzdem kann keine Rede davon sein, dass die Gefahr einer ausufernden Anwendung ausländischen Sachrechts gebannt ist.

[68] Dies ist auch für die Rom II-VO zu befürworten, siehe unten Ziff. III.1.a. (S. 168 f.).

[69] Eine ausführliche Auseinandersetzung hiermit erfolgt unter Ziff. III.2. (S. 177 ff.)

das ausländische Sachrecht – das keine Einschränkung mehr enthält – ohne Zwischenschritt zur Anwendung zu bringen; die Einschränkung des ausländischen Rechts wird vom inländischen Richter nicht übernommen.[70] Die Gesamtverweisung ist zwar nach autonomem Recht zu befürworten,[71] doch Art. 24 Rom II-VO normiert ausdrücklich eine Sachnormverweisung. Unter Geltung der Rom II-VO könnten daher ausländische kollisionsrechtliche Einschränkungen nicht anerkannt werden.

b. Keine Beschränkung der zu beachtenden Rechtsordnungen

Zum anderen darf nicht verkannt werden, dass selbst im Idealfall durch eine rein sachrechtliche Verortung des Einschränkungskriteriums nur eine Begrenzung der Zahl der *einschlägigen* Rechtsordnungen erreicht werden kann. Es wird nur verhindert, dass alle Rechtsordnungen die konkrete Internetverwertungshandlung als Verletzung eines auf ihrem Gebiet existierenden Immaterialgüterrechts ansehen, ohne dass ausreichende Bezugspunkte zu dem entsprechenden Land bestehen. Dem Anbieter eines geschützten Werks, einer Erfindung oder eines gekennzeichneten Erzeugnisses oder einer Dienstleistung obliegt es somit, das Urheber-, Patent- oder Kennzeichenrecht bzw. zumindest eine Benutzungslizenz für die verbleibenden Staaten zu erwerben oder den erforderlichen Inlandsbezug nach der jeweiligen Schutzlandrechtsordnung zu beseitigen.

Eine Einschränkung im Sachrecht der einzelnen Rechtsordnungen verhindert dagegen nicht, dass sämtliche Rechtsordnungen der Welt *anwendbar* sind.[72] Zwar muss nicht jeder, der geschützte geistige Güter im Internet benutzt, zwangsläufig alle identischen (bzw. sonst kollidierenden) subjektiven Schutzrechte Dritter beachten; er muss sich gleichwohl nach allen objektiven Immaterialgüterrechtsordnungen richten. Selbst wenn alle Rechtsordnungen einen erforderlichen Inlandsbezug (auf sachrechtlicher Ebene) negieren würden, wäre nicht das Recht keines Landes anwendbar, sondern es lägen nur die Voraussetzungen der Verletzungstatbestände der einzelnen Schutzländer nicht vor. Der Werbende muss daher, um die Folgen seines Handelns umfassend kalkulieren zu können, im Vornherein die Rechtslage in allen anderen Staaten ermitteln. Er muss entweder die konkreten Voraussetzungen der Verletzungstatbestände aller Staaten überprü-

---

[70] Eine Korrektur könnte u.U. mit Hilfe des Rechtsinstituts der Anpassung erreicht werden. Dies erscheint jedoch problematisch. Denn es liegt kein Fall von Normenmangel oder -häufung vor, da auf die Verletzung des in Rede stehenden Schutzrechts genau eine Rechtsordnung angewandt wird, und letztlich der ausdrückliche Ausschluss der Gesamtverweisung korrigiert wird.

[71] Dazu 2. Kap.II.4. (S. 111 ff.).

[72] Daher ist es zumindest missverständlich, wenn *Drexl* (in: MünchKomm, BGB, IntImmGR Rz. 165) von einer Eingrenzung der „anwendbaren Rechtsordnungen" spricht.

fen oder zuerst herausfinden, in welchen Ländern kollidierende Schutzrechte Dritter existieren, um sich anschließend bei der Ermittlung der Verletzungstatbestände und ihrer Interpretation auf diese Rechtsordnungen beschränken zu können. Dass die Rechtslage zwischen den einzelnen Rechtsordnungen (vor allem in rechtspolitischen Zweifelsfällen) stark variieren kann, wurde bereits herausgestellt. Deshalb wird die Recherche nach kollidierenden Schutzrechten Dritter ebenso wie nach der Rechtslage in anderen Ländern meistens aufwändig sein und den Verwerter vor große Herausforderungen stellen. Je kleiner die wirtschaftliche Potenz des Schutzgutbenutzers ist, desto unwahrscheinlicher ist die tatsächliche Durchführbarkeit dieser Recherche und umso größer ist das Risiko, dass andere Schutzrechte (unbewusst) verletzt werden. Der Verwerter steht vor der Wahl, dieses Risiko einzugehen oder auf die Verwendung des geistigen Gutes im Internet zu verzichten. Als Ausweg wird vorgeschlagen, dass er eben die strengste Rechtsordnung befolgen solle.[73] Doch erstens verlieren dadurch die anderen Rechtsordnungen ihre Bedeutung, welche durch das Territorialitäts- und Schutzlandprinzip gesichert werden soll. Zweitens liegt es selten auf der Hand, welches Land die höchsten Anforderungen stellt. Ähnliche Schwierigkeiten wie für die Verwerter birgt eine rein sachrechtliche Einschränkung für die streitentscheidenden Gerichte. Beruft sich der Kläger auf ein Schutzrecht, muss das Gericht die schutzrechtsverleihende Rechtsordnung ermitteln und anwenden. Insofern besteht die Gefahr fort, dass in einem Rechtsstreit mitunter sehr viele Immaterialgüterrechtsordnungen zur Anwendung gelangen und die Gerichte überlastet werden.

Diese Schwierigkeiten können nicht durch eine Vermutung, dass der Inhalt des ausländischen Rechts dem deutschen Recht vergleichbar sei und identische Anforderungen an die Verletzung und den erforderlichen Inlandsbezug gestellt würden, vermieden oder vermindert werden.[74] Denn gemäß § 293 ZPO muss das Gericht ihm unbekanntes ausländisches Recht von Amts wegen nach pflichtgemäßem Ermessen ermitteln und ist nicht auf die von den Parteien vorgebrachten Beweismittel beschränkt. Es gelten der Untersuchungsgrundsatz und das Freibeweisverfahren,[75] denn ausländisches Recht ist keine (beweisbedürftige) Tatsache, sondern Recht.[76] Das

[73] Für das Wettbewerbsrecht *Niebler*, in: Loewenheim/Koch, Online-Recht, Ziff. 6.2.2.4., die allenfalls noch die Prüfung der Rechtsordnungen empfiehlt, in denen der Konkurrent seinen Firmensitz hat oder seine Produkte und Dienstleistungen bewirbt.

[74] So aber *Sender*, in Basedow u.a., IP in the Conflict of Laws, S. 159, 173; *Ricketson/Ginsburg*, Rz. 20.32.

[75] BGH NJW 1998, 1321; *Reichold*, in: Thomas/Putzo, ZPO, § 293 Rz. 4. In § 293 Satz 2 ZPO heißt es zwar lediglich, dass das Gericht „befugt" ist, „auch andere [als die von den Parteien beigebrachten] Erkenntnisquellen zu benutzen", doch wird dies als „soll" gelesen.

[76] *Geimer*, S. 797.

Gericht hat insbesondere die Auslegung und Anwendung des Gesetzestextes nach der ausländischen Rechtspraxis zu ermitteln und dabei alle ihm zugänglichen Erkenntnisquellen auszuschöpfen.[77] Zudem würde ein solches Vorgehen keine Erleichterung für den Verwender der geistigen Güter bedeuten, da sowohl er als auch der Klagegegner in einem Prozess die wahre Rechtslage darlegen und notfalls unter Beweis stellen könnten. Der Verwerter müsste sich folglich auf eine solche Situation schon im Vornherein einstellen.

Allerdings wird in der Literatur vorgebracht, dass die praktische Relevanz der Anwendbarkeit vieler Rechtsordnungen gering sei. Der Anspruchsteller müsse für sich selbst klären, ob sich die Geltendmachung einer Rechtsverletzung nach allen in Betracht kommenden Rechtsordnungen prozessökonomisch überhaupt lohne.[78] Konsequenterweise würde sich die Zahl der anwendbaren Immaterialgüterrechtsordnungen in der Praxis wegen der Konzentration des Klägers auf Schutzrechte, welche wirtschaftlich relevant beeinträchtigt sind, begrenzen. Eine solche Selbstbeschränkung würde jedoch höchstens eine Erleichterung für die Gerichte mit sich bringen, nicht aber für die Verwerter geistiger Güter. Diese wissen nämlich im Vorfeld eines Prozesses nicht – und können es nicht wissen –, auf welche Rechtsordnungen sich der Kläger gegebenenfalls berufen wird.[79]

Des Weiteren lässt sich einwenden, dass die tatsächliche Selbstbeschränkung eines Klägers, der kollidierende Schutzrechte in mehreren Staaten innehat, zweifelhaft ist. Zwar mögen bisher keine sonderlichen Probleme aufgetreten sein. Ob dies so bleibt, hängt jedoch von mehreren Faktoren ab. Erstens ist es durch die wachsende Bedeutung des europäischen Binnenmarktes und den Fall von Handelshemmnissen in einer zunehmend globalisierten Welt nicht unrealistisch, dass sich Fälle mehren werden, in denen sich wirtschaftliche Effekte in mehreren oder vielen Ländern einstellen und das Interesse eines Schutzrechtsinhabers an einem Schadensausgleich oder an einer Unterlassungsverpflichtung für mehr als ein Land wächst.[80] Zweitens können die Kosten für die Recherche des ausländischen Rechts im Prozess vor einem deutschen Gericht gesenkt werden, indem nach dem Europäischen Übereinkommen betreffend Auskünfte

---

[77] *Geimer*, S. 798 f.

[78] *Drexl*, in: MünchKomm, BGB, IntImmGR Rz. 191.

[79] Sofern die Rechtsfolgen auf das Territorium des jeweiligen Schutzlandes beschränkt werden, könnte zwar argumentiert werden, dass die Verwerter die Anwendung wirtschaftlich irrelevanter Rechtsordnungen verkraften können. An der grundsätzlichen Rechtswidrigkeit der Verwertung ändert das indes nichts.

[80] Vgl. aus den USA Boosie & Hawkes Music Publishers, Ltd. v. Walt Disney Co., 145 F.3d 481, 492 (2nd Cir. 1998), wo die Verletzung von 18 nationalen Urheberrechten geltend gemacht wurde und sich das Gericht hinsichtlich aller Urheberrechte für zuständig erklärte.

über ausländisches Recht vom 7.6.1968[81] verfahren wird; bzgl. der Vertragsstaaten kann die Ermittlung nämlich kostenfrei erfolgen.[82] Drittens wird es sich auswirken, ob und inwieweit mit der Anwendung eines Rechts zumindest faktisch Rechtsfolgen für andere Staatsgebiete erreicht werden können. Falls eine Rechtsordnung auch Schäden in anderen Ländern ersetzt oder ein Unterlassungsanspruch eine grenzüberschreitende Wirkung besitzt, steigert das die Attraktivität für den Kläger, sich auf ebensolche Rechtsordnungen zu berufen, selbst wenn der wirtschaftliche Schaden in dem betreffenden Land isoliert nicht besonders hoch ist. Viertens ist fraglich, ob die mangelnde Prozessökonomie immer ein Nachteil für den Kläger sein muss. Die Verzögerung des Prozesses stellt zwar eine nicht zu unterschätzende Gefahr dar, da der Erlass eines Teilurteils über die Ansprüche aus der Verletzung einzelner nationaler Schutzrechte gemäß § 301 Abs. 1 Satz 1 ZPO nach dessen Abs. 2 im nicht nachprüfbaren[83] Ermessen des Gerichts steht. Ebenso bleibt das Risiko hoher Prozesskosten. Doch hohe Prozesskosten können nicht nur den Kläger, sondern auch den Beklagten stark belasten, denn gemäß §§ 91 ff. ZPO trägt diese die unterlegene Partei. Insofern bedingen hohe Prozesskosten wegen der aufwändigen Ermittlung ausländischen Rechts vor allem eine Gefahr für diejenige Partei, deren Erfolgsaussichten schlecht sind oder deren wirtschaftliche Lage ein Unterliegen schwer verkraftbar machen würde. Für einen wirtschaftlich potenten Kläger wäre es daher durchaus überlegenswert, sich auf viele Rechtsordnungen zu berufen, in denen er ein Schutzrecht innehat. Eine solche Klage (oder die Ankündigung einer solchen Klage) könnte beim Verwerter des immateriellen Gutes leicht als Druckmittel wirken.[84] Dieser könnte sich zwar damit behelfen, dass er die Verletzung zumindest solcher ausländischer Schutzrechte, bei denen die ökonomischen Auswirkungen gering sind, anerkennt. Doch es bleibt für ihn die Gefahr einer überschießenden Tendenz des Urteils auf Grund des ausländischen Rechts. Will er

---

[81] BGBl. II 1974, 937.

[82] Gemäß Art. 15 Abs. 1 des Übereinkommens werden Kosten nur erhoben, wenn die Empfangsstelle das Ersuchen an eine private Stelle oder geeignete rechtskundige Person weiterleiten will. Allerdings steht es dem Gericht frei, ob es nach diesem Übereinkommen verfahren will, *Reichold*, in: Thomas/Putzo, ZPO, § 293 Rz. 5. Zudem ist der praktische Nutzen eines solchen Ersuchens auf Grund der notwendigen abstrakten Fragestellung zweifelhaft, *Schack*, IZVR, S. 224.

[83] Dies wird aus dem Wort „angemessen" abgeleitet, siehe *Vollkommer*, in: Zöller, ZPO, § 301 Rz. 10.

[84] Vgl. dazu die Vorwürfe der Beklagten im Fall Microsoft Corp. v. Lindows.com Inc. (dargestellt bei Dinwoodie, Developing PIIPL, S. 36). Dort ging es allerdings nicht um eine Verfolgung mehrerer nationaler Immaterialgüterrechte in einem Prozess, sondern in unterschiedlichen Verfahren.

eine solche verhindern und widerspricht er ihr, ist diesbezüglich das ausländische Recht zu ermitteln, so dass wiederum Kosten entstehen können.

c. Zwischenergebnis

Insgesamt lässt sich somit feststellen, dass es von vielen Unbekannten abhängt, ob durch eine rein sachrechtliche Einschränkung im Inland tatsächlich eine Eingrenzung sowohl der einschlägigen als auch der anwendbaren Rechtsordnungen erreicht werden kann. Nicht nur für die Gerichte, sondern vor allem für die Verwerter von geistigen Gütern stellt zudem die Anwendbarkeit bzw. die potentielle Anwendung vieler Rechtsordnungen – unabhängig von der konkreten Einschlägigkeit – ein großes praktisches Problem dar. Deshalb ist zu überlegen, ob eine *zusätzliche* Einschränkung auf internationalprivatrechtlicher Ebene möglich ist.

III. Internationalprivatrechtliche Lösung

Zunächst ist zu prüfen, ob trotz des grundsätzlichen Festhaltens am Schutzlandprinzip eine Einschränkung dieser Anknüpfungsregel möglich ist. Nur wenn dieser Weg versperrt ist, ist als letzter Ausweg eine nachträgliche Korrektur unerwünschter Ergebnisse, die aus der Anwendung ausländischen Rechts resultieren, zu diskutieren.

1. Vergleich mit dem Wettbewerbsrecht

a. Spürbarkeitsregel des internationalen Wettbewerbsrechts

Eine Einschränkung des Schutzlandprinzips drängt sich auf, wenn man den Vergleich zum internationalen Wettbewerbsrecht sucht. Nach ganz überwiegender Auffassung folgen wettbewerbsrechtliche Ansprüche dem Marktortprinzip. Der anknüpfungsrelevante wettbewerbsrechtliche Begehungsort ist danach der Ort, an dem die wettbewerblichen Interessen der Mitbewerber aufeinander treffen.[85] Diesbezüglich entwickelte die Rechtsprechung zunächst für die Verbreitung von Presseerzeugnissen eine kollisionsrechtliche Einschränkung;[86] dieser Ansatz wird auch auf Wettbewerbsverstöße im Internet übertragen. Es ist zwar noch nicht abschließend geklärt, ob nur die Rechtsordnungen zur Anwendung berufen werden, auf deren Gebiet eine spürbare Ein- oder Auswirkung liegt oder auf deren Ge-

[85] Statt vieler BGHZ 35, 329, 336 – Kindersaugflaschen; BGHZ 113, 11, 15 – Kauf im Ausland; *Heldrich*, in: Palandt, BGB, Art. 40 EGBGB Rz. 11; *Ohly*, in Piper/Ohly, UWG, Einf. B Rz. 15 m.w.N.

[86] BGH GRUR 1971, 153, 154 – Tampax.

biet die Werbung zielgerichtet ausgerichtet ist und wie diese Kriterien auszulegen sind, doch es besteht ein breiter Konsens, dass die Einschränkung schon mittels der Anknüpfungsregel zu erfolgen hat.[87] Dem folgend normierte Art. 7 Abs. 1 Satz 2 des geänderten Vorschlags der Rom II-VO vom 21.2.2006 den internationalprivatrechtlichen Beschränkungsansatz, indem eine Rechtsordnung nur angewandt werden sollte, wenn auf ihrem Gebiet die Wettbewerbsbeziehungen oder die kollektiven Interessen der Verbraucher *unmittelbar und wesentlich* beeinträchtigt worden sind oder werden könnten.[88] Inzwischen wurde dieser Zusatz im Zuge der Ausdehnung des Anwendungsbereichs von Art. 6 Rom II-VO (vormals Art. 7) auf privatrechtliche Fragen von Kartellrechtsverstößen ohne Begründung gestrichen.[89] Inhaltliche Änderungen sind damit aber nicht verbunden.[90] Daher überrascht es nicht, dass die Einschränkung des Schutzlandprinzips zum Teil offen mit einer Parallele zum internationalen Wettbewerbsrecht begründet wird.[91]

b. Vergleich von Marktort- und Schutzlandprinzip

Allerdings bestreiten die Vertreter einer rein sachrechtlichen Lösung im Immaterialgüterrecht selten die kollisionsrechtliche „Spürbarkeitsregel" im Wettbewerbsrecht.[92] Die unterschiedliche Behandlung wird vielmehr damit zu erklären versucht, dass sich das immaterialgüterrechtliche Kollisionsrecht mit seinem Ansatz beim bestehenden Schutzrecht deutlich von der flexiblen Anknüpfungsnorm des internationalen Wettbewerbsrechts unter-

---

[87] Statt vieler BGH GRUR 1971, 153, 154 – Tampax; *Drexl*, in: MünchKomm, BGB, IntUnlWettbR Rz. 121–127; *Kotthoff*, CR 1997, 676, 680; *Mankowski*, GRUR Int. 1999, 909, 915 ff.; *Rüßmann*, K&R 1998, 422, 426 f.; *Sack*, GRUR Int. 1988, 320, 328 (anders nun *ders.*, WRP 2008, 845, 854); *Schricker*, in: GK-UWG, Einl. Rz. F 206. Gegen eine kollisionsrechtliche Begrenzung *Löffler*, WRP 2001, 379, 384; *Ohly*, in: Piper/Ohly, UWG, Einf. B Rz. 26; *ders.*, JZ 2005, 1189, 1190 f.

[88] KOM(2006)83/endg.

[89] Lediglich in Art. 6 Abs. 3 lit. b hat dieses Erfordernis in die endgültige Fassung der Rom II-VO Eingang gefunden. Dort fungiert es allerdings nicht zur Einschränkung des Auswirkungsprinzips, sondern begrenzt die Ersetzung des Auswirkungsprinzips durch die lex fori (hierzu *Mankowski*, RIW 2008, 177, 189 f.).

[90] *De Miguel Asensio*, in: Leible/Ohly, IP and PIL, Ziff. 36; *Handig*, GRUR Int. 2008, 24, 28; *Leible/Lehmann*, RIW 2007, 721, 729. Siehe auch *Mankowski*, RIW 2008, 177, 186 für die Regelung des Art. 6 Abs. 3 lit. a Rom II-VO zum internationalen Kartellrecht. A.A. wegen des Wortlauts von Art. 6 Abs. 1 *Sack*, WRP 2008, 845, 855.

[91] So etwa *Kort*, DB 2001, 249, 257; *Sack*, WRP 2000, 269, 276. Allerdings werden zum Teil unterschiedliche Einschränkungskriterien im internationalen Immaterialgüter- und Wettbewerbsrecht befürwortet, so z.B. *Nordemann-Schiffel*, in: Bröcker/Czychowski/Schäfer, Praxishandbuch Geistiges Eigentum, § 3 Rz. 69 und 159.

[92] Anders *Ohly*: in: Piper/Ohly, UWG, Einf. B Rz. 26 einerseits und JZ 2005, 738, 740 andererseits.

scheide.[93] Eine Beschränkung auf kollisionsrechtlicher Ebene sei angesichts des territorialen Ausschließlichkeitscharakters der immaterialgüterrechtlichen Monopolrechte systemwidrig.[94] Ob tatsächlich solch gravierende Unterschiede zwischen den beiden Anknüpfungsregeln bestehen, erscheint jedoch fragwürdig. Vielmehr zeigt ein Vergleich zwischen Schutzland- und Marktortprinzip unter Ausschluss der Spürbarkeitsregel, dass trotz der unterschiedlichen Formulierung der beiden Anknüpfungsregeln viele Gemeinsamkeiten existieren.

So stimmen die praktischen Ergebnisse beider Anknüpfungsregeln weitgehend überein.[95] Nach dem Marktortprinzip gilt nämlich hinsichtlich des Verhaltens eines Marktteilnehmers, das in mehreren Staaten zu Interessenkollisionen führt, für jeden nationalen Markt dessen Wettbewerbsrecht. Auf ein Gesamtgeschehen ist daher womöglich eine Vielzahl von Rechtsordnungen anzuwenden, von denen jede nur den Teilsachverhalt auf ihrem Gebiet reglementiert.[96] Das Marktortprinzip ähnelt insoweit ebenso wie das Schutzlandprinzip der Erfolgsortanknüpfung des allgemeinen Deliktsrechts.[97] Anders als im allgemeinen Deliktsrecht ist freilich das Recht des Ortes, an dem das eigentliche Verhalten ausgeübt wurde, nicht alternativ auf den Gesamtsachverhalt anzuwenden.[98] Auch eine Abweichung vom Marktortprinzip mittels Rechtswahl,[99] gemeinsamen gewöhnlichen Aufenthalt der Mitbewerber oder auf Grund einer wesentlich engeren Beziehung

---

[93] *Bettinger/Thum*, GRUR Int. 1999, 659, 670 (Fn. 76); ähnlich *Brömmelmeyer*, S. 192, der auf die kollisionsrechtliche Unbeachtlichkeit der Tatortlokalisierung wegen der Maßgeblichkeit des Bestandsorts hinweist.

[94] *Bettinger/Thum*, GRUR Int. 1999, 659, 670 (Fn. 76); *Spindler*, IPRax 2003, 412, 419; ähnlich *Fezer*, in: Staudinger (2000), BGB, IntWirtschR Rz. 694.

[95] Ebenso *De Miguel Asensio*, in: Leible/Ohly, IP and PIL, Ziff. 24; *Ohly*, in: Piper/Ohly, UWG, Einf. B Rz. 22; *Schricker*, in: GK-UWG, Einl. Rz. F 162.

[96] *Mankowski*, in: MünchKomm, UWG, IntWettbR Rz. 225; *Schricker*, in: GK-UWG, Einl. Rz. F 185.

[97] Art. 6 Abs. 1 Rom II-VO stellt ausweichlich des 21. Erwägungsgrundes auch eine Präzisierung der – und keine Ausnahme von der – allgemeinen deliktsrechtlichen Anknüpfung an den Erfolgsort gemäß Art. 4 Abs. 1 dar.

[98] *Heldrich*, in: Palandt, BGB, Art. 40 EGBGB Rz. 11; *Köhler*, in: Hefermehl/Köhler/Bornkamm, UWG, Einl. UWG Rz. 5.8. Die Ubiquitätsregel ist nur im autonomen deutschen Recht in Art. 40 Abs. 1 Satz 1 EGBGB enthalten; Art. 4 Abs. 1 Rom II-VO knüpft ausschließlich an den Erfolgsort an. Zwar spricht Art. 4 Abs. 1 Rom II-VO wörtlich vom Ort des Schadenseintritts; inhaltlich ist aber der Erfolgsort gemeint, so auch *Leible/Engel*, EuZW 2004, 7, 10.

[99] Art. 6 Abs. 4 Rom II-VO. Vgl. zum autonomen Recht *Ohly*, in: Piper/Ohly, UWG, Einf. B Rz. 30; a.A. *Köhler*, Hefermehl/Köhler/Bornkamm, UWG, Einl. UWG Rz. 5.19.

scheidet aus.[100] Diese zwingende Segmentierung eines Gesamtgeschehens nach den Staatsgrenzen eint daher das Marktort- und das Schutzlandprinzip und grenzt es gemeinsam vom allgemeinen Deliktsrecht ab.

Unterschiedliche Ergebnisse können nur zustande kommen, wenn in einem Land trotz der Abrufbarkeit einer Internetseite keine Interessenkollision gegeben oder möglich ist:[101] Auf das Teilgeschehen in diesem Land ist dann weder das Wettbewerbsrecht dieses noch eines anderen Staates anwendbar. Das Schutzlandprinzip verweist dagegen auf das Recht des Landes, in dem der Abruf möglich ist. Doch zum einen werden solche Fälle (soweit man die Spürbarkeitsregel außer Betracht lässt) selten sein, da entsprechend der Schutzzwecktrias des materiellen Rechts nicht nur Mitbewerberinteressen, sondern auch solche von Verbrauchern und der Allgemeinheit zu berücksichtigen sind.[102] Zum anderen scheidet zumindest die Anwendung von Rechtsordnungen verschiedener Länder auf denselben Sachverhaltsabschnitt zwingend aus.

Trotzdem gibt es Situationen, in denen im Wettbewerbs- und Immaterialgüterrecht divergierende Rechtsordnungen zur Anwendung berufen sind. Nach überwiegender Auffassung ist etwa die Ubiquitätsregel des Art. 40 Abs. 1 EGBGB anwendbar, sofern ausschließlich die Interessen eines Mitbewerbers tangiert sind.[103] Eine vergleichbare Regelung sieht nun Art. 6 Abs. 2 Rom II-VO vor. Zumindest für diesen Fall wird auch die Zulässigkeit einer Rechtswahl gemäß Art. 42 EGBGB bzw. Art. 14 Rom II-VO diskutiert.[104] Ferner ist umstritten, ob das europarechtliche Herkunftslandprinzip, das in verschiedenen Richtlinien der EG verankert ist, oder Art. 28 EGV eine Kollisionsnorm enthalten.[105] All diese Anknüpfungen stellen

---

[100] *Ohly*, in: Piper/Ohly, UWG, Einf. B Rz. 28 f. m.w.N. Zur Fortgeltung dieser Rechtslage unter der Rom II-VO *Mankowski*, in: MünchKomm, UWG, IntWettbR Rz. 255.

[101] Von der Möglichkeit unterschiedlicher Ergebnisse von Schutzland- und Marktortprinzip gehen auch *De Miguel Asensio*, in: Leible/Ohly, IP and PIL, Ziff. 24; *Sack*, WRP 2008, 845, 859 aus.

[102] *Fezer/Koos*, in: Staudinger, BGB, IntWirtschR Rz. 428.

[103] BGHZ 40, 391, 397 – Stahlexport; *Köhler*, in: Hefermehl/Köhler/Bornkamm, UWG, Einl. UWG Rz. 5.15; a.A. *Drexl*, in: MünchKomm, BGB, IntUnlWettbR Rz. 117.

[104] In diesem Sinn z.B. *v. Hoffmann*, in: Staudinger, BGB, Art. 40 EGBGB Rz. 346; *Ohly*, in: Piper/Ohly, UWG, Einf. B Rz. 30; für eine weitergehende Zulässigkeit der Rechtswahl: *Köhler*, in: Hefermehl/Köhler/Bornkamm, UWG, Einl. UWG Rz. 5.19; gegen eine Rechtswahl: *Fezer/Koos*, in: Staudinger, BGB, IntWirtschR Rz. 598 ff.; *Mankowski*, in: MünchKomm, UWG, IntWettbR Rz. 290 ff. Zur Diskussion der Zulässigkeit einer Rechtswahl nach der Rom II-VO siehe *Fezer/Koos*, in: Staudinger, BGB, IntWirtschR Rz. 603; *Mankowski*, in: MünchKomm, UWG, IntWettbR Rz. 237 ff.

[105] Zur Diskussion *Ohly*, in: Piper/Ohly, UWG, Einf. C Rz. 76 ff. Weiterhin wird vereinzelt eine Anwendung inländischen Lauterkeitsrechts auf Werbe- und Verkaufsveranstaltungen im Ausland befürwortet, wenn gezielt inländische Verbraucher in deren Ur-

indes Ausnahmen von der Marktortregel des internationalen Wettbewerbsrechts dar und können somit nicht die Ähnlichkeit *dieser* Regel, für die allein die Spürbarkeitsgrenze gelten soll, mit dem Schutzlandprinzip in Frage stellen.

Die soeben aufgezeigte Segmentierung von Multistate-Sachverhalten lässt eine weitere Ähnlichkeit zwischen Wettbewerbs- und Immaterialgüterrecht erkennen. Sie macht deutlich, dass die Schutzwirkung der nationalen Wettbewerbsrechte beschränkt ist. Das deutsche UWG schützt nach seinem § 1 die Mitbewerber, Verbraucher, sonstigen Marktteilnehmer und die Allgemeinheit vor unlauterem Wettbewerb. Allerdings hat es nicht den Zweck, weltweit gültige Wettbewerbsregeln aufzustellen. Vielmehr schützt das UWG nur den inländischen Wettbewerb vor Unlauterkeit. Dies ist grundsätzlich im territorialen Sinne zu verstehen; geschützt wird der Wettbewerb *im Inland*. Nur in Ausnahmefällen wird ein Geschehen im Ausland erfasst, wenn es sich um einen reinen Wettbewerb *unter Inländern* handelt.[106] Insofern kann man durchaus davon sprechen, dass der Schutz des Wettbewerbsrechts beschränkt ist, und zwar grundsätzlich territorial.[107] Dem vergleichbar existieren die subjektiven Schutzrechte des geistigen Eigentums nur in den Grenzen des anerkennenden Staates. Soweit dagegen auf die territoriale Unbegrenztheit der unternehmerischen Leistung als Schutzgegenstand des Wettbewerbsrechts (zumindest bei international tätigen Unternehmen) hingewiesen wird,[108] ist dies ebenfalls richtig. Nur wird dabei übersehen, dass insoweit kein Unterschied zum Immaterialgüterrecht besteht. Auch dort wird eine geistige Leistung geschützt,[109] die ebenso we-

---

laub angesprochen werden und eine Vielzahl weiterer Kriterien nach Deutschland weisen (sog. Gran-Canaria-Fälle); so *Sack*, WRP 2000, 269, 273. Anders die ganz überwiegende Auffassung: statt vieler BGHZ 113, 11, 16 – Kauf im Ausland; *v. Hoffmann*, in: Staudinger, BGB, Art. 40 EGBGB Rz. 334.

[106] Der Grund hierfür wird bezeichnenderweise zum Teil darin gesehen, dass solche betriebsbezogenen Wettbewerbsdelikte keine Angriffe auf und über einen Markt darstellen, sondern sich allein in der Sphäre des Angegriffenen abspielen, auch wenn Auswirkungen auf dem Markt nicht ausbleiben. Mangels spezifisch allgemeinheitsbezogener Interessen sei die Nähe zu allgemeinen Delikten sehr groß und eine Abweichung von den Anknüpfungsregeln des allgemeinen internationalen Deliktsrechts nicht gerechtfertigt. Siehe dazu *Leible/Engel*, EuZW 2004, 7, 12; *Mankowski*, in: MünchKomm, UWG, IntWettbR Rz. 242 ff.

[107] *De Miguel Asensio*, in: Leible/Ohly, IP and PIL, Ziff. 13, 23.*Ohly*, in: Piper/Ohly, UWG, Einf. A Rz. 79; siehe zudem die Explanatory Note 13.01 des Internationalen Büros der WIPO zu der Joint Recommendation.

[108] *Schricker*, in: GK-UWG, Einl. Rz. F 6.

[109] Das geschützte schöpferische Werk, die Erfindung oder das Kennzeichen sind Ergebnis oder Symbol der geistigen oder unternehmerischen Leistung. Daher dient der Schutz dieser Güter der Verwertung dieser Leistung, *Götting*, S. 40.

nig wie das geistige Gut einer räumlichen Beschränkung unterliegt.[110] Räumlich beschränkt ist stets nur der rechtliche Schutz.

Dieser beschränkte Schutz führt zu einer weiteren Gemeinsamkeit. Beim Schutzlandprinzip hat sich erwiesen, dass jedes nationale Schutzrecht einen eigenen Streitgegenstand bildet und separat anzuknüpfen ist.[111] Im internationalen Wettbewerbsrecht ist ein ähnliches Vorgehen angebracht. Auch hier stellen die Verletzungen von verschiedenen nationalen Marktregeln unterschiedliche Streitgegenstände dar. Dies lässt sich gut an den Folgen einer Verurteilung aufzeigen: Angenommen A hat eine nach deutschen Vorstellungen irreführende Werbung auf dem deutschen Markt publiziert und wird deswegen strafbewehrt zur Unterlassung verurteilt. Verwendet er die gleiche Werbekampagne auf dem englischen Markt, dessen Rechtsordnung die Werbung für zulässig erachtet, kann man keinen Verstoß gegen den Unterlassungsbefehl feststellen; das Ordnungsgeld wird nicht verwirkt. Ebenso muss es einem Kläger gestattet sein, seine Klage auf das Geschehen in bestimmten Gebieten zu beschränken, da ihm andernfalls eine kostenpflichtige Teilabweisung der Klage droht. Deshalb sind die Teilsachverhalte auf jedem Gebiet als unterschiedliche Delikte im kollisionsrechtlichen Sinne zu verstehen und jeweils separat anzuknüpfen.

Bestehen schon große Gemeinsamkeiten hinsichtlich der Segmentierung von Multistate-Sachverhalten und dem beschränkten Schutzbereich der Rechtsgüter, so setzen sich diese beim Grund der Segmentierung und Beschränkung fort. Bereits oben wurde dargelegt, dass das Territorialitätsprinzip (im Sinne einer räumlichen Beschränkung der subjektiven Schutzrechte) durch das Interesse an der Respektierung ausländischer Entscheidungen über die Zuordnung eines geistigen Gutes als Ausdruck der Wirtschaftspolitik eines Landes bedingt ist. Jeder Staat soll für sein Gebiet (i.R.d. völkerrechtlichen Übereinkommen) entscheiden können, wer ein geistiges Gut in welcher Form verwerten darf und wem Verwertungshandlungen untersagt sind.[112] Die gleichen Gründe bedingen nach der überwiegenden Meinung das Schutzlandprinzip, das durch das Territorialitätsprinzip rechtlich oder zumindest faktisch vorgegeben sein soll.[113] Nicht weniger als das Immaterialgüterrecht setzt das Lauterkeitsrecht die Wirtschaftspolitik eines Landes um. Denn Wettbewerbsrecht ist ungeachtet seiner sonderdeliktsrechtlichen Einordnung[114] Marktordnungsrecht, das den politischen Kompromiss zwischen den Interessen der Wettbewerber, der

---

[110] *Lichtenstein*, NJW 1964, 1208, 1209; *Ulmer*, RabelsZ 41, 479, 483; *Weigel*, S. 89.

[111] Siehe 2. Kap.I.2.b. (S. 82 f.).

[112] Dazu 1. Kap.VI.1.g.bb. (S. 68 f.).

[113] Hierzu 2. Kap.III.2. (S. 114 ff.).

[114] So die ganz überwiegende Auffassung, siehe nur *Emmerich*, S. 2; *Ohly*, in: Piper/Ohly, UWG, Einf. D Rz. 56; a.A. *Schünemann*, in: GK-UWG, Einl. Rz. E 64 f.

Verbraucher und der Allgemeinheit widerspiegelt.[115] Ebenso wie es im Immaterialgüterrecht global an einer einheitliche Linie über die Voraussetzungen und den Umfang der Zuordnung geistiger Güter fehlt, differieren die Vorstellungen über die Unlauterkeit eines Wettbewerbverhaltens in der Welt stark.[116] Deshalb werden die Märkte rechtlich staatsbezogen verstanden bzw. eingeschränkt,[117] so dass jedes Land seine wirtschaftspolitischen Marktregeln für seinen Markt selbst regeln kann.

Konsequenterweise unterscheiden sich auch die Anknüpfungsmomente des Marktort- und des Schutzlandprinzips nicht so diametral, wie es teilweise behauptet wird. Ersteres ist nicht zwingend so flexibel, Letzteres nicht so unflexibel. Ebenso wie beim Schutzlandprinzip der Ansatz beim Schutzrecht ein Aufweichen verhindern soll, könnte das Marktortprinzip durch eine Anknüpfung an den national verstandenen Markt konkretisiert werden. Es käme nicht auf den Ort einer Interessenkollision an, sondern auf den geltend gemachten nationalen Markt, auf dem ein unlauteres Geschehen stattgefunden haben soll. Das Erfordernis der Bewertung von Interessen und die damit erreichte Flexibilität gingen dadurch verloren. Lässt man die Spürbarkeitsregel außer Betracht, wäre damit jedoch kein inhaltlicher Unterschied verbunden, insbesondere die Segmentierung des Sachverhalts bliebe erhalten. Umgekehrt kann das Schutzlandprinzip nicht nur als Ansatz beim nationalen Schutzrecht und dessen Existenz, sondern auch als Anknüpfung an den Ort, an dem möglicherweise eine Verletzung des Schutzrechts eingetreten ist, verstanden werden.[118] Diese Konkretisierung der lex loci protectionis ähnelt dem lauterkeitsrechtlichen Marktortprinzip der überwiegenden Auffassung; es ist der jeweilige Ort der Interessenkollision bzw. des möglichen Verletzungstatbestands zu bestimmen.

c. Vergleich eines einschränkenden kollisionsrechtlichen Kriteriums

Wendet man den Blick von den beiden kollisionsrechtlichen Grundregeln zur einschränkenden Spürbarkeitsklausel, sind die Auswirkungen im Immaterialgüter- und im Wettbewerbsrecht wiederum identisch. Nach der Schutzlandregel erfolgt eine Verweisung auf das Land, in dem ein nationales Schutzrecht möglicherweise existiert oder verletzt ist, allerdings mit der Einschränkung, dass diese Rechtsordnung nur über die Verletzung auf dem eigenen Territorium und damit nur hinsichtlich des eigenen Schutz-

---

[115] *Mankowski*, in: MünchKomm, UWG, IntWettbR Rz. 137; *ders.*, IPRax 2004, 385, 387; *Ohly*, in: Piper/Ohly, UWG, Einf. D Rz. 71; *Schricker*, GRUR Int. 1982, 720, 723.

[116] *Bornkamm*, in: Bartsch/Lutterbeck, Neues Recht, S. 99, 113; *Mankowski*, in: MünchKomm, UWG, IntWettbR Rz. 137; *Ohly*, in: Piper/Ohly, UWG, Einf. B Rz. 31.

[117] *Mankowski*, in: MünchKomm, UWG, IntWettbR Rz. 158.

[118] Siehe 2. Kap.I.3. (S. 84 ff.).

rechts entscheiden kann.[119] Falls außer der bloßen Abrufbarkeit keine hinreichenden Bezüge zu dem Hoheitsgebiet dieses Landes gegeben sind, erfolgt mangels Spürbarkeit keine Verweisung.[120] Andere Rechtsordnungen werden für eine Verletzung dieses Schutzrechts nicht zur Anwendung berufen. Deshalb kann keine Verletzung festgestellt werden. Mittelbar ist mit der Entscheidung über die Nichtanwendbarkeit der Rechtsordnung zugleich die Entscheidung über die Zulässigkeit der Verwertungshandlung in Bezug auf dieses nationale Schutzrecht getroffen. Die Situation im Wettbewerbsrecht ist vergleichbar. Nach der Marktortregel kann jedes nationale Wettbewerbsrecht nur über die Zulässigkeit eines Geschehens auf dem eigenen Gebiet urteilen. Die Nichtberufung einer Rechtsordnung mangels hinreichenden Inlandsbezugs führt zur Zulässigkeit bzw. zum Ausbleiben einer Sanktionierung des Geschehens auf dem Territorium dieser Rechtsordnung.

In beiden Fällen entscheidet somit bereits die lex fori über die Zulässigkeit eines Geschehens auf fremdem Gebiet. Es wurde aber gezeigt, dass durch beide Rechtsgebiete Wirtschaftspolitik betrieben wird und der Grund für die Segmentierung jeweils in der wirtschaftspolitischen Bedeutung und in den stark divergierenden Vorstellungen der einzelnen Länder über deren Ausgestaltung liegt. Folglich greift die Spürbarkeitsregel hier wie dort in den wirtschaftspolitischen Kompromiss fremder Länder ein. Des Weiteren ist die Bedeutung einer Vorauswahl verletzungsrelevanter Sachverhalte durch die lex fori für die Betroffenen in beiden Rechtsgebieten vergleichbar. Im Immaterialgüterrecht resultiert die Vorauswahl in einer Einschränkung der subjektiven Schutzrechte des Inhabers. Dieser kann vor einem deutschen Gericht seine Verwertungsrechte an einem geistigen Gut nicht durchsetzen, obwohl ihm das vielleicht nach der schutzrechtsgewährenden Rechtsordnung möglich wäre. Gleichfalls ist im internationalen Wettbewerbsrecht mit der Vorauswahl nicht nur ein Eingriff in die marktpolitischen Vorstellungen des Marktstaates, sondern auch eine Begrenzung subjektiver Positionen verbunden. Denn aus lauterkeitsrechtlichen Verhaltenspflichtverletzungen resultieren Schadensersatz-, Gewinnabschöpfungs-, Unterlassungs- oder andere Ansprüche zu Gunsten von Mitbewerbern, Verbrauchern oder sonstigen Personen(gruppen).[121] Diese werden nicht anerkannt; der jeweilige Anspruchsinhaber kann womöglich entgegen dem

---

[119] Dazu 2. Kap.I.3. (S. 84 ff.).

[120] Zur Problematik des Fehlens einer Verweisung Ziff. III.2.d. (S. 184 ff.).

[121] Welche Ansprüche im Einzelnen geltend gemacht werden können, bemisst sich ebenso nach dem Wettbewerbsstatut wie die Frage nach der Aktivlegitimation, siehe *Ohly*, in Piper/Ohly, UWG, Einf. B Rz. 19 m.w.N. In Deutschland haben freilich Verbraucher kein eigenes Klagerecht; ihre Interessen können jedoch die Verbraucherverbände durchsetzen, §§ 8 Abs. 3 Nr. 3, 10 Abs. 1 UWG.

Marktortrecht seine Ansprüche nicht durchsetzen. Warum der Eingriff in den wirtschaftspolitischen Kompromiss eines Landes und in subjektive Rechte Dritter zulässig sein soll, wenn ein Staat seine Entscheidung durch Lauterkeitsrecht umsetzt bzw. die subjektiven Rechte durch solche Vorschriften gewährt, nicht aber im Falle einer immaterialgüterrechtlichen Lösung, ist nicht überzeugend.

Daran ändert auch die Absolutheit der subjektiven Immaterialgüterrechte nichts. Denn zum einen schließt die Absolutheit eines Rechts dessen Einschränkung nicht aus. Diese Eigenschaft bedeutet nämlich nur, dass ein Gut einer Person dergestalt zugeordnet wird, dass sie alle anderen von der Benutzung ausschließen kann. Dagegen sind nicht zwingend sämtliche Benutzungsformen Gegenstand der Zuordnung, sondern nur solche, die der Gesetzgeber hierfür vorsieht bzw. anerkennt.[122] Zum anderen geht es in immaterialgüterrechtlichen Verletzungsverfahren nicht um das Verwertungsrecht an sich. Streitgegenstand ist vielmehr der konkrete Anspruch auf Unterlassung oder Schadensersatz, der aus der Verletzung des Verwertungsrechts folgt. Dieses subjektive Recht besteht nur gegenüber dem konkreten Schädiger und ist somit relativ. Nur dieser Anspruch wird mittels der kollisionsrechtlichen Spürbarkeitsgrenze nicht anerkannt. Deshalb ist die Situation durchaus mit der im Wettbewerbsrecht vergleichbar.

d. Interesse am Gleichlauf

Für eine parallele Behandlung der dogmatischen Einordnung des Erfordernisses eines erhöhten Inlandsbezugs spricht im Markenrecht weiter, dass dieses nur ein besonderer Teil des Wettbewerbsrechts ist.[123] Wenn daher weder auf Grund der territorialen Begrenzung der Schutzrechte noch auf Grund deren Ausschließlichkeitscharakter oder einem etwaigen unterschiedlichen Ansatz der Anknüpfungsregel eine Differenzierung notwendig ist, dann spricht die Verwandtheit der Rechtsgebiete für eine einheitliche Behandlung der Einschränkung. Auch im Patent- und Urheberrecht ist eine parallele Beurteilung geboten. Sie stellen zwar keinen Ausschnitt des Wettbewerbsrechts dar, doch unterfallen sie gleichfalls dem Wirtschaftsrecht[124] und bilden mit dem Kennzeichenrecht gemeinsam das Immaterialgüterrecht. An der einheitlichen Anknüpfung der deliktischen Hauptfrage aller Immaterialgüterrechtsverletzungen wird denn auch nicht gezwei-

---

[122] Auch die Schrankenbestimmungen der Immaterialgüterrechte stellen eine Einschränkung des Verwertungsrechts dar.

[123] Statt aller *Ohly*, in: Piper/Ohly, UWG, Einf. D Rz. 83.

[124] Dies gilt auch für das Urheberrecht als Recht der Kulturwirtschaft, siehe *Loewenheim*, in: Loewenheim, Handbuch UrhR, § 1 Rz. 6; *Schricker*, in: Schricker, UrhR, Einl. Rz. 2. A.A. (trotz Anerkennung der ökonomischen Bedeutung) z.B. *Schack*, UrhR, S. 4.

felt.[125] Die parallele Beurteilung von internationalem Lauterkeits- und Immaterialgüterrecht hat zudem den Vorteil, dass Abgrenzungsfragen minimiert werden.[126] Denn die Qualifikation einzelner Ansprüche kann schwierig sein[127] und wettbewerbs- und sonderschutzrechtliche Ansprüche bestehen oft nebeneinander. Zudem sei nochmals darauf hingewiesen, dass ein und dasselbe wirtschaftspolitische Ziel in den einzelnen Ländern durch wettbewerbs- oder immaterialgüterrechtliche Regelungen erreicht werden kann und eine Differenzierung der Anerkennung dieser Entscheidung nach der Art der rechtstechnischen Umsetzung nicht überzeugt.

e. Zwischenergebnis

Als Zwischenergebnis lässt sich daher festhalten, dass eine unterschiedliche Verortung des Erfordernisses eines hinreichenden Inlandsbezugs im Wettbewerbs und Immaterialgüterrecht keinesfalls zwingend notwendig ist. Vielmehr sprechen die überwiegenden Argumente für eine Gleichbehandlung. Das bedeutet freilich nicht, dass zwingend die Einschränkung innerhalb der Anknüpfungsnorm erfolgen muss; ebenso wäre eine einheitliche Einordnung im Sachrecht möglich.[128] Zu beachten ist aber, dass angesichts der bisherigen Auffassung und den Entwurfsfassungen der Rom II-VO davon auszugehen ist, dass das Spürbarkeitskriterium in die lauterkeitsrechtliche Anknüpfungsregel des Art. 6 Abs. 1 Rom II-VO hineininterpretiert wird. Trotzdem soll untersucht werden, ob die kollisionsrechtliche Lösung dogmatisch fundiert werden kann und mit den internationalprivatrechtlichen Grundsätzen vereinbar ist.

2. Bedenken gegen eine kollisionsrechtliche Lösung

a. Konflikt von Rechten und nicht von Rechtsordnungen

Das Hauptargument in der Literatur für eine sachrechtliche Lösung wird auch gegen eine kollisionsrechtliche Problemverortung verwandt. Die Verwendung von geistigen Gütern im Internet führe zu einem Konflikt von Rechten und nicht von Rechtsordnungen.[129] Es wurde bereits dargelegt,

---

[125] Lediglich *Intveen*, S. 121 ff. und *Muth*, S. 141 ff. wollen auch die Hauptfrage im Urheberrecht an das Ursprungsland anknüpfen. Ansonsten wird eine abweichende Behandlung des Urheberrechts nur hinsichtlich der Vorfragen befürwortet, so z.B. *Schack*, UrhR, S. 470 ff.

[126] Ganz vermieden werden sie freilich nicht, da im internationalen Wettbewerbsrecht Ausnahmen von der Marktortregel bestehen (siehe oben).

[127] Dazu 2. Kap.II.2. (S. 99 ff.).

[128] Dies wird in der Literatur auch vereinzelt gefordert, *Löffler*, WRP 2001, 379, 384; *Ohly*, in: Piper/Ohly, UWG, Einf. B Rz. 26.

[129] Nachweise in Fn. 28 zum 4. Kapitel.

dass diese Formulierung nicht exakt ist. Die entscheidende Frage lautet, ob das subjektive Kennzeichen-, Urheber- oder Patentrecht, das auf ein Territorium beschränkt ist, verletzt ist und nicht, ob das objektive Kennzeichen-, Urheber- oder Patentrecht eines Landes anwendbar ist.[130]

Hieran ist zutreffend, dass in der Tat die Voraussetzungen einer Rechtsverletzung in Rede stehen. Dies bedeutet indes nicht, dass es sich *ausschließlich* um ein sachrechtliches Problem handelt und sich die internationalprivatrechtliche Frage nach der anwendbaren Rechtsordnung nicht stellt. Zumindest wenn ein Bezug zu mehreren Rechtsordnungen gegeben ist, etwa wegen der Divergenz des Orts des Uploads und des Empfangsstaates, ist das internationale Privatrecht zu Rate zu ziehen. Ein Konflikt von Rechtsordnungen existiert durchaus. Andernfalls bedürfte es überhaupt keiner Anknüpfungsregel, auch nicht des Schutzlandprinzips.[131] Zu klären ist damit „lediglich", ob eine vom Schutzlandprinzip abweichende Anknüpfsregel oder eine Einschränkung derselben nötig und möglich ist. Dass es ein solches Bedürfnis gibt, wurde aber bereits aufgezeigt.[132]

b. Missachtung fremder Entscheidungen

Gegen die Zulässigkeit einer Einschränkung des Schutzlandprinzips kann nicht eingewandt werden, dass diese zu einer Missachtung fremden Rechts führt. Sofern die Verletzung eines ausländischen Immaterialgüterrechts in Rede steht, bewirkt das Erfordernis eines erhöhten Inlandsbezugs innerhalb der Kollisionsnorm zwar durchaus, dass das Schutzlandrecht beim Fehlen dieses Inlandsbezugs nicht zur Anwendung berufen wird und von diesem abweichende Ergebnisse möglich sind. Die Nichtanerkennung fremder Entscheidungen ist dem internationalen Privatrecht aber immanent. Denn das Kollisionsrecht ist trotz seines Namens grundsätzlich nationales Recht und fremdes Recht wird angewandt, weil die lex fori es bestimmt. Dies gilt selbst dann, wenn es um wirtschaftspolitisch bedeutende Regeln geht.[133] Eine nachträgliche Korrektur exorbitanter Anwendung ausländischen Rechts, welche die Alternative ist,[134] missachtet die fremde Regelung gleichfalls.

---

[130] *Bettinger/Thum*, GRUR Int. 1999, 659, 670.

[131] Anders wohl LG Düsseldorf GRUR Int. 1968, 101, 102 – Frauenthermometer, wenn es feststellt, dass der von Art. 12 EGBGB a.F. zu lösende Kollisionsfall gar nicht bestehe.

[132] Siehe Ziff. II.5. (S. 161 ff.).

[133] Siehe 2. Kap.I.5. (S. 93 f.).

[134] Dazu Ziff. III.6. (S. 202 ff.).

c. Durchsetzung der eigenen sachrechtlichen Entscheidung

Problematisch ist daher nicht die Durchsetzung eigener rechtspolitischer Vorstellungen an sich. Bedenken können nur auftreten, wenn mit dem einschränkenden Kriterium des hinreichenden Inlandsbezugs vor allem ein bestimmtes sachrechtliches Ergebnis erreicht wird oder werden soll.[135] Dies könnte der Funktion des internationalen Privatrechts zuwiderlaufen. Dessen Aufgabe ist gemäß Art. 3 Abs. 1 S. 1 EGBGB, die anwendbare Rechtsordnung zu bestimmen. Es soll die Sachentscheidung nicht selbst herbeiführen, sondern diese nur mittelbar beeinflussen.[136] Hierzu ist nicht das sachlich, sondern das räumlich am besten geeignete Recht zu ermitteln.

aa. Verfolgung kollisionsrechtlicher Zwecke

Mit diesen Grundsätzen könnte es kollidieren, dass durch eine kollisionsrechtliche Einschränkung bereits eine Vorauswahl möglicherweise verletzungsrelevanter Sachverhalte getroffen wird. Sachverhaltsausschnitte, die nicht den erforderlichen Inlandsbezug aufweisen, werden in der Anknüpfung nicht berücksichtigt und können nicht sanktioniert werden. Damit wird eine sachliche Entscheidung erreicht.

Allerdings regelt das Spürbarkeitskriterium unmittelbar nur die Anwendbarkeit bzw. die Nichtanwendbarkeit von Rechtsnormen. Dies entspricht dem üblichen methodischen Vorgehen des internationalen Privatrechts. Daran ändert es auch nichts, dass bereits eine bestimmte Sachentscheidung – die Zulässigkeit der Abrufbarkeit der Internetseite im Schutzland – herbeigeführt wird; dies ist nämlich nur mittelbare Folge. Zu beachten ist ferner, dass mit der Einschränkung eines hinreichenden Inlandsbezugs die Anwendung einer Rechtsordnung auf einen Sachverhalt gerade mit der Begründung abgelehnt wird, dass ein hinreichender Inlandsbezug fehlt. Die betreffende Rechtsordnung hat folglich keine enge Beziehung zu dem Sachverhalt. Dies entspricht der gebräuchlichen Terminologie des Kollisionsrechts. Ob ein solcher Inlandsbezug auf Grund der internationalprivatrechtlichen Interessenlage fehlt, ist dabei noch zu erörtern.

Löffler hält dem im Wettbewerbsrecht entgegen, dass das fehlende Rechtsanwendungsinteresse des betreffenden Staates der maßgebliche Faktor der Einschränkung sei und deshalb sachrechtliche Erwägungen ausschlaggebend seien. Es werde nicht mehr der internationalprivatrechtlich relevante Begehungsort ermittelt, sondern ein sachrechtliches Problem mit

---

[135] Dies wenden *Löffler*, WRP 2001, 379, 383 und *Ohly*, in: Piper/Ohly, UWG, Einf. B Rz. 26 gegen eine kollisionsrechtliche Spürbarkeitsgrenze im Wettbewerbsrecht ein.

[136] *v. Hoffmann/Thorn*, S. 2 f.

dem Kollisionsrecht vermischt.[137] Da auch im Immaterialgüterrecht an den Verletzungs- oder Begehungsort angeknüpft werden kann, scheint diese Sichtweise übertragbar: Selbst wenn eine Anknüpfung an den Bestandsort (oder die Entstehensrechtsordnung) erfolgt und ein zusätzlicher Inlandsbezug verlangt wird, ist nicht mehr allein der Bestandsort maßgeblich. Das zeigt zugleich die Schwäche dieser Argumentation: Letztlich wird die bisherige Anknüpfungsregel als die einzig maßgebliche anerkannt. Zwar stellt sich in der Tat die Frage, ob eine Einschränkung durch das Kriterium des fehlenden staatlichen Rechtsanwendungsinteresses, sofern dieses tatsächlich der entscheidende Aspekt ist,[138] *de lege lata* möglich ist. Doch diese Frage ist streng davon zu unterscheiden, ob das Rechtsanwendungsinteresse sach- oder kollisionsrechtlicher Natur ist.

Dabei ist *Löffler* insoweit zuzustimmen, dass staatliche Interessen – und damit auch das (fehlende) Interesse des Staates an der Anwendung der eigenen Rechtsordnung – im internationalen Deliktsrecht i.d.R. keine sonderliche Beachtung finden, sondern dass vor allem mit Ordnungs- und Parteiinteressen hantiert wird.[139] Dies resultiert jedoch daraus, dass im allgemeinen Zivilrecht keine staatlichen Interessen umgesetzt werden, sondern vorrangig ein Ausgleich zwischen den zivilrechtlichen Parteien gefunden werden soll. Konsequenterweise ist das staatliche Rechtsanwendungsinteresse weder im Kollisions- noch im Sachrecht maßgeblich.[140] Sieht man es dagegen als ein abwägungsrelevantes Kriterium an, so ist nicht einzusehen, warum es nur auf sachrechtlicher Ebene zu berücksichtigen ist. Denn die Entscheidung, dass die eigene Rechtsordnung nicht zur Anwendung gebracht wird, kann sowohl als sachrechtliches Korrektiv, als auch präventiv durch deren Nichtberufung auf kollisionsrechtlicher Ebene erfolgen. Im Falle der Nichtanwendung fremder Rechtsordnungen mangels hinreichenden Inlandsbezugs wird zudem das ausländische Recht auf Grund der Wertung des Forumstaates ignoriert und nicht das fehlende Rechtsanwendungsinteresse des fremden Staates respektiert. Die Durchsetzung eigener Vorstellungen erfolgt aber mit jeder autonomen Kollisionsnorm.[141] Der Rückgriff auf ein fehlendes staatliches Rechtsanwendungsinteresse kann daher – selbst wenn dieses tatsächlich dominieren sollte – nicht die Durchsetzung sachrechtlicher Interessen begründen.

---

[137] *Löffler*, WRP 2001, 379, 383, ebenso *Möllering*, WRP 1990, 1, 4.

[138] Zur Interessenabwägung Ziff. III.3. (S. 189 ff.).

[139] Siehe nur die Ausführungen bei *v. Hein*, S. 38 f.; *Kegel*, in: Kegel/Schurig, S. 723 ff.

[140] So auch *Höder*, S. 48.

[141] Dazu bereits Ziff. III.2.b. (S. 178).

bb. Zulässigkeit sachrechtlicher Erwägungen im Kollisionsrecht

Selbst wenn man entgegen den obigen Ausführungen den Schwerpunkt in der Herbeiführung eines bestimmten materiellen Ergebnisses bzw. der hierauf gerichteten Intention sieht, kann man nicht sofort auf die sachrechtliche Einordnung des Kriteriums des hinreichenden Inlandsbezugs schließen. Vielmehr ist zu untersuchen, ob materielle Interessen im internationalen Privatrecht stets verpönt sind oder ob auch in anderen Fällen mit dem internationalen Privatrecht ein bestimmtes sachliches Ergebnis herbeigeführt wird und werden soll.

Trotz des Zieles des internationalen Privatrechts, die räumlich nächste Rechtsordnung aufzufinden, ist anerkannt, dass bei der Auslegung oder des Aufstellens von Anknüpfungsregeln materiellrechtliche Interessen und Wertungen zu berücksichtigen sind. Denn die internationalprivatrechtliche Gerechtigkeit ist nur ein Teilaspekt einer insgesamt unteilbaren Gerechtigkeit.[142] Nachweisen lässt sich das zum einen daran, dass bei der Bildung der Anknüpfungsgegenstände und deren Subsumtion materielle Vorstellungen einfließen. Zum anderen spiegeln sich diese Wertungen in der Wahl des Anknüpfungspunktes wieder.[143] Als Beispiel sei nur die kollisionsrechtliche Wahlfreiheit als Gegenstück zur materiellen Privatautonomie genannt. Allerdings wird durch Anknüpfungsnormen grundsätzlich keine bestimmte Sachentscheidung herbeigeführt. Selbst durch die Verwendung einer kumulativen oder alternativen Anknüpfungsnorm wird eine solche allenfalls begünstigt.[144]

Doch es gibt Fälle, in denen mit Hilfe des internationalen Privatrechts eine bestimmte sachrechtliche Entscheidung durchgesetzt wird. Am auffälligsten kommt dies in Art. 6 EGBGB zum Ausdruck. Nach dessen Satz 1 ist die Rechtsnorm eines anderen Staates nicht anzuwenden, wenn sie zu einem Ergebnis führt, das mit wesentlichen Grundsätzen des deutschen Rechts offensichtlich unvereinbar ist (sog. ordre public-Vorbehalt).[145] Sofern die geschützte deutsche Grundvorstellung nur durch eine Lösung realisiert werden kann, ist die deutsche Rechtsnorm stattdessen anzuwenden. Aber auch sonst setzt sich unabhängig davon, ob die Regelungslücke hingenommen wird oder der Normenmangel behoben wird – sei es durch das deutsche Recht, durch eine andere ausländische Norm oder durch die Bildung einer neuen Sachnorm –,[146] das in Deutschland anerkannte Prinzip

---

[142] *Schurig*, in: Kegel/Schurig, S. 145.
[143] *Kropholler*, IPR, S. 33 f.; *Neuhaus*, S. 44 f.
[144] *Schurig*, in: Kegel/Schurig, S. 145.
[145] Gleiches gilt nach Art. 26 Rom II-VO mit dem Unterschied, dass Kontrollmaßstab die jeweilige lex fori ist.
[146] Zu den möglichen Rechtsfolgen des Art. 6 EGBGB siehe *Schurig*, in: Kegel/Schurig, S. 538 f.; *Kropholler*, IPR, S. 254 ff. sowie ausführlich *Spickhoff*, S. 103 ff.

durch.[147] Der ordre public-Vorbehalt korrigiert ein unliebsames Ergebnis jedoch erst nachträglich und unterscheidet sich insoweit von einer Einschränkung des Schutzlandprinzips.

Anstelle der nachträglichen Korrektur kann ein materielles Ergebnis auch mit Hilfe von inländischen Eingriffsnormen durchgesetzt werden. Diese Eingriffsnormen werden nicht „von allein“ (d.h. ohne das Wirksamwerden einer Kollisionsnorm), sondern auf Grund einer einseitigen Anknüpfungsnorm, welche bereits in der Sachnorm enthalten sein kann, angewandt.[148] Schon und gerade die Verweisungsnorm bezweckt daher die Durchsetzung des sachlichen Gehalts der konkreten Eingriffsnorm. Diese staatlichen Eigeninteressen verdrängen die sonst übliche Suche nach dem räumlich angemessensten Recht.[149] Im Unterschied zu der Einschränkung des Schutzlandprinzips regeln diese einseitigen Kollisionsnormen nur die Anwendung inländischer Normen. Zugleich wird jedoch eine entgegenstehende fremde Regelung des Wirkungsstatuts überwunden; es wird nicht einmal nach dessen Einschätzung gefragt. Steht beispielsweise die zivilrechtliche Unwirksamkeit eines Vertrages wegen einer nach deutschen Vorstellungen bestehenden Wettbewerbsbeschränkung im Raum, so setzt die Kollisionsnorm des § 130 Abs. 2 GWB[150] diese Ansicht ungeachtet der Regelungen des ansonsten anwendbaren Schuldstatuts durch. Ähnlich ist die Situation bzgl. ausländischer Eingriffsnormen. Deren eigener Anwendungswille wird von der lex fori nicht blind übernommen. Vielmehr ist eine enge Beziehung des Einzelfalls zur betreffenden Rechtsordnung nötig.[151] Die inländische Verweisungsnorm bezweckt somit nicht nur die grundsätzliche Übernahme ausländischer Gemeininteressen aus Gründen der *comitas*, sondern auch die Beschränkung ausländischer Gemeininteressen auf (aus Sicht der lex fori) legitime Grenzen.

Eine Vorentscheidung über die Verletzungsrelevanz bestimmter Handlungsweisen kann ferner durch die Qualifikation lege fori erfolgen. So hat der BGH im Fall Spielbankaffäre einen Anspruch wegen der Verletzung eines Urheberrechts bereits mit der Nichtanwendbarkeit des Schutzlandprinzips abgelehnt, da die Verfügung eines Nichtberechtigten kollisionsrechtlich keinen möglichen selbstständigen Eingriff in ein Urheberrecht

---

[147] Insoweit kommt dem Art. 6 EGBGB eine „positive“ Funktion zu, siehe *Hohloch*, in: Erman, BGB, Art. 6 EGBGB Rz. 2.

[148] In Bezug auf Art. 34 EGBGB *Martiny*, in: MünchKomm, BGB, Art. 34 EGBGB Rz. 125 m.w.N. Ausführlich *Schurig*, S. 55 ff., insb. S. 59–65.

[149] *Sonnenberger*, in: MünchKomm, BGB, Einl. IPR Rz. 80 ff., 100.

[150] Siehe die Nachweise zur Einordnung des § 130 Abs. 2 GWB als Kollisionsnorm in Fn. 26 zum 4. Kapitel.

[151] Dazu 2. Kap.I.5. (S. 93 f.).

darstelle.[152] Vergleichbar ist die Situation, wenn man die Abgrenzung zwischen Verletzungs- und Vorbereitungshandlungen nach der lex fori vornimmt und bloßen Vorbereitungshandlungen keine eigenständige Bedeutung als mögliches Begleitdelikt zugesteht, sofern aus deutscher Sicht ein solches nicht verwirklicht ist.[153] Ist nach inländischer Betrachtungsweise das Geschehen nicht über das Vorbereitungsstadium hinausgelangt, wäre nach dieser Ansicht daher mangels internationalprivatrechtlich relevanter unerlaubter Handlung kein Recht anwendbar. Gleichwohl ist es sehr gut möglich, dass nach fremdem Recht Ansprüche bereits aus einem solchen Verhalten erwachsen. Denn die Einschätzungen der einzelnen Rechtsordnungen können sowohl hinsichtlich der Abgrenzung von Vorbereitungshandlungen als auch bzgl. deren Behandlung divergieren, zumal die Abgrenzung nicht immer leicht ist. Die Wertungen der Rechtsordnungen, auf deren Gebieten Vorbereitungshandlungen stattgefunden haben, werden damit nicht beachtet; die Vorbereitungshandlung selbst wird keiner Sanktion unterworfen.

Weiter lohnt ein Blick auf grenzüberschreitende Persönlichkeitsrechtsverletzungen. Nach weit verbreiteter Ansicht sind nur die Orte als Erfolgsorte relevant, an denen die Verbreitung der Informationen bestimmungsgemäß erfolgt ist.[154] Nach autonomem Recht ist damit zwar keine sachliche Vorentscheidung verbunden, da das Recht des Handlungsorts gemäß Art. 40 Abs. 1 S. 1 EGBGB auf den Gesamtsachverhalt weiter anzuwenden ist. Anders wäre dies nach der ursprünglich von der Kommission vorgeschlagenen, aber nicht übernommenen Regelung in der Rom II-VO gewesen,[155] soweit das Bestimmungsmäßigkeitserfordernis beibehalten worden wäre.[156]

---

[152] BGHZ 136, 380, 389 – Spielbankaffäre. Diese Entscheidung hat insofern viel Kritik erfahren; siehe nur *Schack*, JZ 1998, 1018, 1020.

[153] *v. Hoffmann*, in: Staudinger, BGB, Art. 40 EGBGB Rz. 18; *Höder*, S. 47; *Koch/Magnus/Winkler v. Mohrenfels*, S. 168 f.; a.A. *Junker*, in: MünchKomm, BGB, Art. 40 EGBGB Rz. 25; *v. Hein*, S. 276; *Kegel*, in: Kegel/Schurig, S. 726 f.

[154] BGH GRUR 1978, 194, 195 – profil; *v. Hinden*, S. 94 ff.; *Kropholler*, IPR, S. 542; *Mankowski*, RabelsZ 63 (1999), 203, 271 f.; a.A. *v. Hoffmann*, in: Staudinger, BGB, Art. 40 EGBGB Rz. 62 (nur Ort des gewöhnlichen Aufenthalts); *Junker*, in: MünchKomm, BGB, Art. 40 EGBGB Rz. 163 (alle Verbreitungsorte). Eine Beschränkung auf die bestimmungsgemäßen Verbreitungsorte befürwortet auch *v. Bar*, S. 480, der hinsichtlich der Verbreitung den Handlungsort bemühen will und einen vom Handlungsort abweichenden Erfolgsort ablehnt.

[155] Siehe Art. 6 Abs. 1 des Vorschlags der Rom II-VO vom 22.7.2003: danach wäre es grundsätzlich bei der Anwendung des Erfolgsortrechts nach Art. 3 Abs. 1 geblieben. In der gültigen Fassung sind Ansprüche wegen der Verletzung der Privatsphäre und der Persönlichkeitsrechte vom Anwendungsbereich ausgenommen, Art. 1 Abs. 2 lit. g Rom II-VO.

[156] Ausdrücklich *v. Hein*, ZVglRWiss 102 (2003), 528, 556.

Ferner sei noch einmal daran erinnert, dass die Spürbarkeitsregel im internationalen Lauterkeitsrecht weitgehend akzeptiert wird, und der infolge der letzten Überarbeitung der Rom II-VO ausgebliebenen Normierung dieses Merkmals in Art. 6 Abs. 1 keine maßgebliche Bedeutung beizumessen ist.[157] Mangels alternativer Anknüpfung führt die Spürbarkeitsklausel zur zwangsläufigen Zulässigkeit der wettbewerblichen Handlung (bzw. Auswirkung) in dem nur marginal berührten Land.

Schließlich ist zu beachten, dass bereits nach dem derzeitigen internationalen Immaterialgüterrecht ein sachliches Anliegen mit internationalprivatrechtlichen Mitteln erzielt wird. Denn die Verweisung auf das Recht des Schutzlandes erfolgt nach überwiegender Auffassung unter der Beschränkung, dass nur über die Verletzung von nationalen Schutzrechten auf dem Gebiet des Schutzlandes entschieden werden kann. Das Territorialitätsprinzip gilt, und zwar unabhängig von dessen Beachtung durch den Schutzstaat.[158] Damit wird das sachliche Ergebnis bezweckt und erreicht, dass ein Geschehen in einem Drittstaat keine Verletzung eines nationalen Schutzrechts darstellt.

Diese Beispiele zeigen, dass es nicht entscheidend ist, ob mit der einschränkenden Voraussetzung eines erhöhten Inlandsbezugs zugleich ein sachrechtliches Ziel verfolgt wird. Maßgeblich ist vielmehr, dass die Mittel des internationalen Privatrechts – vorliegend die Entscheidung über die Anwendung einer Rechtsordnung – verwendet werden und ob die internationalprivatrechtlichen und gegebenenfalls zu berücksichtigenden materiellen Interessen für eine solche Einschränkung sprechen.

d. Verweisung ins Leere

Gegen die Einordnung als internationalprivatrechtlich zulässiges Mittel könnte noch ein bisher in dieser Arbeit unberücksichtigt gebliebener Umstand sprechen. Nach dem Schutzlandprinzip entscheidet das Recht des Landes, auf dessen Territorium das in Rede stehende Schutzrecht wirkt, über Voraussetzungen und Folgen einer Verletzung. Allerdings kann eine Verletzung nur auf einen Sachverhalt in diesem Hoheitsgebiet gestützt werden. Verlangt man einen zusätzlichen Inlandsbezug als Anknüpfungsvoraussetzung, kann eine ungewöhnliche Situation eintreten. Macht etwa der Kläger die Verletzung eines brasilianischen Patentrechts geltend und bestehen keine hinreichenden Bezüge der Werbung des Beklagten zu Brasilien – z.B. weil der Beklagte nur in Europa tätig ist und auch keine Expansionsgedanken hegt – ist brasilianisches Recht auf die Patentverletzung nicht anwendbar. Da der Kläger die Verletzung in Brasilien moniert, ist

---

157 Hierzu Ziff. III.1.a. (S. 168 f.).

158 Dazu 1. Kap.I.2.a.bb. (S. 21 f.) und 2. Kap.II.5. (S. 113).

nach dem Schutzlandprinzip auch nicht das Recht eines anderen Staates heranzuziehen. Es wird folglich keine Verweisung vorgenommen. Man kann auch plastisch (wenngleich dogmatisch etwas ungenau) von einer „Verweisung ins Leere" sprechen.

Dies könnte einem ehernen Grundsatz des internationalen Privatrechts widersprechen. Dessen Aufgabe ist nach Art. 3 Abs. 1 S. 1 EGBGB zu bestimmen, welche Rechtsordnungen auf die Lösung einer Rechtsfrage anzuwenden sind. In aller Regel wird dies eine, und nur eine Rechtsordnung sein.[159] Zwar sind Fälle nicht unbekannt, in denen mittels einer alternativen oder kumulativen Anknüpfung auf mehrere Rechtsordnungen verwiesen wird, doch umgekehrt wird wohl allgemein davon ausgegangen, dass zumindest eine Rechtsordnung anwendbar sein muss.[160] Damit geht eine „Verweisung ins Leere" nicht konform.[161]

Allein deshalb auf die Unzulässigkeit einer solchen Verweisung ins Leere zu schließen, greift indes zu kurz. Die fehlende Verweisung ist nämlich nicht die einzige internationalprivatrechtliche Auffälligkeit bei der Behandlung des geistigen Eigentums. Denn nach der Leitvorstellung des Kollisionsrechts ist auf einen einheitlichen Sachverhalt, beispielsweise die Verletzung von Sacheigentum oder der Ehre, in aller Regel nur ein Recht anwendbar.[162] Eine regionale Aufgliederung des Sachverhalts erfolgt grundsätzlich nicht.[163] Anders das Immaterialgüterrecht und – dem angepasst – dessen Kollisionsrecht. Dort wird schon die Berechtigung des Einzelnen nach Ländern aufgegliedert und auch die Verletzung seiner Rechte wird für jeden Staat getrennt betrachtet. Die Leitvorstellung des internationalen Privatrechts – eine Rechtsfrage, eine Rechtsordnung – wird dadurch (künstlich) unmöglich gemacht. Vernachlässigt man diese den Grundsätzen des internationalen Privatrechts widersprechende Aufspaltung, würde trotz des kollisionsrechtlichen Erfordernisses eines hinreichenden Inlandsbezugs weiter (zumindest) eine Rechtsordnung auf den Gesamtsachverhalt – Ver-

---

[159] *Neuhaus*, S. 29.

[160] Art. 3 Abs. 1 EGBGB spricht von der Bestimmung der *anzuwendenden* Rechtsordnungen.

[161] Hierauf weisen *Ohly*, in Piper/Ohly, UWG, Einf. B Rz. 26 und *Stagl*, ÖBl. 2004, 244, 250 hin.

[162] *Neuhaus*, S. 29.

[163] Anders, wenn im internationalen Deliktsrecht an den Erfolgsort angeknüpft wird. Das Recht des Erfolgsorts wird in diesem Fall nur für den Teilsachverhalt auf dem betreffenden Gebiet berufen. Allerdings ist diese Aufweichung der grundsätzlich regional ungeteilten Anknüpfung einer Rechtsfrage nicht konsequent durchgehalten, da gemäß der Ubiquitätsregel des Art. 40 Abs. 1 S. 1 EGBGB das Recht des Handlungsorts alternativ auf den Gesamtsachverhalt anzuwenden ist (anders in Art. 4 Abs. 1 Rom II-VO, welche jedoch auf Verletzungen des allgemeinen Persönlichkeitsrechts als Hauptfall der Multistate-Delikte nicht anwendbar ist, Art. 1 Abs. 1 lit. g).

letzung des Verwertungsrechts an einem geistigen Gut durch die (gesamte) Internetnutzung – anwendbar sein. Insofern könnte man die eine Besonderheit mit der anderen rechtfertigen.

Weiterhin ist fraglich, ob das Fehlen einer Verweisung tatsächlich so einzigartig ist. So gibt es vergleichbare Situationen im internationalen Kartell- und Lauterkeitsrecht auf Grund der kollisionsrechtlichen Spürbarkeitsklausel, da auch in diesen Fällen keine andere Rechtsordnung berufen wird, sofern der notwendige Inlandsbezug fehlt.[164] Allerdings besteht Streit über die Richtigkeit dieser Einschränkungen.[165] Lohnenswert ist zudem ein Blick auf die Rechtsfolgen eines Verstoßes gegen den ordre public. Nach Art. 6 EGBGB bzw. Art. 26 Rom II-VO ist die zunächst berufene Rechtsnorm des fremden Staates nicht anzuwenden. Eine zwingende Ersetzung dieser Norm mit einer anderen – sei es ausländischen, inländischen oder neu zu erschaffenden Regelung – ist damit nicht verbunden. Dies ist nur der Fall, wenn die entstandene Regelungslücke – genauer gesagt: deren Ergebnis – nicht hinnehmbar ist.[166] Meist werden zwar nur Teilfragen betroffen sein, zwingend ist dies jedoch nicht. Würde etwa eine ausländische Anspruchsgrundlage dem Ehemann Schadensersatz wegen der Abwendung der Ehefrau von ihm zusprechen, würde der inländische Richter diese Norm nicht anwenden. Selbst wenn nur eine Teilfrage betroffen ist, darf nicht übersehen werden, dass hinsichtlich dieser Rechtsfrage eine Regelungslücke entsteht. Ebenso kann sich eine Regelungslücke für einzelne Rechtsfragen bei Eingriffsnormen ergeben. Als Beispiel diene ein Vertrag, dessen zivilrechtliche Unwirksamkeit aus kartellrechtlichen Gründen fraglich ist. Sofern keine Wettbewerbsauswirkungen in Deutschland spürbar sind, ist nach der Kollisionsnorm des § 130 Abs. 2 GWB deutsches Kartellrecht nicht anwendbar.[167] Ebenso unterbleibt die Anwendung ausländischen Kartellrechts jedenfalls dann, wenn es selbst nicht angewandt werden will.[168]

---

[164] Siehe Ziff. III.1.a. (S. 168 f.). Ähnlich wäre die Situation bei Persönlichkeitsrechtsverletzungen gewesen, wenn die ursprünglich vorgeschlagene Regelung Eingang gefunden hätte und unvorhergesehene Erfolgsorte nicht beachtet worden wären; dazu Ziff. c.bb. (S. 183).

[165] Siehe die Nachweise in Fn. 87 zum 4. Kapitel.

[166] *v. Hoffmann/Thorn*, S. 275; *Kropholler*, IPR, S. 254 f.; siehe auch *Spickhoff*, S. 110.

[167] Zum Erfordernis der spürbaren Auswirkung BGHSt 25, 208, 212 – Ölfeldrohre, BGHZ 74, 322, 325 – Organische Pigmente; *Immenga*, in: MünchKomm, BGB, IntWettbR/IntKartR Rz. 45.

[168] Dies gilt unabhängig davon, ob man § 130 Abs. 2 GWB zur allseitigen Kollisionsnorm ausbauen will (so z.B. *Martinek*, S. 92 und 94) oder mit der überwiegenden Ansicht eine einseitige Sonderanknüpfung nach dem Vorbild des Art. 7 Abs. 1 EVÜ befürwortet

Diese Beispiele zeigen, dass nicht das Bestehen eines Normenmangels an sich problematisch ist.[169] Denn das Fehlen einer Regelung enthält ebenfalls eine Aussage: Wenn keine kartellrechtliche Regelung anwendbar ist, so ist das Verhalten kartellrechtlich unbedenklich. Ist keine Anspruchsgrundlage auf Schadensersatz wegen Scheidung oder Trennung anwendbar, ist eben kein Schadensersatz zu leisten. Nur wenn das Ergebnis aus Wertungsgesichtspunkten nicht hinnehmbar ist, muss die Regelungslücke geschlossen werden.[170]

Auch ein Blick auf den Hintergrund der Notwendigkeit einer Verweisung beweist, dass ein Fehlen einer Verweisung nicht das eigentliche Problem darstellt. Denn der Hintergrund dieses Dogmas liegt weniger in einem reinen Selbstzweck, sondern in der Kombination von zwei anderen Maximen der Rechtsordnung: Der Richter ist auf Grund des Justizgewährungsanspruchs verpflichtet, im Falle der Zulässigkeit einer Klage in der Sache selbst zu entscheiden. Er darf die Sachentscheidung nicht verweigern.[171] Verknüpft man dies mit dem Grundsatz, dass Kollisionsrecht nur das maßgebende Sachrecht auswählt und nicht in der Sache selbst entscheidet,[172] ergibt sich zwangsläufig, dass (zumindest) eine Sachnorm zur Anwendung gebracht werden muss. Das Argument einer fehlenden Verweisung geht somit nicht über die Bedenken wegen der Verfolgung von Sachzwecken hinaus. Sofern man anerkennt, dass auch mittels des internationalen Privatrechts Sachzwecke verfolgt oder zumindest mittelbar erreicht werden können,[173] ist das Fehlen einer Verweisung vielleicht ungewöhnlich, aber keinen durchgreifenden Bedenken ausgesetzt.

Deutlich wird dies auch daran, dass eine Lösung mit identischen Ergebnissen ohne die kollisionsrechtliche Besonderheit einer fehlenden Verweisung denkbar ist. Dazu muss man die Rechtsfolgen der kollisionsrechtlichen Einschränkung des Schutzlandprinzips abwandeln, so dass im Falle des Fehlens des hinreichenden Schutzlandbezugs eine vom Schutzland

---

(siehe z.B. *Immenga*, in: MünchKomm, BGB, IntWettbR/IntKartR Rz. 23). Siehe auch Art. 9 Abs. 3 Rom I-VO.

[169] Es verwundert daher nicht, dass das Auftreten eines Normenmangels i.d.R. nicht als Argument gegen einen allseitigen Ausbau des § 130 Abs. 2 GWB verwandt wird; siehe dazu die Übersicht der Argumente gegen einen allseitigen Ausbau bei *Fezer/Koos*, in: Staudinger, BGB, IntWirtschR Rz. 93.

[170] Für das Rechtsinstitut der Angleichung wird dies besonders klar erkannt: Der Normenmangel führt nur zur Angleichung im Falle eines Normwiderspruchs, siehe *Schurig*, in: Kegel/Schurig, S. 357 f.

[171] *Jarass*, in: Jarass/Pieroth, GG, Art. 20 Rz. 91.

[172] Dazu oben Ziff. c. (S. 179 ff.).

[173] Daher verwundert es auch nicht, wenn *Ohly* (in: Piper/Ohly, UWG, Einf. B Rz. 26) zwar das Argument der fehlenden Verweisung anführt, aber vor allem die Vermengung von kollisions- und sachrechtlichen Aspekten moniert.

abweichende Rechtsordnung anzuwenden ist, beispielsweise die lex fori oder die Rechtsordnung des Orts der Vornahme des Verhaltens. Nach der allgemein vertretenen Auffassung ist jedoch der Anwendungsbereich der objektiven nationalen Immaterialgüterrechtsgesetze beschränkt, so dass jede Rechtsordnung nur über die Verletzung ihrer eigenen subjektiven Rechte befinden kann.[174] Die Konsequenz ist, dass trotz der Berufung einer Rechtsordnung durch das internationale Privatrecht eine Verletzung wegen deren beschränkten Anwendungsbereichs ausscheiden muss. Die Berufung einer anderen Rechtsordnung gibt dem Schutzrechtsinhaber Steine statt Brot und verdeckt das eigentliche Ziel. Insofern kann man den Ausschluss einer Verweisung durchaus als methodenehrlicher bezeichnen.

e. Fehlen eines geeigneten Kriteriums

Schließlich wird gegen eine Einschränkung des Schutzlandprinzips eingewandt, dass kein geeignetes Eingrenzungskriterium existiere. Die bisher vorgebrachten Kriterien böten keine hinreichende Rechtssicherheit bzw. führten de facto nicht zu einer praktikablen Einschränkung.[175] Dieser Einwand kann aus dreierlei grundsätzlichen Erwägungen nicht überzeugen.

Erstens ist schon nicht ersichtlich, warum diese Kritik nur gegen eine kollisionsrechtliche Lösung spricht. Auch im Sachrecht müssen geeignete Einschränkungsmerkmale gefunden werden. *Ebner* umgeht diesen Gegeneinwand, indem er subjektive Kriterien zur Eingrenzung des Schutzlandprinzips erörtert und ablehnt, im Sachrecht dagegen objektive Merkmale heranziehen will.[176] Warum Letztere, sofern man sie generell für geeignet erachtet, nicht innerhalb der Anknüpfungsregel berücksichtigt werden können, bleibt unklar.[177]

Zweitens ist der bloß behaupteten Unzulänglichkeit der Einschränkungskriterien nicht zuzustimmen. Denn es kommen statt der intendierten Abrufbarkeit, gegen die sich die Kritik vornehmlich richtet, auch andere Begrenzungskriterien in Betracht. Aber auch das intendierte Abrufgebiet könnte durch objektive Merkmale wie die verwandte Sprache, Werbung, eingehaltene Disclaimer[178] u.Ä. konkretisiert werden.[179] Ferner kann der

---

[174] Siehe 1. Kap.I.3.d. (S. 31 f.).

[175] *Ebner*, S. 65 f.; *Handig*, GRUR Int. 2007, 206, 216; *Reber*, S. 471.

[176] *Ebner*, S. 65, 82.

[177] Auch im internationalen Wettbewerbsrecht wird vorwiegend auf die objektivierte Finalität der Wettbewerbshandlung abgestellt (wogegen sich *Ebner*, S. 87 ebenfalls wendet). Doch es werden auch alternative Ansichten vertreten, die auf die objektiven Auswirkungen abstellen, siehe *Fezer/Koos*, in: Staudinger, BGB, IntWirtschR Rz. 463, 478.

[178] Dazu BGH GRUR 2006, 513, 515 – Arzneimittelwerbung im Internet.

Einsatz technischer Verfahren zur Einschränkung oder Erschwerung der Abrufbarkeit in bestimmten Staaten in die Bewertung einfließen. Dadurch lässt sich zumindest in vielen Fällen eine Begrenzung der anwendbaren Rechtsordnung erreichen.[180] Die praktische Eignung der Zielgerichtetheit als Konkretisierungsmerkmal zeigt zudem die Rechtspraxis, die dieses Merkmal insbesondere innerhalb der internationalen Zuständigkeit bei Immaterialgüterrechts- oder Wettbewerbsverletzungen[181] und im internationalen Lauterkeitsrecht heranzieht.[182] Des Weiteren kommen neben dem intendierten Abrufgebiet weitere Begrenzungskriterien in Betracht.[183]

Selbst wenn die bisherigen Kriterien noch nicht hinreichend bestimmt sein sollten und daher nicht zu dem gewünschten Maß an Rechtssicherheit führen, darf dies drittens nicht zur Abkehr von einer Einschränkung überhaupt führen.[184] Denn für die Verwender eines Immaterialguts ist es immer noch besser, noch nicht genügend konkretisierte Einschränkungskriterien an die Hand gelegt zu bekommen, als dass jede Begrenzung der anwendbaren Rechtsordnungen entfällt. Der Ansporn muss folglich sein, neue und besser geeignete Merkmale zu finden oder die bestehenden zu verbessern. Dies ist zum einen Aufgabe der Rechtswissenschaft, wird letztlich aber verbindlich durch die Gerichte zu erfolgen haben.

3. *Internationalprivatrechtliche Interessenlage*

Da die bisher vorgebrachten Einwände gegen eine kollisionsrechtliche Beschränkung der anwendbaren Rechtsordnungen nicht durchgreifen können, muss positiv dargelegt werden, dass das Erfordernis eines erhöhten In-

---

179 *Nordemann-Schiffel*, in: Bröcker/Czychowski/Schäfer, Praxishandbuch Geistiges Eigentum, § 3 Rz. 73, 104, 119; *Sack*, WRP 2000, 269, 278; *Wegner*, CR 1998, 676, 681. Zur Richtigkeit dieser These siehe 5. Kap.I.4.b. (S. 211).

180 Allerdings ist zutreffend, dass dies nicht immer gelingen wird, z.B. wenn auf einer Internetseite unter der TDL „.com" in englischer Sprache mit dem möglichen Versand der Ware in alle Länder der Welt geworben wird. Doch es wird sich herausstellen, dass es hierauf nicht ankommt, dazu Ziff. III.3.a. (S. 194).

181 OLG Köln GRUR-RR 2008, 71 f. – Internet-Fotos; OLG Bremen CR 2000, 770, 771 f. Ebenso die überwiegende Literatur, siehe etwa *Berger*, GRUR Int. 2005, 465, 468; *Mankowski*, MMR 2002, 817, 818 jeweils m.w.N. Offen lassend, wenngleich zuneigend, BGH GRUR 2005, 431, 432 – Hotel Maritime.

182 BGH GRUR 2006, 513, 515 – Arzneimittelwerbung im Internet; OLG Frankfurt a.M. CR 1999, 450 f. – Anbieten im Internet. Allerdings wird bisweilen auch das Kriterium der Spürbarkeit befürwortet, siehe etwa BGH GRUR 2005, 431, 432 f. – Hotel Maritime; zum Streitstand *Drexl*, in: MünchKomm, BGB, IntUnlWettbR Rz. 122 f. Parallelen liegen auch zu Art. 15 Abs. 1 lit. c EuGVVO nahe.

183 Zur Diskussion der möglichen Kriterien 5. Kap.I. (S. 207 ff.).

184 Dies befürwortet nur *Ebner*, S. 65 f. Andere Autoren lehnen die Beachtlichkeit der Empfangsorte insgesamt ab, z.B. *Handig*, GRUR Int. 2007, 206, 218; *Reber*, S. 468.

landsbezugs neben der bloßen Abrufbarkeit der Internetangebote für die Anknüpfung der Hauptfrage nach den Voraussetzungen und den Rechtsfolgen einer Schutzrechtsverletzung von den internationalprivatrechtlichen Interessen gedeckt ist. Dabei muss im Auge behalten werden, dass als Alternative zunächst nur die uneingeschränkte Anwendung des Schutzlandprinzips beachtet werden soll.

a. Parteiinteressen

Es wurde bereits dargestellt, dass die grundsätzlichen Interessen der beteiligten Parteien diametral entgegengesetzt sind, wenn sich der Kläger gegen eine Auswirkung wehrt, die durch ein Verhalten des Schädigers in einem anderen Staat verursacht wurde: Während der Inhaber des Immaterialgüterrechts sich auf eine Rechtsverletzung nur nach dem Recht des Staates, in dem das Schutzrecht existiert, einstellen kann, liegt es für den Verletzer am nächsten, sich nach dem Recht des Ortes zu richten, an dem er tatsächlich gehandelt hat. Da für jedes Schutzrecht die Anknüpfung isoliert vorgenommen werden muss, bestehen insofern keine Besonderheiten zwischen einem Sachverhalt, der nur Bezug zu zwei Staaten hat (Distanzdelikt) und einem Multistate-Delikt, bei dem eine Vielzahl von Schutzrechten betroffen sein kann. Diese Pattsituation wird durch das Schutzlandprinzip zu Gunsten des Erfolgsortrechts aufgelöst. Unbilligkeiten zu Lasten des Schädigers entstehen außerhalb von Multistate-Delikten nicht, da dieser mit den Auswirkungen rechnen und sich auf die Beachtlichkeit der Rechtsordnung am Ort der Auswirkungen einstellen kann.[185]

Im Vergleich dazu werden bei Internetsachverhalten durch die uneingeschränkte Anwendung des Schutzlandprinzips die Interessen des Internetnutzers vollkommen außer Betracht gelassen. Zwar wird häufig betont, dass der Internetnutzer damit rechnen müsse, dass alle Rechtsordnungen zur Anwendung berufen werden.[186] Denn Zweck des Internets sei gerade dessen Ubiquität; seine Inhalte seien bekanntermaßen überall abrufbar. *Reindl* hält dem entgegen, dass den Content-Providern des Internets zwar die Ubiquität des Internets bekannt sei, sie aber subjektiv nicht mit der Anwendung aller Rechtsordnungen rechnen würden, insbesondere wenn kein weiterer Bezug zum Ausland bezweckt sei. Wegen dieser subjektiven Erwartungshaltung könne dies aus Gründen der Fairness auch nicht (normativ) erwartet werden.[187] Der Schluss von der subjektiven auf die maß-

[185] Siehe 2. Kap.VI. (S. 136 ff.).

[186] In diese Richtung z.B. *Kur*, in: Loewenheim/Koch, Online-Recht, Ziff. 8.6.2 a.E.; *Spindler*, ZUM 1996, 533, 559; *Völker/Weidert*, WRP 1997, 652, 662.

[187] *Reindl*, 19 Mich. J. Int'l L. (1998), 799, 827.

gebliche normative[188] Erwartungshaltung ist indes nicht zwingend. Trotzdem ist *Reindl* im Ergebnis zuzustimmen, dass die (potentielle) Anwendung aller Rechtsordnungen den Gedanken der Vorhersehbarkeit nicht ausreichend berücksichtigt. Denn die objektive Vorhersehbarkeit spiegelt die Erwartungshaltung der Gesellschaft wieder, dass sich die Betroffenen nach den Regeln einer bestimmten Rechtsordnung richten. Die Beachtung einer Rechtsordnung setzt aber nicht nur voraus, dass die Anwendung dieser Regeln objektiv – wegen der dortigen Abrufbarkeit – erkennbar ist, sondern auch dass eine realistische Möglichkeit besteht, diese Regeln zur Kenntnis zu nehmen. Grundsätzlich ist dies zwar hinsichtlich jeder Rechtsordnung möglich. Wirkt sich ein Verhalten jedoch potentiell weltweit aus, führt dies i.d.R. beim Täter zu so hohen Informationskosten und zu so großem Zeitaufwand, dass es aus wirtschaftlichen Gründen unmöglich ist, sich über den Inhalt sämtlicher Rechtsordnungen zu erkundigen und nach ihnen zu richten.[189]

Man könnte nun versuchen, die Nichtberücksichtigung des (potentiellen) Schädigerinteresses an Vorhersehbarkeit im internationalen Privatrecht zu rechtfertigen. Lässt man an dieser Stelle Staatsinteressen außer Betracht und überträgt die schon im allgemeinen internationalen Deliktsrecht für die Ubiquitätsregel geltend gemachten Gründe, könnte die Irrelevanz des Interesses des Schädigers mit einer (angeblich auch im materiellen Recht existierenden) Sympathie mit dem Verletzten begründet werden.[190] Weniger euphemistisch ließe sich das mit einer Betonung der Ausgleichsfunktion der Schadensersatzansprüche erklären.[191] In die gleiche Kerbe schlägt ein im allgemeinen internationalen Deliktsrecht vorzufindender Begründungsstrang, der die Ubiquitätsregel als Folge der Doppelfunktionalität des Deliktsrechts ansieht, wenngleich die Bevorzugung des Geschädigten danach nur ungewollte Nebenfolge ist. Nach dieser Auffassung wird nämlich mit der Anknüpfung an den Handlungsort die Verhaltenssteuerungsfunktion umgesetzt, mit dem Erfolgsort dagegen der Zweck des Rechtsgüterschutzes.[192] Parallel könnte auch das Schutzlandprinzip als Verwirklichung nur des Rechtsgüterschutzes angesehen werden.

Überzeugend sind diese Ansätze nicht. Zum einen ist eine Aufspaltung der Funktionen nach Anknüpfungspunkten nicht möglich; diese stehen

[188] *v. Hein*, S. 188 f., 221.

[189] Ausführlich dazu Ziff. II.5.b. (S. 164 ff.).

[190] Vgl. *Hohloch* (S. 243) und *Kegel* (in Kegel/Schurig, S. 725) in Bezug auf das Ubiquitätsprinzip.

[191] *Kropholler*, IPR, S. 525 f. in Bezug auf das Ubiquitätsprinzip bei Umweltbeeinträchtigungen. Siehe auch die Nachweise bei *v. Hein*, S. 103 ff.

[192] *Ehmann/Thorn*, AfP 1996, 20, 22 f.; *v. Hoffmann*, in: Staudinger, BGB, Art. 40 EGBGB Rz. 4; *v. Hoffmann/Thorn*, S. 487.

vielmehr in einer untrennbaren wechselseitigen Verbindung zueinander: Abstrakt betrachtet ist nämlich jedes Haftungsregime – sofern es zur Anwendung berufen wird – geeignet, einen Ersatz der Schäden – und damit den Rechtsgüterschutz – zu gewährleisten und zugleich eine Verhaltenssteuerung des Schädigers zu bewirken. Kennt dieser die zu beachtenden Regeln, wird er sich zur Vermeidung von Regressansprüchen an diese halten, selbst wenn die Regeln dem Erfolgsort entstammen.[193] Zum zweiten ist auch rechtspolitisch keine Tendenz im materiellen Recht zu einer zwangsläufigen Begünstigung des Geschädigten auszumachen. Zwar mag im Deliktsrecht – und damit auch bei den Sanktionsnormen im Recht des geistigen Eigentums – die schadensausgleichende Funktion im Vordergrund stehen.[194] Sie ist aber nicht der einzige Zweck und enthält zudem keine Aussage über die Voraussetzungen eines Ausgleichs: der Schadenseintritt allein führt nicht zu einer Haftung![195] Ebenso statuieren die internationalen Abkommen kein Dogma der Bevorzugung des Schutzrechtsinhabers. *Geller* will dies zwar aus der Präambel der RBÜ ableiten.[196] Doch selbst wenn dort das Ziel eines möglichst wirksamen und einheitlichen Schutzes normiert wird, darf nicht außer Acht gelassen werden, dass nicht alle Staaten der Welt an dieses Abkommen gebunden sind. Vor allem legt die RBÜ – ebenso wie andere völkerrechtliche Abkommen auf dem Gebiet des geistigen Eigentums – nur Mindestrechte fest, die die Mitgliedsstaaten überschreiten können und von denen teils Ausnahmen zugelassen werden können. Daher ändern auch die internationalen Konventionen nichts daran, dass die materiellen Verwertungsrechte und Schrankenregelungen einen (wirtschafts)politischen Kompromiss zwischen den Belangen der Schöpfer, Erfinder und Unternehmer mit denen der Allgemeinheit darstellen.[197] Von einer zwingenden Bevorzugung der Schutzrechtsinhaber kann daher keine Rede sein.[198]

---

[193] *v. Hein*, S. 100; *Wagner*, RabelsZ 62 (1998), 243, 258.

[194] Begr. des Vorschlags zur Rom II-VO vom 22.7.2003, KOM(2003)427/endg., S. 13; *v. Hein*, ZVglRWiss 102 (2003), 528, 543; *Sonnentag*, ZVglRWiss 105 (2006), 256, 266 f.

[195] *v. Hein*, S. 103 f.; *Wagner*, IPRax 2006, 372, 374.

[196] *Geller*, 44 J. Copr. Soc'y (1996), 103, 112; ähnlich *Fentiman*, in: Drexl/Kur, IP and PIL, S. 129, 140.

[197] Statt aller *Rehbinder*, S. 34 ff. (für das Urheberrecht).

[198] Ebenso *Reindl*, 19 Mich. J. Int'l L. (1998), 799, 817. Ebenso wenig überzeugt der Versuch einer Rechtfertigung mit der Pönalisierung des Täters (vgl. in Bezug auf die Ubiquitätsregel des Art. 40 Abs. 1 EGBGB *v. Bar*, S. 485). Denn zum einen kann diese Argumentation nicht für Fahrlässigkeitstäter gelten, und zum anderen ist die fundamentale Entscheidung des deutschen Gesetzgebers gegen die Berücksichtigung strafender Elemente im Deliktsrecht auch kollisionsrechtlich zu beachten (*v. Hein*, S. 120).

Trotzdem lehnt eine verbreitete Meinung bei der Erfolgsortanknüpfung des allgemeinen Deliktsrechts ein Vorhersehbarkeitskriterium ab und versucht Unbilligkeiten für den Verletzer dadurch zu umgehen, dass seine Belange im materiellen Recht Eingang finden: Der Schutz des Verletzers sei sichergestellt, indem die Sorgfaltsmaßstäbe des Handlungsortes als *local data* trotz der grundsätzlichen Ägide des Erfolgsortrechts maßgeblich sind.[199] Zudem werde es häufig an einem Verschulden fehlen, wenn mit der Verwertung in einem Land, und daher mit der Anwendung von dessen Rechtsordnung, nicht zu rechnen war.[200] Doch diese Ansicht übersieht, dass nicht nur die Verhaltensstandards für den Verletzer von Interesse sind, sondern auch die Regeln über den Haftungsumfang in dessen Risikoabwägung einfließen und sein Verhalten daher beeinflussen können und dies bezwecken.[201] Im Immaterialgüterrecht kommt hinzu, dass nach allgemeiner Ansicht die Verhaltensstandards gerade durch das Schutzlandrecht geregelt werden sollen und insofern kein Platz für local data ist. Ferner tangiert der Ausschluss des Verschuldens nicht die Verantwortlichkeit für die Rechtsverletzung und die verschuldensunabhängigen Konsequenzen, wie etwa Unterlassungsansprüche, verschuldensunabhängige Vergütungsansprüche und das Prozesskostenrisiko.[202]

Die Notwendigkeit einer Berücksichtigung des Interesses potentieller Verletzer an der Vorhersehbarkeit der anwendbaren Rechtsordnungen und der realistischen Möglichkeit zu deren Ermittlung wird besonders deutlich, wenn man bedenkt, dass dieser Belang im Gedanken der Rechtssicherheit wurzelt. Denn die Gewissheit, zur Beachtung aller Rechtsordnungen weltweit verpflichtet zu sein, hat mit Rechtssicherheit nichts zu tun. Rechtssicherheit setzt voraus, dass die Möglichkeit zu normgerechtem Verhalten besteht.[203] Dieses Postulat wird aus dem verfassungsrechtlichen Rechtsstaatsgebot abgeleitet und durchdringt die gesamte Rechtsordnung.[204] Der EuGH hat die Rechtssicherheit auch als internationalzivilprozessualen Belang i.R.d. Art. 5 Nr. 3 EuGVÜ anerkannt und nur vorhersehbare Erfolgsorte als maßgeblich angesehen.[205] Es erschließt sich nicht, warum sie im

---

[199] *Junker*, in: MünchKomm, BGB, Art. 40 EGBGB Rz. 163; *Kadner Graziano*, S. 226 m.w.N.

[200] *Kadner Graziano*, S. 226 m.w.N. Für das Urheberrecht *Braun*, S. 193, der die Ermittlung eines fremden Rechts nicht von der erforderlichen Sorgfalt erfasst ansieht.

[201] Zutreffend *v. Hein*, S. 215. Hinsichtlich des Immaterialgüterrechts *Dreier*, in: Dreier/Schulze, UrhG, § 97 Rz. 59, 66.

[202] *Reber*, S. 233 f.

[203] *Sachs*, in: Sachs, GG, Art. 20 Rz. 129.

[204] *v. Hein*, S. 207; *Schurig*, in: Kegel/Schurig, S. 125.

[205] EuGH Slg. 1992, I – 3967, 3995, Tz. 18 – Handte/TMCS.

internationalen Privatrecht nicht gelten soll;[206] gerade hier kann ein normgerechtes Verhalten durch den Verweis auf eine Unzahl von Rechtsordnungen besonders erschwert werden, so dass die Gefahr der Beeinträchtigung der Rechtssicherheit besonders hoch ist. Konsequenterweise sollte auf internationalprivatrechtlicher Ebene das Bedürfnis nach Rechtssicherheit innerhalb eines Interessenausgleichs beachtet werden. Dieser Ansatz setzt sich im allgemeinen Deliktsrecht mehr und mehr durch und die Erfolgsortanknüpfung wird zunehmend ausdrücklich um einen Vorhersehbarkeitsvorbehalt ergänzt.[207] Folgerichtig enthalten ihn auch einige neuere Kodifikationen.[208]

Der Interessenausgleich der Beteiligten stellt sich im internationalen Immaterialgüterrecht jedoch schwieriger dar als im allgemeinen Deliktsrecht. Denn auf Grund des beschränkten Anwendungsbereichs kann dem Berechtigten nur das Schutzlandrecht einen Ausgleich für einen Eingriff in das betreffende nationale Schutzrecht gewähren, während im allgemeinen Deliktsrecht immer noch das Recht am Handlungsort aushelfen kann.[209] Deshalb bedeutet im Ergebnis jede Einschränkung des Schutzlandprinzips eine relativ starke Kollision mit den Belangen des Rechtsinhabers.

Trotzdem entspricht eine Einschränkung dem Postulat einer gerechten Abwägung. Zum einen ist das Interesse des Internetnutzers an der Vorhersehbarkeit und Ermittelbarkeit der anwendbaren Rechtsordnungen sehr hoch einzuschätzen. Wie bereits dargelegt, ist dies ein Ausfluss des Rechtssicherheitsgebots als Teilaspekt des Grundsatzes der Rechtsstaatlichkeit. Dessen Gewähr hat auch aus gesamtstaatlicher Sicht große Bedeutung. Außerdem muss die Berücksichtigung des Verletzerinteresses an Rechtssicherheit nicht in jedem Fall zu einer Reduzierung der anwendbaren Rechtsordnungen führen. Insbesondere wenn ein Nutzer mit dem konkreten Internetauftritt bewusst ein weltumspannendes Geschäft bewirbt, erscheint dies nicht nötig. Der Gedanke der Rechtssicherheit erfordert es jedoch, dass zumindest die realistische *Möglichkeit* besteht, die maßgeblichen Rechtsordnungen auf eine überschaubare Zahl zu reduzieren. Viel zu weit geht dabei der Hinweis, dass den Verwertern eines Schutzrechts immer noch die Möglichkeit bleibt, ganz auf das Internet zu verzichten.[210]

---

[206] *v. Hein*, S. 207, der sich auch mit abweichenden Auffassungen auseinandersetzt (S. 209 ff.); *Schurig*, in: Kegel/Schurig, S. 125.

[207] Siehe die Nachweise in Fn. 154 zum 4. Kapitel.

[208] Siehe den Überblick bei *Kadner Graziano*, S. 224. Art. 5 Abs. 1 S. 2 Rom II-VO normiert dieses Erfordernis für die Produkthaftung.

[209] Selbst unter Geltung der Rom II-VO kommt ein Rückgriff auf eine andere Rechtsordnung mit Hilfe der Ausweichklausel des Art. 4 Abs. 3 in Betracht.

[210] In diesem Sinn ist z.B. das LG Düsseldorf (GRUR 1998, 159, 160 – epson) zu verstehen, wenn es meint, dass derjenige, der die Vorteile des Internets nutzen wolle, eben auch dessen Nachteile tragen müsse und sich deswegen auf die Anwendbarkeit aller

Dies stellt zwar in der Tat einen Ausweg aus der sonst bestehenden Rechtsunsicherheit dar. Doch eine ernsthafte und staatlich geforderte Option kann dies nicht sein. Das Internet ist ein wichtiges modernes Kommunikationsmittel, nicht nur zur Verwirklichung der Meinungsfreiheit, sondern auch im Hinblick auf die Berufsausübung. Der Gesetzgeber bemüht sich zwar, bestimmte Probleme des elektronischen Geschäftsverkehrs zu lösen (z.B. den Verbraucherschutz zu gewährleisten), eine Zurückdrängung der Verwendung des Internets ist dagegen nicht bezweckt und sollte sicher nicht mit Hilfe des internationalen Privatrechts für den Bereich des Immaterialgüterrechts durch die Hintertür erreicht werden.

Zum anderen ist zu berücksichtigen, dass nicht jede Einschränkung den Schutzrechtsinhaber in gleichem Maße tangiert. Die Schutzwürdigkeit seines Interesses an der Anwendung einer Rechtsordnung nimmt vielmehr umso stärker ab, je geringer die tatsächlichen Bezüge zu diesem Land sind. Insbesondere wenn außer der rein technischen Möglichkeit eines Abrufs kein weiterer Anhaltspunkt gegeben ist, ist sein Interesse nicht sonderlich relevant. Des Weiteren kann sich der Schutzrechtsinhaber bei Kenntnis des kollisionsrechtlichen Erfordernisses eines erhöhten Inlandsbezugs auf dieses einstellen; die Nichtanwendbarkeit nur durch den Anschluss an das weltweite Internetsystem tangierter Rechtsordnungen ist für ihn vorhersehbar. Die Konsequenz ist, dass er sein wirtschaftliches Handeln hierauf ausrichten kann.

b. Funktionen der Haftungsnormen im Immaterialgüterrecht

Akzeptiert man den Umstand, dass ein Internetbenutzer sein Verhalten niemals an sämtlichen Rechtsordnungen ausrichten wird, in denen seine Werbung für geistige Güter abrufbar ist, spricht auch die verhaltenssteuernde Funktion der immaterialgüterrechtlichen Sanktionsnormen für eine Einschränkung. Der Betroffene wird sich vielleicht an der Rechtsordnung orientieren, die er für besonders streng hält oder auf deren Gebiet er große Auswirkungen erwartet.[211] Andere Rechtsordnungen werden in seiner Risikokalkulation außer Betracht bleiben; ihren Haftungsregeln kommt ein reiner Umverteilungseffekt zu.[212] Auch deswegen ist zumindest die Möglichkeit zu fordern, dass die anwendbaren Rechtsordnungen auf eine über-

---

Rechtsordnungen einstellen müsse. Ebenfalls hinsichtlich der internationalen Zuständigkeit, *Schack* (MMR 2000, 135, 138) mit dem drastischen Vergleich: „Wer mit einem Flammenwerfer ein Haus in Brand setzt, [kann sich] nicht darauf berufen, er habe sich nur eine Zigarette anzünden wollen."

[211] Dies wird in der Literatur sogar empfohlen, siehe z.B. *Niebler*, in: Loewenheim/Koch, Online-Recht, Ziff. 6.2.2.4.

[212] *Wagner*, IPRax 2006, 372, 375.

schaubare Zahl reduziert werden. Dass andererseits die Schadensausgleichsfunktion nicht gegen eine Einschränkung spricht, wurde bereits erläutert. Ebenso ist der Gedanke der Wettbewerbsgleichheit indifferent bzgl. einer Eingrenzung, da keinesfalls auf einem nationalen Markt verschiedene Rechtsordnungen zur Anwendung gelangen.

c. Ordnungspolitische Interessen

Einer Einschränkung des Schutzlandprinzips widersprechen auch keine ordnungspolitischen Interessen. Zwar ist das uneingeschränkte Schutzlandprinzip (hinsichtlich der deliktischen Hauptfragen) die derzeit allgemein anerkannte Anknüpfungsregel, so dass der internationale Entscheidungseinklang gefährdet werden könnte.[213] Doch zum einen bestehen schon jetzt verschiedene Verständnisse über deren Inhalt und eine Rechtswahl wird im Ausland mit Blick auf die Rechtsbehelfe zum Teil zugelassen.[214] Zudem ist zweifelhaft, ob die unangefochtene Vorherrschaft des Schutzlandprinzips in Zukunft für Multistate-Verletzungen über das Internet bestehen bleibt. Insbesondere das American Law Institute (ALI) hat bereits einen, wenngleich unverbindlichen, Vorschlag verabschiedet, der teilweise vom Schutzlandprinzip abweicht.[215] Ferner kann durch eine Verankerung der Einschränkung in der Rom II-VO eine europaweit einheitliche Regelung erzielt werden.[216]

Das uneingeschränkte Schutzlandprinzip birgt in Multistate-Sachverhalten überdies wegen der Anwendung unzähliger Rechtsordnungen Schwierigkeiten in der Rechtsfindung.[217] Dies kollidiert mit dem Interesse an einer schnellen, billigen und sicheren Entscheidung, welche aus ordnungspolitischen Gründen und von den Parteien erwünscht ist.[218] Eine Einschränkung des Schutzlandprinzips kann das Grundproblem der

---

[213] Diesen Grund führt *Kreuzer*, in: Henrich, Gutachten, S. 37, 154 f. gegen eine Abweichung vom Schutzlandprinzip an. Er bezieht sich allerdings nicht auf Multistate-Verletzungen, sondern wendet sich allgemein gegen das „Universalitätsprinzip“.

[214] Siehe 2. Kap.I. (S. 81 ff.) und Art. 110 Abs. 2 schwIPRG.

[215] „Intellectual Property: Principles Governing Jurisdiction, Choice of Law, and Judgments in Transnational Disputes“ (im Folgenden: ALI Principles). Dazu ausführlich unten 8. Kap.VIII. (S. 337 ff.).

[216] Siehe zur Vereinbarkeit eines eingeschränkten Schutzlandprinzips mit der Rom II-VO Ziff. 4.a. (S. 198 f.).

[217] Dass die Anwendung einer Vielzahl von Rechtsordnungen vor einem Gericht keineswegs theoretisch ist, zeigt der Fall Boosey & Hawkes Music Publishers, Ltd. v. Walt Disney Co., 145 F.3d 481, 492 (2nd Cir. 1998), in dem das New Yorker Bezirksgericht mit der Anwendung von 18 verschiedenen Rechtsordnungen konfrontiert war.

[218] Zur Legitimität der Berücksichtigung dieser Interessen, wenngleich außerhalb von Eilfällen in nur geringem Ausmaß, *Schurig*, in: Kegel/Schurig, S. 143 f.

Rechtszersplitterung zwar nicht beseitigen, doch wird zumindest die Anzahl der anwendbaren Rechtsordnungen verringert.

d. Staatsinteressen

Schließlich bleibt zu untersuchen, inwieweit eine Einschränkung mit den Staatsinteressen an der Anwendung der Schutzlandrechtsordnung zu vereinbaren ist. Es ist zwar zweifelhaft, ob diese überhaupt Berücksichtigung finden können, da es im internationalen Immaterialgüterrecht ebenso wie im internationalen Deliktsrecht um rein privatrechtliche Sachverhalte und den Ausgleich privater Interessen und Rechte geht.[219] Doch wegen der wirtschaftspolitischen Bedeutung des Immaterialgüterrechts und dem staatlichen Interesse an einer einheitlichen Regelung im Inland ließe sich die Berücksichtigungsfähigkeit dieser Interessen im Kollisionsrecht durchaus vertreten.[220]

Hält man Staatsinteressen für beachtlich, fordert das Interesse des Forumstaates eine Beurteilung aller Sachverhalte auf dem eigenen Territorium nach den inländischen Gesetzen. Negativ ausgedrückt bedeutet dies, dass zumindest keine andere Rechtsordnung über einen solchen Sachverhalt entscheidet. Folglich bleibt das Interesse des eigenen Staates gewahrt, da trotz der kollisionsrechtlichen Beschränkung des Schutzlandprinzips keine andere Rechtsordnung zur Entscheidung berufen wird.

Die Interessen fremder Staaten können dagegen beeinträchtigt werden, da bereits durch das internationale Privatrecht der lex fori eine Vorauswahl möglicher verletzungsrelevanter Sachverhalte getroffen wird. Dies kann insofern von Relevanz sein, als fremde Staatsinteressen – wie bereits dargestellt – zwar nicht unmittelbar, wohl aber zur Motivation anderer Staaten, im Gegenzug die Interessen des Forumstaates zu berücksichtigen, in die Abwägung einbezogen werden können.[221] Doch zum einen wird das Interesse eines Staates an der Sanktionierung eines Sachverhalts auf dem eigenen Gebiet – analog zum Interesse des Schutzrechtsinhabers – umso stärker abnehmen, je geringer die Berührungspunkte mit dem betreffenden Gebiet sind.[222] Zum anderen kollidiert dieses Interesse mit dem (auch) inländischen Bedürfnis nach einer Abgrenzung der einzelnen Rechtsordnun-

---

[219] Anders ist dies im Lauterkeitsrecht, das auch den mitbetroffenen Verbrauchern ein Verbandsklagerecht gewährt. Deshalb kann die Auffassung *Schricker*s (GRUR Int. 1982, 720, 723) im internationalen Wettbewerbsrecht, dass das internationale Privatrecht schwerlich an der Evolution des materiellen Rechts des unlauteren Wettbewerbs zum Marktrecht vorbei könne, nicht auf das Immaterialgüterrecht übertragen werden.

[220] Zwingend ist dies freilich im Einklang mit dem üblichen Vorgehen im internationalen Privatrecht nicht. Siehe dazu auch 7. Kap.III.2.b. (S. 301 ff.).

[221] Siehe 2. Kap.VI. (S. 138).

[222] Hierauf stellt vor allem *Sack*, WRP 2000, 269, 274 ab.

gen.[223] Schon die Durchsetzung der Territorialität ausländischer Schutzrechte beruht auf dem Gedanken, extraterritoriale Anwendungswillen ausländischer Rechtsordnungen abzuwehren und gibt dem Abgrenzungsinteresse den Vorzug. Anders als die Sanktionierung einzelner Sachverhaltsabschnitte von Distanzdelikten, bei denen Bezugspunkte zum Ausgangs- und Empfangsstaat ungefähr gleich gewichtet werden können und auf zwei Rechtsordnungen begrenzt sind, führen Multistate-Delikte zu großen Abgrenzungsschwierigkeiten. Soweit man an der Territorialität der Schutzrechte trotz der Globalität des Internets festhalten will, muss der Anwendungswille ausländischer Rechtsordnungen daher auf solche Fälle beschränkt werden, in denen über den technisch notwendigen ein weiterer Inlandsbezug gegeben ist.

e. Zwischenergebnis

Zusammenfassend ist festzuhalten, dass eine uneingeschränkte Anwendung des Schutzlandprinzips weder mit den Interessen des potentiellen Schädigers (insbesondere der verfassungsrechtlich gebotenen Rechtssicherheit) noch der verhaltenssteuernden Funktion des Immaterialgüterrechts und den staatlichen Interessen zu vereinbaren ist. Lediglich der Schutzrechtsinhaber bevorzugt die lex loci protectionis in Reinform. Die Schutzwürdigkeit dieses Wunsches nimmt aber mit der Abnahme der Aus- oder Einwirkungen im betreffenden Schutzstaat ab. Das Erfordernis eines erhöhten Inlandsbezugs über die bloße Abrufbarkeit einer Internetseite hinaus entspricht deshalb den internationalprivatrechtlichen Interessen.[224]

4. Vereinbarkeit mit den Rechtsgrundlagen der Anknüpfung

a. Rom II-VO

Aus dogmatischer Sicht und von der Interessenlage bestehen keine durchgreifenden Bedenken gegen eine Einschränkung des Schutzlandprinzips im Sinne eines erhöhten Inlandsbezugs. Es bleibt die Frage, ob diese kollisionsrechtliche Lösung bereits innerhalb des geltenden Rechts oder nur *de lege ferenda* verwirklicht werden kann.

---

[223] Darauf weist auch *Koos*, IPRax 2007, 414, 416 hin.

[224] Anzumerken ist noch, dass kein Grund für eine Differenzierung zwischen Register- und sonstigen Rechten besteht. Darauf weisen auch *Drexl* (in: Drexl/Kur, IP and PIL, S. 151, 171), *Gottschalk* (in: Gottschalk u.a., Conflict of Laws, S. 184, 209) und *Kur* (in: Basedow u.a., IP in the Conflict of Laws, S. 175, 184 f.) hin. Eine solche Differenzierung sah noch § 301 Abs. 1 und 2 der ALI Principles, Preliminary Draft No. 2 vor; danach fand die Spürbarkeitsregel nur auf die Verletzung von registerlosen Rechten Anwendung. Im Final Draft der Principles wurde die Spürbarkeitsregel jedoch aufgegeben.

Eine Verortung des Einschränkungskriteriums in Art. 8 Abs. 1 Rom II-VO fällt schwer. Dabei kommt es nicht maßgeblich darauf an, ob durch eine restriktive Auslegung des Erfolgsorts das Erfordernis eines erhöhten Inlandsbezugs integriert werden kann. Zwar ist auch i.R.d. Art. 8 Abs. 1 Rom II-VO eine Anknüpfung an den Erfolgsort möglich.[225] Die Verordnungsbegründung stellt hierauf im Hinblick auf Urheberrechtsverletzungen ausdrücklich ab und für Patente und (registrierte) Marken ergibt sich das aus der zwangsläufigen Identität von möglichem Bestands- und Verletzungsort. Doch Art. 8 Abs. 1 Rom II-VO normiert ausdrücklich, dass das Recht anzuwenden ist, für das Schutz begehrt wird. Es ist zweifelhaft, ob dieser Wortlaut eine einschränkende Vorauswahl möglicher Verletzungsorte zulässt. Zwar wird die Territorialität der Schutzrechte kollisionsrechtlich beachtet, aber über die Frage, ob ein Sachverhalt auf einem bestimmten Gebiet eine Verletzung darstellt, entscheidet ausschließlich die betreffende Rechtsordnung. Ebenso kann Art. 8 Abs. 1 Rom II-VO nicht mittels einer Ausweichklausel durchbrochen werden.[226]

Deshalb bleibt als einzige vom Wortlaut gedeckte Möglichkeit die Vorauswahl möglicher Eingriffe in Immaterialgüterrechte über die Qualifikation des Anknüpfungsgegenstands. Denn eine Anwendung des Art. 8 Abs. 1 Rom II-VO setzt voraus, dass ein „außervertragliches Schuldverhältnis aus der Verletzung von Rechten des geistigen Eigentums" in Rede steht. Entsprechend dem Vorgehen des BGH im Fall Spielbankaffäre könnten Sachverhalte, die bereits nach autonom-europäischen Vorstellungen der Verwertungsbefugnisse keine Verletzung darstellen können, ausgeschlossen werden. Dass diese Methode durchgreifenden Bedenken ausgesetzt ist, wurde bereits dargestellt.[227]

Überzeugender ist es, entgegen dem Wortlaut eine einschränkende Auslegung vorzunehmen. Damit wird das Schutzlandprinzip grundsätzlich beibehalten und insbesondere an der Mosaikbetrachtung nicht gerüttelt, doch für Internetsachverhalte wird als Anknüpfungsmoment neben der bloßen Abrufbarkeit ein zusätzlicher Inlandsbezug eingeführt. Bereits im vorigen Kapitel wurde dargelegt, dass der Wortlaut im europäischen Recht keine unüberwindbare Grenze darstellt und durch Art. 8 Abs. 1 Rom II-VO für Internetsachverhalte keine Zementierung des Schutzlandprinzips angestrebt war, wenngleich (mangels Konsens über Alternativen) die Chance einer Sonderregelung vertan wurde.[228] Die dogmatische Zulässigkeit und Vereinbarkeit mit der internationalprivatrechtlichen Interessenlage wurden

---

[225] Das gilt freilich nur, sofern man mit der Verordnungsbegründung von der Geltung des Territorialitätsprinzips auch für ausländische Schutzrechte ausgeht.

[226] Dazu bereits 2. Kap.IV.2.a. (S. 127).

[227] Dazu 2. Kap.I.6. (S. 95 ff.).

[228] Hierzu 2. Kap.IV.2.b. (S. 128).

dagegen in diesem Kapitel eingehend erörtert. Deshalb sollte nach dem Inkrafttreten der Rom II-VO eine einschränkende Auslegung vorgenommen werden können und nicht erst eine Änderung der Verordnung erforderlich sein.

b. Autonomes Recht

Betrachtet man die Implementierung eines erhöhten Inlandsbezugs nach autonomem Recht, lohnt ein Vergleich mit dem allgemeinen internationalen Deliktsrecht. Überwiegend wird dort eine Einschränkung der anwendbaren Rechtsordnungen in Multistate-Verletzungsfällen erreicht, indem nur die bestimmungsgemäßen oder vorhersehbaren Verbreitungsorte als Erfolgsorte i.S.d. Art. 40 Abs. 1 S. 2 EGBGB anerkannt werden.[229] Da im Immaterialgüterrecht die Erfolgsortanknüpfung der Schutzlandregel entspricht,[230] liegt eine Adaption dieses Ansatzes nahe. Im Gegensatz zur Spielbankaffäre-Entscheidung des BGH[231] wird damit eine bereits bekannte Vorgehensweise – die Einschränkung des Erfolgsorts – übernommen und nicht eine bisher unübliche Auslegung des Anknüpfungsgegenstandes an den Tag gelegt. Zwar ist die Konsequenz einer einschränkenden Bestimmung des Erfolgsorts im Immaterialgüterrecht die Vorauswahl verletzungsrelevanter Sachverhalte, die auch das Resultat der Methode des BGH ist; diese Folge ist eine andere als im allgemeinen internationalen Deliktsrecht, das eine alternative Verweisung auf den Handlungsort vorsieht. Doch es wurde bereits dargelegt, dass dies grundsätzlich möglich ist und gute Gründe hierfür existieren. Zudem liegt ein weiterer wichtiger Unterschied zu der Vorgehensweise des BGH mit der Qualifikation möglicher Eingriffe lege fori vor. Die Vorauswahl wird nämlich nicht unter Zugrundelegung der materiellen Verwertungsrechte an geistigen Gütern nach innerstaatlichem Recht getroffen; vielmehr werden die anwendbaren Rechtsordnungen anhand der internationalprivatrechtlichen Interessenlage bestimmt.

Voraussetzung für eine einschränkende Auslegung des Erfolgsorts ist selbstverständlich, dass der Erfolgsort auch als Anknüpfungspunkt anerkannt wird. Hält man dagegen an der Anknüpfung am Bestandsort fest, obwohl das nach in dieser Arbeit vertretener Ansicht nicht erforderlich ist, scheidet dieses Vorgehen aus.[232] In diesem Fall bliebe zum einen die be-

[229] Siehe Fn. 154 zum 4. Kapitel. Ähnlich *Sack*, GRUR Int. 1988, 320, 329, der zwar einen Begehungsort bejaht, aber das aufgefundene Recht mangels internationalem Rechtsanwendungsinteresse nicht anwenden will.

[230] Dazu 2. Kap.IV.3.a. (S. 130 f.).

[231] BGHZ 136, 380, 389 f. – Spielbankaffäre. Dazu 2. Kap.I.6. (S. 95 ff.).

[232] Gleiches gilt, wenn man die Territorialität fremder Schutzrechte – entgegen der in dieser Arbeit vertretenen Ansicht – kollisionsrechtlich als irrelevant ansieht und nur die Rechtsordnung anwendet, *nach* der ein Schutzrecht entstanden ist.

denkliche Methode des BGH mit einer Einschränkung bereits des Begriffs der unerlaubten Handlung. Zum anderen wäre eine Anknüpfung an den Bestandsort unter der Bedingung, dass auch nach dem konkret vorgetragenen mutmaßlichen Verletzungssachverhalt neben der bloßen Abrufbarkeit einer Homepage ein weiterer Bezug zum Bestandsort gegeben ist, nach der Ausweichklausel des Art. 41 Abs. 1 EGBGB in Betracht zu ziehen. Bedenken ergeben sich jedoch aus dem Umstand, dass die Ausweichklausel dann für einen relativ weiten Kreis von Sachverhalten – Immaterialgüterrechtsverletzungen via Internet oder sogar in Multistate-Sachverhalten überhaupt – zur Anwendung gebracht wird. Dies kollidiert mit der Konzeption des Art. 41 EGBGB als Ausnahmenorm, von der im Interesse der Rechtssicherheit nur zurückhaltend Gebrauch zu machen ist.[233] Zudem spricht Art. 41 Abs. 1 EGBGB nur von der Anwendung eines anderen Rechts, nicht von der Anwendung keines Rechts, so dass der Wortlaut eine solche Einschränkung nicht trägt. Wenn überhaupt, ist eine analoge Anwendung möglich. Vorzugswürdig ist aber die Lösung über die einschränkende Auslegung des Erfolgsorts.

5. Beitrag zur Problemlösung

Ein internationalprivatrechtliches Erfordernis eines erhöhten Inlandsbezugs ist geeignet, die mit der hohen Anzahl der einschlägigen Rechtsordnungen verbundenen Probleme zumindest zu verringern. Auf Grund der Beibehaltung der Segmentierung eines Multistate-Sachverhalts werden nämlich nicht nur die anwendbaren objektiven Rechtsordnungen, sondern zugleich die zu beachtenden subjektiven Schutzrechte reduziert. Wie stark die Reduzierung der Probleme für die schutzrechtsverwertenden Internetnutzer tatsächlich ist, hängt jedoch maßgeblich von dem verwandten Kriterium ab. Je größer der verlangte Inlandsbezug ist, umso freizügiger können Verwerter geistige Güter im Internet verwenden. Da aber zugleich die Beeinträchtigung der Interessen der konkurrierenden Schutzrechtsinhaber wächst, wird bei der Wahl eines Kriteriums eine sorgsame Abwägung der Interessen zu erfolgen haben.

Allerdings kann eine Reduzierung der anwendbaren Rechtsordnungen durch ein kollisionsrechtliches Begrenzungskriterium – ebenso wenig wie der Ausschluss der Tatbestandsmäßigkeit der bloßen Abrufbarkeit einer Internetseite – nicht die Gefahr beseitigen, dass durch die Entscheidung eines Landes zumindest faktisch Auswirkungen für andere Staatsterritorien oder gar weltweit erzielt werden. Überlegungen auf der Rechtsfolgenseite erübrigen sich folglich nicht.

---

[233] *Heldrich*, in: Palandt, BGB, Art. 41 EGBGB Rz. 3.

6. *Alternative: Nachträgliche Korrektur*

Sofern man entgegen der hier vertretenen Ansicht keine Beschränkung des Schutzlandprinzips im Sinne einer Einschränkung der anwendbaren Rechtsordnungen mittels der Anknüpfungsregeln vornehmen will – sei es mangels Vereinbarkeit mit der Rechtsgrundlage, sei es aus dogmatischen Gründen –, bleibt das Problem bestehen, wie mit einer Rechtsordnung umzugehen ist, die den Verletzungstatbestand durch die Abrufbarkeit einer Internetseite ohne nennenswerten zusätzlichen Inlandsbezug verwirklicht sieht. Dieses Ergebnis könnte akzeptiert werden. In Deutschland ist jedoch allgemein anerkannt, dass die bloße Abrufbarkeit einer Internetseite nicht zur Annahme einer Verletzung führen darf, weil das weder zum Schutz des Rechtsinhabers erforderlich noch in Abwägung mit den begründeten Bedürfnissen anderer Schutzrechtsverwerter zu rechtfertigen ist. Da sowohl die Parteien als auch der Rechtsverkehr und die Allgemeinheit ein Interesse an einer territorialen Abgrenzung der einzelnen Befugnisse sowie der Funktionsfähigkeit des Internets haben, existiert ein zwingendes (auch inländisches) Bedürfnis nach dem Erfordernis eines weiteren Inlandsbezugs auch hinsichtlich der Verletzungstatbestände anderer Rechtsordnungen.[234] Deshalb kann die vorbehaltslose Akzeptanz der Ergebnisse anderer Rechtsordnungen keine vernünftige Lösung sein, sondern es bedarf in diesen Fällen zumindest einer nachträglichen Korrektur. Dies erkennen auch die meisten Autoren an, die eine sachrechtliche Lösung befürworten, und fordern eine nachträgliche Korrektur, falls eine Rechtsordnung exorbitante Geltung beansprucht oder genügende territoriale Verknüpfungen zum Schutzland fehlen.[235] Die tatsächlich vertretene und sinnvolle Alternative zu einer präventiven, eingeschränkten Verweisung auf das betreffende Schutzland besteht demnach nur in einer nachträglichen Kontrolle.

Die praktischen Endergebnisse beider Vorgehensweisen divergieren nicht. Mit der Entscheidung über die Verortung des Inlandsbezugs ist kein inhaltlicher Unterschied verbunden, maßgeblich ist das verwandte Kriterium.[236] Allerdings ist bei einer nachträglichen Ergebniskontrolle die Frage nach dem materiellen Recht des jeweiligen Schutzlands methodisch vorrangig und umfassend zu prüfen. Die nachträgliche Kontrolle, insbesonde-

---

[234] Dazu bereits Ziff. 3.d. (S. 197 f.).

[235] *Bär*, in: SIWR Band I/1, S. 139; *Fezer/Koos*, in: Staudinger, BGB, IntWirtschR Rz. 867; *Jegher*, in: Basler Kommentar, IPRG, Art. 110 Rz. 25; *Vischer*, in: Zürcher Kommentar zum IPRG, Art. 110 Rz. 3 (bzgl. Art. 17 schw. IPRG). Ohne Aussage dagegen *Drexl*, in: MünchKomm, BGB, IntImmGR Rz. 186 ff., der zwar die Annahme einer Verletzung eines inländischen Schutzrechts allein wegen der Abrufbarkeit einer Homepage als völkerrechtswidrig einstuft, aber keine Ausführungen macht, wie ein Verstoß hiergegen durch den Forumstaat abgewehrt werden kann.

[236] Hierzu bereits 2. Kap.I.5. (S. 91 ff.).

re die Anwendung des ordre public-Vorbehalts, „auf Verdacht" verstößt gegen die Pflicht zur Ermittlung der anwendbaren Normen und ist unzulässig.[237] Die Präferenz einer nachträglichen Kontrolle verhindert deshalb nicht die Notwendigkeit der Ermittlung einer Unzahl von Rechtsordnungen. Selbst wenn die Kontrolle auf Verdacht wegen der Identität der praktischen Ergebnisse oder aus prozessökonomischen Erwägungen für zulässig erachtet[238] und auf eine Prüfung der lex causae verzichtet wird, sofern der nach der lex fori nötige Inlandsbezug fehlt, wird deutlich, dass ein repressives Vorgehen zumindest keine praktischen Vorteile bietet. Es hat sich zudem herausgestellt, dass die nachträgliche Kontrolle dogmatisch keineswegs überlegen ist, sondern dass vielmehr die gleichen Zwecke sowohl durch eine repressive Kontrolle als auch durch eine Anknüpfungsnorm verfolgt werden können.[239] Dies zeigt insbesondere die Entwicklung bei inländischen Eingriffsnormen, die früher auf Grund des ordre public-Vorbehalts zur Anwendung kamen, mittlerweile jedoch einer selbstständigen Anknüpfung unterliegen.[240]

Zudem bestehen erhebliche Bedenken, auf welche Rechtsgrundlage eine nachträgliche Kontrolle eines hinreichenden Bezugs zum jeweiligen Schutzland gestützt werden kann. Teils wird in der Literatur die Regelung des ordre public berufen.[241] Voraussetzung für ein Eingreifen des ordre public ist gemäß Art. 6 S. 1 EGBGB, dass das Ergebnis der Anwendung einer fremden Rechtsnorm mit wesentlichen Grundsätzen des deutschen Rechts offensichtlich unvereinbar ist. Inhaltlich identisch, wenngleich mit leicht abgewandeltem Wortlaut, normiert dies Art. 26 Rom II-VO. Ein solcher Verstoß könnte mit den oben genannten Argumenten vertreten werden, wenn die Verwertung geistiger Güter über das Internet ohne einen ausreichenden Inlandsbezug sanktioniert wird.

Zusätzliche Voraussetzung der Anwendung des ordre public-Vorbehalts ist indes eine hinreichend starke örtliche Beziehung des zu entscheidenden Sachverhalts zur deutschen Rechtsordnung im Urteilszeitpunkt.[242] Nach dem überwiegenden Schrifttum gilt dieses Binnenbeziehungserfordernis

---

[237] BGH IPRspr. 1998 Nr. 6; *Heldrich*, in: Palandt, BGB, Art. 6 EGBGB Rz. 5; *Sonnenberger*, in: MünchKomm, BGB, Art. 6 EGBGB Rz. 46; *Spickhoff*, S. 79 jeweils m.w.N.

[238] So eine Tendenz der Instanzrechtsprechung, siehe OLG Celle IPRspr. 1990, Nr. 116; OLG Koblenz FamRZ 1990, 426; LG Bamberg IPRspr. 1990, Nr. 27. Ebenso *Kegel*, in: Soergel, BGB, Vor Art. 3 EGBGB Rz. 173.

[239] Hierzu 2. Kap.I.5. (S. 91 ff.).

[240] *Kropholler*, IPR, S. 244 f.; *Schurig*, in: Kegel/Schurig, S. 516 ff.

[241] *Fezer/Koos*, in: Staudinger, BGB, IntWirtschR Rz. 867; *Vischer*, in: Zürcher Kommentar zum IPRG, Art. 110 Rz. 3 (bzgl. Art. 17 schwIPRG).

[242] BVerfGE 31, 58, 77; BGHZ 60, 68, 79; *Sonnenberger*, in: MünchKomm, BGB, Art. 6 EGBGB Rz. 82.

ohne Ausnahme. Wie groß der Inlandsbezug sein muss, lässt sich dabei nicht allgemein sagen, doch wird eine umso geringere Inlandsbeziehung ausreichen, je bedeutender die Abweichung von den wesentlichen Grundsätzen des deutschen Rechts ist.[243] Im Gegensatz hierzu verlangen die Autoren, die eine nachträgliche Korrektur befürworten, das *Fehlen eines hinreichenden* territorialen Bezugs zum jeweils betroffenen *ausländischen* Schutzland.[244] Ein hinreichender Bezug zum Forumstaat wird dagegen oft fraglich sein. Man wird zwar davon auszugehen haben, dass der Inlandsbezug ausreichend ist, wenn gleichzeitig ein deutsches Schutzrecht betroffen ist. Da aber eine ausländische Rechtsordnung in jedem Fall nur über ihre eigenen Schutzrechte entscheidet, kann nur mittelbar eine Auswirkung auf inländische subjektive Rechte existieren, wenn die Rechtsfolgen (faktisch) auch den Gebrauch einer inländischen Befugnis beeinträchtigen. In diesem Fall würde es genügen, die Rechtsfolgen zu beschränken.[245] Ist dagegen keine inländische Verwertungsbefugnis betroffen, wird die bloße Abrufbarkeit einer Internetseite auf deutschem Gebiet kaum ausreichen können, um den geforderten Inlandsbezug zu begründen. Ebenso ist es zweifelhaft, ob Staatsangehörigkeit, gewöhnlicher Aufenthalt und Wohnsitz den Inlandsbezug begründen können. Denn im System des Immaterialgüterrechts gilt nach den völkerrechtlichen Konventionen der Grundsatz der Inländerbehandlung, nach dem diese Kriterien gerade keine zulässigen Differenzierungsmerkmale darstellen.[246] Deshalb wird vor allem in Fällen, in denen nur ausländische Schutzrechte benutzt und beeinträchtigt werden, im Inland aber z.B. wegen eines allgemeinen Gerichtsstands geklagt wird, der notwendige Inlandsbezug fehlen.[247]

Überdies stellt der ordre public-Vorbehalt eine eng auszulegende Ausnahmevorschrift dar.[248] Versagt man allen ausländischen Rechtsordnungen die Anerkennung, soweit sie eine Verletzung eines Immaterialgüterrechts ohne einen gewissen Mindestbezug zu ihrer Rechtsordnung bejahen, ob-

---

[243] *Sonnenberger*, in: MünchKomm, BGB, Art. 6 EGBGB Rz. 83 m.w.N.

[244] Entscheidend soll nämlich stets nur der exorbitante Schutzbereich nach der Schutzlandrechtsordnung sein, siehe die Nachweise in Fn. 235 zum 4. Kapitel.

[245] Hierzu bereits 3. Kap.I. (S. 142 ff.).

[246] Art. 2 Abs. 1 und 2 PVÜ; Art. 3 Abs. 1 TRIPs; Art. 5 Abs. 1 bis 3 RBÜ.

[247] Soweit ein hinreichender Bezug zu einem vom Gerichtsstaat divergierenden Schutzstaat gegeben ist, kommt ein Verstoß gegen den ordre public dieses Staates in Betracht. Die Beachtung eines ausländischen ordre public-Vorbehalts setzt jedoch voraus, dass auch das ausländische Kollisionsrecht zur Anwendung berufen ist (RG 132, 416, 418; *Heldrich*, in: Palandt, BGB, Art. 6 EGBGB Rz. 8; *Keller/Siehr*, S. 547); es ist eine Gesamtverweisung erforderlich, die im nationalen Recht zwar zu befürworten, aber innerhalb der Rom II-VO explizit ausgeschlossen ist (dazu 2. Kap.II.4. (S. 111 f.)).

[248] *Heldrich*, in: Palandt, BGB, Art. 6 EGBGB Rz. 4; *Hohloch*, in: Erman, BGB, Art. 6 EGBGB Rz. 11.

wohl sie grundsätzlich in der Entscheidung frei sein sollen, wird jedoch ein relativ weiter Kreis von Sachverhalten dem ordre public unterstellt. Mit einer Ausnahmevorschrift ist dies nur schwer in Einklang zu bringen.

Neben dem ordre public-Vorbehalt wird vorgeschlagen, das Erfordernis der nachträglichen Kontrolle auf die Ausweichklausel des Art. 41 EGBGB zu stützen.[249] Gegen die Anwendung von Art. 41 EGBGB sprechen wiederum dessen Ausnahmecharakter sowie die Tatsache, dass entgegen dessen Wortlaut das Ergebnis nicht die Anwendung einer anderen, sondern keiner Rechtsordnung ist.[250] Des Weiteren stellt Art. 41 EGBGB eine echte alternative Anknüpfungsnorm dar[251] und kein dem ordre public vergleichbares Instrument der nachträglichen Korrektur. Schließlich bietet dieser Ansatz unter der Ägide der Rom II-VO keine Lösung, da Art. 4 Abs. 3 das Schutzlandprinzip des Art. 8 Abs. 1 nicht verdrängen kann.

Als Letztes wird vorgeschlagen, das Korrekturerfordernis dem Schutzlandprinzip selbst zu entnehmen.[252] Hierzu ist anzumerken, dass es sehr ungewöhnlich ist, dass eine Anknüpfungsnorm zusätzlich eine nachträgliche Korrekturmöglichkeit immanent vorsehen soll. Auch der Wortlaut des Schutzlandprinzips legt das Erfordernis einer *nachträglichen* Korrektur ebenso wenig nahe wie dessen einzelne Konkretisierungsvarianten. Trotzdem trifft die Aussage, dass der hinreichende Inlandsbezug eine dem Schutzlandprinzip immanente Schranke darstelle, durchaus den Kern der Problematik. Es ist allerdings nicht überzeugend, die Schranke erst nachträglich eingreifen zu lassen.

IV. Fazit: Parallele Einschränkung im Sach- und Kollisionsrecht

Insgesamt ist zu konstatieren, dass die bloße Abrufbarkeit einer Internetseite, auf der eine Werbung für geschützte geistige Güter enthalten ist, nicht zu einer Verletzung des subjektiven Rechts führen darf. Vielmehr ist ein weiterer Bezug zum betreffenden Schutzland nötig. Das muss zum einen durch das nationale Sachrecht sichergestellt werden. In Deutschland ist dies auf Grundlage des geltenden Rechts möglich.

Diese Vorgaben müssen auch in Bezug auf ausländische Schutzrechte gewährleistet werden. Das ist Aufgabe des internationalen Privatrechts.

---

[249] *Fezer/Koos*, in: Staudinger, BGB, IntWirtschR Rz. 867; Zum schweizerischen Recht *Vischer*, in: Zürcher Kommentar zum IPRG, Art. 110 Rz. 3.

[250] Dazu bereits oben Ziff. III.4.b. (S. 200 f.).

[251] *Junker*, in: MünchKomm, BGB, Art. 41 EGBGB Rz. 2.

[252] *Bär*, in: SIWR Band I/1, S. 139; *Jegher*, in: Basler Kommentar, IPRG, Art. 110 Rz. 25.

Einer nachträglichen Kontrolle bedarf es dazu nicht. Vielmehr ist es vorzugswürdig, bereits eine Beschränkung der Schutzländer vorzunehmen, auf die verwiesen wird. Im Ergebnis wird dadurch eine kollisionsrechtliche Vorauswahl möglicherweise verletzter Schutzgüter getroffen. Hiergegen bestehen keine durchgreifenden dogmatischen Bedenken und das Vorgehen ist auch mit den geltenden Rechtsgrundlagen des Schutzlandprinzips und der internationalprivatrechtlichen Interessenlage vereinbar.

Durch das Erfordernis eines präventiv verstandenen internationalprivatrechtlichen Kriteriums erübrigt sich die parallele Einordnung im Sachrecht nicht.[253] Denn zum einen gibt es Fälle, in denen das Schutzgebiet nicht mit dem Territorium eines Staates identisch ist, sondern nur einen Teil von diesem umfasst. Dies kann sich insbesondere bei der Verletzung eines nicht eingetragenen Kennzeichens ergeben. Hier ist es durchaus denkbar, dass ein starker Bezug zu dem Staatsgebiet des Schutzlandes besteht, aber nur zu einer Region, in der das mutmaßlich verletzte Zeichenrecht gerade nicht geschützt ist. Zum anderen können die verwandten Kriterien im Sachrecht und im Kollisionsrecht divergieren. Gerade im Hinblick auf ausländische Rechtsordnungen ist das sogar wahrscheinlich, da auf deren Kriterien kein Einfluss genommen werden kann, und auch auf innerstaatlicher Ebene können hierfür gute Gründe bestehen.

[253] Für einen kumulativen Ansatz auch *Mankowski*, MMR 2002, 817, 819; *Nordemann-Schiffel*, in: Bröcker/Czychowski/Schäfer, Praxishandbuch Geistiges Eigentum, § 3 Rz. 32.

Kapitel 5

Kriterien des erhöhten Inlandsbezugs

Im vorherigen Kapitel wurde aufgezeigt, dass in Streitigkeiten über die Verletzung von Immaterialgüterrechten auf Grund der bloßen Abrufbarkeit einer das geistige Gut verwendenden Internetseite sowohl die anwendbaren Rechtsordnungen als auch die sachlichen Verletzungsvoraussetzungen einer Einschränkung bedürfen. An diese Erkenntnis schließt sich die Frage an, wie eine solche Begrenzung zu gestalten ist. Dabei ist erneut zwischen der kollisionsrechtlichen (II.) und der sachrechtlichen Ebene (III.) zu differenzieren. Zuvor soll jedoch ein Überblick über die bereits in Rechtsprechung und Literatur vorgeschlagenen Lösungen gegeben werden (I.).

Ziel der Untersuchung ist keine detaillierte Aufzählung tatsächlicher Umstände, die zu einer Verneinung des geforderten Inlandsbezugs führen oder zumindest in die Abwägung einbezogen werden können oder müssen. Das Augenmerk soll stattdessen darauf gerichtet werden, welche abstrakten Kriterien herangezogen werden sollten. Das ist die dogmatisch vorrangige Frage,[1] während die indizielle Ausgestaltung solcher Merkmale nachgeordnet ist und vermutlich nicht abschließend für jede Fallgestaltung abstrakt gelöst werden kann.

I. Analyse der vorgeschlagenen Kriterien

1. Inlandsbezug des Gegenstands des Angebots

Im Patentrecht wurde bereits früh der Versuch einer generellen Einschränkung des Verwertungstatbestands des Anbietens (damals „Feilhaltens“) unternommen. So wurde vorgeschlagen, dass nicht nur das Angebot im Inland zu erfolgen habe, sondern zugleich ein Inlandsbezug des Erzeugnisses als Gegenstand des Angebots vorliegen müsse.[2] Hintergrund dieser An-

[1] In der Literatur wird dagegen häufig der Schwerpunkt auf die konkreten Anhaltspunkte für diese Kriterien gelegt, so z.B. *Hoeren/Große Ruse*, in: Lehmann, Electronic Buisness, S. 301, 315.

[2] *Kraßer*, S. 789; *Tetzner*, GRUR 1980, 882, 888. Ablehnend OLG München, 6 U 3189/80 (zitiert nach *Pagenberg*, GRUR Int. 1983, 560, 563).

sicht ist der Umstand, dass ein Inlandsbezug des patentgeschützten Erzeugnisses bei allen anderen Benutzungstatbeständen des § 9 Nr. 1 PatG vonnöten ist und dies aus Gründen der Rechtssystematik ebenfalls für das Anbieten gelten müsse.[3] Da ein Anbieten aber eine Existenz des Erzeugnisses selbst nicht voraussetze, müsse es insofern genügen, wenn das Angebot auf einen Inlandsbezug der patentgeschützten Sache gerichtet sei.[4]

Diese Ansicht könnte auf andere Gebiete des geistigen Eigentums übertragen werden, da im Urheber- und Kennzeichenrecht ebenfalls in den anderen Verwertungstatbeständen ein Bezug des Werkes bzw. der Ware oder Dienstleistung selbst zum Inland vorausgesetzt wird. Im Urheberrecht ist dies vereinzelt bereits geschehen.[5]

2. Erfordernis einer weiteren rechtswidrigen Benutzung im Inland

Eng mit dieser Ansicht verbunden ist eine weitere, ebenfalls im Patentrecht entwickelte Auffassung. Ausgangspunkt ist die allgemeine Erkenntnis, dass ein Anbieten als Vorstufe zum Vertrieb gleichsam der Beginn der wirtschaftlichen Verwertung ist. Daher solle ein rechtswidriges Anbieten nur angenommen werden, wenn das Angebot auf eine weitere rechtswidrige Benutzungshandlung im Inland gerichtet ist.[6] Das OLG Hamburg hat diesem Ansatz zu einer gewissen, wenn auch kurzzeitigen Renaissance verholfen, indem es in einer urheberrechtlichen Entscheidung ein rechtsverletzendes Anbieten im Inland über das Internet verneint hat, weil der Tatbestand des Inverkehrbringens planmäßig bereits im Ausland vollendet werden sollte.[7]

Vergleicht man die beiden Begrenzungsversuche, fällt auf, dass oft nicht mit der nötigen Klarheit zwischen beiden unterschieden wird.[8] Dies verwundert insofern nicht, als sich die praktischen Ergebnisse im Patentrecht, in dessen Rahmen beide Kriterien vorwiegend verwandt werden, kaum unterscheiden. Bereits die Einfuhr oder der Besitz eines patentgeschützten Erzeugnisses zu Zwecken des Inverkehrbringens, Gebrauchens oder Anbietens stellt gemäß § 9 Nr. 1 PatG eine Patentverletzung dar.[9] Da es bei der letztgenannten Ansicht nicht darauf ankommen soll, dass die weitere

---

[3] *Tetzner*, GRUR 1980, 882, 888.

[4] *Kraßer*, S. 789; *Tetzner*, GRUR 1980, 882, 889.

[5] *Gottschalk*, IPRax 2006, 135, 137.

[6] *Pagenberg*, GRUR Int. 1983, 560, 564. Vgl. auch *Keukenschrijver*, in: Busse, PatG, § 9 Rz. 133.

[7] OLG Hamburg, IPRax 2006, 176, 177 – Wagenfeld Leuchte. Aufgehoben durch BGH GRUR 2007, 871, 873.

[8] Vgl. die Ausführungen bei *Kraßer*, S. 789.

[9] Allerdings sind Handlungen im privaten Bereich zu nicht gewerblichen Zwecken gemäß § 11 Nr. 1 PatG ausgeschlossen.

rechtswidrige Handlung von dem Anbietenden selbst verwirklicht wird, sondern der geplante rechtswidrige Import durch potentielle Käufer genügen soll,[10] wird ein anvisierter Inlandsbezug der Sache in aller Regel eine weitere Patentverletzung enthalten. Die Notwendigkeit der Differenzierung ergibt sich indessen, wenn man die beiden Begrenzungsversuche im Urheberrecht heranzieht. Dort sind nach deutschem Recht weder der Besitz noch die Einfuhr eines urheberrechtlich geschützten Werkes verboten. Wird nun ein urheberrechtlich geschütztes Werk im Inland beworben, wobei ausdrücklich klargestellt ist, dass der Erwerbsakt, d.h. die Übereignung, ausschließlich im schutzfreien Ausland erfolgen kann, fehlt es an einer weiteren inländischen Verwertungshandlung. Ein körperlicher Inlandsbezug des Werkes selbst ist dagegen anvisiert, da gerade die inländischen Kunden erreicht werden sollen und diese ihren Einkauf mit in ihr Heimatland zurücknehmen oder gleich mittels eines Dienstleisters überbringen lassen.[11]

3. Intendiertes Abrufgebiet

Die beiden soeben vorgestellten Auffassungen konnten sich bisher weder in der Rechtsprechung noch in der Literatur durchsetzen. Stattdessen wird überwiegend und immaterialgüterrechtsübergreifend das Kriterium der bestimmungsmäßigen oder intendierten Abrufbarkeit angewandt.[12] Dieses aus dem internationalen Lauterkeitsrecht entnommene Merkmal erfreut sich vor allem in der Diskussion um eine kollisionsrechtliche Begrenzung großer Beliebtheit.[13] Die Analyse dieses Merkmals wird indes dadurch erschwert, dass begrifflich oft keine klare Abgrenzung von dem Erfordernis einer spürbaren Auswirkung erfolgt.[14] Zudem besteht keine Einigkeit über den genauen Inhalt dieses Begrenzungsmerkmals.

---

[10] *Pagenberg*, GRUR Int. 1983, 560, 564.

[11] Zu diesem Beispiel OLG Hamburg, IPRax 2006, 176, 177 – Wagenfeld Leuchte m. Anm. v. *Gottschalk*, IPRax 2006, 135, 136 f.

[12] Statt vieler *Bornkamm*, in: Bartsch/Lutterbeck, Neues Recht, S. 99, 116; *Bücking*, MMR 2000, 656, 663; *Dreier*, in: Dreier/Schulze, UrhG, Vor §§ 120 ff. Rz. 42; *M. Junker*, Anwendbares Recht, S. 350; *Nordemann-Schiffel*, in: Bröcker/Czychowski/Schäfer, Praxishandbuch Geistiges Eigentum, § 3 Rz. 73, 104, 119; *Stieß*, S. 253. So bereits die überwiegende Meinung zum Senderecht, *Katzenberger*, in: Schricker, UrhR, Vor §§ 120 ff. Rz. 141 m.w.N.

[13] Gleiches gilt für den internationalen Gerichtsstand der unerlaubten Handlung, siehe *Fezer/Koos*, in: Staudinger, BGB, IntWirtschR Rz. 1077 m.w.N.

[14] Auch in dieser Beziehung wird gerne von einer (kollisionsrechtlichen) Spürbarkeitsregel gesprochen, siehe *Dreier*, in: Dreier/Schulze, UrhG, Vor §§ 120 ff. Rz. 42; *Sack*, WRP 2000, 269, 278. Zum Kriterium der spürbaren Auswirkung sogleich.

Dabei wird betont, dass die bestimmungsmäßige Abrufbarkeit – wie es schon die Formulierung nahelegt – ein finales Merkmal ist.[15] Maßgeblich ist grundsätzlich die Zielgerichtetheit der Internetseite, d.h. ob Adressaten in dem betroffenen Schutzland angesprochen werden sollen; die technisch bedingte Abrufbarkeit allein genügt nicht.[16] Allerdings erkennen die Vertreter dieser Ansicht durchaus, dass das Abstellen auf den Willen des Anbieters sowohl zu Beweisschwierigkeiten führt, als auch eine beträchtliche Umgehungs- und Manipulationsgefahr birgt. Deshalb ist man sich weitestgehend einig, dass die Bestimmungsmäßigkeit in einem verobjektivierten Sinne zu verstehen ist.[17] So soll beim Vorliegen bestimmter objektiver Umstände von der finalen Zielgerichtetheit auszugehen sein oder die Ausrichtung der Internetseite nach dem objektiven Empfängerhorizont bestimmt werden.[18] Darüber hinaus wird teilweise vertreten, dass trotz Abstinenz einer Zielgerichtetheit der Internetseite das Recht des betroffenen Landes anwendbar sei, wenn sie aus sonstigen Gründen eine spürbare Einwirkung auf die dort ansässigen Internetbenutzer ausüben kann; die spürbare Einwirkung sei immer, aber nicht nur dann erfüllt, wenn das entsprechende Schutzland zum intendierten Abrufgebiet gehört.[19]

4. Spürbare Auswirkung

a. Allgemein

Schließlich wird vor allem im Kennzeichenrecht in Anlehnung an eine im Wettbewerbsrecht vertretene Auffassung postuliert, dass der erhöhte Inlandsbezug nur gegeben sei, wenn eine spürbare Auswirkung für den Schutzrechtsinhaber im Inland auftritt.[20] Die Auswirkungen im Inland müssten folglich objektiv eine quantitative Schwelle überschreiten.[21] Sub-

---

[15] *Bücking*, MMR 2000, 656, 663.

[16] *Bornkamm*, in: Bartsch/Lutterbeck, Neues Recht, S. 99, 116; *Drexl*, in: MünchKomm, BGB, IntImmGR Rz. 191.

[17] *Dreier*, in: Dreier/Schulze, UrhG, Vor §§ 120 ff. Rz. 42; *Nordemann-Schiffel*, in: Bröcker/Czychowski/Schäfer, Praxishandbuch Geistiges Eigentum, § 3 Rz. 71; für das Wettbewerbsrecht z.B. *Kieninger*, in: Leible, IPR im Zeitalter der neuen Medien, S. 121, 128. Anders *Kort*, DB 2001, 249, 257.

[18] *Nordemann-Schiffel*, in: Bröcker/Czychowski/Schäfer, Praxishandbuch Geistiges Eigentum, § 3 Rz. 73, 104, 119; *Sack*, WRP 2000, 269, 278; *Wegner*, CR 1998, 676, 681.

[19] *Sack*, WRP 2000, 269, 278; für das Wettbewerbsrecht z.B. *Mankowski*, in: MünchKomm, UWG, IntWettbR Rz. 219.

[20] BGH GRUR 2005, 431, 432 f. – Hotel Maritime; *Ebner*, S. 143; *Fezer/Koos*, in: Staudinger, BGB, IntWirtschR Rz. 890 ff.; *Ohly*, JZ 2005, 738, 739. Zum Wettbewerbsrecht z.B. *Glöckner*, ZVglRWiss 99 (2000), 278, 291 f.; *Koos*, IPRax 2007, 414, 416; zum Urheberrecht *Reindl*, 19 Mich. J. Int'l L. (1998), 799, 836 ff.; allgemein *Dessemontet*, 30 Brook. J. Int'l L. (2005), 849, 863.

[21] *Dessemontet*, 30 Brook. J. Int'l L. (2005), 849, 863; *Koos*, IPRax 2007, 414, 415.

jektive Kriterien – etwa die finale Ausrichtung der Internetseite – könnten dagegen allenfalls als Indiz Relevanz erlangen.[22] Die geforderte Schwelle wird freilich nicht besonders hoch angesetzt, sondern soll nur als *de-minimis-Regel* die Verletzungssachverhalte ausschließen, deren Folgen für den Schutzrechtsinhaber unbedeutend und daher vernachlässigbar sind.[23] Nur eine Mindermeinung will auch weitergehende Fälle auf Grund einer umfassenden Interessenabwägung im Einzelfall erfassen.[24] Mit der überwiegenden Ansicht schlägt auch die WIPO in Art. 2 Joint Recommendation vor, dass die Benutzung eines Kennzeichens – und damit eine Verletzung des Kennzeichenrechts – einen wirtschaftlichen Effekt in dem betreffenden Mitgliedstaat voraussetzt. Art. 3 Abs. 1 listet nicht abschließend Indizien für die Annahme einer solchen Wirkung auf. Bemerkenswert ist jedoch, dass ein wirtschaftlicher Effekt unabhängig von den objektiven Auswirkungen gegeben sein soll, sofern der Zeichennutzer böswillig („bad faith“) handelt. Zwar formuliert Art. 3 Abs. 1 lit. e (ii) der endgültigen Fassung dieses Merkmal objektiv und gemäß Abs. 2 ist dieses in der Abwägung nur zu berücksichtigen. Doch in den Beratungen ging man davon aus, dass bereits die subjektive Einstellung genügen kann; der Wortlaut wurde nur aus Gründen der Systematik angepasst, ohne dass materiell eine Änderung angestrebt war.[25]

b. Unterschiede zur bestimmungsmäßigen Abrufbarkeit

Vergleicht man die Merkmale der spürbaren Auswirkung und des intendierten Abrufgebiets, scheinen beide von der Formulierung her nicht viel gemein zu haben. Deshalb ist es zunächst verwunderlich, dass trotz des unterschiedlichen Ausgangspunktes die gleichen tatsächlichen Umstände zur Ausfüllung des jeweiligen Kriteriums herangezogen werden.[26] So sollen nach beiden Auffassungen z.B. die verwendete Sprache, Zahlungsmodali-

[22] *Koos*, WRP 2006, 499, 502; a.A. *Glöckner*, ZVglRWiss 99 (2000), 278, 294.

[23] *Glöckner*, ZVglRWiss 99 (2000), 278, 294; *Kur*, WRP 2000, 935, 938; *Metzger*, IPRax 2006, 242, 246.

[24] *Fezer/Koos*, in: Staudinger, BGB, IntWirtschR Rz. 894, 988, 1034. Hierfür wird man entgegen der Auffassung *Fezer*s und *Koos*' weder die Entscheidung Hotel Maritime des BGH noch die WIPO Joint Recommendation ins Feld führen können: Der BGH hat zwar die Notwendigkeit einer Interessenabwägung betont, jedoch im Ergebnis eine Verletzung verneint, weil *keine* wirtschaftliche Auswirkung im Inland vorlag; die WIPO schlägt eine Interessenabwägung dagegen nur auf der Rechtsfolgenebene vor, sofern eine Verletzung des Schutzrechts bejaht wurde (vgl. Art. 13–15).

[25] *Kur*, IIC 33 (2002), 41, 43 f. Die Berücksichtigung des Verletzerwillens befürwortet auch *Bettinger*, in: Bettinger, Handbuch des Domainrechts, Teil 4 Rz. 31.

[26] Auf die überwiegende Identität der verwendeten Indizien weisen auch *Fezer/Koos*, in: Staudinger, BGB, IntWirtschR Rz. 896 hin.

täten, die Top-Level-Domain oder die Thematik der Internetseite[27] genauso wie die Vertriebspolitik des Anbieters[28] eine Rolle spielen können.[29] Deshalb fragt sich, was die genauen Unterschiede der beiden Beschränkungsversuche sind, und ob diese nur dogmatischer Natur oder auch von praktischer Relevanz sind.

Die Befürworter des Merkmals der spürbaren Auswirkung sehen den Unterschied häufig in der Objektivität des Spürbarkeitskriteriums auf der einen und der Subjektivität der Finalität des Internetauftritts auf der anderen Seite.[30] Allerdings hat sich bereits gezeigt, dass auch die Vertreter der intendierten Abrufbarkeit objektive Kriterien zu Rate ziehen. Nimmt man diese als Indiz für den tatsächlichen Willen des Anbieters, bleiben die gegensätzlichen Ansätze vom Prinzip her zwar bestehen, doch wirken sie sich im Ergebnis regelmäßig nicht aus und relativieren sich dadurch. Stellt man auf den objektiven Empfängerhorizont – also die Ausrichtung der Internetseite aus Sicht eines objektiven Dritten – ab, decken sich die Ausgangspunkte in dieser Hinsicht sogar.[31] Im Unterschied zur spürbaren Auswirkung setzt das Merkmals der intendierten Abrufbarkeit jedoch eine gewisse intellektuelle Beziehung des Handelnden zu dem Erfolg voraus: Die Ausrichtung der Internetseite[32] auf das Schutzland muss zumindest objektiv vorhersehbar sein.[33] Diese zwingende Beziehung geht dagegen verloren, wenn betont wird, dass die bestimmungsgemäße Empfangbarkeit hinrei-

---

[27] Z.B. die Bezugnahme auf Prominente, die nur in bestimmten Ländern bekannt sind, OLG Köln MMR 2002, 60 – budweiser.com.

[28] Beliebtestes Beispiel sind eingehaltene Disclaimer, vgl. nur Art. 3 Abs. 1 lit. b (ii) der WIPO Joint Recommendation und aus der Literatur *Kur*, WRP 2000, 935, 938.

[29] Zu den vorgeschlagen Indizien z.B. *Fezer/Koos*, in: Staudinger, BGB, IntWirtschR Rz. 895; *Ohly*, JZ 2006, 1189, 1191 (zur Spürbarkeit) und *Bornkamm*, in: Bartsch/Lutterbeck, Neues Recht, S. 99, 116; *Nordemann-Schiffel*, in: Bröcker/Czychowski/Schäfer, Praxishandbuch Geistiges Eigentum, § 3 Rz. 73, 238 (zur bestimmungsmäßigen Abrufbarkeit).

[30] *Fezer/Koos*, in: Staudinger, BGB, IntWirtschR Rz. 883; *Höder*, S. 55 ff.; *Koos*, WRP 2006, 499, 502.

[31] Dies gibt auch *Koos* (WRP 2006, 499, 502) zu, der jedoch entgegenhält, dass Finalität genau genommen nicht objektivierbar ist (ebenso *Höder*, S. 59). Soweit damit gemeint ist, dass der subjektive Wille nicht objektiv ist, ist dies ebenso richtig wie selbstverständlich. Gleichwohl übersieht er, dass eben nicht der subjektive Wille maßgeblich ist, sondern die Ausrichtung der Website aus Sicht eines Dritten. Die Wortwahl der „bestimmungsmäßigen Abrufbarkeit“ ist insofern vielleicht etwas missverständlich, ändert daran aber nichts.

[32] Wohlgemerkt die Ausrichtung, nicht die Abrufbarkeit an sich. Andernfalls wäre dieses Merkmal wegen der allgemeinen Bekanntheit der weltweiten Empfangbarkeit des Internets in der Tat bedeutungslos. Unzutreffend daher die Kritik von *Höder*, S. 57.

[33] *Nordemann-Schiffel*, in: Bröcker/Czychowski/Schäfer, Praxishandbuch Geistiges Eigentum, § 3 Rz. 71.

chende, wenngleich nicht notwendige Voraussetzung des geforderten Inlandsbezugs ist.

Nordemann-Schiffel sieht den Unterschied zwischen beiden Kriterien in der Berücksichtigung quantitativer Elemente. Sie lehnt das Kriterium der spürbaren Auswirkung ab, da eine Geringfügigkeitsgrenze, welche der Grundgedanke der Spürbarkeitsregel sei, dem materiellen Urheber-, Patent- und Kennzeichenrecht fremd sei. Eine Immaterialgüterrechtsverletzung liege vor oder eben nicht.[34] Allerdings übersieht sie gleich zweierlei. Soweit sie der Auffassung ist, dass nur mittels des Kriteriums der spürbaren Auswirkung eine (unzulässige[35]) Abweichung vom jeweiligen nationalen Sachrecht möglich ist, überzeugt dies nicht. Denn ein Schutzland kann auch Rechtsfolgen an ein im Inland wahrnehmbares Angebot knüpfen, das nicht bestimmungsgemäß abrufbar ist. Schließlich muss sie selbst zugeben, dass im Falle des Fehlens einer zielgerichteten Ausrichtung einer Internetseite ein Schutzlandrecht nicht anwendbar sei, da – trotz Abrufbarkeit des Angebots – eine *echte* Urheberrechtsverletzung fehle.[36] Maßgeblich gegen diese Differenzierung spricht zudem, dass auch das Kriterium der bestimmungsmäßigen Abrufbarkeit nicht ohne quantitative Erwägungen auskommt.[37] Zum einen können diese als Indiz für die subjektive oder objektive Ausrichtung einer Internetseite dienen. Man wird nämlich in aller Regel – wenngleich nicht ausnahmslos – davon ausgehen können, dass Nutzer in einem Land angesprochen werden sollen bzw. erkennbar anvisiert werden, wenn tatsächlich ein großer Nutzerkreis in diesem Land erreicht wird.[38] Zum anderen ist auch beim intendierten Abrufgebiet eine quantitative Erheblichkeitsschwelle als Begrenzungskriterium nötig.[39] Dies gilt insbesondere, wenn man auf den objektiven Empfängerhorizont abstellt. Wird etwa Werbung mit einer bestimmten Marke auf der Internetseite eines deutschsprachigen Nachrichtenmagazins betrieben, welches sich vor allem auf innenpolitische Themen Deutschlands konzentriert, wird man schwer behaupten können, dass keine Internetnutzer, die sich im Ausland befinden, angesprochen werden können bzw. sollen. Auch für Touristen, Geschäftsreisende, Auslandsstudenten, Emigranten etc. ist ein solcher Service attrak-

---

[34] *Nordemann-Schiffel*, in: Bröcker/Czychowski/Schäfer, Praxishandbuch Geistiges Eigentum, § 3 Rz. 69.

[35] Zur fehlenden Überzeugungskraft dieser Annahme siehe 4. Kap.III.2. (S. 177 ff.).

[36] *Nordemann-Schiffel*, in: Bröcker/Czychowski/Schäfer, Praxishandbuch Geistiges Eigentum, § 3 Rz. 73 (Hervorhebung des Verf.). Hier nimmt sie eine Wertung vor, die nicht mit der des Schutzlandes übereinstimmen muss.

[37] *Drexl*, in: MünchKomm, BGB, IntImmGR Rz. 189; *Sack*, WRP 2000, 269, 274; *Stieß*, S. 253.

[38] *Drexl*, in: MünchKomm, BGB, IntImmGR Rz. 189.

[39] *Sack*, WRP 2000, 269, 274; für das Wettbewerbsrecht z.B. *Mankowski*, in: MünchKomm, UWG, IntWettbR Rz. 213.

tiv und solche Personen werden in nahezu jedem Land der Welt vorhersehbar vorhanden sein. Nicht zuletzt aus Gründen der Kundenbindung wird ein Ausschluss von Touristen oder Geschäftsreisenden nicht einmal beabsichtigt sein. Um überhaupt eine Einschränkung der Maßgeblichkeit der bloßen Abrufbarkeit von Daten über das Internet zu erreichen, sind daher quantitative Elemente unerlässlich.

Die Divergenzen sind an anderer Stelle zu suchen. Sie treten deutlich zu Tage, wenn man sich die dogmatischen Grundlagen der Diskussion im internationalen Wettbewerbsrecht, in dessen Rahmen die Kriterien vor allem entwickelt wurden, ins Gedächtnis ruft. Dort schwelt der Streit darum, ob das kartellrechtliche Auswirkungsprinzip (mit Anpassungen) angewandt werden soll oder an der Anknüpfung am Marktortprinzip festzuhalten ist.[40] Nach Ersterem sind die *Auswirkungen auf den Markt* als Institution relevanter Anknüpfungspunkt, und die Spürbarkeitsgrenze scheidet unbeachtliche Auswirkungen auf dieses Schutzobjekt aus.[41] Maßgebend ist also der Schadenseintrittsort im Hinblick auf den zu schützenden Wettbewerb und den Umfang der Beeinträchtigung der geschützten Interessen im betreffenden Land. Nur dort, wo die Marktposition eines Konkurrenten, die Verbraucher- oder die Allgemeininteressen spürbar betroffen sind, kann eine Wettbewerbsverletzung angenommen werden.[42] Nach dem mehrheitlich befürworteten Marktortprinzip ist dagegen an den Ort der wettbewerblichen Interessenkollision anzuknüpfen.[43] Nicht die Auswirkung auf den Markt, sondern die *Einwirkung auf die Marktgegenseite* ist entscheidend. Das ist bei der Anwendung der Spürbarkeitsregel zu berücksichtigen,[44] so dass die Beachtung der Bestimmungsmäßigkeit der Abrufbarkeit der Daten durchaus konsequent ist. Während es nach der erstgenannten Ansicht um die tatsächlichen Ergebnisse des Verhaltens geht, ist nach der zweitgenannten Meinung das Verhalten selbst und die potentielle Beeinflussung des Marktes Gegenstand der Betrachtung.[45]

Überträgt man das Auswirkungskriterium auf die Immaterialgüterrechte, so kann nur von einem hinreichenden Inlandsbezug gesprochen werden, wenn spürbare Auswirkungen auf die zu schützenden Interessen im Inland

---

[40] Zum Streitstand *Mankowski*, in: MünchKomm, UWG, IntWettbR Rz. 142 ff.

[41] *Glöckner*, ZVglRWiss 99 (2000), 278, 283–285, 291 f.; *Koos*, WRP 2006, 499, 502 f.

[42] *Fezer*, in: Staudinger (2000), BGB, IntWirtschR Rz. 380 f.; *Koos*, WRP 2006, 499, 503.

[43] Siehe die Nachweise in Fn. 85 zum 4. Kapitel.

[44] *Höder*, S. 116; *Mankowski*, in: MünchKomm, UWG, IntWettbR Rz. 221 m.w.N.

[45] *Mankowski*, in: MünchKomm, UWG, IntWettbR Rz. 221 m.w.N.

vorliegen.[46] Lehnt man sich im Immaterialgüterrecht dagegen an das vorherrschende Kriterium im Wettbewerbsrecht an, ist die Einwirkung maßgeblich. Zwar sollte – vor allem im Urheberrecht – nicht von einer Einwirkung auf die *Marktgegenseite* gesprochen werden.[47] Doch der Bezug auf das Verhalten und die Einwirkung machen deutlich, dass für die Ausrichtung des Internetauftritts auf die Adressaten oder Empfänger des Internetauftritts abzustellen ist. Entscheidend ist, ob das inländische Publikum angesprochen werden soll.[48]

Dass der Abweichung in der Perspektive durchaus praktische Relevanz zukommt, kann am Beispiel der Online-Werbung für ein Hotel, wie es dem Urteil Hotel Maritime des BGH zu Grunde lag, verdeutlicht werden: Wirbt ein Kopenhagener Hotel in deutscher Sprache unter seiner Geschäftsbezeichnung über das Internet, ist davon auszugehen, dass es auch auf Übernachtungsgäste aus Deutschland hofft, die auf den Beherbergungsbetrieb über das Internet von Deutschland aus aufmerksam geworden sind. Die Internetpräsenz ist folglich auf Deutschland bestimmungsgemäß ausgerichtet.[49] Dass damit zugleich (spürbare) Auswirkungen für den Inhaber eines konkurrierenden Kennzeichenrechts in der Bundesrepublik verbunden sind, ist nicht gesagt. Im konkreten Fall ist dies sogar unwahrscheinlich, weil selten ein Besucher seine Entscheidung zwischen zwei weit entfernten Hotels trifft.[50] Anders kann der Fall (in Bezug auf die Auswirkungen) zu beurteilen sein, wenn Werbung für ein grenznahes Hotel (z.B. in Kufstein) betrieben wird und der konkurrierende Schutzrechtsinhaber in unmittelbarer Nähe (z.B. in Kiefersfelden) ähnliche Dienstleistungen anbietet.

Insgesamt lässt sich somit feststellen, dass der Hauptunterschied der beiden Ansätze in der Perspektive liegt: Auf der einen Seite werden die *Auswirkungen auf den Schutzrechtsinhaber* oder auf das geschützte Interesse ermittelt, auf der anderen Seite die *Einwirkungen auf den Adressatenkreis* des Verhaltens. Daneben tritt der Aspekt einer *intellektuellen Beziehung* des Handelnden zu dem Erfolg – d.h. der Vorhersehbarkeit bzw. der Finalität des Erfolgs. Eine solche wird zwingend nur durch das Merkmal der Bestimmungsmäßigkeit des Abrufgebiets vorausgesetzt. Diese beiden Gesichtspunkte – Bezugspunkt des Einschränkungskriteriums und intellektuelle Beziehung – sind jedoch strikt voneinander zu trennen und

---

[46] Man sollte aber trotz der inhaltlichen Anlehnung an das Wettbewerbsrecht nicht von einem „Marktortkriterium" sprechen, da auch andere als wirtschaftliche Interessen berührt sein können. Dazu unten Ziff. III.3.a.bb. (S. 233 ff.).

[47] Dies ist – soweit ersichtlich – auch nicht Usus.

[48] *Dreier*, in: Dreier/Schulze, UrhG, Vor §§ 120 ff. Rz. 42; *Drexl*, in: MünchKomm, BGB, IntImmGR Rz. 191.

[49] BGH GRUR 2005, 431, 432. – Hotel Maritime.

[50] Dazu BGH GRUR 2005, 431, 433 – Hotel Maritime.

müssen nicht miteinander einhergehen. Dies zeigt schon die Tatsache, dass die intendierte Abrufbarkeit zum Teil nur als eine Variante zur Verwirklichung des geforderten Inlandsbezugs angesehen wird. Zudem wäre es denkbar, das Vorhersehbarkeitskriterium auf die spürbare Auswirkung zu beziehen, so dass der erhöhte Inlandsbezug eine spürbare Auswirkung auf den Schutzrechtsinhaber sowie die objektive Vorhersehbarkeit dieser Auswirkung voraussetzt.[51] Kein Unterschied besteht dagegen hinsichtlich der Notwendigkeit einer quantitativen Grenze an sich, wobei die Anforderungen im Einzelnen variieren können.

II. Kriterien zur kollisionsrechtlichen Einschränkung

1. Bezugspunkt des erhöhten Inlandsbezugs

Untersucht man, welches der vorgenannten Kriterien im internationalen Privatrecht zur Einschränkung des Schutzlandprinzips heranzuziehen ist, stellt sich zunächst die Frage, worauf sich der geforderte erhöhte Inlandsbezug beziehen muss. So kann die Perspektive auf die Einwirkung des Angebots auf den Adressatenkreis im betreffenden Schutzland oder auf die dortigen Auswirkungen für die geschützten Interessen der Schutzrechtsinhaber gerichtet werden. Alternativ könnte ein Inlandsbezug des Angebotsgegenstands und nicht nur des Angebots selbst verlangt werden. Dagegen scheidet im Kollisionsrecht das Erfordernis einer weiteren rechtswidrigen Verwertungshandlung im Schutzland selbst dann aus, wenn die objektive oder subjektive Ausrichtung des Angebots auf eine solche Benutzung genügen soll. Die Folge wäre nämlich, dass innerhalb der Anknüpfungsregel die „gesuchte" Rechtsordnung hinsichtlich der Voraussetzungen einer weiteren Rechtsverletzung zur Anwendung berufen wird. Dies stellt einen Zirkelschluss dar. Außerdem ist es sehr zweifelhaft, ob dem Interesse an Rechtssicherheit und einer schnellen, sicheren und kostengünstigen Rechtsfindung[52] Genüge getan wird, da der schutzrechtsverwendende Internetnutzer ebenso wenig wie das angerufene Gericht von der Prüfung sämtlicher Rechtsordnungen entbunden wird.

---

[51] *Ebner*, S. 143; *Reindl*, 19 Mich. J. Int'l L. (1998), 799, 844 ff. Einen Schritt weiter geht sogar Art. 9 WIPO Joint Recommendation, nach dem eine Benutzung eines Kennzeichens im Internet vor einer Aufklärung seitens des konkurrierenden Schutzrechtsinhaber trotz wirtschaftlicher Auswirkung i.S.d Art. 2, 3 nicht zu einer Haftung führen soll. Voraussetzung hierfür ist, dass der Benutzer nach dem Recht eines anderen Mitgliedsstaates zur Nutzung berechtigt ist, nicht böswillig i.S.d. Art. 4 handelt und die Kontaktaufnahme durch Bereitstellung von Kontaktdaten ermöglicht.

[52] Hierzu 4. Kap.III.3.a. und c. (S. 193 ff. und 196 f.).

a. Schutzzweck des materiellen Rechts

Es ist zu bedenken, welche Schlüsse sich aus dem Schutzzweck des Immaterialgüterrechts ziehen lassen. Dies legt jedenfalls ein Blick auf die Diskussion im internationalen Lauterkeitsrecht nahe. Dort wird die Entscheidung zwischen Auswirkungs- und Einwirkungslehre und dementsprechend auch hinsichtlich des Bezugspunkts des erhöhten Inlandsbezugs als Ausprägung der allgemeinen Schutzzweckdiskussion angesehen.

So wird im internationalen Lauterkeitsrecht die Auswirkungsregel zum Teil wegen des primär individualrechtsschützenden Charakters des UWG abgelehnt.[53] Andere Stimmen in der Literatur weisen demgegenüber auf den marktordnungsrechtlichen Charakter – d.h. den Schutz des Marktes als Institution im Interesse der Allgemeinheit – und die deswegen bestehende Parallelität der Schutzzwecke mit dem Kartellrecht hin. Folgerichtig müssten das kartellrechtliche Auswirkungsprinzip und die Notwendigkeit von spürbaren Auswirkungen in das internationale Lauterkeitsrecht übernommen werden; das Einwirkungskriterium sei abzulehnen.[54] Diese Argumentation wird auf das Immaterialgüterrecht übertragen, indem dessen Bedeutung für die institutionellen Ziele im Hinblick auf einen effektiven Leistungsschutz und dessen Einbettung in das internationale Wirtschaftsrecht als einheitliches Rechtsgebiet in den Vordergrund gestellt werden.[55] Das betreffe nicht nur die gewerblichen Schutzrechte, sondern in gewissem Maß auch das Urheberrecht.[56]

Überzeugen können diese Überlegungen nicht. Zwar ist es zutreffend und nach der Neufassung von § 1 UWG nicht mehr bestreitbar, dass im Lauterkeitsrecht auch der Schutz von Interessen der Allgemeinheit an einem unverfälschten Wettbewerb bezweckt ist (§ 1 S. 2 UWG). Kartell- und Lauterkeitsrecht haben deshalb durchaus einen gemeinsamen Schutzzweck.[57] Ob das in gleicher Weise für das Immaterialgüterrecht gilt, ist aber sehr fraglich. Zwar dient die Anerkennung von Schutzrechten an geis-

---

[53] *v. Hoffmann*, in: Staudinger, BGB, Art. 40 EGBGB Rz. 308; *Kreuzer*, in: MünchKomm[3], BGB, Art. 38 EGBGB Rz. 238 m.w.N.

[54] *Glöckner*, in: Harte-Bavendamm/Henning-Bodewig, UWG, Einl. C Rz. 59 ff.; *Koos*, WRP 2006, 499, 505; a.A. *Höder*, S. 116.

[55] *Fezer/Koos*, in: Staudinger, BGB, IntWirtschR Rz. 817.

[56] *Fezer/Koos*, in: Staudinger, BGB, IntWirtschR Rz. 818.

[57] *Ohly*, in: Piper/Ohly, UWG, Einf. D Rz. 71 m.w.N. Umstritten ist aber, ob auch die Akzentuierungen identisch sind. Insbesondere *Köhler* (in: Hefermehl/Köhler/Bornkamm, UWG, Einl. UWG Rz. 6.13 und § 1 Rz. 43 ff) bezieht die Gleichrangigkeit der Schutzzwecke des UWG nur auf den Schutz der Marktteilnehmer vor Unlauterkeit und misst dem Schutz der Allgemeinheit vor einem unverfälschten Wettbewerb nach § 1 S. 2 UWG lediglich eine Ergänzungsfunktion bei. Andere beziehen den Schutz vor einem unverfälschten Wettbewerb in die Gleichrangigkeit der Schutzzwecke ein (z.B. *Sosnitza*, in: MünchKomm, UWG, § 1 Rz. 38).

tigen Gütern dem persönlichen Interesse des Schöpfers, Erfinders oder Unternehmers und entspringt gleichzeitig einer wirtschaftspolitischen Motivation. Doch die Art des berücksichtigten Allgemeininteresses unterscheidet sich: Während im Kartell- und Lauterkeitsrecht das Interesse an einem unverfälschten Markt geschützt wird,[58] wird durch die Schaffung künstlicher Monopolrechte der freie Wettbewerb gerade partiell aufgehoben, und das kollektive Interesse besteht in der Förderung von Innovation, kultureller Vielfalt, unternehmerischen Leistungen oder der Verhinderung der Einschränkung der Entscheidungsfreiheit der Verbraucher.[59] Insofern ist von einem Spannungsverhältnis von Kartell- und Immaterialgüterrecht auszugehen.[60] An dem Differenzierungsmerkmal der Unverfälschtheit des Wettbewerbs ändert sich selbst dann nichts, wenn als gemeinsame Kernaufgabe der Schutz der unternehmerischen Leistung angesehen wird.[61] Zudem ist der Schutzzweck im Recht des geistigen Eigentums schwerpunktmäßig (trotz einer etwaigen gesamtwirtschaftlichen Motivation) im Schutz des individuellen Rechtsinhabers zu sehen.[62] Dies kann nicht nur mit der naturrechtlichen Idee vom geistigen Eigentum begründet werden, sondern vor allem mit der Ausgestaltung des Schutzes, d.h. der Verleihung absoluter Rechte an Individuen und der ausschließlichen Klagebefugnis der Schutzrechtsinhaber im Falle einer Verletzung. Daher kann nicht von einem Gleichlauf der Schutzzwecke im Immaterialgüterrecht auf der einen und im Wettbewerbs- und Kartellrecht auf der anderen Seite ausgegangen werden.

Vor allem kommt der Diskussion um den Schutz individueller oder kollektiver Interessen keinerlei Relevanz für die hier erörterte Frage nach dem relevanten Anknüpfungspunkt bzw. dem Bezugspunkt des erhöhten Inlandsbezugs zu,[63] so dass aus einer etwaigen Parallelität der geschützten Interessen zwischen Kartell-, Lauterkeits- und Immaterialgüterrecht kein Grund für die Übertragung einer Anknüpfungsregel gefolgert werden kann. Unter der Ägide des Auswirkungsprinzips kann nämlich sowohl nach dem

---

[58] *Nordemann*, in: Loewenheim/Meesen/Riesenkampff, KartellR, § 1 GWB Rz. 7, der zugleich darauf hinweist, dass die Konzentration auf diese gesellschaftspolitische Komponente trotz der Vielfalt der Wettbewerbsfunktionen gelte.

[59] *Dreier*, in: Dreier/Schulze, UrhG, Einl. Rz. 10; *Götting*, S. 40.

[60] *Nordemann*, in: Loewenheim/Meesen/Riesenkampff, KartellR, § 1 GWB Rz. 203; *Götting*, S. 71 f.

[61] So vor allem *Fezer/Koos*, in: Staudinger, BGB, IntWirtschR Rz. 817. Vgl. auch die Diskussion um einen ergänzenden wettbewerbsrechtlichen Leistungsschutz, dazu *Ohly*, in Piper/Ohly, UWG, Einf. D Rz. 80 ff.

[62] *Götting*, S. 40; *Köhler*, GRUR 2007, 548, 549. Siehe auch die Präambel von TRIPs, in der die Qualifizierung der Rechte des geistigen Eigentums als private Rechte niedergelegt ist.

[63] Ebenso für das Wettbewerbsrecht *Höder*, S. 116.

Umfang einer Beeinträchtigung des Marktes als Institution (z.B. der Veränderung von Marktanteilen), als auch nach den Auswirkungen auf die Interessen von Individuen (z.B. der Schutzrechtsinhaber, Mitbewerber oder Verbraucher) geforscht werden. Umgekehrt ist nicht ersichtlich, warum ein Schutz der Allgemeinheit nicht mittels eines Verbots der Einwirkung auf Personen erfolgen kann. Zwar ist nicht von der Hand zu weisen, dass Schäden auch außerhalb des Orts der Einwirkung auftreten können,[64] doch ist dies nicht auf Schäden der Allgemeinheit beschränkt, sondern auch Konkurrenten oder Schutzrechtsinhaber stehen u.U. schutzlos da.

Dieser Einwand weist den Weg für einen zielführenden Gedanken. Entscheidend ist nämlich nicht, ob im materiellen Recht der Schutz von individuellen oder kollektiven Interessen bezweckt ist, sondern ob vor den Auswirkungen, d.h. den Folgen eines Verhaltens, geschützt werden soll oder ein Verhalten an sich Gegenstand der Betrachtung ist. Ziel des Kartellrechts ist eine Marktstrukturkontrolle; das „Ob" des Wettbewerbs soll gesichert werden.[65] Dabei stehen immer die Konsequenzen eines Verhaltens im Vordergrund.[66] Die kartellrechtlichen Verbotsnormen untersagen bestimmte Verhaltensformen wegen ihrer tatsächlichen Konsequenzen für den Markt. Selbst wenn potentielle Auswirkungen genügen, ist der Fokus weiter auf sie gerichtet. Deshalb ist ein Heranziehen des Auswirkungskriteriums im internationalen Kartellrecht durchaus konsequent. Demgegenüber liegt das Augenmerk im Wettbewerbsrecht auf dem Verhalten. Wettbewerbsrelevante Handlungen werden wegen ihrer Art und Weise verboten.[67] Zwar ist dies kein Selbstzweck, sondern es sollen damit mögliche Nachteile für die Marktteilnehmer vermieden werden. Die Nachteile drohen aber durch ein einseitiges Verhalten, mit dem auf die Marktgegenseite eingewirkt wird; die Kontrolle ist insofern vorgelagert.[68] Der Bezug auf eine spürbare Einwirkung auf die Marktgegenseite im internationalen Privatrecht ist somit folgerichtig.[69]

Ähnliche Überlegungen gelten für das Recht des geistigen Eigentums. Zwar sollen die Verwertungsverbote dem Schutzrechtsinhaber auch die wirtschaftlichen Vorteile sichern. Doch weder ein materieller noch ein immaterieller Schaden ist Voraussetzung der Verbotstatbestände. Stattdessen

---

[64] *Koos*, WRP 2006, 499, 505.

[65] *Ohly*, in: Piper/Ohly, UWG Einf. D Rz. 71; *Köhler*, in: Hefermehl/Köhler/Bornkamm, UWG, Einl. UWG Rz. 6.13.

[66] *Drexl*, in: MünchKomm, BGB, IntUnlWettbR Rz. 15; *Mankowski*, in: MünchKomm, UWG, IntWettbR Rz. 221.

[67] *Ohly*, in: Piper/Ohly, UWG Einf. D Rz. 71; *Köhler*, in: Hefermehl/Köhler/Bornkamm, UWG, Einl. UWG Rz. 6.13.

[68] *Mankowski*, in: MünchKomm, UWG, IntWettbR Rz. 221.

[69] So auch *Höder*, S. 116; *Mankowski*, in: MünchKomm, UWG, IntWettbR Rz. 221 m.w.N.

sind diese rein handlungsbezogen formuliert und setzen ebenso wie das Lauterkeitsrecht im Vorfeld eines Schadens an.[70] Letzteres gilt in besonderem Maße für den Verletzungstatbestand des Anbietens, welcher eine Vorbereitungshandlung der eigentlichen Verbreitung eines Werkes, Erzeugnisses bzw. einer Ware oder Dienstleistung untersagt. Offensichtlich wird die Unabhängigkeit von den Auswirkungen auch, wenn man berücksichtigt, dass die Immaterialgüterrechte die Verwertung unabhängig davon monopolisieren, ob der Schutzrechtsinhaber das geistige Gut selbst verwertet oder nicht.[71] Ist aber nach dem materiellen Recht die Existenz eines Schadens nicht Schutzvoraussetzung, ist es schwer verständlich, warum diese im Kollisionsrecht – und sei es nur i.R.d. erhöhten Inlandsbezugs – relevant sein soll.[72, 73]

Diese Ausführungen zeigen nicht nur, dass im Immaterialgüterrecht nicht der Umfang von (potentiellen) Auswirkungen maßgeblich ist, sondern dass umgekehrt gerade das Verhalten im Vordergrund steht. Konsequenterweise ist der Fokus im Immaterialgüterkollisionsrecht auf dieses Verhalten und auf die Adressaten dieses Verhaltens zu legen. Deshalb spricht die Anlehnung an den materiellen Zweck der immaterialgüterrechtlichen Verwertungstatbestände auch gegen einen Inlandsbezug des angebotenen Gegenstands als kollisionsrechtliches Erfordernis.

b. Systematisches Argument

Eng mit diesen Ausführungen verbunden ist das Verhältnis des Einschränkungskriteriums zur allgemeinen Anknüpfungsregel des Schutzlandprinzips. Hält man nämlich – wie es in dieser Arbeit vertreten wird – den Erfolgsort für das maßgebliche Anknüpfungsmoment, so ist dieser nicht als Schadenseintrittsort, sondern als Ort, an dem das unmittelbar betroffene Rechtsgut lokalisiert wird, d.h. als Ort des Handlungserfolgs, zu verste-

[70] Insoweit zutreffend *Beier/Schricker/Ulmer*, GRUR Int. 1985, 104, 106; *Fritzemeyer/Krone/Splittgerber*, in: FA IT-Recht, Kap. 25 Rz. 134. Unzutreffend allerdings, soweit die Unbeachtlichkeit des Handlungserfolgs gefolgert wird.

[71] Dies gilt jedenfalls für das Patent- und das Urheberrecht. Bei Letzterem ist nicht einmal eine Veröffentlichung notwendig. Im Kennzeichenrecht ist zwar ein Benutzungszwang vorgeschrieben; doch wegen der fünfjährigen „Schonfrist" (vgl. § 49 Abs. 1 MarkenG) ist in diesem Zeitraum eine Durchsetzung des Schutzes ohne eigene Verwertung möglich.

[72] Für das Wettbewerbsrecht *Hausmann/Obergfell*, in: Fezer, UWG, Einl. I Rz. 266; *Mankowski*, in: MünchKomm, UWG, IntWettbR Rz. 142.

[73] Zuzugeben ist freilich, dass diese Argumentation an Überzeugungskraft verliert, wenn im materiellen Recht in Internetsachverhalten objektive Auswirkungen verlangt werden (dazu unten Ziff. III.3.a. (S. 231 ff.)). An der grundsätzlichen Ausrichtung des Immaterialgüterrechts am Verhalten ändert dies jedoch nichts.

hen.[74] Deswegen ist die Konkretisierung des erhöhten Inlandsbezugs anhand der Einwirkung des Verhaltens auf die Adressaten auch in dieser Hinsicht systemgerecht.

c. *Internationalprivatrechtliche Interessen der Beteiligten*

Weiterhin ist zu überlegen, ob die Abwägung der tangierten internationalprivatrechtlichen Interessen der Beteiligten eine Tendenz für oder gegen einen Bezugspunkt erkennen lässt. Dies ist jedenfalls zweifelhaft, soweit Belange des Schutzrechtsinhabers und des Schutzstaates berührt sind. Deren Interessen an der Anwendbarkeit des (objektiven) Schutzrechts nehmen umso stärker ab, je geringer die Bezüge zu diesem Land sind. Versucht man zu bewerten, ob die Auswirkung auf die Belange des Schutzrechtsinhabers, die Einwirkung auf die Handlungsadressaten im Inland oder die Nähe des beworbenen Gegenstands einen stärken Inlandsbezug implementieren, ist das nicht möglich. Es handelt sich nämlich vom theoretischen Ansatz her um qualitativ und nicht quantitativ verschiedene Bezugspunkte.

Es bleibt allenfalls ein Rückgriff auf den Umfang der Einschränkung in rechtstatsächlicher Hinsicht. Vergleicht man die Ergebnisse der einzelnen Merkmale, ist festzustellen, dass die Bezugnahme des Inlandsbezugs auf den Angebotsgegenstand (i.R.d. Kriteriums des körperlichen Inlandsbezugs des Angebotsgegenstandes) und den anvisierten Adressatenkreis (i.R.d. Kriteriums der bestimmungsmäßigen Abrufbarkeit) zu den gleichen Resultaten führt, wenn eine bewegliche Sache vertrieben wird. Selbst wenn nämlich diese Sache im Schutzland massiv mit dem Hinweis beworben wird, dass dieser Gegenstand nur im Ausland erworben werden könne, ist der Inlandsbezug in beiden Fällen existent, da die Ware zumindest nach der Übereignung in das Inland gelangen soll. Grundlegend anders ist die Situation, wenn es sich bei dem Angebotsgegenstand um eine örtlich gebundene Dienstleistung handelt. Wirbt beispielsweise ein grenznahes Hotel im benachbarten Ausland, kann zwar ein Inlandsbezug der Werbung, nicht aber der Bewirtung oder der Beherbergung attestiert werden. Gleiches gilt im Urheberrecht, wenn etwa für eine Aufführung eines geschützten Werkes in einem Theater oder Kino geworben wird, die Vorführungsrechte aber an unterschiedliche Inhaber lizenziert sind. Wegen der immer größer werdenden Mobilität kann eine solche Werbung nicht nur in grenznahen Gebieten

[74] Dazu 2. Kap.IV.3.a. (S. 130 f.). Dies gilt in besonderer Weise für Sachverhalte, bei denen die Verletzung wegen der Abrufbarkeit eines Internetangebots im Inland geltend gemacht wird (siehe Fn. 186 zum 1. Kapitel). Sachlich ist der Handlungserfolgsort auch dann maßgeblich, wenn man terminologisch an der alleinigen Anknüpfungsrelevanz des Handlungsorts festhält und die Abrufbarkeit als Handlung definiert (hierzu 1. Kap.V.1.a.bb. (S. 52 ff.)).

für den Schutzrechtsinhaber im Inland große Bedeutung erlangen. Die generelle Zulassung von Werbung für ortsgebundene Dienstleistungen in einem Nachbarstaat ist deswegen bedenklich und wird von den Vertretern des Inlandsbezugs des Angebotsgegenstands, die sich ausnahmslos auf Angebote für bewegliche Sachen beziehen,[75] wohl auch nicht bezweckt, sondern schlichtweg übersehen. Als generelle Regel taugt dieser Ansatz folglich nicht. Die begrenzte Anwendung des Kriteriums auf andere Fallkonstellationen als die der Werbung für ortsgebundene Dienstleistungen hat jedoch den Nachteil, dass eine einheitliche Problematik auseinander gerissen und keiner einheitlichen Lösung zugeführt wird. Denn die Unangemessenheit eines strikten Verbots einer Werbung für geistige Güter über das Internet stellt sich in diesem wie in jenem Fall. Deshalb ist das Merkmal des körperlichen Bezugs des beworbenen Gegenstands insgesamt abzulehnen.

Schwieriger ist die Gegenüberstellung der praktischen Ergebnisse der Kriterien einer spürbaren Aus- und Einwirkung. Es wurde bereits dargestellt, dass durchaus ein inländisches Publikum angesprochen werden kann, ohne dass sich diese Werbung negativ für den Schutzrechtsinhaber auswirkt.[76] Insbesondere wenn die Schutzrechtsinhaber nicht in einem tatsächlichen Wettbewerbsverhältnis stehen, werden keine (wirtschaftlichen) Folgen spürbar sein. Ein gutes Beispiel bildet hierfür der schon öfters erwähnte Maritime-Fall des BGH. Aber auch sonst werden Auswirkungen auf inländische Konkurrenten häufig trotz einer an inländische Kunden adressierten Werbung fehlen – und zwar immer dann, wenn dem Marketing kein Erfolg vergönnt ist. Bietet ein chinesisches Unternehmen über das Internet ein patentgeschütztes Erzeugnis an und weist es ausdrücklich auf die Liefermöglichkeit nach Deutschland hin, sind die wirtschaftlichen Konsequenzen für den hiesigen Lizenzinhaber höchstens marginal, wenn deutsche Kunden wegen einer etwaigen schlechten Verarbeitung, hohen Transport- oder Warenkosten oder aus sonstigen Gründen nicht auf das Angebot eingehen. Aber auch umgekehrt sind Konstellationen denkbar, in denen es nicht an einer spürbaren Auswirkung im Schutzland fehlt, wohl aber nur auf Adressaten in fremden Staaten eingewirkt wird. Inländische Folgen können eintreten, weil ausländische Adressaten ohne die Werbung ihre Konsumbedürfnisse auf dem inländischen Markt befriedigt hätten. Solche Fälle werden aber selten sein. Vor allem bei einer an Touristen, Geschäftsreisende oder sonstige Personen, die sich vorübergehend im Ausland befinden, wendende Onlinewerbung wird davon auszugehen sein, dass diese Werbung bereits vor der Abreise an die Reisenden zur Informa-

[75] Siehe die Nachweise in Fn. 2 und 5 zum 5. Kapitel.
[76] Dazu Ziff. I.4.b. (S. 211 ff.).

tion gerichtet ist, so dass von einer (gewollten) Einwirkung auf Personen im Schutzland ausgegangen werden kann. Im Gegensatz zu einer rein national vertriebenen Werbung auf Flugblättern, Prospekten oder Ähnlichem bereitet die Erfassung solcher Sachverhalte in dem hier interessierenden Zusammenhang der Internetwerbung daher keine Probleme.[77] In der Realität werden folglich wesentlich häufiger Auswirkungen auf die Interessen des Schutzrechtsinhabers im Inland trotz Ausrichtung des Internetangebots an dort befindliche Adressaten fehlen als umgekehrt. Die Fokussierung auf die Ausrichtung der Internetseite bringt daher faktisch seltener Einschränkungen des Schutzlandprinzips mit sich und entspricht wegen der mit der Einschränkung verbundenen Vorentscheidung zu Gunsten der Zulässigkeit der Verwertungshandlung eher den Interessen des Schutzrechtsinhabers und des Schutzstaates.

Betrachtet man die Folgen für die Rechtssicherheit i.S.d. Vorhersehbarkeit der anwendbaren Rechtsordnungen für die Content-Provider, scheint die Wahl zwischen beiden Kriterien ebenfalls auf den ersten Blick indifferent zu sein. Denn eine nicht nur geringfügige faktische Einwirkung auf die Adressaten des Internetauftritts kann genauso unvorhersehbar sein wie eine Beeinträchtigung der Interessen des Schutzrechtsinhabers. Gleichwohl unterliegt nur die Ausgestaltung der Internetseite unmittelbar dem Einfluss des Content-Providers, da im Gegensatz zu den Auswirkungen auf die wirtschaftlichen Interessen des Schutzrechtsinhabers keinesfalls ein Handeln Dritter – z.B. die Bestellung einer markenrechtlich geschützten Ware – erforderlich ist. Da die Rechtssicherheit zugleich die Vermeidbarkeit der Anwendung aller Rechtsordnungen voraussetzt,[78] wird diesem Umstand durch den Fokus auf die Adressaten einer Internetseite besser Rechnung getragen.

d. Praktikabilitätserwägungen

Gegen die Berücksichtigung vom Umfang der Auswirkungen für den Schutzrechtsinhaber können ferner die praktischen Schwierigkeiten bei deren Ermittlung angeführt werden. Dies ist ein rechtlich beachtlicher Gesichtspunkt, da das Interesse an einer klaren und unkomplizierten Anwendung durch den Grundsatz der Rechtssicherheit geschützt ist.[79] Zwar spielt

---

[77] Ganz ausgeschlossen ist die Existenz von Auswirkungen trotz Fehlens eines bestimmungsgemäßen Angebots freilich nicht. Dazu folgendes Beispiel: Wirbt eine Pension in der Nordlombardei mit dem Erholungsfaktor des alpinen Klimas und besonderen Angeboten auf italienisch speziell um Gäste aus dem hitzegeplagten Süditalien, können einem gleichnamigen Hotel in den angrenzenden Kantonen Tessin oder Graubünden Umsätze mit diesen Gästen entgehen.

[78] Dazu 4. Kap.III.3.a. (S. 194).

[79] *Sachs*, in: Sachs, GG, Art. 20 Rz. 125.

die Veränderung der Marktanteile im Immaterialgüterrecht keine Rolle, so dass die im Lauterkeitsrecht geäußerten Bedenken[80] nicht übertragbar sind. Aber im Immaterialgüterrecht ist der Nachweis eines Schadens – noch dazu in einem bestimmten Umfang – oft schwer.[81] Häufig kann dieser nur auf Grund von Angaben des Schädigers über die genauen Details der Verletzungshandlung, seiner Umsätze etc. ermittelt werden. Daher ist es leicht möglich, dass auch zur Darlegung einer spürbaren Auswirkung zunächst Auskunft verlangt werden muss, was wiederum die Anwendbarkeit des Schutzlandrechts voraussetzt.[82]

e. Zwischenergebnis

Insgesamt ist daher festzuhalten, dass bei einer kollisionsrechtlichen Begrenzung der Inlandsbezug mit Blick auf die Adressaten des Angebots zu bestimmen ist. Damit werden Anwendungsschwierigkeiten vermieden und der internationalprivatrechtlichen Interessenlage am ehesten entsprochen. Zudem ist diese Lösung im Lichte einer systemgerechten und an der materiellen Schutzrichtung orientierten Anknüpfung geboten.

2. Höhe der quantitativen Schwelle

Es wurde bereits klargestellt, dass auch eine eingeschränkte Maßgeblichkeit der Abrufbarkeit von Internetinhalten mittels einer Bezugnahme auf die anvisierten Verhaltensadressaten einer quantitativen Schwelle bedarf. Unabhängig davon, ob auf die tatsächlich erreichten oder die subjektiv oder objektiv anvisierten Internetnutzer abgestellt wird, ist andernfalls eine Begrenzung utopisch, da häufig einzelne Personen im Ausland diese Werbung wahrnehmen werden – sei es durch zufälliges Herumstöbern im Netz („browsen"), sei es durch bewussten Aufruf des Angebots.[83] Wird dem mutmaßlichen Verletzer die Beweislast für das Fehlen der Spürbarkeit auferlegt, verschärft sich das Problem sogar noch. Allerdings fragt es sich, welche Anforderungen an das quantitative Element zu stellen sind. Angesichts der Besonderheit jedes Einzelfalls können keine allgemeingültigen Aussagen über die absolute Höhe der erreichten bzw. anvisierten Adressaten gemacht werden. Möglich ist stattdessen eine grundlegende Entschei-

[80] *Mankowski*, in: MünchKomm, UWG, IntWettbR Rz. 142, 221. Ebenso ist der Vorwurf des Fehlens eines präzisen und deswegen handhabbaren Kriteriums (dazu *Höder*, S. 110 ff.) nicht stichhaltig, wenn auf die (wirtschaftlichen) Auswirkungen für den Schutzrechtsinhaber abgestellt wird.

[81] *Dreier*, in: Dreier/Schulze, UrhG, § 97 Rz. 58.

[82] *Nordemann-Schiffel*, in: Bröcker/Czychowski/Schäfer, Praxishandbuch Geistiges Eigentum, § 3 Rz. 69.

[83] Dazu Ziff. I.4.b. (S. 213).

dung, ob ein reiner Bagatellvorbehalt – wie er überwiegend vertreten wird[84] – oder eine wesentlich höhere Schwelle[85] in Relation zu dem tangierten Markt zu präferieren ist.

Zur Beantwortung dieser Frage hilft ein Blick auf die tangierten internationalprivatrechtlichen Interessen: Auf der einen Seite ist das Interesse des Schutzrechtsinhabers auf die Anwendung des Schutzlandprinzips gerichtet, da auf dem Territorium dieses Staates in seine geschützte Rechtsposition eingegriffen wird und er sich auf die Anwendung dieser Rechtsordnung einstellen kann.[86] Zu seinem Schutz ist es zweckmäßig, dass die erforderliche Beschränkung möglichst gering ausfällt. Diesem Interesse kommt besondere Bedeutung zu, weil eine kollisionsrechtliche Einschränkung wegen des beschränkten Anwendungsbereichs der objektiven Schutzrechtsordnungen auf die nationalen Schutzrechte desselben Landes zugleich zu einer Schutzversagung im Hinblick auf das konkrete nationale Schutzrecht führt. Gleichsam wird das Rechtsanwendungsinteresse des Schutzstaates umso stärker beeinträchtigt, je größer der geforderte Inlandsbezug ist.

Auf der anderen Seite hat der Schädiger wegen der Vorentscheidung zu Gunsten der Zulässigkeit der Verwertung ein großes Interesse an einer möglichst hohen Spürbarkeitsschwelle. Schutzwürdig ist dieses Bedürfnis indes nicht. Der maßgebliche Grund für das Erfordernis einer Beschränkung der anwendbaren Rechtsordnungen ist nämlich der Gedanke der Rechtssicherheit.[87] Dabei ist es nicht nötig, dass immer nur eine oder eine geringe Anzahl von Rechtsordnungen anwendbar sind. Zwar wäre in diesem Fall die Rechtsfindung stark erleichtert. Doch die Gefährdung der Rechtssicherheit resultiert aus dem Umstand, dass dem Internetnutzer bei der uneingeschränkten Anwendung der Schutzrechtsregel keine Möglichkeit zur Reduzierung der anwendbaren Normen gegeben und damit faktisch die Möglichkeit eines bewusst normgerechten Verhaltens genommen wird. Es muss deswegen ausreichen, wenn der Internetnutzer durch die Ausgestaltung seines Internetauftritts die Anwendbarkeit der Rechtsordnungen tatsächlich beeinflussen kann. Hat der Verletzer aber selbst den Ausschluss von Rechtsordnungen in der Hand, verbietet es der Gedanke der Rechtssicherheit nicht, hohe Anforderungen an seine Bemühungen zu stellen. Zudem ist es legitim, die Anforderungen an die Begrenzung der anwendbaren Rechtsordnung an den Chancen des Kommunikationsmittels, die sich insbesondere aus der weltweiten Abrufbarkeit ergeben, zu orientie-

---

[84] Z.B. *Sack*, WRP 2000, 269, 274; aus der umfangreichen Literatur zum internationalen Lauterkeitsrecht z.B. *Kreuzer*, in: MünchKomm[3], BGB, Art. 38 EGBGB Rz. 248; *Mankowski*, in: MünchKomm, UWG, IntWettbR Rz. 213, 216.

[85] *Fezer/Koos*, in: Staudinger, BGB, IntWirtschR Rz. 894, 988, 1034.

[86] Dazu 2. Kap.VI. (S. 136 f.) und 4. Kap.III.3.a. (S. 190).

[87] Dazu 4. Kap.III.3.a. (S. 193 ff.).

ren.[88] Es können daher trotz der Berücksichtigung der schutzwürdigen Interessen des Internetnutzers strenge Voraussetzungen an das Fehlen des Inlandsbezugs gestellt werden, solange der Internetnutzer die Ausrichtung der Internetseite auf das Publikum in verschiedenen Ländern realistisch begrenzen kann. Im Beispiel des Online-Nachrichtenmagazins darf z.B. das Abzielen auf die Auslandsstudenten etc. noch nicht als ausreichend erachtet werden. Andererseits kann im Einzelfall z.B. der Einsatz von Geolokalisationsdiensten verlangt werden.[89]

Berücksichtigt man die große Bedeutung des Einschränkungskriteriums für das Rechtsanwendungsinteresse des Schutzstaates und vor allem für die Inhaber des subjektiven Immaterialgüterrechts, ist eine de-minimis-Regel der schonendste Ausgleich zwischen den beteiligten internationalprivatrechtlichen Interessen. Deshalb ist es überzeugend, den Inlandsbezug nur abzulehnen, wenn mit dem Internetauftritt eine vernachlässigbare oder unbedeutende Anzahl von Adressaten im jeweiligen Schutzland angesprochen wird bzw. werden soll.

3. Intellektuelle Beziehung (des Schädigers zum erhöhten Inlandsbezug)

Schließlich ist zu erörtern, ob und gegebenenfalls welche intellektuelle Beziehung des Schädigers zum erhöhten Inlandsbezug zu fordern ist. Entscheidendes Argument für die Notwendigkeit einer kollisionsrechtlichen Beschränkung des Schutzlandprinzips ist der Gedanke der Rechtssicherheit. Erkennt man dies an, so ist es die zwangsläufige Konsequenz, dass eine intellektuelle Beziehung vonnöten ist: der Internetnutzer muss die Möglichkeit besitzen, die anwendbaren Rechtsordnungen vorherzusehen und ihre Anzahl zu reduzieren; er muss sich auf die anwendbaren Rechtsordnungen einstellen können.

Diese Anforderungen sind zum einen erfüllt, sofern der Nutzer den Vorsatz oder gar die Absicht hat, seinen Internetauftritt an einen nicht nur unbedeutenden Adressatenkreis in dem Schutzland zu richten. In diesem Fall bestehen keine Bedenken gegen die Anwendbarkeit einer Rechtsordnung, da der Internetnutzer bewusst auf Adressaten (im nennenswerten Umfang) im Schutzland zielt. Dem Internetnutzer ist es daher zumutbar, diese Rechtsordnung zur Applikation zu bringen, selbst wenn seine Absicht nicht von Erfolg gekrönt ist. Allerdings bedeutet dieser Ansatz eine einseitige Berücksichtigung des Willens des Schädigers als Anknüpfungsvorausset-

---

[88] Zu weit geht es allerdings, wenn mit dem Hinweis auf die globalen Chancen die Anwendbarkeit aller Rechtsordnungen weltweit bejaht wird; so z.B. LG Düsseldorf GRUR 1998, 159, 160 – epson; *Kur*, WRP 2000, 935, 938; siehe auch *Schack*, MMR 2000, 135, 138 für den internationalen Gerichtsstand.

[89] Zu diesen Einleitung.II (S. 4 f.).

zung, die für das internationale Privatrecht höchst ungewöhnlich ist und andere Interessen als die des Verletzers vernachlässigt. Deshalb kann der subjektive Wille des Internetnutzers nur eine hinreichende und keine notwendige Bedingung für den geforderten Inlandsbezug sein. Der Rechtssicherheit ist ferner Genüge getan, wenn mit der Anwendung des in Rede stehenden Schutzlandrechts objektiv gerechnet werden konnte. Würde ein objektiver Dritter erkennen, dass die Internetseite an ein Publikum in einem Staat adressiert ist, kann in wertender Betrachtung von dem Internetnutzer verlangt werden, dass er sich dieser Sichtweise nicht verschließt, sondern sich auf die Konsequenzen entweder einstellt oder die Ausrichtung seines Internetauftritts neu justiert.

Durch das Erfordernis einer intellektuellen Beziehung des Schädigers zum Inlandsbezug werden die Interessen des Inhabers eines Immaterialgüterrechts und des betroffenen Schutzlands nicht unangemessen beeinträchtigt. Denn je stärker die Einwirkung auf inländische Internetnutzer ist, desto eher wird man eine Ausrichtung der Internetseite auf dieses Publikum annehmen können. Falls ausnahmsweise eine spürbare Einwirkung vorliegt, ohne dass mit dieser gerechnet werden konnte, ist es dem Schutzrechtsinhaber immer noch möglich, durch einen Hinweis an seinen Widerpart die Vorhersehbarkeit zumindest für die Zukunft herbeizuführen.[90] Dagegen ist es unter dem Aspekt der Rechtssicherheit unbeachtlich, ob die erforderliche Personenzahl tatsächlich durch die Internetwerbung erreicht wird. Denn dieser Umstand stellt sich erst nachträglich heraus, der Schutzrechtsverwerter muss aber bereits vor dem ersten Zugriff auf die Internetseite deren Konsequenzen planen können. Dies dient auch den Interessen des Schutzrechtsinhabers, da u.U. der Nachweis der tatsächlich erfolgten Abrufe Schwierigkeiten bereitet.

Trotz der Vereinbarkeit mit den internationalprivatrechtlichen Interessen werden Einwände gegen das Vorhersehbarkeitskriterium erhoben. Diese können indes nicht überzeugen. So wurde der Einwand der Subjektivität dieses Merkmals bereits widerlegt: Vorhersehbarkeit kann und muss in einem objektiven Sinn verstanden werden.[91] Daneben wird in der entsprechenden Diskussion im internationalen Lauterkeitsrecht vorgebracht, dass subjektive Elemente ebenso wie die objektive Erkennbarkeit der Ausrich-

[90] Sollte ein Hinweis mangels Kontaktdaten nicht möglich sein, ist zu überlegen, ob dem Schädiger eine Berufung auf die fehlende Vorhersehbarkeit versagt werden muss. Denn angesichts der Globalität des Internets und der Möglichkeit der Herbeiführung unvorhersehbarer Schäden könnte dem Verletzer die Obligation auferlegt werden, eine Kontaktierung zu ermöglichen. Dies liefe auf eine Umsetzung des „Notifizierungs-und-Vermeidungs-Verfahrens“, welches die WIPO in Art. 9 bis 11 Joint Recommendation vorschlägt, auf kollisionsrechtlicher Ebene hinaus.

[91] Siehe Ziff. I.4.b. (S. 211 f.).

tung einer Internetseite einer deliktsrechtlichen Sichtweise verhaftet seien. Letztlich werde ein Verschuldenserfordernis eingeführt. Dies sei nicht mit dem marktordnungsrechtlichen Charakter des Wettbewerbsrechts vereinbar. Das Abstellen auf ein solches Kriterium sei daher ein Fremdkörper bei der Statutbestimmung.[92] Dieser Argumentation ist zunächst entgegen zu halten, dass die Anerkennung der Verfolgung allgemeiner Interessen, z.B. der Aufrechterhaltung der Institution des Marktes, nicht den deliktsrechtlichen Charakter einer Verhaltensnorm beeinflusst, solange zumindest auch der Schutz von Individuen bezweckt ist.[93] Der Anwendung der Grundsätze des internationalen Deliktsrechts steht der Schutz kollektiver Interessen somit nicht entgegen.[94] Trotzdem ist die Aussage richtig, dass Verschuldenselemente nicht als Anknüpfungspunkte herangezogen werden können. Dies hat freilich nichts mit der deliktsrechtlichen Qualifikation zu tun. Ein Verschulden muss sich vielmehr immer auf eine Pflichtverletzung beziehen.[95] Die Herbeiführung der Anwendbarkeit einer Rechtsordnung, die Gegenstand der Anknüpfung ist, stellt aber keine Pflichtverletzung dar, sondern die Pflichtwidrigkeit eines Verhaltens soll erst anhand dieser Rechtsordnung ermittelt werden. Dementsprechend hat das Vorhersehbarkeitserfordernis im internationalen Privatrecht nichts mit einem Verschulden gemein, sondern ist Ausdruck des – von Verschuldenserwägungen zu unterscheidenden – Gedankens der Rechtssicherheit. Es wird (im internationalen Deliktsrecht) auch zunehmend akzeptiert.[96] Die oben erwähnte Kritik geht daher ins Leere. Auf Grund der Förderung der Präventionsfunktion der Verbotsnormen und der verfassungsrechtlichen Verankerung besteht das Prinzip der Rechtssicherheit nicht nur im individuellen Interesse des Delinquenten, sondern auch im Interesse der Allgemeinheit.[97] Folglich steht eine – im Immaterialgüterrecht zweifelhafte – Akzentuierung des Schutzes kollektiver Interessen[98] der Berücksichtigung der Rechtssicherheit bei der Statutbestimmung nicht entgegen.

---

[92] *Höder*, S. 112; *Koos*, WRP 2006, 499, 505 f.

[93] *Ohly*, in: Piper/Ohly, UWG, Einf. D Rz. 56. Dies ist i.R.d. § 823 Abs. 2 BGB allgemein anerkannt, siehe *Wagner*, in: MünchKomm, BGB, § 823 Rz. 340 m.w.N.

[94] Dies schließt freilich nicht aus, dass auf Grund der Besonderheiten des Wettbewerbsrecht nicht die allgemeine Tatortregel angewandt wird (sofern man dic Marktortregel nicht als Konkretisierung derselben ansieht), sondern eine alternative Anknüpfung z.B. auf Grund von Art. 41 EGBGB, bevorzugt wird.

[95] *Grundmann*, in: MünchKomm, BGB, § 276 Rz. 52; *Heinrichs*, in: Palandt, BGB, § 276 Rz. 5, 8.

[96] Siehe die Nachweise in Fn. 156 und 208 zum 4. Kapitel.

[97] Dazu 4. Kap.III.3.a. (S. 193 ff.).

[98] Dazu Ziff. II.1.a. (S. 217 ff.).

4. Ergebnis

Als Ergebnis ist festzuhalten, dass in Fällen der Internetwerbung für geistige Güter das Recht eines Schutzlandes nur angewandt werden darf, wenn außer der Abrufbarkeit der Internetseite noch ein weiterer Schutzlandbezug existiert. Dieser setzt voraus, dass entweder eine nicht nur unbedeutende Personengruppe in diesem Staat vom Schutzrechtsverwerter als Zielgruppe auserkoren wurde. Alternativ genügt es, dass der Internetauftritt aus Sicht eines objektiven Dritten dazu geeignet ist, auf ein solches Publikum einzuwirken. Diese Voraussetzungen werden durch die Formel der *bestimmungsmäßigen Ausrichtung* oder *bestimmungsgemäßen Abrufbarkeit* durchaus treffend, wenn auch leicht missverständlich, schlagwortartig wiedergegeben.

III. Sachrechtliche Beschränkungskriterien

1. Keine zwangsläufige Identität der Kriterien im IPR und Sachrecht

Untersucht man das sachliche Begrenzungskriterium, ist zunächst festzuhalten, dass dieses nicht zwangsläufig identisch mit seinem kollisionsrechtlichen Pendant sein muss.[99] Auch wenn in beiden Fällen bestimmt werden soll, ob ein hinreichender Inlandsbezug besteht, ist nicht gesagt, dass jeweils die gleichen Anforderungen an diesen gelten; der Grad oder die Art des Inlandsbezugs können variieren. Dies liegt bereits deswegen nahe, weil andernfalls die kumulative Verortung der Einschränkung auf sachrechtlicher Ebene einen Großteil ihrer Bedeutung verliert. Zudem wird durch die bestimmungsmäßige Abrufbarkeit nur ein weitmaschiger Filter[100] für die anwendbaren Rechtsordnungen eingebaut. Dies liegt unter anderem daran, dass die kollisionsrechtliche Einschränkung des Schutzlandprinzips zu einem Eingriff in die autonome (wirtschafts)politische Entscheidung anderer Staaten führt. Anders im Sachrecht: hier wirkt sich eine Einschränkung nur auf die Einschlägigkeit inländischer Normen aus.[101] Im Sachrecht kann daher frei von internationalen Zwängen vorgegangen werden. Ferner müssen die zu berücksichtigenden Interessen auf internationalprivatrechtlicher und sachrechtlicher Ebene nicht identisch sein.

---

[99] A.A. *Buchner*, GRUR Int. 2005, 1004, 1007.

[100] *Mankowski*, MMR 2002, 817, 819.

[101] Die Interessen anderer Staaten sprechen höchstens für eine weiterreichende Einschränkung.

2. Inlandsbezug des beworbenen Gegenstands und Intention einer weiteren rechtswidrigen Handlung im Inland

Nicht überzeugen kann die in der Literatur geäußerte Forderung nach der Notwendigkeit zumindest der Intention einer weiteren rechtswidrigen Handlung im Inland. Danach soll ein Anbieten nur dann eine Verletzung begründen können, wenn die geplante Vertriebshandlung ebenfalls rechtswidrig ist – und dies setze ein Vertriebshandlung im Inland voraus.[102] Schon die – insbesondere von *Pagenberg* vorgetragene – Begründung dieser Ansicht geht fehl. Er meint, dass die Rechtswidrigkeit eines Angebots nicht ohne Blick auf die nachfolgende, geplante Vertriebshandlung beurteilt werden könne, da das Anbieten lediglich eine Vorstufe zum Vertrieb sei. Offensichtlich sei dies, wenn die angestrebte Vertriebshandlung deswegen zulässig ist, weil das zu liefernde Erzeugnis vom sachlichen Umfang des inländischen Patents nicht umfasst sei. Hier komme niemand auf die Idee, das Anbieten einer solchen Lieferung zu sanktionieren. Es sei nicht einzusehen, warum etwas anderes gelten solle, wenn der geplante Vertrieb aus sonstigen Gründen erlaubt ist, etwa weil der Vertrieb im Ausland erfolgen soll und daher vom territorialen Schutzumfang des Patents nicht erfasst ist, auch wenn das Angebot im Inland vorgenommen wird..[103]

Durch diese Argumentation wird die Eigenständigkeit der Benutzungstatbestände, von der die allgemeine Meinung auch hinsichtlich des Anbietens ausgeht,[104] außer Acht gelassen.[105] Unabhängig davon, ob eine vollendete oder geplante weitere inländische Verletzungshandlung gefordert wird, wird auf einen anderen Benutzungstatbestand Bezug genommen. Dies erkennt auch *Pagenberg* an, wenn er darauf hinweist, dass z.B. die Rechtswidrigkeit des Herstellens eines patentrechtlichen Erzeugnisses unabhängig von der Rechtswidrigkeit des späteren Vertriebs beurteilt werden muss, das Anbieten insofern aber für einen Sondertatbestand hält.[106] Eine Sonderbehandlung ist jedoch nicht gerechtfertigt. Die Eigenständigkeit der Anbietenstatbestände ergibt sich nämlich schon aus deren Wortlaut in § 17 Abs. 1 UrhG, § 14 Abs. 3 Nr. 2 MarkenG und § 9 Nr. 1 bis 3 PatG.[107] Des

---

[102] *Pagenberg*, GRUR Int. 1983, 560, 563 f. Ihm folgend OLG Hamburg, IPRax 2006, 176, 177 – Wagenfeld Leuchte.

[103] *Pagenberg*, GRUR Int. 1983, 560, 563 f. Ihm folgend OLG Hamburg, IPRax 2006, 176, 177 – Wagenfeld Leuchte.

[104] BGH GRUR 2003, 1031, 1032 – Kupplung für optische Geräte; BGH GRUR 2007, 871, 873 – Wagenfeld Leuchte; *Schricker*, GRUR Int. 2004, 786, 787.

[105] BGH GRUR 2007, 871, 873 – Wagenfeld Leuchte; OLG München OLG-Report 2005, 124; *Schricker*, EWiR 2005, 187, 188.

[106] *Pagenberg*, GRUR Int. 1983, 560, 563.

[107] BGH GRUR 2007, 871, 873 – Wagenfeld Leuchte; OLG München OLG-Report 2005, 124; *Schricker*, EWiR 2005, 187, 188.

Weiteren bezwecken diese Tatbestände einen Schutz im Vorfeld anderer Verletzungshandlungen, um der bereits im Angebot selbst liegenden Gefährdung der wirtschaftlichen Chancen des Rechtsinhabers entgegenzutreten.[108] Überdies hinkt der Vergleich mit dem Erfordernis der Rechtswidrigkeit des Vertriebs in anderen Fällen als der exterritorialen Veräußerung: So wird überwiegend vertreten, dass ein Angebot zur Lieferung eines Artikels unzulässig ist, wenn die Lieferung erst nach Ablauf des Schutzes – d.h. außerhalb der zeitlichen Grenzen – erfolgen soll.[109]

Sowohl gegen das Erfordernis einer weiteren (intendierten) rechtswidrigen Handlung im Inland als auch eines Inlandsbezugs des beworbenen Gegenstands sprechen die praktischen Resultate. Beides führt nämlich zur generellen Zulässigkeit der inländischen Werbung für eine örtlich gebundene Dienstleistung im Ausland. Dadurch werden die (wirtschaftlichen) Interessen des inländischen Schutzrechtsinhabers vollständig außer Acht gelassen werden. Es kann leicht zu unzumutbaren Ergebnissen kommen, die auch von den Vertretern dieser Ansicht nicht erwünscht sind und schlicht übersehen werden.[110] Beide Kriterien passen daher beim Angebot unkörperlicher Gegenstände nicht und sind insgesamt unzweckmäßig.

3. Sachrechtliche Interessenlage

a. Bezugspunkt des sachrechtlichen Einschränkungskriteriums

aa. Interessen des Inhaltanbieters

Analysiert und bewertet man die sachrechtliche Interessenlage, um konkrete Einschränkungsmerkmale abzuleiten, fallen zunächst essentielle Unterschiede zum internationalen Privatrecht auf: Dort ist der Gedanke der Rechtssicherheit im Sinne einer Vorhersehbarkeit und Begrenzbarkeit der anwendbaren Rechtsordnungen ausschlaggebend.[111] Ist eine Rechtsordnung unter Beachtung dieses Grundsatzes anwendbar, kann aber von dem jeweiligen Anbieter erwartet werden, dass er sich nach den Anforderungen

---

[108] BGH GRUR 2007, 871, 873 – Wagenfeld Leuchte; OLG München OLG-Report 2005, 124.

[109] BGH GRUR 2007, 221, 222 – Simvastatin m. zust. Anm. v. *Götting*; *Bruchhausen*, in: Benkard, PatG, § 9 Rz. 43; *Schricker*, GRUR Int. 2004, 786, 787 m.w.N.; *Sefzig*, GRUR 1992, 413, 418.; a.A. noch RGZ 93,172,175 - Beschichtungsvorrichtung, das aber von der überholten Vorstellung des Feilhaltens als reine Vorbereitungshandlung ausging. Der Vergleich *Sefzig*s mit dem erfolglosen Anbieten eines noch herzustellenden Erzeugnisses ist dagegen kein überzeugender Einwand, da es nach Ansicht *Pagenberg*s gerade nicht auf die Vollendung, sondern nur auf die Intention einer weiteren rechtswidrigen Handlung im Inland ankommen soll.

[110] Siehe Ziff. II.1.c. (S. 221 f.).

[111] Dazu 4. Kap.III.3.a. und e. (S. 193 ff. und 198 f.).

dieses Rechts und danach entgegenstehenden Berechtigungen erkundigt. Die Rechtssicherheit kann somit auf sachrechtlicher Ebene nicht erneut ins Feld geführt werden. Andererseits tangiert die sachrechtliche Einschränkung der Verletzungsvoraussetzungen das Nutzungsinteresse des Betroffenen. Je höher die Anforderungen an die inländische Tatbestandsmäßigkeit sind, umso freier ist der ausländische Internetnutzer in der Verwertung des geistigen Gutes.[112] Allerdings darf nicht übersehen werden, dass der ausländische Nutzer im Inland nicht zur Benutzung befugt ist und insofern seine Nutzungsinteressen nicht schutzwürdig sind. Nur soweit eine im Ausland bestehende Berechtigung beeinträchtigt wird, sind die Nutzungsinteressen beachtlich. Die ausländische Berechtigung wird jedoch ausschließlich tangiert, wenn Sanktionen wegen der inländischen Abrufbarkeit überwirken, z.B. weil eine Nutzung im Ausland (faktisch) untersagt wird oder weil die wirtschaftlichen Vorteile im Ausland dem inländischen Verletzten zugesprochen werden.[113]

Beides kann jedoch über eine Beschränkung der Rechtsfolgen einer Verletzung verhindert werden. Dadurch wird zugleich sichergestellt, dass dem beeinträchtigten Schutzrechtsinhaber nicht die wirtschaftlichen Vorteile im Schutzland entzogen oder sonstige Nachteile im Schutzland zugefügt werden. Dies wäre kaum interessengerecht. Das zeigt auch ein Vergleich mit der Situation einer Kennzeichennutzung zu Werbezwecken nach dem ErstrG: Gemäß § 1 und § 4 Abs. 1 und 2 ErstrG werden nach der Wiedervereinigung die in einem Teil des Bundesgebiets bestehenden Kennzeichenrechte auf den jeweils anderen Teil Deutschlands erstreckt. Gleichwohl ist nach § 30 Abs. 1 ErstrG eine Benutzung eines Zeichens in dem Gebiet, auf das der Zeichenschutz erstreckt wird, grundsätzlich nur mit Einwilligung des konkurrierenden Berechtigten zulässig. Eine Ausnahme gilt jedoch für die Benutzung zu Werbezwecken, wenn sich die Verbreitung des gewählten Kommunikationsmittels nicht zumutbar auf das bisherige Schutzgebiet beschränken lässt, § 30 Abs. 2 Nr. 1 ErstrG. Der konkurrierende Schutzrechtsinhaber erhält dafür einen Entschädigungsanspruch im Falle von unzumutbaren Beeinträchtigungen gemäß § 30 Abs. 3 ErstrG. Erhält ein Schutzrechtsinhaber schon eine monetäre Entschädigung für die Verwendung des Zeichens auf einem bestimmten Gebiet, obwohl die Berechtigung des Werbenden sich grundsätzlich – nach der Erstreckung –

---

[112] Diesem Nutzungsinteresse ist bereits die kollisionsrechtliche Einschränkung mittelbar förderlich, da sie zugleich eine Vorauswahl verletzungsrelevanter Sachverhalte bedingt.

[113] U.U. kann eine Beeinträchtigung bereits in dem Makel der Rechtswidrigkeit gesehen werden. Werden die Rechtsfolgen auf Grund der inländischen Rechtsverletzung beschränkt, wird die Benutzung im Ausland nicht (unzumutbar) beeinträchtigt und dieser Makel kann mangels praktischer Relevanz vernachlässigt werden.

auch auf dieses Gebiet bezieht, ist nicht recht einzusehen, warum der inländische Schutzrechtsinhaber bei einer Werbung im Inland durch einen nur im Ausland Berechtigten schlechter gestellt sein soll. Mangels Rechtsgrundlage für einen Entschädigungsanspruch muss deshalb der Schadensersatzanspruch aufrechterhalten werden.

Zur Vermeidung unzumutbarer Nachteile für den ausländischen Schutzrechtsinhaber genügt daher die Beschränkung der anwendbaren Rechtsordnungen auf das Gebiet der intendierten Abrufbarkeit eines Internetauftritts und die kumulative Beschränkung der Rechtsfolgen.[114] Insofern wirkt sich die fehlende Berechtigung im Inland bei der Übertragung der Grundsätze der Gleichnamigkeit trotz der prinzipiellen Vergleichbarkeit aus.[115]

bb. Interessen des Schutzrechtsinhabers und Zweck der Bogsch-Theorie

Andererseits ist die Sanktionierung von Online-Werbung für ein geistiges Gut im Staat der bloßen Empfangbarkeit aus Sicht des dortigen Rechtsinhabers nicht ausnahmslos nötig. Zwar wird diesem – ebenso wie i.R.d. Kollisionsrechts[116] – an einer möglichst uneingeschränkten Anwendung der hergebrachten Grundsätze des nationalen Rechts gelegen sein: nur dadurch wird der umfassende Schutz seines Verwertungsmonopols im Inland sichergestellt. Daran ändert auch die eventuelle Existenz eines „Bündelrechts" für dasselbe Gut zu seinen Gunsten im Ausland nichts, da dieses auf Grund des Territorialitätsprinzips nicht durch einen Sachverhalt im Inland verletzt werden kann und es nicht gesichert ist, dass wegen der Abrufbarkeit im Ausland oder des dort vorgenommenen Uploads wirtschaftliche Schäden im Inland ausgeglichen werden oder die Empfangbarkeit im Inland untersagt wird. Doch je geringer die Auswirkungen auf diese Interessen (d.h. auf die ideellen und vor allem die monetären Interessen an der Aufrechterhaltung des alleinigen Verwertungsrechts) sind, desto stärker schwindet ihre Schutzwürdigkeit und desto weniger ist die Einschränkung der Nutzung des geistigen Gutes durch die Allgemeinheit gerechtfertigt.

Will man hieraus Konsequenzen für den Bezugspunkt des Einschränkungskriteriums ziehen, ist es zum einen denkbar, parallel zum Kollisionsrecht auf die Ausrichtung der Internetseite abzustellen. Begründen ließe

[114] Nichts anderes gilt für die Interessen fremder Staaten: die Beschränkung der Rechtsfolgen auf das Inland verhindert Auswirkungen auf deren (wirtschafts)politische Entscheidung.

[115] Damit wird zugleich eine Verletzung der Dienstleistungsfreiheit nach Art. 49 EGV verhindert, da der Schutz des geistigen Eigentums ein legitimer Rechtfertigungsgrund zumindest für nicht diskriminierende Beschränkungen dieser Grundfreiheit ist (EuGH Slg. 1980, I – 881, 903, Tz. 15 – Coditel) und diese Lösung zum Schutz des inländischen Berechtigten geeignet, erforderlich und verhältnismäßig i.e.S. ist.

[116] Dazu 4. Kap.III.3.a. (S. 190 ff.).

sich das damit, dass die Handlungsbezogenheit der Verwertungstatbestände innerhalb des sachrechtlichen Einschränkungskriteriums konsequent fortgesetzt wird und der Umfang des Handlungserfolges – d.h. die Größe des Adressatenkreises – ein Maß für die Gefährdung der Interessen des Schutzrechtsinhabers ist. Überzeugender ist es allerdings, direkt bei den tatsächlichen Auswirkungen des Internetangebots auf die geschützten Interessen des Inhabers des subjektiven Rechts am geistigen Gut anzusetzen. Denn erstens ist im Falle des Fehlens jedweder Auswirkungen der Schadensersatzanspruch praktisch bedeutungslos. Dessen Aufrechterhaltung ist jedoch der Grund für die Einschränkung nur der Rechtsfolgen, so dass einer Begrenzung bereits der tatbestandlichen Verletzungsvoraussetzungen aus Sicht des Schutzrechtsinhabers nichts im Wege steht. Zweitens soll mit dem Verwertungstatbestand des Anbietens trotz des Ansatzes im Vorfeld einer wirtschaftlichen Verwertung die ausschließliche Zuordnung der Früchte eines geistigen Guts zum Inhaber des Schutzrechts gesichert werden. Berücksichtigt man zudem, dass durch die *Bogsch*-Theorie die ursprünglich verletzungsrelevanten Sachverhalte nach der Sendelandtheorie zur Vermeidung von Schutzlücken erheblich ausgeweitet werden, sollte diese Erweiterung von einer tatsächlichen Beeinträchtigung der geschützten Interessen abhängig gemacht werden. Durch die Verwendung eines anderen Einschränkungskriteriums als im Kollisionsrecht wird zugleich einer uferlosen Ausdehnung weiter entgegengewirkt.

Akzeptiert man die Relevanz der Auswirkungen auf die Interessen des Schutzrechtsinhabers an einer alleinigen Verwertung des geistigen Gutes, kommt es in erster Linie auf die wirtschaftlichen Effekte für den Schutzrechtsinhaber im Inland an. Kennzeichen- und Patentrecht sollen die wirtschaftliche Verwertung zu Gunsten des Unternehmers oder Erfinders monopolisieren und ihm die wirtschaftlichen Vorteile aus der Erfindung oder dem Kennzeichen sichern.[117] Ebenso hat das Urheberrecht die ökonomische Funktion, den Kreativen die monetären Früchte ihres Schaffens zuzuordnen und es ihnen so zu ermöglichen, mit ihrer schöpferischen Tätigkeit ihren Lebensunterhalt zu verdienen.[118] Je mehr finanzielle Einbußen dem inländischen Berechtigten durch den Internetauftritt des Schädigers entgehen, desto weniger kann der notwendige sachrechtliche Inlandsbezug in Frage gestellt werden.[119] Andererseits darf nicht verkannt werden, dass sich der Schutzzweck der Immaterialgüterrechte nicht in diesen ökonomischen Aspekten erschöpft. Offensichtlich ist das im Urheberrecht. Dieses

[117] *Götting*, S. 40.

[118] *Schricker*, in: Schricker, UrhR, Einl. Rz. 9 m.w.N.

[119] Wegen der Anerkennung der Schadensberechnung im Wege der Herausgabe des Verletzergewinns ist der Inlandsbezug auch umso leichter gegeben, je größer der vom Verletzer mit dem Internetauftritt erzielte Gewinn ist.

schützt ebenso[120] die ideellen Interessen des Urhebers durch das Urheberpersönlichkeitsrecht gemäß §§ 12–14 UrhG, z.B. vor Veröffentlichung oder auf Nennung seiner Urheberschaft. Aber auch im gewerblichen Rechtsschutz darf die persönliche Verbundenheit des Einzelnen mit seinen Leistungsergebnissen oder -symbolen nicht ganz vernachlässigt werden.[121] Deshalb sind auch die Auswirkungen auf diese ideellen Interessen zu berücksichtigen.[122] So sind z.B. in einem Fall, in dem bei einem Angebot für einen Film über das Internet gegen den Willen des inländischen Urhebers nur der divergierende Produzent und amerikansiche copyright-Inhaber genannt wird, die ideellen Interessen umso stärker betroffen, je mehr Personen im Inland die (aus inländischer Sicht unzutreffende) Urhebernennung gelesen haben. Hierfür wird man wiederum als Indiz heranzuziehen haben, wie stark das Angebot an die inländische Öffentlichkeit gerichtet ist. Sofern das Ergebnis eine nennenswerte Beeinträchtigung der ideellen Interessen des Urhebers ist, kommt es auf die wirtschaftliche Auswirkungen zur Begründung des Inlandsbezugs nicht mehr an.

cc. Keine durchgreifenden Bedenken gegen die Bezugnahme auf die Interessen des Schutzrechtsinhabers

Gegen das Erfordernis einer nennenswerten Auswirkung auf die Interessen des Schutzrechtsinhabers könnte eingewandt werden, dass neben privaten Interessen auch solche der Allgemeinheit betroffen sein können. Letztere dienen nämlich nicht nur der Rechtfertigung der Begrenzung, sondern auch der Anerkennung von Immaterialgüterrechten. Soweit damit gemeint ist, dass die Allgemeinheit ein Interesse am Schutz der Leistung zur Förderung von Innovation oder deren Offenlegung hat,[123] laufen diese jedoch mit den Belangen der Schutzrechtsinhaber parallel. Lediglich wenn ein Bedürfnis der Allgemeinheit isoliert beeinträchtigt werden kann, könnte der Einwand durchschlagen. Dies ist im Kennzeichenrecht in Erwägung zu ziehen. Dessen Kernfunktion ist die Identifizierung und Unterscheidung von Personen und Gegenständen von anderen Personen bzw. Gegenständen.[124] Beides

---

[120] *Schack*, UrhR, S. 170 sieht gar diese Interessen im Zentrum des Urheberrechtsschutzes und leitet dies aus der systematischen Stellung des Urheberpersönlichkeitsrechts vor den Verwertungsrechten ab.

[121] *Götting*, S. 40.

[122] Daher geht die Kritik von *Spindler* (in: Leible, IPR im Zeitalter der neuen Medien, S. 155, 172) und *Thum* (in: Bartsch/Lutterbeck, Neues Recht, S. 117, 140), die das Spürbarkeitskriterium nur auf die ökonomischen Auswirkungen beziehen und wegen der Vernachlässigung ideeller Interessen ablehnen, ins Leere.

[123] *Götting*, S. 40.

[124] Statt aller *Lange*, S. 4; Siehe auch Art. 2 MarkenRL, Art. 4 GMVO und § 3 Abs. 1 MarkenG.

dient nicht nur den wirtschaftlichen Bedürfnissen des Anbieters, dem dadurch die Positionierung auf dem Markt ermöglicht wird, sondern auch den Abnehmern, für die der Schutz vor Verwechslungen für eine freie Entscheidung essentiell ist.[125] Deshalb könnte die Ablehnung der Einschränkung in Betracht gezogen werden, wenn eine (nicht nur marginale) Verwechslungsgefahr bei den Abnehmern besteht – jedenfalls soweit die Verwechslungsgefahr Tatbestandsvoraussetzung ist. Allerdings genügt nach allgemeiner Auffassung die abstrakte Möglichkeit einer Verwechslungsgefahr. Selbst wenn man territoriale Aspekte zur Bemessung des Grads der Verwechslungsgefahr einfließen lassen will, kommt vergleichbar dem Kollisionsrecht nur die Bezugnahme auf die Verbraucher als Adressaten der Werbung in Betracht.[126] In der Konsequenz würde eine weitergehende Einschränkung als im Kollisionsrecht ausscheiden. Gegen die Berücksichtigung der Interessen der Allgemeinheit ist indes einzuwenden, dass die Zuordnung eines Kennzeichens zwar auch in ihrem Interesse stehen mag, die *Sanktionierung einer Verletzung* jedoch in erster Linie den Schutz des Inhabers des Kennzeichenrechts bezweckt.[127] Anders als im Wettbewerbsrecht steht ein Klagerecht nicht Verbraucherverbänden, sondern ausschließlich dem Schutzrechtsinhaber zu. Deswegen ist es konsequent, bei der Frage der Verletzung nur auf die Auswirkungen für den Schutzrechtsinhaber abzustellen.

Des Weiteren können die im Kollisionsrecht gegen eine Heranziehung des Auswirkungskriteriums angebrachten Argumente nicht auf die sachrechtliche Ebene übertragen werden: Soweit die Praktikabilität des Auswirkungskriteriums im Kollisionsrecht bezweifelt wird, stützt sich dies auf den Umstand, dass die Auswirkungen häufig erst auf Grund eines Auskunftsanspruchs dargelegt werden können und auf einen solchen Anspruch erst nach Ermittlung des anwendbaren Rechts erkannt werden kann.[128] Dieses Problem stellt sich von vornherein nicht innerhalb des Sachrechts, da das Immaterialgüterrechtsstatut bereits ermittelt wurde.[129] Ferner wird nicht an der grundsätzlichen Handlungsbezogenheit der immaterialgüterrechtlichen Verletzungstatbestände gerüttelt. Ein inländischer Handlungserfolgsort ist weiterhin Grundvoraussetzung einer Sanktionierung; das

[125] Statt aller *Lange*, S. 4 f.

[126] Hierzu bereits 4. Kap.II.4.a. (S. 157 ff.).

[127] Dazu bereits Ziff. II.1.a. (S. 217 ff.).

[128] Dazu Ziff. II.1.d. (S. 223 f.).

[129] Der akzessorische Auskunftsanspruch setzt zwar voraus, dass der Anspruch dem Grunde nach existiert, doch es ist denkbar, die Wahrscheinlichkeit einer Auswirkung genügen zu lassen, sofern der Anspruchsteller unverschuldet in Unkenntnis über diese Tatsache ist, während der Verletzer unschwer Auskunft erteilen kann; siehe z.B. OLG Frankfurt a.M. GRUR 2005, 1034. Zu den Voraussetzungen des akzessorischen Auskunftsanspruchs allgemein *Lange*, S. 891 ff.; *Wild*, in: Schricker, UrhR, § 97 Rz. 81.

Erfordernis einer nicht nur unbedeutenden Auswirkung auf die Belange des Schutzrechtsinhabers dient nur als zusätzliches Korrektiv.

Insgesamt lässt sich somit feststellen, dass eine Bezugnahme im Verletzungstatbestand auf die tatsächliche Beeinträchtigung der Interessen des Schutzrechtsinhabers zwar nicht zum Schutz des ausländischen Internetnutzers, aber unter Beachtung des Zwecks der *Bogsch*-Theorie mangels Schutzbedürfnisses des inländischen Berechtigten geboten ist. Fehlen jedwede Auswirkungen auf die Interessen des inländischen Schutzrechtsinhabers, scheidet eine Sanktionierung der Ermöglichung der inländischen Abrufbarkeit daher aus.

b. Höhe der quantitativen Schwelle

Gleiches muss gelten, wenn eine Beeinträchtigung der Interessen des Schutzrechtsinhabers nicht vollkommen fehlt, aber über ein nur geringfügiges Maß nicht hinausreicht. In einem solchen Bagatellfall ist ein Schutz nicht nötig und es wird die beklagte Uferlosigkeit der Erweiterung der verletzungsrelevanten Sachverhalte durch die *Bogsch*-Theorie vermieden bzw. zumindest weiter eingeschränkt. In der Praxis wird es zudem häufig schwierig, wenn nicht unmöglich sein, die Existenz von Auswirkungen auf die Belange des Berechtigten vollkommen auszuschließen. Das Kriterium eines Bagatellvorbehalts bietet für diese tatsächlichen Schwierigkeiten eine leichtere Handhabe, auch wenn der Bagatellvorbehalt seinerseits mit Ungewissheiten über die normativ zu verlangende Spürbarkeitsschwelle behaftet ist.

Sollten dagegen stärkere Auswirkungen auf die geschützten Interessen des Schutzrechtsinhabers existieren, greift der Zweck der *Bogsch*-Theorie ein. Ein Ausschluss der Tatbestandsmäßigkeit ist daher nicht angebracht. Etwaige unangemessene Beeinträchtigungen der Nutzungsinteressen des ausländischen Internetnutzers müssen daher auf der Rechtsfolgenseite beseitigt werden.

c. Keine Abhängigkeit von der Berechtigung des ausländischen Verwerters

Mit diesen Erkenntnissen lässt sich auch die Frage beantworten, ob die Beschränkung der sachlichen Voraussetzung des Nutzungstatbestandes nur heranzuziehen ist, wenn der ausländische Schutzrechtsverwerter im Ausland zur Nutzung berechtigt ist. Das wäre die zwangsläufige Konsequenz, wenn man das Erfordernis der Tatbestandsbeschränkung aus einer Abwägung der Interessen des inländischen Schutzrechtsinhabers mit denen des ausländischen Nutzers ableitet.[130] Letztere können kaum als schutzwürdig anerkannt werden, wenn der ausländischen Verwerter sich auch in der Fremde rechtswidrig verhält. Erachtet man dagegen eine Limitierung des Unterlassungsanspruchs zur Vermeidung einer unangemessenen Beeinträchtigung der Nutzungsinteressen des in Rede stehenden Verwerters als ausreichend und leitet die Tatbestandseinschränkung aus anderen Erwägungen, insbesondere dem fehlenden Schutzbedürfnis des inländischen Immaterialgüterrechtsinhabers und dem Zweck der *Bogsch*-Theorie ab, verbietet sich diese Abhängigkeit: Wenn es nicht auf die Interessen des Verwerters ankommt, muss deren Schutzwürdigkeit ebenfalls irrelevant sein.

Diese Lösung hat den praktischen Vorteil, dass der erkennende Richter nicht bei der Feststellung der Verletzung eines nationalen Schutzrechts die Berechtigung des Beklagten im Ausland prüfen muss. Diese Prüfung kann ansonsten schwierig, zeit- und (z.B. bei Einholung eines Gutachtens kostspielig) sein, zumal mitunter weitere Überlegungen zur Abwägung der Schutzwürdigkeit der Parteiinteressen erforderlich sind.[131] Dadurch würden die Bemühungen zur Verringerung der Anzahl der zu prüfenden Rechtsordnungen in gewissem Umfang konterkariert. Zudem können sich (bei Patent- und Markenstreitigkeiten) Komplikationen mit der Kognitionsbefugnis des Gerichts ergeben.[132]

Diese Lösung entspricht zudem den Vorschlägen der WIPO in ihrer Joint Recommendation. Dort wird das Erfordernis einer geschäftlichen Wirkung im Inland in Art. 2 ganz allgemein und ohne irgendeine Differenzierung aufgestellt. Zwar wird in Art. 3 Abs. 1 lit. e (i) die eigene Berechtigung des ausländischen Kennzeichenbenutzers als ein relevantes Kriterium gelistet. Doch in Art. 3 Abs. 2 wird ausdrücklich klargestellt, dass die genannten Kriterien nicht notwendige Voraussetzung einer geschäftlichen Wirkung sind. Nach der (nicht verbindlichen) Explanatory Note 3.16 zur Joint Recommendation soll mitunter aus einer auswärtigen Berechtigung

---

[130] Besonders deutlich tritt dies in der Aussage zu Tage, dass weniger ein Konflikt von Rechtsordnungen als vielmehr von subjektiven Rechten in Rede steht (Nachweise in Fn. 28 zum 4. Kapitel).

[131] Vgl. zu Letzterem die Ausführungen zur Beschränkung des Unterlassungsanspruchs 6. Kap.II.1.b.bb. (S. 274 ff.).

[132] Art. 22 Abs. 4 EuGVVO normiert eine ausschließliche Zuständigkeit der Gerichte des Registerstaates, falls eine Klage die Nichtigkeit einer Marke, eines Patents, Musters, Modells oder ähnlichen Rechts, das einer Hinterlegung oder Registrierung bedarf, betrifft. Nach Ansicht des EuGH (Slg. 2006, I – 6509 – *GAT vs. LuK*) soll Art. 22 Abs. 4 EuGVVO nicht nur eingreifen, wenn eine Nichtigkeitsklage im Raum steht, sondern auch wenn die Gültigkeit eines Rechts inzident in einer Verletzungsklage zu prüfen ist. Diese Entscheidung hat erhebliche Kritik erfahren; siehe z.B. *Adolphsen*, IPRax 2007, 15, 17 ff.; *Torremans*, in: Leible/Ohly, IP and PIL.

auf die Begrenzung der Absicht einer wirtschaftlichen Betätigung nur im Land der Berechtigung geschlossen werden können; ein Rückschluss aus der fehlenden Berechtigung des Zeichenverwenders ist dagegen nicht angedacht.

Schließlich sei noch einmal darauf hingewiesen, dass die Unabhängigkeit von der Berechtigung des Internetverwerters zu keinen Unbilligkeiten führt, da der Schutz des inländischen Immaterialgüterrechtsinhabers unabhängig von der Berechtigung des Verwerters im Ausland wegen der geringen Auswirkungen im Inland nicht erforderlich ist und eine rechtswidrige Nutzung im Ausland nach dem Schutzlandprinzip durch die betreffende Rechtsordnung sanktioniert werden kann.

d. Berücksichtigung subjektiver Elemente

Zu guter Letzt bleibt die Frage, ob bzw. inwieweit die intellektuelle Beziehung des ausländischen Internetnutzers zu der Auswirkung Beachtung finden muss. Zum einen könnte das Fehlen einer solchen Beziehung (d.h. von Vorsatz oder Vorhersehbarkeit) – wie bereits auf kollisionsrechtlicher Ebene – als hinreichende Voraussetzung für eine Einschränkung des Benutzungstatbestands des Anbietens angesehen werden. Dem ist indes entgegenzuhalten, dass nicht die Belange des möglichen Schädigers zu der Beschränkung geführt haben und der Gedanke der Rechtssicherheit bereits durch die Abwandlung des Schutzlandprinzips ausreichend Berücksichtigung gefunden hat.

Umgekehrt könnte bereits der Wille zur Herbeiführung solcher Auswirkungen – unabhängig von der objektiven Sachlage – den Ausschluss der tatbestandlichen Limitierung bewirken. Das befürwortet wohl die WIPO in ihrer Joint Recommendation, die allein auf Grund einer böswilligen Nutzung („bad faith“) den wirtschaftlichen Inlandsbezug als gegeben erachtet.[133] Auch hiergegen greifen bereits genannte Bedenken: Eine Rechtfertigung mit dem Gedanken der Pönalisierung des ausländischen Verwerters ist zweifelhaft, da diesem zwar die sachrechtliche Einschränkung zu Gute kommt, aber seine Interessen nicht ausschlaggebend sind, so dass deren Schutzwürdigkeit irrelevant ist.[134] Der Schutz des inländischen Immaterialgüterrechtsinhabers ist dagegen mangels tatsächlicher (oder objektiv drohender) Auswirkungen nicht nötig. Daher muss es bei dem rein objektiven Ansatz bleiben. Subjektive Elemente können nur als widerlegliches Indiz für die Existenz einer tatsächlichen Auswirkung betrachtet werden. Ebenso

[133] Dazu Ziff. I.4.a. (S. 210).

[134] Zudem kommt nur die Relevanz eines vorsätzlichen oder absichtlichen Verhaltens in Betracht. Die Beachtlichkeit der Vorhersehbarkeit möglicher Auswirkungen kann dagegen nicht mit dem Pönalisierungsgedanken gerechtfertigt werden.

kann die objektive Gefahr einer (erstmaligen oder erneuten) Schutzrechtsverletzung zur Begründung des Unterlassungsanspruchs wegen eines solchen Willens des Internetverwerters (widerleglich) vermutet werden. Letzteres wird in der Realität selten zu widerlegen sein, so dass sich das praktische Ergebnis (zumindest in Bezug auf Unterlassungsansprüche) nicht wesentlich von einer Aufweichung des objektiven Ausgangspunktes unterscheidet.

4. Ergebnis

Insgesamt sollte auf sachrechtlicher Ebene der Benutzungstatbestand des Anbietens sowohl im Kennzeichen- als auch im Urheber- und Patentrecht trotz einer Abrufbarkeit der in Rede stehenden Internetseite nur als erfüllt angesehen werden, wenn eine nicht nur marginale Auswirkung auf die geschützten Interessen des inländischen Immaterialgüterrechtsinhabers tatsächlich vorhanden ist bzw. i.R.d. Unterlassungsanspruchs objektiv droht. Dies gilt unabhängig davon, ob der ausländische Schutzgutverwerter seinerseits im Ausland zur Nutzung befugt ist. Der Wille und die Vorhersehbarkeit spielen höchstens als Indiz für die tatsächlichen Auswirkungen eine Rolle. Diese Lösung entspricht weitgehend dem Vorschlag der WIPO in Art. 2 f. Joint Recommendation und kann im Wege der teleologischen Reduktion des Benutzungstatbestands in das geltende Recht implementiert werden.[135] Da die vorgebrachten Gründe für alle Immaterialgüterrechte gleichermaßen gelten, ist diese Lösung nicht auf das Kennzeichenrecht zu begrenzen.

IV. Zusammenfassung

Auf Grund der divergierenden Interessenlage im internationalen Privatrecht und im nationalen Sachrecht unterscheiden sich die Voraussetzungen für den notwendigen Inlandsbezug, um im Falle der bloßen Abrufbarkeit im Inland die inländische Rechtsordnung zur Anwendung bringen bzw. den Benutzungstatbestand bejahen zu können. Im Kollisionsrecht ist für die Anwendung einer Rechtsordnung entscheidend, dass auf eine nicht nur unbedeutende Personengruppe im Schutzstaat eingewirkt werden soll oder die Internetseite objektiv erkennbar auf eine solche Zielgruppe ausgerichtet ist. Mit anderen Worten erlangt die bestimmungsmäßige Abrufbarkeit Relevanz. Im nationalen Sachrecht kommt es dagegen auf das objektive Vorliegen von nicht nur unbedeutenden Auswirkungen auf die geschützten Interessen des inländischen Schutzrechtsinhabers an.

---

[135] Dazu 4. Kap.II.4. (S. 156 ff.).

Allerdings wird auf beiden Ebenen nicht mehr als ein relativ weitmaschiger Filter eingebaut, da nur unbedeutende und unvorhersehbare Einwirkungen bzw. marginale Auswirkungen ausgeklammert werden. Hierdurch wird eine übergebührliche Vernachlässigung der legitimen Interessen des Schutzrechtsinhabers verhindert. Soweit nicht alle Fälle interessengerecht gelöst werden können und der ausländische Internetnutzer unangemessen in seinen Nutzungsinteressen beeinträchtigt wird, muss dies durch eine Beschränkung der Rechtsfolgen, insbesondere des Unterlassungsanspruchs, ausgeglichen werden.

Kapitel 6

Beschränkung der Rechtsfolgen

Nachdem bisher das Augenmerk auf eine Beschränkung der Anwendbarkeit einer Rechtsordnung und der Verletzungsvoraussetzungen eines Immaterialgüterrechts gelegt wurde, soll nun untersucht werden, ob auch eine Beschränkung der Rechtsfolgenseite sinnvoll erscheint. Dabei ist zwischen Schadensersatz- und Unterlassungsansprüchen zu unterscheiden.

I. Schadensersatzansprüche

1. Lösungsmöglichkeiten

a. Grundsätzliche Alternativen

In Bezug auf Schadensersatzansprüche stellt sich ganz allgemein gesprochen die Frage, welche Schäden auf Grund eines konkreten Verletzungstatbestands geltend gemacht werden können. Im Hinblick auf Immaterialgüterrechte ist zu beachten, dass diese selbst territorial beschränkt sind und jedes nationale Schutzrecht lediglich durch einen Verwertungstatbestand, der auf dem jeweiligen Schutzgebiet belegen ist, verletzt werden kann. Deshalb ist die Frage dahingehend zu konkretisieren, ob die Verletzung eines bestimmten nationalen Schutzguts nur zum Ersatz solcher Schäden führen kann, welche auf diesem Territorium eintreten, oder ob ein Verletzungstatbestand auf Rechtsfolgenseite Schäden weltweit erfassen kann. Bietet z.B. A ein zu Gunsten des Urhebers U geschütztes Werk von Deutschland aus über das Internet zum Download an und macht U eine Verletzung des deutschen Urheberrechts geltend, kann im Falle einer hier zu diskutierenden Beschränkung der Schadensersatzansprüche wegen der Verletzung des deutschen Schutzrechts nur der entgangene Gewinn verlangt werden, der durch sonst erzielte Verkäufe auf dem deutschen Markt und damit wegen Downloads von Deutschland aus entstanden ist. Gleichfalls wären für die nach der dreifachen Art der Schadensberechnung mögliche Herausgabe des Verletzergewinns oder Lizenzanalogie nur der Gewinn des Verletzers maßgeblich, der auf dem deutschen Markt erzielt wurde bzw. die Lizenzgebühren, die für den deutschen Markt angemessen sind. Ohne eine Beschränkung könnte dagegen auf Grund der Verletzung des deutschen Urheberrechts auch der etwa in Frankreich oder China entstandene Schaden liquidiert werden.

b. Keine Unmöglichkeit einer Mosaikbetrachtung hinsichtlich der Schäden

Zunächst sei klargestellt, dass eine Beschränkung ersatzfähiger Schäden auf solche, die in dem jeweiligen Schutzstaat entstanden sind, jedenfalls nicht unmöglich ist. Dies zeigt schon die Situation bei der Verletzung des allgemeinen Persönlichkeitsrechts mittels Massenmedien. Dort wird bei der Erfolgsortanknüpfung eine Mosaikbeurteilung hinsichtlich der Schäden vorgenommen,[1] und nach der Rechtsprechung des EuGH ist sogar die Kognitionsbefugnis der Gerichte an den Erfolgsorten auf die Schäden im entsprechenden Land beschränkt.[2] Soweit dem entgegengehalten wird, dass ideelle Rechtsgüter unteilbar sind,[3] ist dieses Argument von vornherein nicht auf Immaterialgüterrechte übertragbar: während das allgemeine Persönlichkeitsrecht ein universales Recht ist, ist bei Rechten des geistigen Eigentums die territoriale Aufgliederung anerkannt. Eine Parzellierung ist auch nicht wegen eventueller Berechnungsschwierigkeiten ausgeschlossen.[4] Dieser Einwand überzeugt schon im allgemeinen Persönlichkeitsrecht nicht.[5] Bei Immaterialgüterrechten kommt hinzu, dass eine Aufgliederung des (dem Geschädigten) entgangenen oder (vom Verletzer) erzielten Gewinns wesentlich leichter möglich ist als die Quantifizierung immaterieller Schäden wegen der Beeinträchtigung der Privatsphäre oder der Ehre, und

---

[1] *v. Hein*, S. 341; *Kegel*, in: Kegel/Schurig, S. 732; *Kropholler*, IPR, S. 542; *Lüderitz*, in: Soergel, BGB, Art. 38 EGBGB Rz. 96; *Junker*, in: MünchKomm, BGB, Art. 40 EGBGB Rz. 163; *Spindler*, ZUM 1996, 533, 559; *Mankowski*, RabelsZ 63 (1999), 203, 269 ff.; *Wagner*, RabelsZ 62 (1998), 243, 277; a.A. *v. Hoffmann*, in: Staudinger, BGB, Art. 40 EGBGB Rz. 60 (Anknüpfung an einen Erfolgsschwerpunkt); *Nixdorf*, GRUR 1996, 842, 844; *R. Wagner*, S. 78 ff., insb. S. 85 (Anwendbarkeit des Rechts aller Erfolgsorte auf alle Schäden).

[2] EuGH Slg. 1995, I – 415, 461 f., Tz. 29–33 – Fiona Shevill u.a. ./. Presse Alliance SA; zustimmend *Kropholler*, EuZPR, Art. 5 EuGVVO Rz. 84; *Leible*, in Rauscher, EuZPR, Art. 5 Brüssel I-VO Rz. 92 m.w.N.; ablehnend z.B. *Kreuzer/Klötgen*, IPRax 1997, 90, 96 und die überwiegende Ansicht zu § 32 ZPO, siehe z.B. *Geimer*, S. 485; *Kubis*, S. 141.

[3] *Ehmann/Thorn*, AfP 1996, 20, 23; *v. Hoffmann*, in: Staudinger, BGB, Art. 40 EGBGB Rz. 60.

[4] Diesen Einwand erheben hinsichtlich Verletzungen des allgemeinen Persönlichkeitsrechts z.B. *Binder*, RabelsZ 20 (1955), 401, 477; *v. Hoffmann*, in: Staudinger, BGB, Art. 40 EGBGB Rz. 60; *Ehmann/Thorn*, AfP 1996, 20, 23.

[5] *Fricke*, S. 259; *Mankowski*, RabelsZ 63 (1999), 203, 275; *Stoll*, in: GS Lüderitz, S. 733, 749.

Lizenzen für die Verwertung geistiger Güter üblicherweise sogar nach Ländern bemessen werden.

c. Ausschluss einer Doppelbelastung

aa. Notwendigkeit des Ausschlusses

Lässt man den Ersatz solcher Schäden zu, die in einem anderen Land entstanden sind, ist zu beachten, dass dies zu einer Doppelbelastung des Schädigers führen kann.[6] Sanktioniert nämlich auch die Rechtsordnung eines anderen Landes die Verwertung – wegen des auf ihrem Hoheitsgebiet situierten Sachverhaltsabschnitts – und gewährt sie Ersatz der auf ihrem Gebiet entstandenen Schäden, muss der Verwerter ein und denselben Schaden mehrfach ersetzen. Zugleich wird derjenige, der Inhaber der Schutzrechte in verschiedenen Staaten ist, begünstigt, indem er Ersatz desselben Schadens durch mehrere Rechtsordnungen zugesprochen bekommt.[7] Sollten mehrere Länder betroffen sein oder verschiedene Staaten eine nicht gebietsbezogene Schadensliquidation zulassen, wachsen die Überbelastung des Schädigers und die Überkompensation des Schutzrechtsinhabers noch an.

Sowohl die Überkompensation als auch die Überbelastung sind mit der Funktion des immaterialgüterrechtlichen Schadensersatzes nicht zu vereinbaren.[8] Diese besteht (unter anderem) im Ausgleich erlittener Schäden.[9] Der Verletzte soll keinen Nachteil erleiden, aber auch nicht besser gestellt werden, als er ohne die Verletzung stünde. Doppelbegünstigung und Doppelbelastung widersprechen ferner den Zwecken der Berechnungsmethode durch Lizenzanalogie und des Anspruchs auf Gewinnherausgabe. Die erste

---

[6] So auch die Befürchtung der Beklagten im Fall BGHZ 152, 317, 330 – Sender Felsberg.

[7] Hiervon unterscheidet sich die Ansicht der Beigeladenen im Fall EuGH Slg. 2005, I – 7199 ff. – Lagardère, die zugleich Klägerin in der deutschen Parallelentscheidung BGHZ 152, 317 – Sender Felsberg war. Diese wollte eine Doppelvergütung dadurch vermeiden, dass sowohl das französische Recht als auch das deutsche Recht zwar eine Vergütung festlegen konnten, aber jeweils nur im Hinblick auf die Vorteile, die durch den Aussendeakt auf dem eigenen Territorium erzielt wurden. Der wirtschaftliche Wert der Ausstrahlungstätigkeiten auf den beiden Ländern sollte ermittelt werden; dazu *Gerlach*, ZUM 2005, 729, 730 f. Im Ergebnis ließ die Beigeladene damit die Möglichkeit, auch die Empfangbarkeit zu sanktionieren, außer Betracht.

[8] Vgl. dazu auch RGZ 84, 371, 376 – Kühler: Das RG bejahte zwar die grundsätzliche Möglichkeit einer Anrechnung eines ausländischen Schadensersatzanspruchs zur Reduzierung (sogar) des im Inland entstandenen Schadens. Diese unterblieb im konkreten Fall jedoch, weil die verursachten Schäden nicht identisch waren.

[9] Allgemein zur Funktion des Schadensersatzrechts *Sprau*, in: Palandt, BGB, Einf. v. § 823 Rz. 1.

Form der Berechnung wird als Mindestschaden[10] wegen der besonderen Schutzbedürftigkeit des Inhabers eines Rechts des geistigen Eigentums gewährt, da diese immateriellen Rechte besonders leicht verletzbar sind und ein konkreter Schaden oft schwer nachweisbar ist. Deswegen soll der Schädiger zumindest eine angemessene Gebühr zahlen, so dass der Geschädigte zumindest so gestellt ist, als hätte der Verletzer ihn ordnungsgemäß um Erlaubnis nachgefragt und diese zu marktüblichen Preisen erstanden.[11] Zugleich soll verhindert werden, dass der Schädiger durch sein rechtswidriges Verhalten einen Vorteil erhält.[12] Damit ist es nicht kompatibel, wenn der Geschädigte die angemessene Gebühr doppelt bezahlen muss und der Verletzte diese mehrfach erhält.[13] Der Anspruch auf Gewinnherausgabe hat dagegen weniger den Ausgleich eines Schadens, sondern vielmehr einen billigen Ausgleich der Beeinträchtigung des Rechtsinhabers zum Ziel, wird aber aus denselben Gründen wie die hypothetische Lizenzgebühr gewährt.[14] Anders als bei einem bereicherungsrechtlichen Anspruch kann sich der Verletzer zwar nicht auf den Wegfall der Bereicherung gemäß § 818 Abs. 3 BGB berufen.[15] Trotzdem soll der Geschädigte den vom Verletzer erzielten Gewinn selbstverständlich nur einmal erlangen.

Des Weiteren verstößt die doppelte Vergütungspflicht gegen Art. 49 EGV – soweit die räumlich-personellen Anwendbarkeitsvoraussetzungen im konkreten Fall gegeben sind – und ist auch aus diesem Grund unzulässig.[16] Denn diese beschränkt nicht nur die erwerbswirtschaftliche Nutzung von geistigen Gütern im binneneuropäischen Rechtsverkehr, sondern droht ausschließlich bei der grenzüberschreitenden Verwertung, während rein nationale Sachverhalte keiner Doppelbelastung unterliegen können. Deshalb stellt sie eine Diskriminierung des zwischenstaatlichen Dienstleistungsverkehrs gegenüber dem rein nationalen dar. Ein Rechtfertigungsgrund hierfür ist nicht ersichtlich.[17]

---

[10] *Wild*, in: Schricker, UrhR, § 97 Rz. 60; *Kraßer*, S. 886.

[11] *Dreier*, in: Dreier/Schulze, UrhG, § 97 Rz. 58; *Ingerl/Rohnke*, MarkenG, Vor §§ 14–19 Rz. 115.

[12] BGHZ 20, 345, 353 – Paul Dahlke; *Dreier*, in: Dreier/Schulze, UrhG, § 97 Rz. 58; *Ingerl/Rohnke*, MarkenG, Vor §§ 14–19 Rz. 115.

[13] So auch BGHZ 152, 317, 330 – Sender Felsberg hinsichtlich der Vergütungsansprüche nach §§ 78 Abs. 2, 86 UrhG.

[14] BGH GRUR 1995, 349, 352 – Objektive Schadensberechnung; *Dreier*, in: Dreier/Schulze, UrhG, § 97 Rz. 58; *Rogge/Grabinski*, in: Benkard, PatG, § 139 Rz. 72.

[15] *Rogge/Grabinski*, in: Benkard, PatG, § 139 Rz. 72.

[16] *Drexl*, in: MünchKomm, BGB, IntImmGR Rz. 198; offen gelassen in BGHZ 152, 317, 330 – Sender Felsberg. Zu Beschränkungen der Dienstleistungsfreiheit durch Doppelbelastungen allgemein *Holoubek*, in: Schwarze, EU, Art. 49 EG, Rz. 89 ff.

[17] Dies gilt unabhängig davon, ob man eine Rechtfertigung von indirekten Diskriminierungen nur wegen der Gründe des Art. 55 i.V.m. 46 EGV oder auch wegen des unge-

Aus diesen Gründen ist es notwendig, eine Doppelbelastung zu vermeiden – und zwar auch dann, wenn das geistige Gut in mehreren Ländern zu Gunsten verschiedener Inhaber geschützt ist und der Verletzer an beide Schadensersatz leisten muss.

bb. Durchsetzung des Ausschlusses

Dies bedeutet allerdings nicht, dass eine Liquidation ausländischer Schäden stets ausgeschlossen sein muss und eine Parzellierung zwingend erforderlich ist. Soweit eine Parzellierung abgelehnt wird, ist der Ausschluss einer Doppelbelastung aber auf anderem Wege sicherzustellen. Möglich ist das zum einen, indem im nationalen Recht der Schaden unter Berücksichtigung anderer Ersatzpflichten berechnet wird: Nach der konkreten Schadensberechnung ist der Geschädigte so zu stellen wie er stünde, wenn das schädigende Ereignis nicht eingetreten wäre, § 249 Abs. 1 S. 1 BGB. Hat der Geschädigte jedoch nach einer anderen Rechtsordnung einen Anspruch auf Ersatzleistung, kann dies in die Schadensberechnung einfließen; dieser Anspruch (bzw. zumindest die Zahlung hierauf) mindert den Schaden.[18] Gleichfalls wird der herauszugebende Reingewinn des Verletzers durch anderweitige Ersatzpflichten geschmälert. Ebenso geht der BGH bei der Berechnung der angemessenen Lizenzgebühren vor, die nach § 13 Abs. 3 S. 1 UrhWG auf Grund der durch die Verwertung erzielten geldwerten Vorteile berechnet werden. Diese Vorteile sind durch andere Zahlungspflichten gemindert.[19]

Sollte dagegen eine Anrechnung nicht bereits bei der Schadensberechnung erfolgen, werden zwar nicht die Verletzung eines Schutzrechts, wohl aber die betroffenen Schäden oder Vorteile in einem Land nach mehreren Rechtsordnungen berücksichtigt. Da jede Rechtsordnung isoliert keine doppelte Liquidation oder doppelte Belastung zulässt, besteht hinsichtlich dieser Schäden oder Vorteile eine Normenkumulation, die den sachrechtlichen Wertungen beider Rechtsordnungen zuwiderläuft. Dieser Widerspruch muss im Wege der Anpassung aufgelöst werden.[20] Dadurch lassen sich

---

schriebenen Rechtfertigungsgrundes der „zwingenden Gründe des Allgemeininteresses" zulässt. Zum Streitstand *Randelzhofer/Forsthoff*, in: Grabitz/Hilf, EU, Vor Art. 39–55 EGV Rz. 138 ff.

[18] Auch der Ersatzanspruch eines Dritten auf Grund eines Immaterialgüterrechts in einem anderen Land kann für die Schadensbestimmung relevant sein, da der mögliche entgangene Gewinn auf Grund der fehlenden Monopolstellung für den ausländischen Staat geringer ausfallen wird.

[19] BGHZ 152, 317, 330 – Sender Felsberg.

[20] *Reber*, S. 378 f.; Zur Anpassung und den unterschiedlichen Lösungsansätzen *Schurig*, in: Kegel/Schurig, S. 357 ff. und ausführlich *Looschelders*, Anpassung, insb. S. 114 ff.

auch Schwierigkeiten, die im Falle verschiedener Gläubiger (z.B. unterschiedliche Verwertungsgesellschaften) oder Schuldner, die jedoch eng miteinander verbunden sind (z.B. Mutter- und Tochtergesellschaft),[21] überwinden.[22]

cc. Voraussetzungen der Anrechnung

Fraglich ist jedoch, wann „konkurrierende" Zahlungspflichten nach ausländischen Rechtsordnungen anzurechnen sind. Zum einen wäre es denkbar, nur solche Ansprüche anzurechnen, die tatsächlich bereits durchgesetzt worden sind oder deren Durchsetzung bereits feststeht[23] oder zumindest wahrscheinlich ist, z.B. wegen eines (rechtskräftigen) Urteils oder der gleichzeitigen Entscheidung in demselben Rechtsstreit. Der BGH geht dagegen wohl einen anderen Weg. Er will die *Rechtslage* im Ausland und damit alle danach bestehenden Ansprüche berücksichtigen. Auf eine wahrscheinliche oder bevorstehende Realisation kommt es nicht an; er geht vielmehr davon aus, dass eine Verwertung nur möglich ist, wenn auch die Ansprüche nach ausländischen Rechtsordnungen befriedigt werden.[24]

Hierfür kann geltend gemacht werden, dass durch die Berücksichtigung der weltweiten Schäden auf Grund der Verletzung eines nationalen Immaterialgüterrechts ein Leerlaufen des Schutzes der eigenen Rechtsordnung verhindert wird.[25] Diese Gefahr besteht aber bereits dann nicht, wenn dem Geschädigten die Möglichkeit offen steht, im Ausland verursachte Schäden auf Grund der Verletzung eines dort bestehenden Schutzrechts geltend zu machen.

Andererseits wird die Prozessökonomie beeinträchtigt, weil innerhalb der Prüfung des Schadensersatzanspruchs wegen der Verletzung des inländischen Schutzguts inzident etwaige Ersatzansprüche nach anderen Rechtsordnungen eruiert werden müssen, sofern Schäden auf deren Gebiet einbezogen werden sollen, ohne dass über diese entschieden werden kann. Zudem ist eine Anrechnung von ihrem Zweck – Vermeidung einer Doppelbelastung – nur bei der tatsächlichen Realisierung eines „konkurrierenden" Anspruchs nötig. Die Realisierung des Anspruchs kann trotz dessen Existenz unterbleiben, z.B. wenn der Kläger sich aus prozessökonomischen

---

[21] So die Konstellation in BGHZ 152, 317 – Sender Felsberg.

[22] Skeptischer *Schack*, JZ 2003, 803, 804, ohne die Möglichkeit einer Anpassung in Erwägung zu ziehen.

[23] In diesem Sinn versteht wohl *Drexl*, in: MünchKomm, BGB, IntImmGR Rz. 200 die Anrechnungslösung. Ebenso *Schack*, JZ 2003, 803, 804.

[24] BGHZ 152, 317, 330 – Sender Felsberg; allerdings war bereits in Frankreich zwischen der Beklagten und der französischen Verwertungsgesellschaft SPRE ein Verfahren über Vergütungsansprüche für die Verwertung in Frankreich in dritter Instanz anhängig.

[25] Dazu Ziff. 4.b.cc. (S. 261 ff.).

Gründen auf die Geltendmachung der Verletzung nur eines nationalen Schutzrechts konzentriert und bereits nach dieser Rechtsordnung seinen gesamten Schaden ersetzt bekommt, oder wenn ausländische Gerichte ihrerseits die (mögliche) Schadensgewährung durch andere Gerichte berücksichtigen. Selbst wenn später der ausländische Schaden auf Grund der Verletzung des ausländischen Immaterialgüterrechts erneut liquidiert werden sollte,[26] ist es möglich, diesen Umstand mit einer Vollstreckungsabwehrklage gemäß § 767 ZPO oder einer Bereicherungsklage geltend zu machen, so dass eine Doppelbelastung auch in diesem Fall vermieden werden kann. Daher ist auch kein Abwarten ausländischer Verfahren nötig.[27] Das wäre zwar prinzipiell gemäß Art. 28 Abs. 1 EuGVVO bzw. § 148 ZPO durch eine Aussetzung des Verfahrens möglich. Doch zum einen kommt dies bei Anwendbarkeit des Art. 28 EuGVVO nur in Betracht, wenn das ausländische Gericht früher angerufen wurde. Zum anderen kann dies zu einer langen und unangemessenen Verzögerung des inländischen Rechtsstreits wegen eines (evtl. geringen) Teilaspekts führen, der einer Rechtsschutzverweigerung nahekommt.[28]

d. Zwischenergebnis

Insgesamt bestehen somit zwei denkbare Alternativen. Zum einen kann eine Parzellierung dergestalt erfolgen, dass die Verletzung eines bestimmten Schutzrechts nur zum Ersatz der Schäden oder zur Erstattung der Gewinne führt, die auf dem jeweiligen Schutzgebiet eingetreten sind bzw. erzielt wurden. Zum anderen ist es denkbar, auf eine strikte Mosaikbetrachtung zu verzichten und „konkurrierende" Zahlungspflichten auf Grund anderer Rechtsordnungen wegen Schäden oder Vorteilen des Schädigers auf deren Hoheitsgebiet anzurechnen. Im Folgenden soll erörtert werden, welche dieser Alternativen zu bevorzugen ist. Dabei ist zu unterscheiden, ob in dem Staat das Verletzungsverhalten (z.B. das Einstellen der Daten in das Internet) selbst lokalisiert werden kann (3.) oder ob dort nur bloße Auswirkungen (z.B. die Abrufbarkeit der Daten) existieren (4.). Vorab soll für beide Konstellationen gemeinsam geklärt werden, welche Vorgaben durch das Territorialitätsprinzip bestehen (2.).

---

[26] Vorzugswürdig erscheint es jedoch, eine solche Klage mangels Rechtsschutzbedürfnis abzuweisen, da bereits alle Schäden ersetzt wurden.

[27] Anders, aber ohne Begründung *Drexl*, in: MünchKomm, BGB, IntImmGR Rz. 200. Ähnlich wie hier *Schack*, JZ 2003, 803, 804, der jedoch die Berücksichtigung nach durchgeführter Vollstreckung entstandener Einwendungen im Wege der Bereicherungsklage übersieht und daher die Vermeidung einer Doppelbelastung ab diesem Zeitpunkt nur durch das ausländische Gericht für möglich hält.

[28] Darauf weist zutreffend *Schack*, JZ 2003, 803, 804 hin.

2. Verhältnis zum Territorialitätsprinzip

a. Meinungsstand

Der BGH hat bisher – soweit ersichtlich – im Territorialitätsprinzip kein Hindernis in der Berücksichtigung exterritorialer Schäden gesehen. Besonders deutlich hat er diesen Standpunkt im Fall Sender Felsberg eingenommen. Ausgangspunkt der Überlegungen des BGH war, dass trotz des Gebietsgrundsatzes Sachverhalte im Ausland berücksichtigt werden können. Deshalb sei es für § 20 UrhG irrelevant, wo sich die Öffentlichkeit befinde und es könne auch ein Schaden im Ausland liquidiert werden. Zur Vermeidung einer Doppelbelastung müssten jedoch eventuelle Zahlungsansprüche nach französischem Recht angerechnet werden.[29] Dies widerspricht nicht den Vorgaben der Spielbankaffäre-Entscheidung des BGH. Dort hat der BGH zwar ausgeführt, dass ein Bereicherungs- oder Schadensersatzanspruch nur insoweit besteht, als der Eingriff den Rechtsbestand des Anspruchsberechtigten im Schutzland berührt hat. Doch aus den weiteren Erläuterungen ergibt sich, dass damit nur der Gewinn ausgeschlossen ist, der für die Einräumung eines Verwertungsrechts (hier: des Rechts zur Kabelweiterverbreitung) in einem anderen Staat erlangt wurde. Der BGH trug dem Tatrichter ausdrücklich auf zu klären, inwieweit die gezahlte Vergütung für die Ausstrahlung *von* Luxemburg (auf dessen Urheberrecht sich der Kläger stützte) und nicht für die Einräumung von Verwertungsrechten in anderen Ländern gewährt wurde.[30]

Eine ähnliche Auffassung haben sich Gerichte anderer Staaten zu eigen gemacht. Beispielsweise haben der kanadische Federal Court[31] und US-amerikanische Gerichte Schäden in fremden Staaten zugesprochen.[32] Letztere gewähren insbesondere nach der *root copy doctrine* den Ersatz von Schäden nach US-amerikanischem Recht, die durch die Verbreitung eines urheberrechtlich geschützten Werkes in anderen Staaten entstanden sind, sofern diese ihrerseits auf eine rechtswidrige Verwertungshandlung innerhalb der USA zurückzuführen ist.[33] Auch das Aussenden von Daten von

---

[29] BGHZ 152, 317, 326 f. und 330. Ähnlich hatte das Gericht bereits in früheren Entscheidungen ausländische Schäden berücksichtigt, BGH IIC 8 (1977), 276, 280 – Hummel Weihnachtsteller 1971.

[30] BGHZ 136, 380, 391 f. (Hervorhebung des Verf.).

[31] Hager v. ECW Press Ltd., 85 C.P.R. (3d) 289 (1998), Tz. 77.

[32] Dazu *Bradley*, 37 Va. J. Int'l L. (1997), 505, 523, 525; *Goldstein*, Int. Copyright, S. 68; *ders.*, International IPL, S. 2 f., 4.

[33] Siehe z.B. Update Art Inc. v. Modiin Publ'g Ltd., 843 F.2d 67 (2nd Cir. 1988); Los Angeles News Service v. Reuters Television International, 149 F.3d 987, 991 ff. (9th Cir. 1998). Zum Teil wird die *root copy doctrine* als Anknüpfungsregel verstanden, so z.B. *Ginsburg*, 42 J. Copyright Soc'y (1995), 318, 335. Dem ist jedoch entgegenzuhalten, dass die US-amerikanischen Gerichte nicht eine Handlung im Ausland nach US-Recht als

den Vereinigten Staaten aus genügt für die Anwendung dieser Lehre, da das Senderecht nicht nur am Ort des Empfangs, sondern auch durch den Uplink verletzt wird.[34] Selbst wenn man anderer Ansicht ist,[35] scheint eine Übertragung der *root copy doctrine* auf das Internet möglich, weil mit jeder Übertragung von den USA zunächst eine Kopie auf einem Computer oder Server innerhalb der USA erstellt wird, und damit ein abgeschlossener Verwertungstatbestand vorliegt.[36]

In der Literatur wird die mangelnde Beschränkung der Rechtsfolgen von Schadensersatzansprüchen durch die Rechtsprechung zumeist heftig kritisiert und eine Beschränkung inländischer Ansprüche auf inländische Schäden gefordert.[37] Diese Begrenzung wird meist ohne genauere Untersuchung als Ausfluss oder sogar als Inhalt des Territorialitätsprinzips angesehen. So stellt *Sandrock* dieses Ergebnis ohne Begründung lapidar fest.[38] Andere Autoren entnehmen diese Konsequenz offen dem (pauschalen) Grundsatz der territorialen Schutzaufteilung.[39] So ist zu lesen, dass die Parzellierung vom Grundsatz der Territorialität konsequent sei[40] oder dass die Begrenzung der subjektiven Rechte auch auf Rechtsfolgenseite zu berücksichtigen sei.[41]

In diesem Sinne wird auch der EuGH in der Rechtssache Lagardère[42] – der Parallelentscheidung zum Fall Sender Felsberg des BGH[43] – verstanden.[44] Die französische Cour de cassation legte dem EuGH die Frage zur Entscheidung vor, ob nach Art. 8 Abs. 2 der Vermiet- und Verleihrichtlinie

---

unzulässig erachteten, sondern allein den Handlungsabschnitt innerhalb der Vereinigten Staaten bewerteten. Der durch den weiteren Vertrieb im Ausland verursachte Schaden wurde wegen der Rechtswidrigkeit des Verhaltens in den USA ersetzt.

[34] National Football League v. PrimeTime 24 Joint Venture, 211 F.3d 10 (2nd Cir. 2000) = GRUR Int. 2000, 1082 (dt. Übersetzung); David v. Showtime/The Music Channel Inc., 697 F.Supp 752, 759 (S.D.N.Y. 1988).

[35] Allarcom Pay Television Ltd. v. General Instruments Corp., 69 F.3d 381, 387 (9th Cir. 1995); dazu *Ginsburg*, Ziff. V.B.1.

[36] *Ginsburg*, Ziff. V.B.1.

[37] Gegen eine Beschränkung aber *Reber*, ZUM 2005, 194, 200, 202. Siehe auch *Otte* (IPRax 2001, 315, 317) der darauf hinweist, dass das Territorialitätsprinzip nicht verlangt, dass der Schaden im Schutzstaat auftritt.

[38] *Sandrock*, in: v. Caemmerer, Gutachten, S. 380, 431 f.; *ders.*, GRUR Int. 1985, 507, 515.

[39] *Jegher*, in: Basler Kommentar, IPRG, Art. 110 Rz. 28. Ähnlich *Goldstein*, Int. Copyright, S. 68, allerdings ohne Bezug auf simultane Multistate-Verletzungen durch eine Handlung; vorsichtiger dagegen *ders.*, International IPL, S. 2 f., 4.

[40] *Metzger*, IPRax, S. 242, 243.

[41] *Drexl*, in: MünchKomm, BGB, IntImmGR Rz. 193 und (ähnlich) Rz. 132 (Fn. 284).

[42] EuGH Slg. 2005, I – 7199 ff.

[43] BGHZ 152, 317 ff.

[44] *Drexl*, in: MünchKomm, BGB, IntImmGR Rz. 200; *Metzger*, IPRax, S. 242, 243.

das sendende Rundfunkunternehmen von der Vergütungspflicht nach französischem Recht, die es für den gesamten Empfang im Inland zu entrichten hat, die (von der Tochtergesellschaft) gezahlten Beträge auf Grund von Zahlungspflichten nach deutschem Recht abziehen darf.[45] Auf deutschem Boden war nämlich (ursprünglich aus rundfunkrechtlichen, nun aus technischen Gründen) ebenfalls ein terrestrischer Sender gespeist worden, der sowohl in einen Teil der BRD als auch Frankreichs ausstrahlte. Der EuGH verneinte diese Vorlagefrage. Art. 8 Abs. 2 Vermiet- und Verleihrichtlinie sehe vor, dass eine „einzige *angemessene* Vergütung“ zu zahlen ist. Auch ohne eine Anrechnungspflicht sei Art. 8 Abs. 2 nicht verletzt, da die Rechtsordnung, auf deren Gebiet sich (aus technischen Gründen) ein Sender befinde, zwar eine Pflicht zur Zahlung einer angemessenen Vergütung, aber die Höhe der Zahlungspflicht „unter Berücksichtigung des Territorialitätsgrundsatzes“ nur für die Übertragung auf ihrem Gebiet festsetzen könne.[46] Der EuGH scheint also die Angemessenheit der Vergütung strikt territorial zu verstehen mit der Konsequenz, dass nur der wirtschaftliche Wert der Nutzung auf dem entsprechenden Hoheitsgebiet zu berücksichtigen ist.[47] Dazu sind die in der 17. Begründungserwägung der Satellitenrichtlinie niedergelegten Kriterien zu Grunde zu legen, so dass allen Aspekten der Sendung, insbesondere der tatsächlichen oder potentiellen Einschaltquote und der sprachlichen Fassung, Rechnung zu tragen ist.[48] Trotzdem ist es nicht ganz so eindeutig, wie es auf den ersten Blick scheint, dass die strikte Territorialität der umfassten Schäden die Kernaussage des EuGH ist. Denn der EuGH führt weiter aus, dass diese Ausführungen nur in Bezug auf die Höhe der Vergütung maßgeblich sind und es die Sache des nationalen Gerichts ist, wie es dieses Ergebnis erreicht.[49] Über die Anrechnungslösung ist somit nicht entschieden worden. Da er ebenfalls keine Aussage zu dem Fall getroffen hat, dass nur eine Rechtsordnung eine Zahlungspflicht vorsieht, ist der Entscheidung wohl nur zu entnehmen, dass eine Doppelbelastung keine angemessene Vergütung im Sinne von Art. 8 Abs. 2 Vermiet- und Verleihrichtlinie ist,[50] so dass *im Falle der Kollision*

---

[45] EuGH Slg. 2005, I – 7199, 7227, Tz. 18.

[46] EuGH Slg. 2005, I – 7199, 7236 f., Tz. 54 f. (Hervorhebung des Verf.).

[47] Auf die Notwendigkeit eines Ausschlusses einer Doppelbelastung gemäß Art. 49 EGV geht der EuGH dagegen nicht ein. Dort wird eine Doppelbelastung in anderen Fällen regelmäßig dadurch vermieden, dass die Sanktion, Kontrolle o.Ä. des Herkunftslandes anerkannt wird. Dazu *Holoubek*, in: Schwarze, EU, Art. 49 EG, Rz. 89 ff.

[48] EuGH Slg. 2005, I – 7199, 7236 f., Tz. 50, 52; Dazu auch schon EuGH Slg. 2003, I – 1251, 1285, Tz. 37 – Sena.

[49] EuGH Slg. 2005, I – 7199, 7236 f., Tz. 54.

[50] Hierauf beschränkt sich Generalanwalt *Tizzano* in seinem Schlussantrag, Slg. 2005, I – 7199, 7215 f., Tz. 74 f., der ausdrücklich darauf hinweist, dass jeder Mitgliedsstaat

von Zahlungspflichten im Ergebnis eine territoriale Aufgliederung vorzunehmen ist.[51]

EuGH und BGH hatten Fälle zu entscheiden, in denen im jeweiligen Land nicht nur die Empfangbarkeit gegeben war, sondern von dort die Sendung auch ausgestrahlt wurde. Daher wird in der Literatur auch vertreten, dass die schadensrechtliche Mosaikbetrachtung sich im Recht des Staates der bloßen (ökonomischen) Auswirkung als logische Konsequenz des Territorialitätsprinzips darstelle, im Recht des Ausstrahlungsstaates dagegen zwar entgegen dem BGH zu befürworten sei, aber nicht zwingend aus dem Gebietsgrundsatz folge.[52]

b. Stellungnahme

Diese Ambivalenz erscheint jedoch höchst zweifelhaft, da das Territorialitätsprinzip ein einheitlicher Grundsatz für das gesamte Immaterialgüterrecht ist; es liegt ein einheitliches Verständnis nahe. Dabei sprechen gute Gründe dafür, dem Gebietsgrundsatz keine Aussage zur Reichweite des Schadensersatzes beizulegen.

Erstens zeigt der Vergleich zu Multistate-Verletzungen des allgemeinen Persönlichkeitsrechts, welches ein universales Recht ist, dass eine schadensrechtliche Mosaikbetrachtung keine Besonderheit von territorialen Rechten ist. Zweitens können andere ausländische Sachverhaltsabschnitte im inländischen Recht Berücksichtigung finden.[53] Deshalb ist nicht recht einzusehen, warum für Schäden zwingend etwas anderes gelten soll. Anders als für die maßgebliche tatbestandliche Verletzungsvoraussetzung, die im Inland belegen sein muss, folgt dieser Zusammenhang nicht aus der räumlichen Beschränkung der Schutzrechte. Nur weil ein Recht ausschließlich im Inland besteht und daher nur dort verletzt werden kann, heißt das nicht, dass nur inländische Schäden berücksichtigt werden können; der Eintritt eines Schadens ist nicht Voraussetzung der Verletzung.

Drittens wird sich zeigen, dass es für eine schadensrechtliche Parzellierung im Immaterialgüterrecht, soweit sie für erforderlich gehalten wird, nicht deren Verankerung im Territorialitätsprinzip bedarf und ihre strikte

---

„gegebenenfalls nur die Beträge für die Übertragung […] im Inland fordern kann“ und die Richtlinie keine Verteilungsmechanismen vorschreibt (Tz. 74).

[51] Versteht man die EuGH in diesem Sinne, steht das Urteil des BGH im Fall Sender Felsberg hiermit nicht in Widerspruch. Denn auch der BGH will eine Doppelbelastung durch die Reduzierung des inländischen Zahlungsanspruchs mittels Anrechnung der französischen Haftungspflicht verhindern.

[52] *Drexl*, in: MünchKomm, BGB, IntImmGR Rz. 193, 195, 200.

[53] Hierzu 1. Kap.I.3.c. (S. 27 ff.).

Durchhaltung nur schwer vertreten werden kann.[54] Das Territorialitätsprinzip wird aber häufig als Eckpfeiler im internationalen System des geistigen Eigentums und apriorisches Prinzip angesehen, das jede weitere Begründung ersetzt. Deshalb ist man gut beraten, diesem Grundsatz nur einen eng begrenzten Inhalt beizumessen, der auch konsequent eingehalten werden kann und von dem nicht mehr oder minder begründete Ausnahmen von Fall zu Fall zugelassen werden.

3. Rechtsfolgen nach dem Recht des Staates der bloßen Auswirkung

a. Kausalitätserwägungen

Es hat sich gezeigt, dass das Territorialitätsprinzip keine Aussage über die Reichweite von Schadensersatzansprüchen bereithält. Trotzdem spielen dessen Konsequenzen eine Rolle. Denn Ausgangspunkt für die Berücksichtigungsfähigkeit von Schäden bei Schadensersatzansprüchen nach dem Recht der bloßen Auswirkung muss sein, dass der Verletzungstatbestand auf Grund des Gebietsgrundsatzes nicht das (im Ausland befindliche) Einspeisen der Daten in das Internet, sondern das Bereithalten zum Abruf im Inland ist. Die Abrufbarkeit in verschiedenen Ländern begründet insofern mehrere Delikte im rechtlichen Sinne, auch wenn sie durch ein einziges Verhalten im natürlichen Sinn ausgelöst wird.[55] Beachtet man dies, ergibt sich i.d.R. bereits hieraus, dass die Empfangbarkeit von Informationen in Land A keinen Schaden in Land B verursachen kann. Dieser beruht auf der Abrufbarkeit in Staat B. Auf Grund des Kausalitätserfordernisses können nach der Rechtsordnung von A nur die Schäden oder Lizenzgebühren wegen der dortigen Verbreitung eingefordert werden. Gleichfalls werden nur Werbeeinnahmen, die in Bezug auf Markt A gezahlt werden, verursacht, so dass auch der herauszugebende Verletzergewinn territorial zu verstehen ist.

Trotzdem sind Fälle denkbar, in denen ein Ursachenzusammenhang zu exterritorialen Schäden gegeben ist. Dazu folgendes Beispiel: A bietet von seinem PC in Land X ein Lied der Rolling Stones über eine Musiktauschbörse anderen Internetnutzern zum Download an, welches B in Land Y tatsächlich herunterlädt. Nun erfährt A von der Illegalität seines Vorgehens und sperrt seine Festplatte für andere Tauschbörsenteilnehmer. Diese greifen wegen des besagten Titels stattdessen von vielen Staaten auf die Festplatte des B in Land Y zu. Trotz des Austretens aus der Tauschbörse durch A besteht zwischen der ursprünglichen Abrufbarkeit des Liedes in Land Y und der weiteren Verbreitung sowie den Schäden in den anderen Staaten eine kausale Verbindung. Allerdings ließe sich vertreten, dass die Haftung

---

[54] Hierzu Ziff. 4.b.cc. (S. 261 ff.).

[55] Siehe 2. Kap.I.2.b. (S. 82 f.).

des Erstverursachers für Folgeschäden in einer solchen Verletzerkette nach den allgemeinen Zurechnungsregeln ausscheidet.[56] Zwar haften (jedenfalls nach deutschem Recht) in Fällen der kumulativen Kausalität grundsätzlich beide Verursacher nebeneinander, doch eine Unterbrechung des Zurechnungszusammenhangs ist nicht ausnahmslos ausgeschlossen, wenn die Schäden primär auf einem anderen Verwertungstatbestand und dem freiwilligen Verhalten eines Dritter beruhen. Voraussetzung ist freilich, dass sich im Ergebnis das allgemeine Lebensrisiko verwirklicht und nicht eine besondere, vom Erstverursacher geschaffene Gefahrenlage.[57] Dies könnte man in obigem Fall z.B. mit der Begründung annehmen, dass das Tauschangebot von B auch ohne A leicht möglich gewesen wäre, wenn B sich das besagte Lied auch anderweitig besorgen hätte können und besorgt hätte.

Die Mosaikbetrachtung der überwiegenden Auffassung ist daher im Ergebnis für die Schadensersatzansprüche nach dem Recht des Staates der bloßen Auswirkung durchaus überzeugend. Der Grund ist aber nicht das Territorialitätsprinzip selbst, sondern die Einsicht, dass eine Multistate-Verletzung aus mehreren, real miteinander konkurrierenden Delikten besteht *und* zwischen Verletzung(serfolg) der betreffenden unerlaubten Handlung und dem zu ersetzenden Schaden eine (haftungsausfüllende) Kausalität bestehen muss.[58]

b. Dogmatische Einordnung

Diese Erkenntnis zeigt, dass zwar die Beschränkung des zur Anwendung berufenen Rechts auf inländische Verletzungssachverhalte mittels der kollisionsrechtlichen Verweisung erreicht wird, die Begrenzung des Schadens dagegen vornehmlich ein sachrechtliches Problem darstellt. Denn die haftungsausfüllende Kausalität ist ein Erfordernis des materiellrechtlichen Schadensersatzanspruchs.

Es stellt sich jedoch wiederum die Frage, ob nicht zusätzlich eine kollisionsrechtliche Lösung zu erfolgen hat.[59] Dies legt zumindest ein Vergleich zum allgemeinen Persönlichkeitsrecht nahe. Dort wird regelmäßig betont,

---

[56] So *Götz*, GRUR 2001, 295, 298. Anders ist dies zu beurteilen, wenn dem Erstverursacher die nachfolgende *Verwertung* zugerechnet wird, z.B. auf Grund einer Beteiligung i.S.d. § 830 BGB oder wegen einer mittelbaren Verursachung. Zu weiteren Fragen bei einer Verletzerkette, insbesondere zum Ausschluss oder Anspruch weiterer Ansprüche im Falle der erfolgreichen Inanspruchnahme bereits anderer Mitglieder dieser Kette, *Götz*, GRUR 2001, 295 ff.

[57] Dazu *Oetker*, in: MünchKomm, BGB, § 249 Rz. 150 ff.

[58] So bereits *Stoll*, in: GS Lüderitz, S. 733, 748 f. im Hinblick auf das allgemeine Persönlichkeitsrecht.

[59] Eine kollisionsrechtliche Lösung zieht auch *Dreier*, in: Dreier/Schulze, UrhG, Vor §§120 ff. Rz. 42 in Betracht.

dass nach dem Mosaikprinzip *als kollisionsrechtliche Regel* die Rechtsordnungen der Erfolgsorte nur auf die Schäden anwendbar seien, die auf dem jeweiligen Staatsgebiet entstanden sind.[60]

Wie bereits beim allgemeinen Persönlichkeitsrecht kann hierfür das Zusammenspiel zwischen internationaler Zuständigkeit und Kollisionsrecht ins Feld geführt werden. Sofern sich die Zuständigkeit im Empfangsstaat lediglich aus Art. 5 Nr. 3 EuGVVO ableiten lässt, ist das Gericht nämlich nur zur Entscheidung über die Verletzung des Immaterialgüterrechts dieses Landes und die dort befindlichen Schäden befugt. Hinsichtlich der Schutzrechtsverletzung ergibt sich das bereits aus der Überlegung, dass die Klage auf Verletzung mehrerer nationaler Immaterialgüterrechte verschiedene Streitgegenstände zum Inhalt hat[61] und die Zuständigkeit für jeden Streitgegenstand separat zu bestimmen ist. Hinsichtlich der Schäden bedarf es dagegen der Übertragung der vom EuGH in der Shevill-Entscheidung[62] entwickelten Grundsätze auf das Recht des geistigen Eigentums.[63] Dort urteilte der EuGH, dass bei Multistate-Verletzungen des allgemeinen Persönlichkeitsrechts die Gerichte an den Verbreitungsorten (d.h. den Erfolgsorten) nur hinsichtlich der Schäden[64] im jeweiligen Staat eine Entscheidung fällen dürfen. Im Gegensatz dazu unterliege das Gericht am Ort der Niederlassung des Schädigers, d.h. am Ort des ursächlichen Gesche-

---

[60] Nachweise in Fn. 1 zum 6. Kapitel.

[61] Dazu 2. Kap.I.2.b. (S. 82 f.).

[62] EuGH Slg. 1995, I – 415 ff. – Fiona Shevill u.a. ./. Presse Alliance SA.

[63] Für eine Übertragung z.B. LG Düsseldorf GRUR Int. 1999, 775, 777 – Impfstoff II; *Berger*, GRUR Int. 2005, 465, 468 f.; *Kropholler*, EuZPR, Art. 5 EuGVVO Rz. 85; *Leible*, in: Rauscher, EuZPR, Art. 5 Brüssel I-VO Rz. 92; *Stauder*, IPRax 1998, 317, 321. Die Vertreter der Gegenauffassung lehnen dagegen i.d.R. auch die prozessuale Mosaikbetrachtung für das allgemeine Persönlichkeitsrecht und damit die Shevill-Rechtsprechung selbst ab, *Kubis*, S. 141, 231 ff., 243; *Schack*, MMR 2000, 135, 139.

[64] Der EuGH bezieht die beschränkte Kognitionsbefugnis nicht nur auf die Verletzung des Rechtsguts im Empfangsstaat, sondern auch auf die dort befindlichen Schäden. Er unterscheidet in seiner Wortwahl zwischen Verbreitungsorten, die als Ort des „schädigenden Ereignisses" i.S.d. Art. 5 Nr. 3 EuGVÜ bzw. EuGVVO zuständigkeitsbegründend wirken, und Orten von sonstigen Schäden (EuGH Slg. 1995, I – 415, 461 f., Tz. 28–30 – Fiona Shevill u.a. ./. Presse Alliance SA). Damit erkennt er, dass durch ein Massenmedium Schäden außerhalb des Verbreitungsgebiets entstehen können. Gleichwohl begrenzt er die Kognitionsbefugnis auf solche Schäden, die im jeweiligen Verbreitungsland belegen sind und nicht auf solche, die durch die Verbreitung verursacht werden. (Ebenso die Forderung von Generalanwalt *Darmon* in EuGH Slg. 1995, I – 415, 423, Tz. 34). Auch in der Literatur wird ganz überwiegend die Beschränkung auf inländische Schäden bezogen, *Dreier*, in: Dreier/Schulze, UrhG, Vor §§ 120 ff. Rz. 42, 61; *Geimer*, in: Geimer/Schütze, EuZVR, Art. 5 EuGVVO Rz. 247; *Gottwald*, in: Nagel/Gottwald, S. 100. A.A. *Lange*, WRP 2000, 940, 947.

hens, keiner Beschränkung.[65] Geht man mit einer im Vordringen begriffenen Ansicht davon aus, dass Handlungs- und Erfolgsort von Immaterialgüterrechtsverletzungen jedenfalls für die Zwecke der internationalen Zuständigkeit nicht korrelieren müssen,[66] steht einer Übertragung dieser Grundsätze nichts entgegen.[67] Selbst wenn man davon ausgeht, dass beide Orte im Schutzland situiert sind,[68] ist ein Transfer möglich,[69] da der Empfangsort dem Verbreitungsort und nicht dem Ort des ursächlichen Geschehens entspricht,[70] und der Zweck der Verhinderung von forum shopping und der Sicherung der Sachnähe des entscheidenden Gerichts[71] in gleichem Maße eingreift. Die Folge der beschränkten Kognitionsbefugnis der Gerichte an den Empfangsorten ist, dass eine weitergehende Verweisung (ohne Beschränkung auf inländische Schäden) durch das Kollisionsrecht ins Leere läuft. Denn das Prozessrecht zieht den Rahmen, innerhalb dessen das materielle Recht operiert.[72] Einem kollisionsrechtlichen Mosaikprinzip kann deshalb auch keine mangelnde Praktikabilität vorgeworfen werden.[73]

Selbst wenn im konkreten Fall die Entscheidungszuständigkeit unbegrenzt besteht – z.B. auf Grund des allgemeinen Gerichtsstands – kann die

---

[65] EuGH Slg. 1995, I – 415, 462, Tz. 33 – Fiona Shevill u.a. ./. Presse Alliance SA. In Bezug auf § 32 ZPO ist die Übernahme dieser zuständigkeitsrechtlichen Mosaikbetrachtung allerdings streitig; siehe *Kropholler*, IPR, S. 620 f. einerseits und *Roth*, in: Stein/Jonas, ZPO, § 32 Rz. 4, 40 m.w.N. andererseits.

[66] Diese Annahme ist auch für die Zwecke des Kollisionsrechts unnötig, siehe 2. Kap.IV.3.a. (S. 129 ff.).

[67] *Adolphsen*, S. 110, 112; *Berger*, GRUR Int. 2005, 465, 468 f.; *Ebner*, S. 194; *Gottwald*, in: Nagel/Gottwald, S. 100 f.; *Pansch*, EuLF 2000/2001, 353, 357 f. Für eine Differenzierungsmöglichkeit zwischen Handlungs- und Erfolgsort auch *Fezer*, MarkenR, Einl. MarkenG Rz. 227.

[68] Eine Identität ist damit nicht zwingend verbunden: Wird ein deutsches Markenrecht verletzendes Angebot von München in das Internet eingespeist, liegt der Handlungsort nur in München, die Empfangbarkeit und der Erfolgsort liegen dagegen an vielen Orten innerhalb Deutschlands.

[69] *Bettinger/Thum*, GRUR Int. 1999, 659, 664; *Leible*, in: Rauscher, EuZPR, Art. 5 Brüssel I-VO Rz. 85a, 92; *Stauder*, IPRax 1998, 317, 321. A.A. *Ebner*, S. 187; *Pansch*, EuLF 2000/2001, 353, 357 f. mit der Begründung, dass Erfolgs- und Handlungsort zusammenfallen und am Handlungsort keine Einschränkung durch die Shevill-Doktrin vorgesehen ist.

[70] So auch *Fezer/Koos*, in: Staudinger, BGB, IntWirtschR Rz. 1086; *Reber*, ZUM 2005, 194, 198.

[71] Schlussantrag von Generalanwalt *Darmon* in EuGH Slg. 1995, I – 415, 430, Tz. 67; Schlussantrag von Generalanwalt *Leger* in EuGH Slg. 1995, I – 415, 449, Tz. 56 f.; *Fezer/Koos*, in: Staudinger, BGB, IntWirtschR Rz. 1087; *Leible*, in: Rauscher, EuZPR, Art. 5 Brüssel I-VO Rz. 92.

[72] *Mankowski*, RabelsZ 63 (1999), 203, 275.

[73] *Mankowski*, RabelsZ 63 (1999), 203, 275 f.

mit der Restriktion der Kompetenz des Gerichts am Erfolgs- oder Verbreitungsort verbundene Wertung auf das internationale Privatrecht transferiert werden. Im internationalen Prozessrecht soll vor allem eine Bevorzugung des Geschädigten durch die Eröffnung einer Vielzahl von Gerichtsständen eingeschränkt und damit ein (weltweites) forum shopping unterbunden werden:[74] Es wahrt die Fairness gegenüber dem Verletzer, der nicht überall wegen jedes Schadens verklagt werden kann. Zugleich erhält der Geschädigte einen Anreiz, an solchen Orten zu klagen, an denen er alle Schäden ersetzt verlangen kann, oder an solchen Verbreitungsorten, an denen ihm ein substantieller Schaden erwachsen ist.[75] Dem vergleichbar wird mit dem kollisionsrechtlichen Mosaikprinzip verhindert, dass der Schutzrechtsinhaber seinen gesamten Schaden auf Grund des Rechts eines Verbreitungsstatuts und der Verletzung von dessen nationalem Schutzrecht liquidieren kann. Denn nach ausländischem Recht könnte es zu einer Gesamtschadensliquidation kommen, wenn dieses entweder überhaupt keinen Kausalzusammenhang zwischen Verletzungserfolg und Schaden verlangt oder wenn es Schadensersatz wegen der bestehenden Kausalität zuspricht, obwohl der Schaden primär auf einer anderen Verwertungshandlung (eines Dritten) beruht. Ein solches law shopping würde den Verletzer unangemessen benachteiligen.[76]

Überdies wird durch das Mosaikprinzip die inländische, materiellrechtliche Vorstellung des Erfordernisses der Kausalität zwischen Verletzungserfolg und ersetzbarem Schaden durchgesetzt,[77] die wohl auch Teil des ordre public ist. Deshalb ist es insgesamt überzeugend, die Rechtsfolgen nach dem Recht, in dem geistige Güter über das Internet abrufbar sind, bereits kollisionsrechtlich auf die Schäden, die in dem jeweiligen Schutzland entstanden sind, zu beschränken.

---

[74] Schlussantrag von Generalanwalt *Darmon* in EuGH Slg. 1995, I – 415, 430, Tz. 67; Schlussantrag von Generalanwalt *Leger* in EuGH Slg. 1995, I – 415, 449, Tz. 56 f.; *Fezer/Koos*, in: Staudinger, BGB, IntWirtschR Rz. 1087.

[75] *Mankowski*, RabelsZ 63 (1999), 203, 276. Hinsichtlich ausländischer Urteile wird dieses Ziel durch die Anerkennungs- und Vollstreckungsvoraussetzung der spiegelbildlichen internationalen Zuständigkeit (§ 328 Abs. 1 Nr. 1 ZPO; anders Art. 35 Abs. 1, 3 EuGVVO) erreicht.

[76] In Bezug auf das allgemeine Persönlichkeitsrecht *v. Hein*, S. 331; *Wagner*, RabelsZ 62, 243, 270. Auch im Prozessrecht ist die Vermeidung der Eröffnung eines *forum shopping* zu Gunsten des Klägers maßgeblich, *Fezer/Koos*, in: Staudinger, BGB, IntWirtschR Rz. 1087 m.w.N.

[77] Das Kausalitätserfordernis wird denn auch als Argument für die kollisionsrechtliche Beschränkung auf den jeweiligen Teilschaden verwandt, *v. Hein*, S. 333.

4. Rechtsfolgen nach dem Recht des Staates des Verhaltens

a. Kausalitätserwägungen

Wendet man den Blick auf Schadensersatzansprüche nach Rechtsordnungen, auf deren Gebiet neben den Auswirkungen das menschliche Verhalten stattgefunden hat, ist wiederum festzuhalten, dass der Territorialitätsgrundsatz keine Aussage über die Berücksichtigungsfähigkeit exterritorialer Schäden bereithält.

Im Hinblick auf die Kausalitätserwägungen ist jedoch zu differenzieren: Lassen sich verschiedene Verletzungshandlungen isolieren, wie es beispielsweise beim parallelen Vertrieb von Waren in mehreren Ländern auf Grund einer einheitlichen Entscheidung der Fall ist, so wird der Schaden in einem Staat durch die jeweilige nationale Vertriebshandlung verursacht. Sollte im Einzelfall einer bestimmten Verletzungshandlung zugleich eine andere Verwertungshandlung kausal vorhergehen, scheidet der Ersatz dieser Schäden nach den allgemeinen Zurechnungsregeln des deutschen Rechts aus. Insoweit ergeben sich keine Divergenzen zu der Sanktionierung der Abrufbarkeit von Daten über das Internet.

Die für das Internet typische Situation unterscheidet sich hiervon grundlegend. Dort stellt nur das Einstellen der Daten in das Internet ein menschliches Verhalten dar. Dieses verursacht die weltweite Abrufbarkeit und damit sämtliche Schäden, die aus der Abrufbarkeit resultieren. Mangels Dazwischentreten eines weiteren Verhaltens eines Dritten oder des Verletzers selbst, ist die Zurechnung dieser Schäden zum ursprünglichen Einspeisen in das Internet auch nicht aus Wertungsgesichtspunkten der allgemeinen Zurechnungslehre ausgeschlossen.[78] Anders als bei der Maßgeblichkeit der Rechtsordnungen der Empfangsstaaten zwingen Kausalitäts- und Zurechnungserwägungen daher nicht zu einer territorialen Begrenzung des Schadensersatzanspruchs. Die Notwendigkeit einer Mosaikbetrachtung kann sich aber auf Grund einer Interessenabwägung ergeben. Dabei soll zunächst die sachrechtliche Frage diskutiert werden, „ob" die Verletzung eines inländischen Schutzrechts zum Ersatz exterritorialer Schäden führen kann (b.). Anschließend ist zu klären, ob das Recht des Schutzlandes, das über die Verletzung des Immaterialgüterrechts zu entscheiden hat, auch hinsichtlich der Berechnung aller Schäden zur Anwendung gebracht wird

[78] Auch der Einwand des rechtmäßigen Alternativverhaltens kann höchstens dann eine Berücksichtigung ausschließen, wenn der Schädiger zum Einstellen der Daten ins Internet von dem betroffenen ausländischen Staat befugt gewesen wäre. Zudem ist zweifelhaft, ob ein rechtmäßiges Alternativverhalten überhaupt beachtlich ist, vgl. zum Streitstand allgemein *Oetker*, in: MünchKomm, BGB, § 249 Rz. 211 ff.; vgl. auch OLG Hamburg GRUR RR 2005, 109, 111.

oder ob für die Berechnung der Anspruchshöhe eine divergierende Anknüpfung an den jeweiligen Schadensort zu favorisieren ist (c.).

b. Interessenabwägung

aa. Vergleich mit internationalem Prozessrecht und prozessökonomische Erwägungen

Als Erstes kann wiederum ein Vergleich mit den Regeln der internationalen Zuständigkeit vorgenommen werden. Trotz Übertragung der in der Shevill-Rechtsprechung niedergelegten Grundsätze ist die Kognitionsbefugnis des Gerichts am Einspeisungsort der Daten in das Internet nicht auf inländische Schäden beschränkt. Der EuGH limitiert nur die Kompetenz an den Verbreitungsorten, nicht aber am Ort des ursächlichen Verhaltens.[79] Diese Differenzierung ist für den Zweck der Kognitionsbefugnis selbst dann möglich, wenn man die Belegenheit des Handlungsorts im Schutzland für zwingend erachtet.[80]

Grund der unbeschränkten Kognitionsbefugnis ist, dass wegen der Singularität des Handlungs- bzw. Verursachungsorts keine Gefahr des forum shoppings besteht und dem Geschädigten mit dem besonderen Gerichtsstand nach Art. 5 Nr. 3 EuGVVO die Verfolgung des gesamten Klageziels an einem weiteren Ort neben dem allgemeinen Gerichtsstand ermöglicht werden soll.[81] Gleichfalls ist im materiellen Recht kein law shopping zu befürchten. Vielmehr wird dem Schutzrechtsinhaber durch eine Begrenzung auf inländische Schäden die Möglichkeit genommen, seinen gesamten Schaden auf der Basis einer einzigen Rechtsordnung ersetzt zu bekommen; will er dieses Ziel erreichen, muss er die Verletzung all seiner (national begrenzten) Schutzrechte geltend machen. Die Prüfung einer Vielzahl von Rechtsordnungen ist indes zeit- und kostenaufwändig – zumal eine Aufteilung der Schäden nach Staaten zu erfolgen hat und gleichzeitig eine Überbelastung des Schädigers zu verhindern ist –, so dass die Geltendmachung geringer Schäden in einem Schutzstaat auch am Ort des ursächlichen Verhaltens oder des allgemeinen Gerichtsstands wirtschaftlich sinnlos oder zu risikoreich sein kann.

Hinzu kommt, dass die Geltendmachung ausländischer Immaterialgüterrechte am Gerichtsstand der unerlaubten Handlung voraussetzt, dass der Handlungsort (jedenfalls für die Zwecke des internationalen Zivilprozessrechts) außerhalb des Schutzlandes situiert sein kann.[82] Hält man dies (ent-

---

[79] EuGH Slg. 1995, I – 415, 462, Tz. 33 – Fiona Shevill u.a. ./. Presse Alliance SA.

[80] Siehe Ziff. 3.b. (S. 255 f.).

[81] Siehe nur *Mankowski*, in: Magnus/Mankowski, Brussels I, Art. 5 Rz. 219 f.

[82] *Adolphsen*, S. 110, 112; *Berger*, GRUR Int. 2005, 465, 468 f.; *Ebner*, S. 187; *Gottwald*, in: Nagel/Gottwald, S. 100 f.; *Pansch*, EuLF 2000/2001, 353, 358.

gegen der in dieser Arbeit für das Kollisionsrecht vertretenen Ansicht) für unzulässig, muss der Geschädigte sogar in allen Schutzländern oder am allgemeinen Beklagtengerichtsstand Klage erheben, um sämtliche Schäden einklagen zu können.[83] Denn für jedes Schutzrecht ist die internationale Zuständigkeit gesondert zu ermitteln.[84] Die Kognitionsbefugnis des Gerichts am Handlungsort wäre zwar nicht auf inländische Schäden, wohl aber auf die Verletzung des inländischen Schutzrechts und dadurch verursachte Schäden begrenzt. Durch eine Begrenzung der nach materiellem Recht ersetzbaren Schäden könnte folglich der prozessrechtlich gezogene Rahmen nicht ausgefüllt werden und es würde die bewusste Eröffnung eines weiteren, nicht auf nationale Schäden begrenzten Gerichtsstands in Aufweichung des favor defensoris unterlaufen; das Erfordernis von Klagen in mehreren Ländern würde durch die Hintertür des materiellen Rechts wieder eingeführt.

Einer schadensrechtlichen Parzellierung hinsichtlich des Rechts des ursächlichen Verhaltens haftet daher der Makel der mangelnden Praktikabilität und der Beeinträchtigung der Prozessökonomie an.[85]

bb. Rechtsklarheit

Während der Vorteil einer Anwendbarkeit des Rechts des Verhaltensstaates ohne Begrenzung der Rechtsfolgen auf inländische Schäden in deren Praktikabilität und der Prozessökonomie liegt, wird umgekehrt für eine Schadensparzellierung das Argument der Rechtsklarheit herangezogen. Eine kategorische Limitierung auf inländische Schäden vermeide die sonst womöglich notwendige Anrechnung konkurrierender Schadensersatzpflichten wegen der Verletzung ausländischer Immaterialgüterrechte.[86] Der Vorteil einer strikten Mosaikbetrachtung wird folglich in der Rechtssicherheit und ebenfalls in der Praktikabilität gesehen. Allerdings wird sich herausstellen, dass die Prämisse einer strikten Schadensparzellierung nicht durchgehalten werden kann, sondern zur Vermeidung unbilliger Ergebnisse zumindest in

---

[83] *Bettinger/Thum*, GRUR Int. 1999, 659, 663 f.; *Grabinski*, GRUR Int. 2001, 199, 204 f.; *Leible*, in: Rauscher, EuZPR, Art. 5 Brüssel I-VO Rz. 85a; *Kieninger*, GRUR Int. 1998, 280, 282; *Stauder*, GRUR Int. 1976, 465, 474.

[84] Siehe Ziff. 3.b. (S. 255).

[85] *Mankowski*, RabelsZ 63 (1999), 203, 276; *Reber*, S. 379. Der Vorteil der Prozessökonomie wird allerdings wieder beeinträchtigt, sofern man kollidierende ausländische Schadensersatzansprüche bereits im Falle des objektiven Vorliegens unabhängig von der Realisation anrechnen will, dazu Ziff. 1.c.cc. (S. 247 f.).

[86] *Drexl*, in: MünchKomm, BGB, IntImmGR Rz. 200. Ähnlich *Geller*, GRUR Int. 2000, 659, 664, der die Möglichkeit der Anrechnung außer Betracht lässt und daher die Gefahr von inkonsistenten Entscheidungen sieht.

einigen Fällen exterritoriale Schäden berücksichtigt werden müssen.[87] Deshalb verliert die Argumentation der „klareren Lösung" viel an Überzeugungskraft.

cc. Schutz der inländischen Immaterialgüterrechte

Die wirtschaftspolitischen Interessen des Inlands und die Interessen des inländischen Rechtsinhabers sprechen gegen eine Schadensparzellierung. Bleiben ausländische Schäden unberücksichtigt, höhlt dies den durch das Inland gewährten Schutz aus.[88] Zwar bleiben in jedem Fall Unterlassungsansprüche unbenommen, so dass die verletzende Handlung im Inland für die Zukunft untersagt werden kann. Der Ausschluss exterritorialer Schäden mindert aber den Umfang des Schadensersatzanspruchs. Er beeinträchtigt dadurch nicht nur die verhaltenssteuernde Funktion dieses Rechtsbehelfs; auch die kompensatorische Funktion ist in Gefahr. Dem Schutzrechtsinhaber droht, dass ihm durch die Verwertung des geistigen Guts durch einen anderen Schäden entstehen oder Gewinne entgehen, die ihm nicht ersetzt werden. Denn es ist keinesfalls gesichert, dass sämtliche Rechtsordnungen, in denen Internetinhalte empfangbar sind, der *Bogsch*-Theorie folgen und die dort entstandenen Schäden ersetzen.

Vertrauen diese Staaten auf den Schutz der Rechtsordnung, auf deren Gebiet das Einspeisen in das Internet erfolgte, wird der Schutzrechtsinhaber insoweit nicht entschädigt. Dabei zeigt ein Vergleich zur Rechtslage für europäische Satellitensendungen, dass die Unbeachtlichkeit des Empfangs unter Konzentrierung auf das Aussenden als einzig relevanten Benutzungstatbestand durchaus vorkommen kann.[89] Auch in Bezug auf das Internet ist dies denkbar. Trotzdem ist man sich einig, dass hiermit keine Benachteiligung des Rechtsinhabers verbunden sein darf und diese Regelung nur den Zweck hat, die den Rechtsverkehr behindernde Rechtsunsicherheit hinsichtlich der zu erwerbenden nationalen Verwertungsrechte zu beseitigen.[90] Eine Benachteiligung des Schutzrechtsinhabers kann jedoch nur ausgeschlossen werden, indem bei der Bemessung der Vergütung nicht nur der im Ausstrahlungsland befindliche Nutzerkreis, sondern auch die erreichte oder erreichbare Öffentlichkeit in anderen europäischen Ländern berücksichtigt wird.[91] Hier zeigt sich, dass eine strikte schadensrechtliche Mosaikbetrachtung nicht durchgehalten wird und werden kann.[92]

---

[87] Dazu sogleich.

[88] *Drexl*, in: MünchKomm, BGB, IntImmGR Rz. 197.

[89] Siehe Art. 2 i.V.m. dem 14. Erwägungsgrund der Satellitenrichtlinie und deren Umsetzung in § 20a UrhG.

[90] So auch der 14. Erwägungsgrund der Satellitenrichtlinie.

[91] Ausdrücklich *Castendyk/v. Albrecht*, GRUR Int. 1992, 734, 746 (mit Hinweis auf den 15. Erwägungsgrund des Richtlinienvorschlags der Kommission, der leicht verändert

Der Schutz eines nationalen Immaterialgüterrechts läuft ferner teilweise leer, wenn die konkrete Verwertung im Ausland bewusst gemeinfrei oder dem Schädiger selbst zugeordnet ist. Denn der Zweck des inländischen Schutzrechts liegt nicht in einer isolierten Eröffnung der Verwertungsmöglichkeit des jeweiligen nationalen Marktes, sondern grundsätzlich soll dem Schutzrechtsinhaber auch die Verwertung ausländischer Märkte zugestanden werden, solange die Benutzungshandlung auf inländischem Territorium vorgenommen wird. Dies entspricht jedenfalls der Ansicht der Rechtsprechung. Andernfalls ist nicht zu erklären, warum z.B. das inländische Angebot einer Lieferung in das patentfreie Ausland untersagt ist.[93] Besonders klar kommt dies im jüngst ergangenen Urteil Sender Felsberg des BGH zum Ausdruck. Dort hat der BGH betont, dass es irrelevant ist, wo sich die Öffentlichkeit i.S.d. § 20 UrhG befindet, da der Zweck dieser Vorschrift in der Sicherung der Kontrolle des Urhebers über alle Rundfunksendungen, deren maßgebliche Handlung im Inland stattfindet, liegt.[94] Dies überzeugt. Denn zum einen wird mit einer Sanktionierung von Verwertungshandlungen unabhängig von den anvisierten Märkten die Aussicht auf eine angemessene Belohnung, zum anderen die Bereitschaft zu inländischen Investitionen in geistige Güter gefördert.[95]

Sanktioniert die fremde Rechtsordnung selbst die Abrufbarkeit von Daten im Internet auf ihrem Territorium – weil sie der *Bogsch*-Theorie folgt, keine Schrankenbestimmung im konkreten Fall eingreift und das geistige Gut dem gleichen Inhaber wie im Inland oder einem Dritten zuordnet – scheint ein umfassender Schadensersatzanspruch dagegen nicht erforderlich zu sein, da der Schutz auch durch das Zusammenwirken der verschiedenen Rechtsordnungen erreicht werden kann. Andererseits wird dadurch

---

im 17. Erwägungsgrund der Satellitenrichtlinie übernommen wurde); *Dreier*, GRUR Int. 1991, 13, 16; *Rumphorst*, GRUR Int. 1992, 910, 911; *Schack*, UrhR, S. 477. Aber auch sonst geht die Literatur von dieser Lösung aus, siehe z.B. *v. Ungern-Sternberg*, in: Schricker, UrhR, § 20a Rz. 8.

[92] Ähnlich *Reber*, S. 378 f., der auf die häufige Notwendigkeit einer Anpassung hinweist.

[93] Siehe dazu und zu weiteren Fällen der Tatbestandsmäßigkeit inländischen Anbietens trotz ausschließlicher wirtschaftlicher Relevanz in Bezug auf ausländische Märkte die Nachweise bei *Scharen*, in: Benkard, PatG, § 9 Rz. 11.

[94] BGHZ 152, 317, 327 – Sender Felsberg. Ähnlich für Sec. 106 (4) und (5) US Copyright Act der US Court of Appeals, National Football League v. PrimeTime 24 Joint Venture, 211 F.3d 10 (2nd Cir. 2000); unklar ist jedoch, ob das Gericht das Erreichen einer US-amerikanische Öffentlichkeit verlangt.

[95] *Kraßer*, S. 775 f. Ähnlich begründet das OLG München (OLG Report 2005, 124) die Notwendigkeit der Sanktionierung eines inländischen Anbietens der Lieferung eines geschützten Gutes im Ausland mit der vermehrten Verlagerung von Produktionsabläufen ins Ausland.

nicht sichergestellt, dass der Umfang des Schadensersatzanspruchs in beiden Fällen identisch ist. Insbesondere können die Vorstellungen über die Geltendmachung entgangener Lizenzgebühren und deren Angemessenheit in den einzelnen Schutzstaaten divergieren.[96] Die Folge ist, dass der Schutz des Immaterialgüterrechts zwar nicht leer läuft, aber hinter dem inländischen Niveau zurückbleiben kann. Das wird durch die Berücksichtigung exterritorialer Schäden und die Anrechnung ausländischer Zahlungspflichten verhindert.[97]

dd. Auswirkung auf die Interessen des Auslands

Die Berücksichtigung exterritorialer Schäden kann jedoch mit den Interessen eines ausländischen Staates kollidieren. Unberührt bleibt zwar die Zuordnung des Immaterialguts zu seinem Inhaber selbst und es wird auch keine Verwertung auf dem Territorium eines fremden Staates beanstandet. Doch mit der Verleihung von Immaterialgüterrechten wird nicht nur die Monopolisierung bestimmter Verwertungshandlungen als Selbstzweck verfolgt. Vielmehr werden subjektive Rechte an geistigen Gütern aus wirtschafts- oder kulturpolitischen Gründen anerkannt. Dem Inhaber eines Schutzrechts sollen die Vorteile aus der Verwertung dieses Guts gesichert werden. Umgekehrt kann aus politischen Gründen eine Monopolisierung gerade nicht gewünscht sein, damit die Verwertung des geistigen Gutes im Interesse der Allgemeinheit kostenlos möglich bleibt.

Trotzdem darf dies keinesfalls zu der Annahme verleiten, dass eine Kollision mit den Interessen des Auslands zwangsläufige Konsequenz einer fehlenden schadensrechtlichen Mosaikbetrachtung ist. Voraussetzung der Unvereinbarkeit mit der Entscheidung eines ausländischen Staates ist, dass die Zuordnung der Verwertungsbefugnis in den betreffenden Staaten abweichend geregelt wurde. Hierunter fallen zum einen Konstellationen, in denen der mutmaßliche Schädiger im Land der bloßen Abrufbarkeit selbst

---

[96] Diese Regeln sind international bisher auch nicht vereinheitlicht. Insbesondere legt Art. 45 Abs. 1 TRIPs nur fest, dass die Gerichte zur Festsetzung von angemessenem Schadensersatz befugt sind, wenn der Verletzer wusste oder vernünftigerweise hätte wissen müssen, dass er eine Verletzungshandlung vornahm. Eine Konkretisierung der Höhe des Ersatzes ist nicht erfolgt. Die unterschiedliche Höhe der Lizenzgebühren in Frankreich und Deutschland war wohl auch der wirtschaftliche Hintergrund für die Streitigkeit im Fall Sender Felsberg bzw. Lagardère, dazu *Gerlach*, ZUM 2005, 729, 730 a.E. (A.A. *Brinkmann*, LMK 2003, 96, der einen Streit um Zuständigkeiten, Mittelvereinnahmungen oder Verwaltungsgebühren zwischen den Verwertungsgesellschaften – und nicht um Vorteile für die Schutzrechtsinhaber – vermutet.)

[97] Anders ist dies, wenn die Anrechnung der Zahlungsansprüche im Sinne einer Aufteilung des Nutzerkreises zur Berechnung des inländischen Schadensersatzanspruches verstanden wird.

Inhaber des Schutzrechts ist. Zum anderen kollidieren die wirtschaftlichen Entscheidungen, wenn ein Staat die Abrufbarkeit des Angebots für ein geistiges Gut bewusst gemeinfrei lässt, z.B. mittels einer Schrankenregelung oder wenn das geistige Gut keinen immaterialgüterrechtlichen Schutz genießt. In diesen Fällen will der ausländische Staat weder das Angebot oder die Zugänglichmachung des geistigen Gutes auf seinem Markt durch den mutmaßlichen Verletzer erschweren noch zulassen, dass dem aus Sicht eines anderen Staates Begünstigten die Vorteile des eigenen Marktes zugeordnet werden.

Rechtstechnisch könnte ein Staat die Gemeinfreiheit der Abrufbarkeit von Daten über das Internet auch sichern, indem er auf ein entsprechendes Verwertungsrecht verzichtet. Doch die bloße Ablehnung der *Bogsch*-Theorie impliziert diese Entscheidung regelmäßig nicht. Wäre dem Verwerter in dem Empfangsstaat das Einspeisen der Daten in das Internet untersagt, spricht stattdessen vieles dafür, dass diesem nicht die wirtschaftlichen Vorteile des betreffenden Marktes zufließen sollen und das Fehlen eines Tatbestandes, der die Ermöglichung der Abrufbarkeit verbietet, anderen Zwecken dient. So ist es denkbar, dass ein Staat sein Immaterialgüterrecht strikt verhaltensbezogen auffasst[98] und aus Gründen der Systemkonformität nur menschliche Verhaltensweisen und nicht deren Auswirkungen sanktioniert. Wird zugleich das Territorialitätsprinzip ausnahmslos befolgt, ist es diesem Staat nicht möglich, die Empfangbarkeit von Daten als Benutzungstatbestand aufzufassen. Wesentlich wahrscheinlicher ist, dass eine solche Lösung aus Gründen der Praktikabilität und der Rechtssicherheit getroffen wird.[99] Durch die alleinige Maßgeblichkeit des Einspeisens bzw. des Aussendens der Daten wird nämlich sichergestellt, dass ein (bei natürlicher Betrachtung) einheitlicher Vorgang nicht zu einer Verletzung einer Vielzahl von Immaterialgüterrechten führt. Die Konsequenz ist idealiter, sofern alle Staaten dieser Lösung folgen, dass der Verwerter eines Schutzrechts sich nur um die Berechtigung nach dem Recht eines Staates bemühen muss. Selbst wenn nicht alle Staaten dieser Lösung folgen, wird die Zahl der betroffenen Schutzrechte reduziert und die Leichtigkeit und Sicherheit des Rechtsverkehrs zumindest gefördert. Diesen Zweck verfolgt außerhalb des Internets auch die Satellitenrichtlinie, die für europäische Satellitensendungen die Maßgeblichkeit allein des Aussendens festlegt.[100] Dieses Beispiel zeigt, dass die Ablehnung der *Bogsch*-Theorie gerade die

[98] In Deutschland wird die Handlungsbezogenheit der Benutzungstatbestände betont, aber nicht strikt durchgehalten, dazu 1. Kap.V.1.a.bb. (S. 52 ff.).

[99] Diese Gründe werden auch in der Diskussion gegen die Beachtlichkeit der *Bogsch*-Theorie verwandt, siehe z.B. *v. Ungern-Sternberg*, in: Schwarze, Rechtsschutz gegen Urheberrechtsverletzungen, S. 109, 113.

[100] Dazu oben Ziff. cc. (S. 261 f.).

Akzeptanz der immaterialgüterrechtlichen Einschätzung des Verhaltensstaates bezwecken kann, so dass es dem Willen des fremden Gesetzgebers diametral widerspricht, wenn Schäden auf dessen Gebiet nicht berücksichtigt werden. Deshalb verwundert es nicht, dass im Falle einer europäischen Satellitensendung nach ganz überwiegender Ansicht keine schadensrechtliche Parzellierung vorgenommen wird[101] und hiergegen im Gegensatz zur generellen Diskussion gerade keine Bedenken wegen des Territorialitätsprinzips erhoben werden.[102, 103]

Zweifel könnten sich an der Vereinbarkeit mit dem Interesse eines fremden Staates ergeben, wenn dieser Staat der Empfangbarkeit einer Internetseite grundsätzliche Tatbestandsrelevanz beimisst, im Einzelfall wegen der geringen Inlandsbezüge jedoch exkludiert. Zum einen kann der Sinn dieser Regel in der Gewährleistung eines größeren Maßes an Rechtssicherheit und Praktikabilität für den einzelnen Verwerter liegen.[104] Die Benutzung des Mediums Internet soll nicht bereits wegen dessen Globalität zu der Beachtung der immaterialgüterrechtlichen Situation in allen Staaten nötigen, wenn nur geringe Inlandsbezüge existieren. Dieses Ziel ist bereits erreicht, wenn der konkrete Verwerter sich nicht nach entgegenstehenden Immaterialgüterrechten in diesen Empfangsstaaten erkundigen muss. Des zusätzlichen Vorteils der Nichtberücksichtigung von Schäden in diesem Staat bedarf es nicht mehr. In diesem Fall besteht kein Grund, dem Schutzrechtsinhaber einen Ausgleich für erlittene Schäden in diesen Ländern nach dem Recht des Verhaltensstaates zu versagen. Andererseits erscheint ein

---

[101] Nachweise in Fn. 91 zum 6. Kapitel.

[102] Hier zeigt sich, dass die Schadensparzellierung nicht als Inhalt eines apriorischen Territorialitätsprinzips angesehen werden kann, auch wenn dieses bezweckt, die Zuordnung der wirtschaftlichen Vorteile eines Marktes durch den jeweiligen Staat zu respektieren. Vielmehr ist dieser Zweck bei der Abwägung zu berücksichtigen.

[103] Zu beachten ist ferner, dass die Hinnahme solcher Schutzlücken mit einer völkerrechtlichen Verpflichtung der internationalen Konventionen kollidieren kann und schon aus diesem Grund nicht bezweckt sein wird. Z.B. ist in Art. 8 WCT die Pflicht normiert, den Urhebern das ausschließliche Recht der öffentlichen Wiedergabe zu gewähren, einschließlich der Zugänglichmachung ihrer Werke in der Weise, dass die Öffentlichkeit von Orten und Zeiten ihrer Wahl auf diese zugreifen kann. Da diese Vorschrift technikneutral formuliert ist, ist auch die Zugänglichmachung über das Internet erfasst (*Ficsor*, S. 494). Sofern die Eröffnung des Zugriffs der inländischen Öffentlichkeit von einem anderen Staat aus nicht zu einem wirtschaftlichen Ausgleich zu Gunsten desjenigen führt, der in beiden Ländern Inhaber des Urheberrechts ist, stünde dies in Widerspruch zu Art. 8 WCT. Dagegen schreibt Art. 8 WCT nicht vor, nach welchem Recht der Schutz erfolgen muss, *Ricketson/Ginsburg*, Rz. 20.25. Vgl. zur vergleichbaren Problematik des Art. 11bis RBÜ auch *Neumaier*, UFITA 2003 III, 639, 680 f.; *v. Ungern-Sternberg*, in: Schricker, UrhR, § 20a Rz. 5.

[104] Dies ist für das deutsche Recht i.R.d. kollisionsrechtlichen Einschränkung zu befürworten; siehe 4. Kap.III.3. (S. 189 ff.).

Ausgleich unnötig, sofern der Grund der konkreten Regelung im fehlenden Schutzbedürfnis des Rechtsinhabers zu erblicken ist.[105]

Schwierig ist ferner die Frage nach der Kollision einer schadensrechtlichen Allzuständigkeit des Sendelands mit den Zielen des Empfangsstaats zu beantworten, wenn Letzterer die Abrufbarkeit sanktioniert. Sofern der Schutzrechtsinhaber in beiden Staaten identisch ist, verfolgen beide Staaten das gleiche Ziel. Es ist daher von untergeordneter Bedeutung, welcher der nationalen Verletzungstatbestände dem Schutzrechtsinhaber Ersatz der Schäden gewährt.[106] Ist das geistige Gut in den beiden Ländern zu Gunsten unterschiedlicher Inhaber monopolisiert, wird durch eine Berücksichtigung exterritorialer Schäden im Sendestaat nur das Ziel des Abrufstaats verwirklicht, dass der konkrete Schädiger keine Vorteile aus der Verwertung ziehen soll. Richtet man das Augenmerk dagegen auf den Umstand, wer durch den Anspruch begünstigt wird, kollidiert die Entscheidung des Sendestaates mit der Zuordnung durch den Empfangsstaat.

ee. Interessen des Schädigers

Schließlich können durch den Ersatz exterritorialer Schäden die Interessen des Schutzgutverwerters beeinträchtigt werden. Dieser hat immer ein Interesse an einer Minimierung der Schadensersatzpflicht und damit auch an einer Ausklammerung exterritorialer Schäden. Schützenswert ist dieses Interesse, sofern er in dem betreffenden Staat zur Verwertung befugt ist, d.h. sofern der Empfangsstaat ihm die Vorteile des dortigen Marktes gewährt.[107] Dies ist der Fall, wenn er selbst Inhaber eines konkurrierenden Schutzrechts ist, vertraglich durch den Inhaber zur Nutzung berechtigt wurde oder wenn die Verwertung des immateriellen Gutes in der Fremde gemeinfrei ist. Wiederum ist jedoch zu beachten, dass eine Sanktionierung der Verwendung im Ausland aus anderen Gründen – z.B. der Vereinfachung – unterbleiben kann, ohne dass damit eine Berechtigung für den Schädiger verbunden ist.

ff. Verbleibende Lösungsvorschläge

Die vorstehenden Ausführungen zeigen, dass nur zum Teil, aber keinesfalls in allen Fallgruppen, das Interesse des Verhaltensstaates an einem umfas-

---

[105] Dies ist für das deutsche Recht i.R.d. sachrechtlichen Einschränkung zu befürworten; siehe 5. Kap.III.3.a. (S. 231 ff.).

[106] Allerdings können divergierende Auffassungen über den Umfang des Schadensersatzes bestehen. Dies ist indes erst bei der Frage nach der Anknüpfung der Schadensberechnung von Bedeutung.

[107] Zur Beeinträchtigung seiner Interessen durch die unterschiedlichen Berechnungsmethoden Ziff. c. (S. 270 ff.).

senden Immaterialgüterschutz mit der autonomen Entscheidung des Empfangslandes, den Bedürfnissen des Schädigers und dem Interesse an deren Respektierung kollidiert. Beachtet man dies, bleiben folgende Lösungsmöglichkeiten:

1. Entweder berücksichtigt man grundsätzlich exterritoriale Schäden und verhindert eine Doppelbelastung des Verletzers durch die Anrechnung konkurrierender Zahlungsansprüche.
2. Oder man führt grundsätzlich eine territoriale Parzellierung der Schäden durch und lässt eine Ausnahme für den Fall zu, dass das Recht des betreffenden Empfangsstaates selbst keine Sanktionen anordnet, ohne zugleich die Zulässigkeit der konkreten Verwertung über das Internet zu bezwecken.

Eine strikte Mosaikbetrachtung scheidet dagegen aus, da sie den berechtigten Interessen der Parteien widerspricht und weder mit den Zielen des Empfangsstaates, noch denen des Aussendelandes konform geht. Hierüber kann man sich nicht mit dem Hinweis auf eine einfachere Rechtsanwendung hinwegsetzen.

gg. Abwägung

Da die beteiligten Interessen in unterschiedliche Richtungen weisen, muss eine Abwägung erfolgen, ob dem Respekt vor der Entscheidung fremder Staaten und dem Interesse des Schädigers oder dem Schutz des inländischen Rechtsinhabers und den wirtschaftspolitischen Zielen des Inlands der Vorrang gebührt.[108]

Bewertet man zunächst das Interesse des illegitimen Verwerters am Ersatz exterritorialer Schäden ausschließlich unter der Voraussetzung, dass die Verwertung am Schadenseintrittsort zulässig ist,[109] ist zu konstatieren, dass durch die Ausweitung des Schadensersatzes die Zuordnung des geistigen Gutes in anderen Ländern nicht tangiert wird. Gleichfalls kann nicht mit einer Beeinträchtigung der Zuordnung der Vorteile argumentiert werden, da die Zuordnungen durch den Verhaltensstaat und den Empfangsstaat divergieren. Stattdessen könnte lediglich das Vertrauen des Betroffenen in die Zuordnung der Vorteile durch das Ausland berücksichtigt werden. An-

---

[108] Diese Abwägung hat der BGH in seiner Entscheidung Sender Felsberg (BGHZ 152, 317) nicht vorgenommen, sondern die Berücksichtigung exterritorialer Schäden auf Grund der marktungebundenen Zuordnung der wirtschaftlichen Vorteile durch die inländischen Gesetze und des fehlenden Verbots durch den Gebietsgrundsatz zugelassen.

[109] Zur Beeinträchtigung der Interessen bei Unzulässigkeit der Verwertrung im Empfangsstaat auf Grund unterschiedlicher Berechnungsmethoden, siehe Ziff. c. (S. 270 ff.).

dererseits ist auf sachrechtlicher Ebene der Umfang des Schadensersatzes nicht von der Vorhersehbarkeit der Schäden abhängig.[110] Selbst wenn man das Vertrauen in die Anwendung der Regeln des betroffenen Marktes einbeziehen will, können nicht die tatsächlichen Erwartungen des Schädigers entscheidungserheblich sein.[111] Diese können schwer zu ermitteln und von Fall zu Fall und von Nutzer zu Nutzer verschieden sein. Es ist nicht einmal erwiesen, dass die Nutzer regelmäßig hierauf vertrauen.[112] Maßgeblich ist vielmehr, womit der Schädiger rechnen konnte und musste, d.h. welche Erwartungen aus Sicht des Inlands berechtigt sind.[113] In dieser Wertung ist das Inland prinzipiell frei, sofern das Ergebnis für den Betroffenen nicht unvorhersehbar ist. Angesichts der Vornahme des ursächlichen Verhaltens im Inland und der Kausalität sämtlicher Schäden weltweit liegt eine umfassende Schadensersatzpflicht nach dem Recht des Verhaltensstaats nahe.[114] Deshalb kann vom jeweiligen Nutzer erwartet werden, dass er mit dem Ersatz exterritorialer Schäden rechnet.

Für den Vorrang der Respektierung der Entscheidung anderer Staaten spricht, dass ohne die Akzeptanz des ökonomischen Ergebnisses die Anerkennung der fremden Entscheidung kaum Bedeutung erlangt. Deshalb liegt es auf den ersten Blick nahe zu argumentieren, dass die konsequente Fortsetzung des Territorialitätsprinzips – d.h. der Akzeptanz der ausländischen Verleihung von Immaterialgüterrechten für deren Territorium – eine schadensrechtliche Parzellierung erfordert.[115] Einer solchen Argumentation steht es nicht entgegen, dass dem Gebietsgrundsatz selbst kein entsprechender Inhalt beigemessen wird.[116] Die Nichtexistenz eines allgemeingültigen Prinzips zur Berücksichtigung nur inländischer Schäden verhindert

[110] Die Haftung ist nur bei gänzlich unwahrscheinlichen Schadensverursachungen ausgeschlossen, *Heinrichs*, in: Palandt, BGB, Vorb v. § 249 Rz. 58 ff.

[111] Anders wohl *Goldstein*, Int. Copyright, S. 69.

[112] Angesichts der bisherigen Rechtsprechung liegt dies auch keineswegs nahe. A.A. *Goldstein*, Int. Copyright, S. 69.

[113] *v. Hein*, S. 191 in Bezug auf das Kollisionsrecht.

[114] Dies zeigt auch ein Vergleich mit dem allgemeinen Deliktsrecht: Selbst bei Multistate-Delikten kann der Schaden einheitlich nach dem Recht des Handlungsorts berechnet werden.

[115] Auf die Beeinträchtigung der Wertung des ausländischen Gesetzgebers stellt z.B. *Drexl* (in: FS Nordemann, S. 429, 436) einseitig ab. Der Einwand *Schack*s (IPRax 2003, 141, 142), die Beeinträchtigung der ausländischen Rechtsordnung sei nur für ausländische Gerichte beachtlich, überzeugt dagegen nicht, denn der völkerrechtliche Grundsatz der *comitas* ist für deutsche Gerichte und nach deutschem Recht relevant. Allerdings hat *Schack* insofern Recht, dass eine Umgehung ausländischer Gesetze – anders als es das OLG Saarbrücken (IPRax 2003, 150, 152 – Sender Felsberg; aufgehoben durch BGHZ 152, 317) meinte – nicht zwingend zur Unbeachtlichkeit des deutschen Rechts führen muss.

[116] Dazu Ziff. 2. (S. 249 ff.).

nämlich nicht, dass die hinter dem Territorialitätsprinzip stehenden Gründe bei der Abwägung, ob in *einigen* Fällen ein bestimmtes Ergebnis erzielt werden soll, fruchtbar gemacht werden.

Allerdings bedingt der Respekt vor der Entscheidung fremder Staaten nicht allein das Territorialitätsprinzip, und die anderen Gründe können nicht auf die Schadensparzellierung übertragen werden. Durch die räumliche Beschränkung der Verwertungsrechte soll eine klare Abgrenzung der (aus der Akzeptanz fremder Zuordnungen resultierenden) konkurrierenden Befugnisse ermöglicht werden und das Interesse anderer Staaten zur Regelung der Befugnisse auf fremdem Hoheitsgebiet wird mangels Nähebeziehung als nicht schutzwürdig angesehen.[117] Die Abgrenzungsschwierigkeiten stellen sich hinsichtlich der Berücksichtigung exterritorialer Schäden indes nicht in gleicher Schärfe: diese können mit Hilfe der Anrechnung konkurrierender Schadensersatzansprüche zufriedenstellend gelöst werden. Wegen der Belegenheit des ursächlichen Verhaltens für diese Schäden existiert zudem ein naher Bezugspunkt zum Recht des Aussendestaates. Wie der Blick ins Ausland deutlich macht, besteht kein internationaler Konsens für eine Beschränkung der Rechtsfolgen.[118] Außerdem trägt der Gedanke des Verkehrsschutzes nicht, weil der Verwerter entgegenstehende inländische Schutzrechte beachten muss und er mit dem Ersatz ausländischer Schäden rechnen kann, sofern er die Verwertungshandlung im Inland initiiert.[119]

Des Weiteren würde aus obiger Argumentation die Akzeptanz der wirtschaftspolitischen Entscheidung insgesamt folgen. Eine Territorialisierung der Schäden lässt indessen Unterlassungsansprüche unberührt und diese sollen auch nicht begrenzt oder ausgeschlossen werden.[120] Dem Inhaber eines ausländischen Schutzrechts wird somit der entsprechende Markt nicht vollständig zugeordnet. Es werden ihm nur die Vorteile auf diesem Markt belassen, die er durch eine rechtswidrige Handlung im Land des Uploads *in der Vergangenheit* erzielt hat. Für die Zukunft wird ihm die Nutznießung ohne Veränderung der Modalitäten der Verwertung dagegen untersagt. Insofern ist eine isolierte Schadensparzellierung wenig konsequent.[121]

---

[117] Hierzu 1. Kap.VI.1.g. (S. 67 ff.).

[118] Dazu Ziff. 2.a. (S. 249 ff.).

[119] Dazu bereits zuvor. Zur Begründung der räumlichen Beschränkung der subjektiven Schutzrechte mit dieser Erwägung 1. Kap.VI.1.f. (S. 64 ff.).

[120] *Drexl*, in: MünchKomm, BGB, IntImmGR Rz. 201. Dem ist zuzustimmen. Dazu sogleich, Ziff. II. (S. 272 ff.).

[121] Deshalb kann auch die Differenzierung *Geller*s (GRUR Int. 2000, 659, 664), der mit Hinweis auf die Verpflichtung der Staaten gemäß Art. 41 Abs. 1 TRIPs zur Sicherstellung von Rechtsbehelfen mit abschreckender Wirkung die Erkennung auf Strafschadensersatz wegen der Anvisierung anderer Märkte gewähren will, nicht überzeugen. Be-

Der Unterlassungsanspruch und der beschränkte Schadensersatzanspruch genügen auch nicht in sämtlichen Fallkonstellationen, um den Schutz des inländischen Immaterialgüterrechts und die Kontrolle über schutzrechtsverletzende Handlungen zu gewährleisten. Insbesondere können erstmalige Verletzungen häufig nicht verhindert werden.[122] Diese Lösung versagt zudem vollständig, wenn der Unterlassungsanspruch ausgeschlossen ist, weil die Verwertungshandlung zwar als rechtmäßig erachtet wird, aber dem Schutzrechtsinhaber ein Vergütungsanspruch zugestanden wird. Umgekehrt vereitelt der Ersatz exterritorialer Schäden nicht vollständig die ökonomische Entscheidung dieser Staaten. Der Ersatz ist nur möglich, wenn die Schäden durch ein inländisches, schutzrechtsverletzendes Verhalten verursacht wurden; dem Betroffenen bleibt es unbenommen, das geistige Gut vom schutzfreien Ausland aus zu verwerten. Schließlich kann für eine Schadensparzellierung wegen der erforderlichen Ausnahme[123] nicht der Vorteil der klareren Lösung ins Feld geführt werden. Deswegen sprechen auch die Praktikabilitäts- und Verfahrensökonomieerwägungen[124] für eine Berücksichtigungsfähigkeit aller Schäden unter Anrechnung konkurrierender Schadensersatzpflichten. Zugleich wird ein Gleichlauf mit der internationalen Zuständigkeit erzielt.

Aus diesen Gründen ist die Berücksichtigung ausländischer Schäden nicht nur zum Schutz der inländischen Immaterialgüterrechte geeignet und erforderlich, sondern auch angemessen. Eine prinzipielle Begrenzung der berücksichtigungsfähigen Schäden auf das Inland mit der Anerkennung von Ausnahmen ist daher abzulehnen, sofern die Initiierungshandlung eines Multistate-Delikts Gegenstand des Verletzungstatbestandes ist. In diesem Fall sollte es jeder Rechtsordnung erlaubt sein, den gesamten Schaden zuzusprechen, der durch das inländische Verhalten verursacht wurde.

c. Anknüpfung der Schadensberechnung

Akzeptiert man die grundsätzliche Zulässigkeit des Ersatzes exterritorialer Schäden, stellt sich die Frage, nach welcher Rechtsordnung deren Berechnung zu erfolgen hat. Die Schäden können entweder unselbstständig ange-

---

sonders deutlich wird der Widerspruch, wenn der Strafschadensersatz mittels einer Vervielfachung des nachgewiesenen oder geschätzten Schadens ermittelt wird (sog. treble oder multiple damages), wie es insbesondere im US-amerikanischen Patent- und Markenrecht vorkommt; dazu *Dreier*, S. 176.

[122] Zwar ist rein rechtlich ein Anspruch gegen bevorstehende erstmalige Verletzungen gegeben, die faktische Geltendmachung wird dagegen häufig an der fehlenden Kenntnis der Gefahr durch den Schutzrechtsinhaber scheitern.

[123] Dazu Ziff. ff. (S. 266).

[124] Dazu Ziff. aa. (S. 259 f.).

knüpft werden oder die Schadensberechnung wird selbstständig an den jeweiligen Schadensort angeknüpft.

Dabei kommen den sachlichen Unterschieden in der Ermittlung der Schadenshöhe und dem Interesse des Schädigers an einem möglichst geringen Schadensersatz keinerlei Abwägungsrelevanz zu. Nach der Prämisse des modernen internationalen Privatrechts ist von der Gleichwertigkeit aller nationalen Ansätze auszugehen.[125] Insofern hat der Schädiger das Risiko zu tragen, Schadensersatz in größerem Umfang als nach anderen Rechtsordnungen leisten zu müssen, wie dies auch außerhalb des Rechts des geistigen Eigentums außer Frage steht.[126] Lediglich in Ausnahmefällen kommt eine Korrektur ausländischer Regeln mit Hilfe des ordre public in Betracht, sofern das Ergebnis mit den wesentlichen Grundsätzen des deutschen Rechts offensichtlich unvereinbar ist. Insbesondere die Gewährung von Strafschadensersatz muss danach unterbleiben, da der Anspruch das zur angemessenen Entschädigung erforderliche Maß wesentlich übersteigt und offensichtlich anderen Zwecken als der Kompensation dient.[127] Umgekehrt ist auch das Interesse des inländischen Schutzrechtsinhabers an einer möglichst hohen Summe irrelevant.[128]

Für eine selbstständige Anknüpfung könnte das Interesse des Schädigers an der Anwendung des Rechts des Schadenseintrittsorts wegen dessen räumlicher Nähe zum Sachverhalt, und somit die Erwartungshaltung des Schädigers hinsichtlich der Anwendung dieser Rechtsordnung, sprechen. Es wurde jedoch bereits dargelegt, dass die tatsächlichen Erwartungen des Schädigers ungeklärt und unbedeutend sind. Wegen der Verursachung der Schäden existiert zudem eine Nähebeziehung zum Schutzland des beeinträchtigten Immaterialgüterrechts.[129] Deswegen kann vom jeweiligen Nutzer erwartet werden, dass er mit der unselbstständigen Anknüpfung der Schadensberechnung rechnen muss.

---

[125] Statt aller *v. Hoffmann/Thorn*, S. 4.

[126] Z.B. kann ein in den USA agierender Verleger, der mit einer international erscheinenden Zeitschrift das Persönlichkeitsrecht eines Filmstars verletzt, hinsichtlich aller Schäden weltweit nach dem Recht des Heimat-US-Staates zum Ersatz verpflichtet sein, siehe Art. 40 Abs. 1 S. 1 EGBGB.

[127] Siehe dazu allgemein Art. 40 Abs. 3 Nr. 1 und 2 EGBGB und *Heldrich*, in: Palandt, BGB, Art. 40 EGBGB Rz. 20.

[128] A.A. *Daum*, MR Beilage 22, 25, der das Vergütungsniveau im Empfangsland *berücksichtigen* will (Hervorhebung des Verf.) und auf die Rechtspraxis der Verwertungsgesellschaften hinweist. Es ist aber darauf hinzuweisen, dass der Rechtsinhaber ein niedrigeres Vergütungsniveau im Sendestaat umgehen kann, indem er sich auf die Verletzung des Schutzrechts im Empfangsstaat beruft.

[129] Dazu Ziff. b.gg. (S. 267 ff.).

Ferner werden durch eine unselbstständige Anknüpfung die Interessen des Auslands nicht über Gebühr beeinträchtigt,[130] zumal es in diesem Zusammenhang nicht um eine divergierende Zuordnung der Vorteile, sondern nur um eine abweichende Bemessung geht. Eine selbstständige Anknüpfung der Schadensberechnung ist dagegen sowohl bei der Verletzung von Rechten des geistigen Eigentums als auch im allgemeinen internationalen Deliktsrecht ungewöhnlich.[131] Sie führt zudem zu Abgrenzungsschwierigkeiten, welche Fragen im Detail von der gesonderten Anknüpfung erfasst sind. Berücksichtigt man erneut die prozessökonomischen Erwägungen der Anwendbarkeit einer einzelnen Rechtsordnung und den angestrebten Gleichlauf mit der internationalen Zuständigkeit, ist die unselbstständige Anknüpfung der Schadensberechnung zu favorisieren. Insgesamt können daher sämtliche kausalen Schäden weltweit wegen der Verletzung eines Schutzrechts durch den Upload ersetzt werden und die Anspruchsberechnung richtet sich nach derselben Schutzrechtsordnung.

II. Unterlassungsansprüche

1. Auswirkungsstaat

a. Ausgangssituation

Der Umfang von Unterlassungsansprüchen in Bezug auf die Ermöglichung der Abrufbarkeit von Internetseiten scheint aus rechtlicher Sicht zunächst nicht sonderlich problematisch zu sein. Rechtsfolge ist der Ausspruch des Gebots, zukünftige Verletzungen des in Rede stehenden Rechts zu unterlassen. Wegen des Fehlens eines weltweiten subjektiven Urheber-, Kennzeichen- und Patentrechts und der Aufgliederung in nationale Schutzrechte kann sich das Verbot juristisch nur auf das jeweilige nationale Recht beziehen. Ist zu befürchten, dass jemand unerlaubt eine Ware, die durch ein deutsches Markenrecht geschützt ist, von Frankreich aus über das Internet bewirbt, kann daher keinesfalls die Verwendung der Marke im Internet oder das Einstellen der Daten in das Internet in Frankreich, sondern nur die Ermöglichung der Abrufbarkeit in Deutschland untersagt werden; die Territorialität der subjektiven Rechte setzt sich auf der Rechtsfolgenseite des Unterlassungsanspruchs denknotwendig fort.[132] Dies sollte bei der Formulierung sowohl des Klageantrags als auch des Unterlassungstitels beachtet

---

[130] Siehe die Argumente unter Ziff. b.gg. (S. 267 ff.).

[131] Diese Möglichkeit wird i.d.R. im allgemeinen internationalen Deliktsrecht nicht einmal erwähnt, vgl. *v. Hoffmann*, in: Staudinger, BGB, Vor Art. 40 EGBGB Rz. 34 ff.

[132] OLG München MMR 2000, 277 – intershopping; *Kur*, WRP 2000, 935, 939; *Rogge/Grabinski*, in: Benkard, PatG, § 139 Rz. 35.

werden,[133] doch selbst im Falle des Fehlens einer Konkretisierung ist eine entsprechende Auslegung geboten.[134]

Trotzdem entzündet sich die Diskussion um die Problematik der Verwertung geschützter geistiger Güter im Internet und die Sanktionierung der bloßen Empfangbarkeit betreffender Internetseiten vor allem i.R.d. negatorischen Anspruchs. Ungeachtet der juristischen Limitierung wird eine faktische Überwirkung befürchtet. Angesichts der tatsächlichen Unmöglichkeit einer vollständigen Verhinderung der Abrufbarkeit von Internetinhalten in bestimmten Ländern[135] bewirke ein Gebot zur Verhinderung der Empfangbarkeit, dass die besagte Internetseite überhaupt nicht mehr verwandt werden kann.[136] Im Internet würde sich somit die strengste der Rechtsordnungen durchsetzen, nach denen der Kläger ein Schutzrecht innehat („race to the top").[137] Haben mehrere Personen kollidierende Immaterialgüterrechte, könnten sie sich gegenseitig die Nutzung im Internet verbieten lassen.[138] Beides widerspricht nicht nur dem juristischen auf das Territorialitätsprinzip gestützten Ausgangspunkt, sondern auch der wirtschaftlichen Interessenlage.

b. Vermeidung der faktischen Überwirkung

aa. Erfordernis eines erhöhten Inlandsbezugs

Die faktische Überwirkung muss aber nicht die zwangsläufige Konsequenz sein. Akzeptiert man das Erfordernis eines erhöhten Inlandsbezugs auf der Tatbestandsseite, kann nur die Ermöglichung der Empfangbarkeit der Daten untersagt werden, *soweit* die Schwelle des geforderten Inlandsbezugs überschritten wird. Der Verletzer muss folglich nicht seine gesamte Internettätigkeit einstellen, sondern lediglich diesen erhöhten Inlandsbezug beseitigen, um weitere Verletzungen des nationalen Schutzrechts zu vermeiden.[139] Dabei sind sowohl das sach- als auch das kollisionsrechtliche Kriterium zu beachten.

---

[133] *Drexl*, in: MünchKomm, BGB, IntImmGR Rz. 194; *Ingerl/Rohnke*, MarkenG, Vor §§ 14–19 Rz. 85.

[134] BGH GRUR 1997, 224, 226 – Germed (zum ErstrG); *Rogge/Grabinski*, in: Benkard, PatG, § 139 Rz. 35.

[135] Dazu bereits Einleitung.II. (S. 4 ff.).

[136] *Bettinger*, WRP 2001, 789, 791; *Dinwoodie*, PI Aspects, Ziff. 55; *Ohly*, in: Leible, IPR im Zeitalter der neuen Medien, S. 135, 139.

[137] Statt vieler *Drexl*, in: MünchKomm, BGB, IntImmGR Rz. 194; *Sack*, WRP 2008, 1405, 1414.

[138] *Bettinger/Thum*, GRUR Int. 1999, 659, 671; *Ohly*, in: Leible, IPR im Zeitalter der neuen Medien, S. 135, 139.

[139] *Kur*, WRP 2000, 935, 939.

bb. Beschränkung des Unterlassungsanspruchs in sonstigen Fällen

Trotz dieser Beschränkung ist die faktische Überwirkung des Unterlassungsgebots nicht in jedem Fall ausgeschlossen. Vor allem wenn nur geringe Anforderungen an den geforderten Inlandsbezug gestellt werden und die Verwertung des betroffenen geistigen Guts innerhalb eines umfangreichen Internetauftritts erfolgt, ist es denkbar, dass der Verletzer diese Nähebeziehung nur durch eine vollkommene Einstellung der Verwendung des geschützten geistigen Guts in seinem Internetauftritt beseitigen kann. Deshalb ist zu überlegen, ob eine weitergehende Beschränkung des negatorischen Anspruchs möglich ist.

Die WIPO schlägt dies in ihrer Joint Recommendation hinsichtlich des Kennzeichenrechts vor. Nach Art. 13 Abs. 1 und 2 Joint Recommendation sollen die Rechtsbehelfe verhältnismäßig zu den wirtschaftlichen Auswirkungen im jeweiligen Mitgliedsstaat sein und die Gerichte sollen alle involvierten Rechte, Interessen und Umstände abwägen. Art. 15 Abs. 1 konkretisiert dies hinsichtlich der Unterlassungsansprüche: Die Mitgliedsstaaten sollen soweit möglich von Sanktionen absehen, die eine zukünftige Verwendung des Kennzeichens im Internet insgesamt verhindern. Art. 15 Abs. 2 normiert, dass ein Unterlassungsgebot mit faktisch globaler Wirkung in jedem Fall unterbleiben soll, wenn der Schädiger zur Benutzung des Zeichens in einem anderen Land berechtigt ist und der Erwerb des Zeichenrechts sowie die Benutzung des Zeichens nicht in böser Absicht i.S.d Art. 4 erfolgten.

In der Tat bietet sich sowohl bei den Kennzeichenrechten als auch bei den sonstigen Immaterialgüterrechten eine Einschränkung über den Verhältnismäßigkeitsgrundsatz an. Dieser Grundsatz ist im Verfassungsrecht verankert und daher auch im Recht des geistigen Eigentums anwendbar.[140] Da die Verfügung des Gerichts zur Beseitigung des hinreichenden Inlandsbezugs geeignet und das mildeste Mittel zur vollständigen Verhinderung zukünftiger Verletzungen ist, selbst wenn faktisch die Verwendung des geistigen Gutes im Internet vollständig aufgegeben werden muss, ist entscheidend, ob die Verfügung verhältnismäßig i.e.S. ist. Dazu ist eine umfassende Abwägung im Einzelfall vorzunehmen, so dass dem Ansatz der WIPO in Art. 13 Abs. 1 und 2 Joint Recommendation auf Basis des deutschen Rechts zuzustimmen ist.[141] Wenngleich die Abwägung für jeden Einzelfall gesondert vorzunehmen ist, können dennoch einige allgemeine Hinweise gegeben werden, wann eine faktisch globale Unterlassungsverfügung zu unterbleiben hat.

---

[140] *Ingerl/Rohnke*, MarkenG, Vor §§ 14–19 Rz. 186 ff.; *Wild*, in: Schricker, UrhR, § 97 Rz. 97. Zum Wettbewerbsrecht *Köhler*, GRUR 1996, 82, 92.

[141] Ebenso *Bettinger*, in: Bettinger, Handbuch des Domainrechts, Teil 2 Rz. DE 1231.

Die abwägungsrelevanten Interessen sind dabei weitgehend mit denen für den Ersatz exterritorialer Schäden nach dem Recht des Verhaltensstaats identisch: Auf der einen Seite will der inländische Schutzrechtsinhaber seine Rechte durchsetzen. Dies hat schon deswegen großes Gewicht, weil sich der deutsche Gesetzgeber grundsätzlich für einen effektiven Immaterialgüterrechtsschutz entschieden hat. Auf der anderen Seite steht das Interesse des Verletzers, das geistige Gut im Internet nutzen zu können. Dieses Interesse ist schützenswert, wenn der Verletzer anderswo zur Benutzung berechtigt ist. Dass die Berechtigung auf einer anderen Rechtsordnung beruht, stört nicht. Denn dieses Recht wird aus Sicht des Inlands – mit Wirkung für das Hoheitsgebiet des Verleihungsstaats – anerkannt. Ebenfalls werden die Interessen des Auslands nur tangiert, wenn dieses bewusst eine Verwertung des Schutzguts durch den konkreten Verletzer erlaubt.[142]

Bei der Abwägung ist wiederum der Zweck des Territorialitätsprinzips zu berücksichtigen. Es soll sichergestellt werden, dass das Ausland die wirtschafts- und kulturpolitischen Rahmenbedingungen für das eigene Gebiet selbst festlegen kann. Anders als bei Schadensersatzansprüchen nach dem Recht des Absendestaates werden durch eine faktische Überwirkung der Unterlassungsverfügung jedoch nicht nur die ökonomischen Auswirkungen dieser Entscheidung ausgehöhlt, sondern die Ausübung des gewährten Verwertungsrechts selbst – faktisch – unmöglich gemacht. Dem Schädiger bleibt nicht die Möglichkeit, der Sanktionierung dadurch zu entgehen, dass er die Verwertung von einem anderen Land aus vornimmt. Denn allein die Abrufbarkeit führt zu dem Verbot.

Dagegen bedeutet die Vermeidung von Unterlassungsverfügungen mit globaler Auswirkung keinen kompletten Ausfall des Schutzes des inländischen Immaterialgüterrechtsinhabers. Denn zum einen wird der Unterlassungsanspruch nicht vollständig zurückgewiesen, sondern nur auf ein dem Schädiger zumutbares Maß abgemildert; der Schädiger kann zu Maßnahmen verpflichtet werden, welche den Grad der Schutzrechtsverletzung verringern. Zum anderen wird ein Schadensersatzanspruch nicht ausgeschlossen. Ungereimtheiten oder Widersprüche entstehen hierdurch nicht, da die Anpassung des Unterlassungsanspruchs nichts an der Rechtswidrigkeit der Verletzung ändert.[143] Ebenso wenig läuft dies den Vorstellungen des Gesetzgebers zuwider. Zwar hat der Gesetzgeber dem Schutzrechtsinhaber im Falle der Verwertung durch Dritte nicht nur einen Vergütungsanspruch zugestanden. Andererseits erkennt er gerade die Möglichkeit des „dulde und

---

[142] Zu den beteiligten Interessen bereits oben, Ziff. I.4.b.cc. – ee. (S. 261 ff.).

[143] Siehe auch die Diskussion zur Gewährung von Aufbrauch- oder Umstellungsfristen; hierzu *Köhler*, GRUR 1996, 82, 90. Die Zulässigkeit von Aufbrauchfristen ist im Urheber-, Marken- und Patentrecht jedoch streitig, *Wild*, in: Schricker, UrhR, § 97 Rz. 97.

liquidiere“ an, indem er in einigen Fällen einen bloßen Zahlungsanspruch statuiert.[144] Des Weiteren hat er in § 251 Abs. 2 S. 1 BGB für den Schadensersatzanspruch ausdrücklich festgelegt, dass die Wiederherstellung eines rechtmäßigen Zustands unterbleiben kann, wenn dies nur mit unverhältnismäßigem Aufwand möglich wäre.[145] Dies muss auf Grund der verfassungsrechtlichen Verankerung des Prinzips der Verhältnismäßigkeit genauso für den Unterlassungsanspruch gelten.[146] Will man § 251 Abs. 2 S. 1 BGB analog anwenden, kommt sogar eine Entschädigungspflicht in Betracht, sofern der Verletzer nicht schuldhaft gehandelt hat.[147]

Allerdings darf nicht außer Betracht bleiben, dass nach diesen Ausführungen sehr oft eine Einschränkung des Unterlassungsanspruchs zu erfolgen hat. Auf Grund der Territorialität der Immaterialgüterrechte sind viele geistige Güter nicht in allen Staaten der Welt, in denen Zugang zum Internet besteht, geschützt. Gerade bei Registerrechten, welche eine formale Anmeldung und die Zahlung einer Gebühr erfordern, oder bei nicht eingetragenen Zeichen mit nur lokaler Verbreitung im Verkehr, ist dies die Regel. Deshalb sollte eine Beschränkung des Unterlassungsanspruchs unterbleiben, wenn kein hinreichender Inlandsbezug zu den Ländern besteht, auf deren Rechtsordnung die Befugnis des Verletzers beruht.[148] Denn ohne einen solchen Bezug sind sowohl die Interessen des Schädigers als auch die des fremden Staates nur gering tangiert, so dass die Bedürfnisse des inländischen Schutzrechtsinhabers überwiegen. Dies gilt unabhängig davon, ob die Berechtigung auf einer Schrankenbestimmung des Auslands oder einem eigenen oder abgeleiteten konkurrierenden Schutzrecht beruht. Zumindest bei Kennzeichenrechten ist es nämlich ein Leichtes, sich ein entsprechendes Schutzrecht in einem abgelegenen Land zu sichern, um

---

[144] So vor allem im Urheberrecht, siehe §§ 20b Abs. 2, 26, 27 Abs. 1 und 2 S. 1 45 Abs. 2 S. 1, 46 Abs. 4, 47 Abs. 2 S. 2, 49 Abs. 1 S. 2, 52 Abs. 1 S. 2, Abs. 2 S. 2, 52a Abs. 4 S. 1, 54 und 54a UrhG. Der Grund dieser Regelungen ist zwar regelmäßig die Sozialbindung des Urheberrechts gemäß Art. 14 Abs. 2 GG (*Schack*, UrhR, S. 223). Gleichwohl zeigt dies, dass im Immaterialgüterrecht nicht zwangsläufig ein „Alles oder Nichts-Prinzip“ zur Anwendung kommt.

[145] Da der Schadensersatzanspruch gemäß § 249 Abs. 1 BGB grundsätzlich auf die Herstellung des Zustands gerichtet ist, der ohne das schädigende Ereignis bestehen würde, kann auch die Beseitigung eines verletzenden Zustands verlangt werden.

[146] *Ingerl/Rohnke*, MarkenG, Vor §§ 14–19 Rz. 186 ff. Zum Wettbewerbsrecht *Köhler*, GRUR 1996, 82, 92.

[147] In diesem Sinn (bezogen auf lauterkeitsrechtliche Ansprüche) *Köhler*, GRUR 1996, 82, 92.

[148] Man wird in diesem Zusammenhang – im Gegensatz zur Begrenzung des Schutzlandprinzips und der Tatbestandsmäßigkeit der Ermöglichung des Empfangs – keine ganz geringen Anforderungen an den Inlandsbezug stellen können. Sind diese nicht erfüllt, bleibt immer noch eine Beschränkung der Rechtsfolgen wegen der Umstände des Einzelfalls (dazu sogleich).

sich im Verletzungsverfahren auf ein eigenes Recht berufen zu können.[149] Schwieriger ist dies im Hinblick auf Erfindungen oder geistige Schöpfungen, für die eine eigene Leistung notwendig ist. Deswegen wird sich die Problematik hier selten stellen. Trotzdem ist die Schutzwürdigkeit einer bloß formal bestehenden Berechtigung, aus der kein praktischer Nutzen auf dem jeweiligen Markt gezogen werden soll, begrenzt. Ein Überwiegen der Schutzwürdigkeit der inländischen Monopolstellung kann sich des Weiteren aus Umständen des Einzelfalls ergeben. Dies ist insbesondere der Fall, wenn das ausländische Schutzrecht nur deswegen erworben oder benutzt wurde, um den inländischen Berechtigten zu schädigen. Ein Beispiel ist das sog. *Cybersquatting*, bei dem jemand den guten Ruf eines Kennzeichens, den ein anderer aufgebaut hat, durch die Verwendung eines Kennzeichens als Domain-Name oder auf einer Internetseite ausnutzen will.[150]

Insgesamt ist daher der Vorschlag der WIPO hinsichtlich des Kennzeichenrechts weitgehend zu begrüßen und dieser ist auf andere Gebiete des Immaterialgüterrechts zu übertragen: Selbst wenn die Verletzung eines Immaterialgüterrechts nicht vollständig beseitigt und für die Zukunft verhindert wird, sollten Unterlassungsverfügungen mit globalem Effekt soweit wie möglich unterbleiben. Dies gilt indes nur, wenn der Verletzte sich seinerseits auf eine konkurrierende Berechtigung – sei es aus einem Schutzrecht, sei es wegen der Gemeinfreiheit des geistigen Gutes – berufen kann und zu der Rechtsordnung eine gewisse Nähebeziehung existiert. Von diesem Grundsatz sollte nur nach einer Abwägung im Einzelfall und nur in Ausnahmefällen abgewichen werden.[151]

c. Prozessuale Umsetzung

Fraglich ist, wie die Beschränkung des Unterlassungsanspruchs prozessual umgesetzt werden kann. Insbesondere ist zu erwägen, ob das Gericht dem Schädiger konkrete Maßnahmen zur Vermeidung der Schutzrechtsverletzungen an die Hand geben muss. Dies schlägt die WIPO in Art. 14 Joint Recommendation für das Kennzeichenrecht vor. Danach soll das Gericht in seinem Urteil z.B. aussprechen, dass der Schädiger eine sog. *gateway website* einrichten muss, von der eine Verweisung auf die Internetseite des

---

[149] Dies übersieht die WIPO in ihrer Joint Recommendation, wenn in Art. 15 Abs. 2 ein striktes Unterbleiben einer globalen Wirkung gefordert wird, sofern der Verletzer Inhaber eines konkurrierenden Schutzrechts ist und nicht in böser Absicht i.S.d. Art. 4 gehandelt hat.

[150] Dieses Beispiel nennt auch die WIPO in der Explanatory Note 15.01 zur Joint Recommendation.

[151] Wie häufig für die Durchsetzung dieser Regel auf den Verhältnismäßigkeitsgrundsatz zurückgegriffen werden muss, hängt davon ab, wie stark der geforderte Inlandsbezug auf der Tatbestandsseite ist.

Schädigers und des Geschädigten erfolgt (Art. 14 Abs. 2 lit. d). Ferner kommt die Verpflichtung zur Verwendung eines Disclaimers in Betracht, mit dem der Schädiger auf seiner Internetseite unmissverständlich erklärt, dass er die – mit dem in Rede stehenden Kennzeichen versehenen – Waren oder Dienstleistungen nicht in dem betreffenden Land liefern bzw. erbringen will, und dass der Schädiger diesen Willen auch tatsächlich umsetzt (Art. 14 Abs. 2 lit. b und c).[152] Gerade letztere Maßnahme könnte sich auch für das Urheber- und Patentrecht eignen. Alternativ könnte sich das Gericht mit der allgemeinen Verpflichtung zur Unterlassung der konkreten Verwertungsform begnügen.

Ausgangspunkt der Überlegung ist, dass der Tenor eines Unterlassungsurteils materiellrechtlich nur soweit gehen darf, wie tatsächlich eine Wiederholungs- oder Erstbegehungsgefahr existiert.[153] Deshalb muss die konkrete Verwertungsform bezeichnet werden. Hierbei genügt grundsätzlich eine Anlehnung an die Formulierung der gesetzlichen Verwertungsrechte für die Einhaltung des Bestimmtheitsgebots gemäß § 253 Abs. 2 Nr. 2 ZPO.[154] Dagegen ist es nicht die Aufgabe des Gerichts, dem Verletzer rechtmäßige Alternativen aufzuzeigen.[155] Allerdings darf der Urteilsspruch nur solche Verwendungsformen erfassen, die auch tatsächlich verboten sind. Deshalb kann das Verbot des Anbietens eines bestimmten Werkes, Erzeugnisses, Verfahrens oder einer in bestimmter Weise gekennzeichneten Ware oder Dienstleistung über das Internet zu Problemen führen, wenn die Ermöglichung der Abrufbarkeit einer Internetseite Verfahrensgegenstand ist. Die Abrufbarkeit einer Internetseite allein genügt nämlich nicht für die Verletzung eines Immaterialgüterrechts; es muss ein erhöhter Inlandsbezug hinzutreten. Wird dieser erhöhte Inlandsbezug im nationalen Sachrecht nicht als Merkmal des gesetzlichen Benutzungstatbestands (z.B. des Anbietens) gesehen, sondern wird die Verletzung des Schutzrechts im Wege der teleologischen Reduktion des Tatbestands oder auf Grund der (analogen) Anwendung einer Schrankenbestimmung verneint,[156] kommt man an einer Einschränkung des Tenors nicht vorbei. Denn in diesem Fall genügt es, die Voraussetzungen für die teleologische Reduktion oder die Schranke herbeizuführen.

---

[152] Ein weiteres Beispiel eines Disclaimers wird in Art. 14 Abs. 2 lit. a Joint Recommendation aufgeführt.

[153] *Wild*, in: Schricker, UrhR, § 97 Rz. 98.

[154] *Fezer*, MarkenR, § 14 Rz. 511; *Hacker*, in: Ströbele/Hacker, MarkenG, § 14 Rz. 236; *Ingerl/Rohnke*, MarkenG, Vor §§ 14–19 Rz. 76.

[155] BGH GRUR 2002, 706, 708 – vossius; *Ingerl/Rohnke*, MarkenG, Vor §§ 14–19 Rz. 78.

[156] Hierzu 4. Kap.II.4. (S. 156 ff.).

Dabei bieten sich mehrere Alternativen an. Zunächst ist es denkbar, in den Antrag nicht nur die Formulierung des gesetzlichen Benutzungstatbestands aufzunehmen, sondern zusätzlich den genauen Inlandsbezug darzulegen, indem etwa die genaue Ausgestaltung und die (wirtschaftlichen) Auswirkungen des zu untersagenden Internetauftritts mit Hilfe von Anlagen[157] in den Antrag und den Tenor mit aufgenommen werden. Freilich wird hierdurch das Schutzbedürfnis des inländischen Rechtsinhabers nicht befriedigt, weil die enge Fassung des Tenors Umgehungsmöglichkeiten bietet. Zwar ist nach der Rechtsprechung eine Auslegung des Tenors möglich, so dass ähnliche Verwertungsformen, die in ihrem charakteristischen Kern mit der streitgegenständlichen Benutzung identisch sind, erfasst werden.[158] Doch es können trotz der Auslegungsmöglichkeit Schutzlücken bestehen bleiben.[159] Zum anderen wird die Unsicherheit des Verletzers nicht beseitigt. Die Streitpunkte werden nur vom Erkenntnis- auf das Vollstreckungsverfahren verlagert.[160] Ähnliche Schwierigkeiten ergeben sich, wenn statt des Unterlassungsbefehls nur eine Aufforderung zu einem bestimmten aktiven Handeln – z.B. dem Einsatz eines Disclaimers – ergeht.[161]

Die Schutzlücken für den Inhaber des Immaterialgüterrechts werden hingegen beseitigt, wenn ein grundsätzliches, an der konkreten Verwertungsform orientiertes Verbot ausgesprochen wird und hiervon eine Ausnahme zugelassen wird, falls der Schädiger bestimmte – im Einzelnen näher bezeichnete – Maßnahmen ergreift. So hat der BGH in einem vergleichbaren – allerdings rein inländischen – Fall den Beklagten verboten, einen bestimmten Domain-Namen zu verwenden, sofern sie nicht auf der ersten Seite, die sich für Besucher öffnet, auf die Nichtidentität mit den Klägern hinweisen.[162] Der Vorteil dieser Konstruktion ist, dass dem Schä-

---

[157] Die Verwendung von Anlagen im Antrag bzw. in der Urteilsformel wird als zulässig erachtet, BGH WRP 1997, 748, 749 – grau/magenta; *Ingerl/Rohnke*, MarkenG, Vor §§ 14–19 Rz. 75.

[158] St. Rspr. BGH GRUR 1954, 70, 72 – Rohrbogen; BGH GRUR 1994, 844, 846 – Rotes Kreuz. Ebenso die überwiegende Literatur, siehe z.B. *Wild*, in: Schricker, UrhR, § 97 Rz. 98.

[159] Dies gilt insbesondere, wenn die Grenzen der Auslegung wegen des Bestimmtheitserfordernisses eng gezogen werden, dazu BGH WRP 1989, 572, 574 – Bioäquivalenzwerbung; *Teplitzky*, Kap. 57 Rz. 15.

[160] Diese Kritik üben auch die Stimmen in der Literatur, die für eine weitergehende Zulassung von Verallgemeinerungen plädieren, *Spuhler/Vykydal*, in: Hasselblatt, MAH Gewerblicher Rechtsschutz, § 3 Rz. 37 m.w.N.

[161] Beide Ansätze können vom Kläger in jedem Fall freiwillig verfolgt werden, weil eine Benachteiligung des Beklagten nicht zu befürchten ist, sondern in der u.U. möglichen weitergehenden Verurteilung aufgehen; dazu *Teplitzky*, Kap. 51 Rz. 25.

[162] BGH GRUR 2002, 706, 708 – vossius.

diger zumindest *ein* Verhalten aufgezeigt wird, mit dem er seinen Internetauftritt zulässig fortführen kann. Der Nachteil ist jedoch, dass vielleicht nicht alle rechtmäßigen Alternativen vom Verbot ausgenommen werden. Deswegen wäre es denkbar, auch die Ausnahmen entsprechend den rechtlichen Voraussetzungen weit zu fassen und auf die Nennung konkreter Maßnahmen zu verzichten. Das Angebot im Internet wäre demnach zuzulassen, wenn der Verletzer den erhöhten Inlandsbezug bzw. die bestimmungsgemäße Ausrichtung auf das Inland und die dortigen wirtschaftlichen Auswirkungen[163] beseitigt. Bedenken an der Bestimmtheit dieser Formulierung sind unangebracht, da nur die Voraussetzungen der gesetzlichen Vorgaben wiederholt werden. Auch bei der Lösung des BGH müssen weitere Ausnahmen im Wege der Auslegung des Tenors zugelassen werden, da andernfalls rechtmäßige Verhaltensweisen verboten würden.[164]

Dies zeigt, dass die Tenorierung der Unterlassungsverfügung stets im Spannungsverhältnis zwischen effektivem Schutz des Rechtsinhabers und der Bestimmtheit des Titels im Interesse des Beklagten steht.[165] Lässt man abstrahierende Formulierungen zu Gunsten des Schutzrechtsinhaber zu, spricht daher ein fairer Ausgleich der Interessen dafür, dem Schädiger zumindest durch konkretisierende Beispiele Möglichkeiten aufzuzeigen, bei deren Einhaltung er auf die Rechtmäßigkeit seines Verhaltens vertrauen darf. Solche konkretisierenden Zusätze sind bereits in der Rechtsprechung anerkannt, wenngleich sie vor allem zur Verdeutlichung der verbotenen Handlungsweisen verwendet werden.[166] Hiervon unterscheidet sich die Konkretisierung der zulässigen Benutzungsformen nicht grundlegend. Letzteres kann angesichts der Auslegungsfähigkeit des Titels für den Beklagten aber günstiger als eine detaillierte Umschreibung der beanstandeten Nutzung sein, da die Reichweite des charakteristischen Verbotskerns nicht eindeutig im Voraus festgestellt werden kann. Beispielsweise sollte dem Beklagten verboten werden, eine Ware mit einem bestimmten Kennzeichen über das Internet im Inland durch die Ermöglichung der Abrufbarkeit der Internetseite vom Ausland aus anzubieten, es sei denn, dass er die Ausrichtung der Internetseite auf das inländische Publikum oder die wirtschaftlichen Auswirkungen im Inland beseitigt, indem er z.B. einen (im

[163] Werden andere Kriterien für den erhöhten Inlandsbezug verwandt, sind diese in der Urteilsformel zu nennen.

[164] Ausdrücklich (zum Wettbewerbsrecht) KG GRUR Int. 2002, 448, 449 f. – Knoblauch Kapseln.

[165] *Spuhler/Vykydal*, in: Hasselblatt, MAH Gewerblicher Rechtsschutz, § 3 Rz. 33.

[166] *Spuhler/Vykydal*, in: Hasselblatt, MAH Gewerblicher Rechtsschutz, § 3 Rz. 33 ff.; *Teplitzky*, Kap. 51 Rz. 21 ff. und 36 ff. Solche Zusätze sind jedoch ungeeignet, wenn sie selbst zu unbestimmt sind oder ein aliud zu der verallgemeinerten Formulierung darstellen.

Einzelnen näher bezeichneten) Disclaimer installiert und diesen auch tatsächlich einhält.[167]

d. Durchsetzung der Beschränkung hinsichtlich ausländischer Immaterialgüterrechte

Weiter ist zu klären, inwiefern die Einschränkung des Unterlassungsanspruchs hinsichtlich der Verletzung ausländischer Immaterialgüterrechte zu beachten ist. Es ist nämlich keineswegs sicher, dass die ausländische Rechtsordnung ihrerseits das Problem faktisch überwirkender Unterlassungsgebote in gleicher Weise wahrnimmt und nicht schlicht ignoriert.[168]

Dabei ist zu untersuchen, wie zu verfahren ist, wenn der deutsche Richter über ein Unterlassungsbegehren auf Grund eines fremden Schutzrechts zu entscheiden hat. Nach den Anknüpfungsregeln des internationalen Immaterialgüterrechts hat er auf diesen Anspruch die lex loci protectionis anzuwenden. Er hat dabei so zu erkennen, wie dies ein Richter des betreffenden Staates tun würde.[169] Konsequenterweise müsste er gegebenenfalls ein uneingeschränktes Verwertungsverbot in Bezug auf dieses Schutzrecht erlassen. Zwei Auswege bieten sich an: Erstens kann die Beschränkung des Unterlassungsgebots als Konsequenz aus der Unzulässigkeit der Annahme einer Verletzung eines ausländischen Immaterialgüterrechts auf Grund der bloßen Abrufbarkeit einer Internetseite geschlussfolgert werden. Wegen der Einschränkung des Schutzlandprinzips ist unabhängig von der Ansicht der fremden Rechtsordnung ein erhöhter Inlandsbezug notwendig; die ausländische Rechtsordnung wird nur anerkannt, soweit dieser Inlandsbezug vorhanden ist. Insofern ist es folgerichtig, den Rechtsfolgen die Anerkennung zu verweigern, soweit sie nicht auf die Beseitigung des Inlandsbezugs gerichtet sind, sondern über das Ziel hinausschießen.[170] Die Wirk-

---

[167] Das beispielhafte Aufzeigen eines rechtmäßigen Verhaltens sollte auch erfolgen, wenn man den erhöhten Inlandsbezug des Angebots als Element des Benutzungstatbestands erkennt. In diesem Fall erfasst ein Verbot des inländischen Anbietens zwar keine unzulässigen Verwertungsformen. Allerdings ist gerade zweifelhaft, welche Voraussetzungen für ein Anbieten im Inland erfüllt sein müssen, so dass der Konflikt zwischen einem effektiven Immaterialgüterrechtsschutz und dem Bestimmtheitsgrundsatz wiederum durch eine Konkretisierung von zulässigen Alternativen erreicht werden sollte.

[168] Vor allem in früheren Entscheidungen fand dieses Problem – auch in Deutschland – keine Beachtung, siehe nur KG NJW 1997, 3321 – concert concept; OLG München MMR 2000, 277 – intershopping; in Frankreich Tribunal de Grande Instance de Nanterre, SG 2 ./. Brokat Informationssysteme GmbH; in den USA Inset Systems Inc. v. Instruction Set Inc., 937 F.Supp 161, 165 (D. Conn. 1996); anders aber bereits Playboy Enterprises v. Chuckleberry Publishing Inc., 39 U.S.P.Q. (2d) 1746 (S.D.N.Y. 1996).

[169] *Kropholler*, IPR, S. 212 f.

[170] Bei der Formulierung des Tenors ist sogar zu überlegen, ob die Notwendigkeit der Nennung konkreter Maßnahmen zur Beseitigung des Inlandsbezugs übertragen werden

samkeit dieses Ansatzes hängt von der Intensität des geforderten Inlandsbezugs innerhalb der kollisionsrechtlichen Begrenzung ab.

Zweitens muss eine global wirkende Unterlassungsverfügung unterbleiben, wenn diese gegen den inländischen ordre public gemäß Art. 6 EGBGB bzw. Art. 26 Rom II-VO verstößt. Im Gegensatz zur Kontrolle des Ergebnisses der Frage nach der Verletzung eines nationalen Schutzrechts steht dabei die Wirkung der gerichtlichen Verfügung im Zentrum der Überlegung. Dabei ist es denkbar, jede Verfügung mit globaler Wirkung als ordre public-widrig einzustufen, wenn sie auf der Abrufbarkeit einer Internetseite im Inland beruht. Andererseits hat sich herausgestellt, dass eine solche Maßnahme auch nach deutschem Recht möglich ist.[171] Deswegen kommt ein Verstoß nur in Betracht, wenn ein überwirkendes Verbot nach deutschem Verständnis offensichtlich unverhältnismäßig ist. Dies setzt regelmäßig eine konkurrierende Berechtigung des Verletzers in einem anderen Staat voraus und liegt nahe, wenn der Betroffene selbst Inhaber eines Schutzrechts ist und nicht nur auf Grund der Gemeinfreiheit im Ausland zur Nutzung befugt ist. Denn durch die faktische Verhinderung der Online-Verwertung des geschützten Immaterialgutes mittels Gerichtsurteil wird in eine Grundrechtsposition des Art. 14 Abs. 1 GG eingegriffen. Dies gilt unabhängig davon, ob ein deutsches oder ein fremdes Schutzrecht betroffen ist.[172] Sofern der Betroffene das Schutzrecht nicht nur formal innehat, sondern auch praktischen Nutzen daraus zieht oder ziehen will,[173] wird der Eingriff unverhältnismäßig sein und zu einem Grundrechtsverstoß führen, so dass Art. 6 S. 2 EGBGB eingreift. Kumulative Voraussetzung für die Anwendung des ordre public-Vorbehalts ist jedoch, dass ein hinreichender Bezug zum Forumstaat gegeben ist.[174] Dieser steht außer Zweifel, wenn eine tatsächlich angestrebte oder bereits wahrgenommene Verwertung im Inland in Rede steht. Soll dagegen eine Verwertung ausschließlich im Ausland erfolgen, ist sehr zweifelhaft, ob bereits die faktische Verhinderung der Abrufbarkeit im Forumstaat dem geforderten Inlandsbezug genügt.[175]

---

kann. Zwar ist die Formulierung vor allem von den Rechtsfolgen eines Anspruchs abhängig und damit eine materiellrechtliche Frage, die nach der lex causae zu beurteilen ist. Doch soweit dies auf Grund der Anforderungen an die Bestimmtheit einzuschränken ist, kann die lex fori angewandt werden, da die Bestimmtheit des Antrags und deswegen auch die Urteilsformel prozessrechtlich zu qualifizieren ist (siehe *Schack*, IZVR, S. 186).

[171] Siehe Ziff. b. (S. 273 ff.)

[172] BVerfGE 45, 142, 169; BVerfGE 101, 239, 258; *Jarass*, in: Jarass/Pieroth, GG, Art. 14 Rz. 18.

[173] Siehe die Ausführungen oben Ziff. b.bb. (S. 276 f.).

[174] Nachweise in Fn. 242 zum 4. Kapitel.

[175] Dazu bereits 4. Kap.III.6. (S. 203 f.).

Neben der Verurteilung durch inländische Gerichte ist zu erwägen, inwiefern ein ausländisches Urteil, das ein umfassendes Verwertungsverbot für das Internet ausspricht, in Deutschland anerkannt und vollstreckt werden kann. In diesem Fall bleiben nur die gesetzlich festgelegten Versagungsgründe gemäß Art. 34 f. EuGVVO[176] bzw. § 328 ZPO.[177] Einziger materiell-rechtlich bedeutsamer Grund ist wiederum ein Verstoß gegen den ordre public gemäß Art. 34 Nr. 1 EuGVVO bzw. § 328 Abs. 1 Nr. 4 ZPO. Relevanz kommt überdies § 328 Abs. 1 Nr. 5 ZPO (Verbürgung der Gegenseitigkeit) und Nr. 1 (sog. spiegelbildliche Zuständigkeit des ausländischen Gerichts) zu. Letzteres ist insbesondere bedeutend, wenn auch zuständigkeitsrechtlich ein erhöhter Inlandsbezug gefordert wird.[178]

2. Verhaltensstaat

a. Ausgangssituation

Ist die Verletzung eines Immaterialgüterrechts durch das Einspeisen einer Internetseite mit schutzrechtsverletzendem Inhalt vom Inland aus zu befürchten, stellt sich die rechtliche Ausgangslage hinsichtlich des Unterlassungsanspruchs nicht anders dar als bei einer Unterlassungsverfügung auf Grund einer bevorstehenden Ermöglichung der Abrufbarkeit vom Ausland. Wegen der Territorialität der subjektiven Rechte des geistigen Eigentums kann nicht die Verwertung im Internet als solche, sondern nur die inländische Verwendung, d.h. das Einstellen der Daten ins Internet von Deutschland aus, untersagt werden. Mangels Möglichkeit zur Reterritorialisierung des Internets hat ein solches Verbot gleichwohl faktische Auswirkungen auf die Verwendung im Internet weltweit.

b. Einschränkung des Unterlassungsanspruchs

Anders als bei der Abrufbarkeit wird ganz überwiegend kein weiterer Inlandsbezug für die Verletzung eines Schutzrechts durch ein inländisches Aussenden schutzrechtsrelevanter Daten gefordert.[179] Deshalb kann eine Unterlassungsverfügung nicht als Konsequenz der Einschränkung des Verwertungstatbestands beschränkt werden. Übrig bleibt die Prüfung der Verhältnismäßigkeit.

---

[176] Art. 34 f. EuGVVO sind auf Urteile von Gerichten aus anderen Mitgliedstaaten der EU (ohne Dänemark, Art. 1 Abs. 3 EuGVVO) anwendbar.

[177] Weitere Regelungen sind in Art. 27 f. EuGVÜ und Art. 27 f. LugÜ enthalten. Diese stimmen inhaltlich weitgehend mit Art. 34 f. EuGVVO überein.

[178] So die überwiegende Ansicht; siehe z.B. *Mankowski*, in: Magnus/Mankowski, Brussels I, Art. 5 Rz. 249 m.w.N.; a.A. z.B. *Bettinger/Thum*, GRUR Int. 1999, 659, 669.

[179] Dazu 3. Kap.II. (S. 144 f.).

Wiederum hat eine Abwägung der oben dargestellten Interessen zu erfolgen.[180] Wie bereits erörtert, führt eine Einschränkung des Unterlassungsanspruchs nicht zu einer vollständigen Versagung des Schutzes.[181] Andererseits führt das Verbot des Einstellens von schutzrechtsverletzenden Daten in das Internet vom Inland aus nicht im gleichen Maße zur Unterbindung der Nutzung des geistigen Guts. Ist ein deutsches Schutzrecht Verfahrensgegenstand, wird durch eine Unterlassungsverfügung nur die von Deutschland aus initiierte Ermöglichung des Empfangs verhindert. Dem Nutzer bleibt es unbenommen, seine Tätigkeit von einem anderen Staat aus vorzunehmen, sofern er die Schwelle des hinreichenden Inlandsbezugs im Land der Abrufbarkeit nicht überschreitet. Berücksichtigt man zudem, dass der Verwerter mit der Anwendung der Rechtsordnung am Ort des Verhaltens rechnen muss, kann von ihm durchaus erwartet werden, dass er sich über die dort bestehende Rechtslage und etwaige entgegenstehende Rechte informiert und diese beachtet oder sich gegebenenfalls ein Nutzungsrecht verschafft. Ein Verbot des Einstellens von schutzrechtsverletzenden Daten vom Inland aus ist daher prinzipiell ohne Einschränkungen zulässig.[182]

Nur ausnahmsweise können die besonderen Umstände des Einzelfalls eine Durchbrechung dieses Grundsatzes rechtfertigen. Das kommt etwa in Betracht, wenn dem Verwerter zwar im Ergebnis in allen betroffenen Ländern die Ermöglichung des Empfangs gestattet ist, aber im Verhaltensstaat lediglich die initiierende Handlung wegen deren internationalen Auswirkungen untersagt ist, und dem inländischen Schutzrechtsinhaber somit *nur* der ausländische Markt zugeordnet wird. Letzteres ist etwa auf Grund einer nur die inländische Bevölkerung bevorzugenden Schrankenbestimmung möglich.[183] Die Konsequenz ist, dass das Verbot der Handlung im Inland zum Schutz des inländischen Schutzrechtsinhabers weiterhin geeignet und erforderlich ist, aber womöglich unverhältnismäßig i.e.S.[184] Dies liegt nahe, wenn auch die anderen Empfangsstaaten lediglich den inländischen Empfang erlauben und daher eine länderübergreifende Verwertung für jeden Empfangsstaat einen dort belegenen Upload erfordern und eine Verwertung dadurch unzumutbar erschwert wird. Selbst wenn dies nicht der Fall ist, könnten in diesem Fall die inländischen Interessen an der Zuordnung des fremden Marktes geringer als die bewertet werden und das Aussenden in das Ausland zugelassen werden, sofern der betreffende Staat die

---

[180] Siehe Ziff. 1.b.bb. (S. 274 ff.).

[181] Siehe Ziff. 1.b.bb. (S. 274 ff.).

[182] So auch *Drexl*, in: MünchKomm, BGB, IntImmGR Rz. 194.

[183] Vgl. dazu die Konstellation in National Football League v. PrimeTime 24 Joint Venture, 211 F.3d 10 (2nd Cir. 2000).

[184] Deshalb liegt in der Sanktionierung der inländischen Handlung entgegen *Drexl* (in: FS Nordemann, S. 429, 436) kein Widerspruch.

Empfangbarkeit nicht verbietet, weil die Rechtswidrigkeit der Handlung nur auf die Internationalität der Verwertungshandlung gestützt wird.[185]

III. Fazit: Parallele Einschränkung der Verletzungsvoraussetzungen und der Rechtsfolgen

Es hat sich gezeigt, dass Einschränkungen der Rechtsfolgen nur notwendig sind, wenn im Inland lediglich die schutzrechtsverletzenden Internetinhalte abrufbar sind. Dann sollte vergleichbar mit Multistate-Verletzungen des Persönlichkeitsrechts ein schadensrechtliches Mosaikprinzip eingehalten werden. Zudem ist bei der Formulierung des Unterlassungsantrags bzw. der zugehörigen Urteilsformel darauf zu achten, dass die generelle Verwertung des geistigen Gutes via Internet nicht faktisch verhindert wird. Dazu sollten dem Schädiger konkrete Handlungsalternativen an die Hand gegeben werden. Beschränkungen der Rechtsfolgen sind dagegen in aller Regel nicht erforderlich, wenn im Inland zugleich das Einspeisen der Daten in das Internet erfolgt.

Die Einschränkung der Rechtsfolgen kann flexibel und entsprechend den Anforderungen im Einzelfall gehandhabt werden. Trotzdem kann sie nicht Einschränkungen auf der Tatbestandsseite ersetzen; beide Ansätze greifen kumulativ. Hinsichtlich der kollisionsrechtlichen Einschränkung ergibt sich das bereits aus der Unterschiedlichkeit der beteiligten Interessen. Ist nämlich die Anwendbarkeit einer Rechtsordnung nicht vorhersehbar, so ist nicht einzusehen, warum nur deren Rechtsfolgen eingeschränkt werden sollten. Auch sonst kann es in vielen Fällen sinnvoll sein, nicht nur den Schadensersatz auf den im Inland befindlichen Schaden zu begrenzen und faktische Überwirkungen des Unterlassungsgebots durch dessen Begrenzung weitestgehend einzuschränken, sondern sämtliche Rechtsfolgen auszuschließen. Hierzu ist es am besten geeignet, bereits das „Ob“ einer Verletzung zu verneinen. Gleichzeitig kann die tatbestandliche Voraussetzung eines erhöhten Inlandsbezugs für die Begrenzung des Unterlassungsgebots fruchtbar gemacht werden.

Bewertet man den Lösungsvorschlag des 2. Teils in seiner Gesamtheit, ist festzuhalten, dass dieser die gröbsten Unbilligkeiten des Schutzlandprinzips beseitigen kann, aber keineswegs immer die gewünschte Vereinfachung und Rechtssicherheit gewährleistet. Dem Verwerter wird trotz Verwendung des Internets die Möglichkeit gegeben, die anwendbaren Rechts-

---

185 In einem solchen Fall kann auch an die Beschränkung des Schadensersatzanspruchs auf inländische Schäden oder einen Ausschluss der Rechtswidrigkeit der Verwertungshandlung wegen des Grundsatzes der Verhältnismäßigkeit gedacht werden.

ordnungen zu beeinflussen und die zwingende (potentielle) Anwendbarkeit aller Rechtsordnungen weltweit zu verhindern. Gleichwohl darf nicht übersehen werden, dass mit Rücksicht auf die Interessen des Schutzrechtsinhabers die Einschränkung nur durch eine de-minimis-Regel erfolgen kann. Der Schutzrechtsinhaber muss zur Durchsetzung seiner Interessen weiterhin grundsätzlich seine Klage auf eine Vielzahl von Rechten und Rechtsordnungen stützen. Entsprechend ist das Gericht, sofern eine umfassende internationale Zuständigkeit eröffnet ist, zur Anwendung einer Vielzahl von Rechtsordnungen verpflichtet. Eine Ausnahme besteht nur, wenn bereits das Einstellen der Daten in das Internet eine Verletzung des geistigen Eigentums des Klägers darstellt. Dann – und nur dann – ist eine Konzentration auf die Verletzung des am Verhaltensort belegenen Schutzrechts möglich.

Teil 3

Aufgabe des Schutzlandprinzips in Internetfällen

Im 2. Teil dieser Arbeit wurde versucht, eine geeignete Lösung für die eingangs dargelegten Probleme der Verwertung geistiger Güter via Internet[1] unter grundsätzlicher Beibehaltung sowohl des Schutzlandprinzips als auch des beschränkten Anwendungsbereichs der nationalen Verletzungstatbestände auf die eigenen Schutzrechte zu finden. Im 3. Teil soll dagegen untersucht werden, ob eine interessengerechte Lösung abseits der traditionellen Wege gefunden werden kann. Die räumliche Begrenzung der subjektiven Rechte soll jedoch beibehalten werden. Es hat sich nämlich gezeigt, dass hierfür bei allen Immaterialgüterrechten gute Gründe bestehen. Zudem ist eine Aufgabe dieser Vorstellung in näherer Zukunft nicht absehbar.[2]

Im 3. Teil ist zu klären, ob die Anknüpfung der Verletzung eines Immaterialgüterrechts abweichend vom Schutzlandprinzip vorgenommen werden kann. Am einfachsten zu handhaben und vom System des modernen internationalen Privatrechts am naheliegendsten wäre es, wenn *nur eine* Rechtsordnung auf den Gesamtsachverhalt des Anbietens eines geistigen Gutes über das Internet anwendbar ist.[3] Diesbezüglich wurden in der Literatur bereits diverse Vorschläge unterbreitet, von denen einige Wesentliche im Folgenden erörtert werden sollen (8. Kapitel). Hinzuweisen ist jedoch darauf, dass eine vom Schutzlandprinzip grundsätzlich abweichende Anknüpfung zwar innerhalb der Art. 40 ff. EGBGB möglich ist. Die Rom II-VO schreibt dagegen in Art. 8 Abs. 1 das Schutzlandprinzip ausdrücklich fest und schließt in Abs. 3 sogar eine Rechtswahl aus. Insofern ist die Diskussion um abweichende Anknüpfungsregeln nur de lege ferenda zu verstehen.

Die Diskussion dieser Ansätze kann aber nicht isoliert geführt werden, sondern muss drei weitere, eng miteinander verbundene Parameter berücksichtigen, auf welche vorab eingegangen werden soll (7. Kapitel). Zum

---

[1] Dazu Einleitung.I. (S. 1 ff.)

[2] Dazu 1. Kap.VI.1. (S. 60 ff.). Dies gilt in besonderer Weise, aber nicht ausschließlich für Registerrechte.

[3] *Kropholler*, IPR, S. 16.

einen ist nicht zweifelsfrei, welche Fragen von einer alternativen Anknüpfung erfasst sein sollen. Die Verletzung eines Immaterialgüterrechts besteht aus einer Vielzahl von Teil- und Vorfragen, von denen beispielhaft das Entstehen, Bestehenbleiben, die erste Inhaberschaft, Übertragung und Übertragbarkeit, Inhalt und Schranken, Deliktsfähigkeit, Verschulden sowie die Ausgestaltung der einzelnen Rechtsfolgen einer Verletzung genannt sind. Die internationalprivatrechtliche Interessenlage kann in Bezug auf all diese Fragen indes stark divergieren und eine eingehende Erörterung aller Aspekte würde den Umfang dieser Arbeit sprengen. Die folgenden Ausführungen beschränken sich daher auf die deliktsrechtlichen Hauptfragen der Verletzung von Rechten des geistigen Eigentums. Bei diesen ist im allgemeinen internationalen Privatrecht anerkannt, dass die Interessenlage einheitlich ist und die Anknüpfung nach dem Deliktsstatut erfolgt.[4] Die Vorfragen richten sich dagegen grundsätzlich nach dem Immaterialgüterrechtsstatut.[5] Allerdings ist zu erörtern, welche Belange im Einzelnen zur deliktsrechtlichen Hauptfrage in Bezug auf die Verletzung von geistigem Eigentum zu zählen sind – insbesondere ob die Voraussetzungen der Verletzungshandlungen eingeschlossen sind. Zum anderen bedarf es einer Erörterung, ob eine Aufspaltung der einzelnen Teil- und Vorfragen im internationalen Immaterialgüterrecht überhaupt möglich ist. Denn es darf nicht übersehen werden, dass die Literatur dem größtenteils ablehnend gegenübersteht.[6] Sollte dieser Ansicht zuzustimmen sein, erübrigt sich die Diskussion einer alternativen Anknüpfung isoliert für die deliktsrechtlichen Hauptfragen. Drittens ist von Bedeutung, ob die nationalen Schutzgesetze auf fremde Immaterialgüterrechte angewandt werden können.[7] Lehnt man

---

[4] Vgl. dazu den Anwendungsbereich des Deliktsstatuts gemäß Art. 15 Rom II-VO. Zu Art. 40 ff. EGBGB statt aller *Heldrich*, in: Palandt, BGB, Art. 40 EGBGB Rz. 16 ff.

[5] Dies ist nach bisher überwiegend vertretener Ansicht und hier zu Grunde gelegter Ansicht auch im Urheberrecht das Schutzlandrecht. Befürwortet man ein in der Literatur gefordertes einheitliches, universales Urheberrecht, spricht vieles für das Ursprungsland als Urheberrechtsstatut; zum Streitstand Einleitung.II.2. (S. 6 ff.).

[6] Gegen die Möglichkeit einer abweichenden Anknüpfung von Teilfragen sprechen sich generell z.B. *Austin*, 23 Colum.-VLA J.L. & Arts (1999), 1, 46; *Beier/Schricker/Ulmer*, GRUR Int. 1985, 104, 106; *Drexl*, in: MünchKomm, BGB, IntImmGR Rz. 206 ff. aus. Gegen die Möglichkeit einer gesonderten Anknüpfung von Verletzungstatbestand und Bestand des Schutzrechts sind z.B. *Bär*, in: SIWR, Band I/1, S. 144; *Vischer*, in: Zürcher Kommentar zum IPRG, Art. 110 Rz. 13. Lediglich in dem umgekehrten, in dieser Arbeit nicht verfolgten Ansatz der Beibehaltung des Schutzlandprinzips für die deliktsrechtlichen Hauptfragen und einer einheitlichen Anknüpfung der Vorfragen wird von etlichen Autoren für das Urheberrecht eine Sonderanknüpfung unter gleichzeitiger Aufgabe der territorialen Begrenzung der subjektiven Schutzrechte und Hinwendung zu einem universellen Urheberrecht zugelassen, so z.B. *Schack*, UrhR, S. 464 ff.

[7] Diese Frage stellt sich dagegen nicht, soweit man eine territoriale Aufgliederung der Schutzrechte – z.B. für das Urheberrecht – ablehnt und ein universales Schutzrecht präfe-

dies ab, kann beispielsweise das deutsche UrhG nur über das Entstehen, die Verletzung und die Ansprüche aus der Verletzung eines deutschen subjektiven Urheberrechts befinden. Eine vom Schutzland abweichende Anknüpfung birgt unter dieser Prämisse somit – wie bereits die im 2. Teil erörterte Einschränkung des Schutzlandprinzips – zugleich eine kollisionsrechtliche Vorauswahl der möglicherweise verletzten nationalen Schutzrechte und eine differenzierte Anknüpfung der einzelnen Teilfragen führt zu unsinnigen Ergebnissen bzw. zur zwingenden Klageabweisung. Hiervon geht offenbar die überwiegende Literatur aus.[8] Daraus erklärt sich, warum eine Sonderanknüpfung von Teilfragen regelmäßig abgelehnt oder nicht einmal erörtert wird.

---

riert. Denn eine beschränkte Anwendung nationaler Normen der Schutzgesetze auf ein nationales Schutzrecht ergibt keinen Sinn, wenn von einem einheitlichen, weltweiten Schutzrecht ausgegangen wird.

[8] Nachweise im 1 Kap.I.3.d. (S. 31 f.). Diese Prämisse wird auch verwandt, wenn z.B. der Vorteil einer Anknüpfung an das Herkunftsland darin gesehen wird, dass der Verwerter sich nur noch um den Erwerb des Schutzrechts in diesem Land kümmern muss, *Thum*, in: Bartsch/Lutterbeck, Neues Recht, S. 117, 137. Diese Prämisse wird dagegen nicht zu Grunde gelegt, soweit das Territorialitätsprinzip aufgegeben wird. Denn nach h.A. ergibt sich – entgegen der in dieser Arbeit vertretenen Ansicht – der beschränkte Anwendungsbereich der nationalen Schutzgesetze aus diesem Prinzip. Zudem macht in diesem Fall eine beschränkte Anwendung einer Norm auf ein nationales Schutzrecht keinen Sinn mehr (siehe bereits Fn. 7).

Kapitel 7

Berücksichtigungsfähigkeit fremder Schutzrechte in nationalen Verletzungstatbeständen und gesonderte Teilanknüpfungen

I. Theoretische Möglichkeiten

Bevor die Berücksichtigungsfähigkeit fremder Schutzrechte in nationalen Schutzgesetzen und der unterschiedlicher Anknüpfung einzelner Teil- und Vorfragen erörtert werden, soll kurz dargestellt werden, inwiefern beides zumindest theoretisch möglich ist.[9] Dies sei an folgendem hypothetischen Beispiel verdeutlicht:

A vertreibt Modeartikel in Deutschland und Russland unter der Marke X und hat diese in beiden Ländern eintragen lassen. Konkurrent K bietet ebenfalls Modeartikel unter einer ähnlichen Bezeichnung über seinen Internetversandhandel an. A klagt nun vor einem deutschen Gericht wegen der Verletzung seiner Markenrechte in Deutschland und Russland auf Unterlassung und Schadensersatz.

Erstens könnte eine vom Schutzlandprinzip abweichende Anknüpfung isoliert für die Voraussetzungen und die Folgen der Sanktionstatbestände erfolgen. So könnte in diesem Beispiel das deutsche MarkenG hinsichtlich der Sanktionen für die deutsche und russische Markenrechtsverletzung berufen werden.[10] Welche Rechtsfolgen verhängt werden können (Unterlassung, Schadensersatz, etc.) und in welchem Umfang dies möglich ist (Höhe und Berechnung des Schadensersatzes, Tenorierung und Reichweite des Unterlassungsanspruchs), würde sich ebenso nach deutschem Recht richten wie die weiteren Voraussetzungen für den betreffenden Anspruch (z.B. das Erfordernis von und die Anforderungen an Vorsatz und Fahrlässigkeit bzw. die Wiederholungsgefahr). Die Anforderungen an das Vorliegen einer Verletzung und deren Rechtswidrigkeit, d.h. Inhalt und Schranken des Schutzrechts, wären dagegen weiterhin dem Schutzlandrecht zu entnehmen. § 14 Abs. 5 MarkenG wäre folglich so zu lesen, dass Scha-

---

[9] Dazu bereits 2. Kap.III.2. (S. 114 ff.).

[10] Z.B. auf Grund einer Rechtswahl, des inländischen Verhaltensortes oder des gemeinsamen gewöhnlichen Aufenthalts der Parteien.

densersatz (im Wege der dreifachen Art der Schadensberechnung) für die Verletzung des russischen Markenrechts verlangt werden kann, wenn das Kennzeichen widerrechtlich sowie vorsätzlich oder fahrlässig im Inland – in diesem Falle Russland – benutzt wurde. Inland ist also immer das Land, in dem das territorial begrenzte subjektive Schutzrecht, dessen Verletzung geltend gemacht wird, wirkt. Ob die Ermöglichung der Abrufbarkeit der Internetseite bereits ausreichend für eine Benutzung der Marke in Russland ist, würde sich dagegen ebenso wie die Voraussetzungen der Ähnlichkeit der Zeichen und der Verwechslungsgefahr sowie der Einschlägigkeit von Schrankenbestimmungen nach russischem Recht beurteilen.

Zweitens ist denkbar, diese Fragen nach dem „Ob“ einer Verletzung ebenfalls von der Vorfrage der Existenz des Schutzrechts und dem Schutzlandprinzip abzukoppeln. Dann würde auch hinsichtlich der Verletzung der russischen Marke das deutsche MarkenG gelten, wonach die Ermöglichung der Abrufbarkeit einer Internetseite, welche ein ähnliches Zeichen enthält, eine Benutzung dieser Marke i.S.d. § 14 Abs. 2 bis 4 MarkenG darstellt, aber als zusätzliche Voraussetzung eine spürbare Auswirkung auf die Interessen des Berechtigten im Schutzland nachweisbar sein muss.[11] Gleichfalls würde das deutsche Recht regeln, welche Anforderungen (z.B. Zeitpunkt, relevante Umstände, Grad) an die Verwechslungsgefahr der beiden Zeichen zu stellen sind; die Verkehrsauffassung im jeweiligen Schutzland wäre jedoch als local data maßgeblich. Russisches Recht befände indes über die Existenz des und die Inhaberschaft an dem subjektiven Markenrecht für das russische Staatsgebiet.[12]

---

[11] Dazu 5. Kap.III.4. (S. 240).

[12] Der Vollständigkeit halber sei noch darauf hingewiesen, dass – entgegen verbreiteter Ansicht – eine einheitliche Anknüpfung der Vorfrage der ersten Inhaberschaft denkbar ist, ohne dass dies zwingend zur Aufgabe der territorialen Beschränkung der subjektiven Schutzrechte führt (siehe Fn. 26 zum 1. Kapitel). Eine einheitliche Anknüpfung der Existenz bedingt dagegen ein universales Recht, wenn im Entstehenstatbestand kein Merkmal enthalten ist, anhand dessen die Entstehung auf ein bestimmtes Gebiet beschränkt werden kann. Bestes Beispiel hierfür ist das Entstehen eines Urheberrechts, das gemäß § 1 UrhG nur von der Schöpfung des Werkes und nicht von der Veröffentlichung oder gar von Formalitäten abhängig ist. Ist ein solches Differenzierungsmerkmal vorhanden, wie z.B. die Eintragung in ein nationales Register (§ 4 Nr. 1 MarkenG, § 58 Abs. 1 S. 2 PatG) oder die Verkehrsgeltung (§ 4 Nr. 2 MarkenG), kann das Entstehen von der Erfüllung dieser Voraussetzung im entsprechenden Schutzland abhängig gemacht werden. So würde eine russische Marke unter Anwendung des deutschen MarkenG nur entstehen, wenn die materiellen Schutzvoraussetzungen des deutschen MarkenG erfüllt sind und die Marke gemäß § 4 MarkenG im Schutzland (d.h. in Russland) eingetragen wurde oder Verkehrsgeltung erlangt hat.

II. Berücksichtigungsfähigkeit fremder Schutzrechte

1. Rechtslage in Deutschland

Bei der Beantwortung der Frage nach der Zulässigkeit einer Berücksichtigung ausländischer Schutzrechte in den inländischen Schutzgesetzen ist zunächst darauf hinzuweisen, dass der Grundsatz der Territorialität nach der in dieser Arbeit vertretenen Ansicht keine Beschränkung des Anwendungsbereichs der Schutzgesetze auf inländische Schutzrechte enthält.[13] Eine solche Limitierung ergibt sich auch nicht aus den deutschen Schutzgesetzen selbst. Der Wortlaut der Inhaltsbestimmungen der §§ 15 ff. UrhG, § 14 Abs. 2 bis 4, 15 Abs. 2 und 3 MarkenG sowie §§ 9 bis 13 PatG beschreibt nur die Befugnisse bzw. Wirkungen aus *einem* Urheber-, Kennzeichen- bzw. Patentrecht ohne festzulegen, dass dieses Recht in Deutschland wirken muss; ausgeschlossen ist eine solche Interpretation freilich nicht. Ambivalent ist auch der Wortlaut des Sanktionstatbestandes des § 97 Abs. 1 UrhG. Dort heißt es, dass derjenige auf Unterlassung etc. in Anspruch genommen werden kann, der „das Urheberrecht oder ein anderes *nach diesem Gesetz*[14] geschütztes Recht widerrechtlich verletzt". Dies kann nicht nur im Sinne eines *nach den Regeln dieses Gesetzes entstandenen* Rechts interpretiert werden. Ebenso ist eine Auslegung des Wortlautes denkbar, die nur auf die grundsätzliche Auflistung und Anerkennung durch das deutsche UrhG abstellt; folgerichtig könnte § 97 UrhG eingreifen, sofern ein absolutes Recht zum Schutz eines Werks der Literatur, Kunst oder Wissenschaft, eines Rechts der ausübenden Künstler etc. verletzt wurde, unabhängig davon, nach welcher Rechtsordnung die Position zugeordnet wird. Eindeutiger ist § 139 PatG. Dieser normiert in Abs. 1 die Voraussetzung, dass der Verletzer „entgegen den §§ 9 bis 13 eine patentierte Erfindung benutzt". § 139 PatG ist damit seinem Wortlaut nach auf Benutzungshandlungen bzw. Inhaltsbestimmungen nach dem deutschen PatG beschränkt. Eine weitere Begrenzung, z.B. auf in Deutschland patentierte Erfindungen, ist dem Wortlaut indes nicht zu entnehmen. Für §§ 14 Abs. 5 und 6 sowie 15 Abs. 4 und 5 MarkenG gelten diese Ausführungen entsprechend.

Für die Berücksichtigungsfähigkeit ausländischer Rechte in den Sanktions- und Inhaltsbestimmungen spricht vor allem das systematische Verhältnis von Sach- und Kollisionsrecht. Nach klassischem Verständnis ist es grundsätzlich die Aufgabe des internationalen Privatrechts, den räumlichen Anwendungsbereich der nationalen Gesetze zu bestimmen. Der sachrecht-

---

[13] Siehe 1. Kap.VI.3. (S. 74 ff.).

[14] Hervorhebung des Verf.

liche Anwendungsbereich der Gesetze ist dagegen ubiquitär.[15] Eine Limitierung ist auch nicht in teleologischer Auslegung erforderlich. Eine solche Beschränkung könnte nur zur Verwirklichung des hinter dem Territorialitätsgrundsatz stehenden Gedankens der Respektierung der Entscheidung anderer Staaten in Betracht kommen. Es wurde aber bereits gezeigt, dass dieser Zweck genauso gut durch eine kollisionsrechtliche Bestimmung erreicht wird und eine sachrechtliche Begrenzung diesem Zweck sogar entgegenlaufen kann.[16] Deshalb ist es gerechtfertigt, ausländische Schutzrechte oder Bestimmungen in Bezug auf diese Rechte innerhalb der inländischen gesetzlichen Regelungen zu berücksichtigen, auch wenn der Wortlaut dies nicht ausdrücklich vorsieht oder nahelegt.

2. Geltung für ausländische Rechtsordnungen

Schwieriger zu beantworten ist die Frage nach der Berücksichtigungsfähigkeit fremder Schutzrechte in ausländischen Gesetzestatbeständen. Ausgangspunkt der Überlegung ist, dass der deutsche Richter das fremde Recht richtig, d.h. wie im betreffenden Land anzuwenden hat.[17] Sofern dort eine Beschränkung des Anwendungsbereichs der Schutzgesetze favorisiert wird,[18] helfen die oben vorgebrachten Argumente nicht weiter. Die Frage ist jedoch, ob die internationalprivatrechtliche Verweisung den autonom beschränkten Anwendungsbereich überwinden kann. Mit anderen Worten: Ist es möglich, das fremde Schutzgesetz so anzuwenden, *als ob* es Schutzrechte dritter Staaten erfasst?

Dies wird zum Teil vehement mit dem Argument bestritten, dass es nicht die Aufgabe des internationalen Privatrechts sei, einem Recht Wirkungen beizumessen, die es selbst nicht intendiert hat.[19] Dahinter versteckt sich nichts anderes als der Grundsatz der richtigen Anwendung fremden Rechts. Hiergegen könnte eingewandt werden, dass andernfalls eine Verweisung ins Leere erfolgt, d.h. auf ein Recht verwiesen wird, das selbst nicht angewandt werden will, und dass dieses Ergebnis tunlichst zu vermeiden ist. Andererseits kann ein solches Resultat auch durch die Beibehaltung des Schutzlandprinzips verhindert werden.

Trotzdem sprechen entscheidende Argumente gegen eine restriktive Handhabung. Eine erweiterte Anwendbarkeit tangiert jedenfalls keine Souveränitätsinteressen, denn die Heranziehung des fremden Rechts beruht auf

---

[15] Dazu schon 1. Kap.VI.3. (S. 74 ff.).

[16] Siehe 1. Kap.VI.3. (S. 75 f.).

[17] Statt aller *Kropholler*, IPR, S. 212 f.

[18] Nach *Köster*, in: Götting, Multimedia, Internet und UrhR, S. 153, 160 f. ist dies in vielen Ländern in Bezug auf das Urheberrecht der Fall.

[19] *Fentiman*, in: Drexl/Kur, IP and PIL, S. 129, 143; *Köster*, in: Götting, Multimedia, Internet und UrhR, S. 153, 161.

einem eigenen Anwendungsbefehl der lex fori.[20] Schon aus diesem Grund kann ein Staat eine Anwendung seiner Rechtsnormen im Einzelfall ebenso wenig verhindern wie die vollständige oder teilweise Rezeption seines Rechts.[21]

Vor allem zeigt ein Vergleich zu anderen Situationen, dass die Anwendung einer Rechtsordnung gegen „ihren" Willen durchaus möglich ist: Begrenzt eine Rechtsordnung ihren (räumlichen) Anwendungsbereich nicht auf sachrechtlicher Ebene, sondern mittels ihres Kollisionsrechts, ist für den deutschen Richter diese Restriktion unbeachtlich, wenn eine Sachnormverweisung erfolgt.[22] Mit der Entscheidung für eine sach- oder kollisionsrechtliche Bestimmung des räumlichen Anwendungsbereichs ist aber keine inhaltliche Entscheidung verbunden. Insbesondere hinsichtlich des geistigen Eigentums ist davon auszugehen, dass die regelungstechnische Einordnung zufällig gewählt wurde und bestenfalls historisch bedingt ist, da auf Grund des Territorialitätsprinzips davon ausgegangen wurde, dass für die Verletzung eines Immaterialgüterrechts sowieso nur das Schutzlandrecht zur Anwendung berufen wird (bzw. berufen werden kann).[23] Insofern wird durch die erweiterte Anwendbarkeit nur die Konsequenz aus der Erkenntnis gezogen, dass der räumliche Anwendungsbereich einer Rechtsordnung eine eigene, von der Sachentscheidung trennbare Entscheidung ist, welche durch das internationale Privatrecht getroffen wird und auch von anderen Staaten getroffen werden kann.[24]

Schließlich sei darauf hingewiesen, dass eine restriktive Auffassung im Falle einer Weiterverweisung durch die (mittels der inländischen Anknüpfungsregel berufene) lex causae zu einem unauflöslichen Widerspruch führt. Denn die Beachtlichkeit eines beschränkten (sachrechtlichen) Anwendungsbereichs soll die richtige Anwendung einer Rechtsordnung und damit den internationalen Entscheidungseinklang sichern. Hat die vom Inland berufene Rechtsordnung keine Bedenken gegen die erweiterte Anwendung der Gesetze des dritten Staates, kann nur ein Entscheidungsein-

---

[20] *Schurig*, in: Kegel/Schurig, S. 323. Dies gibt auch *Fentiman*, in: Drexl/Kur, IP and PIL, S. 129, 142 zu. Zur Irrelevanz des Souveränitätsgedanken für die Begründung des Territorialitätsprinzips 1. Kap.VI.1.a. (S. 60 f.).

[21] *Schurig*, in: Kegel/Schurig, S. 323.

[22] Dies ist gerade ein Kritikpunkt der vor allem in den USA vorgenommenen Angriffe auf die klassische Methode des IPR, *Sturm/Sturm*, in: Staudinger, BGB, Einl. IPR Rz. 63.

[23] Zur These der inhaltlichen Verknüpfung und zu ihrer Widerlegung 2. Kap.III. (S. 113 ff.).

[24] Die Gegenauffassung, die auf die primäre Ortsbezogenheit des Sachrechts hinweist und ein unilateralistisches System von Kollisionsnormen empfiehlt, hat sich nicht durchsetzen können. Zum Ganzen *Schurig*, in: Kegel/Schurig, S. 323.

klang mit der vom eigenen Kollisionsrecht berufenen lex causae[25] *oder* der Rechtsordnung, auf die weiterverwiesen wird, erreicht werden. Hier spricht einiges dafür, einen Entscheidungseinklang mit dem ersten Glied der Verweisungskette zu suchen, das aus Sicht des deutschen Kollisionsrechts das sachnächste ist. Zudem wird dem inländischen Befehl zur Befolgung eines Renvoi (Art. 4 Abs. 1 S. 1 EGBGB) in vollem Umfang Rechnung getragen.[26] In der Literatur wird denn auch weitgehend eine Weiterverweisung des Schutzlandes, die vor allem in Bezug auf urheberrechtliche Vorfragen in der Realität relevant wird,[27] befolgt, ohne dass eine mögliche sachrechtliche Beschränkung des Anwendungsbereichs des dritten Staates (i.d.R. des Ursprungsstaates) in Erwägung gezogen wird.[28]

Im Ergebnis ist daher festzuhalten, dass sowohl in den deutschen als auch in ausländischen Schutzgesetzen Schutzrechte (und Inhaltsbestimmungen) dritter Staaten berücksichtigt werden können und müssen, sofern die kollisionsrechtliche Verweisung dies erfordert.

III. Zulässigkeit und Umfang einer abweichenden Anknüpfung

Wendet man das Augenmerk auf die Zulässigkeit einer divergierenden Anknüpfung der deliktsrechtlichen Haupt- im Vergleich zu den Vorfragen einer Verletzung von Rechten des geistigen Eigentums, fällt eine abstrakte Beurteilung schwer. Praktische Auswirkungen hat diese Frage nämlich nur, wenn tatsächlich eine abweichende Anknüpfung auf Grund der internationalprivatrechtlichen Interessenlage erfolgt. Trotzdem ist die abstrakte Zulässigkeit einer gesonderten Anknüpfung der deliktischen Hauptfragen ein vorgelagertes Problem,[29] deren Ablehnung die Suche nach einer Kollisionsregel auf eine einzige, alle Vor- und Teilfragen umfassende Norm beschränkt. Vorliegend soll zunächst der Möglichkeit einer abweichenden

---

[25] Der Hauptgrund für die Beachtlichkeit eines Renvoi ist ebenfalls der internationale Entscheidungseinklang, *v. Hoffmann/Thorn*, S. 250; *Schurig*, in: Kegel/Schurig, S. 396 f.

[26] Diese Argumente werden bei widersprechenden Anknüpfungen der erstmals weiterverweisenden Rechtsordnung und des dritten Staates angeführt, *v. Hoffmann/Thorn*, S. 255; *Neuhaus*, S. 272; *Schurig*, in: Kegel/Schurig, S. 403. Sie sind auf den hier interessierenden Fall übertragbar, da ebenfalls kollidierende Vorstellungen über den räumlichen Anwendungsbereich der Sachnormen des dritten Staates und die Verwirklichung des Entscheidungseinklangs mit einem der Staaten in Rede stehen.

[27] Vom Schutzland abweichende Anknüpfungen kommen zudem in der Praxis in Bezug auf die Sanktionstatbestände vor, z.B. Art. 110 Abs. 2 schwIPRG.

[28] Z.B. *Drexl*, in: MünchKomm, BGB, IntImmGR Rz. 136.

[29] Ebenso *Kessedjian*, in: Basedow u.a., IP in the Conflict of Laws, S. 19, 22.

Anknüpfung der Rechtsbehelfe[30] nachgegangen werden (1.). Anschließend sollen die Benutzungshandlungen und deren Rechtswidrigkeit – d.h. Inhalt und Schranken der Schutzrechte – thematisiert werden (2.). Das bietet sich an, weil in der Literatur häufig eine solche Trennlinie gezogen wird, sofern deliktsrechtliche Haupt- und immaterialgüterrechtliche Vorfragen unterschiedlich angeknüpft werden.[31]

1. Abweichende Anknüpfung der Rechtsbehelfe

a. Einheitliches Regelungssystem

Soweit für den zwingenden Gleichlauf der Teilfragen eine andere Begründung als der beschränkte Anwendungsbereich der nationalen Schutzgesetze angeführt wird,[32] wird auf den engen Zusammenhang der einzelnen Aspekte verwiesen. Wegen dieser Einheit sei ein Auseinanderreißen der Regelungsbereiche nicht hinzunehmen.[33] Etwas genauer ausgedrückt bedeutet dies, dass die einzelnen Immaterialgüterrechtsgesetze mit den Bestimmungen zu Existenz, Inhaberschaft, Inhalt, Sanktionen usw. als ein in sich geschlossenes System anzusehen seien, in dem die einzelnen Normen in ihrer Gesamtheit zu einer schlüssigen und gerechten Auflösung des Interessenwiderspruchs von Erfindern, Schöpfern und Unternehmern auf der einen und der Allgemeinheit auf der anderen Seite führen. Maßgeblich wäre demnach nicht der selbstverständliche Umstand, dass der Gesetzgeber bei den einzelnen Teilbereichen eines Immaterialgüterrechtsgesetzes die widerstreitenden Interessen bedacht und zu einem Ausgleich geführt hat, sondern dass die Lösung einer Teilfrage in Zusammenschau und mit Rücksicht auf die Regelung anderer Teilfragen und nicht isoliert gefunden wurde.

---

[30] Dieser Begriff ist in diesem Zusammenhang materiellrechtlich im Sinne der Sanktionstatbestände zu verstehen. Zu den erfassten Aspekten zählen alle Voraussetzungen der Rechtsbehelfe, die sich aus den Sanktionsnormen selbst ergeben (z.B. ein Verschuldenserfordernis für Schadensersatzansprüche), die Rechtsfolgen der Rechtsbehelfe (z.B. Höhe des Schadensersatzes), die Übertragbarkeit, Vererblichkeit sowie Verjährung von Ansprüchen aus der Verletzung. Insofern sei im Folgenden von den Rechtsbehelfen im Gegensatz zu den Inhalts- und Schrankenbestimmungen die Rede.

[31] *Bär*, in: SIWR Band I/1, S. 144; *Bollacher*, S. 187; *v. Hoffmann*, in: Staudinger, BGB, Art. 40 EGBGB Rz. 392; *Vischer*, in: Zürcher Kommentar zum IPRG, Art. 110 Rz. 13.

[32] Dass die inländischen Schutzgesetze keiner solchen Beschränkung unterliegen und eine entsprechende Restriktion ausländischer Gesetze unbeachtlich sein kann, hat sich bereits gezeigt.

[33] *Austin*, 23 Colum.-VLA J.L. & Arts (1999), 1, 46; *Beier/Schricker/Ulmer*, GRUR Int. 1985, 104, 106; *Regelin*, S. 225; *Sandrock*, in: v. Caemmerer, Gutachten, S. 380, 406.

Doch zum einen ist schon zweifelhaft, inwieweit die Rechtsbehelfe mit den anderen Normen – wie z.B. solchen über Existenz, Inhaberschaft, Inhalt- und Schrankenbestimmungen – tatsächlich verzahnt sind. Es wurde bereits dargelegt, dass die Regelungen über die Sanktionstatbestände und die Verjährung etc. auf der Umsetzung allgemeiner Rechtsgrundsätze beruhen.[34] Folgerichtig hängen sie nicht vom Umfang der immaterialgüterrechtlichen Befugnisse oder der Höhe der Anforderungen an die Anerkennung eines Schutzrechts ab. In der Schweiz hat der Gesetzgeber dies bereits erkannt und die Möglichkeit einer Rechtswahl – und damit einer abweichenden Anknüpfung – (zumindest) der Voraussetzungen und Folgen der Sanktionstatbestände in Art. 110 Abs. 2 schwIPRG zugelassen.[35]

Selbst wenn man von einer engen Verzahnung der Rechtsbehelfe mit den Entstehensvoraussetzungen oder den Inhaltsbestimmungen ausgeht, bedingt die Einheitlichkeit des Sachrechts nicht den zwingenden Gleichlauf der Anknüpfung aller Vor- und Teilfragen. Die fehlende Stichhaltigkeit dieses Arguments erweist sich, wenn man den Blick über den Tellerrand des internationalen geistigen Eigentums auf das allgemeine Kollisionsrecht wagt. Dort ist anerkannt, dass Vorfragen nach präjudiziellen Rechtsverhältnissen oder Rechtslagen einem anderen materiellen Recht als die Hauptfrage unterstehen können.[36] Selbst bei Teilfragen einer zusammengehörenden Rechtsfigur ist man sich einig, dass ein generelles Verbot der Sonderanknüpfung trotz der Gefahr von ungereimten Ergebnissen nicht einmal de lege ferenda gerechtfertigt ist. Zwar ist die einheitliche Anknüpfung einer zusammengehörenden Regelung ein Wert an sich:[37] Sie entspricht der natürlichen Anschauung, verhindert (oder reduziert zumindest) die Gefahr ungereimter Ergebnisse, die keiner Rechtsordnung entsprechen, minimiert Abgrenzungsschwierigkeiten und fördert die Rechtssicherheit.[38] Das ist allerdings keine Besonderheit des Immaterialgüterrechts. In allen Bereichen des Zivilrechts sind die einzelnen Bestandteile einer Rechtsfigur

---

[34] Siehe 1. Kap.VI.3. (S. 74).

[35] Die Rechtswahl ist allerdings auf die Wahl der lex fori begrenzt.

[36] Dies gilt unabhängig von der Entscheidung für oder gegen eine selbstständige Anknüpfung der Vorfrage. Denn auch bei einer unselbstständigen Anknüpfung besteht Einigkeit, dass nicht das Sachrecht der lex causae der Hauptfrage entscheidet, sondern dessen IPR, so dass eine abweichende Anknüpfung der Vorfrage durch das Kollisionsrecht der lex causae beachtlich ist (statt aller *Schurig*, in: Kegel/Schurig, S. 377). Insofern steht bei der überkommenen Vorfragenanknüpfungsproblematik nur in Rede, ob eine einheitliche Behandlung der Vorfrage im Inland in allen Rechtsstreitigkeiten oder der internationale Entscheidungseinklang im konkreten Fall bedeutender erscheint.

[37] A.A. *Schack*, GRUR Int. 1985, 523, 525.

[38] *Kropholler*, IPR, S. 131 ff.; *Spellenberg*, in: MünchKomm, BGB, Vor Art. 11 EGBGB Rz. 11 ff.

oder eines Regelungskomplexes aufeinander abgestimmt,[39] so dass im Einzelfall nicht ohne weiteres ein Bestandteil durch die entsprechende Regelung einer fremden Rechtsordnung ersetzt werden kann.[40] Deshalb wird auch in anderen Bereichen des internationalen Privatrechts eine dépeçage grundsätzlich vermieden. Trotzdem ist anerkannt, dass sich das Prinzip der Einheitlichkeit eines Rechtsverhältnisses nicht immer durchsetzt und es werden divergierende Anknüpfungen zugelassen, wenn die internationalprivatrechtliche Interessenlage dies erfordert.[41] Besonders deutlich wird das bei der Möglichkeit einer Teilrechtswahl. Gemäß dem im internationalen Schuldrecht geltenden Prinzip der Parteiautonomie steht es den Parteien frei, das anzuwendende Recht zu wählen. Diese Interessenlage rechtfertigt es zugleich, dass die Parteien verschiedene Teile eines Rechtsverhältnisses unterschiedlichen Rechtsordnungen unterstellen können. Dies ist in Art. 27 Abs. 1 S. 3 EGBGB für das internationale Vertragsrecht ausdrücklich niedergelegt, gilt aber in gleicher Weise für Rechtswahlen hinsichtlich gesetzlicher Schuldverhältnisse nach Art. 42 EGBGB.[42] Eine Grenze für eine Sonderanknüpfung von Teilfragen ist erst dort zu ziehen, wo sich nicht einmal durch Anpassung auflösbare Widersprüche ergeben;[43] mit anderen Worten: eine Zersplitterung ist unzulässig, wenn die Ergebnisse logisch nicht miteinander zu vereinbaren sind.[44] Ein solcher Widerspruch existiert nicht bereits bei einem Auseinanderfallen der anwendbaren Rechtsordnungen hinsichtlich der Haftungsvoraussetzungen und -folgen;[45] es soll sogar eine gespaltene Rechtswahl hinsichtlich einzelner Aspekte der Haftungsfolgen, z.B. der immateriellen Schäden, zulässig sein.[46] Gründe,

---

[39] Z.B. gewähren i.d.R. nur solche Rechtsordnungen einen summenmäßig unbeschränkten Schadensersatz, die als Tatbestandsvoraussetzung ein Verschuldenserfordernis normieren; hierauf weist z.B. *v. Hoffmann*, in: Staudinger, BGB, Vor Art. 40 EGBGB Rz. 16 zutreffend hin.

[40] Darauf weist zu Recht *Kropholler*, IPR, S. 131 hin.

[41] *Kropholler*, IPR, S. 133.

[42] *Freitag/Leible*, ZVglRWiss 99 (2000), 101, 108; *v. Hoffmann*, in: Staudinger, BGB, Art. 42 EGBGB Rz. 8; *Junker*, in: MünchKomm, BGB, Art. 42 EGBGB Rz. 14; a.A. *Heldrich*, in Palandt, BGB, Art. 42 EGBGB Rz. 1, der seine Ablehnung indes nicht mit grundsätzlichen dogmatischen Erwägungen, sondern mit einem Umkehrschluss zu Art. 27 Abs. 1 S. 3 EGBGB begründet. Ob eine Teilrechtswahl unter der Ägide der Rom II-VO zulässig ist, ist ungeklärt; der Wortlaut von ihrem Art. 14 sieht eine solche jedenfalls – im Gegensatz zu Art. 3 Abs. 1 S. 3 Rom I-VO – nicht vor.

[43] *Freitag/Leible*, ZVglRWiss 99 (2000), 101, 108; *Kropholler*, IPR, S. 462; *Martiny*, in: MünchKomm, BGB, Art. 27 EGBGB Rz. 70.

[44] *Martiny*, in: MünchKomm, BGB, Art. 27 EGBGB Rz. 70 spricht von absoluter Unvereinbarkeit und unüberwindlichen Schwierigkeiten. Wann dies der Fall ist, ist im Einzelnen streitig.

[45] *Freitag/Leible*, ZVglRWiss 99 (2000), 101, 108.

[46] *Junker*, in: MünchKomm, BGB, Art. 42 EGBGB Rz. 14.

warum gerade im internationalen Immaterialgüterrecht eine divergierende Anknüpfung von der Existenz der Schutzrechte und deren Inhalt und Umfang oder den Sanktionstatbeständen zu logisch unauflöslichen Widersprüchen führen sollte, sind nicht ersichtlich,[47] zumal fremde Kollisionsrechte eine divergierende Anknüpfung durchaus zulassen.[48]

Insgesamt muss daher eine gesonderte Anknüpfung nicht wegen einer (angeblichen) Einheit der sachrechtlichen Regelungen der Gesetze des geistigen Eigentums ausbleiben; sie ist vielmehr zulässig, sofern die gefundene Anknüpfung der internationalprivatrechtlichen Interessenlage entspricht.

b. Vorrangigkeit von Staatsinteressen

Eine einheitliche Anknüpfung – und zwar nach dem Schutzlandprinzip – wäre weiter gerechtfertigt, wenn bei der Ermittlung der Kollisionsnorm für alle Vor- und Teilfragen – also auch für die Rechtsbehelfe – die Staatsinteressen in den Vordergrund gestellt würden. Hier wird bereits das Feld der abstrakten Beurteilung einer gesonderten Anknüpfung verlassen und sich der Interessenabwägung zugewandt. Trotzdem soll die Vorrangigkeit von Staatsinteressen vorab erörtert werden, weil in diesem Fall das (eingeschränkte) Schutzlandprinzip die einzig interessengerechte Lösung ist.

In Bezug auf die Voraussetzungen und Rechtsfolgen der Rechtsbehelfe ist der Vorrang von Staatsinteressen jedoch mehr als fraglich. Er ließe sich einzig mit der großen (wirtschafts)politischen Bedeutung der betroffenen Gesichtspunkte und dem Respekt vor ausländischen Entscheidungen aus Gründen der *comitas* begründen.[49] Es wurde aber bereits dargelegt, dass insbesondere das Verschuldenserfordernis und die Regelungen zum Umfang des Schadensersatzanspruchs ebenso wie die Notwendigkeit einer Wiederholungsgefahr für den Unterlassungsanspruch auf der Umsetzung von allgemein-zivilrechtlichen Grundsätzen beruhen, und diesen Aspekten daher keine größere (wirtschafts)politische Bedeutung beigemessen werden kann als dies im allgemeinen Zivilrecht der Fall ist.[50] Der Diskussion

---

[47] So auch *Neuhaus*, RabelsZ 40 (1976), 191, 192 f.; *Reber*, S. 36; *Schack*, UrhR, S. 461.

[48] Insbesondere im Urheberrecht werden Existenz und erste Inhaberschaft abweichend von Inhalt, Umfang und den Sanktionstatbeständen angeknüpft; siehe die Nachweise in Fn. 19 zum 1. Kapitel. In Art. 110 Abs. 2 schwIPRG wird ausdrücklich die Wahl der lex fori hinsichtlich der Ansprüche aus der Verletzung von Immaterialgüterrechten legitimiert.

[49] Dazu bereits 2. Kap.VI. (S. 138).

[50] Siehe 1. Kap.VI.3. (S. 74 f.). Auf die fehlenden staatlichen Interessen weist auch *v. Eechoud*, S. 213 hin.

einer vom Schutzland abweichenden Anknüpfung der Rechtsbehelfe steht nach all dem nichts im Wege.

2. *Abweichende Anknüpfung der Inhalts- und Schrankenbestimmungen*

a. Einheitliches Regelungssystem

Betrachtet man die Inhalts- und Schrankenbestimmungen, ist zu untersuchen, ob deren Anknüpfung kongruent mit den Rechtsbehelfen verlaufen oder ein Gleichlauf mit der Existenz des Schutzrechts bestehen muss. Letzteres wird überwiegenden befürwortet, sofern eine Differenzierung der Anknüpfungen vorgenommen wird. Insoweit wird wiederum auf die enge Beziehung der Regeln über Existenz, Inhalt und Schranken der Schutzrechte hingewiesen.[51] Es hat sich jedoch gezeigt, dass die inhaltliche Nähe zweier Rechtsfragen keine zwingende einheitliche kollisionsrechtliche Behandlung bedingt. Sie würde jedoch eine solche Gleichbehandlung indizieren, soweit keine abweichende internationalprivatrechtliche Interessenlage besteht. Deswegen sind Überlegungen zur Einheitlichkeit der Inhalts- und Schrankenbestimmungen mit anderen Regelungsbereichen durchaus sinnvoll.

Hierfür spielt die wirtschaftspolitische Bedeutung des Umfangs der Schutzrechte keine Rolle. Zwar kann dies eine Parallele zu den Existenzvoraussetzungen darstellen und das Überwiegen von staatlichen Interessen und eine Anknüpfung an das Schutzland rechtfertigen.[52] Doch soweit auf die einheitliche Regelung verwiesen wird, kommt es auf die Wechselbeziehung der Regelungsbereiche an.[53] Eine solche Wechselbeziehung ist auf sachrechtlicher Ebene nicht auszumachen. Dort stehen nämlich vor allem Inhalt und Schranken in einer engen Wechselbeziehung zueinander, da sie gemeinsam den Schutzumfang festlegen und von den Gesetzgebern jeweils als geschlossene Einheit betrachtet werden.[54] Die Wechselwirkung zwischen Schutzvoraussetzung und Schutzumfang ist dagegen vernachlässigbar. Ebenso wenig hängen die sonstigen Voraussetzungen und die Folgen der Sanktionsnormen von der Ausgestaltung der Inhalts- und Schrankenbestimmungen ab.

Trotzdem ist es gerechtfertigt, Letztere als kollisionsrechtliche Teilfrage der deliktischen Hauptfrage und nicht als Teil der Vorfrage nach der Existenz des Schutzrechts anzusehen. Vorfragen betreffen präjudizielle Rechts-

---

[51] *Zweite Kommission des Deutschen Rats für internationales Privatrecht*, in: v. Caemmerer, Gutachten, S. 1, 24; *Bär*, in: SIWR Band I/1, S. 144. Siehe auch *Lucas*, Ziff. 52.

[52] Dazu sogleich.

[53] Dazu bereits Ziff. III.1.a. (S. 296).

[54] *Schack*, UrhR, S. 470.

verhältnisse oder Rechtslagen, die sich genauso gut in anderem Zusammenhang oder isoliert stellen können, während Teilfragen wesentliche Bestandteile einer Rechtsfigur – der Hauptfrage – sind.[55] Die Inhalts- und Schrankenbestimmungen definieren die dem Schutzrechtsinhaber vorbehaltenen Benutzungshandlungen und damit, wann ein Immaterialgüterrecht verletzt wird. Ob eine Verletzung stattgefunden hat, wird aber einzig innerhalb einer Verletzungsklage relevant. Im Gegensatz dazu stellt sich die Frage nach der Existenz und der Inhaberschaft eines Schutzrechts an einem geistigen Gut auch in anderem Zusammenhang (z.B. bei der Übertragung), oder isoliert in einer Nichtigkeitsklage. Die Zugehörigkeit der Verletzungshandlung zur deliktsrechtlichen Hauptfrage zeigt zudem der Vergleich zum allgemeinen Deliktsrecht. Dort wird auf die verbotenen Verletzungshandlungen ebenso wie auf die Rechtswidrigkeit unumstritten das Deliktsstatut angewandt.[56]

b. Vorrangigkeit von Staatsinteressen

Trotz der deliktsrechtlichen Qualifikation ist eine von den Rechtsbehelfen abweichende Anknüpfung vorzunehmen, wenn die Interessenlage dies erfordert. Insofern ist wiederum zu diskussionswürdig, ob die staatlichen Interessen in Bezug auf die Anwendung der eigenen Inhalts- und Schrankenbestimmungen vorrangig sind. Dies könnte man mit dem Argument vertreten, dass die Existenz eines Schutzrechts eine bloße Hülle darstellt, welche durch die genauen Befugnisse und Schranken ausgefüllt wird. Die (wirtschafts)politische Relevanz kann man daher kaum leugnen.

Andererseits ist zu bedenken, dass es trotz der politischen Bedeutung der generellen Regeln im konkreten Fall – wie allgemein im Zivilrecht – immer um einen Streit zwischen Privaten und den Ausgleich privater Belange geht.[57] Im Sachrecht des geistigen Eigentums sind die Parteien daher nicht an die Auflösung des Interessenwiderstreits durch den Gesetzgeber gebunden. Sie können etwa Vereinbarungen über die Zulässigkeit einer Benutzungshandlung oder den Umfang des Schadensersatzanspruchs treffen. Die gesetzliche Regelung des Schutzlandes setzt sich nicht zwingend durch. In der Konsequenz ist nicht recht einzusehen, warum kollisionsrechtlich eine zwingende Anknüpfung an das Schutzlandrecht wegen des

---

[55] *v. Hoffmann/Thorn*, S. 235 f.; *Kropholler*, IPR, S. 130 f., 221.

[56] Statt aller *Junker*, in: MünchKomm, BGB, Art. 40 EGBGB Rz. 200; siehe auch Art. 15 lit. a Rom II-VO.

[57] Siehe auch *Dinwoodie*, 41 Hous. L. Rev. (2004), 885, 967, der darauf hinweist, dass es sich bei Markenrechtsverletzungen um ein unerlaubte Handlung (*tort*) handelt und daher auch kollisionsrechtlich so behandelt werden sollte.

Interesses des Staates an der Durchsetzung seiner Regelung erfolgen muss.[58]

Dass die politische Bedeutung keine besondere Betonung der staatlichen Interessen bei der kollisionsrechtlichen Abwägung bedingt, zeigt auch ein Vergleich mit anderen Bereichen des Deliktsrechts. So sind Ersatzansprüche gegen Versicherungen oder Verletzungen des allgemeinen Persönlichkeitsrechts durch die Presse (wirtschafts)politisch sehr bedeutend; gleichwohl besteht kein Zweifel, dass die deliktsrechtlichen Hauptfragen nach dem allgemeinen internationalen Deliktsrecht, welches auf einer umfassenden Interessenabwägung beruht und Staatsinteressen keinesfalls bevorzugt, angeknüpft werden.[59] Des Weiteren sind auch bei Ansprüchen wegen unlauteren Wettbewerbs die allgemeinen Regeln des internationalen Deliktsrechts anwendbar, wenn ausschließlich Individualinteressen beeinträchtigt werden.[60] Bei marktbezogenen Verhaltensweisen wird zwar überwiegend an dem Prinzipat der Marktortanknüpfung festgehalten, doch auch dem Herkunftslandprinzip wird verbreitet ein kollisionsrechtlicher Gehalt beigemessen[61] und vereinzelt wird sogar für eine Zulässigkeit einer Rechtswahl plädiert.[62] Hebt man den Blick über den Tellerrand des deutschen Wettbewerbsrechts, erkennt man, dass in anderen Ländern ebenfalls ein liberaleres Verständnis herrscht. So normiert Art. 136 Abs. 3 schwIPRG, dass eine akzessorische Anknüpfung von Ansprüchen aus unlauterem Wettbewerb an ein vorbestehendes Rechtsverhältnis zulässig ist und nach verbreiteter Ansicht soll dies wegen des eindeutigen Gesetzeswortlauts und der Gesetzessystematik ohne Einschränkung gelten, gleich-

---

[58] Ähnlich ist bei Eingriffsnormen i.S.d. Art. 34 EGBGB anerkannt, dass die international zwingende Anwendbarkeit nur in Betracht kommt, wenn die Norm auch intern (einfach) zwingend ist, *Magnus*, in: Staudinger, BGB, Art. 34 EGBGB Rz. 10; *Martiny*, in: MünchKomm, BGB, Art. 34 EGBGB Rz. 8.

[59] Die direkte Inanspruchnahme von Versicherungsunternehmen durch den Geschädigten richtet sich gemäß Art. 40 Abs. 4 EGBGB alternativ nach dem Deliktsstatut; Ansprüche zwischen dem Versicherer und dem Versicherten richten sich nach dem Versicherungsvertragsstatut.

[60] BGHZ 40, 391, 397 – Stahlexport; *Köhler*, in: Hefermehl/Köhler/Bornkamm, UWG, Einl. UWG Rz. 5.15; a.A. *Drexl*, in: MünchKomm, BGB, IntUnlWettbR Rz. 117.

[61] Für eine Verdrängung der Marktortregel z.B. OLG Hamburg GRUR 2004, 880 (ohne Begr.); *Hausmann/Obergfell*, in: Fezer, UWG, Einl. I Rz. 123; *Mankowski*, GRUR Int. 1999, 909, 912 f. Nach anderer Ansicht ist zwar weiter das Marktortprinzip anwendbar, das Herkunftslandprinzip bestimmt aber das Recht, das als Vergleichsmaßstab und als „Verbotsobergrenze" dient und hat insoweit einen begrenzten kollisionsrechtlichen Gehalt, *Ohly*, in: Piper/Ohly, UWG, Einf. C Rz. 79 f., 82 ff.; *ders.*, GRUR Int. 2001, 899, 902; *Spindler*, ZHR 165 (2001), 324, 335 f. Gegen jedweden kollisionsrechtlichen Gehalt *Glöckner*, in: Harte-Bavendamm/Henning-Bodewig, UWG, Einl. C Rz. 16.

[62] *Köhler*, in: Hefermehl/Köhler/Bornkamm, UWG, Einl. UWG Rz. 5.19.

gültig ob Interessen Dritter beeinträchtigt werden.[63] Des Weiteren wird in der Schweiz eine Rechtswahlmöglichkeit für betriebs- wie marktbezogene Wettbewerbsverstöße überwiegend bejaht.[64] Es werden somit bei rein unternehmensbezogenen Wettbewerbsverstößen und bedingt bei marktbezogenen Verhaltensweisen andere als Staatsinteressen maßgeblich berücksichtigt. Das Lauterkeitsrecht dient indes nicht weniger der Wirtschaftspolitik eines Landes als das Recht des geistigen Eigentums. Dies gilt auch für rein individualbezogene Wettbewerbsverstöße, die gleichfalls Regeln für die Zulässigkeit eines Verhaltens im wirtschaftlichen Verkehr betreffen. Sieht man Letzteres mangels Betroffenheit geschützter Interessen Dritter oder der Allgemeinheit anders, ist zu berücksichtigen, dass das Verbot der Verletzung von Immaterialgüterrechten ebenfalls nur dem Schutz von Individuen, nämlich der Schutzrechtsinhaber, dient und die Belange anderer höchstens als Rechtsreflex mit geschützt werden. Denn nur dem Schutzrechtsinhaber wird ein Anspruch gewährt.[65]

Deshalb ist es überzeugender, eine abweichende Anknüpfung der deliktischen Hauptfragen auf die inhaltliche Ausgestaltung der Schutzrechte zu erstrecken. Dies hat zugleich den praktischen Vorteil, dass die zwingende distributive Anknüpfung des Schutzlandprinzips in größerem Umfang überwunden werden kann.

IV. Zusammenfassung

Insgesamt ist zu konstatieren, dass eine vom Schutzlandprinzip abweichende Anknüpfung der deliktischen Hauptfragen möglich ist. Sie scheitert weder an einem grundsätzlichen Überwiegen der staatsrechtlichen Belange bei der kollisionsrechtlichen Interessenabwägung noch an der Verbundenheit der deliktsrechtlichen Hauptfragen untereinander oder mit den Vorfragen nach Existenz und Inhaberschaft der Immaterialgüterrechte. Die Inhalts- und Schrankenbestimmungen sind als Teil der deliktsrechtlichen Hauptfrage und nicht als Teil der Vorfrage zu betrachten. Mit der divergie-

[63] *Bär*, in: SIWR Band I/1, S. 169; *Dasser*, in: Basler Kommentar, IPRG, Art. 136 Rz. 20; a.A. *Vischer*, in: Zürcher Kommentar zum IPRG, Art. 136 Rz. 20.

[64] *Bär*, in: SIWR Band I/1, S. 168 f.; *Dasser*, in: Basler Kommentar, IPRG, Art. 136 Rz. 22; *Vischer*, in: Zürcher Kommentar zum IPRG, Art. 136 Rz. 21. Eine Rechtswahl wird in der Schweiz zum Teil sogar für Ansprüche aus kartellrechtswidrigen Verhalten für möglich gehalten; dazu *Dasser*, in: Basler Kommentar, IPRG, Art. 137 Rz. 23.

[65] Dazu bereits 5. Kap.II.1.a. (S. 217 ff.). Soweit *Mankowski*, RIW 2008, 177, 192 für Ansprüche wegen kartellrechtswidrigem Verhalten betont, dass diese nur Mittel zum Zweck der Durchsetzung der Interessen der Allgemeinheit und sonstiger Marktteilnehmer sind, kann dem (zumindest) für das Recht des geistigen Eigentums nicht zugestimmt werden.

renden Anknüpfung der Hauptfrage von den Vorfragen geht keine zwingende kollisionsrechtliche Vorauswahl der möglicherweise verletzten bzw. verfolgbaren Schutzrechte einher. Vielmehr können im Ausland wirkende subjektive Immaterialgüterrechte oder Inhalts- und Schrankenbestimmungen einer fremden Rechtsordnung in den nationalen Schutzgesetzen berücksichtigt werden.

Kapitel 8

Alternative Anknüpfungen

I. Lex fori

Ein möglicher Anknüpfungspunkt für die deliktischen Hauptfragen ist die lex fori. Insbesondere *Ginsburg* beüfrwortet diesen Ansatz[1] und auch eine frühere Version der von ihr mit verfassten ALI Principles sieht die lex fori zumindest als letzte Stufe einer Anknüpfungsleiter vor.[2] Verwunderlich ist dieser Vorschlag nicht. Denn es besteht sowohl bei Gerichten als auch bei manchen Autoren eine Tendenz zum „Heimwärtsstreben".[3] Dies lässt sich am besten mit einer Unsicherheit in der Anwendung fremden Rechts und einer etwaigen, unterschwelligen Vorstellung von der Überlegenheit des eigenen Rechts erklären.[4] Vor diesem Hintergrund bedarf es einer kritischen Analyse, ob der „besondere Zauber der Klänge der heimathlichen Glocken"[5] gerechtfertigt ist.

Gegen die Anknüpfung an die lex fori wird zum einen vorgebracht, dass hierin ein Bruch mit einem (zumindest in Deutschland und Kontinentaleuropa geltenden) Dogma des internationalen Privatrechts liegt. Dieses ist der Suche nach der engsten Beziehung eines Sachverhalts verpflichtet und beruht auf der Annahme der prinzipiellen Gleichwertigkeit in- und ausländischen Rechts.[6] Die Anknüpfung der Verletzung von Immaterialgüterrechten an die lex fori laufe dem diametral entgegen.[7] Trotzdem kann dieser

---

[1] *Ginsburg*, 42 J. Copyright Soc'y U.S.A. (1995), 318, 337 f.; abgeschwächt *dies.*, Ziff. V.B.3 f.

[2] § 302 Abs. 3 der ALI Principles, Preliminary Draft No. 2. Allerdings ist die Ausnahmeregel des § 302 nicht auf Nichtigkeitsklagen bzgl. Registerrechten anwendbar; diese bleiben in der vorliegenden Arbeit außer Betracht.

[3] Dieser Begriff geht auf *Nussbaum*, IPR (1932), S. 43 zurück.

[4] *Kropholler*, IPR, S. 43; *Schurig*, in: Kegel/Schurig, S. 143.

[5] So die Metapher von *Meili* (zitiert nach *Kropholler*, IPR, S. 42).

[6] *v. Hoffmann/Thorn*, S. 3 f.; *Mankowski*, in: v. Bar/Mankowski, S. 198. Vor allem in den USA wird dieser Grundsatz offen in Frage gestellt (siehe dazu den Überblick bei *v. Hoffmann/Thorn*, S. 57 ff.), so dass es nicht verwunderlich ist, dass der Vorschlag der Anknüpfung der lex fori von dort stammt.

[7] *Gesmann-Nuissl*, in: Ensthaler u.a., Handbuch UrhR, S. 432 f.; *Hoeren*, in: Hoeren/Sieber, Multimedia-Recht, Teil 7.10 Rz. 44.

Einwand allein nicht ausschlaggebend sein. Wenngleich eine *generelle* Bevorzugung der lex fori mit der klassischen Methode des internationalen Privatrechts nicht vereinbar ist, ist anerkannt, dass kollisionsrechtlich relevante Interessen für eine Anwendung des Heimatrechts sprechen.

So besteht der Charme der lex fori-Regel in ihrer Einfachheit. Es kommt in einem inländischen Verfahren stets zur Anwendung derselben Rechtsordnung – der lex fori – und diese ist dem inländischen Richter vertraut.[8] Das ist von kollisionsrechtlicher Relevanz, da eine schnellere und billigere Entscheidungsfindung ermöglicht wird, und eine erhöhte Gewähr über die korrekte Rechtsanwendung besteht als dies bei der (parallelen) Applikation fremder Rechtsordnungen der Fall ist. Das fördert das Interesse der Allgemeinheit an einer Entlastung der Gerichte und Rechtssicherheit, ist als Ordnungsinteresse geschützt und kommt zudem den Parteien zu Gute.[9] In einer Abwägung der kollisionsrechtlich relevanten Interessen wiegen die soeben genannten Vorteile jedoch regelmäßig nicht besonders schwer.[10] Deshalb kann nur in *Ausnahmefällen* die Anknüpfung an das Heimatrecht in Betracht kommen, wenn die Vorteile der Einfachheit auf Grund besonderer Umstände ein herausragendes Gewicht erlangen oder die sonstigen Interessen sich gegenseitig neutralisieren und damit nicht entgegenstehen.[11]

Einen solchen Ausnahmefall wird man für die Multistate-Verletzung von Rechten des geistigen Eigentums nicht annehmen können. Zwar kann man wegen der Vielzahl der nach dem Schutzlandprinzip anwendbaren

---

[8] *Gesmann-Nuissl*, in: Ensthaler u.a., Handbuch UrhR, S. 433; *Ginsburg*, 42 J. Copyright Soc'y U.S.A. (1995), 318, 337 f.; *Hoeren*, in: Hoeren/Sieber, Multimedia-Recht, Teil 7.10 Rz. 43.

[9] *Hoeren*, in: Hoeren/Sieber, Multimedia-Recht, Teil 7.10 Rz. 43; *A. Junker*, S. 85; *Schurig*, in: Kegel/Schurig, S. 143.

[10] *Schurig*, in: Kegel/Schurig, S. 143 f.

[11] *Kropholler*, IPR, S. 46 f.; *Schurig*, in: Kegel/Schurig, S. 143 f. Diskutiert werden solche Ausnahmen vor allem für Bagatellsachen und in Verfahren des einstweiligen Rechtsschutzes, vgl. *Kropholler*, IPR, S. 46 f.; *Sturm/Sturm*, in: Staudinger, BGB, Einl. IPR Rz. 187 ff. Befürwortet man diese, so können sie auch für Verletzungen von geistigem Eigentum herangezogen werden. Gleichwohl existieren Bedenken gegen beide Ausnahmen: in Bagatellsachen kann leicht der Eindruck eines divergierenden Rechts für Arme und Reiche entstehen. In Eilverfahren ist Vorsicht geboten, weil regelmäßig der Ermittlungspflicht des Richters hinsichtlich des ausländischen Rechts gefolgt werden kann, und nur in den Fällen, in denen keine überwiegende Wahrscheinlichkeit einer Verletzung nach der ausländischen Rechtslage festgestellt werden kann, ein Rückgriff auf die lex fori als Ersatzrecht nötig ist. (Zum Ganzen *Kropholler*, IPR, S. 46 f.; ausführlich zu Eilverfahren – bezogen auf das internationale Lauterkeitsrecht – *Dethloff*, RabelsZ 62 (1998), 286, 295 ff.) Da insoweit keine Besonderheiten im geistigen Eigentum bestehen, beschränken sich die folgenden Erörterungen darauf, ob eine Ausnahme speziell für Multistate-Verletzungen von geistigem Eigentum geboten ist.

Rechtsordnungen von einer erhöhten Bedeutung der Vereinfachung durch die Berufung eines einzigen Rechts ausgehen. Andererseits wird eingewandt, dass die Anknüpfung an die lex fori dem forum shopping Tür und Tor öffne und somit der Manipulation breiten Raum lasse.[12] Vereinzelt wird das für akzeptabel gehalten, solange der Gerichtsstaat ein hohes Schutzniveau biete, doch wegen der Möglichkeit einer Klage in einer sog. *Schutzrechtsoase* wird das Ergebnis als „absurd“ abgestempelt.[13] Letztere Differenzierung verkennt jedoch, dass die Auswahl des anwendbaren Rechts grundsätzlich ohne Rücksicht auf den Inhalt des verwiesenen Sachrechts auf Grund der kollisionsrechtlichen Interessenlage erfolgt[14] und daher ein niedriges Schutzniveau der lex causae nicht zur Revision der Kollisionsnorm führen kann. Zudem existiert kein Grundsatz eines möglichst umfassenden Schutzes der Schöpfer, Unternehmer und Erfinder hinsichtlich ihrer geistigen Leistungen[15] und ein gewisser Mindestschutz kann durch den ordre public-Vorbehalt gesichert werden.[16]

Ohne die Differenzierung ist der Skepsis gegenüber der Zulassung eines forum shoppings zuzustimmen. Zum einen wird der internationale Entscheidungseinklang gefährdet, wenn jedes Gericht sein Heimatrecht anwendet.[17] Zum anderen wird dadurch dem Manipulierenden *faktisch* die Option einer begrenzten einseitigen Rechtswahl zugestanden und zugleich die Rechtsunsicherheit für die andere Partei erhöht. Wie hoch die Nachteile zu bewerten sind, hängt freilich vom Ausmaß der Manipulationsmöglichkeiten ab und damit von den Regeln der internationalen Zuständigkeit.

Nach der EuGVVO[18] kann eine Verletzungsklage am Ort der unerlaubten Handlung erhoben werden (Art. 5 Nr. 3 EuGVVO). Betrachtet man diese Vorschrift isoliert und begreift sie in Bezug auf das geistige Eigen-

---

[12] *Gesmann-Nuissl*, in: Ensthaler u.a., Handbuch UrhR, S. 433; *Hoeren*, in: Hoeren/Sieber, Multimedia-Recht, Teil 7.10 Rz. 43 f.; *Nordemann-Schiffel*, in: Bröcker/Czychowski/Schäfer, Praxishandbuch Geistiges Eigentum, § 3 Rz. 67.

[13] *Gesmann-Nuissl*, in: Ensthaler u.a., Handbuch UrhR, S. 433. Vorsichtiger *Hoeren*, in: Hoeren/Sieber, Multimedia-Recht, Teil 7.10 Rz. 43.

[14] Man kann daher das Kollisionsrecht als „Sprung ins Dunkle“ bezeichnen (*Raape/Sturm*, S. 199). Eine Berücksichtigung des sachlichen Ergebnis kommt indes in Betracht, wenn die Berufung eines Rechts zur *zwingenden* Klageabweisung führen würde mit der Begründung, das die lex causae nicht auf die Verletzung eines fremden Schutzrechts anwendbar sei. Eine solche Norm ergibt strukturell keinen Sinn. Gegen diese Prämisse 7. Kap.II. (S. 292 ff.).

[15] Dazu bereits 4. Kap.III.3.a. (S. 191).

[16] Als Vergleichsmaßstab könnte sich z.B. der durch die internationalen Konventionen geregelte Mindestschutz anbieten.

[17] *Kropholler*, IPR, S. 45; *Neuhaus*, S. 68.

[18] Hinsichtlich der ZPO gelten die folgenden Überlegungen entsprechend. Allerdings ist streitig, ob i.R.d. § 32 ZPO eine Beschränkung der Kognitionsbefugnis zu erfolgen hat (Nachweise in Fn. 65 zum 6. Kapitel).

tum in der Weise, dass – trotz der grundsätzlichen Maßgeblichkeit von Handlungs- und Erfolgsort – eine internationale Zuständigkeit allein im Schutzland eröffnet wird und die Kognitionsbefugnis des Gerichts sich nur auf inländische Schutzrechte bezieht, sind die geäußerten Bedenken gegenstandslos.[19] Es wurde indes bereits dargelegt, dass es überzeugender ist, in Übertragung der Shevill-Rechtsprechung des EuGH die Kognitionsbefugnis des Gerichts am Ort des ursächlichen Verhaltens nicht zu beschränken.[20] Der Kläger – dies ist i.d.R. der Schutzrechtsinhaber, kann bei einer negativen Feststellungsklage aber auch der Verwerter sein – kann an diesem Ort die Verletzung seiner weltweiten Schutzrechte geltend machen. Es besteht somit ein Wahlrecht in Bezug auf die Schutzrechte außerhalb des Verhaltensortes. Durch die Eröffnung der internationalen Zuständigkeit am allgemeinen Gerichtsstand des Beklagten (Art. 2 EuGVVO) und am Ort der Niederlassung des Beklagten (Art. 5 Nr. 5 EuGVVO)[21] für sämtliche Schutzrechte werden die Optionen des Klägers noch erhöht, zumal der Wohnsitz einer Gesellschaft oder juristischen Person *alternativ* durch drei Merkmale bestimmt werden kann (Art. 60 Abs. 1 und 2 EuGVVO).[22] Die Manipulationsmöglichkeit erschöpft sich aber nicht in der Wahl eines Gerichtsstands durch den Kläger. Der Beklagte kann die Voraussetzungen des Gerichtsstands bewusst beeinflussen und dadurch mittelbar auf das anwendbare Recht einwirken. Während dies in Bezug auf den Wohnsitz einer Person oder Gesellschaft relativ schwierig (aber nicht unmöglich) ist, fällt dies hinsichtlich einer Niederlassung oder dem konkreten Verhaltensort leichter. Der internationale Entscheidungseinklang wird weiter durch die Möglichkeit einer Abänderung der Zuständigkeit des Gerichts kraft Parteivereinbarung oder rügeloser Einlassung (Art. 23 bzw. 24 EuGVVO) gefährdet.

---

[19] Die Möglichkeit einer beschränkten Kognitionsbefugnis zumindest an den Orten, in denen nicht das ursächliche Verhalten vorgenommen wurde, übersieht z.B. *Hoeren* (in: Hoeren/Sieber, Multimedia-Recht, Teil 7.10 Rz. 44): Konsequent geht er von einer nahezu unbeschränkten Wahlmöglichkeit des Klägers aus.

[20] Siehe 6. Kap.I.4.b.aa. (S. 259 f.).

[21] Diese nicht im Wortlaut enthaltene Beschränkung auf den Beklagten entnimmt die ganz überwiegende Auffassung dem Zweck der Vorschrift, *Kropholler*, EuZPR, Art. 5 EuGVVO Rz. 101 m.w.N.

[22] Diese Wahlmöglichkeiten bleiben auch beim Vorschlag *Ginsburg*s aus dem Jahr 1995 bestehen, wenn sie die lex fori nur unter der weiteren Voraussetzung zur Anwendung berufen will, dass der Beklagte Staatsangehöriger des Gerichtsstaats ist, dort seinen Wohnsitz oder eine Niederlassung hat oder von diesem Staat die Verletzung ihren Ausgang genommen hat, *Ginsburg*, 42 J. Copyright Soc'y U.S.A. (1995), 318, 337 f. Ihr Einschränkungsvorschlag von 1998 sieht die lex fori nur als Ausweichklausel vor und entspricht insoweit den ALI Principles, Preliminary Draft No. 2 (zu Letzteren siehe Ziff. VIII.2. (S. 345 ff.)).

Wegen der Vielfalt an Gerichtsständen und Beeinflussungsoptionen besteht somit eine große Gefahr der Beeinträchtigung des äußeren Entscheidungseinklangs; es wird die einseitige Bevorzugung einer Partei ermöglicht sowie die Rechtssicherheit (aus ex ante Sicht) in Mitleidenschaft gezogen. Zwar darf nicht verkannt werden, dass die sonst behaupteten Nachteile durch die hier vorgenommene Beschränkung einer vom Schutzland abweichenden Anknüpfung auf die deliktischen Hauptfragen reduziert werden; eine Manipulation der Existenz eines Schutzes ist nicht möglich. Trotzdem können mit den Inhalts-, Schranken- und Rechtsfolgenbestimmungen bedeutende Teilfragen beeinflusst werden. Berücksichtigt man zudem, dass durch die isolierte Geltendmachung der Verletzung einzelner Urheberrechte eine Aufsplitterung des anwendbaren Rechts weiter möglich bleibt – wenn auch nicht in einem Gerichtsverfahren –, muss versucht werden, das Ideal einer einfachen Rechtsanwendung in Fällen von Multistate-Verletzungen durch eine andere Kollisionsnorm zu erreichen.

II. Ursprungslandprinzip

Die Anknüpfung an das Ursprungsland eines Werkes (lex originis) ist hierfür jedoch ungeeignet. Diese Verweisung wird in der Literatur für die Vorfragen der ersten Inhaberschaft und der Entstehung des Urheberrechts vertreten,[23] vereinzelt zusätzlich für die deliktischen Hauptfragen.[24] Das Ursprungsland wird dabei als das Land definiert, in dem das Werk erstmalig veröffentlicht wurde, bzw. bei unveröffentlichten Werken als Heimatstaat des Schöpfers.[25] Denkbar wäre auch eine Konkretisierung durch das Land, in dem das Werk (hauptsächlich) erschaffen wurde.[26] Überträgt man diesen Gedanken auf die gewerblichen Schutzrechte, könnten der Ort der erstmaligen Registrierung einer Marke oder eines Patents, der ersten Benutzung einer Marke, der ersten Veröffentlichung einer Erfindung, der Ort, an dem die Erfindung getätigt wurde, oder die Staatsangehörigkeit oder der ge-

[23] *Drobnig*, RabelsZ 40 (1976), 195, 196 ff.; *Neuhaus*, RabelsZ 40 (1976), 191, 192 f.; *Schack*, Anknüpfung, S. 61, 88; *ders.*; UrhR, S. 462 ff. m.w.N. Eine solche Anknüpfung wird z.T. auch im Ausland befolgt (Nachweise in Fn. 19 zum 1. Kapitel).

[24] *Intveen*, S. 121 ff., 142; *Muth*, S. 141, 151 ff., sowie in Bezug auf Inhalt und Schranken *Bollacher*, S. 165 ff., 182 f.

[25] *Hoeren*, in: Hoeren/Sieber, Multimedia-Recht, Teil 7.10 Rz. 36; *Nordemann-Schiffel*, in: Bröcker/Czychowski/Schäfer, Praxishandbuch Geistiges Eigentum, § 3 Rz. 57; *Schack*, Anknüpfung, S. 61; *ders.*, UrhR, S. 463. Siehe auch Art. 5 Abs. 4 RBÜ.

[26] Siehe Art. 2 der Übereinkunft von Montevideo. Ablehnend *Schack*, Anknüpfung, S. 49 f., der allerdings eine Ausnahme zulassen will, wenn mehrere Miturheber mit unterschiedlicher Staatsangehörigkeit das Werk gemeinsam erschaffen haben und dieses noch nicht veröffentlicht ist (S. 52).

wöhnliche Aufenthalt bzw. das Gesellschaftsstatut des Erfinders oder Unternehmens herangezogen werden.[27]

In dieser Arbeit ist ausschließlich zu erörtern, ob eine solche Verweisungsnorm für die deliktsrechtlichen Bereiche der Immaterialgüterrechtsverletzungen sinnvoll ist, ohne dass zugleich ein weltweit einheitliches Schutzrecht installiert wird.[28] Hierfür streiten nur schwache Argumente. Außer der Vereinfachungsfunktion durch die Anwendung eines einzigen Rechts kann vor allem geltend gemacht werden, dass der Schutzrechtsinhaber in einer engen Beziehung zu seiner Erfindung, seinem Werk oder Kennzeichen steht.[29] Hiergegen könnte bereits eingewandt werden, dass die Nähe zum geistigen Gut eher für eine Anknüpfung an den jeweiligen Bestandsort sprechen würde, da der Ursprung des geistigen Gutes auf Grund des territorialen Schutzes sachrechtlich keinerlei Bedeutung hat.

Zudem bedingt die lex originis-Regel eine einseitige kollisionsrechtliche Bevorzugung des Schutzrechtsinhabers: Dessen besondere Beziehung zu dem geistigen Gut ist anknüpfungsrelevant, während der Ort der Verwertung oder sonstige durch den Verwerter beeinflussbare oder in seinem „Lager" stehende Kriterien außen vor bleiben. Dem Verwerter obliegt es, das Ursprungsland eines immateriellen Gutes aufzufinden sowie Inhalt und Schranken dieser Rechtsordnung zu beachten, selbst wenn er seinen Internetauftritt erkennbar auf ein einziges, anderes Land ausgerichtet hat. Ist schon die Ermittlung der fremden Rechtsnormen nicht leicht, erfordert das Auffinden des Ursprungslands häufig umfangreiche und kostspielige Recherchen oder ist dem einzelnen Verwerter sogar schlechterdings nicht möglich. Die Rechtsunsicherheit wäre immens.[30] Dies wird noch verstärkt, wenn in einem einzigen Internetauftritt Werbung für mehrere geschützte geistige Güter betrieben wird, da für jedes Gut das Ursprungsland und die Zulässigkeit des Angebots neu beurteilt werden müsste.[31] Unsicherheiten hinsichtlich der Bestimmung des Ursprungslands entstehen ferner, wenn an einem Werk oder einer Erfindung mehrere Personen beteiligt sind oder ein

---

[27] *Drexl*, MünchKomm, BGB, IntImmGR Rz. 209 meint dagegen, dass eine Übertragung des Ursprungslandprinzips auf gewerbliche Schutzrechte nicht möglich ist, da das Kriterium der Erstveröffentlichung nicht passe.

[28] Insofern unterscheidet sich die Auswirkung der Anknüpfung an die lex originis grundlegend von den sonst in der Literatur vorgebrachten Vorschlägen.

[29] *Intveen*, S. 85 ff.; *Nordemann-Schiffel*, in: Bröcker/Czychowski/Schäfer, Praxishandbuch Geistiges Eigentum, § 3 Rz. 57.

[30] *Nordemann-Schiffel*, in: Bröcker/Czychowski/Schäfer, Praxishandbuch Geistiges Eigentum, § 3 Rz. 58. *Schack*, Anknüpfung, S. 67; *Thum*, in: Bartsch/Lutterbeck, Neues Recht, S. 117, 139. Siehe auch *Lucas*, Ziff. 50 (bzgl. der Anknüpfung der Vorfragen).

[31] *Gesmann-Nuissl*, in: Ensthaler u.a., Handbuch UrhR, S. 431; *Thum*, in: Bartsch/Lutterbeck, Neues Recht, S. 117, 139. Ähnlich *Ginsburg*, 42 J. Copyright Soc'y U.S.A. (1995), 318, 336, die auf die Auswirkungen für den Richter hinweist.

geistiges Gut von mehreren Personen unabhängig voneinander geschaffen wurde oder es für verschiedene Personen in unterschiedlichen Ländern – was wegen der Aufrechterhaltung der territorialen Geltung der Schutzrechte und der Abweichung vom Schutzlandprinzip nur für die deliktsrechtlichen Hauptfragen ohne weiteres möglich bleibt – geschützt ist.[32] Stellt man auf die Erstveröffentlichung ab, bestehen auch Zweifelsfragen, falls diese Publikation erstmals über das Internet vorgenommen wurde.[33]

Die Übervorteilung des Schutzrechtsverwerters wird vollends deutlich, wenn das Ursprungslandprinzip durch den Ort der Erstveröffentlichung konkretisiert wird. Dieser Ort ist nämlich für den Erfinder bzw. Schöpfer ohne besonderen Aufwand beeinflussbar. Ein Erfinder bzw. Schöpfer kann diesen Ort ohne großen Aufwand frei wählen und wird – sofern er gut beraten ist – dies auch tun, so dass eine schutzintensive Rechtsordnung zur Anwendung kommt. Berücksichtigt man, dass gerade im Bereich der Internetverwertung die Inhalts- und Schrankenbestimmungen weltweit stark divergieren, zeigt sich der Anreiz für den Schutzrechtsinhaber besonders deutlich.[34] Ähnliches gilt für andere Konkretisierungen wie den Ort der Erfindung oder Schöpfung bzw. die erste Benutzung der Marke. Diese Anknüpfungspunkte sind ebenfalls manipulierbar, wenngleich die Hürden größer sind.

Die einseitige Berücksichtigung der Interessen des Schutzrechtsinhabers mag vielleicht hinsichtlich der Vorfragen der Inhaberschaft und der Existenz noch akzeptabel sein, da diese Fragen auch isoliert von einer Verletzung auftreten können. Bedenken bestehen freilich auch hier.[35] Bei den hier interessierenden Verletzungsvoraussetzungen und Sanktionen ist wegen der zwingenden Beteiligung zweier entgegenstehender Parteien eine einseitige Bevorzugung des Schutzrechtsinhabers dagegen nicht gerechtfertigt, zumal sich bereits erwiesen hat, dass auch im materiellen Recht ein Ausgleich zwischen den einzelnen Interessen gesucht wird.[36]

---

[32] Zur Problematik der Miturheber mit unterschiedlicher Staatsangehörigkeit *Schack*, Anknüpfung, S. 51 f.

[33] Ausführlich zur Bestimmung des Ursprungslandes in diesem Fall *Thum*, GRUR Int. 2001, 9 ff.

[34] *Drexl*, in: MünchKomm, BGB, IntImmGR Rz. 209.

[35] Auf der Hand liegt dies zunächst für die Frage nach der Schutzfähigkeit eines Guts, da diese für den potentiellen Verwerter ebenfalls ein Hindernis darstellt. Dagegen ist es auf den ersten Blick für ihn irrelevant, wer Inhaber des Schutzrechts ist: hiervon hängt die Zulässigkeit der Verwertung nicht ab. Allerdings wird die Einholung von Nutzungsrechten durch die Unsicherheiten bei der Auffindung des tatsächlichen Inhabers erschwert. Zu weiteren Bedenken *Drexl*, in: MünchKomm, BGB, IntImmGR Rz. 14 ff.

[36] Dazu bereits 4. Kap.III.3.a. (S. 191).

III. Herkunftslandprinzip

1. Grundsätzlich

Eine weitere Möglichkeit bietet die Unterstellung des gesamten Sachverhalts des Internetangebots unter das Recht am Vornahmeort der verletzenden Handlung im natürlichen Sinn und nicht unter das Recht am Ort der Abrufbarkeit als deren Folge. Nicht der Ursprung des Werkes, sondern der Ursprung der Verletzungshandlung ist dann maßgeblich. Zu einer klareren Abgrenzung sei daher im Folgenden vom „Herkunftslandprinzip" die Rede. Diesen Ansatz erwog die EU-Kommission in ihrem Grünbuch zum Urheberrecht und den verwandten Schutzrechten in der Informationsgesellschaft[37] und auch die Literatur stand ihm anfangs aufgeschlossen gegenüber.[38] Inzwischen überwiegt die Skepsis.[39]

Verkompliziert wird die Sachlage dadurch, dass die Verwirklichung dieser Lösung auf zwei Ebenen denkbar ist: Zum einen kann bereits das anwendbare Recht nach dem Herkunftslandprinzip in Abweichung vom Schutzlandprinzip bestimmt werden. Zum anderen ist eine sachrechtliche Abkehr von der *Bogsch*-Theorie mit der Relevanz auch der Abrufbarkeit möglich.[40] Des Weiteren besteht keine Einigkeit, wie der „Handlungsort" zu bestimmen ist. Dieser kann durch die tatsächliche Vornahme des Einstellens der Daten in das Internet durch den Handelnden,[41] die inhaltliche

---

[37] EG KOM(95)382/endg., S. 41 f., allerdings unter Verwendung der Terminologie „Ursprungsland".

[38] *Dieselhorst*, ZUM 1998, 293, 299; *Handig*, GRUR Int. 2007, 206, 218; *Reber*, in: Schwarz/Peschel-Mehner, Recht im Internet, Kap. 12-G 4 Rz. 19 ff.; *Spindler*, IPRax 2003, 412, 420 f., die sich alle auf das urheberrechtliche Senderecht und das Recht der öffentlichen Zugänglichmachung beziehen.

[39] *Gesmann-Nuissl*, in: Ensthaler u.a., Handbuch UrhR, S. 429; *Hoeren/Große Ruse*, in: Lehmann, Electronic Buisness, S. 301, 309; *Nordemann-Schiffel*, in: Bröcker/Czychowski/Schäfer, Praxishandbuch Geistiges Eigentum, § 3 Rz. 55 f.; *Thum*, in: Bartsch/Lutterbeck, Neues Recht, S. 117, 138. Ebenso das Follow-Up Paper der EU-Kommission zum Grünbuch zum Urheberrecht und den verwandten Schutzrechten in der Informationsgesellschaft, KOM(96)568/endg., S. 23.

[40] Hierauf weist auch *Schack*, MMR 2000, 59, 62 hin. Diese Differenzierung wird jedoch häufig übersehen oder es wird ihr keine Bedeutung beigemessen. Kollisionsrechtliche Überlegungen stellen z.B. *Nordemann-Schiffel* (in: Bröcker/Czychowski/Schäfer, Praxishandbuch Geistiges Eigentum, § 3 Rz. 55 f.) und *Thum* (in: Bartsch/Lutterbeck, Neues Recht, S. 117, 138) an. Für eine sachrechtliche Einordnung *Spindler*, IPRax 2003, 412, 415. Zu beachten ist, dass eine sachrechtliche Einordnung des Herkunftslandprinzips mittelbare Auswirkungen auf die kollisionsrechtliche Anknüpfung haben kann. Dies ist der Fall, wenn das Schutzlandprinzip als Anknüpfung an den Verletzungsort aufgefasst wird und dieser Ort autonom nach den inländischen Regeln bestimmt wird.

[41] *Nordemann-Schiffel*, in: Bröcker/Czychowski/Schäfer, Praxishandbuch Geistiges Eigentum, § 3 Rz. 53. Hinsichtlich der Bestimmung des Handlungsortes im allgemeinen

bzw. konzeptionelle Steuerung des Internetauftritts[42] oder den Server, auf den die Daten geladen und zum Abruf bereitgehalten werden,[43] und bedingt durch den Übermittlungsweg konkretisiert werden.[44]

a. Vornahme des Uploads

Handlungsort ist nach der allgemein üblichen Definition der Ort, an dem das Schaden verursachende Verhalten vom (mutmaßlichen) Verletzer vorgenommen wird. Hierzu ist eine willensabhängige Tätigkeit mit Außenwirkung nötig.[45] Das Einspeisen der Daten in das Internet ist ein solcher vom Willen geleiteter Akt, durch den die Internetseite die Sphäre des Handelnden verlässt und in die Außenwelt gelangt.

Implementiert man die Maßgeblichkeit dieses Ortes auf sachrechtlicher Ebene, entspricht das dem Vorbild der Satellitenrichtlinie, nach der eine Satellitensendung ausschließlich in dem Land stattfindet, von dem die Signale zum Satelliten ausgestrahlt werden.[46] Allerdings besteht das Risiko, dass die Verwerter eines Schutzrechts den Upload von einem Land aus vornehmen, das keine Schutzrechte oder ein nur sehr geringes Schutzrechtsniveau kennt. Besondere Schwierigkeiten sind dabei für den Verwerter nicht zu überwinden, da der technische und finanzielle Aufwand denkbar gering ist: es genügt bereits, dass der Upload von einem Computer in

---

internationalen Deliktsrecht *Junker*, in: MünchKomm, BGB, Art. 40 EGBGB Rz. 174; *v. Hoffmann*, in: Staudinger, BGB, Art. 40 EGBGB Rz. 18; *Spickhoff*, in: Leible, IPR im Zeitalter der neuen Medien, S. 89, 97.

[42] *Handig*, GRUR Int. 2007, 213, 218; *Mankowski*, RabelsZ 63 (1999), 203, 262 ff.; *Spindler*, IPRax 2003, 412, 420 f.

[43] *Bollacher*, S. 149 ff.; *Dieselhorst*, ZUM 1998, 293, 299; *Gesmann-Nuissl*, in: Ensthaler u.a., Handbuch UrhR, S. 428; *Hoeren*, in: Hoeren/Sieber, Multimedia-Recht, Teil 7.10 Rz. 39; *Thum*, in: Bartsch/Lutterbeck, Neues Recht, S. 117, 136.

[44] Diese Orte müssen keineswegs identisch sein. Hierzu folgendes Beispiel: Verwerter V entscheidet an seinem Unternehmenssitz in Land A, dass er seine Produkte unter Markennennung im Internet bewerben will und konzipiert das Grundkonzept dieses Auftritts. Die Umsetzung dieses Konzepts lässt er in Billiglohnland B ausführen, von wo aus die Internetseite auch ins Netz gestellt wird. Der Server des Internet-Service-Providers befindet sich in Land C. Abrufbar ist die Seite weltweit und die Übermittlung der Daten erfolgt je nach Kapazität und Auslastung der einzelnen Server und Leitungen über verschiedene Staaten.

[45] *v. Hoffmann*, in: Staudinger, BGB, Art. 40 EGBGB Rz. 17; *Junker*, in: MünchKomm, BGB, Art. 40 EGBGB Rz. 25.

[46] Falls im Ausstrahlungsstaat i.d.S. kein Mindestschutz gemäß Kapitel II der Satellitenrichtlinie gesichert ist, stellt die Satellitenrichtlinie freilich sicher, dass dennoch das Recht eines Mitgliedsstaates der EU oder eines Vertragstaates der EWG gilt; vgl. Art. 2 Abs. 1 lit. b und lit. d sublit. i) und ii) sowie Erwägungsgrund (14) der Richtlinie, umgesetzt in § 20a UrhG.

einem solchen Land gestartet wird. Diese im Urheberrecht vielfach beschworene Gefahr von sog. *Copyright-Paradiesen*[47] existiert gleichfalls in Bezug auf das Angebot patent- oder markenrechtlich geschützter Produkte oder Dienstleistungen. Daher ist die ausschließliche Relevanz des Uploads im Sachrecht nur vernünftig, wenn ein einheitliches Schutzniveau existiert.[48] Das ist derzeit weltweit weder für das Patent- noch das Marken- oder Urheberrecht der Fall. Selbst wenn dies erreichbar sein sollte, ist zu bedenken, dass mit dieser Regelung leicht der Schutz anderer Rechtsinhaber umgangen werden kann. Ist nämlich der Content-Provider im Land des Uploads selbst Schutzrechtsinhaber, kann er über das Internet ungehindert Werbung in anderen Staaten, in denen ein Konkurrent Berechtigter ist, mit diesem geistigen Gut betreiben. Insbesondere bei Markenrechten ist das realistisch, da die Anmeldung einer Marke keine besondere eigene Leistung voraussetzt. Ähnlich Schutzlücken entstehen, wenn das geistige Gut im Land des Uploads gemeinfrei ist. Die mit dem Herkunftslandprinzip bezweckte Vereinfachung wird zudem durch eine sachrechtliche Einordnung nur erreicht, wenn alle Staaten dem Herkunftslandprinzip folgen: Denn nach dem weiterhin anwendbaren Schutzlandprinzip kann jede Rechtsordnung berufen werden, und es fehlt dort nur an einer Verletzung, wenn in diesem Land die Internetseite lediglich abrufbar ist und die Ermöglichung der Abrufbarkeit *von dieser Rechtsordnung* nicht monopolisiert ist. Dies ist auf globaler Ebene höchstens durch eine internationale Konvention verbindlich zu erreichen, welche nicht in Sicht ist.

Letztgenanntes Problem scheidet aus, wenn bereits das Schutzlandprinzip auf kollisionsrechtlicher Ebene durch eine Anknüpfung an den Ort des Uploads ersetzt und nur *eine* Rechtsordnung zur Anwendung berufen wird. Die Einfachheit der Regel wird allenfalls dadurch beeinträchtigt, dass sich Schwierigkeiten bei der Ermittlung des Einspeisungsortes ergeben können. Diesen wird der beweispflichtige Kläger[49] (i.d.R. der Schutzrechtsinhaber) häufig nicht kennen, geschweige denn nachweisen können.[50] Allerdings kann dieses Hindernis durch die naheliegende widerlegliche Vermutung,

---

[47] Statt vieler *Ginsburg*, 42 J. Copyright Soc'y U.S.A. (1995), 318, 336; *Hoeren*, in: Hoeren/Sieber, Multimedia-Recht, Teil 7.10 Rz. 41. Vielfach wird auch von der Gefahr eines „race to the bottom" gesprochen, z.B. *Schack*, MMR 2000, 59, 63. Skeptisch hinsichtlich der tatsächlichen Gefahr *v. Eechoud*, S. 217 f.

[48] Grünbuch der EU-Kommission zum Urheberrecht und den verwandten Schutzrechten in der Informationsgesellschaft (EG KOM(95)382/endg., S. 41); *Schack*, MMR 2000, 59, 63; *Spindler*, IPRax 2003, 412, 418. Vgl. auch (in Bezug auf eine kollisionsrechtliche Lösung) *Nordemann-Schiffel*, in: Bröcker/Czychowski/Schäfer, Praxishandbuch Geistiges Eigentum, § 3 Rz. 54; *Thum*, in: Bartsch/Lutterbeck, Neues Recht, S. 117, 137.

[49] *Mankowski*, RabelsZ 63 (1999), 201, 258 m.w.N.

[50] *Junker*, in: MünchKomm, BGB, Art. 40 EGBGB Rz. 174; *Mankowski*, RabelsZ 63 (1999), 201, 258.

dass der Upload erfahrungsgemäß am Wohn- bzw. Geschäftssitz des Verwerters erfolgt, beseitigt werden.[51]

Gegen diese Anknüpfung wird indes – wie bereits bei der sachrechtlichen Implementierung – die Existenz von Schutzlücken wegen der Möglichkeit zur Verlagerung des Uploads in Schutzrechtsoasen eingewandt.[52] Diese Gefahr besteht in der Tat, wenngleich die Beschränkung der vom Schutzland abweichenden Anknüpfung auf die deliktsrechtlichen Hauptfragen das Risiko insoweit lindert, als unterschiedliche Zuordnungen der Schutzrechte nicht für eine weltweite Vermarktung ausgenutzt werden können. Ein niedriges Schutzniveau im Land des Uploads wirkt sich jedoch für alle Länder und Schutzrechte aus. Trotzdem kann die Argumentation mit bestehenden Schutzlücken nicht – wie das in der Literatur den Anschein hat – unbesehen für das Kollisionsrecht übernommen werden. Die Verweisung und die Bildung der Kollisionsnorm erfolgen nämlich grundsätzlich unabhängig vom Inhalt der einzelnen Rechtsordnungen auf Grund der *internationalprivatrechtlichen* Interessen.[53] Soweit die Vorstellung von der zwingenden Beschränkung des Anwendungsbereichs der nationalen Schutzgesetze auf „ihre" subjektiven Schutzrechte aufgegeben wird, bedingt eine vom Schutzland abweichende Anknüpfung auch keine zwingende Klageabweisung. Gleichwohl ist dem Ergebnis (nicht aber der Begründung) zuzustimmen. Die kollisionsrechtlichen Interessen werden nämlich durch die Anknüpfung an den Ort des Uploads ebenfalls zu keinem gerechten Ausgleich gebracht. Mit dem Recht des Handlungsorts wird ausschließlich das Recht der Umgebung des (potentiellen) Verletzers angewandt; die internationalprivatrechtlichen Interessen des Geschädigten bleiben außen vor. Vor dem Hintergrund, dass der Schutzrechtsverwerter den Anknüpfungspunkt ohne große Mühe manipulieren kann,[54] ist das nur schwer vertretbar.

b. Verhaltenszentrale

Als Alternative zum Ort der tatsächlichen Vornahme des Uploads bietet sich für die Konkretisierung des Herkunftslandes der Ort an, von dem aus

---

[51] *Junker*, in: MünchKomm, BGB, Art. 40 EGBGB Rz. 174 m.w.N.; *Spickhoff*, in: Leible, IPR im Zeitalter der neuen Medien, S. 89, 98.

[52] *Drexl*, in: MünchKomm, BGB, IntImmGR Rz. 207; *Gesmann-Nuissl*, in: Ensthaler u.a., Handbuch UrhR, S. 429; *Nordemann-Schiffel*, in: Bröcker/Czychowski/Schäfer, Praxishandbuch Geistiges Eigentum, § 3 Rz. 55; *Schønning*, ZUM 1997, 34, 38; *Thum*, in: Bartsch/Lutterbeck, Neues Recht, S. 117, 137.

[53] Nachweise in Fn. 14 zum 8. Kapitel.

[54] Insofern ist der Hinweis auf die Manipulationsgefahr auch internationalprivatrechtlich gerechtfertigt, da er die Bevorzugung des Verletzers bei der Bestimmung der anwendbaren Rechtsordnung bedingt.

der Internetauftritt gesteuert wird, d.h. wo Leitung, Kontrolle und Verantwortung liegen. Das wird in aller Regel am tatsächlichen Sitz des Content-Providers zu lokalisieren sein.[55]

Gegen diese Annäherung könnte man einwenden, dass mit der Steuerung des Internetauftritts zwar eine willensgesteuerte Tätigkeit verbunden ist, diese jedoch erst durch das Einstellen der Seite in das Internet Außenwirkung erlangt. Ersteres könnte demnach als bloße – grundsätzlich irrelevante – Vorbereitungshandlung und nicht als Konkretisierung der Herkunft des verletzenden Verhaltens selbst aufgefasst werden.[56] Das leuchtet im Hinblick auf die bloße Ausarbeitung der Internetseite ein.[57] Stellt man auf die verantwortliche Veranlassung des Uploads ab, ist es überzeugender, diese als Einheit mit der tatsächlichen (eher mechanischen) Durchführung des Uploads anzusehen. Gerade vor dem Ziel der Verhaltenssteuerung ist eine Konkretisierung des Verhaltensortes durch den Ort der verantwortlichen Steuerung des Geschehens vorzugswürdig. Hier wird die Entscheidung getroffen, dort nur ausgeführt.[58]

Im Vergleich zur Maßgeblichkeit des Upload-Ortes hat das zugleich den Vorteil, dass die Manipulationsgefahr erheblich reduziert wird. Während der Upload-Ort ohne großen technischen und finanziellen Aufwand in jedes beliebige Land verlagert werden kann, bedarf es für die Veränderung der Verhaltenszentrale einer Umsiedelung der Entscheidungsstrukturen und -träger. Oft wird das nur durch ein Abwandern der Unternehmensleitung oder der Niederlassung des Unternehmens möglich sein. Schwierigkeiten bei der Ermittlung des Ortes der verantwortlichen Steuerung können wegen der Abhängigkeit von Interna des Handelnden – insbesondere Organisation und Aufgabenverteilung – durch eine Vermutung der Belegenheit am Wohn- bzw. Geschäftssitz des Schutzrechtsverwerters vermieden werden.[59] Insgesamt ist daher die Konkretisierung des Herkunftslandes durch die

---

[55] In Bezug auf das Senderecht und zum Recht der öffentlichen Zugänglichmachung gemäß §§ 19, 19a UrhG *Handig*, GRUR Int. 2007, 206, 213, 218; *Reber*, S. 465.

[56] So ein Einwand bzgl. der Konkretisierung des Handlungsorts gemäß Art. 40 Abs. 1 EGBGB; siehe *Heldrich*, in: Palandt, BGB, Art. 40 EGBGB Rz. 12; *v. Hoffmann*, in: Staudinger, BGB, Art. 40 EGBGB Rz. 18; *Junker*, in: MünchKomm, BGB, Art. 40 EGBGB Rz. 174.

[57] A.A. *Mankowski*, RabelsZ 63 (1999), 203, 262 f. Die ablehnenden Stellungnahmen der Literatur beziehen sich i.d.R. ausschließlich auf dieses Beispiel.

[58] *Handig*, GRUR Int. 2007, 206, 213, 218; *Spindler*, IPRax 2003, 412, 420. Ähnlich wird bei Pressedelikten nach verbreiteter Ansicht auf den Ort abgestellt, an dem der Vertrieb gesteuert wird, *Ehmann/Thorn*, AfP 1996, 20, 23; *v. Hoffmann*, in: Staudinger, BGB, Art. 40 EGBGB Rz. 58; *Junker*, in: MünchKomm, BGB, Art. 40 EGBGB Rz. 162.

[59] *Mankowski*, RabelsZ 63 (1999), 203, 265; *Reber*, S. 465; siehe auch *Junker*, in: MünchKomm, BGB, Art. 40 EGBGB Rz. 162.

Leitung, Kontrolle und Verantwortlichkeit für den Internetauftritt gegenüber der Präzisierung mittels der Vornahme des Uploads überlegen.

Trotzdem bestehen auch gegen eine alleinige Maßgeblichkeit der Steuerung des Internetauftritts erhebliche Bedenken, die bereits gegen die Relevanz der Vornahme des Uploads geltend gemacht wurden. Bei einer restriktiven Handhabung des sachrechtlichen Benutzungstatbestands können Schutzlücken nicht vermieden werden, solange in den unterschiedlichen Staaten verschiedene Schutzniveaus existieren. Zudem genügt die Inhaberschaft an einem Schutzrecht in einem Staat, um legitime Werbung weltweit zu betreiben, und diese ist z.B. im Markenrecht relativ leicht zu erreichen. Vor allem kann jedoch die angestrebte Vereinfachung nur erreicht werden, wenn alle Staaten der Welt diesen Ansatz in ihr eigenes Recht implementieren. Letztgenannte Einwände können wiederum durch eine Heranziehung des so verstandenen Herkunftslandprinzips auf kollisionsrechtlicher Ebene vermieden werden. Gleichwohl ändert eine divergierende Konkretisierung des Handlungsortes nichts an den grundsätzlichen Argumenten gegen diesen Anknüpfungspunkt: Die internationalprivatrechtlichen Interessen des Schutzrechtsinhabers bleiben außer Betracht.[60]

c. Server und Übermittlungsweg

Nicht überzeugend ist ferner eine Anknüpfung an das Land des Servers, *auf den* die Daten geladen werden und von dem der Abruf möglich ist. Gegen diesen Ansatz sprechen nicht nur die gegen die alleinige Maßgeblichkeit des Handlungsorts vorgebrachten Einwände. Hinzu kommt, dass die Tätigkeit des Verletzers mit der Vornahme des Uploads abgeschlossen ist; der Empfang und das Bereithalten auf dem Server des Internet Service-Providers setzen keine weitere willensgesteuerte Aktivität voraus.[61] Man kann daher kaum von einer Konkretisierung des Handlungsorts im natürlichen Sinn sprechen und die mit der Anknüpfung an den Handlungsort bezweckte verhaltenssteuernde Funktion wird nicht erfüllt. Der Serverort ist dem Content-Provider in der Realität oft nicht bekannt und dessen Wahl rein zufälliger Natur. Der Betroffene könnte den Ort des Servers jedoch denkbar leicht beeinflussen (z.B. durch die Wahl des Service-Providers)[62] und wird dies auch tun, sofern diesem Ort eine große rechtliche Tragweite beigemessen wird. Warum ein Ort, der von einer Partei frei wählbar ist und

---

[60] Zu diesen Bedenken Ziff. a. (S. 315).

[61] *v. Hoffmann*, in: Staudinger, BGB, Art. 40 EGBGB Rz. 18.

[62] *Drexl*, in: MünchKomm, BGB, IntImmGR Rz. 208; *Hoeren*, in: Hoeren/Sieber, Multimedia-Recht, Teil 7.10 Rz. 41; *Schack*, MMR 2000, 59, 63; *Thum*, in: Bartsch/Lutterbeck, Neues Recht, S. 117, 138.

dem technisch keinerlei Relevanz zukommt, rechtlich entscheidungserheblich sein soll, ist nicht ersichtlich.[63]

Darüber hinaus bestehen praktische Probleme. Zum einen ist der Ort des Servers mitunter bereits nach wenigen Monaten nicht mehr nachweisbar.[64] Zum anderen werden Internetinhalte immer häufiger von mehreren Servern in unterschiedlichen Ländern gleichzeitig zum Abruf bereitgehalten, um die Übertragungszeiten zu verkürzen. Die Anknüpfung an den Serverstandort bringt folglich keine zwingende Reduzierung der anwendbaren Rechte auf ein einziges mit sich oder es wird eine technisch wünschenswerte Entwicklung behindert.[65]

Diese Argumente können größtenteils in Bezug auf die Maßgeblichkeit des Übermittlungsweges übertragen werden. Zwar ist dieser Weg von den Parteien grundsätzlich nicht frei wählbar, die Technik sucht sich vielmehr selbst den schnellsten Weg aus. Dadurch zeigt sich jedoch in besonderer Weise die Zufälligkeit der beteiligten Orte,[66] so dass die Beachtung der Rechtsordnungen, durch deren Gebiet die Daten geleitet werden, für niemanden vorhersehbar ist. Berücksichtigt man zudem, dass der Übertragungsweg von Mal zu Mal unterschiedlich sein kann, ist das Resultat wiederum die Pflicht zur Beachtung sämtlicher Rechtsordnungen.

2. Europaweites Herkunftslandprinzip

Kann aus den genannten Gründen eine grundsätzliche Heranziehung des Herkunftslandprinzips nicht überzeugen, so ist dennoch zu überlegen, ob dieses Prinzip eine brauchbare Lösung bietet, sofern es auf den Raum der EU (und eventuell der Vertragsstaaten der EWG) begrenzt wird. Das Herkunftsland wäre demnach nur maßgeblich, sofern es innerhalb der EU bzw. des EWR liegt. Hierfür wird geltend gemacht, dass ein Ausweichen in Schutzrechtsoasen wegen des einheitlichen Schutzniveaus innerhalb der EU und des EWR zu keiner Aushöhlung des Immaterialgüterrechtsschutzes führe.[67]

---

[63] *Spickhoff*, in: Leible, IPR im Zeitalter der neuen Medien, S. 89, 97; *Thum*, in: Bartsch/Lutterbeck, Neues Recht, S. 117, 138.

[64] *Nordemann-Schiffel*, in: Bröcker/Czychowski/Schäfer, Praxishandbuch Geistiges Eigentum, § 3 Rz. 56.

[65] *Muth*, S. 123 f.; *Nordemann-Schiffel*, in: Bröcker/Czychowski/Schäfer, Praxishandbuch Geistiges Eigentum, § 3 Rz. 56; *Spindler*, IPRax 2003, 412, 418.

[66] Hierauf weisen auch *Junker*, in: MünchKomm, BGB, Art. 40 EGBGB Rz. 174 und *Mankowski*, RabelsZ 63 (1999), 201, 267 hin.

[67] *Köster*, in: Götting, Multimedia, Internet und UrhR, S. 153, 167 f. Aufgeschlossen für ein europaweites Herkunftslandprinzip auch *Ohly*, in: Drexl/Kur, IP and PIL, S. 241, 253 f. und *Schack*, MMR 2000, 59, 63.

Allerdings wird zuweilen bezweifelt, ob innerhalb der EU und des EWR die Regelungen für die Online-Verwertung von geistigen Gütern bereits so stark vereinheitlicht sind.[68] Selbst wenn diese Skepsis unangebracht sein sollte oder zumindest durch ein Tätigwerden des EU-Richtlinien- bzw. EU-Verordnungsgebers ausgeräumt werden könnte, bleiben Bedenken. Zum einen kann diese Argumentation zunächst nur für eine sachrechtliche Implementierung eines europäischen Herkunftslandprinzips ins Feld geführt werden. Auf kollisionsrechtlicher Ebene ändert sich dagegen nichts; die Anknüpfung an den Verhaltensort löst den Widerspruch der internationalprivatrechtlichen Interessen der Parteien zu Gunsten des Verletzers. Das könnte höchstens dadurch gerechtfertigt werden, dass die erzielte einfache Lösung auch im Interesse des Schutzrechtsinhabers liegt und dieser keine schwerwiegenden Nachteile zu befürchten hat: denn die Manipulierbarkeit des Anknüpfungspunktes durch den Schutzgutverwerter ist begrenzt[69] und kann zudem nicht zu massiven Schutzlücken führen. Zwingend ist diese Überlegung jedoch nicht. Auf sachrechtlicher Ebene bleibt zudem die Möglichkeit einer Umgehung des Schutzes anderer, wenn der Online-Verwerter sich die Befugnis zur Verwertung im Herkunftsstaat sichern kann, was insbesondere bei Markenrechten leicht möglich ist.[70] Schließlich büßt dieser Lösungsvorschlag wiederum durch die Zwiegespaltenheit innereuropäischer und sonstiger Sachverhalte und die Notwendigkeit einer Abgrenzung der Sachverhalte an Einfachheit (und möglicherweise Vorhersehbarkeit) ein[71] und stellt zudem nur eine unvollständige Teilregelung dar.[72] Zugleich wird eine international einheitliche Regelung verhindert.

Die alleinige Maßgeblichkeit eines (wie auch immer konkretisierten) Herkunftslandprinzips ist daher weder grundsätzlich noch europaweit zu befürworten.

---

[68] *Dreier*, in: Dreier/Schulze, UrhG, Vor §§ 120 ff. Rz. 41; *Hoeren*, in: Hoeren/Sieber, Multimedia-Recht, Teil 7.10 Rz. 41; vorsichtiger *Hoeren/Große Ruse*, in: Lehmann, Electronic Buisness, S. 301, 309.

[69] Das gilt freilich nur, wenn der Ort des Verletzungsverhaltens durch die Verhaltenszentrale konkretisiert wird.

[70] Dazu bereits oben Ziff. III.1.a. (S. 313 f.). Diese Gefahr wird auch nicht durch die GMVO ausgeschlossen, da die nationalen Markenrechte weiter Bestand haben und in vielen Fällen kein EU-weiter Schutz besteht.

[71] *Nordemann-Schiffel*, in: Bröcker/Czychowski/Schäfer, Praxishandbuch Geistiges Eigentum, § 3 Rz. 54. In Bezug auf das internationale Wettbewerbsrecht *Höder*, S. 224; *Mankowski*, GRUR Int. 1999, 909, 914; *ders.*, IPRax 2004, 385, 391.

[72] Skeptisch deswegen *Lucas*, Ziff. 95; *Thum*, in: Bartsch/Lutterbeck, Neues Recht, S. 117, 138.

IV. Erfolgsbezogene Anknüpfungspunkte

1. Ausschließliche Beachtlichkeit der Abrufbarkeit

In Literatur und Rechtsprechung ist gelegentlich die Auffassung zu finden, dass exklusiv die Abrufbarkeit unter Ausschluss des Aussendens innerhalb des Kollisionsrechts oder der sachrechtlichen Verwertungsbefugnisse relevant sein soll.[73] Dies beruht zum Teil auf einem falschen Verständnis der *Bogsch*-Theorie.[74] Vor allem wird durch diesen Ansatz angesichts der Vielzahl der Abruforte keine Vereinfachung der Anknüpfung für Internetsachverhalte erreicht. Diese wird sogar verhindert, sofern im Absendestaat eine rechtswidrige Verletzung vorgenommen wurde, da der Ersatz exterritorialer Schäden auf Grund dieser Verletzung und die Untersagung der weltweiten Verbreitung des verletzenden Inhalts vom Sendeland ausscheiden müssen.[75]

2. Erfordernis des Erfolgsschwerpunktes im Inland

Eine Vereinfachung erreicht man bei einer Anknüpfung an den Erfolgsort nur, wenn die Vielzahl der durch die weltweite Abrufbarkeit vermittelten Erfolgsorte mit Hilfe einer Schwerpunktbetrachtung reduziert wird. Eine Rechtsordnung könnte demnach nur zur Anwendung kommen, wenn auf ihrem Territorium ein Großteil der verursachten Konsequenzen (insbesondere der Schäden) eingetreten ist. Alternativ könnte auf den Schwerpunkt der geschäftlichen Aktivitäten des potentiellen Rechtsverletzers oder der anvisierten Märkte abgestellt werden.[76] Soweit mit dieser Anknüpfung eine Vorauswahl der möglicherweise verletzten (territorial begrenzten) subjektiven Immaterialgüterrechte einhergeht, ähnelt dieser Ansatz der bereits im 2. Teil dieser Arbeit diskutierten Einschränkung des Schutzlandprinzips; ein Unterschied bestünde vor allem in der Höhe des quantitativen Erfordernisses. Es hat sich aber bereits herausgestellt, dass angesichts der drohenden Schutzlücken nur eine Bagatellklausel interessengerecht ist.[77] Dis-

[73] OLG Saarbrücken IPRax 2003, 150, 152, welches allerdings das Recht des Sendeortes nur ausnahmsweise wegen einer (angeblichen) Gesetzesumgehung des französischen Urheberrechts für nicht maßgeblich erachtete (aufgehoben durch BGHZ 152, 317, 323 – Sender Felsberg). Grundsätzlich für die ausschließliche Anknüpfung an die Abruforte *Schønning*, ZUM 1997, 34, 39.

[74] *Schack*, IPRax 2003, 141, 142; *Schricker*, EWiR 2000, 787.

[75] Zu diesen Ansätzen ausführlich 6. Kap.I.4. (S. 258 ff.) und 6. Kap.II.2. (S. 283 ff.).

[76] All diese Kriterien ziehen die ALI Principles, Final Draft in § 321 Abs. 1 heran, wenngleich diese keine zwingende Konkretisierung der engsten Verbindung eines Internetsachverhalts darstellen. Ausführlich zu den ALI Principles unten Ziff. VIII (S. 337 ff.).

[77] 5. Kap.IV. (S. 240 f.).

kussionswürdig ist die Anknüpfung an einen Erfolgsschwerpunkt vor allem, wenn mit der in dieser Arbeit vertretenen Ansicht die Vorstellung von einer zwingenden Beschränkung des Anwendungsbereichs der nationalen Schutzgesetze auf „ihre" subjektiven Schutzrechte aufgegeben wird. Das Recht des Erfolgsschwerpunktes könnte daher über die Verletzung eines Schutzrechts befinden, das auf dem Gebiet eines anderen Staates wirkt und nach dessen Rechtsordnung entstanden ist.

Kritik kann an diesem Ansatz zunächst geübt werden, weil die Einfachheit der Regelung nicht vollkommen ist. Schwierigkeiten bereitet bereits die Ermittlung des Erfolgsschwerpunktes. Zum einen ist fraglich, welches der alternativ vorgeschlagenen Konkretisierungskriterien herangezogen werden soll. Dieses Problem ist jedoch für alle Sachverhalte einheitlich lösbar und stellt keine Hürde für den Einzelfall dar. Dabei bietet sich ein Rekurrieren auf die Ausrichtung des Internetauftritts an. Dies wird dem Schutzzweck des materiellen Immaterialgüterrechts mit seiner handlungsbezogenen Perspektive ohne Rücksicht auf den Eintritt etwaiger Schäden am besten gerecht.[78] Zudem ist eine Berechnung der eingetretenen Schäden nach Territorien oft erst nach Auskunft durch den Verletzer möglich und dieser Auskunftsanspruch wird entsprechend dem Verletzungsanspruch angeknüpft; ein Zirkelschluss wäre die Folge.[79] Zum anderen ist es nicht immer einfach, anhand des gewählten Kriteriums einen Haupterfolgsort ausfindig zu machen. So stellt sich die Frage, ob zu dessen Bestimmung ein Vergleich der absoluten Ein- bzw. Auswirkung in den einzelnen Ländern oder der relativen Bedeutung für die betroffenen Märkte ausschlaggebend sein sollte. In nicht wenigen Fällen wird es vorkommen, dass mit Hilfe dieser Merkmale mehrere Staatsgebiete ähnlich stark betroffen sind. Dann sind die Regelungen der Haupterfolgsorte alternativ auf den Gesamtsachverhalt anzuwenden, selbst wenn das zu einer Begünstigung des Schutzrechtsinhabers führt.[80] In der Praxis ist jedoch zu befürchten, dass die Gerichte das Problem anderweitig lösen und einen der Orte willkürlich bevorzugen. Dies wird, sofern hinreichende Anhaltspunkte bestehen, im Zweifel der eigene Gerichtsstaat sein. Vor allem in Bezug auf große oder wirtschaftlich potente Staaten ist daher die Prognose keinesfalls gewagt,

[78] Zur Irrelevanz des Schadensortes im allgemeinen internationalen Deliktsrecht *Kegel*, in: Kegel/Schurig, S. 730 f.; *Kropholler*, IPR, S. 523 f.

[79] Dazu 5. Kap.II.1.d. (S. 223 f.).

[80] Alternativ wäre zu überlegen, ob zumindest hinsichtlich der Haupterfolgsorte nur das Recht des jeweiligen Ortes zur Anwendung berufen wird. Eine weitere Option könnte die Auswahl des Haupterfolgsortes darstellen, zu dem der Sachverhalt aus sonstigen Gründen eine engere Beziehung aufweist.

dass diese Anknüpfung zu einem nicht unbeachtlichen Heimwärtsstreben führt.[81]

Die Rechtsordnungen von Staaten mit großen (elektronischen) Märkten werden aber nicht nur durch das faktische Verhalten ihrer Gerichte begünstigt. Die Anknüpfung an den Schwerpunkt des Erfolgs wird auch bei objektiver Anwendung der Konkretisierungskriterien regelmäßig zur Rechtsordnung eines großen Staates führen.[82] Die Rechtsordnungen kleinerer Länder werden dadurch strukturell benachteiligt; ihnen kommt in der digitalen Welt keine Bedeutung mehr zu. Insofern ist es nicht verwunderlich, dass dieser Vorschlag aus der im elektronischen Geschäftsverkehr bedeutendsten Nation – den USA – kommt.

Sprechen bereits diese Gründe gegen eine Anknüpfung an einen Erfolgsschwerpunkt und dessen Chancen auf eine weltweite Durchsetzung, bestehen darüber hinaus Zweifel, ob diese Anknüpfung den internationalprivatrechtlichen Interessen der Parteien entspricht. Dem Schutzrechtsverwerter ist i.d.R. an der Anwendung der Normen des Staates gelegen, auf dessen Gebiet er tatsächlich gehandelt hat, doch hat sich bereits gezeigt, dass dieses Interesse auch bei der Schutzlandanknüpfung nicht ausschlaggebend ist. Vielmehr wird von ihm erwartet, dass er sein Verhalten an der Rechtsordnung ausrichtet, auf deren Gebiet sich dasselbe auswirkt, da und sofern dies vorhersehbar ist.[83] Im Vergleich dazu werden seine Belange durch die Anknüpfung an den Haupterfolgsort stärker berücksichtigt, da die Anzahl der einzuhaltenden Rechtsordnungen reduziert wird und er den (bzw. die) Haupterfolgsort(e) leichter vorhersehen kann.

Betrachtet man die Belange des Schutzrechtsinhabers, ist eine Anknüpfung an den Erfolgsort interessengerecht.[84] Für eine Konzentration auf einen oder wenige Erfolgsschwerpunkte gilt dies aber nicht gleichermaßen. Zwar besteht keine sonderliche Gefahr einer Manipulation des Anknüpfungsmoments durch den potentiellen Verletzer. Andererseits ist es für den Schutzrechtsinhaber schwer vorherzusehen, in welchem Land der Schwerpunkt der jeweiligen Nutzung des geistigen Guts liegen wird. Im Gegensatz zu Persönlichkeitsrechtsverletzungen, bei denen der Erfolgsschwerpunkt – sofern er für maßgeblich erachtet wird – am Ort des gewöhnlichen Aufenthalts des Geschützten angesiedelt wird, ist ein sozialer Bezug zum Rechtsinhaber und dessen Umgebung bei der Verletzung von Rechten an

[81] So auch *Gottschalk,* in: Gottschalk u.a., Conflict of Laws, S. 184, 217; *Ohly*, in: Drexl/Kur, IP and PIL, S. 241, 254.

[82] *Drexl*, in: MünchKomm, BGB, IntImmGR Rz. 222.

[83] Siehe 4. Kap.III.3.a. (S. 190 ff.).

[84] Diese liegt nach der in dieser Arbeit vertretenen Ansicht sogar der Schutzlandanknüpfung zu Grunde, da der Erfolgsort – bezogen auf das konkrete (territorial begrenzte) Schutzrecht – im Schutzland liegt; dazu 2. Kap.IV.3.a. (S. 129 ff.).

immateriellen Gütern nicht möglich.[85] Denn selbst wenn die Rechte des geistigen Eigentums zum Teil von der Persönlichkeit abgeleitet wurden, haben sie sich von dieser gelöst und sind im Gegensatz zu den Persönlichkeitsrechten von ihrem Inhaber übertragbar oder zumindest verwertbar.[86] Wegen der Nichtidentität der einzelnen räumlich begrenzten Schutzrechte kann der Schwerpunkt auch nicht durch einen Rückgriff auf die Belegenheit des Schutzrechts gefunden werden. Der Schwerpunkt der Verletzung ist vielmehr von der konkreten Nutzung abhängig und nicht allgemein für ein Recht an einem konkreten Schutzgut bestimmbar. Es fragt sich somit, ob das anwendbare Recht nur für den Verletzer[87] oder zusätzlich für den Geschädigten vorhersehbar sein muss. Letzteres überzeugt: die Rechtsordnungen erwarten auch vom Geschädigten die Einhaltung von Sorgfaltsstandards. Andernfalls kann z.B. ein Schadensersatzanspruch wegen Mitverschuldens reduziert werden. Zudem werden die Notwendigkeit und die Bedingungen einer Eigenvorsorge mittels Versicherung durch das anwendbare Haftungsrecht beeinflusst.[88] Diese Überlegungen zum allgemeinen Deliktsrecht können auf Immaterialgüterrechtsverletzungen durch das Anbieten von geschützten geistigen Gütern im Internet übertragen werden: Wenngleich fraglich ist, wie häufig ein Mitverschulden tatsächlich relevant ist, ist dieses prinzipiell denkbar und zu berücksichtigen.[89] Ebenso kann ein Bedürfnis nach Eigenvorsorge vor Verletzungen von mitunter äußerst bedeutsamen Rechten des geistigen Eigentums bestehen. Der Schutzrechtsinhaber muss sich deshalb auf die anwendbaren Sorgfaltsstandards einstellen können.

Eine Anknüpfung an den Haupterfolgsort ist daher nicht mit den kollisionsrechtlichen Interessen des Schutzrechtsinhabers zu vereinbaren, bevorzugt wenige große Rechtsordnungen und wird auf internationaler Ebene kaum konsensfähig sein.

---

[85] Bzgl. des allgemeinen Persönlichkeitsrechts *Ehmann/Thorn*, AfP 1996, 20, 23; *v. Hinden*, S. 186 f.; *v. Hoffmann*, in: Staudinger, BGB, Art. 40 EGBGB Rz. 59 ff.

[86] *Dessemontet*, in: SIWR Band I/1, S. 9 ff.; *Klippel*, in: HK-MarkenR, E 1 Rz. 9 ff.; *Schack*, UrhR, S. 10.

[87] Dazu bereits 4. Kap.III.3.a. (S. 193 ff.).

[88] Zum Ganzen *v. Hein*, S. 28 ff.; 192 f.; *Wagner*, IPRax 2006, 372, 374 f. Gegen die Berücksichtigung der Erwartungen des Geschädigten ist mit wenig überzeugenden Argumenten z.B. *Czempiel*, S. 33.

[89] Nach deutschem Recht werden Inhalt und Umfang des Schadensersatzanspruches bei Immaterialgüterrechtsverletzungen nach den allgemeinen Regeln der §§ 249 ff. BGB – d.h. einschließlich des § 254 BGB – bestimmt.

V. Heimatrecht der Beteiligten

Sucht man eine Lösung mit Hilfe des Heimatrechts der Beteiligten, kommen sowohl das Recht des Schutzrechtsinhabers (1.) als auch des Schutzrechtsverwerters (2.) in Betracht. Ein Sonderfall besteht, wenn beide Heimatrechte identisch sind.[90]

1. Heimatrecht des Schutzrechtsinhabers

Unabhängig davon, ob man das Heimatrecht des Schutzrechtsinhabers durch dessen Staatsangehörigkeit, gewöhnlichen Aufenthalt oder Wohnsitz konkretisiert, stellt diese Anknüpfung keine interessengerechte Lösung dar. Zwar würde jedwede Manipulationsmöglichkeit für den Verwerter verhindert, da es einzig auf Umstände in der Person des Schutzrechtsinhabers ankommt. Dies ist aber zugleich der wunde Punkt. Es wurde bereits ausgeführt, dass bei Verletzungsfragen eine einseitige Berücksichtigung der kollisionsrechtlichen Interessen einer Partei schwerlich zu rechtfertigen ist. Dies wird noch dadurch verstärkt, dass es dem (potentiellen) Verletzer häufig schwer fallen wird, den Inhaber des Urheberrechts festzustellen. Gleiches gilt in abgeschwächter Form für Marken und Patente: zwar geht der Rechtsinhaber aus dem jeweiligen Register hervor; doch wegen des Bestehens einer Vielzahl nationaler Register und der Territorialität der Schutzrechte können viele Rechtsinhaber gleichzeitig betroffen sein. Dass eine (rechtsmissbräuchliche) Beeinflussung des Anknüpfungsmoments für den Schutzrechtsinhaber durch die Anknüpfung an das Heimatrecht nicht leicht ist, fällt demgegenüber nicht sonderlich ins Gewicht. Hinsichtlich der Staatsangehörigkeit ist zudem zu berücksichtigen, dass dies mit dem Diskriminierungsverbot des konventionsrechtlichen Inländerbehandlungsgrundsatzes kollidiert.

Die einseitige Berücksichtigung der kollisionsrechtlichen Interessen des Schutzrechtsinhabers könnte jedoch zu überwinden versucht werden, indem man das Heimatrecht nicht als eigenständigen Anknüpfungspunkt betrachtet, sondern lediglich als Konkretisierung des schwerpunktmäßigen Erfolgsortes.[91] Es wurde bereits dargelegt, dass sich im Gegensatz zu Persönlichkeitsrechten die Rechte des geistigen Eigentums weitgehend von der Person losgelöst haben. Verletzt wird nicht der Eigentümer, sondern das geistige Eigentum. Der Inhaber des Schutzrechts erleidet zwar die Schäden, doch der Schadensort ist für den Verletzer häufig zufällig und

---

[90] Dazu Ziff. VII.2. (S. 335 ff.).

[91] In diesem Sinn Art. 3 des gemeinsamen Vorschlags von *Dessemontet* und *Ginsburg*, abgedruckt bei Dessemontet, SJZ 92 (1996), 285, 293 f. Ebenso *Bühler*, S. 411; *v. Eechoud*, S. 220 f. *Lucas*, Ziff. 96 ff.; 100.

schwer vorhersehbar, so dass die oben genannten Nachteile erneut greifen.[92] Zudem wird eine schadensorientierte Anknüpfung der handlungsbezogenen Perspektive des Immaterialgüterrechts nicht gerecht, nach der für eine Verletzung der subjektiven Rechtsposition und den Unterlassungsanspruch kein Schaden eingetreten sein muss.[93] Diese Einwände werden nicht durch den Hinweis ausgeräumt, dass ebenfalls *ein* Erfolgsort im Heimatland des Geschädigten liegt oder dies durch das gleichzeitige Erfordernis einer spürbaren Benutzung sichergestellt wird,[94] da für die Begründung des Haupterfolgsortes auf den Schaden rekurriert wird.

2. Heimatrecht des Schutzrechtsverwerters

Eine Anknüpfung an das Heimatrecht des Schutzrechtsverwerters bevorzugt umgekehrt die internationalprivatrechtlichen Interessen des Schädigers und kann aus diesem Grund nicht befürwortet werden. Der Geschädigte kann sich nicht auf die Anwendung dieses Rechts – das er vor der Verwertungshandlung nicht kennt – einstellen und der Schädiger kann den Anknüpfungspunkt mehr oder weniger leicht beeinflussen. So ist es durchaus vorstellbar, dass ein Unternehmen eine Tochtergesellschaft in einer Schutzrechtsoase gründet und diese die Online-Werbung etc. durchführt. Diese Überlegungen gelten auch für den Fall, dass man den Handlungsort durch den gewöhnlichen Aufenthalt oder den Sitz konkretisiert bzw. eine widerlegliche Vermutung hierfür aufstellt. Insofern kann auf die Ausführungen zum Ort des Verletzungsverhaltens verwiesen werden.[95]

VI. Alternative Tatortregel

Eine weitere Option stellt die Kombination von Handlungs- und Erfolgsort im Sinne einer alternativen Anknüpfung dar. Das erscheint insofern naheliegend, als dies der Regelanknüpfung des EGBGB im internationalen Deliktsrecht entspricht und die Verletzung von geistigem Eigentum ebenfalls dem Deliktsrecht zugehört. An dieser Stelle lohnt es sich kurz in Erinnerung zu rufen, dass Rechtsprechung und Literatur die *Ubiquitätsregel* bisher im internationalen Immaterialgüterrecht überwiegend ablehnen. Sofern auf die diesen Ansatz zurückgegriffen wird, geschieht das nur unter der

---

[92] *Lucas*, Ziff. 97 f. will diesen Einwand durch einen Vorhersehbarkeitsvorbehalt ausräumen; ungeklärt bleibt aber, welches Recht im Falle der Unvorhersehbarkeit anwendbar sein soll.

[93] Dazu Ziff. IV.2. (S. 320 ff.).

[94] So *v. Eechoud*, S. 221.

[95] Siehe Ziff. III.1.a. und b. (S. 313 ff. und 315 f.).

Annahme der zwingenden Identität von Handlungs- und Erfolgsort.[96] Unabhängig von der gesetzlichen Einordnung der Anknüpfungsregel wird davon ausgegangen, dass nur das objektive Recht des Schutzlandes über die Verletzung des betreffenden nationalen subjektiven Schutzrechts entscheiden kann und soll.[97] Sowohl dem begrenzten Anwendungsbereichs der nationalen Schutzgesetze als auch der zwingenden Identität von Handlungs- und Erfolgsort wurde in dieser Arbeit entgegengetreten. Die hier zu führende Diskussion steht daher unter anderen Vorzeichen. Die Frage ist, ob das Recht des Handlungsortes auf den gesamten Sachverhalt Anwendung finden kann, d.h. auch bzgl. der Verletzung von Schutzrechten, die in anderen Staaten wirken, und alternativ die Regelungen der Erfolgsorte herangezogen werden können. Letztere können freilich nur in Bezug auf das am jeweiligen Erfolgsort verletzte Schutzrecht zur Anwendung berufen werden, da andernfalls der Schutzrechtsinhaber unter allen Handlungs- und Erfolgsortrechten das günstigste wählen kann und die Verwerter ihr Verhalten im Ergebnis weltweit an der strengsten Rechtsordnung ausrichten müssten. Diese Lösung läuft auf das Schutzlandprinzip hinaus, welches (begrenzt auf die deliktsrechtlichen Hauptfragen) nach Wahl des Geschädigten durch ein kollisionsrechtliches Herkunftslandprinzip verdrängt werden kann, aber nicht muss.[98] Da sich jedoch bereits gezeigt hat, dass beim Schutzlandprinzip nicht alle Erfolgsorte gleichermaßen statutbestimmend sein können, sondern nur solche, die für den Schädiger vorhersehbar sind, ist das Schutzlandprinzip für diesen Zweck in seiner eingeschränkten Form zu verstehen.[99]

Die alternative Anknüpfung an Handlungs- und Erfolgsorte ist jedenfalls mit den internationalprivatrechtlichen Interessen des Schutzrechtsinhabers zu vereinbaren. Auch wenn der Schädiger den Verhaltensort manipulieren und das Herkunftslandprinzip zur Anwendung einer Rechtsordnung mit niedrigem Schutzniveau führen kann, greifen die Argumente gegen das Herkunftslandprinzip nicht ein. Dieses ist nur eine Alternative und dem Schutzrechtsinhaber steht die Wahl des jeweiligen Schutzlandrechts

---

[96] Dazu 2. Kap.IV.3. (S. 129 ff.)

[97] Siehe 1. Kap.I.3.d. (S. 31 f.) und 2. Kap.I.3. bis 5. (S. 84 ff.).

[98] Ähnlich der Vorschlag von *Reindl*, 19 Mich. J. Int'l L. (1998), 799, 852 f. Er will primär an den Wohn- oder Geschäftssitz des Verletzers (als Handlungsort) und nach Wahl des Klägers an den Erfolgsort (der bei nicht kommerziellen Nutzungen eine spürbare Auswirkung auf die wirtschaftlichen Interessen erfordern soll) anknüpfen; die Anknüpfung an den Erfolgsort soll im Falle von dessen Unvorhersehbarkeit ausscheiden. Allerdings differenziert *Reindl* nicht zwischen den Haupt- und Vorfragen der Verletzung und wendet diese Anknüpfungsregel somit auch auf das Bestehen eines Schutzrechts an. Dies hat zur Konsequenz, dass die Territorialität der Schutzrechte aufgehoben werden kann (dies kritisieren auch *Ricketson/Ginsburg*, Rz. 20.31).

[99] Dazu ausführlich im 4. Kapitel (S. 147 ff.).

offen, sofern ein weiterer Inlandsbezug neben der Abrufbarkeit des Internetauftritts gegeben ist. Im Vergleich zur isolierten eingeschränkten Schutzlandanknüpfung bietet die alternative Anknüpfung an das Herkunftsland dem Geschädigten zwei Vorteile. Zum einen können auch die Schutzrechte unter der Ägide des Rechts des Herkunftslandes Berücksichtigung finden, welche nach dem eingeschränkten Schutzlandprinzip mangels hinreichenden Inlandsbezuges ausscheiden; eine kollisionsrechtliche Vorauswahl von Schutzrechten findet nicht statt. Dadurch erübrigen sich zugleich die gegen die Einschränkung des Schutzlandprinzips vorgebrachten Einwände der Durchsetzung einer eigenen sachrechtlichen Entscheidung mit Hilfe des Kollisionsrechts und einer Verweisung ins Leere[100] bereits im Keim. Zum zweiten kann der Geschädigte hinsichtlich jedes Schutzrechts einen Vergleich der Rechtslage zwischen Schutz- und Herkunftsland anstellen und das materiell günstigere Recht auswählen.

Problematischer ist die Vereinbarkeit der alternativen Tatortregel mit den Interessen des Schutzrechtsverwerters. Betrachtet man die beiden Deutungsvarianten des Tatortes isoliert, wird man auch aus Sicht des potentiellen Schädigers von einer Wertungsgerechtigkeit ausgehen können. Einerseits ist anerkannt, dass von einer Person normativ erwartet werden kann, die Regeln des Staates zu beachten, in dem er sich befindet und in dem er handelt. Für ihn ist es am naheliegendsten, sich am Recht seiner Umwelt zu orientieren. Andererseits kann man einem mutmaßlichen Schädiger auch zumuten, das Recht des Ortes zu beachten, an dem sich sein Verhalten auswirkt, sofern er die Auswirkungen an diesem Ort vorhersehen kann.[101] Wendet man beide Rechte jedoch alternativ nach Gusto des Schutzrechtsinhabers oder gar nach einem Günstigkeitsvergleich durch das Gericht an, führt dies de facto zu einer Haftungsverschärfung für den Verwerter.

Es ist daher nach der Berechtigung dieser Haftungsverschärfung für den Verwerter und gleichzeitigen Begünstigung des Geschädigten zu fragen. Man könnte die Frage mit einem Verweis auf die Situation im internationalen Deliktsrecht zu umgehen versuchen. Dort bedarf die Bevorzugung des Verletzten ebenfalls einer Rechtfertigung, aber der Gesetzgeber hat sich durch Implementierung der Ubiquitätsregel in Art. 40 Abs. 1 EGBGB hierfür entschieden. Andererseits wurde die Ubiquitätsregel nicht in der Rom II-VO übernommen, die in der Grundregel des Art. 4 Abs. 1 allein auf den Erfolgsort abstellt,[102] und auch im Vergleich mit anderen Staaten stellt die

---

[100] Zu diesen Kritikpunkten und ihrer Überwindung 4. Kap.III.2.c. und d. (S. 179 ff. und 184 ff.).

[101] Dazu bereits 2. Kap.VI. (S. 136 ff.) und 4. Kap.III.3.a. (S. 190 ff.).

[102] Der Wortlaut des Art. 4 Abs. 1 spricht zwar vom Ort des Schadenseintritts. Aus der Klarstellung im 2. Halbsatz, dass indirekte Schadensfolgen unbeachtlich sind, ergibt

Regelung des Art. 40 Abs. 1 EGBGB eine Ausnahme dar.[103] Im Folgenden ist jedoch schon aus Platzgründen keine umfassende Diskussion der Gründe für und gegen das Ubiquitätsprinzip möglich. Vielmehr sind die im allgemeinen internationalen Deliktsrecht gewonnenen Erkenntnisse heranzuziehen und für das internationale Immaterialgüterrecht fruchtbar zu machen.

Dort wird die Ubiquitätsregel vor allem mit der Doppelfunktionalität des materiellen Deliktsrechts – Kompensation und Verhaltenssteuerung – ,[104] der Förderung eines angeblich materiellrechtlich bezweckten besonderen Schutzes des Geschädigten[105] oder einer Pönalisierung des Schädigers[106] bzw. einer Verhinderung einer Gesetzesumgehung durch den Täter begründet.[107] Überzeugend sind diese Erklärungen indes nicht: Eine Umgehung hoher Schutzniveaus mittels der Anknüpfung an den Handlungsort und der Manipulation dieses Anknüpfungsmomentes durch den Verletzer können durch die Maßgeblichkeit *nur* des Erfolgsortes verhindert werden.[108] Strafende Elemente sind dem Zivilrecht fern und diese Weichenstellung ist im Kollisionsrecht nachzuvollziehen. Die Funktionen des Deliktsrechts sind wechselseitig aufeinander bezogen und jedes Haftungsregime kann – sofern es zur Anwendung berufen wird – beide Zwecke gleichermaßen erfüllen, so dass eine Trennung der Anknüpfungsmomente nach den verwirklichten Deliktsrechtsfunktionen nicht möglich ist. Zudem besteht weder im allgemeinen Deliktsrecht noch im Immaterialgüterrecht eine Tendenz zum umfassenden Schutz des Geschädigten; vielmehr versuchen die Haftungssysteme einen angemessenen Kompromiss zwischen den sachrechtlichen Interessen von Schädiger und Geschädigtem zu erzielen.[109] Insofern ist es durchaus verständlich, wenn in der Literatur die Schwierigkeiten einer sachlichen Rechtfertigung betont und die prinzipielle Herrschaft des Ubiquitätsprinzips als reine Verlegenheitslösung gebrandmarkt

---

sich jedoch, dass inhaltlich der Erfolgsort gemeint ist, *Leible/Lehmann*, RIW 2007, 721, 724 f.

[103] Nachweise bei *Wagner*, RabelsZ 62 (1998), 243, 256.

[104] *Ehmann/Thorn*, AfP 1996, 20, 22 f.; *v. Hoffmann*, in: Staudinger, BGB, Art. 40 EGBGB Rz. 4; *v. Hoffmann/Thorn*, S. 487.

[105] *Kropholler*, IPR, S. 525 f. in Bezug auf Umweltbeeinträchtigungen. Siehe auch die Nachweise bei *v. Hein*, S. 104 ff. In diese Richtung zielt ferner der Hinweis auf die größere Sympathie mit dem Täter, *Hohloch*, S. 243; *Kegel*, in Kegel/Schurig, S. 725.

[106] *v. Bar*, S. 485 in Bezug auf Vorsatztäter.

[107] Dazu *v. Hein*, S. 127 f.

[108] Dementsprechend wird im internationalen Immaterialgüterrecht die Anknüpfung an das Herkunftslandprinzip regelmäßig abgelehnt und eine Beibehaltung des Schutzlandprinzips favorisiert; Nachweise in Fn. 39 zum 8. Kapitel.

[109] Zu diesen Überlegungen 4. Kap.III.3.a. (S. 191).

werden.[110] Wahrscheinlicher ist jedoch, dass mit diesem Grundsatz die Ermöglichung eines Heimwärtsstrebens für die Gerichte eröffnet werden sollte. Denn in aller Regel wird sich immer ein Handlungs- oder Erfolgsort im Gerichtsstaat finden lassen.[111] Eine sachliche Rechtfertigung für die grundsätzliche Begünstigung des Geschädigten stellt aber auch das nicht dar.[112]

Gleichwohl bedeutet die grundsätzliche Ablehnung des Günstigkeitsprinzips nicht, dass dieses vollkommen bedeutungslos ist. Auch nach Ansicht der dieses Prinzip ablehnenden Autoren können in Ausnahmefällen durchaus Gründe für eine Bevorzugung des Verletzten existieren, insbesondere wenn für den Geschädigten aus der Internationalität des Sachverhalts besondere Nachteile im Vergleich zu rein nationalen Sachverhalten erwachsen. Das soll bei Streudelikten im allgemeinen Persönlichkeitsrecht der Fall sein:[113] Wegen der Unzahl der Erfolgsorte und der erforderlichen kollisionsrechtlichen Mosaikbetrachtung[114] sei die umfassende Rechtsverfolgung wesentlich und unzumutbar gegenüber einer Verletzung, welche auf ein Land oder wenige Staaten begrenzt ist, erschwert. Deshalb sei es gerechtfertigt, dem Geschädigten das Recht des Handlungsortes als Auffangstatut zur Verfügung zu stellen.[115] Auch in neueren Kodifikationen wird für Persönlichkeitsrechtsverletzungen durch Massenmedien eine al-

---

[110] *Kropholler*, IPR, S. 525; *Lüderitz*, in: Soergel, BGB, Art. 38 EGBGB Rz. 16; *Mankowski*, in: v. Bar/Mankowski, S. 614. Bezeichnenderweise stellte das RG in seinen grundlegenden Entscheidungen (RGZ 23, 305, 306; RGZ 54, 198, 205) lediglich auf die Tatsache ab, dass eine unerlaubte Handlung aus Handlung und Erfolg besteht, ohne zu begründen, warum diese kollisionsrechtlich gleich zu behandeln sind.

[111] BegrRegE, BT-Drucks. 14/343, S. 11.

[112] Kritisch auch *v. Bar*, S. 484; *Wagner*, RabelsZ 62 (1998), 243, 257 ff.

[113] Weitere Ausnahmen zu Gunsten des Günstigkeitsvergleichs werden z.B. für Umweltdelikte und (seltener) für die Produkthaftung befürwortet; siehe Art. 7 Rom II-VO, Art. 135 Abs. 1 und Art. 138 schwIPRG. Aus der Literatur *v. Hein*, S. 121 ff., 140 m.w.N.

[114] So die überwiegende Auffassung, *Looschelders*, IPR, Art. 40 Rz. 105 m.w.N. Sofern man dagegen einen Erfolgsschwerpunkt heranzieht (so. z.B. *v. Hoffmann*, in: Staudinger, BGB, Art. 40 EGBGB Rz. 61 für den gewöhnlichen Aufenthalt des Geschädigten), stellt sich das Problem nicht.

[115] *v. Hein*, S. 339 f., der zusätzlich auf die materiellrechtliche Struktur des allgemeinen Persönlichkeitsrechts als Rahmenrecht hinweist, auf Grund derer – anders als bei körperlichen Rechtsgütern – nicht von einer ausschließlichen Zuweisungsfunktion der Rechtsgutsverletzung ausgegangen werden kann, welche die Erfolgsortanknüpfung nahelegt; er spricht von der *kollisionsrechtlichen Aushilfsfunktion* des Günstigkeitsprinzips (S. 141); *Kropholler*, IPR, S. 542. *Wagner*, RabelsZ 62 (1998), 243, 261 will zwar am jeweiligen Gerichtstand dem Kläger kein Wahlrecht einräumen, sondern bevorzugt die Anwendung der lex fori; doch wegen der internationalen Zuständigkeit sowohl der Gerichte am Handlungsort als auch (mit eingeschränkter Kognitionsbefugnis) an den Erfolgsorten kann der Kläger mittelbar zwischen den beiden Rechten wählen.

ternative Anknüpfung nach Wahl des Geschädigten implementiert.[116] Erwünschte Nebenfolge ist zugleich die Parallele zur internationalen Zuständigkeit mit der unbeschränkten Kognitionsbefugnis der Gerichte am Handlungsort.[117] Art. 6 Abs. 3 lit. b Rom II-VO ermöglicht die Anwendung des Heimatrechts des Beklagten, das regelmäßig mit dem Handlungsort übereinstimmt, sogar für die privatrechtlichen Folgen von Kartellrechtsverstößen.[118]

Überträgt man diese Gedanken auf die Werbung für geistige Güter im Internet, lässt sich eine ebensolche Ausnahmesituation ausmachen:

Während sich ein Schutzrechtsinhaber gegen die Verwertung eines geistigen Gutes in einem einzigen Land (durch konventionelle Werbung) mit einer einzigen Klage unter Anwendung eines einzigen Rechts wehren kann, müssen im Falle der Internetwerbung unter der Ägide des Schutzlandprinzips (bzw. der Erfolgsortanknüpfung) ebenso viele Rechtsordnungen angewandt werden wie nationale Schutzrechte des Klägers betroffen sein können, selbst wenn der gesamte Rechtsstreit an einem Gerichtsstand ausgefochten werden kann. Die Anwendbarkeit des Handlungsortrechts als Auffangstatut für die Verletzung aller nationalen Schutzrechte verhindert die prohibitive Wirkung der strikten Mosaikbetrachtung, indem es durch die Reduzierung des Kostenrisikos die reale Durchsetzbarkeit erhöht. Der Schutzrechtsinhaber kann sich daher auf eine besondere Schutzbedürftigkeit und -würdigkeit auf Grund der Internationalität des Sachverhalts berufen. Dem potentiellen Verletzer ist in Anbetracht dieser Umstände zuzumuten, auch das Recht am Ort seines Verhaltens zu beachten. Dieses kennt er in der Realität oder es ist zumindest leicht zu ermitteln. Auch nach der Schutzlandregel wird er es zu beachten haben, da am Handlungsort wegen der Globalität des Internets zugleich die Abrufbarkeit gegeben (und dadurch ein Erfolgsort begründet) ist und in diesem Land ebenfalls ein Schutzrecht verletzt sein kann. Zudem entsteht eine Parallele zur internationalen Zuständigkeit.[119] Die Unsicherheiten, welche sich im Prozess aus einer fehlenden oder wechselnden Rechtswahl des Klägers sowohl für das Gericht als auch für den Beklagten ergeben, können durch eine Regelan-

---

[116] Z.B. Art. 139 Abs. 1 schwIPRG. Die Rom II-VO schließt außervertragliche Schuldverhältnisse wegen der Verletzung von Persönlichkeitsrechten dagegen mangels politischen Konsenses gemäß Art. 1 Abs. 1 lit. g von ihrem Anwendungsbereich aus.

[117] *v. Hoffmann*, in: Staudinger, BGB, Art. 40 EGBGB Rz. 7; *Kropholler*, IPR, S. 542.

[118] Für lauterkeitsrechtliche Ansprüche gilt Art. 6 Abs. 3 Rom II-VO nicht. In der Literatur wird jedoch eine analoge Anwendung des Art. 6 Abs. 3 lit. b Rom II-VO erwogen: befürwortend *Wagner*, IPRax 2008, 1, 8; zweifelnd *Lindacher*, GRUR Int. 2008, 453, 456; eine analoge Anwendung nicht in Betracht ziehend *Leible/Lehmann*, RIW 2007, 721, 729.

[119] Voraussetzung ist, dass man die Shevill-Rechtsprechung des EuGH auf das geistige Eigentum überträgt; hierzu 6. Kap.I.3.b und 4.b.aa. (S. 255 f. und 259 f.).

knüpfung an das Handlungsortrecht, eine zeitliche Befristung des Bestimmungsrechts und die Unwiderruflichkeit einer getroffenen Rechtswahl minimiert werden.[120] Die einzigen Gründe, weswegen eine vom allgemeinen Deliktsrecht abweichende Bewertung zu rechtfertigen wäre, könnte man aus den Interessen der Schutzstaaten an der Herrschaft ihrer Normen über den jeweiligen Teilsachverhalt oder aus der Einheitlichkeit der Regeln über die Existenz, den Inhalt, die Schranken und die Rechtsbehelfe einer Immaterialgüterrechtsverletzung ableiten. Diese Gründe sind allerdings keine Spezifika der Ubiquitätsregel, sondern ihre Überwindung ist Voraussetzung jeder vom Schutzlandprinzip abweichenden Anknüpfung. Insofern sei auf die Ausführungen im vorherigen Kapitel verwiesen.[121, 122]

Zuzugeben ist freilich, dass dieser Lösungsansatz nur eingeschränkt die Probleme des Schutzlandprinzips lösen kann. Dieses bleibt weiter anwendbar, wenn auch nur in seiner eingeschränkten Variante und als alternative Anknüpfung. Es wird aber zumindest eine Option geboten, mit der in einem Prozess wegen einer multinationalen Immaterialgüterrechtsverletzung die deliktsrechtlichen Fragen einer einzigen Rechtsordnung unterstellt werden können. Im Prozess kommt dies beiden Parteien und dem Gericht zu Gute. Vor allem werden durch das einseitige Bestimmungsrecht des Verletzten die zu seinen Lasten bestehenden Nachteile des Schutzlandprinzips beseitigt. Nur von seinem Willen hängt es ab, ob eine vereinfachte Rechtsdurchsetzung mittels eines einzigen Deliktsstatuts zulässig ist und die alternative Anknüpfung an das Herkunftsland kann für ihn materiellrechtlich günstiger sein. Die Nachteile des Schutzlandprinzips für den Schutzrechtsverwerter, die sich vor allem in der Erforderlichkeit der Beachtung einer Vielzahl von Rechtsordnungen manifestieren, werden durch die alternative Anknüpfung dagegen nicht beseitigt. Selbst wenn der Schutzrechtsinhaber

---

[120] So die Regelung in Art. 40 Abs. 1 S. 2 EGBGB. Allerdings wird diese Regelung stark kritisiert, indem die erhofften Vorteile bezweifelt werden und auf die Nachteile vor allem für die rechtsberatenden Berufe in Form einer Haftungsfalle verwiesen wird, *Junker*, in: MünchKomm, BGB, Art. 40 EGBGB Rz. 31. Das Haftungsrisiko der Anwälte könnte freilich durch eine Hinweispflicht des Gerichts auf die Rechtswahlmöglichkeit (nicht bzgl. des günstigeren Rechts) reduziert werden. Trotz der Absage des Gesetzgebers an eine generelle Hinweispflicht (BegrRegE, BT-Drucks. 14/343, S. 11) lässt sich diese Pflicht auf § 139 Abs. 2 ZPO stützen, wenn der Kläger (oder dessen Anwalt) das Bestimmungsrecht erkennbar übersehen hat, was angesichts der langjährigen Herrschaft des Schutzlandprinzips vor allem in einer Übergangsphase anzunehmen sein wird.

[121] Siehe 7. Kap.III. (S. 295 ff.).

[122] Hinzuweisen ist noch einmal darauf, dass die Vorfrage der Existenz eines Schutzrechts von der alternativen Anknüpfung nicht erfasst ist, sondern die lex loci protectionis als Immaterialgüterrechtsstatut Anwendung findet. Deshalb kann die Kritik von *Ricketson/Ginsburg*, Rz. 20.31 gegenüber dem Vorschlag *Reindl*s (siehe Fn. 98 zum 8. Kapitel) nicht übertragen werden.

sich für eine einheitliche Anwendung des Rechts am Handlungsort entscheidet, wird dieses Bestimmungsrecht erst im Prozess ausgeübt und der Verwerter muss sich vorher auch auf eine mögliche Anwendung der Rechtsordnungen aller Schutzstaaten einstellen. Sein Interesse an einer möglichen Reduzierung der betroffenen Schutzländer wird nur durch das Erfordernis eines erhöhten Inlandsbezugs zur Einschränkung des Schutzlandprinzips berücksichtigt. Es erscheint allerdings möglich, dass wegen der Aushilfsanknüpfung an das Herkunftsland höhere Anforderungen an den erforderlichen Inlandsbezug gestellt werden. Der Grund für die Implementierung einer reinen de-minimis-Regel liegt nämlich vor allem in der kollisionsrechtlichen Vorauswahl der möglicherweise verletzten Schutzrechte, welche unter Geltung des beschränkten Anwendungsbereichs der Schutzgesetze unausweichlich ist.[123] Dieser Grund entfällt durch die alternative Anknüpfung der deliktsrechtlichen Hauptfragen, wenn man anerkennt, dass innerhalb des Rechts des Herkunftslandes die Schutzrechte anderer Staaten Berücksichtigung finden können und müssen. Insofern bedingt die alternative Anknüpfung an den Handlungsort mittelbar einen Vorteil für den potentiellen Schädiger.

Insgesamt ist die aus dem allgemeinen internationalen Deliktsrecht bekannte Günstigkeitsregel daher durchaus eine attraktive Option für das internationale Immaterialgüterrecht in Multistate-Fällen.

VII. Auflockerungen einer Grundregel

Die bisher diskutierten Anknüpfungsalternativen hatten gemeinsam, dass mit ihnen sämtliche Fälle erfasst werden können. Im Folgenden geht es dagegen um Anknüpfungsmomente, die nur als Auflockerung einer (wie auch immer zu bestimmenden) Grundregel dienen können. Im Vordergrund sollen dabei die aus dem internationalen Deliktsrecht bekannten Varianten der Rechtswahl (1.), eines gemeinsamen gewöhnlichen Aufenthalts des Geschädigten und des Verletzers (2.) sowie der engsten Verbindung im Einzelfall (3.) stehen.

1. Rechtswahl

Rechtsprechung und Literatur in Deutschland wenden sich ganz überwiegend gegen die Möglichkeit einer Rechtswahl durch die Parteien.[124] Hin-

[123] Siehe 5. Kap.II.2. (S. 224 ff.).

[124] Statt vieler BGHZ 118, 394, 397 f. – ALF; BGHZ 136, 380, 386 – Spielbankaffäre; BGH GRUR 2007, 692 – Staatsgeschenk; *Beier/Schricker/Ulmer*, GRUR Int. 1985, 104,

tergrund ist jedoch die Vorstellung von der Unzulässigkeit einer abweichenden Anknüpfung von Vor- oder Teilfragen im Immaterialgüterrecht (auf Grund der Einheitlichkeit der materiellen Regelung oder des staatlichen Interesses an der Anwendung seiner Regeln auf die auf seinem Gebiet wirkenden Schutzrechte) oder die (stillschweigende) Annahme der Beschränkung der nationalen Schutzgesetze auf inländische Schutzrechte. Nach der letzten Prämisse würde eine Rechtswahl zwangsläufig zu einer Klageabweisung führen, so dass diese gleichbedeutend mit einem Klageverzicht und damit in der Tat nicht interessengerecht wäre.[125] Zum Teil werden diese Annahmen nur auf das Verhältnis der Regeln über die Existenz des Immaterialgüterrechts zu dessen Inhalts- und Schrankenbestimmungen bezogen, mit der Konsequenz, dass eine auf die Rechtsbehelfe beschränkte Rechtswahl für zulässig erachtet wird.[126] Im 7. Kapitel dieser Arbeit wurde bereits nachgewiesen, dass diese Prämissen, die gleichermaßen gegen jedwede vom Schutzlandprinzip abweichende Anknüpfung ins Feld geführt werden können, nicht fortgelten können. Akzeptiert man das mit der hier vertretenen Ansicht, bestehen keine Argumente gegen eine Rechtswahl hinsichtlich aller oder einzelner deliktsrechtlicher Aspekte einschließlich der Verletzungshandlungen, d.h. der Inhalts- und Schrankenbestimmungen:[127]

106; *Drexl*, in: MünchKomm, BGB, IntImmGR Rz. 124; *Fezer/Koos*, in: Staudinger, BGB, IntWirtschR Rz. 875.

[125] Dazu bereits im 7. Kapitel (S. 290 ff.).

[126] *v. Hoffmann*, in: Staudinger, BGB, Art. 40 EGBGB Rz. 392; de lege ferenda auch *Leible*, RIW 2008, 257, 259. Hinsichtlich Art. 110 Abs. 2 schwIPRG *Bär*, in: SIWR Band I/1, S. 144; *Vischer*, in: Zürcher Kommentar zum IPRG, Art. 110 Rz. 13. Siehe vom dogmatischen Standpunkt, aber unter Verweis auf den Ausschluss durch Art. 8 Abs. 3 Rom II-VO auch *Kur*, in: Leible/Ohly, IP and PIL, Ziff. III.2., *Leistner*, in: Leible/Ohly, IP and PIL, Ziff. II.3. Dies entspricht auch dem geplanten CLIP-Vorschlag, *Kur*, in: Leible/Ohly, IP and PIL, Ziff. IV.2.

[127] *Jegher*, in: Basler Kommentar, IPRG, Art. 110 Rz. 32; *Reber*, S. 524 ff. Für eine Rechtswahl – ohne Ausklammerung von einzelnen Aspekten des Anwendungsbereichs der Rom II-VO – ferner die Stellungnahme des Europäischen Parlaments in erster Lesung vom 6.7.2005 (Bericht von Diana Wallis), Dokument Nr. A6-0211/2005, S. 19. Es verwundert daher nicht, dass die Zulässigkeit einer Rechtswahl i.d.R. bejaht wird, sofern die territoriale Aufspaltung des Urheberrechts angegriffen und ein einheitliches Urheberrecht propagiert wird; siehe z.B. *Knörzer*, S. 113. In diesem Fall ergeben die oben genannten – oft auf das Territorialitätsprinzip gestützten – Beschränkungen des Anwendungsbereichs der Gesetze und der zwingenden einheitlichen Anknüpfung aller Teil- und Vorfragen keinen Sinn. Teils werden allerdings die verbotenen Verletzungshandlungen (im Gegensatz zu der im allgemeinen Deliktsrecht üblichen Vorstellung) nicht deliktsrechtlich qualifiziert, sondern der Zusammenhang zur Existenz des Rechts betont und deswegen die Rechtswahl auf die Rechtsbehelfe begrenzt; *Peinze*, S. 180 f. Ähnlich *Schack* (UrhR, S. 469, 472 f.), der zwar auf die Verletzungshandlungen wegen der Ver-

Vielmehr ermöglicht die Zulassung einer Rechtswahl es den Parteien, Rechtssicherheit zu schaffen und durch die Anwendbarkeit eines einzigen Rechts auf die deliktsrechtlichen Teilfragen des gesamten Sachverhalts die Rechtsfindung zu erleichtern, insbesondere wenn die lex fori gewählt wird.[128] Andererseits kann ein Gleichlauf mit einer Sonderverbindung der Parteien, z.B. einem Lizenzvertrag, herbeigeführt werden.[129] Sie fördert die Rechtssicherheit und ist Ausdruck des auch im deutschen internationalen Privatrecht geltenden Grundsatzes der Parteiautonomie.[130] Eine vom allgemeinen internationalen Deliktsrecht abweichende Beurteilung ist auch nicht wegen des Umstandes gerechtfertigt, dass Immaterialgüterrechtsverletzungen regelmäßig Dauerdelikte sind.[131] Selbst wenn dies zutrifft, können die genannten Zwecke weiter verwirklicht werden; Dauerdelikte werden auch im allgemeinen Deliktsrecht nicht vom Anwendungsbereich der Rechtswahl ausgenommen.[132] Die Zulässigkeit einer Rechtswahl im Hinblick auf die deliktsrechtlichen Aspekte legt auch ein Vergleich zu Ansprüchen aus unlauterem Wettbewerb nahe. Es wurde bereits dargelegt, dass dort zumindest für rein individualbezogene unerlaubte Handlungen die Möglichkeit einer Rechtswahl bejaht wird und dass das immaterialgüterrechtliche Verletzungsverbot wegen seines individualschützenden Charakters insoweit vergleichbar ist.[133] Zudem kann der Schutzrechtsinhaber auch sachrechtlich auf seinen Schutz verzichten, z.B. indem er die Verletzung gestattet, so dass es naheliegt, auch kollisionsrechtlich der Parteiautonomie Rechnung zu tragen.

Zu überlegen ist jedoch, ob die Zulässigkeit einer Rechtswahl auf nach der Verletzung getroffene Vereinbarungen begrenzt werden sollte. Hiergegen bestehen zwar durchaus berechtigte Gründe.[134] Doch diese sind nicht

---

kehrsinteressen dennoch das Schutzlandprinzip – welches er als euphemistische Umschreibung der lex loci delicti erkennt – anwenden will, aber ohne nähere Begründung die Abwahlmöglichkeit des Schutzlandprinzips (im Gegensatz zum deliktsrechtlichen Tatortrecht) ablehnt; ohne Differenzierung zwischen Schutzlandprinzip und Deliktsstatut noch *ders.*, Anknüpfung, S. 67 f.; *ders.*, GRUR Int. 1985, 523, 525.

[128] *Peinze*, S. 180 f.; *Schack*, GRUR Int. 1985, 523, 525. Für das allgemeine internationale Deliktsrecht *Junker*, in: MünchKomm, BGB, Art. 42 EGBGB Rz. 1 m.w.N.

[129] *Knörzer*, S. 113; *Schack*, GRUR Int. 1985, 523, 525. Für das allgemeine internationale Deliktsrecht *Junker*, in: MünchKomm, BGB, Art. 42 EGBGB Rz. 1 m.w.N.

[130] Für das allgemeine internationale Deliktsrecht *Junker*, in: MünchKomm, BGB, Art. 42 EGBGB Rz. 1 m.w.N.

[131] So aber *Beier/Schricker/Ulmer*, GRUR Int. 1985, 104, 106 f.; *Fezer/Koos*, in: Staudinger, BGB, IntWirtschR Rz. 875.

[132] Darauf weist auch *Knörzer*, S. 112 hin.

[133] Siehe 7. Kap.III.2. (S. 300 ff.).

[134] Dazu ausführlich *Junker*, in: MünchKomm, BGB, Art. 42 EGBGB Rz. 19 ff. m.w.N.

immaterialgüterrechtsspezifisch, so dass ein Gleichlauf mit dem allgemeinen Deliktsrecht zu favorisieren ist. Dort ist eine vorherige Rechtswahl zumindest dann ausgeschlossen, wenn nicht alle Parteien des Rechtsstreits einer kommerziellen Tätigkeit nachgehen.[135] Ferner sollten entsprechend Art. 42 S. 2 EGBGB, Art. 14 Abs. 1 Rom II-VO und dem auch im Kollisionsrecht geltenden Verbot von Verträgen zu Lasten Dritter die Rechte von an der Vereinbarung nicht beteiligten Dritten unberührt bleiben.

2. Gemeinsamer gewöhnlicher Aufenthalt

Akzeptiert man die Möglichkeit einer unterschiedlichen Anknüpfung der deliktsrechtlichen Hauptfragen und der Vorfragen nach der Existenz des Schutzrechts und der Inhaberschaft an demselben sowie den deliktsrechtlichen Charakter der Verletzung von geistigen Eigentum und wendet die deliktsrechtliche Ubiquitätsregel und die Möglichkeit einer Rechtswahl an, spricht auf den ersten Blick vieles dafür, auch die Auflockerung der Grundregel durch das Recht an einem etwaigen gemeinsamen gewöhnlichen Aufenthalt von Verletzer und Geschädigtem gemäß Art. 40 Abs. 2 EGBGB bzw. Art. 4 Abs. 2 Rom II-VO zu übernehmen.[136]

Schack – der grundsätzlich einer Auflockerung des Deliktsstatuts im Urheberrecht aufgeschlossen gegenübersteht – wendet hiergegen ein, dass angesichts der Überallbelegenheit des Immaterialgutes der Aufenthaltsort der Beteiligten zufällig und belanglos ist.[137] Diese Kritik ist nicht stichhaltig. *Schack* lässt sich nämlich von der nicht überzeugenden Vorstellung leiten, dass das gemeinsame Heimatstatut im allgemeinen Deliktsrecht angewandt wird, weil die Beteiligten sich bei der Verletzung im gleichen Staat aufhalten und somit eine Verbindung zum Aufenthaltsort besteht. Dies ist jedoch nicht zutreffend, wie bereits ein Blick auf Distanzdelikte oder Eigentumsverletzungen beweist.[138]

Hintergrund der Regelung ist vielmehr, dass der Verletzer gewohnt ist, sein Verhalten an dieser Rechtsordnung auszurichten und der Geschädigte an diesem Ort die Schäden zu bewältigen hat. Deshalb erkennt der Gesetz-

---

[135] So Art. 14 Abs. 1 S. 1 lit. b Rom II-VO. Nach Art. 42 S. 1 EGBGB ist eine vorherige Rechtswahl sogar grundsätzlich ausgeschlossen.

[136] *Bollacher*, S. 184; *Knörzer*, S. 114; *Peinze*, S. 177 f.; *Plenter*, S. 126, die alle das Territorialitätsprinzip ablehnen. Die überwiegende Auffassung hält hingegen die Anknüpfung an das Schutzlandprinzip für zwingend und lehnt deshalb auch die Anknüpfung an ein gemeinsames Heimatstatut ab; siehe nur BGH GRUR Int. 1968, 101, 102 – Frauenthermometer, *Katzenberger*, in: Schricker, UrhR, Vor §§ 120 ff. Rz. 134 m.w.N.

[137] *Schack*, UrhR, S. 473; *ders.*, Anknüpfung, S. 84 f. (zu § 1 der Verordnung über die Rechtsanwendung bei Schädigungen deutscher Staatsangehöriger außerhalb des Reichsgebiets vom 7.12.1942, RGBl. 1942 I, 706).

[138] Hierauf weist auch *Knörzer*, S. 114 hin.

geber die personelle Beziehung des Sachverhalts gegenüber der räumlichen Beziehung des Tatorts als vorrangig an.[139] Der erste Gedanke kann sicher auf die Verletzung von geistigem Eigentum im Internet übertragen werden: Ein Internetnutzer, der etwa ein Ersatzteil für ein Kfz unter Nennung von dessen Marke bei einem vorübergehenden Auslandsaufenthalt in das Internet einstellt, wird wohl die ihm bekannten Regeln seines Heimatstaates im Hinterkopf haben. Zweifelhaft ist dagegen, ob die Wiedergutmachung des Täters im Immaterialgüterrecht am besten durch die Regeln der ihm vertrauten Rechtsordnung erzielt werden kann. Zwar erleichtert die Anwendung des gemeinsamen Heimatrechts auf den gesamten Sachverhalt die Schadensabwicklung, da nur ein Recht berufen wird, dieses den Parteien bekannt oder zumindest leicht ermittelbar ist und eine Klage meist im gemeinsamen Heimatstaat erhoben werden wird.[140] Doch andererseits ist nicht recht ersichtlich, warum der Schutzrechtsinhaber mit der Anwendung seines Heimatrechts rechnen soll. Auf Grund der territorialen Begrenzung der nationalen Schutzrechte ist nämlich keine Beziehung des Schutzrechts oder der Verletzungshandlung mit dem Heimatrecht gegeben, wie dies beispielsweise der Fall ist, wenn der Betroffene im Falle einer Eigentumsverletzung die Sache nur vorübergehend ins Ausland verbracht hat.[141] Diese Überlegung ist zwar nicht allein immaterialgüterrechtsspezifisch, sondern greift auch im allgemeinen Deliktsrecht ein, wenn z.B. eine beschädigte Sache ihren gewöhnlichen Lageort im Ausland hat. Sofern man für solche Fälle im allgemeinen Deliktsrecht die Maßgeblichkeit des gemeinsamen Heimatstatuts einschränkt,[142] wird man diese Anknüpfung folgerichtig auch im internationalen Immaterialgüterrecht ablehnen müssen.

3. Wesentlich engere Verbindung im Einzelfall

Das Prinzip der engsten Verbindung ist grundlegend im (kontinentaleuropäischen) internationalen Privatrecht.[143] Unter der Prämisse, dass für die deliktsrechtlichen Fragen der Verletzung von geistigem Eigentum nicht zwangsläufig die engste Beziehung zum Schutzland bestehen muss, steht einer Auflockerung einer Grundanknüpfung durch eine im Einzelfall be-

---

[139] *v. Hoffmann*, in: Staudinger, BGB, Art. 40 EGBGB Rz. 393 m.w.N.

[140] Diesen Zweck stellt die BegrRegE, BT-Drucks. 14/343, S. 12 in den Vordergrund. Ebenso *Kropholler*, IPR, S. 527; *Leible/Engel*, EuZW 2004, 7, 11.

[141] Insoweit lassen sich die Überlegungen *Schack*s zur Belanglosigkeit des Aufenthaltsorts fruchtbar machen.

[142] Für eine teleologische Reduktion des Art. 40 Abs. 2 EGBGB *v. Hoffmann*, in: Staudinger, BGB, Art. 40 EGBGB Rz. 394; *ders.*, IPRax 1986, 90, 91. In Betracht kommt ferner eine Korrektur des Art. 40 Abs. 2 durch das Prinzip der engsten Verbindung gemäß Art. 41 EGBGB, *Heldrich*, in: Palandt, BGB, Art. 40 EGBGB Rz. 6.

[143] *Heldrich*, in: Palandt, BGB, Einl. v. Art. 3 EGBGB Rz. 1.

stehende wesentlich engere Beziehung des Sachverhalts zu einer anderen Rechtsordnung nichts im Wege.[144] Zwar ist diese Formulierung wenig aussagekräftig und bedarf einer Konkretisierung anhand von (rechtspolitischen) Wertungen, die grundsätzlich dem Gesetzgeber vorbehalten bleiben müssen, so dass die engste Verbindung nicht als primärer Anknüpfungspunkt taugt.[145] Andererseits werden mit starr formulierten Anknüpfungsmomenten sämtliche Einzelfälle über denselben Kamm geschoren. Deshalb ist es gerechtfertigt, eine Korrekturmöglichkeit zu Gunsten der Einzelfallgerechtigkeit zu eröffnen,[146] wie das auch im allgemeinen internationalen Deliktsrecht anerkannt ist.[147] Eine wesentlich engere Verbindung im Einzelfall kann sich z.B. aus einem bestehenden Rechtsverhältnis zwischen den Beteiligten in Zusammenhang mit der Immaterialgüterrechtsverletzung ergeben. Zu denken ist insbesondere an eine akzessorische Anknüpfung an Lizenz- oder Markenabgrenzungsvereinbarungen.

VIII. Vorschläge des American Law Institutes

Einen sehr detaillierten Vorschlag zur Anknüpfung der Rechtsfragen des geistigen Eigentums hat das American Law Institute (ALI) in seinen „Intellectual Property: Principles Governing Jurisdiction, Choice of Law, and Judgments in Transnational Disputes“ (im Folgenden: ALI Principles) niedergelegt. Deren endgültige Fassung wurde am 14.5.2007 verabschiedet[148] und stellt damit den ersten Vorschlag einer überindividuellen Forschungseinrichtung für eine Regelung oder gar zukünftige internationale Konvention[149] zum Kollisionsrecht des geistigen Eigentums dar.[150] Schon deswe-

---

[144] Befürwortend auch *Bollacher*, S. 184; *Knörzer*, S. 114; *Peinze*, S. 179 f. Ablehnend wiederum die überkommene Auffassung mit der Annahme, dass eine Abweichung vom Schutzlandprinzip auch für Teilfragen grundsätzlich unzulässig ist.

[145] *Mankowski*, in: v. Bar/Mankowski, S. 605 f.; *Sonnenberger*, in: MünchKomm, BGB, Einl. IPR Rz. 745.

[146] *Mankowski*, in: v. Bar/Mankowski, S. 606; *Sonnenberger*, in: MünchKomm, BGB, Einl. IPR Rz. 746.

[147] Siehe Art. 41 EGBGB und Art. 4 Abs. 3 Rom II-VO.

[148] ALI Principles, Final Draft, erwerbbar unter http://www.ali.org/index.cfm?fuseaction=publications.ppage&node_id=79 (Stand: 21.7.2008).

[149] Die ALI Principles selbst sollen als nicht bindendes Hilfsmittel fungieren, auf das Gesetzgeber und – soweit möglich – Gerichte zurückkommen können, *Dessemontet*, 30 Brook. J. Int'l L. (2005), 849, 855 f.; *Dreyfuss*, 30 Brook. J. Int'l L. (2005), 819, 826.

[150] Weitere Forschungsvorhaben existieren in Japan sowie i.R.d. „European Max-Planck Group for Conflict of Laws in Intellectual Property (CLIP)“ (http://www.cl-ip.eu, Stand: 21.7.2008), das vom Max-Planck-Institut für Geistiges Eigentum und Steuerrecht in München und dem Max-Plack-Institut für ausländisches und internationales Privatrecht in Hamburg zusammen mit einigen ausländischen Rechtswissenschaftlern ins Leben

gen lohnt sich eine eingehende Auseinandersetzung mit diesem Vorschlag. Vorausgegangen waren langjährige Vorarbeiten und mehrere Vorentwürfe, die – auch im Hinblick auf die Anknüpfung der deliktsrechtlichen Aspekte – im Lauf der Arbeiten grundlegende Änderungen erfahren haben. Deshalb sollen anschließend die zwar verworfenen, aber nicht minder interessanten Lösungsvorschläge des stark divergierenden zweiten Vorentwurfs[151] diskutiert werden.

1. ALI Principles, Final Draft

a. Allgemeine Regeln

Die Endfassung der ALI Principles sieht in § 301 Abs. 1 die grundsätzliche Anwendbarkeit des Schutzlandprinzips vor. Zwar differenziert der Entwurf formal nach Registerrechten, die an den Registerort angeknüpft werden, und sonstigen Immaterialgüterrechten, für welche die Rechtsordnung des Landes gelten soll, für das Schutz begehrt wird. Da der Registerort mit dem Bestandsort des subjektiven Rechts des geistigen Eigentums übereinstimmt, bedeutet dies jedoch keine inhaltliche Divergenz.[152] Der Grundsatz des Schutzlandprinzips wird allerdings durch die Zulassung einer (auch teilweisen) Rechtswahl der Parteien gemäß § 302 Abs. 1 durchbrochen. Beschränkt ist diese Parteiautonomie durch die Klarstellung der Wirkungslosigkeit bzgl. der Rechte Dritter (Abs. 3), eine AGB-Kontrolle (Abs. 5) sowie durch eine Definition der Rechtsfragen, auf die sich die Rechtswahl beziehen darf (Abs. 2). Danach unterliegt die anwendbare Rechtsordnung für die Gültigkeit eines Registerrechts sowie die Existenz, Übertragbarkeit, die zeitliche Dauer sowie Inhalt und Schranken eines Immaterialgüterrechts – gleichgültig, ob es sich um ein Registerrecht handelt – nicht der Disposition der Parteien. Hinsichtlich der Inhalts- und Schrankenbestimmungen divergiert der Vorschlag des ALI somit gegenüber der in dieser Arbeit dargelegten Auffassung. Hintergrund der Limitierung sind nach Meinung des ALI (ohne nähere Erläuterung) die „öffentlichrechtlichen Aspekte des geistigen Eigentums".[153] Es wurde aber bereits dargelegt, dass die staatlichen Interessen an der Anwendung der eigenen Rechtsordnung auf den Inhalt der im eigenen Territorium wirkenden Schutzrechte einer

---

gerufen wurde. Zu den geplanten CLIP-Vorschlägen *Kur*, in: Leible/Ohly, IP and PIL, Ziff. IV.

[151] ALI Principles, Preliminary Draft No. 2, abgedruckt in Basedow u.a., IP in the Conflict of Laws, S. 229–250.

[152] Dazu 2. Kap.I.3. (S. 84 ff.). Deshalb halten *Gottschalk* (in: Gottschalk, Conflict of Laws, S. 184, 208 f.) und *Kur* (30 Brook. J. Int'l L. (2005), 951, 963) diese Differenzierung für unnötig.

[153] Comment a. zu § 302.

abweichenden Anknüpfung nicht im Wege stehen, da stets ein Rechtsstreit zwischen zwei Individuen zu entscheiden ist.[154]

b. Sonderregel für ubiquitäre Verletzungshandlungen

In § 321 sind zudem spezielle Regeln für universelle Verletzungssachverhalte enthalten. Danach steht es dem Gericht im Falle einer behaupteten ubiquitären Verletzung von geistigem Eigentum frei, auf den gesamten Sachverhalt hinsichtlich der Existenz, Gültigkeit, Dauer, dem Inhalt und den Schranken sowie der Verletzung und der Rechtsbehelfe an Stelle einer Vielzahl von Rechtsordnungen das Recht eines einzigen Landes oder weniger Staaten mit einer engen Verbindung zu dem Rechtsstreit anzuwenden (Abs. 1). Sodann werden beispielhaft Umstände aufgezählt, die zur Annahme einer solch engen Verbindung führen können. Hierzu gehören der Wohnsitz der Parteien (lit. a), das Zentrum einer etwaigen Verbindung der Parteien (lit. b), das Ausmaß der Aktivität und der Investitionen der Parteien in einem Staat (lit. c) und die hauptsächlichen Zielstaaten der Tätigkeit der Parteien (lit. d). Allerdings steht es gemäß Abs. 2 jeder Partei frei nachzuweisen, dass im Hinblick auf ein bestimmtes Land die nach Abs. 1 gefundene Lösung nicht mit den Regeln dieses Staates übereinstimmt. Dies soll das Gericht bei der Festsetzung des Haftungsumfangs und der Rechtsbehelfe berücksichtigen.[155]

Kritik kann an der Sonderregel des § 321 zunächst wegen der Umschreibung des Anwendungsbereichs geübt werden. § 321 soll eingreifen, wenn die behauptete Verletzung ubiquitär ist und die Gesetze einer Vielzahl von Staaten geltend gemacht werden. Das deutet darauf hin, dass nicht in jedem Fall, in dem zumindest potentiell eine Verletzung weltweit stattfinden kann (wie dies beim Internet typisch ist), die Klausel anwendbar ist, sondern nur, wenn sich der Kläger auch auf eine Vielzahl von Gesetzen (bzw. subjektiven Rechten) beruft. Daran ist schon unklar, wie groß die Anzahl der geltend gemachten Rechtsordnungen sein soll. Genügen drei, fünf, zehn oder fünfzig Rechtsordnungen oder ist die Sonderregel nur für ein Einklagen der (fast) globalen Rechte gedacht?[156] Des Weiteren macht die Abhängigkeit von den geltend gemachten Rechtsordnungen durch den Kläger deutlich, dass mit dieser Sonderregel lediglich eine Vereinfachung

---

[154] Dazu 7. Kap.III.2.b. (S. 301 ff.).

[155] Ähnliche Vorschläge strebt CLIP an, *Kur*, in: Leible/Ohly, IP and PIL, Ziff. IV.2.

[156] *Kur* (CRi 2003, 65, 72 bzgl. der Vorarbeiten der Principles) befürwortet eine Anwendbarkeit nur, wenn ansonsten eine sehr große Anzahl von Rechtsordnungen im konkreten Fall anwendbar wäre, was i.d.R. nur bei Urheberrechtsverletzungen der Fall ist. Dies ist konsequent, soweit lediglich eine Vereinfachung für den Richter als Rechtsanwender bezweckt wird.

für den konkreten Rechtsanwender (d.h. das Gericht) bezweckt ist[157] und kein Ausgleich der Interessen der Parteien herbeigeführt wird; insbesondere die Vorhersehbarkeit der möglicherweise betroffenen Rechtsgüter und anwendbaren Rechtsordnungen für den Schutzrechtsverwerter spielt hier keine Rolle. Der Kläger hat die Anwendbarkeit des § 321 in der Hand: er kann dessen Applikation verhindern, indem er trotz einer möglicherweise weltweiten Verletzung seiner Rechte seine Klage beschränkt; andererseits kann er sich auf die Verletzung einer Vielzahl von Rechten berufen, selbst wenn die Existenz oder Gültigkeit von etlichen zweifelhaft ist.

Nicht eindeutig formuliert ist ferner die Bedeutung der beispielhaften Aufzählung in § 321 Abs. 1. Da nach dem Wortlaut des Abs. 1 nicht zwingend die engste, sondern nur eine enge Verbindung des Sachverhalts zu einer Rechtsordnung erforderlich ist, könnte man die Aufzählung als Auflistung von Regelbeispielen oder gar als zwingende Konkretisierung verstehen. Überzeugender ist es freilich, nur eine Auflistung von Kriterien anzunehmen, welche bei der Ermittlung einer besonders engen Beziehung berücksichtigt werden können. Andernfalls wäre die Anwendung einer Vielzahl von Rechtsordnungen der Regelfall. Das würde dem Zweck der Vereinfachung widersprechen. Zudem rückt die offizielle Kommentierung die engste Verbindung des Sachverhalts (und nicht lediglich eine enge Beziehung) in den Vordergrund.[158] Trotzdem ist es nach dem eindeutigen Wortlaut möglich, dass gemäß § 321 Abs. 1 mehrere Rechtsordnungen zur Anwendung berufen werden. Ist dies der Fall, stellt sich die Frage, ob diese Rechtsordnungen alternativ, kumulativ oder distributiv angewandt werden sollen.[159] Nach der ersten Möglichkeit kann ein Rechtsbehelf bereits erlassen werden, wenn eine der Rechtsordnungen verletzt ist und die konkret beantragte Sanktionierung vorsieht, während die zweite Option eine Verletzung aller anwendbaren Rechtsordnungen voraussetzt. Im dritten Fall werden einzelne Sachverhalte derart aufgespaltet, dass auf jeden Teil nur eine Rechtsordnung anwendbar ist, wobei wiederum zu klären wäre, wie eine solche Aufteilung zu erfolgen hat. Anhaltspunkte für eine Lösung zu diesem Problem finden sich indes weder im Normtext noch in den offiziellen Kommentierungen zu § 321. In der praktischen Umsetzung hätten die Gerichte daher mit erheblicher Rechtsunsicherheit zu kämpfen und die einheitliche Auslegung wäre (mangels einer gemeinsamen Revisionsinstanz) sehr zweifelhaft.

---

[157] Siehe z.B. die Ausführungen von *Dreyfuss/Ginsburg*, CRi 2003, 33, 37 (die zusammen mit *Dessemontet* die Co-Reporter der Principles sind).

[158] Comment b. zu § 321.

[159] Zu den Varianten einer Kombination von Anknüpfungen allgemein *v. Hoffmann/Thorn*, S. 217 ff.

Bedenken gegen die Anknüpfung des § 321 an die engste Verbindung ergeben sich auch auf Grund der Verwendung dieses Anknüpfungsmoments als prinzipiellen Anknüpfungspunkt in Multistate-Sachverhalten. Es wurde bereits dargestellt, dass diese Formulierung der Konkretisierung durch (rechtspolitischen) Wertungen bedarf, die grundsätzlich dem Gesetzgeber vorbehalten bleiben müssen und dieser Anknüpfungspunkt nur als Korrekturvorschrift und nicht als Regelanknüpfung verwandt werden kann.[160] Daran ändert die Aufzählung von Beurteilungskriterien nichts. Dieser Einwand erübrigt sich nur, wenn man Multistate-Sachverhalte als begrenzten Ausnahmefall ansieht. Das ist schon wegen der großen Anzahl solcher Fälle und deren Bedeutung gerade aus internationalprivatrechtlicher Sicht nicht sonderlich überzeugend.[161] Zudem lässt die wenig aussagekräftige Formulierung befürchten, dass die Gerichte dem beklagten Heimwärtsstreben zur eigenen lex fori soweit wie möglich zuneigen werden. Das Abstellen auf die schwerpunktmäßig anvisierten Märkte (lit. d) und den Schwerpunkt der Aktivität und Investitionen (lit. c) bevorzugt erneut größere Volkswirtschaften.

Ferner mutet eine Besonderheit des § 321 Abs. 1 im Vergleich zu den sonstigen Kollisionsnormen der ALI Principles befremdlich an. Im Gegensatz zu der üblichen Terminologie wird nämlich nicht bestimmt, dass das Recht der engsten Verbindung anwendbar ist („is applicable") bzw. den Sachverhalt regelt („is governed"), sondern dass das Gericht die Anwendung wählen kann („may choose"). Die Applikation des Rechts der engsten Verbindung wird folglich in das (freie) Ermessen des Gerichts gestellt.[162] Dadurch werden die rechtspolitischen Entscheidungen über das Auffinden der engsten Beziehung hinaus auch hinsichtlich des „Ob" einer Abweichung vom Schutzlandprinzip auf die Gerichte übertragen und die Rechtsunsicherheit für die beteiligten Parteien noch vergrößert.

Zuzugeben ist freilich, dass die Unsicherheiten und möglichen Ungerechtigkeiten der Anknüpfung des § 321 Abs. 1 wegen der Korrekturmöglichkeit des Abs. 2 abgemildert werden. Nach Abs. 2 steht es *jeder* Partei[163] offen, eine abweichende Rechtslage für jedes Schutzland darzulegen und zu beweisen. Zwar ist die Konsequenz einer solchen Abweichung nicht die

---

[160] Siehe Ziff. VII.3. (S. 336).

[161] Siehe dazu bereits 4. Kap.III.4.a. (S. 201).

[162] Diese Regelung ist von einem fakultativen Kollisionsrecht nach herkömmlichem Verständnis zu unterscheiden. Dort wendet das Gericht grundsätzlich die lex fori (auf den gesamten Sachverhalt) an und das IPR wird nur zu Rate gezogen, wenn zumindest eine Partei dies verlangt, *Kropholler*, IPR, S. 45.

[163] Hervorhebung des Verf. Die Wahlbefugnis jeder Partei ist zusammen mit der Verdrängung des alternativ anwendbaren Rechts der entscheidende Unterschied zur alternativen Anwendbarkeit des (eingeschränkten) Schutzlandprinzips nach der Tatortregel, die in unter Ziff. VI. (S. 325 ff.) favorisiert wurde.

erneute Verdrängung des nach Abs. 1 gefundenen Rechts. Doch bei den Rechtsbehelfen soll die divergierende Rechtslage „berücksichtigt" werden. Ein Schadensersatzanspruch soll z.B. zu keiner Kompensation der Verluste in diesem Land führen und eine Unterlassungsverfügung soll so ausgestaltet sein, dass dieses Land nicht erfasst wird.[164] Im praktischen Ergebnis kommt dies einer ausschließlichen Anwendung des Schutzlandrechts (mit strikt territorialem Verständnis auch hinsichtlich der Rechtsfolgen) gleich.

Insofern kann der Sinn der Anknüpfungsregel des Abs. 1 mit guten Gründen bezweifelt werden, da diese für das Gericht weder zwingend ist und das Ergebnis durch die Parteien auch nicht hingenommen zu werden braucht. Die Bedeutung des Abs. 1 wird man am besten als bloße Vermutungsregel charakterisieren können: Die territoriale Aufgliederung der Schutzrechte nach Staatsgrenzen bleibt ebenso wie das Schutzlandprinzip als Leitgedanke bestehen, das Gericht kann aber im Anwendungsbereich des § 321 nach eigenem Ermessen vermuten, dass die Rechtslage in jedem Schutzland derjenigen des nach Abs. 1 gefundenen Rechts entspricht. Dies erkennen ausdrücklich auch die *Reporter* der Principles an. Sie erklären, dass in der Endversion der Principles (im Gegensatz zu früheren Versionen) eine dominante Rolle des Territorialitätsgedankens akzeptiert wird, § 321 auf einen Mittelweg zwischen diesem Gedanken und der Anwendung eines einzigen Rechts abzielt und begründen die Vermutung mit der zunehmenden Harmonisierung der nationalen Gesetze des geistigen Eigentums durch die multilateralen Abkommen (z.B. TRIPs).[165] Gegen eine solche Vermutungsregel kann zunächst eingewandt werden, dass die Prämisse einer Konvergenz der nationalen Bestimmungen trotz der internationalen Konventionen angreifbar ist. So werden durch die RBÜ, die PVÜ und TRIPs lediglich Mindestrechte normiert, die von den Vertragsstaaten jederzeit überboten werden können. Zudem können die Vertragsstaaten von zahlreichen Mindeststandards auf Grund von Vorbehalten abweichen. Hinzu kommt, dass nicht einmal gesichert ist, dass in jedem Schutzland das Schutzgut zu Gunsten derselben Person monopolisiert wird.[166] Selbst wenn man die Annahme einer Konvergenz und damit die Voraussetzung für eine Vermutungsregel für gegeben erachtet, mangelt es dem Vorschlag des ALI an der nötigen Konsequenz. Wenn sämtliche Rechtsordnungen als inhaltlich ähnlich vermutet werden und deshalb die Anwendung einer einzigen Rechtsordnung aus Vereinfachungsgründen als angemessen angesehen wird, stellt sich die Frage, warum dem Richter kein Rückgriff auf die lex

---

[164] Reporters' Note 1. zu § 321.

[165] Reporters' Note 1. und 4. zu § 321. Siehe auch *Ricketson/Ginsburg*, Rz. 20.32.

[166] Das gilt jedenfalls, soweit das Schutzlandprinzip in Bezug auf die Vorfrage der ersten Inhaberschaft aufrechterhalten wird, wie das auch die ALI Principles in §§ 311 f. für Registerrechte und nicht eingetragene Marken vorsehen.

fori erlaubt wird.[167] Für diese gilt die Vermutung nicht weniger als für andere Rechtsordnungen, die umständliche Prozedur des § 321 Abs. 1 würde verhindert und der Richter kennt die lex fori am besten. Des Weiteren ist nicht recht einzusehen, warum eine solche Vermutung auf Multistate-Sachverhalte begrenzt ist. Zwar ist in Multistate-Fällen der Ruf nach Vereinfachung besonders laut, doch auch in anderen Situationen könnte die Anwendung eines einzigen Rechts – insbesondere der lex fori – die Rechtsfindung erleichtern.

Ferner führen die Regel des § 321 und die mit ihr bezweckte Vermutungswirkung zu der bedenklichen Konsequenz, dass die Verwirklichung des Schutzlandprinzips zwar grundsätzlich beibehalten, aber in die Verantwortung der Parteien verlagert wird. Aus Sicht des Prozessrechts des Common Laws mag dies durchaus akzeptabel sein. Dort obliegt den Parteien nicht nur die Darlegung (und gegebenenfalls der Beweis) des Sachverhalts; auch der Inhalt fremden Rechts wird als Tatsache angesehen, für die die Partei, welche sich auf die Anwendung des ausländischen Rechts beruft, darlegungs- und beweispflichtig ist.[168] Allerdings ist klärungsbedürftig, ob die Überwälzung dieser Bürde vom Kläger auf den Beklagten[169] gerechtfertigt ist.[170] Im deutschen Recht ist die Situation indes grundlegend anders. Hier behält ausländisches Recht auch bei der Anwendung im Inland seinen Charakter als Recht und wird nicht als Tatsache behandelt. Zwar gilt der Satz „iura novit curia“ nicht, doch verpflichtet § 293 ZPO den deutschen Richter, sich die Kenntnis des ausländischen Rechts zu beschaffen. Dies hat nach ständiger Rechtsprechung von Amts wegen zu erfolgen; keine Partei trifft eine Darlegungs- oder Beweislast.[171] Die Implementierung einer Vermutungsregel hinsichtlich des Inhalts ausländischen Rechts stellt deswegen – auch wenn sie notdürftig durch eine von den Par-

---

[167] Insofern konsequent *Ginsburg*, GRUR Int. 2000, 97, 108; *Ricketson/Ginsburg*, Rz. 20.32.

[168] *Geimer*, S. 797 (Fn. 19); zum US-amerikanischen Recht *Hay*, S. 72.

[169] Meist wird sich der Beklagte mit einer abweichenden Rechtslage im Schutzland verteidigen wollen. Allerdings ist auch der Fall denkbar, dass dem Kläger das Schutzlandrecht günstiger ist, z.B. wenn keine Schutzrechtsverletzung nach dem gemäß § 321 Abs. 1 anwendbaren Recht vorliegt (in diesem Fall ist jedoch fraglich, ob der Richter überhaupt Abs. 1 anwenden würde), oder im Hinblick auf die Berechnung des Schadensersatzes.

[170] Bedenkt man, dass nach der sog. *American Rule* jede Partei grundsätzlich ihre eigenen Prozess- und Anwaltskosten zu tragen hat und im Falle eines Obsiegens nicht vom Klagegegner ersetzt verlangen kann (*Hay*, S. 59), wird die Auswirkung der Überwälzung der Darlegungslast besonders deutlich. Denn um zu wissen, ob das Schutzlandrecht günstiger ist, wird die betroffene Partei dieses zunächst von einem Anwalt prüfen lassen (müssen).

[171] Statt aller BGHZ 77, 32, 38; BGH WM 1987, 273, 274 f.; *Geimer*, in: Zöller, ZPO, § 293 Rz. 15 ff.; *Nagel/Gottwald*, S. 509; *Schack*, IZVR, S. 221 jeweils m.w.N.

teien einseitig abwählbare Anknüpfungsregel kaschiert wird – einen Bruch mit einem tradierten Dogma des deutschen Zivilprozesses dar.

Bewertet man zum Schluss die Auswirkungen der Regel des § 321 auf die internationalprivatrechtliche Interessenlage, ergibt sich nach alldem ein ziemlich eindeutiges Bild. Die Regelung bezweckt vor allem eine Erleichterung für den Richter des konkreten Rechtsstreits.[172] Dieser muss nicht von Amts wegen das Recht sämtlicher Schutzländer prüfen, sondern kann sich auf eine Rechtsordnung (wenn auch nicht zwingend die lex fori) beschränken. Abweichungen müssen von den Parteien geltend gemacht und bewiesen werden. Des Weiteren wird die Rechtsdurchsetzung für den Rechtsinhaber erleichtert, indem er sein Vorgehen gegen die weltweite Verletzung auf eine einzige Rechtsordnung stützen kann und der Beklagte abweichende Rechtslagen in einzelnen Schutzländern darlegen und beweisen muss. Dies gilt allerdings nur insoweit, als Abs. 1 zur Anwendung eines Rechts führt, für dessen Gebiet der Kläger Inhaber eines Schutzrechts ist und das zu dem gewünschten Anspruch führt. Ist dies nicht der Fall oder ist ein Schutzlandrecht für den Schutzrechtsinhaber günstiger, z.B. wegen einer abweichenden Berechnungsmethode des Schadensersatzanspruchs oder der Gewährung höherer Lizenzgebühren als Mindestschaden, muss dies der Kläger selbst erkennen, sich auf das Schutzlandrecht berufen und dessen Inhalt darlegen und beweisen. Bei der Ermittlung des maßgeblichen Rechts nach Abs. 1 werden seine kollisionsrechtlichen Interessen, insbesondere die Vorhersehbarkeit, vernachlässigt; wenn er will, kann er sich jedoch auf ein abweichendes Ergebnis des jeweiligen Schutzlandrechts berufen; dieses ist für ihn vorhersehbar und naheliegend. Vollkommen außer Betracht gelassen werden indessen die Interessen der Schutzrechtsverwerter. So besteht der Nachteil der mangelnden Vorhersehbarkeit und Beschränkbarkeit der möglicherweise tangierten Rechtsordnungen fort. Denn durch die Beibehaltung der territorialen Aufgliederung der Schutzrechte und die nicht auszuschließende Möglichkeit der Anwendung des *uneingeschränkten* Schutzlandprinzips[173] kann ein Internetnutzer die tangierten Rechtsordnungen nicht vor dem Rechtsstreit eingrenzen. Im Vergleich zur Geltung des Schutzlandprinzips wird seine Lage sogar noch verschärft, indem die mit Abs. 1 bezweckte Vermutung häufig zur Annahme der Verletzung einer Vielzahl von nationalen Rechten führt und ihm der Beweis des Gegenteils obliegt. Er muss darlegen, wenn der Kläger in einem Staat, auf den sich die Klage ebenfalls bezieht, nicht Inhaber des Schutzrechts ist

---

[172] Das Ziel der Vereinfachung betonen ausdrücklich auch Comment a. zu § 321; *Boscherio*, Yb PIL IX (2007), 87, 111; *Dessemontet*, Yb PIL VI (2004), 71, 79.

[173] Im Gegensatz zu einer früheren Version sieht die Endfassung der Principles gerade keine Einschränkung des Schutzlandprinzips in Form einer de-minimis-Regel mehr vor. Zu dem zweiten Vorentwurf sogleich.

oder die konkrete Verwendung des Schutzguts zulässig ist. Dem Vorschlag des ALI zum Umgang mit Multistate-Verletzungen von geistigem Eigentum kann daher nicht gefolgt werden.

2. ALI Principles, Preliminary Draft No. 2

Ausgangspunkt des zweiten Vorentwurfs ist wiederum das grundsätzliche Festhalten an der räumlichen Beschränkung der Schutzrechte und die Anknüpfung der deliktsrechtlichen Aspekten des Inhalts, der Schranken, der sonstigen Voraussetzungen und Folgen der Rechtsbehelfe ebenso wie der Existenz der Rechte des geistigen Eigentums an das betroffene Schutzland.[174] Eine Einschränkung erfährt das Schutzlandprinzip im Gegensatz zu der endgültigen Version indes durch das Erfordernis der spürbaren Ein- bzw. Auswirkung nach § 301 Abs. 2 („significantly impact the market"). Dieser kollisionsrechtlichen Einschränkung ist als ein kleiner Schritt zur Reduzierung der anwendbaren Rechtsordnungen und eines gerechten Interessenausgleichs zuzustimmen. Allerdings ist nicht recht einzusehen, warum dieser Ansatz nur für Nicht-Registerrechte gelten soll.[175] Die Möglichkeit einer Rechtswahl ist dagegen in diesem Entwurf nicht vorgesehen.

§ 302 statuiert eine Verdrängung des (eingeschränkten) Schutzlandprinzips durch ein einziges Recht in Ausnahmefällen und ähnelt § 321 der endgültigen Fassung. Ein Unterschied besteht aber bereits in der Formulierung des Anwendungsbereichs, der in dem Vorentwurf in § 302 Abs. 1 definiert ist. Danach soll ein Ausnahmefall zum einen gegeben sein, wenn zu dem gesamten Sachverhalt eine engere Beziehung zu einem anderen Recht offensichtlich ist (lit. a) oder der Rechtsstreit sich im Kontext eines vorbestehenden Rechtsverhältnisses zwischen den Parteien vollzieht (lit. c). Zum anderen genügt es, dass die Gerichtsentscheidung sich möglicherweise außerhalb des forums auswirkt und die Anwendung des Schutzlandprinzips unangemessen beschwerlich erscheint („unduly burdensome") (lit. b) oder der Inhalt der Schutzlandrechte nicht mit der nötigen Gewissheit ermittelt werden kann (lit. d). Gerade die Variante des lit. b zielt auf Multistate-Sachverhalte und insbesondere ubiquitäre Verletzungen von geistigem Eigentum über das Internet.

Unterschiede zwischen den beiden Versionen der Principles werden vor allem in der Wahl der Anknüpfungsmomente augenfällig.[176] Im Gegensatz

---

[174] § 301 unterscheidet sich in den beiden Versionen lediglich in redaktioneller Hinsicht; die formale Differenzierung zwischen Register- und sonstigen Immaterialgüterrechten ist aber bereits in dem zweiten Vorentwurf enthalten.

[175] Zum Ganzen ausführlich im 4. Kapitel (S. 147 ff.).

[176] Eine weitere Abweichung besteht (vom Wortlaut) in der zwingenden Anwendbarkeit dieser Kollisionsnorm; siehe aber *Dreyfuss*, 30 Brook. J. Int'l L. (2005), 819, 844.

zu der Endversion ist in dem Vorentwurf nicht die Möglichkeit des Nachweises einer divergierenden Rechtslage im jeweiligen Schutzlandrecht vorgesehen und die Bestimmung der alleinig anwendbaren Rechtsordnung erfolgt mit Hilfe abweichender Kriterien. § 302 enthält eine echte Abweichung vom Schutzlandprinzip. § 302 Abs. 2 und 3 des Vorentwurfs bestimmen das maßgebliche Statut mit Hilfe einer zweistufigen Anknüpfungsleiter.[177] Abs. 2 benennt dabei keine konkrete Anknüpfungsregel, sondern legt nur Kriterien fest, die bei der Suche nach dem (einen) anwendbaren Recht berücksichtigt werden sollen, aber keine ausschließliche Aufzählung darstellen. Unter anderem sind die engste Verbindung des Sachverhalts und der Einklang mit TRIPs und seinen eventuellen Nachfolgern von Bedeutung. Die engste Verbindung soll sich aus dem Schwerpunkt der Aktivität des angeblichen Rechtsverletzers und dem Schwerpunkt der Tätigkeiten und Investitionen des Rechtsinhabers ergeben. Sofern anhand von Abs. 2 keine Rechtsordnung eindeutig festgelegt werden kann, soll gemäß Abs. 3 subsidiär die lex fori zum Zug kommen.

Kritik kann an dieser Regel geübt werden, da § 302 in den Ausnahmefällen möglicherweise zu einer Aufgabe der Vorstellung von der territorialen Beschränkung der subjektiven Rechte führt, da sich die Anknüpfungsregel nicht nur auf die deliktsrechtlichen Hauptfragen, sondern auch auf die Existenz und die Gültigkeit der Schutzrechte erstreckt. Ob ein Patent-, Marken- oder Urheberrecht in Land X besteht, kann sich auf Grund der Regeln von und einer Eintragung in Land Y bestimmen. Diese zweifelhafte Aufgabe der territorialen Aufgliederung der subjektiven Schutzrechte von Fall zu Fall könnte jedoch verhindert werden, da der Wortlaut des § 302 auch eine teilweise Abweichung von der Grundregel des § 301 zulässt. Voraussetzung ist, dass dies nicht (nur) in einem räumlichen Sinn verstanden, sondern (ebenfalls) auf den inhaltlichen Umfang der Anknüpfung auf die einzelnen Teil- und Vorfragen bezogen wird.

Des Weiteren überzeugen die gewählten Anknüpfungsmomente nicht. Abs. 2 ist von seiner Formulierung eines nicht abschließenden Katalogs von Kriterien zum Auffinden des passenden Rechts nicht besonders bestimmt, überlässt die rechtspolitische Wertung zu einem gewissen Grad dem Richter und ist daher mit dem Makel der Rechtsunsicherheit behaftet. Selbst wenn man dieses Argument als nicht stichhaltig und eine regelmäßi-

[177] In der Literatur wurde bereits zuvor die Implementierung einer Anknüpfungsleiter angeregt. Insbesondere *Ginsburg* (42 J. Copyright Soc'y (1995), 318, 337 f., sowie *dies.*, Ziff. V Recommendation) und *Dessemontet* (SJZ 92 (1996), 285, 292 ff., wo auch ein mit *Ginsburg* gemeinsam verfasster Vorschlag abgedruckt ist) haben diesbezügliche Vorschläge unterbreitet. Da beide als *Reporter* maßgeblich an der Ausarbeitung der Principles des ALI beteiligt waren und ihre Ideen daher Vorläufer der Anknüpfungsleiter des ALI waren, soll eine Auseinandersetzung mit ihren Vorschlägen unterbleiben.

ge Anknüpfung an die engste Verbindung i.S.d. Abs. 2 lit. a als geboten erachtet, bestehen starke Bedenken gegen diese Lösung. Denn eine Schwerpunktbetrachtung begünstigt die Rechtsordnungen großer Volkswirtschaften bei gleichzeitiger Vernachlässigung der Gestaltungsmöglichkeiten kleinerer Länder und ist aus diesem Grund international kaum durchsetzbar. Zugleich führt sie zu einer Vernachlässigung der kollisionsrechtlichen Interessen der Schutzrechtsinhaber.[178] Zwar können sachlich vollkommen unbillige Regelungen durch das Erfordernis der Vereinbarkeit der anwendbaren Rechtsordnung mit den internationalen Konventionen verhindert werden. Doch damit wird nur ein gewisser Mindeststandard erreicht und dies ändert nichts an der Vernachlässigung der kollisionsrechtlichen Interessen. Die Unangemessenheit der lex fori, auch als Auffangregel, wurde bereits dargelegt.[179] Somit kann auch dem zweiten Vorentwurf des ALI in Bezug auf Multistate-Sachverhalte keine Unterstützung zuteil werden.

IX. Fazit

Kein Anknüpfungsmoment, das bei Multistate-Verletzungen von Immaterialgüterrechten über das Internet stets zur Anwendung einer einzigen Rechtsordnung in Bezug auf die deliktsrechtlichen Hauptfragen führt, vermag zu überzeugen. Die lex fori birgt die Gefahr der Beeinträchtigung des internationalen Entscheidungseinklangs und verschiebt das Problem nur auf die internationale Zuständigkeit. Eine Anknüpfung an das Ursprungsland berücksichtigt einseitig die internationalprivatrechtlichen Interessen des Schutzrechtsinhabers, während das Herkunftslandprinzip umgekehrt die Interessen des Schutzrechtsverwerters bevorzugt. Entsprechendes gilt für die Heimatrechte der Beteiligten. Die Maßgeblichkeit eines Erfolgsschwerpunktes vernachlässigt die Interessen des Rechtsinhabers, bevorzugt die Rechtsordnungen von wenigen bedeutenden Volkswirtschaften und wird auf internationaler Ebene kaum konsensfähig sein. Wegen der Heranziehung des Erfolgsschwerpunktes und subsidiär der lex fori ist auch die Regelung des zweiten Vorentwurfs der ALI Principles in Bezug auf Multistate-Sachverhalte abzulehnen. Die endgültige Version der ALI Principles führt dagegen in Wahrheit nicht zu einer Abweichung vom Schutzlandprinzip. Die für den Richter nicht zwingende Anknüpfung an eine einzige Rechtsordnung mit der Möglichkeit für beide Parteien, ein abweichendes Ergebnis für jedes Schutzland darzulegen und zu beweisen, stellt

[178] Ausführlich dazu Ziff. IV.2. (S. 320 ff.).
[179] Siehe Ziff. I. (S. 305 ff.).

eine bloße Vermutung der Identität der nationalen Regelungen dar. Diese Vermutung widerspricht der Charakterisierung ausländischen Rechts trotz Anwendung durch einen inländischen Richter als Recht und nicht als Tatsache. Zudem werden die Nachteile des Schutzlandprinzips für den Schutzrechtsverwerter nicht angegangen, sondern sogar verschärft, da im Regelfall dieser im Prozess eine abweichende Rechtslage im Schutzland nachweisen muss.

Einen Lösungsansatz bietet dagegen die Heranziehung des kollisionsrechtlichen Herkunftslandprinzips in Bezug auf die deliktsrechtlichen Hauptfragen, sofern man dem Geschädigten zugesteht, einseitig für die Anwendung des eingeschränkten Schutzlandprinzips zu optieren. Dadurch wird dem Schutzrechtsinhaber eine erleichterte Rechtsdurchsetzung ermöglicht, ohne dass auf eine den Grundsätzen des deutschen Prozessrechts widersprechende Vermutung rekurriert werden muss. Die Benachteiligung des Schutzrechtsverwerters kann dadurch gemindert werden, dass die Einschränkung des Schutzlandprinzips expansiver gehandhabt wird. Im Übrigen ist die Benachteiligung des potentiellen Schädigers hinzunehmen, zumal von ihm erwartet werden kann, dass er die Rechtslage am Verhaltensort kennt und beachtet. Dadurch wird ein Gleichlauf mit der Anknüpfung im allgemeinen internationalen Deliktsrecht erreicht. Zudem sollte für die Anknüpfung der deliktsrechtlichen Aspekte einer Immaterialgüterrechtsverletzung über das Internet eine Auflockerung der Grundregel durch eine (zweiseitige) Rechtswahl der Parteien zugelassen werden. Das Gleiche gilt für die Korrektur einer Grundanknüpfung durch eine wesentlich engere Verbindung des Gesamtsachverhalts im Einzelfall, z.B. auf Grund einer besonderen tatsächlichen oder rechtlichen Beziehung der Beteiligten. Mangels Beziehung der territorial begrenzten Schutzrechte zum Heimatrecht der Beteiligten ist die Anknüpfung an ein gemeinsames Heimatstatut dagegen zweifelhaft.

Ebenso wie der Lösungsansatz des 2. Teils kann auch der im 3. Teil dargelegte Vorschlag nicht sämtliche Probleme des internationalen Immaterialgüterrechts beseitigen. Angesichts der territorialen Aufsplitterung der subjektiven Rechte nach Staatsgrenzen und der konträren Interessen der Beteiligten ist dies auch nicht möglich. Trotzdem bietet dieser Vorschlag für alle Beteiligten Vorteile. Er ermöglicht die Reduzierung der anwendbaren Rechtsordnungen zumindest für die bedeutenden deliktsrechtlichen Hauptfragen nach der Verletzung und den Rechtsbehelfen auf eine einzige. Dies erleichtert die Rechtsdurchsetzung für den Geschädigten und die Rechtsanwendung der Gerichte nicht nur in den Fällen, in denen der Geschädigte sich im Staat des Uploads auf eine (nach den dort geltenden Regeln verletzte) Rechtsposition berufen kann. Diese Konzentration auf die Geltendmachung einer einzigen Rechtsverletzung zur Durchsetzung der weltweiten Schäden kann zusätzlich aufrechterhalten werden. Durch die alternative Anwendbarkeit des eingeschränkten Schutzlandprinzips werden andererseits die Vernachlässigung der kollisionsrechtlichen Interessen des Schutzrechtsinhabers und eine bewusste Aushöhlung seines Schutzes verhindert. Der Verwerter profitiert zwar im Prozess von der Anwendung einer einzigen Rechtsordnung ebenfalls, doch muss er zuvor weiterhin mit einer Anwendung einer Vielzahl von Rechtsordnungen rechnen. Eine Ausnahme besteht nur, wenn eine vorherige Rechtswahl – die entsprechend Art. 14 Abs. 1 S. lit. b Rom II-VO zwischen kommerziell tätigen Parteien für zulässig erachtet werden sollte – getroffen wurde oder eine akzessorische Anknüpfung z.B. an einen Lizenzvertrag erfolgt. Andererseits wird ihm – wie bereits bei dem Lösungsvorschlag des 2. Teils – die Möglichkeit zur Beeinflussung der maßgeblichen Schutzstaaten eingeräumt. Wegen der weniger gravierenden Auswirkungen einer Einschränkung des Schutzlandprinzips auf Grund der alternativen Anknüpfung an den Verhaltensort kommt sogar eine großzügigere Handhabe des Begrenzungskriteriums in Betracht.

Zusammenfassung und Ausblick

1. Territorialitäts- und Schutzlandprinzip sind alt hergebrachte Grundsätze des internationalen Immaterialgüterrechts und führten lange Zeit zu keinen praktischen Problemen, da grenzüberschreitende Verletzungen von Rechten des geistigen Eigentums relativ selten und zudem auf wenige Länder begrenzt waren. Durch die moderne Technik und insbesondere die Entwicklung des Internets als Massenkommunikationsmittel hat sich das gewandelt. Das Angebot von immaterialgüterrechtlich geschützten Werken, Produkten oder Dienstleistungen über das Internet kann simultan auf der ganzen Welt empfangen werden. Um Schutzlücken zu vermeiden, gehen die Staaten verbreitet dazu über, nicht nur das Einstellen dieser Daten, sondern auch deren Abrufbarkeit als verletzungsrelevanten Sachverhalt zu betrachten. Die Verwertung eines geistigen Gutes via Internet kann daher eine Vielzahl von nationalen Schutzrechten gleichzeitig verletzen. Für einen Schutzrechtsverwerter birgt die Verwendung des Internets als Kommunikationsmittel somit ein großes Risiko. Für den Inhaber der Schutzrechte ist hingegen die Durchsetzung seiner Rechte erheblich erschwert, da die Verletzung in verschiedenen Ländern durch divergierende Rechtsordnungen geregelt wird. In einem Prozess sieht sich auch der Richter mit diesen Problemen konfrontiert. Die Herausarbeitung von Ansätzen zur Lösung oder zumindest zur Reduzierung dieser Schwierigkeiten ist Ziel dieser Arbeit.

2. Eckpfeiler der in dieser Arbeit erörterten Lösungswege ist das Territorialitätsprinzip in seiner Kernaussage. Danach ist die Wirkung der subjektiven Rechte des geistigen Eigentums auf das Gebiet desjenigen Staates beschränkt, der das betreffende Recht verliehen oder anerkannt hat. Die Beibehaltung dieses Grundsatzes erscheint schon aus faktischen Gründen notwendig, da eine Abkehr international kaum konsensfähig ist. Die sachliche Rechtfertigung kann in der wirtschafts- und kulturpolitischen Bedeutung der Monopolisierung geistiger (und somit öffentlicher) Güter und einer klaren Abgrenzung der Zuordnung dieser Güter gesehen werden. Ferner ist eine Aufgabe dieser Beschränkung nur schwer mit der Existenz nationaler Register für Patente und Marken in Einklang zu bringen. Weitere Aussagen sollten dem Territorialitätsprinzip dagegen nicht beigemessen werden. So ist eine sachrechtliche Beschränkung des Anwendungsbereichs der Schutz-

gesetze auf inländische Sachverhalte nur in Bezug auf den Verletzungstatbestand der Schutzrechte ausnahmslos durchzuhalten. Diese Beschränkung ergibt sich indes bereits als Folge der limitierten Wirkung der subjektiven Rechte. Vor allem lassen sich die Argumente für die begrenzte Wirkung der Schutzrechte nicht auf die ausschließliche Anwendbarkeit der inländischen Gesetze auf inländische Sachverhalte oder die eigenen nationalen Schutzrechte übertragen. Gleiches gilt für die Unabhängigkeit der nationalen Rechte voneinander und eine etwaige kollisionsrechtliche Aussage des Territorialitätsprinzips. Für all diese Regeln mag es gute Gründe, aber auch Gegenargumente oder Ausnahmen geben. Rechtsprechung und Literatur sehen das „Territorialitätsprinzip" jedoch als apriorisches Prinzip an, das häufig jedwede Begründung ersetzt. Deshalb ist ein restriktives Verständnis des Territorialitätsprinzips geboten.

Ebenso wie beim Territorialitätsprinzip existiert im Hinblick auf das Schutzlandprinzip trotz der einhelligen Heranziehung kein Konsens über dessen exakten Inhalt. Sicher ist lediglich, dass dessen Anwendung zu einer distributiven Anknüpfung der Verletzungen der nationalen Schutzrechte führt. Unterschiedliche Auffassungen bestehen dagegen, inwieweit durch das Schutzlandprinzip eine Vorauswahl der verletzungsrelevanten Sachverhalte getroffen werden kann. Am überzeugendsten ist es, mit der überwiegenden Ansicht das Schutzlandprinzip als Anknüpfung an das Recht des Staates zu begreifen, *für dessen Gebiet* Schutz in Anspruch genommen wird. Dadurch wird (aus Sicht des inländischen Richters) eine Durchsetzung der territorialen Reichweite auch der ausländischen Schutzrechte erreicht und ansonsten keine weitere Vorauswahl getroffen. Konkretisiert man das Gebiet, für das Schutz begehrt wird, durch den Ort, an dem eine Verletzung der immaterialgüterrechtlichen Befugnisse behauptet wird, entspricht diese Kollisionsregel der Maßgeblichkeit des behaupteten Erfolgsorts – und nicht des Handlungsorts. Entgegen weit verbreiteter Ansicht ist die Statutbestimmung mit Hilfe des Schutzlandes keine zwingende Konsequenz des Territorialitätsprinzips. Trotzdem entspricht diese Anknüpfungsregel unter Ausschluss von Multistate-Sachverhalten der internationalprivatrechtlichen Interessenlage und ist deshalb gerechtfertigt.

3. Sucht man für Multistate-Verletzungen von Immaterialgüterrechten über das Internet eine interessengerechte Lösung, sind verschiedene Wege denkbar. Zunächst bietet sich eine Herangehensweise an, welche nicht nur an der territorialen Begrenzung der Schutzrechte, sondern zusätzlich an der grundsätzlichen Geltung des Schutzlandprinzips und an dem beschränkten Anwendungsbereich der nationalen Schutzgesetze auf die im jeweiligen Inland wirkenden subjektiven Schutzrechte festhält.

Ansatzpunkt dieser konservativen Option ist die inzwischen weitgehend anerkannte Annahme, dass nicht jede technisch bedingte *Empfangbarkeit* einer Internetseite mit immaterialgüterrechtsrelevantem Inhalt in einem Schutzland zur Verletzung des dort belegenen Schutzrechts führen kann. Vielmehr ist ein weiterer Inlandsbezug erforderlich. Deshalb sollte auf sachrechtlicher Ebene eine spürbare Auswirkung auf die Interessen des Schutzrechtsinhabers gefordert werden. Zusätzlich sollte auch das Schutzlandprinzip – trotz dessen grundsätzlicher Beibehaltung – eine Einschränkung erfahren, so dass neben der technisch bedingten Abrufbarkeit im Schutzstaat eine zielgerichtete oder objektiv spürbare Einwirkung auf Adressaten in diesem Land nötig ist. Mit anderen Worten: Es ist eine bestimmungsgemäße Abrufbarkeit im Schutzstaat zu fordern. Dies stellt sicher, dass der Schutzrechtsverwerter zumindest die Möglichkeit hat, die exorbitante Zahl der anwendbaren Rechtsordnungen auf ein vernünftiges Maß zu reduzieren. Nur dadurch kann seinem Interesse nach Vorhersehbarkeit der anwendbaren Rechtsordnungen und der Möglichkeit zur Ausrichtung seines Verhaltens an diesen Regeln Rechnung getragen werden. Zugleich wird die Unbeachtlichkeit der rein technisch bedingten Abrufbarkeit international gesichert und die Anerkennung eines möglichen exorbitanten Anwendungsbereichs von Schutzgesetzen fremder Staaten verhindert. Die vorgebrachten dogmatischen Bedenken konnten hingegen ausgeräumt werden.

Die sach- und kollisionsrechtliche Einschränkung muss sich auf der Rechtsfolgenseite fortsetzen. Da nicht die Abrufbarkeit einer Internetseite allein zur Verletzung eines nationalen Immaterialgüterrechts führt, kann nur deren bestimmungsmäßige Ausrichtung oder die Empfangbarkeit, die zu einer spürbaren Auswirkung auf die Interessen des Schutzrechtsinhabers führt, untersagt werden. Eine faktische Überwirkung eines Unterlassungsgebots, welche die Internettätigkeit insgesamt und zwangsläufig beeinträchtigt, ist deswegen nicht zu befürchten. Schadensersatz kann wegen der bestimmungsgemäßen Abrufbarkeit einer immaterialgüterrechtsverletzenden Internetseite nur in Bezug auf die durch diese Abrufbarkeit verursachten Nachteile und daher nur in Bezug auf Schäden in dem betroffenen Schutzland beansprucht werden.

Sofern die Verletzung eines Rechts des geistigen Eigentums wegen des *Einstellens der Daten* in das Internet geltend gemacht wird, unterscheidet sich dieser Sachverhalt grundlegend von einer Schutzrechtserletzung wegen der Empfangbarkeit der Daten. Das Einstellen der Daten wird für jede Internetseite an einem einzigen Ort vorgenommen und bildet zugleich einen hinreichenden Bezugspunkt für die Anwendung der entsprechenden Schutzlandrechtsordnung. Einschränkungen auf der Tatbestandsseite oder des Kollisionsrechts sind deswegen nicht nötig. Divergenzen bestehen auch auf der Rechtsfolgenseite: Der Upload verursacht die weltweite Empfangbarkeit der Daten und damit sämtliche Schäden. Im Sinne einer prozessökonomischen Lösung, welche die leichtere Einklagbarkeit aller Schäden ohne die Notwendigkeit der Anwendung einer Vielzahl von Rechtsordnungen zu Gunsten des Schutzrechtsinhaber und der Gerichte gewährleistet, ist daher eine Begrenzung des Schadensersatzanspruchs auf inländische Verluste abzulehnen. Auswirkungen im Ausland sind ebenfalls mit dem Unterlassungsgebot verbunden. Eine Verfügung, welche das Einstellen einer Internetseite vom Inland aus verbietet, verhindert zugleich die Abrufbarkeit dieser Daten im Ausland. Allerdings bleibt es dem Verwerter unbenommen, vom schutzrechtsfreien Ausland die Verwertung zu initiieren, sofern er den Internetauftritt nicht illegitim auf das Inland ausrichtet.

Der Lösungsweg des 2. Teils beseitigt durch die Einführung einer de-minimis-Regel für den Schutzrechtsverwerter die gröbsten Unbilligkeiten der mangelnden Beeinflussbarkeit der anwendbaren Rechtsordnungen im Internet. Der Schutzrechtsinhaber muss dagegen zur Durchsetzung seiner Rechtspositionen eine Vielzahl von Rechten und Rechtsordnungen geltend machen. Lediglich wenn der Verwerter durch das Einstellen der Daten in das Internet ein Immaterialgüterrecht des Klägers verletzt, ist eine Konzentration auf die Verletzung eines Schutzrechts möglich.

4. Einen progressiveren Weg stellt die Rückbesinnung auf die deliktsrechtlichen Grundlagen dar. Immaterialgüterrechtsverletzungen sind unerlaubte Handlungen und damit Deliktsrecht. Deshalb bietet sich entsprechend der Vorgehensweise im allgemeinen internationalen Deliktsrecht eine differenzierte Anknüpfung der deliktsrechtlichen Hauptfragen und der Vorfragen an. Voraussetzung ist die Aufgabe der (stillschweigenden) Annahme, dass die nationalen Gesetze des geistigen Eigentums nur auf die jeweiligen nationalen Schutzrechte Anwendung finden können. Andernfalls bedeutet jede vom Schutzland abweichende Kollisionsnorm eine Vorauswahl der möglicherweise verletzten Rechtspositionen. Folglich können auch das Nebeneinander nationaler Schutzrechte und deren räumliche Begrenzung aufrechterhalten werden. Dies ist der Unterschied zum allgemeinen internationalen Deliktsrecht und das Charakteristische der Verletzung von geistigem Eigentum als Sonderdeliktsrecht. Sofern eingewandt wird, eine differenzierte Anknüpfung widerspreche der Einheit der sachrechtlichen Regelung, überzeugt dies nicht. Es ist schon fraglich, wie stark die Verzahnung der Bestehensvoraussetzungen, der Inhalts- und Schrankenbestimmungen sowie der Rechtsbehelfe ist. Zudem hindert die Zusammengehörigkeit einer Regelung keine gesonderte Anknüpfung, wenn dies der kollisionsrechtlichen Interessenlage entspricht. Ebenso wenig steht der Hinweis auf die tangierten Staatsinteressen einer vom Schutzland abweichenden Statutbestimmung entgegen. Die Normen der Rechtsbehelfe entsprechen

weitgehend den allgemeinen Regeln des Deliktsrechts und beruhen daher nicht mehr als sonst auf originär staatlichen Interessen. Wirtschaftspolitisch bedeutend sind dagegen die Inhalts- und Schrankenbestimmungen. Da jedoch stets ein Rechtsstreit zwischen Privaten Gegenstand einer Verletzungsklage ist, ist eine Übergewichtung der staatlichen Interessen nicht angebracht.

Akzeptiert man die Möglichkeit einer vom Schutzlandprinzip abweichenden Anknüpfung der deliktsrechtlichen Hauptfragen, liegt eine Gleichbehandlung mit sonstigen unerlaubten Handlungen nahe. Danach ist grundsätzlich das Tatortrecht anwendbar. Dies kann zum einen das Recht des Handlungsortes, d.h. des ursächlichen Verhaltens, sein. Zum anderen ist nach Wahl des Geschädigten das Erfolgsortrecht anwendbar, sofern dieses für den Verwerter vorhersehbar war. Das entspricht einer wahlweisen Heranziehung des eingeschränkten Schutzlandprinzips. Verdrängt werden kann die Tatortregel durch eine gemeinsame (nachträgliche) Rechtswahl der Parteien, eine wesentlich engere Verbindung im Einzelfall (z.B. die akzessorische Anknüpfung an ein Lizenzvertragsstatut). Eine Abweichung für den Fall eines gemeinsamen Heimatrechts der Beteiligten überzeugt nicht. Die Vorfragen nach der Existenz, der ersten Inhaberschaft etc. regeln sich dagegen nach dem vom Deliktsstatut abweichenden Immaterialgüterrechtsstatut.

Dieser Ansatz ermöglicht die Anwendung einer einzigen Rechtsordnung zumindest in Bezug auf die deliktsrechtlichen Hauptfragen und erleichtert dadurch sowohl die Rechtsdurchsetzung für den Geschädigten als auch die Rechtsanwendung für die Gerichte. Zwingend ist die Reduzierung der anwendbaren Rechte freilich nicht, so dass der Verwerter sein Handeln regelmäßig weiterhin an der alternativen Anwendung des Schutzlandprinzips ausrichten muss. Allerdings ist die Einschränkung des Schutzlandprinzips auch innerhalb der alternativen Anknüpfung zu beachten und es ist sogar ein weniger restriktives Einschränkungskritrium denkbar. Die Rückbesinnung auf die deliktsrechtlichen Grundlagen einer Immaterialgüterrechtsverletzung für das Kollisionsrecht stellt nach alldem den fortschrittlicheren Weg dar und führt zu einem besseren Interessenausgleich zwischen den Beteiligten.

5. Abschließend muss jedoch darauf hingewiesen werden, dass in nächster Zukunft nur der erste Ansatz eine realistische Chance auf Anerkennung in der Rechtspraxis besitzt. Er baut auf den geltenden Grundprinzipien des internationalen Immaterialgüterrechts auf und nimmt nur eine nicht allzu gravierende Einschränkung auf kollisionsrechtlicher Ebene vor. Literatur und Rechtsprechung wenden ihn im Immaterialgüterrecht bereits teilweise an, wenngleich der Streit um die dogmatische Einordnung und den Inhalt

des Begrenzungskriteriums sowie um die Einschränkung der Rechtsfolgen – insbesondere der Reichweite des Schadensersatzanspruchs – zeigt, dass auch dieser Weg mit Steinen gesät ist. Die Heranziehung dieses Lösungsweges sollte wegen des grundsätzlichen Festhaltens am Schutzlandprinzip auch nicht durch die Rom II-VO ausgeschlossen sein, sondern vielmehr durch eine einschränkende Auslegung von Art. 8 Abs. 1 Rom II-VO integriert werden.

Grundlegend anders sind die Aussichten des zweiten Vorschlags. Dieser durchbricht die Annahme des beschränkten Anwendungsbereichs der nationalen Gesetze auf inländische Schutzrechte sowie das Schutzlandprinzip und kehrt zu den deliktsrechtlichen Wurzeln der Verletzung von geistigem Eigentum zurück. Für Sachverhalte vor dem Inkrafttreten der Rom II-VO am 11.1.2009 wäre dies innerhalb der Art. 40 ff. EGBGB durchaus möglich. Die Rom II-VO schreibt dagegen in Art. 8 Abs. 1 das Schutzlandprinzip ausdrücklich fest und schließt in Abs. 3 eine Rechtswahl aus. Insofern setzt die Umsetzung der zweiten Lösungsvariante eine Änderung der Rom II-VO voraus und der Vorschlag ist nur de lege ferenda zu verstehen. Wünschenswert wäre jedoch nicht nur eine Änderung der Rom II-VO, sondern zugleich die Regelung des internationalen Privatrechts des geistigen Eigentums unter partieller Aufgabe des Schutzlandprinzips in einer zukünftigen internationalen Konvention.

Literaturverzeichnis

Adolphsen, Jens: Europäisches und internationales Zivilprozessrecht in Patentsachen, Köln u.a. 2005.

–: Renationalisierung von Patentstreitigkeiten in Europa, IPRax 2007, 15–21.

Ahrens, Claus: Gewerblicher Rechtsschutz, Tübingen 2008.

Andermann, Jürgen: Territorialitätsprinzip im Patentrecht und Gemeinsamer Markt. Eine Untersuchung des Verhältnisses von nationalem Patenrecht und EWG-Vertrag unter besonderer Berücksichtigung des Problems der sog. Parallelimporte, Berlin 1975.

Austin, Grame W.: Domestic Laws and Foreign Rights: Choice of Law in Transnational Copyright Infringement Litigation, 23 Colum.-VLA J.L. & Arts (1999) 1–48.

Baeumer, Ludwig: Anmerkungen zum Territorialitätsprinzip im internationalen Patent- und Markenrecht, in: Großfeld, Bernhard u.a. (Hrsg.), Festschrift für Wolfgang Fikentscher zum 70. Geburtstag, Tübingen 1998, S. 803–821.

Bar, Christian von: Kollisionsrecht, Fremdenrecht und Sachrecht für internationale Sachverhalte im Internationalen Urheberrecht, UFITA 108 (1988), 27–49.

–: Internationales Privatrecht, 2. Band: Besonderer Teil, München 1991.

Bar, Christian von/Mankowski, Peter: Internationales Privatrecht, Band I: Allgemeine Lehren, 2. Aufl., München 2003.

Basedow, Jürgen/Metzger, Axel: Lex loci protectionis europea – Anmerkungen zu Art. 8 des Vorschlags der EG-Kommission für eine „Verordnung über das auf außervertragliche Schuldverhältnisse anzuwendende Recht" („Rom II"), in: Trunk, Alexander/Knieper, Rolf/Svetlanov, Andrej G. (Hrsg.), Russland im Kontext der internationalen Entwicklung: Internationales Privatrecht, Kulturgüterschutz, geistiges Eigentum, Rechtsvereinheitlichung. Festschrift für Mark Moiseevic Boguslavskij, Berlin 2004, S. 153–172.

Beier, Friedrich-Karl: Anmerkung zu BGH, Urteil vom 22.01.1964 – Ib ZR 92/62 – Maja (GRUR Int. 1964, 202–205), GRUR Int. 1964, 205–208.

–: Hundert Jahre Pariser Verbandsübereinkunft. Ihre Rolle in Vergangenheit, Gegenwart und Zukunft, GRUR Int. 1983, 339–347.

–: Territorialität des Markenrechts und internationaler Wirtschaftsverkehr (1968), in: Markenrechtliche Abhandlungen. Beiträger zur neueren Entwicklung des Warenzeichen-, Ausstattungs- und Herkunftsschutzes 1956–1985, Köln 1986, S. 31–57.

–: Zur Zulässigkeit von Parallelimporten patentierter Erzeugnisse, GRUR Int. 1996, 1–9.

Beier, Friedrich-Karl/Schricker, Gerhard/Ulmer, Eugen: Stellungnahme des Max-Planck-Instituts für ausländisches und internationales Patent-, Urheber- und Wettbewerbsrecht zum Entwurf eines Gesetzes zur Ergänzung des internationalen Privatrechts (außervertragliche Schuldverhältnisse und Sachen), GRUR Int. 1985, 104–108.

Benkard, Georg (Begr.): Patentgesetz, Gebrauchsmustergesetz, 10. Aufl. München 2006.

Berger, Christian: Die internationale Zuständigkeit bei Urheberrechtsverletzungen in Internet-Websites aufgrund des Gerichtsstands der unerlaubten Handlung nach Art. 5 Nr. 3 EuGVO, GRUR Int. 2005, 465–469.

Bettinger, Torsten: Kennzeichenrecht im Cyberspace: Der Kampf um die Domain-Namen, GRUR Int. 1997, 402–420.

–: Die WIPO-Vorschläge zum Schutz von Marken und anderen Zeichenrechten im Internet, WRP 2001, 789–796.

–: Internationale Kennzeichenkonflikte im Internet, in: Lehmann, Michael (Hrsg.), Electronic Business in Europa. Internationales, europäisches und deutsches Online-Recht, München/Wien 2002, S. 201-265.

– *(Hrsg.)*: Handbuch des Domainrechts. Nationale Schutzsysteme und internationale Streitbeilegung, Köln/München 2008.

Bettinger, Torsten/Leistner, Matthias (Hrsg.): Werbung und Vertrieb im Internet, Köln 2003.

Bettinger, Torsten/Thum, Dorothee: Territoriales Markenrecht im Global Village. Überlegungen zur internationalen Tatortzuständigkeit, Kollisionsrecht und materiellem Recht bei Kennzeichenkonflikten im Internet, GRUR Int. 1999, 659–681.

Binder, Heinz: Zur Auflockerung des Deliktsstatuts, RabelsZ 20 (1955), 401–499.

Bodenhausen, G.H.C.: Pariser Verbandsübereinkunft zum Schutz des gewerblichen Eigentums, Kommentar, Köln u.a. 1968.

Bodin, Jean: Les six Livres de la République, Faksimiledruck der Ausgabe Paris 1983, Aalen 1961.

Bollacher, Phillip D.: Internationales Privatrecht, Urheberrecht und Internet. Das auf länderübergreifende Sachverhalte anwendbare Recht, Frankfurt a.M. u.a. 2005.

Bornkamm, Joachim: Gerichtsstand und anwendbares Recht bei Kennzeichen- und Wettbewerbsverstößen im Internet, in: Bartsch, Michael/Lutterbeck, Bernd (Hrsg.), Neues Recht für neue Medien, Köln 1998, S. 99–116.

Boscherio, Nerina: Infringement of Intellectual Property Rights. A Commentary on Article (of the Rome II Regulation, Yb PIL Vol. IX (2007), 87–113.

Boytha, György: Fragen der Entstehung des internationalen Urheberrechts, in: Dittrich, Robert (Hrsg.), Woher kommt das Urheberrecht und wohin geht es? Wurzeln, geschichtlicher Ursprung, geistesgeschichtlicher Hintergrund und Zukunft des Urheberrechts, Wien 1988, S. 181–199.

Bradley, Curtis A.: Territorial Intellectual Property Rights in an Age of Globalism, 37 Va. J. Int'l L. (1997), 505–585.

Braun, Alfons Maria: Die internationale Coproduktion von Filmen im Internationalen Privatrecht, München 1996.

Brehm, Ernst: Das Immaterialgüterrecht im zukünftigen IPR-Gesetz, in: Schwander, Ivo (Hrsg.), Beiträge zum neuen IPR des Sachen-, Schuld- und Gesellschaftsrechts. Festschrift für Rudolf Moser, Zürich 1987.

Brinkamm, Thomas: Anmerkung zu BGH, Urteil vom 07.11.2002 – I ZR 175/00 – Sender Felsberg, LMK 2003, 96.

Bröcker, Tim/Czychowski, Christian/Schäfer, Detmar (Hrsg.): Praxishandbuch Geistiges Eigentum im Internet. Gewerblicher Rechtsschutz, Urheberrecht, Angrenzende Rechtsgebiete, München 2003.

Brömmelmeyer, Christoph: Internetwettbewerbsrecht. Das Recht der Ubiquität – Das Recht der Domain Names – Das Recht der kommerziellen Kommunikation, Tübingen 2007.

Buchner, Benedikt: Rom II und das Internationale Immaterialgüter- und Wettbewerbsrecht, GRUR Int. 2005, 1004–1012.

Bücking, Jens: Update Domainrecht: Aktuelle Entwicklungen im deutschen Recht der Internetdomains, MMR 2000, 656–664.

Bühler, Lukas: Schweizerisches und internationales Urheberrecht im Internet, Freiburg/ Schweiz 1999.

Büren, Roland von/David, Lucas (Hrsg.): Schweizerisches Immaterialgüter- und Wettbewerbsrecht, Band I/1: Allgemeiner Teil, Grundlagen, 2. Aufl., Basel/Genf/München 2002.

Busse, Rudolf (Begr.): Patentgesetz unter Berücksichtigung des Europäischen Patentübereinkommens und des Patentzusammenarbeitsvertrags, mit Patentkostengesetz, Gebrauchsmustergesetz und Gesetz über den Schutz der Topographien von Halbleitererzeugnissen, Gesetz über Arbeitnehmererfindungen und Gesetz über internationale Patentübereinkommen, 6. Aufl., Berlin 2003.

Castendyk, Oliver/Albrecht, Martin von: Richtlinienvorschlag der EG-Kommission zum Satellitenfernsehen - Eine Stellungnahme aus der Sicht der Praxis, GRUR Int. 1992, 734–739.

–: Satellitenfernsehen und Urheberrecht – eine Replik, GRUR Int. 1993, 300–301.

Celli, Allesandro L.: Internationales Kennzeichenrecht, Basel/Genf/München 2000.

Cichon, Caroline: Anmerkung zu LG Köln, Urteil vom 20.4.2001 – 81 O 160/99 – budweiser.com (CR 2002, 58–59), CR 2002, 59–60.

Cigoj, Stojan: Internationalprivatrechtliche Aspekte der Urheberrechte, in: Henrich, Dieter/Hoffmann, Bernd von, Festschrift für Karl Firsching zum 70. Geburtstag, München 1985, S. 51–76.

Czempiel, Benedict: Das bestimmbare Deliktsstatut. Zur Zurechnung im internationalen Deliktsrecht, Berlin 1991.

Daum, Felix: Kriterien zur Entgeltbemessung für Satellitensendung und Kabelweiterverbreitung aus europarechtlicher Sicht, MR 2003, Beilage 22–28.

De Miguel Asensio, Pedro A.: The Private International Law of Intellectual Property and of Unfair Commercial Practices: Covergence or Divergence?, in: Leible, Stefan/Ohly, Ansgar (Hrsg.), voraussichtlicher Titel: Intellectual Property and Private International Law, Tübingen, im Erscheinen begriffen.

Dernburg, Heinrich: Urheber-, Patent-, Zeichenrecht; Versicherungsrecht und Rechtsverfolgung, herausgegeben und zu Ende geführt von Josef Kohler, Halle a.d.S. 1910.

Dessemontet, François: Internet, le droit d'auteur et le droit international privé, SJZ 92 (1996), 285–294.

–: International Private Law of Intellectual Property, Yb IPL Vol. VI (2004), 71–84.

–: A European Point of View on the ALI Principles – Intellectual Property: Principles Governing Jurisdiction, Choice of Law, and Judgments in Transnational Disputes, 30 Brook. J. Int'l L. (2005), 849–864.

Dethloff, Nina: Ausländisches Wettbewerbsrecht im einstweiligen Rechtsschutz, RabelsZ 62 (1998), 286–307.

Deutsch, Erwin: Die Warenzeichenlizenz im Kollisionsrecht, in: Beier, Friedrich-Karl/ Deutsch, Erwin/Fikentscher, Wolfgang (Hrsg.), Die Warenzeichenlizenz. Rechtsvergleichende Untersuchungen über die gemeinschaftliche Benutzung von Warenzeichen, 2. Aufl., München u.a. 1966, S. 463–478.

Dieselhorst, Jochen: Anwendbares Recht bei Internationalen Online-Diensten, ZUM 1998, 293–300.

Dietz, Adolf: Urheberrecht und Satellitensendungen, UFITA 108 (1988), 73–90.

Dinwoodie, Graeme B.: Private International Aspects of the Protection of Trademarks, 2001, http://www.wipo.int/edocs/mdocs/mdocs/en/wipo_pil_01_4.doc (zuletzt abgerufen am 21.5.2007) (zit.: *Dinwoodie*, PI Aspects).

–: Trademarks and Territory: Detaching Trademark Law from the Nation-State, 41 Hous. L. Rev. (2004), 885–973.

–: Developing a Private International Intellectual Property Law, Draft of 12 October 2007, http://www.law.northwestern.edu/colloquium/ip/dinwoodie.pdf (zuletzt abgerufen am 11.12.2007) (zit.: *Dinwoodie*, Developing PIIPL).

Dreier, Thomas: Rundfunk und Urheberrecht im Binnenmarkt. Das Grundsatzpapier der EG-Kommission zu den urheberrechtlichen Fragen im Bereich der Satellitensendungen und Kabelweiterverbreitung, GRUR Int. 1991, 13–19.

–: Kompensation und Prävention. Rechtsfolgen unerlaubter Handlungen im Bürgerlichen, Immaterialgüter- und Wettbewerbsrecht, Tübingen 2002.

Dreier, Thomas/Schulze, Gernot: Urheberrechtsgesetz, Urheberrechtswahrnehmungsgesetz und Kunsturhebergesetz, 3. Aufl., München 2008.

Drexl, Josef: Europarecht und Urheberkollisionsrecht, in: Ganea, Peter/Heath, Christopher, Schricker, Gerhard (Hrsg.), Urheberrecht gestern – heute – morgen. Festschrift für Adolf Dietz zum 65. Geburtstag, München 2001, S. 461–479.

–: Lex americana ante portas – Zur extraterritorialen Anwendung nationalen Urheberrechts, in: Loewenheim, Ulrich (Hrsg.), Urheberrecht im Informationszeitalter. Festschrift für Wilhelm Nordemann zum 70. Geburtstag, München 2004, S. 429–445.

–: The Proposed Rome II Regulation: European Choice of Law in the Field of Intellectual Property, in: Drexl, Josef/Kur, Annette (ed.), Intellectual Property and Private International Law – Heading for the Future, Oxford/Portland 2005, S. 151-176.

Dreyer, Gunda/Kotthoff, Jost/Meckel, Astrid: Heidelberger Kommentar zum Urheberrecht, Heidelberg 2003.

Dreyfuss, Rochelle C.: The ALI Principles on Transnational Intellecutal Property Disputes: Why Invite Conflicts?, 30 Brook. J. Int'l L.(2005), 819–848.

Dreyfuss, Rochelle C./Ginsburg, Jane C.: Principles Governing Jurisdiction, Choice of Law, and Judgments in Transnational Disputes. Aim, scope and approach of the American Law Institute project on intellectual property, CRi 2003, 33–39.

Drobnig, Ulrich: Originärer Erwerb und Übertragung von Immaterialgüterrechten im Kollisionsrecht, RabelsZ 40 (1976), 195–208.

Ebner, Martin: Markenschutz im internationalen Privat- und Zivilprozessrecht, Köln u.a. 2004.

Eechoud, Mireille van: Choice of Law in Copyright and Related Rights. Alternatives to the Lex Protectionis, The Hague et. al. 2003.

Ehmann, Horst/Thorn, Karsten: Erfolgsort bei grenzüberschreitenden Persönlichkeitsrechtsverletzungen, AfP 1996, 20–25.

Ekey, Friedrich L./Klippel, Diethelm (Hrsg.): Heidelberger Kommentar zum Markenrecht. MarkenG, GMV und Markenrecht ausgewählter ausländischer Staaten, Heidelberg 2002

Emmerich, Volker: Die gewerblichen Schutzrechte im Gemeinsamen Markt (EuGHE XVII, 487), DB 1972, 1275–1230.

–: Unlauterer Wettbewerb. Ein Studienbuch, 7. Aufl., München 2004.

Ensthaler, Jürgen/Bosch, Wolfgang/Völker, Stefan (Hrsg.): Handbuch Urheberrecht und Internet, Heidelberg 2002.

Erman, Walter (Begr.)/Westermann, Harm Peter (Hrsg.): Bürgerliches Gesetzbuch, Handkommentar mit AGG, EGBGB (Auszug), ErbbauRG, HausratsVO, LPartG, ProdHaftG, UKlaG, VAHRG und WEG, Band II: 12. Aufl., Köln 2008.

Evert, Till: Anwendbares Urheberrecht im Internet. Deutsches internationales Urheberrecht und Leistungsschutzrecht unter Bezug auf die Musikwirtschaft: Welches nationale materielle Recht entscheidet über urheberrechtliche und leistungsschutzrechtliche Sachverhalte im internationalen Medium Internet?, Hamburg 2005.

Fawcett, James/Torremans, Paul: Intellectual Property and Private International Law, Oxford 1998.

Fentiman, Richard: Choice of Law and Intellectual Property, in: Drexl, Josef/Kur, Annette (ed.), Intellectual Property and Private International Law – Heading for the Future, Oxford/Portland 2005, S. 129-148.

Fezer, Karl-Heinz: Markenrecht. Kommentar zum Markengesetz, zur Pariser Verbandsübereinkunft und zum Madrider Markenabkommen, Dokumentation des nationalen, europäischen und internationalen Kennzeichenrechts, 3. Aufl., München 2001 (zit.: *Fezer*, MarkenR).

– *(Hrsg.)*: Lauterkeitsrecht. Kommentar zum Gesetz gegen den unlauteren Wettbewerb (UWG), Band 1: §§ 1–4 UWG, München 2005 (zit.: *Fezer*, UWG).

Fichte, Johann Gottlieb: Beweis der Unrechtmässigkeit des Büchernachdrucks, Berliner Mantsschrift 1793, XXI. Band, 443–483.

Ficsor, Mihály: The Law of Copyright and the Internet. The 1996 WIPO Treaties, their Interpretation and Implementation, Oxford u.a. 2002.

Freitag, Andreas: Domain Name: Technische Adresse oder geschütztes Unternehmenskennzeichen, MA 1996, 495–499.

Fricke, Verena: Der Unterlassungsanspruch gegen Presseunternehmen zum Schutz des Persönlichkeitsrechts im IPR, Tübingen 2003.

Fromm, Friedrich Karl/Nordemann, Wilhelm (Begr.): Urheberrecht. Kommentar zum Urheberrechtsgesetz und zum Urheberrechtswahrnehmungsgesetz mit den Texten der Urheberrechtsgesetze Österreichs und der Schweiz, 9. Aufl., Stuttgart u.a. 1998.

Garnett, Richard: Cross-border Internet Trade Mark Litigation: Towards a Model of Coexistence and Parallel Use, EIPR 2006, 213–219.

Geimer, Reinhold: Internationales Zivilprozessrecht, 5. Aufl., Köln 2005.

Geimer, Reinhold/Schütze, Rolf A.: Europäisches Zivilverfahrensrecht. Kommentar zur EuGVVO, EuEheVO, EuZustellungsVO, zum Lugano-Übereinkommen und zum nationalen Kompetenz- und Anerkennungsrecht, 2. Aufl., München 2004.

Geller, Paul Edward: Conflicts of Law in Cyberspace: Rethinking International Copyright, 44 J. Copr. Soc'y (1996), 103–117.

–: Internationales Immaterialgüterrecht, Kollisionsrecht und gerichtliche Sanktionen im Internet, GRUR Int. 2000, 659–664.

Gerlach, Tilo: Anmerkung zu EuGH, Urteil vom 14.07.2005 – C 192/04 – Lagardère (ZUM 2005, 725–729), ZUM 2005, 729–731.

Gieseke, Ludwig: Vom Privileg zum Urheberrecht, Die Entwicklung des Urheberrechts in Deutschland bis 1845, Göttingen 1995.

Ginsburg, Jane C.: Global Use/Territorial Rights: Private International Law Questions of the Global Information Infrastructure, 42 J. Copyright Soc'y (1995), 318–338.

–: Extraterritoriality and Multiterritoriality in Copyright Infringement, 37 Va. J. Int'l L. (1997), 587–602.

–: Die Rolle des nationalen Urheberrechts im Zeitalter der internationalen Urheberrechtsnormen, GRUR Int. 2000, 97–110.

–: Private Internationale Law Aspects of the Protection of Works and Objects of Related Rights Transmitted Through Digital Networks, 1998, http://www.wipo.int/edocs/mdocs/mdocs/en/gcpic/gcpic_2.pdf (zuletzt abgerufen am 22.1.2007).

Girsberger, Daniel u.a. (Hrsg.): Zürcher Kommentar zum IPRG, Kommentar zum Bundesgesetz über das Internationale Privatrecht (IPRG) vom 18. Dezember 1987, 2. Aufl., Zürich u.a. 2004.

Glöckner, Jochen: Wettbewerbsverstöße im Internet – Grenzen einer kollisionsrechtlichen Problemlösung, ZVglRWiss 99 (2000), 278–309.

Goldstein, Paul: International Copyright. Principles, Law, and Practice, New York 2001 (zit.: *Goldstein*, Int. Copyright).

–: International Intellectual Property Law. Cases and Materials, 2. Aufl., New York 2008 (zit.: *Goldstein*, International IPL).

Götting, Horst-Peter: Gewerblicher Rechtsschutz. Patent-, Gebrauchsmuster-, Geschmacksmuster- und Markenrecht. Ein Studienbuch, 8. Aufl., München 2007.

Gottschalk. Eckart: Anmerkung zu OLG Hamburg, Urteil vom 07.07.2004 – 5 U 143/03 – Bauhauslampen aus Italien (IPRax 2006,176–181), IPRax 2006, 135–139.

–: The Law Applicable to Intellectual Property Rights. Ist he Lex Loci Protectionis a Pertinent Choice-of-Law Approach?, in: Gottschalk, Eckart/Micheals, Ralf/Rühl, Gisela/v. Hein, Jan (Hrsg.), Conflict of Laws in a Globalized World, Cambridge u.a. 2007, S. 184–219.

Götz, Wolfgang: Schaden und Bereicherung in der Verletzerkette, GRUR 2001, 295–303.

Grabinski, Klaus: Zur Bedeutung des Europäischen Gerichtsstands- und Vollstreckungsabkommens (Brüsseler Übereinkommens) und des Lugano-Übereinkommens in Rechtsstreitigkeiten über Patentverletzungen, GRUR Int. 2001, 199–213.

Grabitz, Eberhard (Begr.)/Hilf, Meinhard: Das Recht der Europäischen Union, Band II: EUV/EGV, 36. Ergänzungslieferung, Stand: Juli 2008, München 2008.

Hahn, Claudia/Tell, Oliver: The Future Rome I and II Regluations, in: Basedow, Jürgen/Drexl, Josef/Kur, Annette/Metzger, Axel (ed.), Intellectual Property in the Conflict of Laws, Tübingen 2005, S. 7-17.

Hamburg Group for International Private Law: Comments on the European Commission's Draft Proposal for a Council Regulation on the Law Applicable to Non-Contractual Obligations, RabelsZ 67 (2003), 1–56.

Handig, Christian: Urheberrechtliche Aspekte bei der Lizenzierung von Radioprogrammen im Internet, GRUR Int. 2007, 206–218.

–: Neues im Internationalen Wettbewerbsrecht – Auswirkungen der Rom II-Verordnung, GRUR Int. 2008, 24–31.

Harte-Bavendamm, Henning/Henning-Bodewig, Frauke (Hrsg.): Gesetz gegen den unlauteren Wettbewerb (UWG). Mit Preisangabenverordnung. Kommentar, München 2004.

Hasselblatt, Gordian N. (Hrsg.): Münchener Anwaltshandbuch. Gewerblicher Rechtsschutz, 2. Aufl., München 2005.

Haupt, Iris: Territorialitätsprinzip im Patent- und Gebrauchsmusterrecht bei grenzüberschreitenden Fallgestaltungen, GRUR 2007, 187–194.

Hay, Peter: US-Amerikanisches Recht. Ein Studienbuch, 4. Aufl., München 2008.

Heermann, Peter W./Hirsch, Günter (Hrsg.): Münchener Kommentar zum Lauterkeitsrecht,
Band 1: Grundlage des Wettbewerbsrechts, Internationales Wettbewerbs- und Wettbewerbsverfahrensrecht, Europäisches Gemeinschaftsrecht – Grundlagen und sekundäre Maßnahmen, §§ 1–4 UWG, München 2006.

Hefermehl, Wolfgang: Anmerkung zu BGH, Urteil vom 22.01.1964 – Ib ZR 92/62 – Maja (GRUR 1964, 372–375), GRUR 1964, 375–376.

Hefermehl, Wolfgang/Köhler, Helmut/Bornkamm, Joachim: Gesetz gegen den unlauteren Wettbewerb, Preisangabenverordnung, Unterlassungsklagengesetz, UGP-Richtlinie Anhang I, 26. Aufl., München 2008.

Hein, Jan von: Das Günstigkeitsprinzip im Internationalen Deliktsrecht, Tübingen 1999.

–: Die Kodifikation des europäischen Internationalen Deliktsrechts. Zur geplanten EU-Verordnung über das auf außervertragliche Schuldverhältnisse anzuwendende Recht, ZVglRWiss 102 (2003), 528–562.

Hinden, Michael von: Persönlichkeitsrechtsverletzungen im Internet. Das anwendbare Recht, Tübingen 1999.

Höder, Andreas: Die kollisionsrechtliche Behandlung unteilbarer Multistate-Verstöße. Das Internationale Wettbewerbsrecht im Spannungsfeld von Marktort-, Auswirkungs- und Herkunftslandprinzip, München 2002.

Hoeren, Thomas: Zoning und Geolocation – Technische Ansätze zu einer Reterritorialisierung des Internet, MMR 2007, 1–6.

Hoeren, Thomas/Große Ruse, Henning: Immaterialgüter-, Wettbewerbs- und Verbraucherschutz-Kollisionsrecht sowie gerichtliche Zuständigkeit bei Internet-Sachverhalten, in: Lehmann, Michael (Hrsg.), Electronic Business in Europa. Internationales, europäisches und deutsches Online-Recht, München/Wien 2002, S. 301-334.

Hoeren, Thomas/Sieber, Ulrich (Hrsg.): Handbuch des Multimedia-Recht. Rechtsfragen des elektronischen Rechtsverkehrs, 19. Ergänzungslieferung, Stand: März 2008, München 2008.

Hoeren, Thomas/Thum, Dorothee: Internet und IPR – Kollisionsrechtliche Anknüpfung in internationalen Datennetzen, in: Dittrich, Robert (Hrsg.), Beiträge zum Urheberrecht V, Wien 1997, S. 79–97.

Hoffmann, Bernd von: Behutsame Auflockerung der Tatortregel. Anmerkung zu BGH, Urteil vom 08.01.1985 – VI ZR 22/83 (IPRax 1986, 108–110), IPRax 1986, 90–91.

Hoffmann, Bernd von/Thorn, Karsten: Internationales Privatrecht einschließlich der Grundzüge des Internationalen Zivilverfahrensrechts, 9. Aufl., München 2007.

Hohloch, Gerhard: Das Deliktsstatut. Grundlagen und Grundlinien des internationalen Deliktsrechts, Frankfurt a.M. 1984.

–: Anknüpfungsregeln des Internationalen Privatrechts bei grenzüberschreitenden Medien, in: Schwarze, Jürgen (Hrsg.), Rechtsschutz gegen Urheberrechtsverletzungen und Wettbewerbsverstöße in grenzüberschreitenden Medien, Baden-Baden 2000, S. 93–107.

Honsell, Heinrich/Vogt, Nedim Peter/Schnyder, Anton K./Berti, Stephen V. (Hrsg.): Basler Kommentar,
Band: Internationales Privatrecht, Basel/Frankfurt a.M. 1996;
Band: Internationales Privatrecht, 2. Aufl., Basel 2007.

Hoth, Jürgen: Territoriale Grenzen des Schutzbereichs von Warenbezeichnungen, GRUR 1968, 64–79.

Huber, Ulrich: De conflictu legum diversarum in diversis imperiis, in: Paelectiones jiurs romani et hodierni, zuerst 1689, abgedruckt nach der 4. Aufl. Frankfurt 1749 bei Meili, ZIR 8 (1898), 192–200.

Ingerl, Reinhard/Rohnke, Chrisitan: Markengesetz, Gesetz über den Schutz von Marken und sonstigen Kennzeichen, 2. Aufl., München 2003.

Intveen, Carsten: Internationales Urheberrecht und Internet. Zur Frage des anzuwendenden Urheberrechts bei grenzüberschreitenden Datenübertragungen, Baden-Baden 1999.

Ipsen, Knut: Völkerrecht, 5. Aufl., München 2004.

Jacobs, Rainer/Lindacher, Walter F./Teplitzky, Otto (Hrsg.): UWG. Gesetz gegen den unlauteren Wettbewerb mit Nebengesetzen. Großkommentar, Band 1: Einleitung, §§ 1–12, 1. Aufl., Berlin 2006.

Jarass, Hans D./Pieroth, Bodo: Grundgesetz für die Bundesrepublik Deutschland. Kommentar, 9. Aufl., München 2007.

Joecks, Wolfgang/Miebach, Klaus (Hrsg.): Münchener Kommentar zum Strafgesetzbuch, Band 1: §§ 1–51 StGB, München 2003.

Johannes, Kay Ole: Markenpiraterie im Internet. Kennzeichenrecht im Spannungsfeld zwischen Territorialität und grenzenlosem Internet, GRUR Int. 2004, 928–932.

Junker, Abbo: Internationales Privatrecht, München 1998 (zit.: *A. Junker*, IPR).

Junker, Markus: Anwendbares Recht und internationales Zuständigkeit bei Urheberrechtsverletzungen im Internet, Kassel 2002 (zit.: *M. Junker*, Anwendbares Recht).

Kadner Graziano, Thomas: Gemeineuropäisches Internationales Privatrecht. Harmonisierung des IPR durch Wissenschaft und Lehre (am Beispiel der außervertraglichen Haftung für Schäden), Tübingen 2002.

Katzenberger, Paul: Urheberrechtsfragen der elektronischen Textkommunikation, GRUR Int. 1983, 895–919.

–: Urheberrechtsverträge im Internationalen Privatrecht und Konventionsrecht, in: Beier, Friedrich-Karl/Götting, Horst-Peter/Lehmann, Michael/Moufang, Rainer (Hrsg.), Urhebervertragsrecht. Festgabe für Gerhard Schricker zum 60. Geburtstag, München 1995, S. 225–259.

–: Neues zum Folgerecht bei Auslandsbezug, in: Ohly, Ansgar u.a. (Hrsg.), Perspektiven des Geistigen Eigentums und Wettbewerbsrechts. Festschrift für Gerhard Schricker zum 70. Geburtstag, München 2005, S. 377–386.

Kegel, Gerhard/Schurig, Klaus: Internationales Privatrecht. Ein Studienbuch, 9. Aufl, München 2004.

Kegel, Gerhard/Seidl-Hohenveldern, Ignaz: Zum Territorialitätsprinzip im internationalen öffentlichen Recht, in: Heldrich, Andreas u.a. (Hrsg.), Konflikt und Ordnung. Festschrift für Murad Ferid zum 70. Geburtstag, München 1978, S. 233–277.

Keller, Eberhard: Patentverletzungen durch Handlungen im patentfreien Ausland, in: Ahrens, Hans-Jürgen/Bornkamm, Joachim/Kunz-Hallstein, Hans Peter (Hrsg.), Festschrift für Eike Ullmann, Saarbrücken 2006, S. 449–464.

Keller, Max/Siehr, Kurt: Allgemeine Lehren des internationalen Privatrechts, Zürich 1986.

Kerpen, Ursula: Das internationale Privatrecht der Persönlichkeitsrechtsverletzungen. Eine Untersuchung auf rechtsvergleichender Grundlage, Frankfurt a.M. u.a. 2003.

Kessedijan, Catherine: Current International Developments in Choice of Law: An Analysis of the ALI Draft, in: Basedow, Jürgen/Drexl, Josef/Kur, Annette/Metzger, Axel, Intellectual Property in the Conflict of Laws, Tübingen 2005, S. 19–37.

Kieninger, Eva Maria: Internationale Zuständigkeit bei der Verletzung ausländischer Immaterialgüterrechte: Common Law auf dem Prüfstand des EuGVÜ - Zugleich Anmerkung zu Pearce v. Ove Arup Partnership Ltd. and others (Chancery Division) und Coin Controls Ltd. v. Suzo International (UK) Ltd and others (Chancery Division), GRUR Int. 1998, 280–290.

–: Die Lokalisierung von Wettbewerbsverstößen im Internet, in: Leible, Stefan (Hrsg.), Die Bedeutung des Internationalen Privatrechts im Zeitalter der neuen Medien, Stuttgart u.a. 2003, S. 121–133

Klaas, Nadine: Das Urheberkollisionsrecht der ersten Inhaberschaft – Plädoyer für einen universalen Ansatz, GRUR Int. 2007, 373–386.

–: Ein interessen- und prinzipienorienterter Ansatz für die urheberkollisionsrechtliche Normbildung: Die Bestimmung geiigneter Anknüpfungspunkte für die erste Inhaberschaft, GRUR Int. 2008, 546–557.

Knörzer, Thomas: Das Urheberrecht im deutschen Internationalen Privatrecht, Diss. Mannheim 1992.

Koch, Harald/Magnus, Ulrich/Mohrenfels, Peter Winkler von: IPR und Rechtvergleichung. Ein Studien- und Übungsbuch zum Internationalen Privat- und Zivilverfahrensrecht und zur Rechtsvergleichung, 3. Aufl., München 2004.

Köhler, Helmut: Die Begrenzung wettbewerbsrechtlicher Ansprüche durch den Grundsatz der Verhältnismäßigkeit, GRUR 1996, 82–92.

–: Das Verhältnis des Wettbewerbsrechts zum Recht des geistigen Eigentums – Zur Notwendigkeit einer Neubestimmung auf Grund der Richtlinie über unlautere Geschäftspraktiken, GRUR 2007, 548–554.

Köhler, Markus/Arndt, Hans-Wolfgang/Fetzer, Thomas: Recht des Internet, 6. Aufl., Heidelberg 2008.

Köster, Thomas: Urheberkollisionsrecht im Internet. Aufweichung des „Territorialitätsprinzip" durch das europäische „Ursprungslandprinzip", in: Götting, Horst-Peter (Hrsg.), Multimedia, Internet und Urheberrecht, Dresden 1998, S. 153–168.

Kohler, Josef: Die Idee des geistigen Eigenthums, AcP 82 (1894), 141–242.

–: Das Recht des Markenschutzes mit Berücksichtigung ausländischer Gesetzgebungen und mit besonderer Rücksicht auf die englische, anglo-amerikanische, französische, belgische und italienische Jurisprudenz, Würzburg 1884 (zit.: *Kohler*, Markenschutz).

–: Warenzeichenrecht. Zugleich zweite Aufl. des Rechts des Markenschutzes mit Berücksichtigung ausländischer Gesetzgebung (1884), Mannheim/Leipzig 1910 (zit.: *Kohler*, Warenzeichenrecht).

Koos, Stefan: Grundsätze des Lauterkeitskollisionsrechts im Lichte der Schutzzwecke des UWG, WRP 2006, 499–509.

–: Objektive Kriterien zur Feststellung des anwendbaren Rechts im internationalen Wettbewerbs- und Immaterialgüterrecht, IPRax 2007, 414–416.

Kort, Michael: Namens- und markenrechtliche Fragen bei der Verwendung von Domain-Namen, DB 2001, 249–257.

Kotthoff, Jost: Die Anwendbarkeit des deutschen Wettbewerbsrechts auf Werbemaßnahmen im Internet, CR 1997, 676–683.

Kraft, A.: Abwehransprüche nach dem deutschen Warenzeichenrecht und der internationale Warenverkehr, GRUR 1969, 120–127.

Kraßer, Rudolf: Patentrecht, 5. Aufl., München 2004.

Kreuzer, Karl: Gutachtliche Stellungnahme zum Referentenentwurf eines Gesetzes zur Ergänzung des Internationalen Privtatrechts (Außervertragliche Schuldverhältnisse und Sachen). Sachenrechtliche Bestimmungen, in: Henrich, Dieter (Hrsg.), Vorschläge und Gutachten zur Reform des deutschen internationalen Sachen- und Immaterialgüterrechts, Tübingen 1991, S. 37–180.

Kreuzer, Karl/Klötgen, Paul: Die *Shevill*-Entscheidung des EuGH: Abschaffung des Deliktsortsgerichtsstands des Art. 5 Nr. 3 EuGVÜ für ehrverletzende Streudelikte, IPRax 1997, 90–96.

Kropholler, Jan: Europäisches Zivilprozessrecht. Kommentar zu EuGVO, Lugano-Übereinkommen und Europäischem Vollstreckungstitel, 8. Aufl., Heidelberg 2005 (zit.: *Kropholler*, EuZPR).

–: Internationales Privatrecht, 6. Aufl., Tübingen 2006.

Kubis, Sebastian: Internationale Zuständigkeit bei Persönlichkeits- und Immaterialgüterrechtsverletzungen, Bielefeld 1999.

Kur, Annette: Territorialität versus Globalität – Kennzeichenkonflikte im Internet, WRP 2000, 935–940.
–: Use of Trademarks on the Internet – The WIPO Recommendations, IIC 33 (2002), 41–47.
–: Principles Governing Jurisdiction, Choice of Law and Judgments in Transnational Disputes: A European Perspective, CRi 2003, 65–72.
–: Trademark Conflicts on the Internet: Territoriality Redefined?, in: Basedow, Jürgen/Drexl, Josef/Kur, Annette/Metzger, Axel (ed.), Intellectual Property in the Conflict of Laws, Tübingen 2005, S. 175-193.
–: Applicable Law: An Alternative Proposal for International Regulation – The Max-Planck Project on International Jurisdiction and Choice of Law, 30 Brook. J. Int'l L. (2005), 951–981.
–: Are there any Common European Principles of Private International Law with Regard to Intellectual Property?, in: Leible, Stefan/Ohly, Ansgar (Hrsg.), voraussichtlicher Titel: Intellectual Property and Private International Law, Tübingen, im Erscheinen begriffen.
Kurtz, Constantin: Zum Inlandsbezug der Marke im Internet (zu OLG Hamburg, 2.5.2002 – 3 U 312/01), IPRax 2004, 107–111.

Lange, Paul: Marken- und Kennzeichenrecht, München 2006.
–: Der internationale Gerichtsstand der unerlaubten Handlung nach dem EuGVÜ bei Verletzungen von nationalen Kennzeichen, WRP 2000, 940–947.
Larenz, Karl: Methodenlehre der Rechtswissenschaft, 6. Aufl., Berlin u.a. 1991.
Lehmann, Michael/Meents, Jan Geert (Hrsg.): Handbuch des Fachanwalts Informationstechnologierecht, Köln 2008.
Leible, Stefan: Rechtswahl im IPR der außervertraglichen Schuldverhältnisse nach der Rom II-Verordnung, RIW 2008, 257–264.
Leible, Stefan/Engel, Andreas: Der Vorschlag der EG-Kommission für eine Rom II-Verordnung. Auf dem Weg zu einheitlichen Anknüpfungsregeln für außervertragliche Schuldverhältnisse in Europa, EuZW 2004, 7–17.
Leible, Stefan/Lehmann, Matthias: Die neue EG-Verordnung über das auf außervertragliche Schuldverhältnisse anzuwendende Recht („Rom II"), RIW 2007, 721–735.
Leistner, Matthias: The Law Applicable to Non-Contractual Obligations Arising from an Infringement of National or Communitey IP-Rights, in: Leible, Stefan/Ohly, Ansgar (Hrsg.), voraussichtlicher Titel: Intellectual Property and Private International Law, Tübingen, im Erscheinen begriffen.
Liakopoulos, Athanassios: Intellectual Property Law in Greece, The Hague u.a. 1999.
Lichtenstein, Erich: Der gewerbliche Rechtsschutz im internationalen Privatrecht, NJW 1964, 1208–1213.
Lindacher, Walter F.: Die internationale Dimension lauterkeitsrechtlicher Unterlassungsansprüche: Marktterritorialität versus Universalität, GRUR Int. 2008, 453–459.
Locher, Felix: Das Internationale Privat- und Zivilprozessrecht der Immaterialgüterrechte aus urheberrechtlicher Sicht (nach schweizerischem IPRG, unter Berücksichtigung der Berner Übereinkunft), Zürich 1993.
Loewenheim, Ulrich (Hrsg.): Handbuch des Urheberrechts, München 2003.
Loewenheim, Ulrich/Koch, Frank A. (Hrsg.): Praxis des Online-Rechts, Weinheim u.a. 1998.
Loewenheim, Ulrich/Meesen, Karl M./Riesenkampff, Alexander (Hrsg.): Kartellrecht, Band 2: GWB. Kommentar, München 2006.

Löffler, Severin: Werbung im Cyberspace – Eine kollisionsrechtliche Betrachtung, WRP 2001, 379–384.
Looschelders, Dirk: Internationales Privatrecht, Art. 3–46 EGBGB, Berlin/Heidelberg 2004 (zit.: *Looschelders*, IPR).
–: Die Anpassung im Internationalen Privatrecht. Zur Methodik der Rechtsanwendung in Fällen mit wesentlicher Verbindung zu mehreren nicht miteinander harmonierenden Rechtsordnungen, Heidelberg 1995 (zit.: *Looschelders*, Anpassung).
Lucas, André: Private International Lax Aspects of the Protection of Works and Objects of Related Rights Transmitted Through Digital Networks, 1998, http://www.wipo.int/edocs/mdocs/mdocs/en/gcpic/gcpic_1.pdf (zuletzt abgerufen am 22.1.2007)

Magnus, Ulrich/Mankowski, Peter: European Commentaires on Private International Law: Brussels I Regulation, Augsburg 2007.
Mankowski, Peter: Das Internet im Internationalen Vertrags- und Deliktsrecht, RabelsZ 63 (1999), 203–294.
–: Internet und Internationales Wettbewerbsrecht, GRUR Int. 1999, 909–921.
–: Anmerkung zu OLG Karlsruhe, Urteil vom 10.07.2002 – 6 U 9/02 – Kennzeichenbenutzung im Internet (MMR 2002, 814–817), MMR 2002, 817–820.
–: Anmerkung zu LG Köln, Urteil vom 20.4.2001 – 81 O 160/99 – budweiser.com (MMR 2002, 60–61), MMR 2002, 61–63.
–: Wider ein Herkunftslandprinzip für Dienstleistungen im Binnenmarkt, IPRax 2004, 385–395.
–: Das neue Internationale Kartellrecht des Art. 6 Abs. 3 der Rom II-Verordnung, RIW 2008, 177–193.
Martinek, Michael: Das internationale Kartellprivatrecht. Ein Beitrag zur kollisionsrechtlichen Sonderanknüpfung im internationalen Wirtschaftsrecht, Heidelberg 1987.
Martiny, Dieter: Verletzung von Immaterialgüterrechten im internationalen Privatrecht, RabelsZ 40 (1976), 218–232.
Merkl, Joachim: Der Begriff des Immaterialgüterrechts, Diss. Erlangen-Nürnberg 1961.
Mes, Peter: Patentgesetz, Gebrauchsmustergesetz, 2. Aufl., München 2005.
Metzger, Axel: Zum anwendbaren Urheberrecht bei grenzüberschreitendem Rundfunk (zu EuGH, 14.7.2005 – Rs. C-192/04 – Lagardère ./. SPRE), IPRax 2006, 242–246.
Miosga, Willy: Internationaler Marken- und Herkunftsschutz. Pariser Verbandsübereinkunft, Madrider Markenabkommen, Nizzaer Klassifikationsabkommen, Madrider Herkunftsabkommen, Lissabonner Ursprungsabkommen; München 1967.
Möhring, Philipp/Nicolini, Käte (Hrsg.): Urheberrechtsgesetz, Kommentar, 2. Aufl., München 2000.
Möllering, Jürgen: Das Recht des unlauteren Wettbewerbs in Europa: Eine neue Dimension, WRP 1990, 1–13.
Mühlendahl, Alexander von: Von der EWG-Marke zur Gemeinschaftsmarke – Teil II, in: Schricker, Gerhard/Beier, Friedrich-Karl (Hrsg.), Die Neuordnung des Markenrechts in Europa, Baden-Baden 1997, S. 81–103.
Mühlendahl, Alexander von/Ohlgart, Dietrich C./Bomhard, Verena von: Die Gemeinschaftsmarke, Bern/München 1998.
Muth, Susanne: Die Bestimmung des anwendbaren Rechts bei Urheberrechtsverletzungen im Internet, Frankfurt a.M. u.a. 2000.

Nagel, Heinrich/Gottwald, Peter: Internationales Zivilprozessrecht, 6. Aufl., Münster/Köln 2007.

Neuhaus, Paul Heinrich: Die Grundbegriffe des internationalen Privatrechts, 2. Aufl., Tübingen 1976.
–: Freiheit und Gleichheit im internationalen Immaterialgüterrecht, RabelsZ 40 (1976), 191–195.
Neumaier, Sven-Uwe: Die Beurteilung grenzüberschreitender Rundfunksendungen nach der Revidierten Berner Übereinkunft, dem Welturheberrechtsabkommen und dem Rom-Abkommen, UFITA 2003 III, 639–693.
Nirk, Rudolf: Zum Anwendungsbereich des Territorialitätsprinzips und der lex rei (sitae) im internationalen Patent- und Lizenzrecht, in: Glanzmann, Roderich (Hrsg.), Ehrengabe für Bruno Heusinger, München 1968, S. 217–238.
Nixdorf, Wolfgang: Presse ohne Grenzen: Probleme grenzüberschreitender Presseveröffentlichungen im europäischen Raum – zugleich Anmerkung zum Urteil des BGH vom 19.12.1995 – VI ZR 15/95 (GRUR 1996, 923–927) – Caroline von Monaco, GRUR 1996, 842–846.
Nordemann, Axel/Goddar, Heinz/Tönhardt, Marion/Czychowski, Christian: Gewerblicher Rechtsschutz und Urheberrecht im Internet, CR 1996, 645–657.
Nordemann, Axel/Nordemann, Jan Bernd/Nordemann, Wilhelm: Wettbewerbsrecht, Markenrecht, 10. Aufl., Baden-Baden 2004.
Nordemann, Wilhelm/Vinck, Kai/Hertin, Paul/Meyer, Gerald: International Copyright and Neighboring Rights Law. Commentary with special emphasis on the European Community, Weinheim 1990.
Nussbaum, Arthur: Deutsches internationales Privatrecht. Unter besonderer Berücksichtigung des österreichischen und schweizerischen Rechts, Tübingen 1932 (zit.: *Nussbaum*, IPR (1932)).
–: Grundzüge des internationalen Privatrechts. Unter besonderer Berücksichtigung des amerikanischen Rechts, München/Berlin 1952 (*Nussbaum*, IPR (1952)).

Obergfell, Eva Inés: Das Schutzlandprinzip und „Rom II“, Bedeutung und Konsequenzen für das Internationale Urheberrecht, IPRax 2005, 9–13.
Ohly, Ansgar: Herkunftslandprinzip und Kollisionsrecht, GRUR Int. 2001, 899–908.
–: Geistiges Eigentum?, JZ 2003, 545–554.
–: Kennzeichenkonflikte im Internet, in: Leible, Stefan (Hrsg.), Die Bedeutung des Internationalen Privatrechts im Zeitalter der neuen Medien, Stuttgart u.a. 2003, S. 135–153.
–: Choice of Law in the Digital Environment – Problems and Possible Solutions, in: Drexl, Josef/Kur, Annette (ed.), International Property and Private International Law – Heading for the Future, Oxford/Portland 2005, S. 241-256.
–: Anmerkung zu BGH, Urteil vom 13.10.2004 – I ZR 163/02 – Hotel Maritime (JZ 2005, 736–738), JZ 2005, 738–740.
–: Anmerkung zu BGH, Urteil vom 30.3.2006 – I ZR 24/03 – Arzneimittelwerbung im Internet (JZ 2006, 1187–1189), JZ 2006, 1189–1192.
Omsels, Herrmann-Josef: Die Kennzeichenrechte im Internet, GRUR 1997, 328–337.
Oppermann, Thomas: Europarecht. Ein Studienbuch, 3. Aufl., München 2005.
Osterrieth, Albert: Lehrbuch des gewerblichen Rechtsschutzes, Leipzig 1908.
Otte, Karsten: Internationale Zuständigkeit und Territorialitätsprinzip – Wo liegen die Grenzen der Deliktszuständigkeit bei Verletzung eines europäischen Patents, IPRax 2001, 315–320.

Pagenberg, Jochen: Ausstellen und Anbieten auf internationalen Messen – eine Verletzung inländischer gewerblicher Schutzrechte?, GRUR Int. 1983, 560–565.

Palandt, Otto (Begr.): Bürgerliches Gesetzbuch, mit Einführungsgesetz (Auszug), Allgemeines Gleichbehandlungsgesetz (Auszug), BGB-Informationspflichten-Verordnung, Unterlassungsklagengesetz, Produkthaftungsgesetz, Erbbaurechtsverordnung, Wohnungseigentumsgesetz, Hausratsverordnung, Vormünder- und Betreuervergütungsgesetz, Lebenspartnerschaftsgesetz, Gewaltschutzgesetz (Auszug), 67. Aufl., München 2008.

Pansch, Rüdiger: The Proper Forum for Illicit Acts in Cases of Cross-Border Infringement of Proprietary Commercial Rights. Proposed Interpretations of Article 5, No. 3 of the Brussels Converntion, EuLF 2000/2001, 353–362.

Patry, William: Anmerkung zu U.S. Court of Appeals, National Football League v. PrimeTime 24 Joint Venture (2nd Circuit), Urteil vom 28.04.2000 (GRUR Int. 2000, 1082–1083), GRUR Int. 2000, 1083–1087.

Peifer, Karl-Nikolaus: Das Territorialitätsprinzip im Europäischen Gemeinschaftsrecht vor dem Hintergrund der technischen Entwicklungen, ZUM 2006, 1–8.

Peinze, Alexander: Internationales Urheberrecht in Deutschland und England, Tübingen 2002.

Pfaff, Dieter: Internationale Lizenzverträge im europäischen Internationalen Privatrecht. Vereinheitlichung ohne Osteuropa?, RIW 1974, 241–254.

–: Das internationale Privatrecht des Ausstattungsrechts, in: Schricker, Gerhard/Stauder, Dieter (Hrsg.), Handbuch des Ausstattungsrechts. Der Schutz der nichteingetragenen Marke und Ausstattung im In- und Ausland. Festgabe für Friedrich-Karl Beier zum 60. Geburtstag, Weinheim 1986, S. 1109–1165.

Pinzger, Werner: Das deutsche Warenzeichenrecht, Kommentar zum Warenzeichengesetz vom 5. Mai 1936 nebst den internationalen Verträgen, 2. Aufl., München u. Berlin 1937.

Piper, Henning/Ohly, Ansgar: Gesetz gegen den unlauteren Wettbewerb, mit Preisangabenverordnung, 4. Aufl., München 2006.

Plenter, Silvia: Internetspezifische Urheberrechtsveréltzungen – eine kollisionsrechtliche Herausforderung an Europa?, Münster 2004.

Raape, Leo: Internationales Privatrecht, 5. Aufl., Berlin/Frankfurt a.M. 1961.

Raape, Leo/Sturm, Fritz: Internationales Privatrecht, Band I: Allgemeine Lehren, 6. Aufl., München 1977.

Rauscher, Thomas (Hrsg.): Europäisches Zivilprozessrecht. Kommentar, Band I: 2.Aufl., München 2006.

Reber, Ulrich: Die Rechte der Tonträgerhersteller im Internationalen Privatrecht, München 2004.

–: Die internationale gerichtliche Zuständigkeit bei grenzüberschreitenden Urheberrechtsverletzungen, ZUM 2005, 194–203.

Rebmann, Kurt/Säcker, Franz Jürgen (Hrsg.): Münchener Kommentar zum Bürgerlichen Gesetzbuch,

Band 2: Schuldrecht Allgemeiner Teil. §§ 241–432, 5. Aufl., München 2007;

Band 5: Schuldrecht Besonderer Teil III. §§ 705–853, Partnerschaftsgesellschaftsgesetz, Produkthaftungsgesetz, 4. Aufl., München 2004;

Band 10: Einführungsgesetz zum Bürgerlichen Gesetzbuch (Art. 1–38). Internationales Privatrecht, 3. Aufl., München 1998;

Band 10: Einführungsgesetz zum Bürgerlichen Gesetzbuch (Art. 1–46). Internationales Privatrecht, 4. Aufl., München 2006;

Band 11: Internationales Wirtschaftsrecht. Einführungsgesetz zum Bürgerlichen Gesetzbuch (Art. 50–245), 4. Aufl., München 2006.

Regelin, Frank Peter: Das Kollisionsrecht der Immaterialgüterrechte an der Schwelle zum 21. Jahrhundert, Frankfurt a.M. u.a. 2000.
Rehbinder, Manfred: Kein Urheberrecht ohne Gesetzesrecht. Zum Urheberschutz um die Mitte des 19. Jahrhunderts, in: Dittrich, Robert (Hrsg.), Woher kommt das Urheberrecht und wohin geht es? Wurzeln, geschichtlicher Ursprung, geistesgeschichtlicher Hintergrund und Zukunft des Urheberrechts, Wien 1988, S. 99–116.
–: Urheberrecht. Ein Studienbuch, 15. Aufl., München 2008.
Reindl, Andreas P.: Choosing Law in Cyberspace: Copyright Conflicts on Global Networks, 19 Mich. J. Int'l L. (1998), 799–871.
Ricketson, Sam/Ginsburg, Jane C.: International Copyright and Neighbouring Rights. The Berne Convention and Beyond, Volume II, 2. Aufl., Oxford u.a. 2006.
Riezler, Erwin: Deutsches Urheber- und Erfinderrecht, Eine systematische Darstellung, Erste Abteilung, München/Berlin 1909.
Ropohl, Fabian: Zur Anknüpfung der formlosen Markenrechte im Internationalen Privatrecht, Göttingen 2003.
Rumphorst, Werner: Satellitenfernsehen und Urheberrecht - Kritische Anmerkungen zur sogenannten Theorie des intendierten Sendegebietes, GRUR Int. 1992, 910–912.
Rüßmann, Helmut: Wettbewerbshandlungen im Internet – Internationale Zuständigkeit und anwendbares Recht, K&R 1998, 422–427.

Sachs, Michael (Hrsg.): Grundgesetz. Kommentar, 4. Aufl., München 2007.
Sack, Rolf: Die kollisions- und wettbewerbsrechtliche Beurteilung grenzüberschreitender Werbe- und Absatztätigkeit nach deutschem Recht, GRUR Int. 1988, 320–343.
–: Das internationales Wettbewerbs- und Immaterialgüterrecht nach der EGBGB-Novelle, WRP 2000, 269–289.
–: Zur Zweistufentheorie im internationalen Wettbewerbs- und Immaterialgüterrecht, in: Wandt, Manfred u.a. (Hrsg.), Kontinuität und Wandel des Versicherungsrechts. Festschrift für Egon Lorenz, Karlsruhe 2004, S. 659–685.
–: Internationales Lauterkeitsrecht nach der Rom II-VO, WRP 2008, 845–865.
–: Das IPR des geistigen Eigentums nach der Rom II-VO, WRP 2008, 1405–1419.
Sandrock, Otto: Die kollisionsrechtliche Behandlung der Deliktshaftung bei der Verletzung von gewerblichen Schutzrechten und Urheberrechten, in: von Caemmerer, Ernst, Vorschläge und Gutachten zur Reform des deutschen internationalen Privatrechts der außervertraglichen Schuldverhältnisse, Tübingen 1983, S. 380–439.
–: Das Kollisionsrecht des unlauteren Wettbewerbs zwischen dem internationalen Immaterialgüterrecht und dem internationalen Kartellrecht, GRUR Int. 1985, 507–522.
Savigny, Friedrich Carl von: System des heutigen Römischen Rechts, Band VIII, 1849, Nachdruck in dritter Ausgabe Bad Homburg 1961.
Schack, Haimo: Zur Anknüpfung des Urheberrechts im internationalen Privatrechts, Berlin 1979 (zit.: *Schack*, Anknüpfung).
–: Urheberrecht im Internationalen Privatrecht – Aus der Sicht des Kollisionsrechts, GRUR Int. 1985, 523–525.
–: Die grenzüberschreitende Verletzung allgemeiner und Urheberpersönlichkeitsrechte, UFITA 108 (1988), 51–72.
–: Anmerkung zu BGH, Urteil vom 02.10.1997 – I ZR 88/95 – Spielbankaffäre (JZ 1998, 1015–1018), JZ 1998, 1018–1020.
–: Internationale Urheber-, Marken- und Wettbewerbsverletzungen im Internet. Internationales Privatrecht, MMR 2000, 59–65.
–: Internationale Urheber-, Marken- und Wettbewerbsverletzungen im Internet. Internationales Zivilprozessrecht, MMR 2000, 135–140.

–: Anmerkung zu BGH, Urteil vom 07.11.2002 – I ZR 175/00 – Sender Felsberg (JZ 2003, 799–803), JZ 2003, 803–804.

–: Zum auf grenzüberschreitende Sendevorgänge anwendbaren Urheberrecht. Anmerkung zu OLG Saarbrücken, Urteil vom 28.06.2000 – 1 U 872/99 – Sender Felsberg (IPRax 2003, 150–152), IPRax 2003, 141–142.

–: Internationales Zivilverfahrensrecht. Ein Studienbuch, 4. Aufl., München 2006 (zit.: *Schack*, IZVR).

–: Urheber- und Urhebervertragsrecht, 4. Aufl., Tübingen 2007 (zit.: *Schack*, UrhR).

–: The Law Applicable to (Unregistered) IP Rights After Rome II, in: Leible, Stefan/Ohly, Ansgar (Hrsg.), voraussichtlicher Titel: Intellectual Property and Private International Law, Tübingen, im Erscheinen begriffen.

Schaper, Eike: Durchsetzung der Gemeinschaftsmarke. Internationale Zuständigkeit, anwendbares Recht und Rechtsfolgen bei Verletzung, Köln u.a. 2006.

Schikora, Lienhard: Der Begehungsort im gewerblichen Rechtsschutz und Urheberrecht, Diss. München 1968.

Schneider, Gerhard: Sperren und Filtern im Internet, MMR 2004, 18–24.

Schnyder, Anton K./Liatowitsch, Manuel: Internationales Privat- und Zivilverfahrensrecht, 2. Aufl., Zürich u.a. 2006.

Schönherr, Fritz: Zur Begriffsbildung im Immaterialgüterrecht, in: Brügger, Paul (Hrsg.), Homo Creator. Festschrift für Alois Troller, Basel/Stuttgart 1976, S. 57–87.

Schønning, Peter: Anwendbares Recht bei grenzüberschreitenden Direktübertragungen, ZUM 1997, 34–39.

Schöttle, Hendrik: Sperrungsverfügung im Internet: Machbar und verhältnismäßig?, K&R 2007, 366–370.

Schricker, Gerhard: Die Durchsetzbarkeit deutscher Werberegelungen bei grenzüberschreitendem Rundfunk, GRUR Int. 1982, 720–726.

–: Grenzüberschreitende Fernseh- und Hörfunksendungen im Gemeinsamen Markt, GRUR Int. 1984, 592–598.

–: Anmerkung zu OLG Saarbrücken, Urteil vom 28.06.2000 – 1 U 972/99 – Sender Felsberg, EWiR 2000, 787–788.

–: Anbieten als Verletzungstatbestand im Patent- und Urheberrecht, GRUR Int. 2004, 786–790.

–: Anmerkung zu OLG Hamburg, Urteil vom 07.07.2004 – 5 U 143/03 – Wagenfeld Leuchte, EWiR 2005, 187–188.

– *(Hrsg.)*: Urheberrecht Kommentar, 3. Aufl. München 2006.

Schröer, Benjamin: Unmittelbarer Leistungsschutz, i.E. begriffen.

Schulte-Beckhause, Thomas: Die gerichtliche Durchsetzung von Ansprüchen wegen Verletzung der Gemeinschaftsmarke, WRP 1999, 300–306.

Schultz, Detlef von (Hrsg.): Kommentar zum Markenrecht, 2. Aufl., Frankfurt a.M. 2007.

Schultz-Süchting, Rolf: Kennzeichnungsrecht im vereinigten Deutschland – Eine (hoffentlich allzu kritische) Glosse zum Erstreckungsgesetz –, GRUR 1992, 481–486.

Schumacher, Herrmann: Das Territorialitätsprinzip im Warenzeichenrecht und der Gemeinsame Markt, GRUR Int. 1966, 305–312.

Schurig, Klaus: Lois d'application immédiate und Sonderanknüpfung zwingenden Rechts: Erkenntnisfortschritt oder Mystifikation, in: Holl, Wolfgang/Klinke, Ulrich (Hrsg.), Internationales Privatrecht. Internationales Wirtschaftsrecht. Referate eines Symposiums der Alexander von Humboldt-Stiftung vom 26. bis 30. September 1983 in Ludwigsburg, Köln u.a. 1985, S. 55–76.

Schwarz, Matthias/Peschel-Mehner, Andreas (Hrsg.): Recht im Internet. Der große Rechtsberater für die Online-Praxis, 20. Ergänzungslieferung, Stand: Oktober 2008, Frankfurt a.M. 2008.
Schwarze, Jürgen (Hrsg.): EU-Kommentar, 2. Aufl., Baden-Baden 2009.
Sefzig, Wulf-R.: Feilhalten und Anbieten als selbstständige Patentverletzung, GRUR 1992, 413–418.
Seligsohn, Martin: Örtliche Grenzen des Warenzeichenrechts, in: Isay, Hermann (Hrsg.), Abhandlungen zum Arbeitsgebiet des Reichspatentamts. Festgabe zur Feier des 50jährigen Bestehens des Reichspatentamts, Berlin 1927, S. 193–208.
Sender, Marta Pertegás: Patent Infringement, Choice of Laws, and the Forthcoming Rome II Regulation, in: Basedow, Jürgen/Drexl, Josef/Kur, Annette/Metzger, Axel (ed.), Intellectual Property in the Conflict of Laws, Tübingen 2005, S. 159-174.
Siehr, Kurt: Das Urheberrecht in neueren IPR-Kodifikationen, UFITA 108 (1988), 9–25.
–: Joseph Beuys und das Internationale Folgerecht: Eine Zwischenbilanz, IPRax 1992, 219–221.
–: Internationales Privatrecht. Deutsches und europäisches Kollisionsrecht für Studium und Praxis, Heidelberg 2001.
Soergel, Hs. Th. (Begr.): Bürgerlichen Gesetzbuch mit Einführungsgesetz und Nebengesetzen, Band 10: Einführungsgesetz, 12. Aufl., Stuttgart u.a. 1996.
Sonnentag, Michael: Zur Europäisierung des Internationalen außervertraglichen Schuldrechts durch die geplante Rom-II-Verordnung, ZVglRWiss 105 (2006), 256–312.
Spätgens, Klaus: Anmerkung zu LG Köln, Urteil vom 20.4.2001 – 81 O 160/99 – budweiser.com, EWiR 2002, 247–248.
Spickhoff, Andreas: Der ordre public im internationalen Privatrecht. Entwicklung – Struktur – Konkretisierung, Neuwied/Frankfurt a.M. 1989.
–: Das Internationale Privatrecht der sog. Internet-Delikte – Art. 40–42 EGBGB, „Rom-II“ und Herkunftslandprinzip, in: Leible, Stefan (Hrsg.), Die Bedeutung des Internationalen Privatrechts im Zeitalter der neuen Medien, Stuttgart u.a. 2003, S. 89–133.
Spindler, Gerhard: Deliktsrechtliche Haftung im Internet – nationale und internationale Rechtsprobleme, ZUM 1996, 533–563.
–: Internet, Kapitalmarkt und Kollisionsrecht unter besonderer Berücksichtigung der E-Commerce-Richtlinie, ZHR 165 (2001), 324–361.
–: Die kollisionsrechtliche Behandlung von Urheberrechtsverletzungen im Internet, IPRax 2003, 412–421.
–: Morpheus, Napster & Co. – Die kollisionsrechtliche Behandlung von Urheberrechtsverletzungen im Internet, in: Leible, Stefan (Hrsg.), Die Bedeutung des Internationalen Privatrechts im Zeitalter der neuen Medien, Stuttgart u.a. 2003, S. 155–180.
Spoendlin, Kaspar: Der internationale Schutz des Urhebers, UFITA 107 (1988), 11–54.
Stagl, Jakob Fortunat: Multistate-Werbung im Internet. Das künftige Kollisionsrecht des unlauteren Wettbewerbs, ÖBl. 2004, 244–255.
Stauder, Dieter: Die Anwendung des EWG-Gerichtsstands- und Vollstreckungsübereinkommens auf Klagen im gewerblichen Rechtsschutz und Urheberrecht, GRUR Int. 1976, 465–477.
–: Grenzüberschreitende Verletzungsverbote im gewerblichen Rechtsschutz und das EuGVÜ, IPRax 1998, 317–322.
Staudinger, Julius von: Kommentar zum Bürgerlichen Gesetzbuch mit Einführungsgesetz und Nebengesetzen,
Band: Einführungsgesetz zum Bürgerlichen Gesetzbuche/IPR, Einleitung zum IPR. Art 3–6 EGBGB (Internationales Privatrecht – Allgemeiner Teil), Neubearbeitung, Berlin 2003;

Band: Einführungsgesetz zum Bürgerlichen Gesetzbuche/IPR, Art. 27–37 EGBGB, 13. Bearbeitung, Berlin 2002;
Band: Einführungsgesetz zum Bürgerlichen Gesetzbuche/IPR, Art. 38–42 EGBGB, Neubearbeitung, Berlin 2001;
Band: Einführungsgesetz zum Bürgerlichen Gesetzbuche/IPR, IntWirtschR (Internationales Wirtschaftsrecht), Neubearbeitung, Berlin 2000;
Band: Einführungsgesetz zum Bürgerlichen Gesetzbuche/IPR, IntWirtschR (Internationales Wirtschaftsrecht), Neubearbeitung, Berlin 2006.

Stein, Friedrich/Jonas, Martin: Kommentar zur Zivilprozessordnung, Band 1: Einleitung, §§ 1–40, 22. Aufl., Tübingen 2003.

Stieß, Katrin: Anknüpfungen im internationalen Urheberrecht unter Berücksichtigung der neuen Informationstechnologien, Frankfurt a.M. 2005.

Stoll, Hans: Handlungsort und Erfolgsort im internationalen Deliktsrecht. Überlegungen zu Art. 40 Abs. 1 EGBGB, in: Schack, Haimo (Hrsg.), Gedächtnisschrift für Alexander Lüderitz, München 2000, S. 733–750.

Ströbele, Paul/Hacker, Franz/Kirschneck, Irmgard: Markengesetz. Kommentar, 8. Aufl., Köln u.a. 2006.

Teplitzky, Otto: Wettbewerbsrechtliche Ansprüche und Verfahren. Unterlassung – Beseitigung – Auskunft – Schadensersatz, 9. Aufl., Köln u.a. 2007.

Tetzner, Volkmar: Verletzung deutscher Patente bei Auslandsgeschäften, GRUR 1980, 882–895.

Thomas, Heinz/Putzo, Hans: Zivilprozessordnung mit Gerichtsverfassungsgesetz, den Einführungsgesetzen und europarechtlichen Vorschriften. Kommentar, 29. Aufl., München 2008.

Thum, Dorothee: Das Territorialitätsprinzip im Zeitalter des Internet – Zur Frage des auf Urheberrechtsverletzungen im Internet anwendbaren Rechts, in: Bartsch, Michael/ Lutterbeck, Bernd (Hrsg.), Neues Recht für neue Medien, Köln 1998, S. 117–144.

–: Internationalprivatrechtliche Aspekte der Verwertung urheberrechtlich geschützter Werke im Internet. Zugleich Bericht über eine WIPO-Expertensitzung in Genf, GRUR Int. 2001, 9–28.

Torremans, Paul L.C.: The Way forward for Cross-Border Intellctual Property Litigation: Why GAT cannot bet he answer, in: Leible, Stefan/Ohly, Ansgar (Hrsg.), voraussichtlicher Titel: Intellectual Property and Private International Law, Tübingen, im Erscheinen begriffen.

Troller, Alois: Markenrecht und Landesgrenzen, GRUR Int. 1967, 261–268.

–: Immaterialgüterrecht, Patentrecht, Markenrecht, Muster- und Modellrecht, Urheberrecht, Wettbewerbsrecht, Band I, 3. Aufl., Basel/Frankfurt a.M. 1983.

Ubber, Thomas: Markenrecht im Internet, Heidelberg 2002.

Ulmer, Eugen: Die Immaterialgüterrechte im internationalen Privatrecht. Rechtsvergleichende Untersuchung mit Vorschlägen für die Vereinheitlichung in der Europäischen Wirtschaftsgemeinschaft, Köln u.a. 1975 (zit.: *Ulmer*, IGR im IPR).

–: Gewerbliche Schutzrechte und Urheberrechte im internationalen Privatrecht, RabelsZ 41 (1977), S. 479–514.

–: Urheber- und Verlagsrecht, 3. Aufl., Berlin u.a. 1980 (zit.: *Ulmer*, Urheber- und Verlagsrecht).

–: Fremdenrecht und internationales Privatrecht im gewerblichen Rechtsschutz und Urheberrecht, in: Holl, Wolfgang/Klinke, Ulrich (Hrsg.), Internationales Privatrecht. Internationales Wirtschaftsrecht. Referate eines Symposiums der Alexander von Hum-

boldt-Stiftung vom 26. bis 30. September 1983 in Ludwigsburg, Köln u.a. 1985, S. 257–268.
Ungern-Sternberg, Joachim von: Das anwendbare Urheberrecht bei grenzüberschreitenden Rundfunksendungen, in: Schwarze, Jürgen (Hrsg.), Rechtsschutz gegen Urheberrechtsverletzungen und Wettbewerbsverstöße in grenzüberschreitenden Medien, Baden-Baden 2000, S. 109–125.

Vischer, Frank: Das Internationale Privatrecht des Immaterialgüterrechts nach dem schweizerischen IPR-Gesetzentwurf, GRUR Int. 1987, S. 670–682.
–: Das IPR des Immaterialgüterrechts (unter besonderer Berücksichtigung des Patentrechts, in: Institut für gewerblichen Rechtsschutz (INGRES) Zürich (Hrsg.), Kernprobleme des Patentrechts. Festschrift zum einhundertjährigen Bestehend eines eidgenössischen Patentgesetzes, Bern 1988, S. 363–385.
Vogel, Klaus: Der räumliche Anwendungsbereich der Verwaltungsrechtsnorm. Eine Untersuchung über die Grundfragen des sog. Internationalen Verwaltungs- und Steuerrechts, Frankfurt a.M./Berlin 1965.
Völker, Stefan/Weidert, Stefan: Domain-Namen im Internet, WRP 1997, 652–663.

Wagner, Gerhard: Ehrenschutz und Pressefreiheit im europäischen Zivilverfahrens- und Internationalen Privatrecht, RabelsZ 62 (1998), 243–285.
–: Internationales Deliktsrecht, die Arbeiten an der Rom II-Verordnung und der Europäische Deliktsgerichtsstand, IPRax 2006, 372–390.
–: Die neue Rom II-Verordnung, IPRax 2008, 1–17.
Wagner, Rolf: Das deutsche internationale Privatrecht bei Persönlichkeitsrechtsverletzungen. Unter besonderer Berücksichtigung der Eingriffe durch die Massenmedien, Frankfurt a.M./Bern/New York 1986.
Wandtke, Artur-Axel/Bullinger, Winfried (Hrsg.): Praxiskommentar zum Urheberrecht, 3. Aufl., München 2009.
Wegner, Ralf: Rechtlicher Schutz von Internetdomains, CR 1998, 676–684.
Weigel, Arnulf: Gerichtsbarkeit, internationale Zuständigkeit und Territorialitätsprinzip im deutschen gewerblichen Rechtsschutz. Zur Abgrenzung der Begriffe, Bielefeld 1973.
Wichard, Johannes Christian: The Joint Recommendation Concerning Protection of Marks, and Other Industrial Property Rights in Signs, on the Internet, in: Drexl, Josef/ Kur, Annette (ed.), International Property and Private International Law – Heading for the Future, Oxford and Portland 2005, S. 257-264.
Windisch, Ernst: Gewerblicher Rechtsschutz und Urheberrecht im zwischenstaatlichen Bereich, Berlin 1969.
Wolff, Martin: Private International Law, 2. Aufl., Oxford 1950.

Zippelius, Reinhold: Allgemeine Staatslehre (Politikwissenschaft), Ein Studienbuch, 15. Aufl., München 2007.
Zöller, Richard (Begr.): Zivilprozessordnung. Mit Gerichtsverfassungsgesetz und den Einführungsgesetzen, mit Internationalem Zivilprozessrecht, EG-Verordnungen, Kostenanmerkungen. Kommentar, 27. Aufl., Köln 2009.
Zweigert, Konrad/Puttfarken, Hans-Jürgen: Zum Kollisionsrecht der Leistungsschutzrechte, GRUR Int. 1973, 573–604.
Zweite Kommission des Deutschen Rats für internationales Privatrecht: Entwurf einer gesetzlichen Regelung des internationalen außervertraglichen Schuldrechts, in: von Caemmerer, Ernst (Hrsg.), Gutachten, Tübingen 1983, S. 1–28.

Sachregister

Geistiges Eigentum und Wettbewerbsrecht

Herausgegeben von

Peter Heermann, Diethelm Klippel, Ansgar Ohly und Olaf Sosnitza

Die Rechte des Geistigen Eigentums, insbesondere das Patentrecht, das Urheberrecht und die Kennzeichenrechte, haben im Informationszeitalter erheblich an Bedeutung gewonnen. Zugleich wird die Rechtspraxis mit zahlreichen neuen Fragen konfrontiert. Die Rechtswissenschaft konnte mit dieser stürmischen Entwicklung kaum Schritt halten. Nach wie vor wird die Literatur von vorwiegend praxisorientierten Darstellungen dominiert, in denen wissenschaftliche Grundfragen häufig zu kurz kommen. Während die allgemeine Zivilrechtswissenschaft das Sachenrecht als natürliches Betätigungsfeld ansieht, hat sie das Immaterialgüterrecht weitgehend aus den Augen verloren.

Die neue Reihe *Geistiges Eigentum und Wettbewerbsrecht* verfolgt das Ziel, zur dogmatischen Analyse des Rechts des Geistigen Eigentums und des Wettbewerbsrechts beizutragen, ohne dabei den Praxisbezug dieser Rechtsgebiete aus den Augen zu verlieren. Die Reihe steht offen für Habilitationsschriften, herausragende Dissertationen und vergleichbare Monographien, die sich mit dem Patentrecht, dem Urheberrecht, dem Kennzeichenrecht und angrenzenden Rechtsgebieten, insbesondere dem Lauterkeits- und Kartellrecht und den Persönlichkeitsrechten, befassen. Besonderes Augenmerk gilt dabei Schriften, die sich Grundlagenfragen des Rechts des Geistigen Eigentums einschließlich der historischen, philosophischen und ökonomischen Bezüge widmen und so zur Entwicklung eines „allgemeinen Teils des Geistigen Eigentums" beitragen, den es bisher nicht gibt. Da die europäische Rechtsangleichung im Immaterialgüter- und Wettbewerbsrecht besonders weit fortgeschritten ist und zudem zahlreiche internationale Übereinkommen diese Rechtsgebiete prägen, werden auch die internationalen Bezüge in der Reihe berücksichtigt.

Die lieferbaren Bände:

1 *Brämer, Antje:* Die Sicherungsabtretung von Markenrechten. 2005. XXIII, 579 Seiten. Fadengeheftete Broschur.

2 *Lochmann, René:* Die Einräumung von Fernsehübertragungsrechten an Sportveranstaltungen. Zugleich ein Beitrag zur Einräumung von Nutzungs- und Verwertungsrechten im System des Privatrechts. 2005. XVII, 342 Seiten. Fadengeheftete Broschur.

3 *Birner, Cornelia:* Die Internet-Domain als Vermögensrecht. Zur Haftung der Internet-Domain in Zwangsvollstreckung und Insolvenz. 2005. XXII, 237 Seiten. Fadengeheftete Broschur.

4 *Brinkel, Guido:* Filesharing. Verantwortlichkeit in Peer-to-Peer-Tauschplattformen. 2006. XVII, 418 Seiten. Fadengeheftete Broschur.

5 *Pahlow, Louis:* Lizenz und Lizenzvertrag im Recht des Geistigen Eigentums. 2006. XX, 562 Seiten. Leinen.

6 *Lux, Jochen:* Der Tatbestand der allgemeinen Marktbehinderung. Ein Beitrag zu den Grenzen des Lauterkeitsrechts. 2006. XVIII, 473 Seiten. Fadengeheftete Broschur.

7 *Neuberger, Julius:* Der wettbewerbsrechtliche Gewinnabschöpfungsanspruch im europäischen Rechtsvergleich. 2006. XVII, 227 Seiten. Fadengeheftete Broschur.

8 *Brömmelmeyer, Christoph:* Internetwettbewerbsrecht. Das Recht der Ubiquität – Das Recht der Domain Names – Das Recht der kommerziellen Kommunikation. 2007. XVII, 450 Seiten. Leinen.

9 *Godt, Christine:* Eigentum an Information. 2007. XXXIX, 719 Seiten. Leinen.

10 *Laier, Matthias:* Die Berichterstattung über Sportereignisse. Eine rechtsvergleichende Untersuchung zur Existenz und Vermarktung von medialen Verwertungsrechten für den Hörfunk und die Neuen Medien. 2007. XXVIII, 585 Seiten. Fadengeheftete Broschur.

11 Geistiges Eigentum und Gemeinfreiheit. Herausgegeben von *Ansgar Ohly* und *Diethelm Klippel.* 2007. X, 219 Seiten. Fadengeheftete Broschur.

12 *Melwitz, Nikolaus:* Der Schutz von Sportgroßveranstaltungen gegen Ambush Marketing. Gewerblicher Rechtsschutz nach deutschem Recht. 2008. XV, 247 Seiten. Fadengeheftete Broschur.

13 Grundlagen und Grundfragen des Geistigen Eigentums. Herausgegeben von *Jens Eisfeld* und *Louis Pahlow.* 2008. X, 292 Seiten. Fadengeheftete Broschur.

14 *Walter, Axel von:* Rechtsbruch als unlauteres Marktverhalten. Tatbestand und Anwendungsbereich des § 4 Nr. 11 UWG in Abgrenzung zur Fallgruppe „Vorsprung durch Rechtsbruch“. 2008. XII, 253 Seiten. Fadengeheftete Broschur.

15 *Rieken, Christoph:* Der Schutz olympischer Symbole. Schutzrechte an den Olympischen Ringen und den olympischen Bezeichnungen in Deutschland. 2008. XVI, 215 Seiten. Fadengeheftete Broschur.

16 *Glas, Vera:* Die urheberrechtliche Zulässigkeit elektronischer Pressespiegel. Zugleich ein Beitrag zur Harmonisierung der Schranken des Urheberrechts in den Mitgliedstaaten der EU. 2008. XXII, 248 Seiten. Fadengeheftete Broschur.

17 *Eichhammer, Stefan:* Die markenmäßige Benutzung. 2008. XII, 252 Seiten. Fadengeheftete Broschur.

18 *Förster, Achim:* Fair Use. Ein Systemvergleich der Schrankengeneralklausel des US-amerikanischen Copyright Act mit dem Schrankenkatalog des deutschen Urheberrechtsgesetzes. 2008. XXI, 263 Seiten. Fadengeheftete Broschur.

19 *Werner, Georg:* Entnahme und Patentierung menschlicher Körpersubstanzen. Eine zivil- und patentrechtliche Beurteilung am Beispiel von menschlichen Antikörpern und Genen. 2008. XVIII, 254 Seiten. Fadengeheftete Broschur.

20 *Ulrici, Bernhard:* Vermögensrechtliche Grundfragen des Arbeitnehmerurheberrechts. 2008. XIX, 450 Seiten. Fadengeheftete Broschur.

21 *Amschewitz, Dennis:* Die Durchsetzungsrichtlinie und ihre Umsetzung im deutschen Recht. 2008. XXX, 427 Seiten. Fadengeheftete Broschur.

22 *Timmann, Tobias:* Das Patentrecht im Lichte von Art. 14 GG. 2008. XVI, 385 Seiten. Fadengeheftete Broschur.

23 *Wolfrum, Anne Sophie:* Patentschutz für medizinische Verfahrenserfindungen im Europäischen Patentsystem und im US-Recht. Eine patentrechtliche und ordnungspolitische Analyse. 2009. XVIII, 311 Seiten. Fadengeheftete Broschur.

24 *Fröhlich, Stefan:* Düfte als geistiges Eigentum. 2009. XIII, 244 Seiten. Fadengeheftete Broschur.

25 *Mächtel, Florian:* Das Patentrecht im Krieg. 2009. XV, 413 Seiten. Fadengeheftete Broschur.

26 Geistiges Eigentum und Wettbewerb. Herausgegeben von *Knut Werner Lange, Diethelm Klippel* und *Ansgar Ohly.* 2009. X, 195 Seiten. Fadengeheftete Broschur.

27 *Görden, Jan:* Vorgezogener Werktitelschutz. 2009. XXI, 424 Seiten. Fadengeheftete Broschur.

28 Intellectual Property and Private International Law. Herausgegeben von *Stefan Leible* und *Ansgar Ohly*. 2009. VIII, 270 Seiten. Fadengeheftete Broschur.

29 *Grätz, Daniel:* Missbrauch der marktbeherrschenden Stellung durch Sportverbände. 2009. XX, 420 Seiten. Fadengeheftete Broschur.

30 *Pries, Thorsten Wilhelm:* Kampfpreismissbrauch im ökonomisierten EG-Kartellrecht. 2009. XIX, 219 Seiten. Fadengeheftete Broschur.

31 *Schmidt, Alexander K.:* Erfinderprinzip und Erfinderpersönlichkeitsrecht im deutschen Patentrecht von 1877 bis 1936. 2009. XIV, 300 Seiten. Fadengeheftete Broschur.

32 *Hofmann, Franz:* Immaterialgüterrechtliche Anwartschaftsrechte. 2009. XXIII, 313 Seiten. Fadengeheftete Broschur.

33 *Beckstein, Frank:* Einschränkungen des Schutzlandprinzips. Die kollisionsrechtliche Behandlung von Immaterialgüterrechtsversetzungen im Internet. 2010. XV, 380 Seiten. Fadengeheftete Broschur.

Einen Gesamtkatalog erhalten Sie gerne vom Verlag Mohr Siebeck, Postfach 2040, D–72010 Tübingen. Aktuelle Informationen im Internet unter www.mohr.de